KB241817

육사 | 해사 | 공사 | 국군간호사관

사관학교 기출문제

국어

2026~2017

10
개년

연차별 동형
기출문제

2027

국어

사관
학교
기출문제

10
총·정·리
2026~2017학년도
개년

인쇄일 2026년 3월 1일 11판 1쇄 인쇄   **발행처** 시스컴 출판사
발행일 2026년 3월 5일 11판 1쇄 발행   **발행인** 송인식
등 록 제17-269호   **지은이** 사관학교입시연구회
판 권 시스컴2026

ISBN 979-11-6941-945-1 13710
정 가 20,000원

주소 서울시 금천구 가산디지털1로 225, 514호(가산포휴) **ㅣ 홈페이지** www.nadoogong.com
E-mail siscombooks@naver.com **ㅣ 전화** 02)866-9311 **ㅣ Fax** 02)866-9312

발간 이후 발견된 정오 사항은 나두공 홈페이지 도서정오표에서 알려드립니다.(나두공 홈페이지 → 자격증 → 도서정오표)

머리말

육군사관학교, 해군사관학교, 공군사관학교, 국군간호사관학교의 4개의 특수대학은 군 장교 양성을 위한 4년제 군사학교로, 졸업 후 군의 간부로서의 장래를 보장받을 수 있습니다. 즉, 졸업과 동시에 취업이 보장된다는 상당히 매력적인 점으로 인해 매년 높은 경쟁률을 보여 오고 있습니다. 사관학교는 이처럼 경쟁률이 높은데다 남녀 모집 인원이 정해져 있고 체력시험을 치러야 하는 등 전형 방법이 일반 대학과 다르기 때문에 상당한 준비가 필요합니다. 따라서 미리 자신이 원하는 대학의 모집요강을 숙지하고 각 대학에 맞는 입시전략을 세워야 합니다.

그렇다면 사관학교 입시에서 무엇이 가장 중요할까요?

당연한 말이지만 바로 1차 필기시험입니다. 왜냐하면 1차 시험에서 일정 배수 안에 들어야 2차 시험에 응시할 수 있는 기회가 주어지기 때문입니다. 각 사관학교는 같은 날 1차 시험을 치르기 때문에 복수지원이 불가능하다는 점 역시 잊지 말아야 합니다. 1차 시험을 잘 보기 위해서는 무엇보다도 기출문제를 꼼꼼히 파악하고 풀어보는 것이 중요합니다. 그래야 실제 시험에서 긴장하지 않고 실수를 최소화할 수 있기 때문입니다.

이에 본서는 사관학교 입시에 필수적인 과년도 최신 기출문제를 실어 연도별로 기출문제를 풀어볼 수 있도록 구성하여 연도별 출제 경향을 알 수 있도록 하였고, 책 속의 책 — 정답 및 해설에서 알기 쉽고 자세하게 풀이하였습니다.

본서는 여러분의 합격을 응원합니다!

사관학교 입학 전형

육군사관학교

※모집요강은 2026학년도에 기반한 것으로, 추후 변경될 수 있으니 반드시 육군사관학교 홈페이지에서 확인하시기 바랍니다.

▎모집 정원 : 330명(모집 정원 내 여자 44명 포함)
- 남자 : 인문계열 45%(127명), 자연계열 55%(155명)
- 여자 : 인문계열 60%(28명), 자연계열 40%(20명)

▎수업 연한 : 4년

▎지원 자격
- 2005년 1월 2일부터 2009년 1월 1일 사이에 출생한 대한민국 국적을 가진 신체 건강하고 사상이 건전한 미혼 남녀
- 고등학교 졸업자, 2027년 2월 졸업예정자 또는 교육부 장관이 이와 동등 이상의 학력이 있다고 인정한 자 (2025년 9월 4일 이전 검정고시 합격자)
- 「군 인사법」 제10조 2항에 의한 결격사유에 해당되지 않는 자
- 대한민국 국적과 외국 국적을 함께 가지고 있지 않은 자
- 법령에 의하여 형사처분을 받지 않은 자(재판계류 중인 자는 판결결과에 따라 합격을 취소될 수 있음)
- 재외국민자녀 : 부모와 함께 동반하여 외국에서 수학한 대한민국 단일국적자 중 수학능력 및 리더십이 우수한 지원자에게 입학의 기회 부여(7개국 언어 지원자 중 5명 이내 선발, 적격자 없을 시 미선발)

▎선발방법 및 전형기준

구 분	1차 시험	2차 시험	종합선발
전형 기준	■ 국어/영어/수학 – 공통수학 : 수학Ⅰ, 수학Ⅱ – 인문계열 : (선택) 확률과 통계, 미적분, 기하 중 택1 – 자연계열 : (선택) 미적분, 기하 중 택1	■ 면접 ■ 체력검정 ■ 신체검사	■ 1차 시험(50점) ■ 2차 시험(250점) ■ 고등학교 내신(100점) ■ 대학수학능력시험(600점)
비고	※모집정원 기준 남자 5배수, 여자 8배수 계열별/성별 구분하여 선발 ※대학수학능력시험과 유사한 형식으로 과목별 30문항(단, 영어는 듣기평가 없음)	※사전 AI면접 실시 후 면접분야에서 참고자료로 활용 ※한국사능력검정시험 가산점(우선선발 및 특별전형 합격자 선발 시에만 적용)	※성별, 계열별 총점 순에 의해 선발

해군사관학교

※모집요강은 2026학년도에 기반한 것으로, 추후 변경될 수 있으니 반드시 해군사관학교 홈페이지에서 확인 하시기 바랍니다.

│ 모집 정원 : 170명(모집 정원 내에서 여생도 26명)
- 남자 : 인문계열 65명, 자연계열 79명
- 여자 : 인문계열 13명, 자연계열 13명

│ 수업 연한 : 4년

│ 지원 자격
- 2005년 1월 2일부터 2009년 1월 1일 사이에 출생하여 대한민국 국적을 가진 미혼 남녀
- 고등학교 졸업자, 2027년 2월 졸업예정자 또는 교육부 장관이 이와 동등 이상의 학력이 있다고 인정한 자 (2025년 9월 1일 이전 검정고시 합격자)
- 「군 인사법」 제10조 1항의 임용자격이 있는 자
- 「군 인사법」 제10조 2항에 의한 결격사유에 해당되지 않는 자
- 재외국민자녀 : 외국에서 고교 1년을 포함하여 연속 3년 이상 수학한 자로서 고교졸업자 또는 졸업 예정 자(부모와 별도로 자녀 단독으로 유학한 경우는 지원할 수 없음)

│ 선발방법 및 전형기준

구 분	1차 시험	2차 시험	종합선발
전형 기준	■ 국어/영어/수학 　- 공통수학 : 수학Ⅰ, 수학Ⅱ 　- 인문계열 : (선택) 확률과 통 　　계, 미적분, 기하 중 택1 　- 자연계열 : (선택) 미적분, 기 　　하 중 택1	■ 신체검사 ■ 체력검정 ■ 대면면접 ■ AI면접	■ 2차 시험 성적(300점) ■ 학생부 성적(50점) ■ 대학수학능력시험(650점)
비고	※남자는 모집 정원의 4배수, 여자 　는 8배수를 남·여 및 문·이과 　구분 선발 ※국어 30문항, 영어 30문항(듣 　기평가 없음), 수학 30문항	※체력분야 가산점 최대 3점 ※사전 AI면접 실시 후 면접분야에 　서 참고자료로 활용	※대학수학능력시험 선택과목 시 　계열별로 해당하는 과목 선택하 　여 응시 필요. 계열별 해당하지 　않는 과목을 응시하는 경우 선발 　대상에서 제외

공군사관학교

※모집요강은 2026학년도에 기반한 것으로, 추후 변경될 수 있으므로 반드시 공군사관학교 홈페이지에서 확인하시기 바랍니다.

▍모집 정원 : 235명(남자 199명, 여자 36명 내외)

- 남자 : 인문계열 60명 내외, 자연계열 139명 내외
- 여자 : 인문계열 16명 내외, 자연계열 20명 내외

▍수업 연한 : 4년

▍지원 자격

- 대한민국 국적을 가진 미혼 남·여로서 신체가 건강하고, 사관생도로서 적합한 사상과 가치관을 가진 자
- 2005년 1월 2일부터 2009년 1월 1일까지 출생한 자
- 고등학교 졸업자 및 2027년 2월 졸업예정자 또는 법령에 의하여 이와 동등한 학력이 있다고 인정된 자
- 「군 인사법」 제10조 2항의 규정에 의한 결격사유에 해당되지 않는 자
  ※단, 복수국적자는 지원 가능하나, 가입학 등록일 전까지 외국 국적을 포기하여야만 입학 가능함
- 법령에 의하여 형사처벌을 받지 아니한 자(기소유예 포함)
  ※재판계류 중인 자는 판결결과에 따라 합격이 취소될 수 있음

▍선발방법 및 전형기준

구 분	1차 시험	2차 시험	종합선발
전형 기준	■ 국어/영어/수학 - 공통수학 : 수학Ⅰ, 수학Ⅱ - 인문계열 : (선택) 확률과 통계, 미적분, 기하 중 택1 - 자연계열 : (선택) 미적분, 기하 중 택1	■ 신체검사(당일 합/불 판정) ■ 체력검정(150점) ■ 면접(330점)	■ 1차 시험 성적(400점) ■ 2차 시험 성적(480점) ■ 학생부 성적(100점) ■ 한국사능력검정시험(20점)
비고	※과목별 원점수 60점 미만이면서 표준점수 하위 40% 미만인 자는 불합격 - 남자 : 인문계열 4배수, 자연계열 6배수 - 여자 : 인문계열 8배수, 자연계열 10배수	※개인별 1박 2일 소요 ※사전 AI면접 실시 후 면접분야에서 참고자료로 활용	※한국사능력검정시험 가산점 부여방식 : 중급 이상 (제47회 이후 : 심화 이상) 취득점수×0.1+10

특별전형

재외국민자녀전형

- 선발인원 : 2명 이내 선발
- 지원 자격(다음 각 호를 모두 만족할 경우 자격 충족)
  1. 외국에서 고교 1년을 포함하여 연속 3년 이상 수학한 자(부·모와 별도로 자녀만 단독으로 해외 유학한 경우 재외국민자녀에서 제외)
  2. 주재국 고교성적 평균 B 이상인 자
  3. 각 외국어별 어학능력시험 최저기준 이상인 자

독립유공자 (외)손/자·녀, 국가유공자 자녀전형

- 선발인원 : 총 3명 이내(유공자별 최대 2명)
- 지원 자격 : 「독립유공자예우에 관한 법률」 제4조 제1호 및 제2호에 해당되는 순국선열과 애국지사의 독립유공자 (외)손/자녀, 「국가유공자 등 예우 및 지원에 관한 법률」 제4조에 해당되는 국가유공자의 자녀
- 종합성적 기준 지원분야 모집정원 1.5배수 이내 해당자에 대해 심의를 거쳐 선발

고른기회전형

- 농·어촌 학생
  1. 선발인원 : 5명 이내(남자 4명, 여자 1명 / 고교별 최대 2명)
  2. 지원 자격 : 「지방자치법」 제3조에 의한 읍·면 지역 또는 「도서·벽지 교육진흥법」 제2조에 따른 도서·벽지 지역 소재 중·고등학교에서 전 교육과정을 이수하고 지원자와 부·모 모두가 중학교 입학 시부터 고등학교 졸업 시까지 6년 동안 읍·면 또는 도서·벽지 지역에 거주한 자 또는 지원자 본인이 초등학교 입학 시부터 고등학교 졸업 시까지 읍·면 지역 또는 도서·벽지 지역에 거주한 자
- 기초생활 수급자·차상위 계층
  1. 선발인원 : 5명 이내(남자 4명, 여자 1명)
  2. 지원자격 : 「국민기초생활보장법」 제2조제2호에 따른 수급자 또는 「국민기초생활보장법」 제2조 제10호에 따른 차상위계층

국군간호사관학교

※모집요강은 2026학년도에 기반한 것으로, 추후 변경될 수 있으므로 반드시 국군간호사관학교 홈페이지에서 확인하시기 바랍니다.

▎모집 정원 : 90명(남자 14명, 여자 76명)

– 남자 : 인문계열 6명, 자연계열 8명
– 여자 : 인문계열 31명, 자연계열 45명

▎수업 연한 : 4년

▎지원 자격

– 2005년 1월 2일부터 2009년 1월 1일 사이에 출생한 대한민국 국적을 가진 미혼 남녀로서 신체 건강하고 사관생도로서 적합한 가치관을 가진 사람
– 고등학교 졸업자 또는 2027년 2월 졸업예정자와 이와 동등 이상의 학력이 있다고 교육부 장관이 인정한 사람
– 「군 인사법」 제10조 2항에 의한 결격사유에 해당되지 않는 자
– 국군간호사관학교 생도신체검사 예규에서 정하는 기준에 적합한 자

▎선발방법 및 전형기준

구 분	1차 시험	2차 시험	종합선발
전형 기준	■ 국어(듣기 제외) ■ 영어(듣기 제외) ■ 수학 – 공통수학 : 수학 I , 수학 II – 인문계열 : (선택) 확률과 통계, 미적분, 기하 중 택1 – 자연계열 : (선택) 미적분, 기하 중 택1	■ 인성검사 ■ 신체검사 ■ 체력검정 ■ 면접	■ 대학수학능력시험(700점) ■ 학생부(100점) – 교과(90점), 비교과(10점) ■ 2차 시험(200점) – 면접시험(150점), 체력검정(50점) ■ 한국사능력검정시험(가산점 α)
비고	※대학수학능력시험과 유사 ※모집 정원 기준 – 남자 인문 4배수, 자연 8배수 – 여자 4배수	※사전 AI면접 실시 후 면접분야에서 참고자료로 활용	※학생부 반영 방법 : 교과성적(90점), 비교과 성적(10점 : 결석일수 × 0.3점 감점) ※동점자 발생 시 선발 우선 순위 : 면접 〉 체력검정 〉 학생부 〉 수능 성적순

 모집 요강은 추후 변동될 수 있으므로 반드시 사관학교 홈페이지에서 확인하시기 바랍니다.

사관학교 Q&A

Q1 육군사관학교 2차 시험의 면접은 어떤 분야가 실시되나요?

2차 시험의 면접은 AI역량검사, 구술면접, 학교생활, 자기소개, 외적자세, 심리검사, 종합판정 등 총 7개 분야가 실시됩니다. 또한 사전 AI 면접을 실시하여 일부 면접 분야에서 참고자료로 활용됩니다. 면접시험의 구성은 당해연도 2차 시험 계획에 따라 일부 변경될 수 있습니다.

Q2 수시 제한에 해군사관학교도 포함이 되나요?

해군사관학교는 특별법에 의해 설치된 대학으로서, 대학(산업대학 및 교육대학/전문대학 포함)과 특별법에 의해 설치된 대학(전문대학 포함)/각종 학교 간에는 복수지원과 이중등록 금지원칙을 적용하지 않는다는 원칙에 따라 수시 제한과 관계없이 지원 가능합니다.

Q3 공군사관학교 지원 시 동아리활동에 대한 가산점이 있나요?

학교생활기록부 성적반영은 교과과목인 국어, 영어, 수학, 사회(인문)/과학(자연)에 대해서만 반영하며 비교과 과목(봉사활동, 독서활동, 동아리활동, 수상경력 등)은 점수에 직접 반영하지 않지만 면접 시 참고자료로 활용될 수 있습니다.

Q4 국군간호사관학교 입학하고 싶은데, 내신등급이 높아야 합격 가능성이 높은가요?

종합 선발 기준은 2차 시험 200점, 학생부 100점, 대학수학능력시험 700점을 총 합산한 최종성적 순으로 선발하기 때문에 비중이 높은 수능성적이 높을 경우 가능성이 있을 것으로 예상됩니다.

사관학교 졸업 후 진로

육군사관학교

육군사관학교 졸업생들은 졸업과 동시에 문학사, 이학사, 공학사 및 군사학사의 2개 학위를 취득하며 육군 소위로 임관합니다. 임관 후에는 계급별 군사교육을 수료하고, 야전부대에서 각급제대 지휘관 및 참모직책을 수행하며 주요 정책부서에서 군사전문가로 활동하기도 합니다. 본인 희망에 따라 국내·외 대학원에서 석·박사과정 위탁교육을 받을 수 있습니다. 졸업 후 의무복무기간은 10년이며, 본인 희망에 따라 5년차에 전역할 수 있습니다.

공군사관학교

공군사관학교 졸업과 동시에 공군 장교로 임관하며, 항공작전 및 기타 지원 분야에서 업무를 수행하게 됩니다.
- 항공작전분야 : 전투기, 수송기, 헬리콥터 조종과 항공작전 및 전략개발을 담당하는 분야입니다. 비행훈련은 4학년 2학기부터 실시되며, 비행교육입문과정, 기본과정 및 고등과정을 수료하면 정식 조종사가 됩니다.
- 지원분야 : 공중근무를 직·간접적으로 지원하는 임무를 수행하는 분야로, 조종, 항공통제, 방공포병, 기상, 정보통신, 군수, 시설, 재정, 인사행정, 정훈, 교육, 정보, 헌병, 법무, 군종, 의무 분야 등이 있습니다.
- 자기계발을 위한 전문교육 : 임무수행에 필요한 체계적인 군사 전문교육 기회를 제공받습니다.
- 석사 및 박사과정 교육 : 해당 분야 전문성 증진을 위해 국비로 국내·외 유명 대학에서 석사 및 박사과정 교육기회를 제공합니다. 대다수의 졸업생은 석사 이상의 학위를 취득한 후 공군의 다양한 전문분야에서 국가안보를 위해 헌신하고 있습니다.
- 사회의 다양한 분야로 진출 : 비행훈련을 마치는 조종사는 정부 공인 민간 항공기 조종사 면허증을 받으며, 전역 후 민간 항공에 취업할 수 있어 현재 많은 공사 출신 조종사들이 활동하고 있습니다. 지원분야에 근무하는 장교는 사관학교의 수준 높은 교육과 전문성을 토대로 사회 각 분야로 활발히 진출하고 있습니다.

해군사관학교

해군사관학교 졸업 후 진로는 다음과 같이 다양하게 선택할 수 있습니다.

- 해군 장교(소위)로 임관하여 대양해군 시대의 주역으로 진출
- 해병대 장교 등 자신의 적성에 맞는 다양한 병과 선택 가능
- 졸업 후 국내·외 대학원에서 석·박사 학위 취득 가능(국비 지원)
- 선택한 병과에 따라 항해사, 기관사 및 항공기 조종사 등의 면허취득 가능
- 국내·외의 다양한 유학 및 연수 기회 부여
- 졸업 후 5년째 되는 해에 전역(사회진출) 기회 부여
- 20년 이상 근속 후 퇴직(전역) 시 평생 연금 혜택 부여

국군간호사관학교

국군간호사관학교 생도들은 4년간 교육 후「간호사 국가고시」를 거쳐 간호사 면허증을 취득하게 되며, 졸업과 동시에 간호학사 학위를 수여받고, 영예로운 육·해·공군 간호장교 소위로 임관하여 전국의 국군병원에서 간호전문인으로서 그 능력을 발휘하며 경험을 쌓게 됩니다. 군 병원 임상에서 간호전문인으로서 직책을 수행하는 것 이외에도 군의 교육기관, 정책부서 등에도 그 능력을 발휘하고 있으며 임관 후에도 국비로 석·박사 학위를 취득하여 국간사 교수 등으로 성장할 수 있도록 지원하고, 또한 국·내외에서 간호분야별(수술, 중환자, 응급, 마취, 인공신장, 정신) 주특기 교육을 받아 적성에 맞는 간호영역에서 근무할 수 있으며, 이러한 교육과 경험은 퇴역 후 사회 진출 시에도 귀중한 자산이 되어 민간의 각 기관에서 환영받게 됩니다. 또한 해외에 파견되어 세계평화유지를 위한 국군의료지원단(PKO)의 일원으로 국위선양에 기여할 수 있습니다.

졸업 후 6년간의 의무복무기간을 마치고 사회로 진출할 수 있으며 복무연장근무(임관 후 평균 10년), 또는 장기 근무자의 경우 영관장교 이상의 진출 기회가 주어집니다. 퇴역한 후 사회로 진출한 동문 중에는 민간병원, 간호 정책 기관, 대학교수, 각급 학교 보건교사, 기타 보건관련기관 등 다양한 직종에서 그 능력을 발휘하며, 여성 지도자로서 각계각층에서 자리매김하고 있습니다.

이 책의 구성과 특징

사관학교 연도별 최신 10개년 기출문제

■ 사관학교 1차 시험 국어영역의 기출문제를 2026학년도부터 2017학년도까지 연도별로 정리하여 수록함으로써
연도별 기출 경향과 출제 방향을 파악할 수 있도록 구성하였습니다.

정답 및 해설

- **정답해설** : 각 문항별로 자세하고 알기 쉽게 풀이하여 수험생들이 쉽게 이해할 수 있도록 구성하였습니다.

- **오답해설** : 정답을 아는 것에서 나아가 오답이 오답인 이유를 명백히 이해할 수 있도록 오답에 대한 해설도 함께 수록하였습니다.

- **Tip** : 문제와 관련된 내용을 Tip으로 정리하여 배경지식을 넓힐 수 있도록 구성하였습니다.

- **작품해석** : 작품에 대한 해석을 함께 수록하여 문제를 좀 더 쉽게 이해할 수 있도록 구성하였습니다.

목차

기출문제

정답 및 해설

사관학교 스터디 플랜

날 짜	연 도	과 목	내 용	학습시간
Day 1~3	2026학년도	• 국어영역 기출문제		
Day 4~6	2025학년도	• 국어영역 기출문제		
Day 7~9	2024학년도	• 국어영역 기출문제		
Day 10~12	2023학년도	• 국어영역 기출문제		
Day 13~15	2022학년도	• 국어영역 기출문제		
Day 16~18	2021학년도	• 국어영역 기출문제		
Day 19~21	2020학년도	• 국어영역 기출문제		
Day 22~24	2019학년도	• 국어영역 기출문제		
Day 25~27	2018학년도	• 국어영역 기출문제		
Day 28~30	2017학년도	• 국어영역 기출문제		

2027
사관학교
10개년 국어

2026학년도 기출문제

국어영역(공통)

제1교시 국어영역(공통)

▶ 정답 및 해설 285p

[01~05] 다음 글을 읽고 물음에 답하시오.

도덕적 판단 은 어떤 행동이 도덕적으로 정당화될 수 있는지를 판단하는 것을 말한다. 도덕적 판단에 대해 여러 철학자들의 논의가 있어 왔다. 벤담은 행복을 양적으로 계산할 수 있다는 입장에서 '최대 다수의 최대 행복'의 결과를 가져오는 행동을 도덕적이라고 보았다. 흄은 이성이 정념의 노예이고 도덕 법칙은 이성이 내리는 결론이 아니라며 도덕적 판단에서 감정의 영향을 중시했다. 이와 달리 칸트는 도덕적 판단은 이성적 추론으로 도출해 낸 보편적 도덕 법칙에 따라야 한다고 주장했고 그의 주장은 도덕적 판단에 대한 합리주의 입장에 영향을 끼쳤다. 도덕적 판단에 대한 입장 중에서도 주류가 되었던 합리주의에서는 이성적 추론이 비자동성, 의도성 등의 특징을 지니며, 이성과 감정을 분리하여 이성적 추론이 도덕적 판단을 가능하게 한다고 보았다.

직관주의에서는 감정을 배제하고 이성적 추론만으로 도덕적 판단을 한다는 합리주의의 입장을 비판하였다. 직관주의에서는 도덕적 판단에 감정의 영향이 크다고 주장하였다. 이 입장에 따르면 일상에서의 도덕적 판단과 행동은 감정적 반응의 영향하에, 반사적이고 자동적인 기제인 직관에 의해 이루어진다. 직관주의 입장의 대표적 인물로 하이트가 있다. 그는 피해를 입은 사람은 없지만 역겨움이나 경멸감을 유발하는 사례들에 대해서 사람들이 즉각적인 거부감을 느끼면서도 그 이유를 명확히 설명하지 못하는 상황을 '도덕적 말문 막힘'이라 하였다. 그는 이를 바탕으로 도덕적 판단에 대해 설명했다. 그에 따르면, 도덕적 판단은 어떤 행동이나 상황에 대해 추론을 거치지 않고 즉각적으로 지각하는 직관과 이와 더불어 발생되는 감정을 통해 도덕적인지 아닌지를 판단한 후에 이성적 추론으로 그 판단을 합리화하는 것이다.

하이트는 도덕적 판단에 작용하는 직관을 도덕적 직관이라 하였다. 도덕적 직관은 여섯 가지 도덕적 기반에 사회·문화적 요소와 개인적 경험이 결합되어 형성된 것이다. 그는 모든 동물의 뇌 안에 존재하는 일종의 스위치인 모듈 개념을 활용하여 여섯 가지 도덕적 기반 각각을 '도덕 모듈'이라 했다. 그는 이를 생물학적·문화적인 진화를 통해 선천적으로 얻어진 특수한 기능이라고 설명했다. 그는 '도덕/비도덕'으로 짝지어진 여섯 가지 도덕 모듈로 '배려/피해', '공평성/부정', '충성심/배신', '권위/전복', '고귀함/추함', '자유/압제'를 제시했다. 각 도덕 모듈은 ㉠ 본래적 동인의 영향에 의해 형성된 것으로, 이 동인은 각 모듈을 작동시키는 근원적인 상황이나 대상이다. 예를 들어 '배려/피해' 모듈에 해당하는 본래적 동인으로 아이가 우는 상황을 들 수 있다. 우는 아이를 본 부모는 아이를 보살피는 행위를 한다. 이러한 부모의 배려 행위가 생물학적·문화적인 진화를 거쳐 '배려/피해' 모듈 형성에 영향을 주었다. 하이트는 모듈을 작동시키는 또 다른 요소로 본래적 동인과 연관된 ㉡ 통용적 동인을 제시했다. 통용적 동인은 본래적 동인 외에 도덕 모듈의 자극을 유발할 수 있는 모든 상황이나 대상을 의미한다. 강아지 같은 귀여운 대상을 돌보고 싶어 하는 것은 '배려/피해' 모듈의 통용적 동인으로 인한 것이다. 그는 도덕 모듈과 관련된 두 동인의 예와 특징적 감정의 대표적인 사례를 〈표〉와 같이 제시하였다.

	본래적 동인	통용적 동인	특징적 감정
배려/피해	자식의 고통	귀여운 대상	동정심

공평성/부정	협조적 태도, 이기적 태도	의도적 세금 납부 회피	감사, 분노, 죄책감
충성심/배신	집단에 대한 도전	국가	집단에 대한 긍지
권위/전복	지배, 복종의 표시	윗사람	두려움, 존경
고귀함/추함	병자, 오염물	금기	구토감
자유/압제	독재자	부당하게 자유를 억압	분노

〈표〉

하이트는 두 동인으로 인해 도덕 모듈이 작동하는 동시에 동인과 관련된 감정이 수반되면서 인간은 도덕적 판단을 하게 된다고 주장했다. 이 주장에 따르면 어떤 행위에 대한 도덕적 판단을 모든 사람이 동일하게 해야 할 것 같지만, 실제로는 그렇지 않다. 가령 아버지를 이름으로 부르는 아들에 대해서 어떤 집단에서는 괜찮다고 하고, 다른 어떤 집단은 잘못된 행동이라고 볼 수 있다. 그는 이에 대해 통용적 동인은 문화적 학습, 경험에 의해 집단이나 개인별로 다를 수 있기 때문에 같은 상황에서도 작동하는 도덕 모듈이 같지 않거나 작동하지 않을 수 있다고 보았다. 그의 관점에서의 도덕은 사회 · 문화적 맥락을 공유하는 특정 집단의 도덕이지 보편적 도덕이 아니다. 따라서 하이트는 도덕적 갈등의 해결을 위해서는 상대편의 이야기를 듣고 상대방을 이해하려는 태도가 필요함을 강조했다.

하이트 이론의 강점은 도덕적 직관에 따른 도덕적 판단에 대한 이해 및 통찰을 기반으로 개인 또는 집단 간에 견해 차이, 갈등이 생기는 이유를 살펴보고, 이에 대한 이해를 통해 다른 사람이나 집단과 조화로운 삶을 살아가도록 돕는다는 점에 있다. 그의 주장은 우리가 도덕적 판단을 내릴 때 편견에 빠질 수 있고, 자기 자신을 객관적으로 바라보는 데 한계가 있는 존재라는 것을 지적함으로써 인간 존재에 대한 새로운 인식의 계기를 마련해 주고 있다.

01 윗글에 대한 설명으로 가장 적절한 것은? [3점]

① 도덕적 판단과 관련된 다양한 이론이 가지는 장점들을 비교하고 있다.
② 도덕적 판단과 관련된 특정 개념의 변화에 대한 전망을 제시하고 있다.
③ 도덕적 판단에 대한 논쟁이 나타난 사회적 배경을 통시적으로 소개하고 있다.
④ 도덕적 판단에 대한 특정 학자의 주장이 가지는 의의와 한계를 제시하고 있다.
⑤ 도덕적 판단과 관련된 특정 학자의 주장에 대해 구체적 사례를 들어 설명하고 있다.

02 윗글을 이해한 내용으로 적절하지 <u>않은</u> 것은? [3점]

① 하이트는 도덕 모듈을 '도덕'과 '비도덕'으로 짝을 지어 제시했다.
② 벤담은 도덕적 판단에서 다수에게 많은 행복을 주는 것을 중요시했다.
③ 하이트는 도덕적 기반이 뇌 안에 생득적으로 형성되어 있다고 보았다.
④ 하이트는 집단에 대한 통찰을 기반으로 보편적 도덕에 대한 기준을 설정했다.
⑤ '윗사람의 정당한 말을 따르지 않는 것'은 '권위/전복'의 모듈에 자극을 줄 수 있다.

03 도덕적 판단 에 대한 입장으로 적절하지 않은 것은? [3점]

① 흄은 도덕적 판단에서 이성보다 감정을 중시했다.

② 칸트는 도덕적 판단을 이성적 추론의 산물이라고 보았다.

③ 하이트는 도덕적 판단의 차이가 집단 간의 갈등을 유발할 수 있다고 보았다.

④ 합리주의에서는 도덕적 판단이 이성적이면서 반사적으로 이루어진다고 보았다.

⑤ 직관주의에서는 일상에서의 도덕적 행동이 감정적 반응에 바탕을 둔다고 보았다.

04 ㉠, ㉡에 대한 이해로 가장 적절한 것은? [3점]

① ㉠은 도덕 모듈의 형성에 영향을 미쳤다.

② ㉡은 학습이나 경험에 의해 후천적으로 변화될 수 없다.

③ ㉠은 ㉡을 포함하면서 도덕 모듈을 자극한다.

④ ㉠은 도덕 모듈을 자극하는 모든 상황이고, ㉡은 특수한 상황이다.

⑤ ㉠과 ㉡ 모두 개인적 경험을 통해 학습된 도덕이다.

05 윗글의 '하이트'의 주장과 〈보기〉에 나타난 주장에 대해 보일 수 있는 반응으로 적절하지 않은 것은? [4점]

─〈보기〉─

　도덕적 판단에 대해 직관주의와 합리주의를 종합하는 관점으로 연구하는 학자 A는 인간의 도덕적 판단에 이성이나 감정이 작용한다고 주장했다. 그는 도덕적 판단을 인간의 뇌에서 정보를 처리하는 것으로 생각하고, 이를 ○○형과 □□형으로 구분했다. ⓐ ○○형은 뇌의 감정적 활동이 정보를 즉각적으로 처리하여 도덕적 판단을 하는 것이고 ⓑ □□형은 이성적 분석과 추론으로 정보를 느리게 처리하는 것이다. 그는 ⓒ □□형을 습관화하는 교육의 과정을 거치면, 도덕적 판단 과정에서 □□형이 즉각적으로 작동하고 ○○형의 감정이 신체적 반응으로 나타난다고 주장했다. 그는 ⓓ 도덕적 판단 기준으로 '보호', '피해', '충성', '존경' 등이 있으며 이들은 문화권마다 중요도가 달라진다고 보고 ⓔ 문화권에 따라 형성된 도덕 판단 기준이 도덕 판단에 영향을 준다고 주장했다.

① 직관과 '더불어 발생되는 감정'을 통해 도덕적 판단을 한다는 하이트의 주장과 ⓐ라는 주장은, 감정이 도덕적 판단에 영향을 미친다는 점을 보여 주는 것이겠군.

② '이성적 추론'으로 도덕적 판단을 '합리화'한다는 하이트의 주장과 ⓑ라는 주장은, 이성이 도덕적 판단과 관련되어 있다는 점을 보여 주는 것이겠군.

③ '도덕 모듈이 작동'함과 동시에 '감정이 수반'된다는 하이트의 주장과 ⓒ라는 주장은, 도덕적 판단이 감정의 영향하에 즉각적으로 나타난다는 점을 보여 주는 것이겠군.

④ '같은 상황에서도 작동하는 도덕 모듈이 같지 않을 수 있다'는 하이트의 주장과 ⓓ라는 주장은, 상대방을 이해하려는 태도가 필요하다는 점을 보여 주는 것이겠군.

⑤ '도덕은 사회·문화적 맥락을 공유하는 특정 집단의 도덕'이라는 하이트의 주장과 ⓔ라는 주장은, 도덕적 판단이 사회·문화적 요소에 영향을 받는다는 점을 보여 주는 것이겠군.

[06~10] 다음 글을 읽고 물음에 답하시오.

기술의 발전과 세계화로 한층 더 복잡해진 국제 정치를 네트워크로 이해하고 분석하는 국제 정치 이론이 등장하였다. 이 이론에 따르면 국제 정치의 네트워크는 다수의 노드와 노드를 상호 연결하여 물질적 또는 비물질적인 것들이 이동하는 링크로 ⓐ 구성되어 있다. 네트워크는 고정되어 있지 않고 노드들의 상호 작용을 통해 끊임없이 변화한다. 이러한 네트워크 내부에서 다른 노드들과 다수의 링크를 맺고, 서로 다른 노드를 연결하는 중심이 되어 유의미한 영향력을 행사하는 노드를 허브라고 한다. 국제 정치에는 다양한 구성 요소를 노드로 하는 네트워크가 복수로 공존하며 이 네트워크들이 겹쳐져 또 다른 네트워크를 구성하기도 한다.

최근에 국가들을 노드로 하는 네트워크에서는 국가 간 상호 의존이 증가하였지만 네트워크의 불균등성과 비대칭성은 더욱 ⓑ 확대되는 양상을 보인다. 힘의 비대칭적 관계에 있는 국가들의 네트워크 내에서 진행되는 상호 의존의 증가는 허브 국가가 다른 국가들에 비해 더 많은 링크를 갖도록 한다. 이는 허브 국가가 'ⓐ 패놉티콘 효과'와 'ⓑ 조임목 효과'를 통해 상호 의존을 무기화할 수 있게 한다. 패놉티콘 효과는 특정 국가가 네트워크의 허브 위치를 활용하여 전략적으로 중요한 정보를 수집하는 것이다. 링크를 통해 수많은 정보가 허브를 거쳐 가므로, 허브 국가는 접근 가능한 정보가 많다는 우위를 이용하여 다른 국가와의 상호 작용에서 이점을 얻을 수 있다. 조임목 효과는 허브를 통하지 않고는 네트워크와 연결되기 어려운 환경을 이용해 허브 국가가 다른 국가의 링크를 제한하거나 차단하는 것을 의미한다. 이러한 불균등한 네트워크에서 허브 국가는 다른 국가에 영향력을 행사할 수 있는데, 그 대표적인 방법으로 네트워크를 활용한 경제 제재가 있다. 이러한 경제 제재는 전통적인 경제 제재와 차이가 있다.

전통적인 경제 제재는 광범위한 영역에 걸쳐 이루어지는데, 대상국 내 취약 계층에 대한 피해를 ⓒ 초래할 수 있다. 실제로 1990년대 국제 연합의 이라크에 대한 경제 제재로 의약품을 비롯한 몇 가지 품목을 제외하고 이라크와의 무역 및 금융 거래가 전면 금지되었는데, 이로 인한 식품 비용 상승과 식량 부족으로 이라크의 영아 사망률이 증가했다. 또한 전통적인 경제 제재는 제재를 부과하는 국가가 경제적 측면에서 피해를 보는 상황에 처할 수도 있다. 경제 제재로 의도하지 않은 문제들이 발생한다는 점에서 전통적인 경제 제재는 이를 부과하는 입장에서 큰 부담이 된다.

네트워크를 활용한 경제 제재는 네트워크에 기반한 상호 의존적 경제 구조를 활용한다. 세계 곳곳에서 이루어지는 금융 거래나 산업의 생산 방식도 네트워크를 형성하고 있다. 허브 국가는 경제의 네트워크에 기반한 협력을 ⓓ 촉진하기도 하지만, 자국의 이익을 배타적으로 추구할 때는 경제 제재의 효과를 극대화하면서 자국에 미칠 수 있는 부정적 효과를 최소화하는 전략을 취한다. ㉮ 허브 국가가 제재 대상 국가와 그 대상 국가를 지원하는 개인 또는 집단을 연결하는 링크를 차단하면, 네트워크에서 제재 대상 국가의 영향력이 약화될 수 있다. 상대국 내의 특정 대상에만 효율적으로 제재를 부과하도록 설계할 수 있는데, 이를 스마트 제재라고 부른다. 예를 들어 금융 제재의 경우 특정 개인 혹은 단체의 금융 거래를 금지하거나 타국에 예치된 금융 자산을 동결하는 등의 방식을 사용한다. 스마트 제재는 특정 대상만을 제재하기 때문에 인도적 차원에서 부담이 작다. 네트워크를 활용한 경제 제재는 제재 범위를 제한함으로써 상대국에 대한 제재의 효과는 극대화하지만 제재에 소요되는 비용과 국내외의 정치적 부담은 감소시키는 특징이 있다.

허브 국가는 네트워크 내에서의 지위를 유지하거나 강화하기 위해서 기술 혁신을 비롯해 자체 역량을 키우기 위해 노력한다. 이를 통해 상대적으로 취약한 부분을 개선하여 네트워크 내의 다른 국가가 허브 국가와 더 긴밀한 협력을 추구하도록 할 수 있다. 그러나 허브 국가가 경제 제재를 반복적으로 하면 제재 대상 국가가 네트워크 자체를 재편하는 전략을 추구하도록 촉진할 수 있다. 제재의 대상이 될 것이라고 예상하는 국가들이 네트워크로부터 분리를 시도하거나 제재에 대한 취약성을 줄이기 위해 새로운 대안적 네트워크를 형성하려고 시도할 수 있는 것이다. 이 경우 상대를 ⓔ 압박할 수 있는 수단을 상실할 수 있다는 점에서 장기적으로는 허브 국가의 손실이 될 가능성이 있다.

06 윗글을 읽고 답할 수 있는 질문이 아닌 것은?
[3점]

① 최근의 국제 정치에서 국가들을 노드로 하는 네트워크의 변화 양상은 무엇인가?
② 허브 국가가 영향력을 행사하는 것을 제한할 수 있는 국제기구는 무엇인가?
③ 전통적 경제 제재를 부과하는 국가가 처할 수 있는 문제 상황은 무엇인가?
④ 전통적 경제 제재와 비교했을 때 네트워크를 활용한 경제 제재의 장점은 무엇인가?
⑤ 허브 국가가 경제 제재를 반복적으로 하면 발생할 수 있는 상황은 무엇인가?

07 ㉠, ㉡에 대한 이해로 적절하지 않은 것은?
[3점]

① 허브 국가는 ㉠을 통해 다른 국가와의 협상에서 우위를 점할 수 있다.
② 허브 국가는 ㉡을 통해 네트워크를 변화시킬 수 있다.
③ 허브 국가는 ㉠과 ㉡을 통해 서로 다른 네트워크의 공존을 허용한다.
④ 네트워크 내에서 상호 의존이 증가할수록 ㉠과 ㉡의 영향력이 커진다.
⑤ 네트워크 내에서 허브 국가의 상대적 지위가 ㉠과 ㉡을 가능하게 한다.

08 ㉮의 시도가 가능한 이유로 가장 적절한 것은? [3점]

① 네트워크에서 국가 간의 상대적 지위가 불균등하고 비대칭적이기 때문이다.
② 허브 국가가 새로운 대안적 네트워크를 형성하려고 시도할 수 있기 때문이다.
③ 제재 대상 국가가 노드들 간의 상호 작용을 통해 링크를 변화시키기 때문이다.
④ 제재 대상 국가가 기존의 네트워크와 다른 새로운 네트워크를 만들기 때문이다.
⑤ 허브 국가가 새로운 링크를 통해 제재 대상 국가와의 협력을 촉진하기 때문이다.

09 윗글을 바탕으로 〈보기〉를 이해한 내용으로 적절하지 <u>않은</u> 것은? [4점]

〈보기〉

A국가는 B국가에 대한 무역 적자가 해마다 늘어나자 이를 개선하기 위해 취약한 분야의 첨단 기술 개발에 대한 투자를 늘리는 한편, B국가 기업에 대한 반도체 관련 수출을 통제하였다. 반도체 공급망은 설계, 제조, 조립 등의 각 단계가 다양한 국가와 기업에 의해 분업화되어 있는 네트워크이다. A국가는 설계를 중심으로, 반도체 공급망에 대한 장악력을 활용하여 자국의 반도체 설계 기술을 사용한 기업들이 B국가 기업에 반도체 관련 수출을 할 경우 자국의 사전 승인을 얻도록 하였다. 그리고 A국가의 국민이 B국가의 반도체 기업 인력으로 지원하는 활동도 제한하였다. 이로 인해 반도체 공급망에서 B국가의 영향력이 약화되었다. B국가는 A국가의 경제 제재에 대응하기 위해 새로운 반도체 공급망을 모색하고 있다.

① A국가가 첨단 기술 개발에 투자하여 취약한 부분을 개선하려는 것은 네트워크 내에서 지위를 강화하려는 의도로 볼 수 있겠군.

② B국가가 기존의 반도체 공급망을 대체할 새로운 반도체 공급망을 구축한다면 네트워크 재편으로 인해 A국가에 손실이 발생할 수 있겠군.

③ A국가가 B국가에 대한 반도체 관련 인력을 통제한 것은 스마트 제재와 달리 네트워크 내의 링크를 차단하는 효과를 의도했다고 볼 수 있겠군.

④ A국가가 B국가에 대한 반도체 관련 수출을 통제한 것은 B국가가 A국가를 통하지 않고 기존의 반도체 공급망에 연결되기 어려운 환경을 이용했다고 볼 수 있겠군.

⑤ A국가가 B국가에 대한 무역 적자를 개선하기 위해 반도체 분야의 수출을 통제한 것은 전통적 경제 제재보다 자국의 경제에 미치는 부정적 영향을 줄이는 전략이라고 볼 수 있겠군.

10 문맥상 ⓐ~ⓔ와 바꿔 쓰기에 가장 적절한 것은? [3점]

① ⓐ: 이루어져

② ⓑ: 옮아가는

③ ⓒ: 키울

④ ⓓ: 내세우기도

⑤ ⓔ: 굽힐

[11~15] 다음 글을 읽고 물음에 답하시오.

지표면으로부터 20km 위로는 공기가 희박하여 산소를 이용하는 제트 엔진으로는 물체를 밀어내는 힘인 추력을 내기 어렵다. 로켓 엔진은 진공인 우주에서도 추진제를 연소시켜 추력을 낼 수 있는데, 추진제에는 연료뿐만 아니라 연료를 태우는 데 필요한 산화제가 포함되어 있기 때문이다. 로켓 엔진은 중량에 비해 추력이 매우 높고, 빠르게 가속할 수 있기 때문에 무거운 탑재체를 싣고 대기권 위로 날아올라야 하는 비행체뿐만 아니라 빠르게 적을 타격해야 하는 각종 군용 미사일에서도 널리 사용된다. 로켓은 로켓 엔진에 사용되는 추진제가 액체인지 고체인지에 따라 액체 로켓과 고체 로켓 으로 ⓐ 나눌 수 있다.

액체 로켓은 로켓 안에 분리되어 저장된 연료와 산화제를 연소 시에 혼합하여 추진제로 사용한다. 고체 로켓은 연료와 산화제를 균질하게 혼합한 추진제인 그레인을 사용한다. 그레인은 연소할 때 발생되는 고온 고압에도 구조적 안정성이 있도록 제작해야 한다. 또한 연소되는 면 이외에 그레인의 다른 부분에서 연소가 일어나지 않도록 단열성을 좋게 만들어야 한다.

로켓은 사용 목적과 운용 고도 등에 따라서 추력을 조절할 필요가 있는데, 액체 로켓은 연료와 산화제의 양을 비행 중에 조절하여 상황에 맞게 필요한 추력을 낼 수 있다. 고체 로켓은 비행 중에 추력을 조절하기 어렵지만 그레인을 통해 미리 설정된 추력을 내게 만들 수 있다. 그레인은 연소되는 면의 넓이가 넓을수록 큰 추력을 낼 수 있다. 그레인이 미리 설정된 추력을 내도록 연소되는 면의 넓이를 조절하기 위해서 그레인의 형상을 달리한다. 그레인의 연소는 연소면의 수직 방향으로 이루어지며 연소면은 최초 연소면에 평행하다.

시간에 따른 추력의 변화는 중립형, 증가형, 감소형으로 분류할 수 있다. 그레인이 점화되면 노즐에서 연소 가스가 분출되면서 추력이 0에서 급격히 상승하고, 정해진 시간 동안 설정된 추력을 보이다가, 연소가 끝나면 추력이 급격히 떨어져 0이 된다. 중립형은 정해진 시간 동안 추력이 일정하다. 추력이 일정하면 비행체의 경로를 제어하기 쉽다. 증가형은 추력이 그레인의 연소가 끝나기 직전에 최대가 된다. 이를 활용하여 목표한 곳에 가까워질수록 추력이 증가하는 비행체를 설계할 수 있다. 감소형은 초기에 추력이 최대가 되어 높은 속도에 도달한 뒤, 그 속도를 유지할 수 있을 정도의 낮은 추력이 된다. 이를 우주로 날아오르는 비행체에 활용하면, 낮은 고도에서 큰 추력으로 중력과 공기 저항을 빠르게 벗어나게 할 수 있다.

〈그림 1〉 단면 형상에 따른 그레인의 연소 방식

시간에 따른 추력의 세 가지 변화는 그레인의 연소 방식 및 단면의 형상과 관련이 있다. 연소 방식에는 단면연소, 내면연소, 외면연소, 내외면연소 등이 있다. 이 방식들을 이해하기 위해 〈그림 1〉과 같은 단면을 가진 그레인을 상정해 보자. 로켓의 진행 방향으로 타들어 가는 단면연소 방식은 연소되는 면의 넓이가 거의 일정하게 유지되어 중립형을 보인다. 내면연소 방식의 그레인은 가운데가 비어 있는 형태이다. 그레인의 양 끝을 불에 타지 않는 재질을 사용하여 단면연소를 차단하면 그레인의 안쪽만 타들어 가게 되어 연소되는 면의 넓이가 증가하기 때문에 증가형을 보인다. 외면연소 방식은 그레인의 바깥부터 타들어 가서 연소되는 면의 넓이가 감소하기 때문에 감소형을 보인다. 내외면연소 방식은 그레인의 안에서는 연소되는 면의 넓이가 증가하고 그레인의 바깥에서는 연소되는 면의 넓이가 감소하여 강한 추력을 낼 수 있다. 한편 연소 방식이 다른 그레인을 접합하여 비행 시간에 따라 추력을 조절할 수도 있다.

그레인의 연소 방식 중에서 내면연소 방식이 가장 많이 사용된다. 내면연소 방식은 단면연소에 비해 연소되는 면이 넓어서 강한 추력을 내는 데 유리하며, 로켓의 외부 표면에 전달되는 열이 적어 외면연소나 내외면연소 방식에 비해 안전하다. 내면연소 방식은 그레인의 단면 형상을 달리하여 추력의 크기를 다르게 낼 수 있다. 내면연소 그레인의 단면 형상은 〈그림 2〉와 같이 별형, 수레바퀴형, 나뭇가지형 등이 있다.

별형 수레바퀴형 나뭇가지형

〈그림 2〉 내면연소 그레인의 단면 형상

단면의 빈 공간이 별형인 내면연소 그레인은 고체 로켓에 가장 많이 사용되는데, 별의 형상을 다르게 하여 원하는 추력을 얻을 수 있다. ㉠ 나뭇가지형 그레인의 경우 단면 형상이 복잡하여 초기에 연소되는 면이 넓어 큰 추력을 내고 그 이후로는 낮은 추력을 낸다.

11 윗글의 내용과 일치하지 않는 것은? [3점]

① 그레인은 연소되는 면 이외에 다른 부분이 연소되지 않게 만들어야 한다.

② 액체 로켓은 로켓 안에 연료와 산화제가 섞여서 연소되는 공간이 필요하다.

③ 액체 로켓은 무거운 탑재체를 가지고 우주로 날아가야 하는 비행체에 사용할 수 있다.

④ 로켓 엔진은 중량에 비해 추력이 높고, 빠르게 가속할 수 있어서 군용 미사일에 널리 사용된다.

⑤ 내외면연소는 그레인 안의 연소되는 면의 넓이는 감소하고 밖의 연소되는 면의 넓이는 증가한다.

12 고체 로켓 에 대한 설명으로 적절하지 않은 것은? [3점]

① 목표한 곳에 접근할수록 속도를 빠르게 낼 수 있는 연소 방식을 사용할 수 있다.

② 비행 중에 그레인 단면의 형상을 실시간으로 변화시켜 추력을 조절할 수 있다.

③ 추력의 변화를 중립형이 되게 만들면 일정 시간 동안 경로를 제어하기 쉽다.

④ 연소 방식이 서로 다른 그레인을 접합시키면 추력을 변화시킬 수 있다.

⑤ 연료와 산화제가 균질하게 혼합된 추진제를 사용하여 추력을 낸다.

13 ㉠의 이유로 가장 적절한 것은? [4점]

① 연소면의 수직 방향으로 최초 연소면에 평행하게 연소해서 연소되는 면의 넓이가 급감하기 때문이다.

② 로켓의 외부 표면에 전달되는 열을 감소시켜 로켓의 안전성을 유지시키려 하기 때문이다.

③ 연소되는 면의 넓이를 일정하게 유지시켜 원하는 추력을 얻으려 하기 때문이다.

④ 그레인의 안과 밖에서 연소가 동시에 일어나 그레인이 빨리 연소되기 때문이다.

⑤ 연소가 끝나기 직전에 추력을 크게 내야 할 필요가 있기 때문이다.

14 윗글을 바탕으로 〈보기〉를 이해한 내용으로 적절하지 <u>않은</u> 것은? [4점]

〈보기〉

○○연구소에서 제작하고 실험한 로켓 A, 로켓 B, 로켓 C의 추력 변화이다. 각 로켓은 모두 고체 로켓이고, 각각의 로켓은 연소 방식이 다르다. 각 로켓을 발사했을 때, t_1까지는 모든 로켓의 추력이 같았고, t_2까지는 로켓 B와 로켓 C의 추력이 같았다. (로켓 A와 로켓 C의 그레인 양 끝은 표면을 불에 타지 않는 재질로 보호했고, 이 외에 추력에 영향을 주는 다른 요인은 고려하지 않는다.)

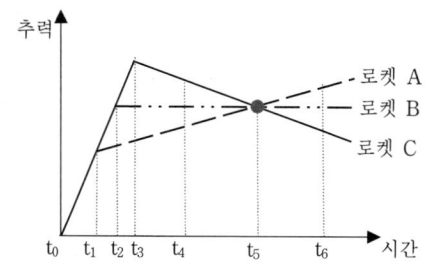

① t_0에서 로켓 A, 로켓 B, 로켓 C가 동일한 양의 그레인을 가지고 발사되었다면 t_2까지 연소된 그레인의 양은 로켓 B, 로켓 C 모두 동일하다.

② t_3에서 로켓 B는 로켓 A보다 그레인의 양을 많이 소모한다.

③ t_5에서 로켓 A, 로켓 B, 로켓 C 모두 그레인의 연소되는 면의 넓이가 동일하다.

④ t_5에서 로켓 A, 로켓 B에 남아 있는 그레인의 양이 동일하다면 t_6에서 남아 있는 그레인의 양이 더 많은 로켓은 로켓 B이다.

⑤ t_4에서 그레인의 연소되는 면이 가장 넓은 로켓은 로켓 C이고 t_6에서 그레인의 연소되는 면이 가장 좁은 로켓은 로켓 B이다.

15 ⓐ와 문맥상 의미가 가장 가까운 것은? [3점]

① 지휘자가 악기를 관악기와 현악기로 <u>나누</u>었다.

② 그와 친구는 진로에 대한 이야기를 <u>나누</u>었다.

③ 그는 자신의 유산을 가족들에게 <u>나누</u>었다.

④ 그는 친구들과 명절 음식을 <u>나누</u>었다.

⑤ 나와 그는 운동의 즐거움을 <u>나누</u>었다.

[16~19] 다음 글을 읽고 물음에 답하시오.

[앞부분 줄거리] 이 주사는 추첨에 뽑혀 아내의 옷과 패물을 전당국에 잡히고 300원에 전화를 놓았다. 이틀 동안 첫 전화가 오기를 기다리던 아내는 기생 채홍이 남편을 찾는 전화에 기분이 상했다. 이 주사는 퇴근길에 선물을 사 와서 아내를 달랜다.

"저녁을 먹으러 오라는데 안 갈 수가 있나. 가마구 했지."

따라 놓았던 술잔을 들어 마시고 부득부득 나갈 채비를 차린다. 아내가 모처럼 마음먹고 받아다가 준 술을 좋은 기분으로 맛있게 먹던 판이나 요릿집 가서 정종을 먹지 하는 생각을 하니 술맛도 금시로 쏩쓸한 것이었다.

"또 요릿집이겠군요? 또 술로 밤을 새실 테니 진지를 좀 뜨시구 나가시구려. 참 원수의 전화를 달더니 밥상 받고 있는 이까지 불러내 가구, 별일이 다 많군!"

아내는 눈살이 찌푸려지지 않을 수 없었다. 아이가 없는 이 아씨는 더구나 밤에는 남편을 내놓기가 무엇보다도 싫었지마는 오늘은 애를 써 차려놓은 저녁상을 받고 마악 재미있게 먹으려는 판에 그놈의 전화가 간신히 마음을 잡고 들어앉았는 사람을 들쑤셔 끌어내 가니 전화 탓이 저절로 나는 것도 무리가 아니다. 그러나 주인은 들은 체 만 체하고 두루마기를 꺼내라 해서 입고 나가 버렸다.

그날 밤으로 주인이 나간 뒤에 전화가 또 두 번이나 왔다. 처음 한 번은 주인이 나간 지 얼마 안 되어서 ⊙아침에 걸던 여자와 같은 목소리로 안 계시다 하여도 부득부득 대어달라고 하는 것이 성이 가시기에 한바탕 몰아세우고 딱 끊어버린 것은 슬며시 화풀이도 되고 통쾌도 하였거니와 그다음에 밤이 이슥하여 온 것은 남편이 요릿집에서 건 것이었다.

부부가 전화로 이야기를 해본 일은 처음이라 목소리가 반갑기도 하여 혼자 전화통에 대고 부끄러운 듯이 웃음도 저절로 나왔고 눈이 빠지게 기다리던 판이니 이런 때는 전화도 쓸모가 있다고 고맙게 생각하였지마는 술 취한 목소리로,

"난 오늘 못 들어가겠는데 그래두 상관없겠소? …… 그년한테 가는 길야! 문 꼭 닫고 잘 주무시죠……"

어쩌고 하는 주정 비슷 농담 비슷한 소리를 하는 것을 듣고는 화가 치밀어 올라서 처분대로 하라 하고 끊어 버렸던 것이다.

[중략 부분 줄거리] 전화를 놓고 아내와 갈등을 겪던 이 주사는 김 주사에게 전화를 팔기로 한다.

⊙"아침에 전화를 떼 갔죠!" 하고 앓던 이나 빠진 듯이, 그러나 일대 사변이나 일어난 듯이 남편을 보는 맡에 보고를 하면서 그래도 매우 서운한 기색으로 선웃음을 친다. 마루 위를 치어다보니 딴은 전화통을 받치었던 나무판만 허옇게 담벼락에 붙어 있다. 이 주사도 좀 섭섭하였다.

"그런데 우편국 사람을 데리구 왔던 사람이 이런 편지를 두구 갔에요."

하고 아씨는 남편을 따라 들어와서 뜯어보고 난 편지 한 장을 내어 준다.

"뭐야?……"

"글쎄 보세요?" 하고 아내는 말똥히 남편의 기색만 살피는 양이 수상하다. 채홍이란 년이 부부 쌈이나 붙여놓으려고 장난으로 편지를 한 것이나 아

닌가 하는 겁도 나고 불쾌한 생각이 나면서 꺼내 보니 김 주사의 부친이 한 편지다.

자기 아들에게 여러 번 채근을 하였으나, 전화 값 칠백 원의 영수증을 왜 아니 써 보내느냐? 또 아들의 말을 들으면 그 전화는 일 년이 지난 뒤에 명의를 변경하는 규정이라니 팔고 사는 형식은 취할 수 없을 것인즉 전화를 담보로 하고 칠백 원을 취해가는 차용증서를 곧 써 보내라는 것이다.

편지를 보던 이 주사는 눈이 뚱그레지며 이맛살을 잔뜩 찌푸렸다.

"전화 값이 칠백 원이래죠? 그래 이백 원은 어디 갔에요?"

편지를 먼저 본 아내는 남편을 한바탕해 낼 작정으로 눈독을 잔뜩 들이고 벼르고 앉았다.

"글쎄 말야! 이놈이 떼어먹는 게로군!"

"그게 무슨 어림없는 소리예요. 오백 원이고 칠백 원이고 돈을 받았으면 영수증을 써 주셨겠죠?"

"우리 새에 영수증 여부가 있느냐기에 돈만 받구 영수증은 안 써 주었어."

"그런 흐리멍텅한 일이 있을 리가 있나! 돈만 받구 전화 안 내주면 어쩌게! 조화가 붙은 거예요. 그 돈 이백 원 어서 마저 내노슈."

"뭘 내노라는 거야? 이런 주책없는!"

주인은 ⓐ어이가 없어 웃어 버린다.

"무에 주책이 없어요? 채홍이 년의 입으루 들어갔지 뭐예요."

"잘 알었소. 채홍이 년의 입으루 들어갔던지, 코루 들어갔던지 한 것은 사실이지만 내가 어쨌을 듯 싶어?

이백 원 떼어 쓰자면 칠백 원 영수증 써 놓고 못 쓰겠기에! 영수증에는 임자의 도장을 찍어야 하니 임자를 속이겠을까?"

듣고 보니 딴은 그렇다. 아내는 얕은 생각에 남편이 정녕 자기를 속였으리라고만 단순히 생각한 것이 열쩍기도 하다.

"그래두 김 주사하구 짜구 떼어 쓰셨지 뭐야?"

"짜구 쓰기루, 김 주사 어른에게 영수증야 못 써 들여놓을까."

그도 그렇다. ⓒ아내의 낯빛이 좀 어색해졌으

나, 다시 생기가 돌면서,

"그럼 됐구려. 그 이백 원은 내가 받아올 테니, 영수증만 써 주슈. 이 편지하구 지금이라두 가지구 가서 부자를 한자리에 앉히구 따져서 당장 받아올 테니!"

그도 그럴 듯하고 자기가 나서서 맞대해 놓고는 아무래도 거북하니까 그편이 도리어 좋을 것 같다.

"아무려나 해보구려." 하고 영수증을 써 주었다.

"그 이백 원, 받아 오면 그건 내 거예요!"

아내는 옷을 부덩부덩 갈아입는다.

ⓔ "아무려나 처분대로 하우. 그 대신 인제는 바가지나 긁지 않는다는 다짐은 받아야 헐 걸!" 하고 남편은 웃었다.

아씨는 전당국에서 나온 두루마기에 외투에 여우 목도리를 걸치고 남편이 저번 날 사 온 회색 장갑을 끼고 고양이같이 신이 나서 나갔다.

어떻게 되누? 하고 이 주사는 안방에 누웠으려니까 두어 시간이나 거레*를 하더니 또 풍우같이 들어온다.

"가다간 이런 일두 있어야 살 재미가 있는 거야."

아씨의 신기가 이렇게 좋기란 결혼 이후에 처음일 것이다.

"그래 아무 소리 없이 내놉디까?"

"마침, 아들(김 주사)두 나와 있겠죠. 영감은 일이 이렇게 될 줄은 모르고, 전화를 안 내놓거나 하면 돈만 뜰까 봐 겁은 나구, 아들은 못 믿겠구 해서 뒷구멍으로 알아보느라구 이리 직접 편지를 했던가 봅디다. 그러나 아들이 오백 원에 흥정이 된 거라고 고집을 부립디다마는, 그럼 무르자고 야단을 쳤더니 결국 영감이 수그러지드군요. 칠백 원이래두 저희는 이가 되기에 선뜻 또다시 이백 원을 내놓겠지."

"흥, 자식이 떼먹은 것이니까 창피한 생각도 들어서 내놓은 것이겠지만, 그 영감 결국 채홍이에게 아들의 해웃값* 무리꾸럭해* 준 셈이군." 하고 슬며시 아내더러 들어 보라고 이런 소리를 하였다.

"그럼 채홍이 집 김장은 김 주사가 해줬구려? 흥, 그래?"

ⓜ 인제야 안심이 되었다는 듯이 아내는 샐쭉 웃다가,

"여보, 우리 어떻게 또 전화 하나 맬 수 없소?"

하고 옷도 채 못 벗고, 턱밑에 다가앉아서 조르듯이 의논을 한다.

남편은 하 ⓑ 어이가 없어서 웃기만 하며 아내의 얼굴을 빤히 들여다본다.

– 염상섭, 「전화」 –

* 거레: 까닭 없이 지체하며 매우 느리게 움직임.
* 해웃값: 기생 따위와 어울려 놀고 그 대가로 주는 돈.
* 무리꾸럭해: 남의 빚이나 손해를 대신 치러.

16 윗글의 서술상 특징으로 가장 적절한 것은? [3점]

① 대화를 중심으로 갈등이 증폭되고 해소되는 과정을 제시하고 있다.

② 동일한 시간의 두 공간을 연결하여 사건을 입체적으로 전개하고 있다.

③ 액자 구조를 활용하여 과거의 사건이 현재에 미치는 영향을 암시하고 있다.

④ 다양한 시점을 혼용하여 인물 간의 심리적 거리를 효과적으로 드러내고 있다.

⑤ 작품 내부의 서술자가 인물의 심리를 묘사하여 사건 전달의 객관성을 높이고 있다.

17 ㉠~㉤에 대한 설명으로 적절하지 <u>않은</u> 것은? [3점]

① ㉠: '남편'의 외출과 전화를 건 이의 태도로 인해 상했던 '아내'의 기분이 나아졌다.

② ㉡: '아내'는 '남편'에게 전화를 떼어 간 사실을 전하며 후련함과 아쉬움을 느꼈다.

③ ㉢: '아내'는 '남편'의 거짓말에 속을 뻔하다가 결국 속지 않았다는 데에서 쾌감을 느꼈다.

④ ㉣: '남편'은 전화 값을 둘러싼 '아내'의 오해에서 벗어났다고 생각하여 여유로운 태도를 보였다.

⑤ ㉤: '아내'는 '남편'이 '채홍'에게 돈을 주지 않았음을 알아차리고 마음이 놓였다.

18 ⓐ, ⓑ에 대한 이해로 가장 적절한 것은? [4점]

① ⓐ는 '남편'과 '아내'의 갈등을 심화하는 반면, ⓑ는 '남편'과 '아내'의 갈등을 완화한다.

② ⓐ는 '남편'과 '아내'의 적극적인 대화를 이끄는 반면, ⓑ는 '남편'과 '아내'의 대화를 단절시킨다.

③ ⓐ는 '아내'의 말에 억울함을 느낀, ⓑ는 '아내'의 말에 새로운 기회를 깨달은 '남편'의 태도를 나타낸다.

④ ⓐ, ⓑ 모두 '아내'가 자신의 생각을 꿰뚫어 보고 말한 것 같아 궁지에 몰린 '남편'의 상황을 보여 준다.

⑤ ⓐ, ⓑ 모두 '아내'가 한 말이 자신이 예상하지 못한 말이어서 기가 막힌 '남편'의 심리를 드러낸다.

19 〈보기〉를 참고하여 윗글을 감상한 내용으로 적절하지 <u>않은</u> 것은? [4점]

〈보기〉

염상섭은 식민지 조선에 도입된 근대 문물이 조선인들의 삶을 어떻게 바꾸는지를 날카로운 시선으로 관찰하여 그려낸 작가이다. 이 작품은 '전화'라는 의사소통 수단의 도입이 불러일으킨 변화와 이를 둘러싼 중산층 생활인의 욕망과 허위, 속물근성 등을 묘사함으로써, 근대 문물이 우리의 삶에 어떤 영향을 미치는지 되돌아보게 한다.

① '남편'이 전화를 받고 나가는 장면에는 전화의 도입이 일상에 미친 영향이 드러나 있다.

② 부부간의 통화 장면에는 새로운 의사소통 수단으로 '남편'과 첫 대화를 나누는 '아내'의 설렘이 드러나 있다.

③ '남편'이 영수증을 달라는 편지를 읽는 장면에는 근대 문물에 적응하는 정도가 다른 조선인들의 모습이 드러나 있다.

④ 전화 값을 둘러싼 '이 주사'와 '김 주사' 간의 사건에는 중산층 생활인이 지닌 욕망과 허위가 드러나 있다.

⑤ 전화를 또 하나 놓자는 '아내'의 말에는 전화 소유에 대한 입장을 바꿀 수 있을 만큼 강한 중산층의 속물근성이 드러나 있다.

[20~23] 다음 글을 읽고 물음에 답하시오.

(가)

반중 조홍감이 고와도 보인다
유자*가 아니라도 품음직 하다마는
품어 가 반길 사람 없으니 그를 서러워 하나이다
〈제1수〉

왕상*의 잉어 잡고 맹종*의 죽순 꺾어
검던 머리 희도록 노래자*의 옷을 입고
일생(一生)에 효성 다하기를 **증자***같이 하리이다
〈제2수〉

만균*을 늘여 내어 길게 길게 노끈 꼬아
구만리(九萬里) 장천(長天)에 가는 해를 잡아매어
ⓐ 북당(北堂)에 하얗게 머리 센 부모님 더디 늙
게 하리라
〈제3수〉

봉황 무리 모이신 곳에 까마귀 하나 들어오니
백옥 쌓인 곳에 돌 하나와 같다마는
봉황도 비조*의 종류이니 모셔 논들 어떠리
〈제4수〉

– 박인로, 「조홍시가」 –

* 유자(柚子): 중국의 육적이라는 아이가 원술이 준 귤을 품어다가 어머니에게 드린 고사.
* 왕상(王祥): 진나라 때의 효자.
* 맹종(孟宗): 오나라 때의 효자.
* 노래자(老萊子): 초나라 때의 효자.
* 증자(曾子): 공자의 제자로 효성이 지극했음.
* 만균(萬鈞): 큰 쇳덩이리.
* 비조(飛鳥): 날아다니는 새.

(나)

㉠ 어와 벗님네야 백년 허송(虛送) 마러서라
궁달*이 때 있으니 질병은 무슨 일인가
인생이 항상 소년 아님을 내가 이미 알았으니
동원(東園)의 복숭아꽃 오얏꽃 잠깐 봄을 그대
어이 모를손가
가을바람에 병 낫고자 함을 일념으로 걸었으니
㉡ 옛사람의 놀던 자취 달처럼 밝아 있다

물가에서 종일토록 고관 모임은 왕희지의 놀
음이요
천명을 즐기며 의심하지 않음은 도연명의 놀
음이요
퉁소 부니 이는 연기는 왕자진의 놀음이요   [A]
웃으며 안장에 앉아 낙매화(落梅花) 노래함
은 이청련의 놀음이요
　　　　　　　(중략)
이 놀음 다한 후에 공명을 기약하고
안장 수레 치장하고 **홍진자맥*** 찾아가니
장삼이사 소년들이 반겨 맞아 하는 말이
높은 벼슬 저러한데 더디 옴은 웬일인가
녹수진경* 낙수교 부르나니 자네로세
㉢ 높은 벼슬 늦은 것을 기쁘게 대답하되
이윤의 농사일도 탕왕을 만났었고
여상의 낚시질도 문왕을 섬겼으니
나도 또한 그 아니랴 충신열사 후예로서
마음속에 충효 두 자 밝았으니
㉣ 바라나니 성군(聖君)이요 생각하니 명주(明
主)로다
급암*의 회양 다스림 그도 또한 직신(直臣)이요
노련*의 동해 죽음 이 아니 의사(義士)런가
황하수 한 번 맑아 우리 성주(聖主) 나계시니
하늘 같은 ⓑ 궁궐에서 이 노래 들으시면
삼고초려 한의 유비 도원결의 송의 태조가
제갈량을 다시 보니 조보*야 또 아닌가
한림원에 특교하여 의정부에 불러 모아
삼당상 입궐할 때 곡진하게 하교하되
당우의 태평성대를 내 벌써 하려 하나
고요직설* 못 얻어서 꿈속에서 어진 신하 바
라더니
초야의 숨은 신하 이 날에 만났으니
오현금 남풍시*는 묻노라 어느 때인가   [B]
우리나라 다시 함이 일정이 마땅하다
큰 은혜 깊은 은혜 사배(四拜)하고 아뢴 말씀
군신유의* 중요하니 보궐습유* 마오리까
공명을 크게 닦고 사직을 아뢴 후에
범려의 오호주로 한강수 건너와서
소광의 천일금을 추성부에 흩어 두고

감군은* 한 곡조로 **태평주** 빚었으니
형 오소 아우 오소 시골 인심 더욱 좋다
그도 그러하거니와 좌우 사람 바라보니
좋은 벗은 구름 같고 훌륭한 벗 자리 가득
그대에게 다시 권해 한 잔 술로 오래 취해 깨지 마오
아이야 또 술 부어라 천하만사 순간이라
이런 놀음 저런 놀음 꿈이런가 잠이런가   [C]
광명한 이 세상에 대장부 되어서는
ⓜ 질병 없이 살아감을 진실로 바라노라

– 남석하, 「원유가」 –

* 궁달(窮達): 빈궁과 영달.
* 홍진자맥(紅塵紫陌): 번잡하고 번화한 속세.
* 녹수진경(綠樹秦京): 푸른 나무가 늘어선 도성 가는 길.
* 급암(汲黯): 한나라의 직언을 잘했던 신하.
* 노련(魯連): 제나라의 신하.
* 조보(趙普): 송나라의 신하.
* 고요직설(皐陶稷契): 순임금 때의 어진 신하들.
* 오현금(五絃琴) 남풍시(南風詩): 순임금이 오현금을 만들어 나라와 백성의 안녕을 기원한 시를 지은 고사.
* 군신유의(君臣有義): 임금과 신하의 도리는 의리에 있음.
* 보궐습유(補闕拾遺): 임금을 보좌하여 잘못된 점을 바로잡음.
* 감군은(感君恩): 임금의 은혜에 감사함.

20 (가), (나)에 대한 설명으로 가장 적절한 것은?
[3점]

① (가)의 〈제3수〉는 불가능한 상황을 설정하여 화자의 절망감을 드러내고 있다.

② (가)의 〈제4수〉는 두 대상의 공통점을 환기하여 화자의 의도를 드러내고 있다.

③ (나)의 [A]는 궁핍한 상황과 영달한 상황을 교차하여 화자의 처지를 드러내고 있다.

④ (나)의 [B]는 인물 간의 대화를 통하여 화자가 느끼는 아쉬움을 드러내고 있다.

⑤ (나)의 [C]는 시간을 압축한 표현을 통하여 화자의 회한을 드러내고 있다.

21 ㉠~ⓜ에 대한 이해로 적절하지 <u>않은</u> 것은?
[3점]

① ㉠: 세월을 헛되이 보내면 안 된다는 생각을 나타내고 있다.

② ㉡: 옛사람처럼 인생을 즐기는 것에 대해 긍정적인 태도를 나타내고 있다.

③ ㉢: 자신이 높은 벼슬을 다시 맡은 것에 대해 반가움을 나타내고 있다.

④ ㉣: 어질고 현명한 임금을 모시고 싶다는 기대를 나타내고 있다.

⑤ ⓜ: 즐거운 삶을 영위하기 위해 건강하게 살고 싶은 바람을 나타내고 있다.

22 ⓐ와 ⓑ에 대한 설명으로 가장 적절한 것은?
[3점]

① ⓐ는 ⓑ와 달리 화자가 대상으로부터 은혜를 입은 장소이다.

② ⓑ는 ⓐ와 달리 화자가 대상을 섬기기 위해 거처하는 장소이다.

③ ⓐ는 화자가 소망하는 바가 실현된, ⓑ는 화자가 소망하는 바가 실현될 장소이다.

④ ⓐ는 화자가 정성을 다하고 싶은 대상이, ⓑ는 정회를 풀어내고 싶은 대상이 있는 장소이다.

⑤ ⓐ와 ⓑ는 모두 대상이 화자에게 애정을 드러내는 장소이다.

23 〈보기〉를 참고하여 (가), (나)를 감상한 내용으로 적절하지 <u>않은</u> 것은? [4점]

〈보기〉

조선 시대 사대부의 시가는 사대부가 중요하게 여기는 충, 효, 입신양명, 풍류 등을 주제로 하는 것들이 많다. (가)에는 부모에게 효도를 하고 싶은 마음이, (나)에는 신하의 도리를 다하고자 하는 마음, 입신양명하고자 하는 마음, 풍류를 즐기고자 하는 마음, 즐거움을 향촌 공동체와 나누고자 하는 마음 등이 드러나 있다. 이러한 마음을 형상화하기 위해 자연물, 고사 등이 활용되기도 하였다.

① (가)의 〈제1수〉는 '반중 조홍감'의 존재를 통해 부모의 부재를 떠올리고 효도를 하지 못하는 것을 안타까워하는군.

② (나)는 '인생이 항상 소년 아님'을 인식하고 풍류를 즐기며 현재를 살고 싶어 하는군.

③ (나)는 '홍진자맥 찾아가'는 행위를 통해 번화한 속세에 나아가 입신양명하기를 바라는군.

④ (가)의 〈제2수〉는 '증자'처럼 효도하겠다는 의지를 밝히고, (나)는 자신의 과거를 반성하며 '급암'처럼 신하의 도리를 다하기를 소망하는군.

⑤ (가)의 〈제3수〉는 '만균'을 이용하여 부모가 천천히 늙기를 희망하고, (나)는 향촌 공동체와 '태평주'를 나누며 즐거움을 함께하고자 하는군.

[24~27] 다음 글을 읽고 물음에 답하시오.

다음 날 아침에 형옥이 먼저 나가자 형씨 형제들이 따라 나섰다. 모두 가벼운 옷차림을 하고 좋은 말에 올랐는데, 유독 손기만은 낡은 두건에 허름한 베옷을 입었다. 그리고 손기가 어린아이를 불러 ▢작은 나귀▢에 안장을 올리게 하자 계아가 웃으며 말하였다.

"당신의 복장이 너무 검소합니다. 모름지기 어진 사람의 마음을 가져 이전의 원한을 갚으려고 독한 수단을 부리지 마십시오. 두 집안의 좋은 분위기가 깨질까 염려됩니다."

손기는 말없이 그저 웃기만 하고는 길을 나서 소운성과 나란히 갔다. 소운성은 **정제된 의관**을 하고 **임금이 하사한 청총마**를 타고 있었다. 소운성이 형 한림 형제와 함께 성문을 지나자, 형씨 집안의 하인 모두가 그 모습을 보고 감탄하였다. 성문을 지나자 소운성이 채찍을 휘두르며 형 한림에게 말하였다.

"이렇게 날씨가 화창하고 풀도 길지 않으니 변수 가까지 말달리기가 무척 좋을 듯합니다. 우리 모두 함께 **말을 달려 꼴찌에게는 벌칙으로 변수의 물을 떠먹이는** 것이 어떻겠습니까?"

소운성이 또 손기를 괴롭히려고 이런 제안을 한다는 것을 알아챈 형 한림이 안타까운 표정을 지으며 말하였다.

"우리는 다 말을 탔으니 서로 달리기를 할 수 있겠지만 손 서방은 약한 나귀를 탔으니 어찌 달리기를 할 수 있겠는가? 또한 손 서방은 일찍이 병이 있어 말달리기를 잘 못한다네."

"말은 좋고 나쁜 것이 없고 오직 잘 다루기에 달렸습니다. 손 선생이 선천도의 이치를 깨달아 여섯 마리 용에 멍에를 지어 하늘에 오르는 도술을 익히 배웠거늘 어찌 나귀 하나 다루지 못하겠습니까? 형님이 매번 손 선생을 위한다며 제 말을 막으시니 오늘은 제가 직접 청하여 보겠습니다."

소운성이 말을 마치고는 즉시 말을 돌려 손기에게 갔다.

"ⓐ 말달리기는 예로부터 사대부들이 해야 하는

육례 가운데 한 가지입니다. 함께 말을 달려 즐거움을 더하는 것이 어떻겠습니까?"

형 한림이 급히 말을 돌려 말리고자 하는데, 뜻하지 않게 손기가 채찍을 들어 태연하게 응낙하였다.

"손 선생의 깊은 속을 우리가 헤아릴 수 없는데, 형님은 무얼 그리 지나치게 근심하십니까?"

소운성이 형 한림을 돌아보고 웃으며 말하고는 말의 재갈을 기준으로 하여 모든 형제들을 기러기 떼처럼 나란히 서게 하였다. 그리고는 신호에 맞추어 모두가 동시에 채찍을 들어 달려 나갔다. 몸이 날아가는 기러기같이 날랜 데다가 워낙 좋은 말을 탄 소운성이 맨 앞에서 달리고 이어 형씨 집안 형제가 차례로 뒤를 이었다. 그들이 변수 가에 거의 다다르자 손기가 채찍을 들어 한 번 나귀를 쳤다. 그러자 나귀가 굽을 솟구쳐 오르더니, 별이 흐르고 번개가 지나듯이 가운데를 꿰뚫어 먼저 변수 가에 도착하였다. 잠시 후 형씨 집안 형제들도 차례로 이르렀다. 다만 소운성이 탄 말만은 뒷굽이 무거운지 달려 나오지 못하였다.

모든 사람이 배에 오른 후에야 겨우 도착한 소운성이 말에서 내려 자리에 앉았다. 손기는 잠잠히 말없이 앉아 있었고 형 한림은 크게 웃었다. 소운성은 말을 오래 세워놓아 발에 병이 났다고 핑계를 대며 탄식하였다. 형씨 형제 가운데 둘째와 셋째가 하인에게 물을 가져오게 하고는 소운성에게 빨리 마시라고 재촉하였다. 비록 말을 잘하는 소운성이었지만 상황이 이렇게 되자 난처한 기색을 숨기지 못하고 주저하였다.

[중략 부분 줄거리] 소운성은 손기를 적대시하는 마음이 여전하다. 그러나 어린 아들이 요사스러운 광대에게 혼을 빼앗겨 죽을 위기에 처하자 태도를 바꾸어 손기를 찾아가 도움을 청한다. 손기는 도술로 소운성 아들을 위기에서 구해 주고 요사스러운 광대를 죽이지 말라고 당부한다.

집안은 이미 아이가 돌아왔다며 기뻐하는 소리가 가득했다. 소운성이 **손기의 신기한 재주에 감탄하며 마음속으로 칭찬**하고 있는데, 문지기가 급히 들어와 고하였다.

"어제 놀이판에 와 놀음을 놀았던 광대가 묶인 채 문밖에 이르렀습니다."

주위에 있던 사람들이 모두 놀랐으나 이미 알고 있는 소운성은 놀라는 기색 없이 아버지 소현성에게 가서 그동안의 경과를 아뢰었다. 그리고 하인들에게 광대를 잡아들이라고 명령하였다. 끌려온 광대는 두 팔이 묶인 채 소운성을 보고는 한없이 머리를 조아렸다. 소운성이 크게 화를 내며 큰소리로 꾸짖었다.

"요망한 놈! ⓑ 감히 하늘을 속이고 사람 목숨을 해치며 세상의 도리를 어지럽혔으니 아홉 번 죽여도 죄를 용서하지 못하리라."

즉시 하인들에게 형장을 베풀어 매우 쳐 죽이라고 명하였다. 광대가 땅에 엎드려 살려달라고 빌자 소현성이 그 소리를 듣고 소운성을 불렀다.

"저 요망한 놈의 죄는 죽여도 아깝지 않다. 허나 나라의 죄수가 아니니 어찌 사람의 목숨을 함부로 처단하겠느냐? 하물며 유학의 도를 걷는 네가 어찌 사람을 가볍게 죽여 자그마한 원망을 사려고 하느냐? 그 죄를 널리 알리고 다스려 먼 곳으로 내치는 것이 무방할 것이다."

소운성이 아버지의 가르침을 듣고 비로소 깨달아 손기가 한 말을 고하였다.

"놓아주고 살려주고는 네 동서가 이른 대로 하는 것이 좋겠다. 죽이지 말라고 했다 하니 굳이 그 뜻을 어기면서까지 죽일 필요가 있겠느냐? 다만 이 요괴를 놓아주었을 때 다른 지방에 가 술법을 팔아 장난을 친다면 후일 큰 걱정거리가 될까 염려스럽구나."

"제가 집으로 올 때 동서가 부적 하나를 주면서, 이 부적을 광대에게 주어 훈계하면 더 이상 제멋대로 굴지 못할 것이라 하였습니다."

"그렇다면 염려가 없겠구나."

말을 마치고 소운성이 밖으로 나와 매질을 그치게 하고 손기가 준 부적을 꺼내어 광대에게 보여 주었다. 부적을 본 광대가 갑자기 눈물을 흘리고 머리를 조아리며 예를 갖추었다.

"다시는 감히 나쁜 마음을 먹지 않을 것입니다."

그리고 하늘을 우러러보며 절을 멈추지 않았다. 소운성이 **묶은 것을 풀어주며** 말하였다.

"네가 이제 이 나라를 떠나 삼천리 밖으로 가면

네 죄를 용서하겠지만, 만약 그렇지 않으면 다시 벌을 받을 것이다."

광대가 황급히 대답하고는 머리를 감싸고 쥐 숨듯 돌아갔다.

소운성이 안채로 들어가 경아와 계아에게 신령을 불러 요괴를 사로잡아 아이의 혼백을 찾아오던 전말을 전하며 감사의 뜻을 전하였다. 경아가 놀라고, 계아 또한 한동안 놀라고 의아하게 생각하였다.

이튿날 소운성이 **술과 먹을거리를 가지고** 형씨 집안으로 가서 형 한림 형제와 손기를 찾아 함께 즐기며 아들이 무사히 살아 돌아온 것을 **사례하**였다.

– 작자 미상, 「영이록」 –

24 윗글을 이해한 내용으로 적절하지 <u>않은</u> 것은? [3점]

① 계아는 허름하게 차려입은 손기에게 좋은 분위기를 깨지 말 것을 당부하였다.

② 형 한림은 일찍이 병이 있어 말달리기를 잘하지 못하는 손 서방을 위로하였다.

③ 형씨 형제들은 핑계를 대는 소운성에게 변수의 물을 마시라고 재촉하였다.

④ 소현성은 광대로 인해 벌어진 사건의 경과를 아들에게 전해 들었다.

⑤ 손기는 동서에게 자신이 준 부적을 광대에게 주라고 일러 주었다.

25 작은 나귀 의 서사적 기능으로 가장 적절한 것은? [3점]

① 소운성이 손기의 정체를 의심하는 근거로 삼는다.

② 손기가 신이한 능력을 발휘하는 수단으로 활용된다.

③ 손기가 계아의 진심을 알게 되는 계기로 작용한다.

④ 형 한림과 손기의 관계를 증명하는 도구로 사용된다.

⑤ 손기에 대한 계아의 신뢰를 보여 주는 상징물로 사용된다.

26 ⓐ, ⓑ에 대한 설명으로 가장 적절한 것은? [4점]

① ⓐ에서는 상대방에게 과거의 예법에서 벗어나 자발적으로 나설 것을 설득하고 있다.

② ⓑ에서는 상대방의 잘못이 초래한 결과를 나열하며 처벌을 피할 방법을 제시하고 있다.

③ ⓐ에서는 자신의 의도를 숨기기 위해 즐거움을 함께하자고 부추기고, ⓑ에서는 개인적인 원한을 숨기기 위해 감정을 절제하고 있다.

④ ⓐ에서는 상대방의 무지를 일깨우며 태도 변화의 필요성을, ⓑ에서는 상대방이 끼친 해악의 정도를 거론하여 지은 죄가 가볍지 않음을 강조하고 있다.

⑤ ⓐ와 ⓑ 모두 사회적 가치나 관습을 바탕으로 자신의 행동이나 판단에 정당성을 부여하고 있다.

27 〈보기〉를 참고하여 윗글을 이해한 내용으로 적절하지 <u>않은</u> 것은? [4점]

─────〈보기〉─────

　『영이록』에서 인물들 간의 관계는 갈등을 겪는 데 그치지 않는다. 인물들은 적대적인 태도를 바꾸어 상대방을 용서하거나 상대방에게 감사를 표하며 화해에 이르기도 한다. 이 과정에서 도술과 같은 도교적 질서가 문제를 해결하는 방편이 되어 유교식의 사회적 성취나 사대부가의 가치관이 절대적이지 않음을 보여 주기도 한다.

① '정제된 의관'을 입고 '임금이 하사한 청총마'를 탄 모습에서, 소운성이 임금에게 인정받아 유교식의 사회적 성취를 이룬 인물임을 알 수 있군.

② '말을 달려 꼴찌에게는 벌칙으로 변수의 물을 떠먹이'자고 제안하는 장면에서, 소운성이 적대적인 태도를 지니고 손기를 골탕 먹이려 함을 알 수 있군.

③ '손기의 신기한 재주에 감탄하며 마음속으로 칭찬하'는 모습에서, 소운성이 도교적 질서로 문제를 해결할 수 있다고 인정하게 되었음을 알 수 있군.

④ '묶은 것을 풀어주며' 멀리 가지 않으면 '다시 벌'하겠다는 장면에서, 소운성이 아버지의 뜻을 따라 사대부가의 가치관이 절대적이지 않다고 여기게 되었음을 알 수 있군.

⑤ '술과 먹을거리를 가지고' 형 한림 형제와 손기를 찾아가 '사례하'는 장면에서, 소운성이 문제를 해결해 준 손기에게 감사를 표하며 손기와 화해에 이르렀음을 알 수 있군.

[28~30] 다음 글을 읽고 물음에 답하시오.

(가)

밖은 봄철날 따지기*의 누긋하니* 푹석한* 밤이다
거리에는 사람도 많이 나서 홍성홍성* 할 것이다
어쩐지 이 사람들과 친하니 싸다니고 싶은 밤이다

그렇건만 나는 **하이얀 자리 위**에서 **마른 팔뚝**의
새파란 핏대를 바라보며 나는 가난한 **아버지**를
가진 것과 내가 오래 그려 오던 **처녀가 시집을 간 것**과
그렇게도 살뜰하던 동무가 나를 버린 일을 생각한다

또 내가 아는 그 몸이 성하고 돈도 있는 **사람들**이
즐거이 술을 먹으러 다닐 것과
내 ㉠ **손**에는 **신간서** 하나도 없는 것과
그리고 그 '아서라 세상사*'라도 들을
유성기도 없는 것을 생각한다

그리고 이러한 생각이 내 눈가를 내 가슴가를
뜨겁게 하는 것도 ㉡ 생각한다

　　　　　　　　　　－ 백석, 「내가 생각하는 것은」 －

* 따지기: 얼었던 흙이 풀리려고 하는 초봄 무렵.
* 누긋하니: 메마르지 않고 좀 눅눅한.
* 푹석한: 부드럽고 따스한 느낌이 있는.
* 홍성홍성: 여러 사람이 활기차게 떠들며 계속 흥겹고 번성한 분위기를 이루는 모양.
* 아서라 세상사: 임방울의 단가 '편시춘(片時春)'의 도입부 가사.

(나)

때마침 진눈깨비 흩날린다
코트 주머니 속에는 딱딱한 ㉢ **손**이 들어 있다
저 **눈발**은 내가 모르는 거리를 저벅거리며
여태껏 내가 한 번도 본 적이 없는
사내들과 건물들 사이를 헤맬 것이다
눈길 위로 사각의 **서류 봉투**가 떨어진다, 허리를
나는 굽히다 말고
㉣ 생각한다, 대학을 졸업하면서 참 많은 **각오**를 했었다
내린다 진눈깨비, 놀랄 것 없다, **변덕이 심한 다리여**
이런 **귓갓길**은 **어떤 소설에선가 읽은** 적이 있다
구두 밑창으로 여러 번 불러낸 추억들이 밟히고

어두운 골목길엔 불 켜진 빈 트럭이 정거해 있다
취한 사내들이 쓰러진다, 생각난다 진눈깨비 뿌리
던 날
하루종일 버스를 탔던 어린 시절이 있었다
낡고 흰 담벼락 근처에 모여 사람들이 눈을 턴다
진눈깨비 쏟아진다, 갑자기 눈물이 흐른다, 나는
불행하다
이런 것은 아니었다, 나는 일생 몫의 경험을 다했
다, 진눈깨비

– 기형도, 「진눈깨비」 –

28 (가)와 (나)의 표현상의 특징으로 가장 적절한 것은? [3점]

① (가)는 상승의 이미지를, (나)는 하강의 이미지를 활용하여 주제 의식을 드러내고 있다.

② (가)는 화자의 시선을 이동하여, (나)는 화자의 시선을 고정하여 시상을 전개하고 있다.

③ (가)는 유사한 소재를 나열하여, (나)는 상반된 소재를 병치하여 화자의 비판적 태도를 강조하고 있다.

④ (가)와 (나) 모두 감각적 이미지를 활용하여 대상에 대한 화자의 인식을 보여 주고 있다.

⑤ (가)와 (나) 모두 의도적으로 어순을 도치시켜 대상의 행위가 지닌 의미를 강조하고 있다.

29 ㉠~㉢에 대한 설명으로 가장 적절한 것은? [3점]

① ㉠이 비어 있는 상태는 ㉡을 유발하여 새로운 삶의 가능성을 긍정하도록 한다.

② ㉠과 ㉢ 모두 '나'가 자신의 삶이 전환되었던 계기를 떠올려 자신의 삶을 객관화하도록 한다.

③ ㉡은 자신의 생각을, ㉢은 자신의 신체 일부를 대상화하여 '나'의 상태를 드러낸다.

④ ㉡과 ㉣ 모두 '나'가 자신의 행위를 반성적으로 돌아보아 현재의 상황을 타개하도록 한다.

⑤ ㉢의 딱딱한 상태는 ㉣을 이끌어 내어 자신에 대한 인식이 변화했음을 나타낸다.

30 〈보기〉를 바탕으로 (가), (나)를 이해한 것으로 적절하지 않은 것은? [4점]

─〈보기〉─
시에는 화자의 기억이나 상상이 등장하기도 한다. 이 기억이나 상상은 시간을 넘나들며 화자의 현재에 침투하여 정서에 영향을 미친다. (가)와 (나)의 화자는 현재 자신과, 기억이나 상상 사이에서 동질감 또는 이질감을 느끼면서 정서가 유발되거나 심화되는 양상을 보인다.

① (가)의 '하이얀 자리 위'에 있는 화자는 '거리'에 대한 상상에 이질감을 느끼면서 외로움의 정서가 심화되고 있다.

② (가)의 '새파란 핏대를 바라보'는 화자는 '처녀가 시집을 간 것'에 대한 기억에 이질감을 느끼면서 상실감이 심화되고 있다.

③ (나)의 '서류 봉투'를 떨어뜨린 화자는 '각오'에 대한 기억에 이질감을 느끼면서 불행의 정서가 유발되고 있다.

④ (가)의 '마른 팔뚝'의 화자는 '아버지'에 대한 기억에, (나)의 '귀갓길'에 있는 화자는 '어떤 소설에선가 읽은' 기억에 동질감을 느끼면서 결핍의 정서가 심화되고 있다.

⑤ (가)의 '신간서', '유성기'가 없는 화자는 '사람들'에 대한 상상에 이질감을, (나)의 '변덕이 심한 다리'로 걷는 화자는 헤매는 '눈발'에 대한 상상에 동질감을 느끼면서 공허함이 심화되고 있다.

2027
사관학교 10개년 국어

2025학년도 기출문제
국어영역(공통)

제1교시 국어영역(공통)

▶ 정답 및 해설 297p

[01~05] 다음 글을 읽고 물음에 답하시오.

매체 이론가인 매클루언은 인간이 세계를 지각하는 방식과 사회적 소통구조에 미치는 매체의 영향력에 특히 주목하였다. 그는 인간의 감각을 확장하는 모든 기술적 수단을 매체로 규정하고, 매체가 지닌 기술적 특징은 그에 부합하는 감각에 따른 지각 방식을 특정하며, 매체의 변화에 따른 지각 방식의 변화는 인간이 사고하고 소통하는 방식에 변화를 ⓐ 가져온다고 주장하였다. 문자 언어는 대상을 추상화된 방식으로 인식하게 하는데, 매클루언에 의하면 구텐베르크의 인쇄술이 ⓑ 불러온 인쇄 문화의 확장은 이와 같은 인식 방식을 합리적인 것으로 받아들이게 하는 한편 시각 사용의 비율을 현저하게 높이면서 그 외의 감각을 비합리적인 것으로 여기게 되는 사고 방식의 변화를 일으켰다. 이후 전자·전기 기술 시대의 텔레비전은 문자 언어를 매개하지 않고 감각을 통합적으로 활용하게 함으로써 인쇄 문화 시대에 파괴된 감각의 균형을 복원하는 역할을 한다는 것이 매클루언의 주장이다.

매체의 기술적 특징이 인간과 사회에 미치는 영향력에 대한 매클루언의 강조는 ㉠'매체가 곧 메시지다.'라는 그의 선언에서도 나타난다. 이를테면 전광판 광고의 내용보다는 전광판에 활용된 전기 기술로 인해 밤과 낮의 구분이 없어지고 삶의 리듬이 변화한다는 데에 주목해야 한다는 것이다. 이는 매체를 활용하는 방식이나 개별 매체가 전달하는 메시지의 내용이 아닌, 매체 자체에 초점을 맞춰야 한다는 것을 의미한다. 그러나 매클루언의 이러한 주장은 매체가 사회적 소통구조를 일방적으로 결정하는 것으로 본다는 점에서, 인간을 수동적인 존재로 ⓒ 보는 기술결정론이라는 비판을 받기도 하였다.

플루서는 매체가 인간의 사고 및 소통 방식에 미치는 영향력을 인정하면서도, 매체를 이해하기 위해서는 매체 그 자체의 특성뿐만 아니라 매체를 활용한 소통 방식에 주목해야 한다고 주장했다는 점에서 매클루언과는 입장을 달리했다. 플루서에 따르면 매체는 담론적 매체와 대화적 매체로 구분되며, 이들 간의 차이는 '의사소통 회로도'를 통해 설명된다. 담론적 매체는 송신자와 수용자가 명확히 구분된 상태에서 일방향적인 소통이 ⓓ 이루어지는 매체이다. 담론적 매체에서는 개별적인 송신자가 분산된 여러 수용자들에게 '다발 회로도'를 통해 정보를 송신하는 방식으로 소통한다. 여기서 수용자들은 송신자와 역으로 연결될 수 있는 채널을 소유하지 못할 뿐만 아니라, 수용자 개개인들끼리 연결될 수 있는 채널도 갖고 있지 못하다. 따라서 담론적 매체에서 수용자와 송신자의 역할은 동일 매체 내에서는 바뀔 수 없고, 수용자가 기존의 송신자에게 자신의 메시지를 보내기 위해서는 별개의 매체를 활용해야 한다. 이와 달리 대화적 매체는 '망 회로도'를 통해 참여자들 간의 소통이 이루어지는 매체이다. 대화적 매체에서는 참여자 상호 간에 메시지 교환이 가능하며 이를 토대로 정보의 생산과 교환이 자유롭게 이루어진다. 대화적 매체에서 송신자와 수용자의 구분은 무의미한데, 메시지의 전달과 그에 대한 답변이 매체를 통해 직접적으로 오가는 과정에서 소통 주체의 역할이 계속 변화하기 때문이다.

한편 플루서는 하나의 매체가 그것이 활용되는 방식이나 목적 등에 따라 다른 유형으로 분류될 수 있다고 보았다. 예를 들어 인터넷은 사람들과 메시지를 주고받을 수 있다는 점 때문에 대화적 매체로 여겨지지만 포털 사이트 등에서 제공하는 정보를 일방적으로 수용하기만 하는 사람에게 인터넷은 담론적 매체로 기능한다. 또한 플루서는 정보를 보존하기 위해 이미 존재하는 정보를 분배하는 담론적 소통과, 다양한 정보를 교환하여 새로운 정보로 합성하는 대화적 소통이 균형을 이루는 사회적 소통구조를 지향해야 한다고 보았다. 그는 대중매체가 지배하는 이십 세기의 현실에서 다발 회로도에 의한 소통이 주로 이루어지고 있을 뿐만 아니라 대화적 속성을 ⓒ 지닌 매체 역시 담론적 매체로 기능하고 있음을 비판하면서 '담론과 대화의 협연'이 필요함을 역설하였다.

01 윗글에 대한 설명으로 가장 적절한 것은?

[3점]

① 매체의 서로 다른 측면에 주목하는 두 학자의 논의를 대비하여 제시하고 있다.

② 매체의 개념을 둘러싼 두 학자의 논쟁과 그 결과를 요약적으로 제시하고 있다.

③ 매체의 역사를 개괄한 이후 미래의 매체에 대한 두 학자의 예측을 비교하고 있다.

④ 매체를 분류하는 기준을 제시하고 그 적절성에 대한 두 학자의 견해를 차례로 소개하고 있다.

⑤ 매체의 특징에 대한 두 학자의 견해를 대조하고 이를 바탕으로 글쓴이의 견해를 밝히고 있다.

02 ㉠에 대한 이해로 가장 적절한 것은? [3점]

① 매체가 전달하는 메시지가 인간의 사고방식에 의해 좌우됨을 의미한다.

② 매체가 지닌 기술적 특징이 인간의 소통방식에 의해 변화될 수 있음을 의미한다.

③ 매체가 지닌 기술적 특징이 사회적 소통구조에 일으킨 변화에 주목해야 함을 의미한다.

④ 매체가 사고방식에 미치는 영향이 해당 매체가 전달하는 메시지에 의해 결정됨을 의미한다.

⑤ 매체로 전달할 메시지를 선택하는 과정에서 주체적이고 비판적인 태도가 필요함을 의미한다.

03 윗글에 제시된 플루서 의 논의에 대한 이해로 적절하지 않은 것은? [3점]

① 담론적 매체에서는 수용자 간의 직접적 연결이 불가능하다.

② 대화적 매체와 달리 담론적 매체에서는 소통이 일방향적으로 이루어진다.

③ 대화적 매체에서는 같은 매체 내에서 소통 주체의 역할이 고정되지 않는다.

④ 소통 주체가 특정 매체를 활용하는 방식에 따라 해당 매체의 유형이 달라질 수 있다.

⑤ 담론적 매체와 달리 대화적 매체에서는 송신자가 수용자에게 메시지를 전달할 수 있다.

04 '매클루언'과 '플루서'의 관점에서 〈보기〉에 대해 이해한 반응으로 적절하지 <u>않은</u> 것은? [4점]

〈보기〉

㉮ 19세기 초까지만 하더라도 신문은 제한된 독자층을 대상으로 신문사의 정치적 논설을 전달하는 데 초점을 둔 매체였다. 그러나 새로운 제지 기술의 등장으로 인해 신문의 생산 가격이 낮아지는 한편, 상업 광고 지면이 늘어나며 재정적 기반이 구독료에서 광고료로 전환됨에 따라 독자층이 확대되었다.

㉯ 20세기 초에 등장한 텔레비전은 방송국에서 송출한 영상을 분산된 여러 수용자들에게 전달했다. 주로 문자 언어에 의해 매개되는 인쇄물, 단일한 감각을 요구하는 라디오와 같은 이전의 매체와 비교할 때 텔레비전은 훨씬 다채롭고 감각적인 세상을 펼쳐 놓았다.

① 매클루언은 ㉮의 '새로운 제지 기술의 등장'을 계기로 더 많은 사람들이 문자를 통해 대상을 추상화하여 인식하는 방식을 합리적인 것으로 여기게 되었다고 보겠군.

② 플루서는 ㉮에 제시된 '상업 광고 지면'의 확대가 담론과 대화가 균형을 이루는 사회적 소통구조를 형성하는 데 기여하지는 못한다고 보겠군.

③ 플루서는 ㉮에 제시된 '신문'의 독자층 확대가 신문이라는 담론적 매체의 의사소통 회로도를 다른 유형으로 바꾸지는 못한다고 보겠군.

④ 매클루언은 ㉯의 '텔레비전'이 메시지를 전달하는 과정에서 문자 언어에만 의존하지 않는다는 점에서 인쇄 문화 시대에 파괴된 감각의 균형을 복원하는 데 기여할 수 있다고 보겠군.

⑤ 플루서는 ㉯의 '텔레비전'이 '라디오'와 달리 대화적 매체에 해당하기 때문에 세상과 더 생생하게 연결되는 느낌을 준다고 보겠군.

05 문맥상 ⓐ~ⓔ와 바꾸어 쓰기에 적절하지 <u>않은</u> 것은? [3점]

① ⓐ : 야기(惹起)한다고
② ⓑ : 촉발(觸發)한
③ ⓒ : 간주(看做)하는
④ ⓓ : 결성(結成)되는
⑤ ⓔ : 내포(內包)한

[06~10] 다음 글을 읽고 물음에 답하시오.

민사 집행법은 채무자가 채무를 이행하지 않을 경우에 채권자의 신청에 따라 국가가 강제력을 행사하여 채권자의 권리를 실현하는 법적 절차인 강제 집행에 대해 규정하고 있으며, 그 집행 방법으로 직접 강제, 대체 집행, 간접 강제를 인정하고 있다. 직접 강제는 국가 기관이 유형력을 행사하여 채무자의 의사와 상관없이 채무의 내용을 실현하는 것을 말하며, 대체 집행은 채권자 또는 제삼자가 채무자를 대신하여 채무의 내용을 실현하게 하고 그 비용을 채무자로부터 추심*하는 것이다. 그리고 간접 강제는 채무 불이행에 대하여 채무자에게 채권자에 대한 배상금의 지급 또는 구금 등의 제재를 예고하여 심리적 압박을 가함으로써 채무자가 스스로 채무를 이행하도록 하는 것이다. 민사 집행법

제261조 제1항은 채무의 성질이 간접 강제를 할 수 있는 경우에 간접 강제를 명하는 결정을 한다는 규정을 제시하고 있다. 직접 강제와 대체 집행은 채무자의 의사와 무관하게 이행의 강제를 실현하는 반면, 간접 강제는 채무자에게 심리적 압박을 주어 집행을 강제하는 것이므로 채무자의 자유의사, 즉 자신의 채무를 이행하지 않겠다는 의사에 따른 선택권을 부당히 제한할 우려가 있게 된다는 것이다. 따라서 채무의 성질상 직접 강제나 대체 집행을 할 수 없는 것만이 간접 강제의 대상이 된다.

채무는 주는 채무와 하는 채무로 구분할 수 있는데, 물건의 인도를 목적으로 하는 주는 채무에 대한 강제 집행은 원칙적으로 직접 강제에 의한다. 집행관이 직접 채무자로부터 빼앗아 채권자에게 인도함으로써 ㉠ 특정 물건을 인도하는 채무가 이행되는 것이다. 하는 채무는 물건의 인도 이외의 채무자의 행위를 목적으로 하여 직접 강제로는 그 목적을 달성할 수 없으므로 채무의 성질에 대체성이 있는 경우에는 대체 집행을, 대체성이 없는 경우에는 간접 강제를 적용하게 된다. 하는 채무는 불법 건축물 철거와 같이 일정한 적극적인 행위를 해야 하는 작위 채무와 관망을 방해할 건축을 하지 않는 것과 같이 소극적으로 일정한 행위를 하지 않을 것을 내용으로 하는 부작위 채무로 나뉜다. 작위 채무는 다시 대체적 작위 채무와 부대체적 작위 채무로 구분되는데, 제삼자가 채무를 대신 이행할 수 있어 대체 집행이 가능한 대체적 작위 채무와 달리, 제삼자가 대신할 수 없는 부대체적 작위 채무의 경우에는 간접 강제만 허용된다. 또한 채무의 성질상 채무자만이 채무를 이행할 수 있어 대체성이 없는 부작위 채무는 간접 강제에 의하는 것이 원칙이다.

간접 강제의 대상이 되는 부대체적 작위 채무의 예로는 채무자만이 게시 장소의 일부 또는 전부를 알고 있는 포스터 등을 제거할 채무와 같이 사실상 채무자가 아니면 할 수 없는 채무, ㉡ 어음 등에 서명할 채무와 같이 채무자 자신이 하지 않으면 효과가 생기지 않는 채무 등이 있다. 부작위 채무의 예로는 통행 방해 금지 채무, 출입 금지 채무 등이 있으며, 이러한 부작위 채무를 위반한 경우가 간접 강제의 대상이 된다. ㉰ 그러나 부작위 채무의 위반 결과 남아 있는 유체물의 제거, 장래에 위반 행위를 반복하는 것을 막기 위한 물적 설비의 설치 등은 대체 집행에 의한다. 일조 방해 금지 채무에 위반하여 설치된 차폐물의 제거, 출입 금지 채무의 위반을 방지하기 위한 담을 설치하는 것 등이 그 예이며, 이는 부작위 채무 자체에 대한 강제 집행이 아니다. 한편 ㉱ 저작, 강연, 연주, 연극 등을 할 채무와 같이 채무의 이행에 채무자 고유의 예술적 또는 학문적 기능을 필요로 하는 채무의 경우는 채무자에게 심리적 강제를 가하면 채무의 본래 취지에 적합한 채무자의 행위가 실현되지 않으므로 간접 강제는 허용되지 않는다. 따라서 이러한 채무는 민사 집행법에 따른 강제 집행이 불가능한 채무에 해당한다.

간접 강제 결정은 채권자의 신청이 있어야 가능하며, 신청서에는 채무자가 해야 할 작위 혹은 부작위 채무의 내용을 구체적으로 명시해야 한다. 이때 채무자가 채무를 이행해야 할 상당한 기간과 기간 내 이행하지 않을 시 채권자에게 지급해야 할 배상금을 명시하고 그 근거가 될 수 있는 자료를 첨부하여 법원의 판단에 참고가 될 수 있도록 한다. 단, 법원의 판단은 채권자가 신청한 이행 기간이나 배상금의 액수에 구속되지 않는다. 또한 원칙적으로 채권자는 채무자가 해당 채무를 이행하지 않을 개연성이 높아 간접 강제가 필요하다는 것에 관하여 증거를 갖추어 소명*해야 한다. 채권자의 신청을 접수한 법원은 채무자가 이행해야 할 채무가 간접 강제가 가능한 것인지, 해당 사안이 간접 강제의 필요성이 있는지 등을 심리하여 이를 명하는 결정을 하게 된다.

* 소명: 찾아내어 가지거나 받아 냄.

06 윗글을 읽고 답을 찾을 수 있는 질문이 <u>아닌</u> 것은? [3점]

① 채무자의 채무 불이행 시 채권자의 권리를 보호하기 위해 취할 수 있는 법적 조치는 무엇인가?

② 강제 집행에 대해 규정하고 있는 법률에서 인정하는 강제 집행 방법은 무엇인가?

③ 하는 채무가 직접 강제로는 그 목적을 달성할 수 없는 이유는 무엇인가?

④ 민사 집행법에 따른 강제 집행이 불가능한 채무의 경우 채권자의 피해 구제를 위한 방법은 무엇인가?

⑤ 채권자가 간접 강제 신청을 할 때 신청서에 명시해야 할 내용은 무엇인가?

07 강제 집행 에 대한 설명 중 적절하지 <u>않은</u> 것은? [3점]

① 직접 강제가 불가능한 작위 채무는 모두 대체 집행의 대상이 된다.

② 채무의 성질상 직접 강제를 할 수 있는 경우에는 간접 강제가 배제된다.

③ 국가의 강제력을 통해 채무자의 의사에 반하는 채권자의 권리 실현이 가능하다.

④ 작위 채무에 대한 강제 집행 시 실제로 채무를 이행하는 주체는 채무자가 아닐 수 있다.

⑤ 민사 집행법 제261조 제1항은 하는 채무 중 일부에 대한 강제 집행 방법을 규정하고 있다.

08 ㉠~㉢을 비교한 내용으로 가장 적절한 것은? [3점]

① ㉠은 채무자가 특정한 행위를 하지 않을 것을 내용으로 한다.

② ㉡은 채권자가 채무자를 대신하여 채무의 내용을 실현할 수 있다.

③ ㉢은 제삼자가 대신 이행한다면 채무자가 한 것과 동일한 작위 결과를 달성할 수 없다.

④ ㉠과 ㉡은 모두, 불이행 시 국가 기관이 유형력을 행사하여 채무의 내용을 실현할 수 있다.

⑤ ㉡과 ㉢은 모두, 채무자에게 심리적 압박을 가하면 채무의 본래 취지에 적합한 채무의 내용이 실현되지 않을 수 있다.

09 ㉰의 이유로 가장 적절한 것은? [4점]

① 법원이 집행 명령을 통해 채무자의 권리를 제한하는 권한을 채권자에게 위임했기 때문이다.

② 부작위 채무에 대한 간접 강제가 실효를 거두지 못하여 대체 집행의 대상이 되었기 때문이다.

③ 부작위 채무 위반에서 유래한 유체물의 제거 및 장래에 대한 조치는 부작위 채무로부터 파생하는 별개의 대체적 작위 채무이기 때문이다.

④ 법원의 재량에 따라 하나의 채무에 대해 여러 집행 방법 중 채권자의 권리 실현에 더 실효성이 있는 것을 선택하여 집행을 명령

할 수 있기 때문이다.

⑤ 부작위 채무 위반에 대한 간접 강제 결정에 의하여 배상금의 추심이 완료되면 부작위 채무 위반에서 유래한 위법한 상태를 배제할 수 있기 때문이다.

10 윗글을 바탕으로 〈보기〉를 이해한 내용으로 적절하지 <u>않은</u> 것은? [4점]

〈보기〉

A 빌라에 거주하는 갑은 안방 천장에서 누수가 발생하여 윗집 주인인 을을 상대로 누수 방지 공사 이행을 청구하는 소송을 제기하였다. 또한 갑은 을이 누수 방지 공사를 이행하지 않을 경우를 대비하여 '1개월 안에 공사를 이행하지 않을 때에는 해당 기간이 만료된 다음 날부터 이행 완료 시까지 월 백만 원의 돈을 지급하라'는 간접 강제를 함께 신청했다. 이에 대해 법원은 누수 방지 공사 이행에 대한 청구는 인정을 하였지만 간접 강제 신청은 기각하였다. 재판부는 민사 집행법 제261조 제1항에 따라 해당 채무가 간접 강제에 의한 강제 집행의 대상이 될 수 없다고 밝혔다. 또한 갑이 제출한 증거만으로는 을이 누수 방지 공사를 이행하지 않을 것이라고 단정할 수 없으며, 월 백만 원이 적정한 배상액인지 판단할 수 있는 근거 자료도 부족하다고 덧붙였다.

① 법원은 을이 누수 방지 공사를 이행하지 않을 개연성에 대해 갑과는 판단을 달리한 것이겠군.

② 법원은 갑이 신청한 간접 강제가 자신의 채무를 이행하고자 하는 을의 의사를 부당히 제한한다고 판단한 것이겠군.

③ 법원은 갑이 제출한 증거가 을의 누수 방지 공사 이행을 강제하는 집행의 필요성을 소명하는 데에는 충분치 않다고 판단한 것이겠군.

④ 법원은 을이 이행해야 할 채무가 부작위 채무나 부대체적 작위 채무가 아니라고 보고 갑의 간접 강제 신청을 받아들이지 않은 것이겠군.

⑤ 법원은 갑의 첨부 자료만으로는 을이 채무를 이행하지 않을 경우 갑에게 지급할 배상금이 신청서의 액수에 부합함을 증명할 수 없다고 판단한 것이겠군.

[11~15] 다음 글을 읽고 물음에 답하시오.

피부의 겉면인 표피는 가장 바깥쪽의 각질층부터 과립층, 가시층, 기저층으로 이루어져 있다. 기저층에는 멜라닌 세포와 각질 형성 세포가 있으며, 멜라닌 세포는 가지 돌기들을 통해 각질 형성 세포와 연결되어 있다. 멜라닌 세포는 자외선에 노출된 피부의 색깔이 검게 변하는 색소 침착에 관여하며, 자외선을 산란하거나 흡수하는 색소인 멜라닌을 합성하여 자외선으로부터 피부를 방어한다. 각질 형성 세포는 세포 분열과 각화 과정을 통해 각질 세포가 되며, 각질 세포의 탈락과 함께 멜라닌도 피부 바깥으로 탈락된다.

피부가 자외선에 노출되면 멜라닌 세포에서는 세포핵 주위에 분포하던 멜라닌 소체가 멜라닌 세포의 가지 돌기 주변으로 이동하여 피부가 일시적으로 검어지는 현상인 즉시 색소 침착이 나타난다. 한편 각질 형성 세포에서는 단백질 p53이 활성화된다. 이들 중 일부는 세포핵 안으로 이동한 후 POMC 단백질의 발현을 유도하며, POMC 단백질은 작은 조각으로 나뉘어 멜라닌 세포 자극 호르몬을 형성한다. 이 호르몬은 세포 외부로 분비되어 멜라닌 세포의 수용체와 결합하고, 이 결합에 의해 발생한 신호는 멜라닌 세포의 핵으로 이동해 티로시나아제의 발현을 유도한다.

티로시나아제는 멜라닌 합성 과정의 핵심인 티로신의 산화 반응을 촉진한다. 이 반응은 수산화물을 생성하는 ㉠ 첫 번째 단계와 수산화물이 산화되는 ㉡ 두 번째 단계로 이루어진다. 멜라닌 소체 내의 기질인 티로신은 곁사슬에 다섯 개의 수소 원자와 하나의 수산화물을 가지고 있고, 단백질 효소인 티로시나아제는 티로신과 결합하는 활성 부위에 구리 원자와 산소 원자를 각각 두 개씩 가지고 있다. 구리 원자 중 하나는 티로신의 수산화물과 결합하지만 다른 하나는 결합하지 못하고 남아 있기 때문에 티로시나아제와 티로신은 불안정한 결합을 이룬다. 이를 해소하기 위해 티로시나아제가 가지고 있던 산소 원자 하나가 떨어져 나가 티로신의 수소 원자 하나와 반응해 티로신에 수산화물이 추가로 생성되고, 이 수산화물은 티로시나아제의 남은 구리 원자와 결합을 이룬다. 다음 단계로 티로시나아제에 의해 티로신의 두 수산화물에서 산소 원자만 남고 수소 원자는 떨어져 나가는 산화 반응이 일어나 티로신은 도파퀴논으로 전환된다. 티로신에서 떨어져 나온 두 수소 원자는 티로시나아제에 남아 있던 산소 원자와 반응해 물 분자를 형성한다. 산소가 없는 상태에서 비활성화된 티로시나아제는 산소 공급을 통해 다시 활성화되며 티로신의 산화 반응도 반복된다.

티로시나아제와 분리된 도파퀴논은 페오멜라닌 혹은 유멜라닌이 된다. 도파퀴논이 아미노산의 일종인 시스테인과 결합하여 합성되는 페오멜라닌은 적색과 황색을 띠며 수용성인 멜라닌이다. 반면 시스테인과 결합하지 않고 단백질 효소에 의해 합성되는 유멜라닌은 검은색과 갈색을 띠며 액체에 녹지 않는다. 피부색은 이들 멜라닌의 비율과 양에 의해 결정되며, 멜라닌 세포의 수와 밀도는 피부색과 무관하다.

멜라닌 소체의 내부에 합성된 멜라닌의 양이 많아지면 지연 색소 침착이 나타나는데, 이는 피부가 자외선에 노출된 지 약 72시간 이후에 관찰된다. 또한 멜라닌으로 가득 차서 더 이상 멜라닌의 합성이 일어나지 않게 된 멜라닌 소체는 멜라닌 세포의 가지 돌기를 통해 각질 형성 세포 로 이동한다. 각질 형성 세포 중 일부는 계속 분열하여 그 수를 늘리며, 일부는 칼슘 이온의 세포 내 유입으로 인해 기저층을 떠나 각화 과정을 시작한다. 각화 과정은 각질 형성 세포가 가시층과 과립층을 거쳐 각질 세포가 되는 과정이다. 가시층에서 각질 형성 세포는 지방 등의 유기물인 지질을 포함하게 된다. 각질 형성 세포끼리는 접착제 역할을 하는 탄탄한 단백질 구조에 의해 밀착되며 이렇게 밀착된 상태는 과립층으로 이어진다. 과립층에서 각질 형성 세포는 세포핵이 분해되어 없어진 각질 세포가 되고, 이 각질 세포가 쌓여 각질층을 이룬다. 각질층에서 각질 세포에 남아 있던 지질 중 일부는 세포에서 빠져나와 외부의 유해 물질로부터 인체를 보호하고 인체가 수분을 잃지 않도록 기능한다. 각질층의 가장 바깥에 있는 각질 세포는 일정 기간이 ⓐ 지나면 단백질 구조가 분해되면서 피부에서 떨어져 나가게 된다.

11 윗글에서 확인할 수 있는 내용으로 적절하지 않은 것은? [3점]

① 시스테인과 결합해 합성된 멜라닌은 물에 녹는 성질이 있다.

② 멜라닌 세포 내 멜라닌 소체의 위치 변화로도 피부가 검게 변할 수 있다.

③ 멜라닌 세포의 수가 많고 밀도가 높다고 해서 피부색이 어두운 것은 아니다.

④ 멜라닌 소체 내에 멜라닌이 가득 차게 되면 더 이상 멜라닌의 합성이 일어나지 않는다.

⑤ 지연 색소 침착은 멜라닌 합성을 끝낸 멜라닌 소체가 각질 형성 세포로 이동하면서 일어난다.

12 ㉠과 ㉡에 대한 이해로 가장 적절한 것은? [4점]

① ㉠은 ㉡과 달리 멜라닌 소체 내에서 일어난다.

② ㉠에는 ㉡과 달리 티로시나아제와 티로신의 결합이 불안정한 상태가 존재한다.

③ ㉡에서는 ㉠에서와 달리 티로시나아제의 구리 원자가 티로신의 수산화물과 결합한다.

④ ㉠과 ㉡에서는 모두 티로신과 티로시나아제로 인해 물 분자가 형성된다.

⑤ ㉠과 ㉡에서는 모두 티로시나아제의 산소 원자가 티로신에서 떨어져 나온 수소 원자와 반응한다.

13 각질 형성 세포 에 대한 설명으로 적절하지 않은 것은? [3점]

① 분열 과정에서 칼슘 이온이 작용해 그 수가 증가한다.

② 멜라닌 세포의 가지 돌기를 통해 멜라닌 세포와 연결되어 있다.

③ 기저층을 떠나 가시층, 과립층을 거쳐 무핵 세포인 각질 세포가 된다.

④ 가시층에서 지질을 포함하게 되며 단백질 구조를 통해 서로 밀착된다.

⑤ 멜라닌 세포의 수용체와 결합하는 멜라닌 세포 자극 호르몬을 분비하는 곳이다.

14 윗글을 참고할 때 〈보기〉의 ㉮~㉰가 일으킬 수 있는 반응을 예상한 내용으로 적절하지 않은 것은? [4점]

〈보기〉

기능성 화장품 중 색소 침착이 일어나지 않게 하거나 합성된 멜라닌을 탈락시키는 것들이 있다. 이들 화장품에 사용되는 성분 중 ㉮ 산화 아연은 피부 표면에서 자외선을 산란시킨다. ㉯ 알부틴은 티로신과 마찬가지로 곁사슬에 수산화물을 가지고 있어서 멜라닌 세포 내에서 티로시나아제의 활성 부위에 결합할 수 있다. ㉰ 알파 하이드록시산은 피부 표면에서 각질 세포끼리 밀착시키는 단백질 구조를 분해한다.

① ㉮는 피부에 미치는 자외선의 영향을 감소시킨다는 점에서 색소 침착을 억제할 수 있겠군.

② ㉯는 티로신과 티로시나아제의 결합을 방해함으로써 산화 반응이 일어나는 티로신의 비율을 감소시키겠군.

③ ㉰는 각질 세포가 피부에서 떨어져 나가게 하면서 이에 포함된 멜라닌의 탈락을 유발할 수 있겠군.

④ ㉮는 멜라닌 세포 자극 호르몬의 형성 가능성을 낮춘다는 점에서 티로시나아제의 발현 가능성을 억제하고, ㉯의 수산화물은 티로시나아제의 구리 원자와 결합하여 티로신이 도파퀴논으로 전환되는 것을 억제하겠군.

⑤ ㉮는 각질 형성 세포 내 p53의 활성화를 저해한다는 점에서, ㉰는 각화 과정을 활성화한다는 점에서 모두 멜라닌 합성 과정을 억제하겠군.

15 ⓐ와 문맥상 의미가 가장 가까운 것은? [3점]

① 해가 수평선을 <u>지나</u> 떠오르고 있었다.

② 그는 아들의 말을 무심코 <u>지나</u> 버렸다.

③ 사춘기가 <u>지나</u> 부모님과의 갈등이 줄어들었다.

④ 화물차가 교차로를 <u>지나</u> 고속도로로 들어섰다.

⑤ 전력 사용량이 정해진 한계를 <u>지나</u> 경고가 내려졌다.

[16~18] 다음 글을 읽고 물음에 답하시오.

(가)

나의 소년 시절은 은빛 바다가 엿보이는 그 긴 언덕길을 **어머니의 상여와 함께 꼬부라져 돌아갔다.**

내 **첫사랑**도 그 길 위에서 조약돌처럼 집었다가 조약돌처럼 잃어버렸다.

그래서 나는 푸른 하늘빛에 호져 때 없이 그 길을 넘어 **강가로 내려갔다가도 노을에 함뿍 자줏빛으로 젖어서 돌아오곤** 했다.

그 강가에는 봄이, 여름이, 가을이, 겨울이 **나의 나이와 함께 여러 번 댕겨갔다.** 까마귀도 날아가고 두루미도 떠나간 다음에는 누런 모래둔과 그리고 어두운 내 마음이 남아서 몸서리쳤다. 그런 날은 항용 ㉠ 감기를 만나서 돌아와 앓았다.

할아버지도 언제 난 지를 모른다는 동구 밖 그 늙은 ㉡ 버드나무 밑에서 나는 지금도 돌아오지 않는 어머니, 돌아오지 않는 계집애, 돌아오지 않는

이야기가 돌아올 것만 같아 **멍하니 기다려** 본다. 그러면 어느새 어둠이 기어와서 내 뺨의 얼룩을 씻어 **준다.**

– 김기림, 「길」 –

(나)

박수 소리. 나는 박수 소리에 등 떠밀려 조회단 앞에 **선다.** 운동화 발로 차며 나온 시선, 눈이 많아 어지러운 ㉢ 잠자리 머리. 나를 옭아매는 박수의 ㉣ 낙하산 그물, 그 탄력을, 튕, 끊어버리고 싶지만, 아랫배에서 악식*으로 부글거리는 어머니. 오오 전투 같은, 늘 새마을기와 동향으로 나부끼던 국기마저 미동도 않는, 등 뒤에 아이들의 눈동자가, 검은 교복에 돋보기처럼 열을 가한다. 천여 개의 돋보기 조명, 불개미 떼가 스물스물 빈혈의 육체를 버리고 피난한다. 몸에서 팽그르 ㉤ 파르란 연기가 피어난다. **팽이, 내려서고 싶어요.** 둥그런 현기증이, 사람멀미가, 전교생 대표가, 절도 있게 불우 이웃에게로, 다가와, 쌀 포대를 배경으로, 라면 박스를, 나는, **라면 박스를, 그 가난의 징표를,** 햇살을 등지고 사진 찍는 선생님에게, 노출된, 나는, 비지처럼, 푸석푸석, 어지러워요 햇볕, 햇볕의 설사, 박수 소리가, 늘어지며, 라면 박스를 껴안은 채, **슬로비디오로, 쓰러진,** 오, 나의 유년!! 그 **구겨진 정신에 유리 조각으로 박혀 빛나던 박수 소리,** 박수 소리.

– 함민복, 「박수 소리 1」 –

* 악식: 맛없고 거친 음식.

16 (가)와 (나)의 공통점으로 가장 적절한 것은? [3점]

① 동일한 시구를 반복하여 시적 의미를 부각하고 있다.

② 쉼표의 잦은 사용을 통해 급박한 분위기를 자아내고 있다.

③ 자연물을 의인화하여 대상의 이상적 모습을

강조하고 있다.

④ 명사로 문장을 종결하여 중심 대상으로 초점을 모으고 있다.

⑤ 감탄사의 사용을 통해 현실에 대한 안타까움을 드러내고 있다.

17 ㉠~㉤에 대한 이해로 적절하지 <u>않은</u> 것은?
[3점]

① ㉠은 상실의 경험이 축적되면서 생겨난 '어두운 내 마음'이 육체의 증상으로 표면화된 것이다.

② ㉡은 '할아버지도 언제 난 지를 모른다'는 점에서 과거의 기대를 유지하기가 어려움을 부각하고 있다.

③ ㉢은 '등 떠밀려 조회단 앞에 선' 상황에서, 자신을 향한 수많은 시선을 의식하고 있음을 드러내고 있다.

④ ㉣은 '악식으로 부글거리는 어머니'와 연결되어 박수를 받는 상황에서 벗어날 수 없음을 강조하고 있다.

⑤ ㉤은 '등 뒤에 아이들의 눈동자'가 자신을 주시하는 데에서 비롯된 고통이 시각화된 것이다.

18 〈보기〉를 참고하여 (가)와 (나)를 감상한 내용으로 적절하지 <u>않은</u> 것은? [4점]

─〈보기〉─

유년 시절의 회상을 다룬 시들은 화자의 과거 경험을 시간적으로 조직하고 형상화하는 방식에서 차이를 보인다. 이러한 차이는 경험 당시의 화자와 경험을 회상하는 화자가 해당 경험으로부터 받은 영향에서도 발견된다.

① (가)의 화자는 '어머니'와 '첫사랑'의 상실로 인해 아픔을 겪었던 소년 시절을, (나)의 화자는 '가난의 징표'인 '라면 박스'를 많은 사람들 앞에서 받으면서 수치심을 느꼈던 유년 시절을 회상하고 있군.

② (가)는 '돌아갔다'와 같은 과거형에서 '준다'와 같은 현재형 시제로 전환하면서 과거 경험과 이를 회상하는 상황을 순차적으로 제시하고 있고, (나)는 '선다'와 같은 현재형에서 '빛나던'과 같은 과거형 시제로 전환하면서 현재화된 과거 경험의 회상을 마무리하고 있군.

③ (가)에서 '강가'에 사계절이 '나의 나이와 함께 여러 번 댕겨갔다'는 것은 수년에 걸쳐 반복적으로 겪은 경험을 하나의 문장으로 압축하여 표현한 것이고, (나)에서 '슬로비디오로, 쓰러진'다는 것은 과거 경험의 짧은 순간을 확장하여 표현한 것이군.

④ (가)에서 화자가 '강가로 내려갔다가도 노을에 함뿍 자줏빛으로 젖어서 돌아오곤' 한 것은 아픔을 극복하고자 했던 당시의 시도가 무위로 돌아갔음을 드러내고, (나)에서 화자가 '팽이'에서 '내려서고 싶'지만 그러지 못했던 것은 상황을 견디고자 하는 마음이 사라졌음을 드러내는군.

⑤ (가)에서 '멍하니 기다려' 보는 행위는 경험을 회상하는 화자에게 과거의 영향이 지속되고 있음을 보여 주고, (나)에서 '구겨진 정신에 유리 조각으로 박'힌 것으로 인식되는 '박수 소리'는 과거의 경험이 화자에게 강렬한 인상으로 남아 있음을 보여 주는군.

[19~22] 다음 글을 읽고 물음에 답하시오.

(가)

한 치도 안 되는 **풀**이 **봄 이슬** 맞은 후에
잎 넓고 줄기 길어 밤낮으로 불어났다
이 은혜 망극하니 갚을 줄을 몰라라
　　　　　　　　　　　　〈제1수: 부자〉

㉠ 먼저 나니 후에 나니 차례야 다를지라도
앞과 뒤를 이어서 한 젖으로 자랐다
사람이 이 뜻을 모르면 **금수만도 못하리**
　　　　　　　　　　　　〈제4수: 형제〉

㉡ 당우* 멀어지고 한당송*이 이어지니
천지 오래되니 세상 도의 아니 변하겠냐
그래도 일곱 구멍 가졌으니* 오륜이야 모르랴
　　　　　　　　　　　　〈제6수: 난 1〉

ⓐ 옷밥이 부족하니 예의 차릴 겨를 없어
가숙당서*를 상관없다 여기느냐
그래도 **보고 들으면 배울 것 있으리**
　　　　　　　　　　　　〈제7수: 난 2〉

이웃을 미워하지 마라 **이웃이 미우면 갈 데 없어**
고을이 버리고 나라가 다 버리리
백년도 못 살 인생이 그르그러 어뗘리
　　　　　　　　　　　　〈제8수: 난 3〉

　　　　　　　　　　　　　－ 박선장, 「오륜가」 －

* 당우, 한당송: 각각 요순시대, 한나라·당나라·송나라를 의미함.
* 일곱 구멍 가졌으니: 사람으로 태어났으니. 얼굴에 있는 눈, 귀, 코, 입의 구멍이 일곱임을 가리킴.
* 가숙당서: 글방과 학교.

(나)

　┌ 집에 옷밥을 두고 들먹은* 저 고공아
[A]│ 우리 집 기별을 아느냐 모르느냐
　└ 비 오는 날 일 없을 때 새끼 꼬며 이르리라
　　처음에 할아버지 살림살이하려 할 때
　　인심을 많이 쓰니 사람이 절로 모여
　　풀 베고 터를 닦아 큰 집을 지어 내고
　　써레 보습 쟁기 소로 전답을 경작하니
　　올벼 논 텃밭이 여드레 갈이로다
　　자손에 전계하야 대대로 나려오니
　　논밭도 좋거니와 **고공도 근검터라**
　　저희마다 농사지어 풍요롭게 살던 것을
　　요사이 고공들은 생각 어찌 아주 없어
　　밥사발 크나 작으나 동옷이 좋고 궂으나
　　㉢ 마음을 다투는 듯 호수*를 시기하는 듯
　　무슨 일 생각에 흘깃할깃 하는 건가
　　너희네 일 아니하고 시절조차 사나워서
　　가뜩에 내 세간이 풀어지게 되었는데
　　㉣ 엊그제 화강도에 가산을 탕진하니
　　집 하나 불타 버리고 먹을 것이 전혀 없다
　　크나큰 세사를 어찌하여 치르려뇨
　　김가 이가 고공들아 새 마음 먹자꾸나
　　㉤ 너희네 젊었느냐 생각 설마 아니하냐
　　한솥에 밥 먹으며 번번이 시기하랴
　　한마음 한뜻으로 농사를 짓자꾸나
　　　　　　　　　　　　　（중략）
　　너희네 데리고 새 살림 살자 하니
　　엊그제 왔던 도적 아니 멀리 갔다 하되
　　너희네 귀 눈 없어 저런 줄 모르건대
　　화살을 제쳐 놓고 ⓑ 옷밥만 다투느냐
　┌ 너희네 데리고 추운가 주리는가
　│ 죽조반 아침저녁 더 해서 먹였는데
　│ 은혜일랑 생각 않고 제 일만 하려 하니
[B]│ 생각 깊은 새 머슴 어느 때 얻어 있어
　│ 집일을 맡기고 시름을 잊으려뇨
　└ 너희 일 애달파하면서 새끼 한 사리 다 꼬겠구나

– 허전, 「고공가」 –

* 들먹: 못나고도 마음이 올바르지 못한.
* 호수: 공물과 세금을 거두어 바치는 일을 책임진 사람.

19 ㉠~㉤에 대한 설명으로 적절하지 <u>않은</u> 것은? [3점]

① ㉠: 대구를 활용하여 혈육 간의 위계가 중시되는 세태를 경계하고 있다.

② ㉡: 시간의 경과를 제시하여 세상 변화의 불가피함을 드러내고 있다.

③ ㉢: 서로 반목하는 행태를 제시하며 음성 상징어를 활용하고 있다.

④ ㉣: 원인과 결과를 제시하며 사태의 심각성을 강조하고 있다.

⑤ ㉤: 의문형 표현의 반복을 통해 대상을 질책하는 태도를 부각하고 있다.

20 ⓐ와 ⓑ에 대한 이해로 가장 적절한 것은? [4점]

① ⓐ는 '예의'를 차리기 위해 필요한 도구를, ⓑ는 '도적'의 침입에 대비하기 위한 수단을 의미한다.

② ⓐ는 '예의'를 도외시하는 상황에서 내세우는 핑계를, ⓑ는 '화살'을 갖추는 과정에서 추구해야 할 가치를 의미한다.

③ ⓐ는 '예의' 차리기를 외면하게 하는 현실의 여유를, ⓑ는 '도적'의 침입을 외면하게 하는 현실의 유혹을 의미한다.

④ ⓐ는 '가숙당서'의 중요성을 간과하게 하는 실생활의 문제를, ⓑ는 '도적'의 침입을 대비하는 일의 시급함을 간과하게 하는 눈앞의 이익을 의미한다.

⑤ ⓐ는 '가숙당서'의 필요성을 느끼기 위해 해결되어야 할 과제를, ⓑ는 '화살'을 갖추는 일의 절박함을 느끼기 위해 충족되어야 할 조건을 의미한다.

21 〈보기〉를 참고하여 (가), (나)를 감상한 내용으로 적절하지 <u>않은</u> 것은? [4점]

〈보기〉

교훈 전달을 목적으로 하는 시가에서 작가는 교훈을 전달하고자 하는 대상과 화자–청자의 관계를 형성하면서 특정 덕목을 제시하고 이를 수용하여 실천할 것을 설득한다. 부모에 대한 효를 비롯한 오륜, 형제 간의 우애, 이웃 간의 화목, 근검 등 주로 유교적 가치관에 기반한 이들 덕목은 사람됨의 기본을 이루는 것이자 공동체의 지속과 번영에 필수적인 것으로 제시된다. 화자는 청자에게 덕목 실천을 위한 구체적 행위를 제시하며 훈계하는 한편, 스스로를 청자와 함께 덕목 실천의 주체로 설정함으로써 실천의 당위성을 강조한다.

① (가)의 〈제1수〉에서는 '풀'과 '봄 이슬'의 관계를 바탕으로 부모에 대한 효를, (나)에서는 과거 '고공'의 바람직한 모습을 들어 근검을 덕목으로 제시하고 있군.

② (가)에서 〈제4수〉의 '금수만도 못하리'와 〈제6수〉의 '그래도 일곱 구멍 가졌으니'는 청자에게 제시하는 덕목이 사람됨의 기본을 이루는 것임을 강조하는 것이군.

③ (나)에서 '한마음 한뜻으로 농사를 짓자꾸나'와 '너희네 데리고 새 살림 살자 하니'는

49

화자가 스스로를 청자와 함께 덕목을 실천하려는 주체로 설정하고 있음을 보여 주는 것이군.

④ (가)에서 〈제7수〉의 '보고 들으면 배울 것 있으리'와, (나)에서 '크나큰 세사를 어찌하여 치르려뇨'는 청자가 덕목을 수용할 필요가 있음을 설득하는 것이군.

⑤ (가)에서 〈제8수〉의 '이웃이 미우면 갈 데 없어'와, (나)에서 '자손에 전계하야 대대로 나려오니'는 공동체의 지속과 번영을 위한 덕목 실천 행위를 제시하는 것이군.

22 [A]와 [B]를 바탕으로 (나)에 대해 이해한 내용으로 가장 적절한 것은? [3점]

① '일 없을 때' 시작된 이야기가 '새 머슴' 얻는 것에 대한 기대로 끝나면서, 미래에 대한 긍정적 전망이 드러나고 있다.

② '저 고공'이라는 호칭이 '너희네'로 바뀌며 진행되는 이야기의 흐름이, 인물들의 지위가 역전되는 양상에 조응하고 있다.

③ '우리 집 기별'에서 시작하여 애달픈 '너희 일'로 이어지는 이야기의 흐름이, 특정 행위가 지속되는 시간에 조응하고 있다.

④ '들먹은'으로 제시된 특성에 '제 일만 하려 하니'가 추가되면서, 특정 인물에 대한 평가가 달라지는 양상이 드러나고 있다.

⑤ '아느냐 모르느냐'에서 시작하여 '시름을 잊으려뇨'로 끝나는 이야기의 흐름이, 인물 간 갈등의 발생과 해소에 조응하고 있다.

[23~26] 다음 글을 읽고 물음에 답하시오.

칠십 년대 이후로 손을 본 적이 없는 듯 낡고 어두컴컴한 곳이었다. 전구를 판매하는 가게였으나 가게를 밝히는 전구라고는 벽에 걸린 노랗고 푸른 알전구 다발뿐이었다.
빽빽하다.
라는 말의 이미지 사전을 만든다면 아마도 그런 광경일 것이 틀림없었다.
그야말로 **빽빽**하다.
라고 생각한 뒤엔 아무런 말도 떠올릴 수 없을 만큼 눈앞이 **빽빽**했다.

[A] 그 속에서 전구를 파는 노인은 숱 많은 머리칼이 모두 하얗게 세어 버린 칠십대 노인이었다. 그는 벽돌만 한 골판지 상자들이 빼곡하게 들어찬 선반을 등진 채로 나무 책상과 걸상을 놓아두고 앉아 있었다. 침침하게 머리 위를 밝히고 있는 알전구 불빛 속에서 그는 언제나 무언가를 들여다보며 골똘히 생각에 잠겨 있다가 손님이 찾아와서 어떤 종류의 전구를 달라고 말하면 대답도 없이 서서히 걸상을 밀며 일어났다. 서두르는 법 없이 그렇다고 망설이는 법도 없이 선반의 한 지점으로 부들거리며 다가가서, 어느 것 하나 새것이 아닌 골판지나 마분지 상자들 틈에서 벽돌을 뽑아내듯 천천히 상자 하나를 뽑아내고 그것을 책상으로 가져와서 일단 내려둔 뒤엔 너덜너덜한 뚜껑을 젖혀 두고, 이번엔 다른 선반으로 걸어가서 손바닥만 한 비닐 봉투 한 장을 가지고 책상으로 돌아온 뒤, 시간을 들여 정성껏 봉투를 벌려서 입구를 동그랗게 만든 다음에, 오른손을 상자에 넣어서 손톱만 한 전구를 한 움큼 쥐고 나서, 왼손에 들린 채로 대기하고 있는 봉투 속으로 한 번에 한 개씩, 언젠가 내가 다른 손님들 틈에서 순서를 기다리고 있다가 재미있게 얻어들은 바에 의하면, 제비 새끼 주둥이에 뻥과자 주듯, 떨어뜨렸다.

바쁜 일로 서두르며 **오무사**까지 걸어갔어도 그거 주세요, 하고 난 뒤로는 오로지 **그의 패턴**으로

만 시간이 흘렀기 때문에 오무사를 방문한 손님들은 입구에서 넋을 놓고 선 채로 가게 안을 들여다보거나, 근처 구멍가게에서 삶은 계란을 까먹으며 기다렸다가 전구를 받아가곤 했다. 노인은 느릿해도 대단히 집중해서 움직였으며 그 움직임엔 기품마저 배어 있어서, 손님의 처지에선 재촉할 틈이 없었다. 대단히 성급한 사람 중에 몇 마디 투덜거리는 경우는 있어도 다른 곳으로 가 버리는 경우는 없었다. 오무사의 상자들이 워낙 오래전부터 쌓여 온 것들이라 어디서도 구해볼 수 없는 전구를 거기서는 구할 수 있었기 때문이다. 잘 보면 볼펜으로 조그만 표시가 되어 있는 상자들도 있었지만 표시조차 없는 상자들이 더 많아서, 어디에 무엇이 있는지 아는 사람은 그곳의 주인뿐이었고, 사실 **오무사의 노인**은 어떤 전구를 달라고 해도 헤매는 법 없이 곧장, 느릿느릿하기는 해도, 그 전구가 담긴 상자가 있는 선반을 향해 걸어갔다.

할아버지가 죽고 나면 전구는 다 어떻게 되나. 그가 없으면 도대체 어디에 무엇이 있는지 누가 알까. **오래되어서 귀한 것을 오래되었다고 모두 버리지는 않을까.** 오무사에 다녀오고 나면 이런 생각들로 **나**는 막막해지곤 했는데, 수리실을 찾아오는 사람들 중엔 수리실과 여 씨 아저씨를 두고 이것과 비슷한 말을 하는 사람들이 더러 있어서 나는 그때마다 수리실의 내력을 생각해 보고는 했다.

어느 날 전구를 사러 내려갔더니 노인도 선반도 없었다.

<u>㉠ 텅 비어서, 어두운 벽만 남아 있었다.</u>
돌아가셨구나, 하고 생각했다.

수리실로 돌아가서 소식을 전하자, 오무사 노인이 돌아가셨나보다고 여 씨 아저씨도 한동안 착잡한 기색을 감추지 못했다. 사고자 했던 전구는 더는 재고가 없는 것이라 이 전구가 필요한 수리는 하지 못하고 돌려보냈다. 재고가 없고 나니 같은 전구를 필요로 하는 수리가 부쩍 늘어나서 <u>㉡ 여 씨 아저씨와 나는 이상하다고, 드는 자리는 몰라도 나는 자리는 이렇게 표가 나는 법이라고, 모든 게 아쉽다고, 말을 나누는 일이 종종 있었다.</u>

[중략 부분의 내용] 그해 겨울, 전자 상가의 다섯 개 동

중 오무사가 있던 '가 동'의 철거가 결정되었다. 철거 후 가 동이 있던 자리에는 공원이 조성되었고, 공원 주변 상가들도 재정비되며 사라졌다.

봄에는 조경이 마무리되었다. 장막이 모두 사라지고 첫 번째 **공원이 모습을 드러냈다.**
<u>㉢ 짤막하게 올라온 잔디의 빛깔이 푸르고 싱싱했다.</u>
<u>테니스 코트처럼 예쁘장한 모습이었다.</u>

무재 씨와 나는 늦게까지 상가에 남아 있다가 공원으로 내려갔다.

살금살금 걸어서 공원 가장자리에 설치된 긴 의자에 앉았다. 긴 의자는 네 사람이 앉을 만한 길이였고 중간쯤에 얼핏 봐서는 팔걸이처럼 보이는 딱딱한 가로 막대가 붙어 있었다. 무엇 때문에 이렇게 나눠 놓았을까요, 라고 묻자 눕지 말라는 의미죠, 라면서 무재 씨는 의미 모르게 웃었다. 나도 웃었다. 안개가 고인 밤이었다. 사오 미터 간격으로 가로등이 박혀 있어 아주 어둡지는 않았다. 가로등은 길쭉하게 위로 솟아 있었는데 윗부분에 조그만 삿갓을 쓰고 있어 어찌 보면 버섯 같기도 하고 달리 보면 파수를 서고 있는 무사처럼 보이기도 했다. 잔디에 달라붙은 안개가 가로둥 불빛을 받고 반짝거렸다. ⓐ 나는 안개를 먹고 숨이 조금 갑갑했다.

무재 씨는 먹을 것과 마실 것이 담긴 봉투를 가지고 있었다. 그 속에서 샌드위치를 고르고 우유도 한 갑 받아서 뜯었다. 잔디밭에 드문드문 박힌 출입 금지 팻말을 바라보며 먹고 마셨다. 왼쪽으로 고개를 돌리면 동서 방향으로 도심을 가로지르는 대로가 있었고 오른쪽으로 고개를 돌리면 가 동이 사라져 고스란히 드러난 나 동의 붉은 외벽이 보였다. ㉣ 공원은 이 북쪽 벽을 바로 면하고 있어서 공원의 처지에서도 나동의 처지에서도 갑자기 잘린 것처럼 서로를 향해 육박해 있었다. ㉤ 가 동에서 길을 잃고 헤맨 적이 있는 나는 그 자리에 공원이 조성된다는 이야기를 듣고 매우 넓을 거라고 생각했는데, 이렇게 앉아서 보니 생각했던 것보다 작았다. 작네요, 라고 멍하게 말하자 무재 씨가 빈 우유

갑을 반으로 접으며 생각했던 것보다 좁아서, 놀랐다고 말했다.

여기에 그 많은 사람들이 있었다는 이야기잖아요.

다 어디로 갔을까요.

하며 잔디밭 너머를 바라보았다.

무재 씨와 내가 나란히 앉아서 바라보고 있는 방향으로 새로 심긴 단풍나무의 그림자가 늘어져 있었다. 밤 그림자서 가장자리가 여러 겹으로 겹쳐 있는 것을 보고 **거기 어디쯤이 단발머리 할머니의 종이 상자 병풍**이 있던 자리일 거라는 생각이 들었다. 내가 그녀에 대해 말하자 무재 씨도 그녀를 여러 차례 보았다고 말했다. 그러냐고 말한 뒤로 얼마간 침묵이 흘렀다. 잠자리를 닮았으나 잠자리보다는 작고 모기보다는 큰 풀벌레 한 마리가 비틀거리며 내 무릎 부근을 날다가 손등에 달라붙었다. ⓑ 안개 때문에 날개가 무거워서 제대로 날지 못하는 것 같았다. 손등을 타고 손목으로 기어올랐다가 다시 손등으로 내려가서 숨을 죽인 채로 붙어 있는 것을 가만히 보고 있었다. 무재 씨가 말했다.

은교 씨는 **슬럼**이 무슨 뜻인지 아나요? / ……가난하다는 뜻인가요?

나는 사전을 찾아봤어요. / 뭐라고 되어 있던가요.

도시에서, 가난한 사람들이 사는 구역, 하며 무재 씨가 나를 바라보았다.

이 부근이 슬럼이래요. / 누가요?

신문이며, 사람들이. / 슬럼?

좀 이상하죠. / 이상해요.

– 황정은, 「백(百)의 그림자」 –

23 [A]의 서술상 특징으로 가장 적절한 것은? [3점]

① 행위가 일어나는 과정을 세분화하여 서술함으로써 공간에 대한 인상을 부연하고 있다.

② 서술자인 인물의 내면이 공간의 이동에 따라 변화해 가는 양상을 보여 주고 있다.

③ 외양과 행동의 묘사를 통해 관찰 대상이 겪고 있는 내적 갈등을 드러내고 있다.

④ 현재형의 서술을 활용하여 대상의 행동을 현장감 있게 보여 주고 있다.

⑤ 서술자를 교체하여 관찰 대상의 행동에 담긴 의미를 해석하고 있다.

24 ㉠~㉢에 대한 설명으로 적절하지 않은 것은? [3점]

① ㉠: 각 문단을 하나의 짧은 문장으로 구성하여 존재의 부재에 대한 인식을 드러내고 있다.

② ㉡: 인용된 각 발화의 주체를 구분하지 않음으로써 두 인물 간에 형성된 공감대를 드러내고 있다.

③ ㉢: 공간의 외적 특징을 언급함으로써 변화된 공간을 마주한 소감을 밝히고 있다.

④ ㉣: 비유적 표현을 통해 이질적인 속성의 두 대상이 조화롭게 어우러진 모습을 부각하고 있다.

⑤ ㉤: 과거의 경험과 결부시켜 예측과 실상 간의 차이를 드러내고 있다.

25 ⓐ와 ⓑ를 관련지어 이해한 내용으로 가장 적절한 것은? [3점]

① ⓐ와 달리 ⓑ에는 '나'가 '공원'을 통해 느끼는 심리 상태가 드러나 있다.

② ⓐ와 ⓑ는 모두 '나'와 '무재 씨'의 관계가 어떻게 변화할지를 암시하고 있다.

③ ⓐ와 ⓑ를 통해 특정 소재가 미치는 영향이 대상에 따라 상반됨을 확인할 수 있다.

④ ⓐ에서 느꼈던 '갑갑'함이 ⓑ에서 연민으로 바뀐 것을 통해, '풀벌레'는 '나'의 증상을 완화하는 계기가 되고 있음을 알 수 있다.

⑤ ⓐ의 '갑갑'함과 ⓑ의 '제대로 날지 못하는 것'의 이유가 동일하다고 판단한 것으로 보아, '나'는 '풀벌레'에게서 자신과의 유사성을 발견하고 있음을 알 수 있다.

26 〈보기〉를 참고하여 윗글을 감상한 내용으로 적절하지 <u>않은</u> 것은? [4점]

─〈보기〉─

빠름과 새로움이 주는 효율을 중시하는 자본주의 사회에서, 느리고 낡은 삶의 방식을 고수하며 사십 년 된 전자 상가를 터전으로 살아가는 이 작품의 등장인물들은 배제되어야 할 존재로 치부된다. 철거와 재개발로 삶의 흔적을 지우고 명명을 통해 다양한 삶의 개별성을 획일화하는 사회에 대해 인물들은 사라진 삶을 기억하는 등의 방식으로 배제의 논리에 대응한다.

① 손님들에게 '그의 패턴'대로 물건을 판매하는 '오무사의 노인'의 모습은 효율을 중시하는 자본주의 사회의 논리에 어긋나는 것임을 알 수 있군.

② '오래되어서 귀한 것을 오래되었다고 모두 버리지는 않을까'에서 '나'는 '오무사'로 상징되는 느리고 낡은 삶의 방식에 대해 회의를 드러내고 있군.

③ '칠십 년대'부터 이어져 온 전자 상가가 사라지고 '공원이 모습을 드러'낸 것에서 철거와 재개발로 삶의 흔적을 지우는 사회의 모습을 확인할 수 있군.

④ '나'가 '거기 어디쯤'에서 '단발머리 할머니의 종이 상자 병풍'을 떠올리고 '무재 씨'와 이에 대해 이야기하는 것은 이들이 사라진 삶을 기억하는 방식으로 배제의 논리에 대응하고 있는 것으로 볼 수 있군.

⑤ '신문이며, 사람들'이 전자 상가 부근을 '슬럼'으로 명명한 것은 해당 공간에 존재하는 다양한 인물들의 개별성을 획일화하는 것으로 볼 수 있군.

[27~30] 다음 글을 읽고 물음에 답하시오.

적멸사에 선사가 있었는데, 법명은 '청허'였다. 본성이 어질고 자애로우며 마음이 자비롭기 그지없어 추위에 떨고 있는 사람을 보면 옷을 주었고, 굶주린 사람을 보면 먹을 것을 주었다. 그리하여 사람들 모두가 청허를 한겨울에 부는 봄바람이라 생각했고, 엎어 놓은 접시 속처럼 빛이 안 드는 곳까지 환히 비추어주는 해와 같다고 여겼다.

아아! 나라가 불행하여 철마가 천지를 뒤덮자 임금은 고립되고, 슬프게도 우리 백성의 절반이 적의 칼날을 받았다. 저 강도*는 더욱 심하게 짓밟혀 시내에 흐르는 것은 피요, 산에 쌓인 것은 뼈였지만 까마귀가 시신을 쪼아도 매장해 줄 사람이 없었다.

청허 선사는 주인 없는 시신을 가련히 여겨 수습해 줄 생각으로 버드나무 가지를 든 채 날 듯이 강을 건넜다. 하지만 인가가 모두 폐허가 되어 의지할 곳이라곤 없었다. 연미정 남쪽에 풀을 베어 움막을 짓고 그곳에서 불공을 드리며 숙식을 했다.

어느 날 밤 **청허 선사**는 **설핏 잠이 들어 꿈을 꾸**

었다. ㉠ 하늘과 강이 모두 파란데 수심에 잠긴 구름은 모였다 흩어졌다 하고, 서글픈 바람은 불었다 그쳤다 하며, 밤기운이 처량한 게 심상치 않았다. 선사는 석장을 짚고 달빛을 밟으며 한가로이 거닐었다.

[A] 한밤중이 되자 바람결에 전해 오는 소리가 있었으니, 노랫소리와 울음소리와 웃음소리였다. 웃고 울고 노래하는 소리를 따라가 보니 한곳에 여자들이 모여 있는 게 아닌가. 선사가 몹시 기이하게 여겨 다가가서 엿보니, 줄지어 모여 앉은 이들이 죄다 여자였다. 어여쁜 얼굴이 시들고 백발인 사람이 있는가 하면, 청춘이 아직 시들지 않아 검푸른 머리가 풍성한 사람도 있었다. 젊은 사람인지 늙은 사람인지 겉모습으로 분명히 알 수 있었지만 선후 없이 뒤섞여 앉아 성대한 모임을 가졌다. 그런데 이들 모두는 놀라고 두려워 허둥지둥하는 모습에 서글픈 기운을 띠고 있었다.

선사가 더 다가가서 자세히 보니 연약한 머리가 한 길 남짓한 밧줄에 묶이거나 한 자쯤 되는 칼날에 붙어 있는 이도 있고, 으스러진 뼈에서 피가 흐르는 이도 있고, 머리가 모두 부서진 이도 있고, 입과 배에 물을 머금고 있는 이도 있었다. 그 참혹하고 애처로운 모습을 차마 볼 수 없었고, 이루 다 기록할 수도 없었다.

한 부인이 눈물을 머금고 말했다.

"나랏님이 피란했으니 그 처참함이야 말해 무엇 하겠습니까. 하지만 아아, ㉡ 제가 운명을 달리한 건 하늘의 뜻입니까, 귀신의 뜻입니까? 그 이유를 찾으면 이르는 답이 있으니, 바로 내 남편입니다. 그 이유가 무엇인지 아십니까? 남편은 재상의 지위에 있었고 체찰사의 임무를 맡았거늘 공론을 살피지 않고 사사로운 정에 치우쳐서 강도의 막중한 임무를 사랑하는 아들에게 맡겼습니다. 그 아이는 부귀에 빠져 아름다운 경치나 즐기며 앞날에 대한 계책이라고는 전혀 없었으니, 군사 일에 대해 무슨 아는 것이 있었겠습니까? ㉢ 강이 깊지 않은 게 아니요 성이 높지 않은 게 아니었건만, 대사를 그르치고 말았으니 죽임을 당한 것도 당연한 일입니다.

그러나 아비의 잘못으로 인한 일이니 그 아이에게 무슨 책임이 있겠습니까? 아아, 운명이 기박한 제가 기꺼이 자결한 것도 당연하니 그 일은 한스러울 게 없습니다. 다만 외아들이 살아서 나라에 보답하지 못하고 죽어서도 죄가 남았으니, ㉣ 천 년 동안 남을 악명을 온 바다를 기울인들 어찌 씻을 수 있겠습니까? 쌓이고 쌓인 한이 옷깃에 가득하여 하루도 잊을 날이 없답니다."

말을 다 마치기 전에 한 부인이 몸을 일으키더니 옷매무새를 가다듬고 말했다.

"서방님은 자기 재주를 헤아리지 못하고 홀로 중책을 맡아 천혜의 지형만 믿고 군사 일 돌보기를 게을리했으니, 그 결과 방어에 실패한 것은 당연한 이치입니다. 온 강에 비바람이 몰아쳐 사직의 존폐가 한 귀퉁이 쇠잔한 성에 달려 있었거늘, 전군이 무너져 임금이 성 밖으로 나와 항복하기에 이르렀습니다. 아아, 이 모든 일이 강도를 수비하지 못한 데 말미암은 것이니, 사형을 당한 것은 군법에 마땅한 일입니다.

그러나 이민구는 같은 책임을 졌으면서 무슨 충의를 지녔다고 목숨을 보전하여 천수를 누렸단 말입니까? 도원수 김자점은 나라 안의 모든 권세를 지니고 나라 안의 모든 병사를 거느렸으면서도 단 한 번의 전투도 벌이지 않았고, 그 병사들은 피 한 방울도 흘리지 않았습니다. ㉤ 바위 굴에 몸을 숨기고 목숨을 부지하기만을 꾀하며 달무리* 안에 있는 임금을 길 가는 사람 보듯 했지만, 왕법이 시행되지 않고 도리어 은총이 더해졌습니다. 가소로운 심기원은 임무를 담당할 그릇이 못 되고 앞날을 내다보는 계책이 없었거늘, 이런 자에게 막중한 임무를 맡겨 도성을 지키게 했습니다. 그러니 군신 간의 의리를 완전히 잊고 제 한 몸만 빼어 환난을 피하고는 스스로 지략이 있다 여기며 거북처럼 목을 움츠리고 달팽이처럼 엎드려 지냈습니다. 이처럼 나라의 은혜를 저버렸건만 조정에서는 군법에 회부하지 않고 도리어 총애와 녹봉을 더해 주었습니다.

이런 상황에서 서방님 홀로 사형을 당했으니 어찌 원통하지 않겠습니까? 아아, 내 한 목숨 잃은 건 아까울 게 없지만, 살아 계신 백발의 시아버지는 영영 자식을 잃고 말았으니, 죽은 이든 산 이든 원망하는 마음이 어찌 다르겠습니까?"

[뒷부분의 내용] 뒤를 이어 열세 명의 여인이 전쟁에 얽힌 자신의 사연을 이야기하고, 마지막 이야기가 끝나자 여인들은 모두 통곡한다. 그리고 청허 선사는 꿈에서 깨어난다.

– 작자 미상, 「강도몽유록」 –

* 강도: 강화도.
* 달무리: 바람이 일어날 징조. 여기서는 임금이 전란을 만나 피란 중에 있음을 가리키는 말로 쓰임.

27 윗글에 대한 설명으로 가장 적절한 것은?

[3점]

① 과거와 현재를 교차하여 장면의 전환을 시도하고 있다.

② 구체적인 장면 묘사를 통해 상황의 참혹함을 부각하고 있다.

③ 우의적 소재를 활용하여 사건 해결의 실마리를 제공하고 있다.

④ 시간의 흐름에 따라 인물의 내적 갈등이 해소되는 과정을 보여 주고 있다.

⑤ 편집자적 논평을 통해 인물의 행위에 대한 서술자의 판단을 보여 주고 있다.

28 [A]에 대한 설명으로 가장 적절한 것은? [3점]

① 인물들이 추가적으로 등장하여 이들 간의 복합적 관계가 형성될 것임을 예고하고 있다.

② 청각으로 환기된 호기심이 거리의 조정을 거쳐 시각적으로 확인되는 과정을 제시하고 있다.

③ 인물의 관찰 내용을 대비하여 제시함으로써 상황을 반전시키기 위한 분위기를 형성하고 있다.

④ 장면의 전환에 따라 인물이 갖게 된 기대가 우연한 사건을 통해 어긋나는 과정을 제시하고 있다.

⑤ 현재 상황에 대한 인물의 관점이 객관적인 것에서 주관적인 것으로 변화되는 계기를 제시하고 있다.

29 ㉠~㉤에 대한 이해로 적절하지 않은 것은?

[3점]

① ㉠: 배경을 제시하여 앞으로 전개될 이야기의 성격을 암시하고 있다.

② ㉡: 자문자답의 형식을 사용하여 답을 찾기까지의 어려움을 강조하고 있다.

③ ㉢: 유리한 조건에도 부정적 결과를 얻은 점을 들어 인물에 대한 평가의 근거로 삼고 있다.

④ ㉣: 과장된 표현을 사용하여 말하고자 하는 바를 강조하고 있다.

⑤ ㉤: 인물의 행위에 걸맞은 처분이 내려지지 않은 점을 들어 상황의 부조리함을 드러내고 있다.

30 〈보기〉를 참고하여 윗글을 감상한 내용으로 적절하지 <u>않은</u> 것은? [4점]

─〈보기〉─

「강도몽유록」은 병자호란에서 희생된 여성들의 입을 빌어 전쟁의 실상을 고발한 작품이다. 전쟁을 다룬 서사가 대개 한 명의 남성 주인공을 중심으로 펼쳐지는 무용담에 초점을 맞추는 것과는 달리, 이 작품에서는 여러 여성들이 등장하여 각자의 입장을 제시한다. 전쟁에 대한 증언의 중첩은 패배의 원인을 다각적으로 돌아보게 한다. 또한 절의를 중시했던 남성들의 모순된 행태에 대한 통렬한 비판이 주를 이룬다는 점에서, 이러한 증언의 내용은 현실에서는 여성의 목소리로 표현되기 힘든 것이었음을 짐작하게 한다. 묻힐 뻔했던 이들의 목소리는 비현실적 설정 하에서 목격자를 통해 전달된다.

① '남편'이 '체찰사의 임무를 맡았거늘 공론을 살피지 않았다는 여성의 말에 이어 '서방님'이 '군사 일 돌보기를 게을리했'다는 다른 여성의 말이 이어지는 데에서, 패배의 원인이 다수의 목소리를 통해 조명되고 있음을 알 수 있군.

② '청허 선사'가 '설핏 잠이 들어' 꿈을 꾸었다는 것과 '한 부인'이 '내 한 목숨 잃'었다고 말하는 것에서, 여성의 목소리를 드러낼 수 있는 비현실적 설정을 확인할 수 있군.

③ '청허 선사'가 '한가로이 거닐'다가 우연히 여성들의 대화를 엿듣게 된다는 설정에서, 살아 있을 때는 목소리를 낼 수 없었던 이들의 이야기를 전달하는 목격자의 존재를 확인할 수 있군.

④ 여성들이 '계책이라고는 전혀 없었'다거나 '자기 재주를 헤아리지 못'했다고 비판하는

대상이 자신의 남성 가족 구성원이라는 점에서, 비판의 통렬함이 더욱 강조되고 있음을 알 수 있군.

⑤ '한 부인'이 '이런 상황'에서 남편이 '홀로 사형을 당'한 것이 원통하다고 말하는 것에서, 절의를 저버린 가장에게 의존했던 과거를 후회하고 있음을 알 수 있군.

2027

사관학교

10개년 국어

2024학년도 기출문제

국어영역(공통)

제1교시 국어영역(공통)

▶정답 및 해설 307p

[01~05] 다음 글을 읽고 물음에 답하시오.

은유란 유사성에 근거하여 한 대상을 다른 대상에 빗대어 나타내는 언어적 표현으로 간주되어 왔다. 이에 대해 인지언어학자들은 은유란 인간이 대상을 개념화하는 사고의 틀로서 언어적 표현에 선행한다고 ⓐ보았다. 언어적 표현은 은유라는 사고의 틀을 거쳐 만들어지는 것이기 때문에 일상 언어는 대부분 은유의 결과물이라는 것이다.

사고와 신체를 분리하는 객관주의를 표방하는 변형생성언어학자와 달리 인지언어학자들은 사고와 신체를 관련시키는 체험주의를 전제하고, 개념 형성의 기반을 이루는 신체적 경험인 선개념적 경험을 제시하였다. 예를 들어 떨어진 물건을 주우려면 아래로 허리를 구부려야 하며 머리 위의 물건을 보려면 고개를 위로 들어야 한다. 이러한 신체적 경험이 반복, 축적되면서 '위'와 '아래'라는 개념이 형성된다. 이처럼 선개념적 경험이란 신체로부터 비롯되는, 개념 형성 이전의 경험이다.

대표적인 인지언어학자인 레이코프는 선개념적 경험을 바탕으로 개념화가 이루어지는 과정을 근원 영역(source domain)과 목표 영역(target domain)을 통해 설명하였다. 근원 영역은 선개념적 경험이 반영된 일상적이고 익숙한 구성 요소들로 이루어진 영역이고, 목표 영역은 은유를 통한 개념화 이전의 영역으로 낯선 구성 요소들로 이루어져 있다. 예를 들어 '시간이 흐른다.'에서 '시간'이라는 목표 영역은 '흐르는' 실체인 근원 영역에 의해 개념화된다. 이렇게 목표 영역을 근원 영역으로써 개념화하는 인지 전략을 레이코프는 개념적 은유라고 칭하였다.

개념적 은유는 근원 영역과 목표 영역이 결합하는 양상에 따라 방향적 은유, 존재론적 은유, 구조적 은유로 구별된다. 방향적 은유는 목표 영역이 방향과 관련된 선개념적 경험으로 이루어진 근원 영역과 결합하는 것이다. 예를 들어 '그의 실력이 나보다 위이다.'는 '위'라는 근원 영역이 인물에 대한 평가에 결합한 것이다. 존재론적 은유는 근원 영역이 지닌 존재의 자격을 목표 영역에 부여하는 것이다. '하려던 말을 삼키다.'는 '말'에 삼킬 수 있는 존재의 자격을 부여한 것이다. 구조적 은유는 근원 영역과 목표 영역의 구조적 유사성을 바탕으로 개념화하는 것이다. '여행'이라는 근원 영역은 출발점, 목적지, 경로 등으로 이루어지며 여정에 따라 시간이 경과한다는 점에서 '인생'이라는 목표 영역과 구조적으로 유사하다. 이러한 개념화를 통해 '인생은 여행이다.'가 도출되는 것이다.

레이코프는 개념적 은유가 목표 영역에 접근하는 데 도움을 주지만 인식의 불균형을 초래한다고 지적한다. 개념적 은유가 목표 영역의 특정 부분만을 부각하고 개념화되지 않은 다른 부분을 은폐한다는 것이다. 예를 들어 토론을 전쟁과 관련지어 '논쟁'으로 개념화하는 것은 토론의 경쟁적 속성을 잘 드러내지만, 토론에 대한 부정적 가치 판단을 유도하여 토론이 지닌 의견 교환이라는 상호작용의 측면을 간과하게 한다.

01 윗글에 대한 설명으로 가장 적절한 것은? [3점]

① 특정 개념에 대한 통념이 지닌 논리적 정합성을 분석하고 있다.

② 특정 개념의 유형을 분류하고 각 유형의 사례를 제시하고 있다.

③ 특정 개념에 대한 이론의 변천 과정을 설명하고 전망을 제시하고 있다.

④ 특정 개념을 설명할 수 있는 가설을 제시하고 타당성을 검증하고 있다.

⑤ 특정 개념에 대한 상반된 견해를 절충하여 새로운 이론을 제시하고 있다.

02 윗글의 내용과 일치하지 <u>않는</u> 것은? [3점]

① 은유는 대상의 유사성에 근거한 언어적 표현으로 간주되어 왔다.

② 인지언어학자들에 따르면 일상 언어는 은유와 밀접하게 관련된다.

③ 객관주의와 체험주의는 사고와 신체의 관계에 대해 서로 다른 입장을 취했다.

④ 인지언어학자는 선개념적 경험이 신체적 경험과 무관하다고 주장하였다.

⑤ 레이코프는 개념적 은유를 익숙한 것으로써 낯선 것을 개념화하는 인지 전략이라고 했다.

03 '개념적 은유'에 대해 판단한 내용으로 가장 적절한 것은? [3점]

① 개념 인식과 가치 판단을 분리시킨다.

② 근원 영역에 대한 부정적 인식을 강화한다.

③ 근원 영역을 축소하는 반면 목표 영역을 확장한다.

④ 목표 영역에 대한 총체적인 인식을 가능하게 한다.

⑤ 효율적인 인식을 가능하게 하는 동시에 인식을 제약한다.

04 윗글을 바탕으로 할 때, 〈보기〉의 [선생님의 설명]에 따라 ㉠~㉤을 이해한 내용으로 적절하지 <u>않은</u> 것은? [4점]

―――〈보기〉―――

[선생님의 설명]
 하나의 문장에는 여러 개의 개념적 은유가 포함될 수 있습니다. 다음은 밑줄 친 부분이 어떤 개념적 은유에 해당하는지 표시한 것입니다.

〈1〉 그는 선거에서 상대편 후보의 ㉠약점을 공략했다.
└ 구조적 은유

〈2〉 ㉡수영에서만큼은 동생이 내 앞이
└ 방향적 은유
라고 엄마가 ㉢가벼운 농담을 했다.
└ 존재론적 은유

〈3〉 ㉣경제가 성장하면 ㉤저축률이 높다.
└ 존재론적 은유 └ 방향적 은유

① ㉠은 전쟁이라는 근원 영역과 '선거'라는 목표 영역의 구조적 유사성을 바탕으로 도출된 것이다.

② ㉡은 '앞'이라는 근원 영역이 '동생'의 수영 실력에 대한 평가에 결합한 것이다.

③ ㉢은 '농담'이라는 목표 영역에 무게가 있는 실체의 자격을 부여한 것이다.

④ ㉣은 '경제'라는 목표 영역에 생명체의 자격을 부여한 것이다.

⑤ ㉤은 '높다'라는 목표 영역을 '저축률'이라는 근원 영역으로 개념화한 것이다.

05 문맥상 의미가 ⓐ와 가장 가까운 것은? [3점]

① 이번 거래로 큰 이익을 <u>보았다</u>.

② 교통사고 피해자랑 합의를 <u>보았다</u>.

③ 나는 최신 영화를 스마트폰으로 <u>보았다</u>.

④ 이번 한 번만 너를 <u>보아</u> 내가 참아야겠다.

⑤ 나는 그 사건을 우연으로 <u>볼</u> 수가 없었다.

[06~10] 다음 글을 읽고 물음에 답하시오.

공적 연금 제도란 국가가 국민의 기본적인 생활을 보장하는 제도적 장치인 사회 보장 제도의 하나이다. 국가는 경제 활동을 하는 국민을 공적 연금 제도에 의무적으로 가입시켜 소득의 일부를 기여금으로 납부하게 한다. 그리고 기여금을 납부한 국민은 일정한 연령에 도달하면 국가로부터 연금을 수급한다. 이때 가입자가 납부한 기여금의 총액 대비 수급하는 연금 총액의 비율을 연금 수익률이라고 한다.

공적 연금 제도의 재정 운영 방식은 연금 지급에 사용되는 자금을 국가가 어떻게 조달하는가에 따라 두 가지로 ⓐ구분할 수 있다. ㉠적립 방식은 연금 수급자가 경제 활동 시기에 적립한 기여금과 이를 국가가 투자하여 얻은 수익으로 연금 지급에 사용되는 자금을 조달한다. ㉡부과 방식은 연금 지급 시점에 경제 활동을 하는 세대에게 기여금을 부과하여 연금 지급을 위한 자금을 조달한다. 즉 현재의 경제 활동 인구가 납부한 기여금으로 현재 퇴직 상태인 노령 인구에게 연금을 지급하는 것이다. 각각의 방식에서 기여금은 소득 대비 기여금의 비율인 기여율에 따라 결정된다. 소득 재분배의 관점에서 보면 적립 방식에서는 경제 활동 시기의 소득이 노후로 이전되므로 시간적 소득 재분배가 ⓑ발생하고, 부과 방식에서는 경제 활동 인구의 소득이 노령 인구에게 이전되므로 세대 간 소득 재분배가 발생한다.

인구 구조적 요인은 공적 연금의 재정 운영에 영향을 미친다. 평균 수명의 증가는 두 방식 모두에서 연금 지급 부담을 증가시키지만, 출산율의 변화는 부과 방식에만 영향을 준다. 출산율이 감소함에 따라 경제 활동 인구 대비 노령 인구의 비율이 증가하면 부과 방식에서는 연금 지급 부담이 증가할 수 있다. 한편 물가나 국민 소득 등의 경제적 요인도 공적 연금의 재정 운영에 영향을 미친다. 물가가 상승한다는 것은 연금 수급액의 실질적 가치가 떨어진다는 것을 의미한다. 같은 물건을 사기 위해 더 많은 금액을 ⓒ지불해야 한다는 것이다. 부과 방식과 달리 적립 방식에서는 물가 상승에 따른 연금 수급액의 실질적 가치 하락을 보전해 주기 어렵다. 부과 방식에서는 기여율을 높여 현재의 연금 지급액을 높일 수 있지만, 적립 방식에서는 불가능하기 때문이다. 또한 국민 소득이 증가하면 기여율을 올리지 않아도 기여금이 늘어난다. 이때 부과 방식에서는 적립 방식과 달리 현재의 연금 지급액이 늘어날 수 있다.

따라서 국가는 공적 연금의 재정 운영을 위해 인구 구조적 요인과 경제적 요인이 미치는 영향을 예측해야 한다. 만약 예측이 실패하여 연금 지급에 필요한 자금이 부족해지면, 국가는 ㉢기여금 납부를 종료하는 시점이나 연금 수급이 시작되는 시기를 변경할 수도 있다. 또는 기여율이나 소득 대체율을 조정하여 연금 재정을 안정시킬 수 있다. 이때 소득 대체율이란 가입자의 경제 활동 기간 중 월 평균 소득 대비 퇴직 후 월 연금 수급액의 비율이다. 어떤 방법이든 가입자나 연금 수급자의 불만을 ⓓ초래하므로 정확한 예측을 바탕으로 기여금과 연금을 산정해야 한다.

연금은 소득 비례 부분과 균등 부분으로 ⓔ구성된 연금 산정 공식에 의해 산정된다. 소득 비례 부분은 가입자의 소득에 비례하게 지급하는 금액이고, 균등 부분은 동일한 시기에 퇴직하는 가입자 모두에게 동일하게 지급하는 금액이다. 균등 부분을 포함함으로써 저소득층의 소득 대체율이나 연금 수익률을 높이고, 고소득층의 소득 대체율이나 연금 수익률을 낮출 수 있다. 이에 따라 빈부 격차가 줄어드는 수직적 소득재분배가 발생한다. 이처럼 사회 보장 제도로서 공적 연금 제도는 국민의 노후 생활을 보장할 뿐 아니라 빈부 격차를 완화하는 효과가 있다.

06 공적 연금 제도 에 대한 이해로 적절하지 않은 것은? [3점]

① 빈부 격차를 완화하는 효과를 발생시킨다.

② 기여금을 납부한 사람에게 연금을 지급한다.

③ 경제 활동을 하는 국민을 의무적으로 가입하게 한다.

④ 노후의 기본적인 생활을 보장하기 위해 운영하는 것이다.

⑤ 저소득층의 생활을 보장하기 위해 가입자의 연금을 소득에 비례시킨다.

07 ㉠, ㉡에 대한 이해로 적절하지 않은 것은? [3점]

① ㉠에서는 출산율 감소가 연금 지급 부담을 증가시키지 않는다.

② ㉠에서는 국가가 투자하여 얻은 수익이 연금 지급을 위한 자금에 포함될 수 있다.

③ ㉠에서는 국민 소득의 증가가 경제 활동 인구가 납부하는 기여금 총액의 증가로 이어지지 않는다.

④ ㉡에서는 기여율 인상을 통해 연금을 수급하고 있는 사람의 연금액을 높여줄 수 있다.

⑤ ㉡에서는 현재의 연금 수급자가 받는 연금이 현재의 경제 활동 세대가 납부한 기여금으로 조달된다.

08 ㉠의 이유로 가장 적절한 것은? [4점]

① 기여금 납부 개시 연령을 높이면서 연금이 소득을 대체하는 정도를 낮출 수 있기 때문이다.

② 기여금 납부 기간을 늘리거나 연금 수급 기간을 줄여서 연금 수익률을 낮출 수 있기 때문이다.

③ 기여율 조정에 따른 가입자의 불만을 유발하지 않으면서 연금액을 증대시킬 수 있기 때문이다.

④ 기여율은 낮추면서 소득 대체율은 높여서 연금 수급액의 실질 가치를 보전할 수 있기 때문이다.

⑤ 기여금 납부 기간과 연금 수급 기간을 일치시켜 기여금 총액과 연금 총액을 일치시킬 수 있기 때문이다.

09 윗글을 바탕으로 〈보기〉를 이해한 내용으로 적절하지 <u>않은</u> 것은? [4점]

〈보기〉

갑국의 공적 연금 제도에서 기여율은 9% 이며 연금 산정 공식에는 '가입자가 퇴직하기 직전 3년간 전체 가입자의 월 평균 소득'(A) 과 '가입자 개인의 퇴직 전 월 평균 소득'(B)이 포함되어 있다. 연금은 A와 B의 합에 비례한다. 가입자는 퇴직 직후부터 사망 시까지 연금을 수급한다. 현재까지 가입자의 월 평균 소득은 꾸준히 증가하고 있다.

(단, 이 공적 연금 제도의 모든 가입자는 30년 동안 기여금을 납부한 후 퇴직한다.)

① 연금 산정 공식에 A가 포함되어 있기 때문에 B가 높은 가입자일수록 소득 대체율이 높겠군.

② A가 B보다 큰 가입자는 자신이 수급하는 연금에서 균등 부분이 소득 비례 부분보다 크겠군.

③ A를 '가입자가 퇴직하기 직전 9년간 전체 가입자의 월 평균 소득'으로 수정하면 갑국의 연금 지출 총액은 감소하겠군.

④ 가입자의 수명과 B의 크기가 무관할 때보다 비례할 때에 수직적 소득 재분배 효과가 더 작겠군.

⑤ 연금 산정 공식에 B가 포함되어 있기 때문에 기여금을 더 많이 납부한 가입자가 더 많은 연금을 받겠군.

10 문맥상 ⓐ~ⓔ와 바꿔 쓰기에 적절하지 <u>않은</u> 것은? [3점]

① ⓐ: 나눌

② ⓑ: 일어나고

③ ⓒ: 내야

④ ⓓ: 끼치므로

⑤ ⓔ: 이루어진

[11~15] 다음 글을 읽고 물음에 답하시오.

세포는 인체가 생존하는 내내 분열하다가 일정한 시간이 지나면 저절로 사멸한다. 그리고 분열 과정마다 자신의 유전자를 복제한다. 반복되는 분열 과정에서 유전자 복제 오류가 발생할 수 있지만, 인체는 이러한 유전자 변이를 스스로 교정할 수 있는 능력을 갖고 있다. 그러나 유전자 변이가 축적되면, 정상 세포와 달리 저절로 사멸하지 않고 계속해서 분열하는 암세포가 발생한다.

[A]
암세포는 자신이 얻을 수 있는 양분과 산소에 비해 항상 과도하게 증식하므로 암 조직 내부는 보통 괴사한다. 이때 암세포가 사멸하면서 방출되는 암 항원이 면역 세포인 수지상 세포에 의해 포식된다. 암 항원이란 암세포 표면에만 존재하는 단백질이다. 수지상 세포는 포식한 암 항원을 항원 조각으로 분해해 표면에 부착한 뒤, 림프절로 이동하여 또 다른 면역 세포인 T 세포와 만난다. T 세포는 'T 세포 수용체'(TCR)를 통해 수지상 세포에 부착된 항원 조각을 인식하여 활성화되며, 이때 해당 항원에 대한 면역 기억이 형성된다. T 세포는 혈관을 통해 인체를 돌아다니다가 TCR를 통해 암 항원을 인식하여 암세포를 찾아낸다. 그리고 암세포에 독성 물질을 주입하여 사멸시킨다. 사멸된 암세포에서 다시 항원이 방출되고 이러

한 과정이 반복되므로, 일반적인 경우 악성 종양이 발생하는 질병인 암이 발병하기 힘들다.

그런데 암세포가 급속히 증식하는 과정에서 인체의 면역 관문을 활성화하는 유전자가 발현되는 경우가 있다. 인체는 면역 세포가 정상 세포를 비정상 세포로 오인하여 공격하는 자가 면역 질환을 막기 위해, 면역 반응을 억제하는 장치인 면역 관문을 갖추고 있다. 가령 T 세포의 또 다른 수용체인 PD-1이 PD-L1이라는 단백질과 결합하면 활성화된 T 세포가 항원을 인식하더라도 해당 항원을 지닌 세포를 정상 세포로 판단해서 공격하지 않는다. 따라서 암세포 표면에 PD-L1을 부착시키는 유전자 변이가 나타나면, 암세포가 T 세포의 공격을 회피할 수 있게 되어 악성 종양으로 발전한다.

종양이 관찰된 경우, 종양을 제거하는 ㉠외과 수술이나 강력한 방사선을 인체에 관통시켜 암세포를 사멸시키는 ㉡방사선 치료가 가능하다. 그러나 이러한 방법들은 종양이 주변 장기로 전이되거나 암세포가 혈액에 퍼진 경우 적용이 어렵다. 종양이 퍼진 장기를 제거하는 것이 불가능하거나, 제거가 가능하더라도 혈액 속 암세포에 의해 암이 재발할 수 있기 때문이다. 또한 외과 수술의 경우 절개 과정에서 장기 손상이 발생할 수 있고, 방사선 치료의 경우 방사선에 의해 다른 조직이 손상되기도 한다. 따라서 인체에 대한 손상을 최소화하면서 인체 곳곳의 미세한 암세포를 사멸시키기 위해 항암제를 투약한다.

㉢세포 독성 항암제는 암세포처럼 비정상적으로 빠르게 증식하는 세포를 공격하는 약제이다. 하지만 매일 머리카락을 만들어내는 모낭 세포, 위장 안에서 음식물을 소화하는 점막 세포와 같이 증식 속도가 비교적 빠른 정상 세포까지 공격하는 부작용이 있다. ㉣표적 항암제는 암세포만의 독특한 분자를 표적으로 삼아 암세포를 공격하는 약제이다. 하지만 표적 분자에 민감해 약제마다 적용 가능한 암 종류가 제한적이고 쉽게 내성이 생기는 문제가 있다. ㉤면역 항암제는 PD-1 수용체나 PD-L1 단백질을 억제하여 T 세포에 의한 암세포 공격을 유도하는 약제이다. 면역 항암제는 인체의 면역 반응을 이용하기 때문에 적용되는 암 종류에 대한 제한이 적다. 하지만 종양의 크기가 지나치게 큰 경우 면역 항암제의 치료 효과가 제한되는 문제가 있다. 종양의 크기가 클수록 암세포가 기하급수적으로 증식하기 때문이다. 이때 ㉮방사선 치료, 세포 독성 항암제 투약 등의 치료가 병행되면 면역 항암제의 치료 효과가 높아질 수 있다.

11 윗글을 통해 알 수 있는 내용으로 가장 적절한 것은? [3점]

① 자가 면역 질환이 심해질수록 암이 발병할 확률이 높아진다.

② 암세포에서는 정상 세포에서보다 유전자 변이 속도가 빠르다.

③ 세포의 분열 과정이 반복될수록 암세포가 발생할 확률이 낮아진다.

④ 다른 장기로 전이되기 전에 종양을 제거하면 암이 재발하지 않는다.

⑤ 악성 종양이 발생하면 주변 조직에 공급되는 양분과 산소가 증가한다.

12 [A]를 이해한 내용으로 적절하지 <u>않은</u> 것은? [3점]

① 암세포에서 방출된 항원은 수지상 세포에 의해 항원 조각으로 분해된다.

② T 세포는 수지상 세포의 표면에 부착된 항원 조각을 인식해 활성화된다.

③ T 세포는 TCR를 통해 암 항원을 지니고 있는 세포를 암세포로 인식한다.

④ T 세포의 PD-1 수용체에 PD-L1 단백질이 결합하면 면역 관문이 억제된다.

⑤ 암세포 표면의 PD-L1 단백질로 인해 T 세포는 암세포를 정상 세포로 오인한다.

13 ⊙~⑩에 대한 설명으로 적절하지 <u>않은</u> 것은? [3점]

① ⊙과 ⓒ은 위치가 확인된 종양에 대해 적용 가능하다.

② ⊙과 달리 ⓒ은 절개 없이 인체 내부의 종양을 제거할 수 있다.

③ ⓒ과 달리 ⓒ은 작용 범위가 특정 부위에 국한되지 않는다.

④ ⓔ에 비해 ⑩은 적용되는 암 종류에 대한 제한이 적다.

⑤ ⓒ~⑩은 암세포의 특성을 이용해 암세포를 직접 공격한다.

14 ㉮의 이유로 가장 적절한 것은? [4점]

① 종양이 제거되는 과정에서 암세포의 일부가 정상 세포로 회귀하기 때문이다.

② 암세포의 총량이 감소할 뿐 아니라 암세포의 사멸로 암 항원이 방출되기 때문이다.

③ 면역 세포를 공격하는 암세포의 수가 감소하여 인체의 면역력이 강해지기 때문이다.

④ 정상 세포의 증식 속도가 감소하여 암세포와 정상 세포가 더욱 잘 구분되기 때문이다.

⑤ 일부 정상 세포가 사멸하여 면역 세포가 정상 세포를 공격하는 비율이 감소하기 때문이다.

15 윗글을 바탕으로 〈보기〉의 ⓐ~ⓒ에 대해 이해한 내용으로 적절하지 <u>않은</u> 것은? [4점]

〈보기〉

'유전자 복제 오류를 교정하는 유전자'(MMR)에 변이가 발생하는 경우, 세포 분열 과정에서 발생한 유전자 복제 오류가 교정되지 않아 유전자 변이가 축적되고 유전자 변이의 양이 많은 암세포가 발생할 가능성이 높다. 이에 따라 암세포만의 독특한 분자나 암 항원이 많이 만들어지고, 암세포의 분열 속도가 빨라질 수 있다. 또한 암세포 표면에 발현되는 PD-L1 단백질의 양이 많아져서 암세포가 면역 반응을 회피할 가능성도 높아진다. 따라서 종양 조직을 검사하여 ⓐMMR에 나타난 유전자 변이의 정도, ⓑ암세포의 유전자 변이 정도, ⓒ암세포에 PD-L1 단백질이 발현된 정도 등을 측정하면 항암제 투약의 치료 효과를 예측할 수 있다.

① ⓐ가 낮은 경우, 암세포에 유전자 변이가 많을 가능성이 낮으므로 면역 항암제의 치료 효과가 작을 수 있다.

② ⓐ가 높은 경우, 암세포의 분열 속도가 빠를 가능성이 높으므로 세포 독성 항암제를 투약하면 치료 효과는 클 수 있지만 탈모나 소화 불량 등의 부작용이 발생할 수 있다.

③ ⓑ가 낮은 경우, 암세포에서 암 항원이 만들어질 가능성이 낮으므로 면역 항암제의 치료 효과가 작을 수 있다.

④ ⓑ가 높은 경우, 암세포만의 독특한 분자가 존재할 가능성이 높으므로 표적 항암제의 치료 효과가 오래 지속될 수 있다.

⑤ ⓒ가 높은 경우, 암세포가 면역 반응을 회피할 가능성이 높으므로 면역 항암제의 치료 효과가 높을 수 있다.

[16~18] 다음 글을 읽고 물음에 답하시오.

(가)

　유성에서 조치원으로 가는 ㉠어느 **들판**에 우두커니 서 있는 한 그루 **늙은 나무**를 만났다. **수도승**일까. ㉡묵중하게 서 있었다.

　다음날은 조치원에서 공주로 가는 어느 가난한 마을 어귀에 그들은 떼를 져 몰려 있었다. 멍청하게 몰려 있는 그들은 어설픈 과객일까. 몹시 추워 보였다.

　공주에서 온양으로 우회하는 뒷길 어느 **산마루**에 그들은 멀리 서 있었다. ㉢하늘 문을 지키는 파수병일까, 외로워 보였다.

　온양에서 서울로 돌아오자, ㉣놀랍게도 그들은 이미 **내 안에 뿌리를 펴**고 있었다. 묵중한 그들의. 침울한 그들의. 아아 고독한 모습. 그 후로 나는 **뽑아**

낼 수 없는 몇 그루의 나무를 ㉤기르게 되었다.

― 박목월, 「나무」 ―

(나)

그 새들은 흰 뺨이란 영혼을 가졌네
거미줄에 매달린 물방울에서 흰색까지 모두
이 늪지에선 흔하디흔한 맑음의 비유지만
또 흰색은 지느러미 달고 어디나 갸웃거리지
흰뺨검둥오리가 **퍼들껑** 물을 박차고 비상할 때
날개 소리는 내 몸 속에서 먼저 들리네
검은 부리의 새떼로 늪은 지금 부화중,
열 마리 스무 마리 흰뺨검둥오리가 날아오르면
날개의 눈부신 흰색만으로 늪은 홀가분해져서
장자를 읽지 않아도 새들은 십만 리쯤 치솟는다네
흰뺨검둥오리가 떠메고 가는 것이 이 늪을 포함해서
반쯤은 내 영혼이리라
지금 늪은 산산조각나기 위해 팽팽한 거울,
수면은 그 모든 것에 일일이 구겨지다가 반듯해지네

― 송재학, 「흰뺨검둥오리」 ―

---

16 **(가)와 (나)에 대한 설명으로 가장 적절한 것은?** [3점]

① (가)는 탄식하는 어조로, (나)는 단정하는 어조로 시적 청자에게 말을 건네고 있다.

② (가)는 공간의 이동에 따라, (나)는 하나의 공간 내에서 묘사의 초점을 바꾸고 있다.

③ (가)는 점층적 표현을 사용하여, (나)는 과장적 표현을 사용하여 대상의 역동성을 부각하고 있다.

④ (가)는 상승 이미지를 활용하여, (나)는 하강 이미지를 활용하여 시적 공간의 변화를 보여 주고 있다.

⑤ (가)는 색채어의 대비를 통해, (나)는 이미지의 대립을 통해 대상의 변화를 구체적으로 형상화하고 있다.

17 ⊙~⑩에 대한 설명으로 적절하지 <u>않은</u> 것은? [3점]

① ⊙은 나무를 만난 '들판'이라는 장소의 구체성을 드러내고 있다.

② ⓒ은 '수도승'과 연결되어 '늙은 나무'에서 떠올린 인상을 드러내고 있다.

③ ⓒ은 나무들이 서 있는 '산마루'가 하늘과의 경계라는 화자의 인식을 반영하고 있다.

④ ⓔ은 '이미'와 연결되면서, '내 안에 뿌리를 편' 나무에 대한 화자의 뒤늦은 자각을 강조하고 있다.

⑤ ⑩은 나무에서 발견한 자신의 속성을 '뽑아낼 수 없는' 것으로 수용하게 되었음을 드러내고 있다.

18 〈보기〉를 바탕으로 (나)를 감상한 내용으로 적절하지 <u>않은</u> 것은? [4점]

─〈 보기 〉─

(나)의 시인은 늪의 자연물을 보고 듣는 등의 감각적 탐색을 통해 늪과 하나가 되고 있다. 흰뺨검둥오리의 비상은 육신이 세상에 얽매여 있으면서도 영혼의 자유로운 비상을 꿈꾸는 존재로서의 인간을 표상한다. 또한 늪은 긴장과 평온의 연속이라는 삶의 진실을 내보인다.

① '거미줄에 매달린 물방울'의 모습, 흰뺨검둥오리가 물을 박차고 비상할 때의 '퍼들껑' 소리 등은 시인이 늪에서 감각적으로 탐색하는 대상이라 할 수 있군.

② '날개 소리'가 '내 몸 속에서 먼저 들린'다고 표현한 것은, 시인이 늪과 하나가 되었음을

드러낸 것이라 할 수 있군.

③ '흰뺨검둥오리가 떠메고 가는 것'의 '반쯤은 내 영혼이리라'라는 말은, 날아오르는 새들을 바라보며 영혼의 자유로운 비상을 꿈꾸는 존재의 목소리가 표현된 것이라 할 수 있군.

④ '거울'을 '산산조각나기 위해 팽팽한' 상태로 표현한 것은, 세상에 얽매여 있는 육신의 한계를 상징적으로 드러낸 것이라 할 수 있군.

⑤ 늪의 '수면'이 '그 모든 것에 일일이 구겨지다가 반듯해지네'라는 말은, 삶의 모든 국면 역시 긴장과 평온의 연속이라는 진실을 드러낸 것이라 할 수 있군.

[19~22] 다음 글을 읽고 물음에 답하시오.

[앞부분의 내용] '나'는 '그'에게 어릴 때 고모할머니와 같은 방을 썼던 기억을 이야기하면서, 밤마다 '나'의 손을 더듬어 찾던 그녀에게 거부감이 들었다고 고백한다. 이후 그가 구해 온 나무뿌리를 보고 그녀를 떠올린 '나'는 그녀의 이름이 '남귀덕'이라고 말한다.

영동에서 구해 온 포도나무 뿌리, 그 뿌리를 나는 며칠 전 다시 보았다. 경복궁 근처 백 년도 더 된 한옥을 개조해 만든 갤러리에서였다. 정희 선배가 찻집 겸 갤러리를 내면서 대학교 때부터 눈여겨본 후배 몇 명에게 전시할 기회를 제공해 준 것이었다.

부엌을 개조해 만든 전시실, 공중 곡예를 하듯 허공에 위태롭게 매달려 있는 그 뿌리가 영동에서 구해온 뿌리라는 것을, 나는 단박에 알아차렸다. 말리고, 방부제 처리를 하고, 오공본드를 바르고, 촛농을 입히는 동안 형태가 달라졌음에도 불구하고. 두 평 남짓한 전시실 입구 옆 명조체로 '남귀덕'이라고 적힌 작품명을 보았던 것이다.

나는 선뜻 전시실 안으로 발을 내딛지 못했다.

포도나무 뿌리가 드리우는 흰색으로 넘쳐 나는 전시실 천장과 벽과 바닥에 포도나무 그림자가 드리워져 있었기 때문이었다. 귀기가 감도는 그 그림자 속으로 들어서면서 나는 깨달았다. 고모할머니가 이불 속을 더듬어 찾던 것은 단순히 내 손이 아니었다는 걸…… 그녀가 그토록 찾던 것은 흙이었다는 걸. 태어나고 자란 자리에서 파헤쳐져 내팽개쳐진 뿌리와도 같은 자신의 존재…… 잎 한 장, 꽃 한 송이, 열매 한 알 맺지 못하고 철사처럼 메말라 가던 자신의 존재를 받아 줄 흙이었다고…… 뿌리 뽑혀 떠돌던 그녀의 존재를 그나마 내치지 않고 **품어 줄 한 줌의 흙.**

포도나무 뿌리를 구해 오고 두 주쯤 지났을까. 불쑥 작업실에 들른 나는 그가 촛농을 떨어뜨리는 모습을 마침 구경할 수 있었다.

포도나무 뿌리로 촛농이 떨어져 굳는 순간은 극적인 데가 있었다.

그 순간이 특별한 순간이었다는 것을 한옥을 개조해 만든 갤러리에 다녀오고 나서야 알았다.

그 순간은, 고모할머니와 그가 만나는 순간이기도 했던 것이다. 액체로 흐르던 촛농이 포도나무 뿌리 위로 떨어져 고체로 굳는 순간은. 아무 데도 둘 곳 없던 고모할머니의 손과 태어나자마자 버려져 자신의 생일조차 모르는 그가 만나는 순간이었던 것이다. **생전 만날 일 없던 두 존재가 만나는 순간이었던 것이다.** 기적 같은 그 순간을 촛불이 흔들리면서 조용히 지켜보고 있었던 것이다.

그는 신중하게 정조준하듯 촛농을 떨어뜨렸다. 다른 뿌리들에 비해 뒤틀림이 심한 포도나무 뿌리로 촛농을 고르게 떨어뜨리는 일은 고도의 집중을 요구했을 것이다.

죽기 전 고모할머니가 살아남은 몇 번째 위안부였을지 궁금해 한 적이 있었다. 살아남은 위안부가 55명에 불과하며, 그들도 머지않아 세상을 뜰 거라는 기사를 읽고 난 뒤였다. 내가 알기로 고모할머니는 살아생전 위안부 등록을 하지 않았다. 알 만한 사람은 다 아는 비밀을 끝까지 비밀로 덮고 살았던 것이다. 그녀가 세상을 뜨고 몇 년이 흘러서

야 어머니가 그녀에 대해 아버지에게 지나가듯 이야기하는 소리를 우연히 들었다. 아홉 시 뉴스를 보다가 위안부 관련 기사가 나오자 어머니는 까맣게 잊고 있던 그녀를 떠올린 것이었다. 어머니는 그녀가 위안부 등록을 하지 않은 것에 대해, 그래서 정부에서 지원해 주는 생활 안정 지원금을 받지 못한 것에 대해 아쉬워했다. 정부에서 주는 지원금을 받아 생활하셨으면 혼자서도 충분히 생활하셨을 거 아니에요. 괜히 이 집 저 집 떠돌면서 눈칫밥 안 먹고……. '생활'이라는 지극히 평범한 말이 실은 얼마나 무시무시하고 징그러운 말인지 그때 나는 깨달았다.

뿌리를 구하러 그가 철거촌도 뒤지고 다닌다는 것을 나는 알고 있다. 흰 방독면으로 입을 가린 인부들이 빈집들의 창문과 문짝을 떼어 내고, 천장을 뜯고, 벽을 허무는 동안 나무를 찾아다녔다.

"철거라고 쓰여 있었어……."

"……?"

"발치를 앞둔 입처럼 벌어진 대문 너머로 모과나무가 한 그루 보였어. 줄기에 철거라고 쓰여 있었어…….

붉은 라커로 철거라고 휘갈겨 쓰여 있었어……."

"……."

"모과나무 줄기에 철거, 철거…….”

그가 고개를 저으면서 철거라고 중얼거릴 때마다 나는 그의 입속 어금니들이 뿌리 뽑혀 뒤흔들리는 것 같았다.

"내 심장과 같은 위치였어…….”

"……?"

"우연이겠지만 내 심장과 같은 위치에 그렇게 쓰여 있었던 거야. 팔을 벌리고 모과나무를 끌어안아 봤거든. 안아 보고 싶어서…… 내 심장과 정확히 같은 위치더군. **철거**라는 단순하고 무시무시한 글자가 하필이면 내 심장과 같은 위치에 쓰여 있었던 거야. 그래서였을까? 철거라는 글자가 인두처럼 내 **심장을 지져오는 것 같았어.**"

ⓐ그가 철거될 모과나무 아래 서 있을 때 나는 목욕탕 탈의실 거울을 들여다보고 있었다. 어

머니가 심한 독감에 걸려 혼자서 여탕 청소를 해야 했다. 빗과 드라이어를 정리하다 말고 문득 거울을 들여다보았다. 아버지와 어머니, 그 어느 쪽도 뚜렷하게 닮지 않은 모호한 얼굴이 누구를 닮았는지 서른아홉 살이 되어서야 깨닫고 있었다. 거울 속 얼굴은 뜻밖에도 고모할머니인 그녀를 닮아 있었다. 무표정한 내 얼굴 위로 그녀의 얼굴이 습자지처럼 겹쳐 떠올랐던 것이다. 놀라운 일이었지만, 불가능한 일은 아니었다. 고모할머니인 그녀의 몸속에 흐르는 피가 내 몸속에도 흐르고 있을 것이기 때문이었다. 아이가 제 부모보다 고모나 삼촌을 더 닮는 경우가 종종 있다는 것을 나는 모르지 않았다. 스무 살에 결혼한 친구가 자신의 딸이 배다른 여동생을 닮았다고 불평하는 소리를 나는 들은 적이 있었다. 그 친구는 심지어 자신의 딸이 배다른 여동생이 하는 행동을, 자신이 끔찍이 싫어하는 행동을 하는 걸 보고 까무러치는 줄 알았다고 토로했다. 그렇지 않아도 그 친구는 아버지의 사랑을 배다른 여동생에게 빼앗겼다는 피해 의식에 사로잡혀 있었다.

거울 아래 어지럽게 흩어진 머리카락들을 주우면서 나는 의문했다. 그녀도 그렇게 느낀 것은 아닌지…… 장조카의 딸인 내가 고모할머니인 자신을 닮았다고. 자신을 꼭 닮은 나를 보면서 자신의 어린 날을 떠올렸던 것은 아닌지.

마분지 같은 커튼으로 새벽빛이 스며든다. 빛 한 점 떠돌지 않던 작업실에 푸르스름한 새벽빛이 번지면서 뿌리의 전체적인 윤곽이 서서히 드러난다. 뿌리가 한 가닥 지평선처럼 떠오른다. 팔 굵기의, 원뿌리는 아니고 곁뿌리다. 취광이 감도는 그 뿌리 너머로 또 다른 뿌리가 떠오른다. 그 너머로 또 다른 뿌리가…….

첩첩 떠오르는 **뿌리들 너머**에 그가 태아처럼 웅크리고 누워 있을 것 같다.

중중첩첩 착시를 일으키면서 떠오르는, 지평선 같은 뿌리들을 넘고 넘어야만 **그에게 닿을 수 있을 것 같다.**

– 김숨, 「뿌리 이야기」 –

19 윗글의 서술상 특징으로 가장 적절한 것은?

[3점]

① 독백적 진술을 중심으로 인물의 내면의 흐름을 드러내고 있다.
② 장면에 따라 서술자를 달리하여 사건을 입체적으로 보여 주고 있다.
③ 인물의 반복적인 행동을 강조하여 사건 해결의 실마리를 드러내고 있다.
④ 서술자가 관찰자의 입장에서 사건을 전달함으로써 객관성을 확보하고 있다.
⑤ 인물의 행적을 요약적으로 제시하여 갈등이 심화되는 원인을 드러내고 있다.

20 윗글에 대한 이해로 적절하지 <u>않은</u> 것은?

[3점]

① '그'가 나무뿌리로 만든 작품을 전시한 곳은 오래된 한옥을 개조해 만든 전시실이었다.
② '나'는 전시실에 들어가자마자 '그'가 나무뿌리를 어디에서 구했는지를 알아차렸다.
③ '나'는 재료의 특성과 관련지어 '그'가 작업에 신중을 기하는 이유를 추측하였다.
④ 고모할머니는 자신들의 체면을 걱정하는 가족들의 만류로 인해 위안부 등록을 하지 못했다.
⑤ '나'는 목욕탕 거울에 비친 자신의 얼굴에서 고모할머니의 모습을 떠올렸다.

21 〈보기〉를 바탕으로 윗글을 감상한 내용으로 적절하지 <u>않은</u> 것은? [4점]

> ───〈보기〉───
> 이 소설은 뿌리를 매개로 한 이해의 과정을 그리고 있다. 부모에게 버림받고 자신의 존재에 대해 끊임없이 회의하던 '그'가 뽑혀 나온 뿌리에 천착하고 이를 작품화하는 것은 자기 존재를 확인하는 과정이자 비슷한 처지의 타인을 이해하는 과정이라 할 수 있다. 이 과정을 지켜봐 온 '나'는 고모할머니의 삶을 떠올리며 그녀를 이해하게 되고, 소원했던 '그'에게 다가갈 수 있는 가능성을 발견한다.

① '뿌리를 구하러 그가 철거촌도 뒤지고 다닌다'는 것은, 뽑혀 나온 뿌리에 대한 '그'의 천착이 행동으로 드러난 것임을 알 수 있군.

② '그'가 '철거'라는 글자가 자신의 '심장을 지져오는 것 같'다고 한 것은, '그'가 뽑혀 나올 모과나무와의 동일시를 통해 자기 존재를 확인한 것으로 볼 수 있군.

③ 고모할머니가 '나'의 손을 더듬어 찾던 것이 실은 '품어 줄 한 줌의 흙'을 찾고 있었던 것이라고 한 데서, '그'의 작품을 본 '나'가 자신의 뿌리를 고모할머니에게서 찾게 되었음을 알 수 있군.

④ 뿌리에 촛농이 떨어져 굳는 순간을 '생전 만날 일 없던 두 존재가 만나는 순간'으로 본 것은, '그'의 작업이 비슷한 처지의 타인을 이해하는 과정이었음을 '나'가 깨닫게 된 것으로 볼 수 있군.

⑤ '나'가 '뿌리들 너머'에 '그'가 있을 것이라 생각하면서 '그에게 닿을 수 있을 것 같'다고 한 데서, '그'에게 다가갈 수 있는 가능성을 '나'가 발견하고 있음을 알 수 있군.

22 ⓐ에 대한 설명으로 가장 적절한 것은? [4점]

① 두 인물의 서로 다른 경험을 연결하여 두 경험의 의미를 밀접하게 관련짓는다.

② 두 인물의 경험을 대조해서 보여 주어 경험의 의미가 분화되는 양상을 드러낸다.

③ 동일한 공간에서의 두 인물의 경험을 제시하여 경험의 서로 다른 성격에 주목하게 한다.

④ 선후 관계를 드러내는 표지를 사용해 두 인물의 경험이 서로 영향을 끼친다는 것을 암시한다.

⑤ 두 인물의 경험에 대한 인식 변화를 함께 제시하여 두 경험의 의미가 유사하다는 것을 강조한다.

[23~26] 다음 글을 읽고 물음에 답하시오.

> (가)
> 문장(文章)을 ᄒᆞ쟈 ᄒᆞ니 인생식자(人生識字) 우환시(憂患始)*오
> 공맹(孔孟)을 비호려 ᄒᆞ니 도약등천(道若登天) 불가급(不可及)*이로다
> 이 내 몸 쓸 듸 업ᄉᆞ니 성대농포(聖代農圃)* 되오리라
> 〈제1장〉
>
> 홍진에 절교ᄒᆞ고 흰 구름으로 벗을 삼아
> 녹수 청산에 시름 업시 늘거 가니
> 이 듕의 무한지락을 헌ᄉᆞᄒᆞᆯ 가 두려웨라
> 〈제3장〉
>
> **밭을 갈아** 조석 밥을 ᄒᆞ고 낚시ᄒᆞ야 반찬ᄒᆞ며
> 긴 허리에 낫을 차고 **깊은 산의 나무** ᄒᆞ니
> 내 생애 잇뿐이 라 뉘라서 다시 알리
> 〈제4장〉

명산의 흰 구름 이니 나는 보미 즐거웨라
강 가운데 기러기 가니 나는 보미 반가왜라
즐기며 반가와 ᄒ거니 내 벗인가 ᄒ노라

〈제7장〉

유정코 무심한 것은 아마도 풍진의 벗
무심코 유정한 것은 아마도 강호의 기러기와 해오라기
이제야 작비금시(昨非今是)*을 ᄭᆡ᷃ ᄃ른가 ᄒ노라

〈제8장〉

– 안서우, 「유원십이곡」 –

* 인생식자 우환시: 사람은 글자를 알게 되면서부터 근심이 시작됨.
* 도약등천 불가급: 도는 하늘로 오르는 것과 같이 미치기 어려움.
* 성대농포: 태평성대에 농사를 지음.
* 작비금시: 어제는 그르고 지금은 옳음.

(나)
남수찬의 상소에 명천 유배 놀랍도다
홀로 떠나려고 하니 한강 풍랑 괴이하다
창망한 행색으로 동대문에서 처벌을 기다리니
고향은 적막하고 **명천이 천리로다**
두루마기 흰 띠 매고 북천을 향해 서니
사고무친 고독단신 죽는 줄 그 누가 알리

(중략)

슬프다 내 일이야 꿈에나 들었던가
이곳이 어디메뇨 주인집 찾아가니
높은 대문 너른 사랑 삼천석군 집이로다
본관과 초면이라 서로 인사 다 한 후에
본관이 하는 말이 김 교리 이번 유배
죄 없이 오는 줄은 북관 수령 아는 바요
만인이 울었으니 조금도 슬퍼 말고 나와 함께 노십시다
삼현 기생 다 불러라 오늘부터 놀자꾸나
그러나 내 일신이 유배 온 사람이라
꽃자리에 손님 대접 기악이 무엇이냐
일일이 물리쳐 보내고 혼자 앉아 소일하니
경내의 선비들이 소문 듣고 배우기를 청하며
하나 오고 두셋 오니 육십 명이 되는구나
책 끼고 배움 청하며 글제 내어 골라 달라네
북관의 수령 관장 무장만 보았다가
문관의 명성 듣고 한사코 달려드니

내 일을 생각하면 남 가르칠 공부 없어
아무리 사양해도 벗어날 길 전혀 없어
밤낮으로 끼고 앉아 세월이 글이로다
고향 생각나면 **풍월** 짓고 심심하면 글 외우니
변방의 외로운 몸이나 **시와 술**에 마음 붙여
문밖으로 안 나가고 편히 편히 날 보내다
가을바람에 놀라 깨니 변방 산에 서리 온다
남쪽 하늘을 바라보면 **기러기 처량하고**
북방을 굽어보니 오랑캐 땅이로다
개가죽 상하의는 상놈들이 다 입었고
조밥 피밥 기장밥은 주민의 양식이라
본관의 성덕과 주인의 정성으로
실 같은 이내 목숨 달 반을 붙어 있네
천만 뜻밖으로 명록이가 집안 소식 가져왔네
놀랍고 반가워라 미친 사람 되었구나
변방에 있던 사람 고향에 돌아온 듯
나도 나도 이럴망정 고향이 있었던가
봉투를 떼어 보니 정겨운 편지 몇 장인가
폭폭이 친척이요 면면이 고향이라
종이 위의 자자획획 자식 조카 눈물이요
옷 위의 얼룩은 아내의 눈물이구나

– 김진형, 「북천가」 –

23 (가)와 (나)의 공통점으로 가장 적절한 것은?

[3점]

① 계절의 변화를 중심으로 시상을 전개하고 있다.

② 자연과 인간을 대비하여 교훈을 전달하고 있다.

③ 명령형 문장을 활용하여 화자의 포부를 드러내고 있다.

④ 유사한 문장 구조를 반복하여 화자의 심정을 강조하고 있다.

⑤ 원경에서 근경으로 시선을 이동하여 자연의 모습을 다채롭게 그려 내고 있다.

24 (가)에 대한 설명으로 가장 적절한 것은?

[3점]

① 〈제1장〉의 초장과 중장에 드러난 '문장'을 향한 화자의 의지가 종장에서 강화되고 있다.

② 〈제3장〉의 초장에 드러난 '홍진'을 향한 화자의 미련이 중장에서 해소되고 있다.

③ 〈제4장〉의 초장에 드러난 '낚시'에 대한 화자의 관심이 중장에서 구체화되고 있다.

④ 〈제7장〉의 초장과 중장에 드러난 '흰 구름'과 '기러기'에 대한 화자의 감흥이 종장에서 집약되고 있다.

⑤ 〈제8장〉의 초장에 드러난 '유정'과 '무심'에 대한 화자의 의문이 중장에서 심화되고 있다.

25 (나)에 대해 이해한 내용으로 적절하지 않은 것은? [3점]

① '명천이 천리로다'를 통해 유배지에 대한 화자의 거리감을 부각하고 있다.

② '문관의 명성 듣고 한사코 달려드니'를 통해 화자에 대한 선비들의 반응을 제시하고 있다.

③ '기러기 처량하고'를 통해 변방에 있는 화자의 서글픈 심정을 자연물에 투영하여 나타내고 있다.

④ '개가죽 상하의'와 '조밥 피밥 기장밥'을 통해 화자가 관찰한 생활상을 보여 주고 있다.

⑤ '본관의 성덕과 주인의 정성'을 통해 유배를 가서도 변치 않는 화자의 충정을 드러내고 있다.

26 〈보기〉를 바탕으로 (가), (나)를 감상한 내용으로 적절하지 않은 것은? [4점]

〈보기〉

　(가)는 작가가 벼슬살이를 단념하고 '유원'으로 이주하여 지은 작품이고, (나)는 홍문관 교리 벼슬을 하던 작가가 '명천'으로 유배된 경험을 담은 작품이다. 이 두 작품에서는 새로운 공간으로의 이주를 계기로 변화된 삶의 모습과 다양한 정서, 삶에 대한 성찰 등을 발견할 수 있다.

① (가)에서 '이제야 작비금시'를 깨달았다고 한 것을 통해 새로운 공간에서 삶에 대해 성찰하는 화자의 모습을 발견할 수 있다.

② (나)에서 '사고무친 고독단신 죽는 줄 그 누가 알'겠느냐고 한 것을 통해 이주를 앞둔 상황에서 느끼는 우려를 읽어낼 수 있다.

③ (나)에서 '종이 위의 자자획획'이 '눈물'이라고 한 것을 통해 새로운 공간에서 가족을 떠올리며 느끼는 화자의 슬픔을 읽어낼 수 있다.

④ (가)에서 강호에서의 생활을 '헌 스 홀가 두려웨라'라고 한 것과 (나)에서 '내 일'을 '슬프다'라고 한 것을 통해 이주로 인해 느끼게 되는 고독감을 읽어낼 수 있다.

⑤ (가)에서 '밭을 갈'고 '깊은 산의 나무'를 하며 지낸다고 한 것과 (나)에서 '시와 술'에 마음을 붙이고 '문밖'으로 나가지 않는다고 한 것을 통해 이주로 인해 변화된 삶의 모습을 발견할 수 있다.

[27~30] 다음 글을 읽고 물음에 답하시오.

[앞부분의 줄거리] 천신인 대장성과 익성은 천상계에서 쫓겨나 각각 유충렬과 정한담으로 환생한다. 정한담은 명나라를 쳐들어온 오랑캐와 결탁하여 명나라를 공격한다. 유충렬은 노승에게서 신물(神物)인 일광주, 신화경, 장성검 등을 얻고 공을 세워 대원수에 임명된다.

원수가 기운을 가다듬고 신화경을 잠깐 펴 남의 기운을 쇠진하게 하고는 장성검을 다시 닦아 광채를 찬란하게 하고 변화 좋은 일광주에 조화를 부쳐 호통을 크게 치며 한담을 불러 말하였다.

"네 놈이 명나라의 작지 않은 중록지신으로서 그 임금을 섬기다가 무엇이 부족하여 충신을 죽이고 부모국을 치려 하니 이것은 만고의 역적이라. 어찌 하늘이 무심하랴! 억조창생들이 네 고기를 먹고자 할뿐더러 지하의 귀신이라도 네 놈의 목을 베어 황제 앞에 드리고자 할 것이니 너 같은 만고역적이 살기를 바랄쏘냐. 네 놈을 사로잡아 전후 죄목을 물은 후에 너의 육신을 포를 떠서 종묘에 제사 지내고 남은 고기는 가져다가 우리 **부친의 충묘당**에 제사 지내고자 하나니 바삐 나와 내 칼을 받아라!"

한담이 듣고 대로하여 응성출마 하거늘, 원수가 맞아 칼로 치게 되면 반합에 죽을 것이로되 사로잡아

죄목을 묻고 원수를 갚고자 하여 장성검을 높이 들고 한담을 치려 하였다. 한담은 간데없고 오색구름이 조각조각 일어나면서 원수의 장성검이 빛이 없어지고 폈던 칼이 도로 말리었다. 원수 크게 놀라 급히 물러 나와 신화경 한 편을 외우고 대장성을 세 번 치니 도로 장검이 빛이 나므로, 풍백을 불러 채운을 쓸어버리고 적진을 살펴보는데 한담이 변신하여 십 척 장검을 번득이며 원수를 따라왔다. 원수는 그제야 깨달아 말하기를,

"한담은 **천신**이라 사로잡으려 하다가는 도리어 환을 당하리라."

라고 하고는 싸우려 하니, 이때 진 앞에 안개가 자욱하며 장성검이 번개가 되어 공중에서 빛나면서 한담을 치려 하나 한담의 몸에 칼이 범하지 못하므로 바로 적진의 뒤로 쫓아 치려 하였다. 한담이 원

수를 급히 쫓아오다가 한담의 말이 거꾸러지거늘 원수가 장성검을 높이 들어 한담의 목을 치니 목은 아니 맞고 투구만 벗어졌다. 이때 적진에서 도사가 싸움을 보다가 원수의 칼이 한담의 머리에 범함을 보고 대경하여 급히 ㉠징을 쳐서 군사를 거두니, 한담이 쇠진하여 거의 죽게 되었다. 징을 쳐 군사를 거두고 본진에 돌아와 정신이 없어 기운을 수습하지 못하다가 간신히 일어나 앉으면서 말하였다.

"선사가 어찌 아시고 징을 쳐 돌아오게 하시니까."

도사가 말하였다.

"적장의 칼에 장군의 투구가 깨어지므로 만분 위태하기로 징을 쳐 군사를 거두었노라."

한담이 대겁하여 그제야 머리를 만져 보니 과연 투구가 없으므로 새롭게 놀라 하면서 말하였다.

[A] ┌ "적장은 분명 천신이요 사람은 아니로다. 내
   │ 재주를 십 년을 공부하여 사람은커니와 귀신
   │ 도 측량하지 못하였다. 마룡과 최일귀가 죽는
   │ 것을 보고 조심하여 십 년 배운 술법을 오늘날
   │ 다 베풀어 잡으려다가, 잡기는커녕 기운이
   │ 쇠진하여 거의 죽게 되었더니 천행으로 선생의
   │ 구하심을 입어 목숨이 살아났도다. 그러나 이
   │ 제 천만 가지로 생각해도 힘으로는 잡을 수 없
   └ 삽고 선생의 깊은 재주나 바라나이다."

도사가 이 말을 듣고 간담이 서늘하여 한참 생각하다가 군중에 전령하여 진문을 굳게 닫고 한담을 불러 말하였다.

"적을 잡으려 할진대 인력으로는 잡을 수 없으니 군중의 기계를 모아 여차여차하였다가 적장을 유인하여 진문에 들도록 하면 제 비록 천신이나 피할 길이 없으리라."

한담이 곧 심중에 크게 기뻐하여 도사의 말대로 약속을 정하고 며칠 지난 후에 갑주를 갖추고 진문에 나서 원수를 불러 말하였다.

"충렬아, 네 한갓 혈기만 믿고 우리를 대적하려 하니 후생이 가외라*. 빨리 너와 자웅을 결단하려 하니 바삐 나오라!"

이때 유원수가 의기양양하여 진 앞에 횡행하다가 부르는 소리를 듣고 응성하고는 맞아 나와 일합

이 못되어 거의 잡게 되었는데 적진에서 또한 ⓒ징을 쳐 군사를 거두었다. 원수가 승승하여 바로 적진을 헤쳐 장대에 달려드니 장대에는 북소리만 나면서 난데없는 흙비와 안개가 사방에 가득하여 지척을 분별할 수 없었다.

가련하다. 충렬이 적장의 꾀에 빠져 함정에 들었으니 목숨이 경각에 있었다. 원수가 대경하여 신화경을 펴 놓고 대문을 다 본 후에 몸을 감추어 안손법을 베풀어 진중을 살펴보니 한담이 토굴을 깊이 파고 그 가운데 기치창검*을 살대같이 세우고 사방신장*이 나열하여 독한 안개와 모진 사석을 사면으로 뿌리면서 함성을 크게 내며 항복을 재촉하였다. 그제야 적장의 간계에 빠진 줄을 알고 신화경을 외우면서 육정육갑을 베풀어 신장을 호령하여 운무를 쓸어버리라 하니 이윽고 일기가 맑아지고 함정에서 솟아 나왔다.

[중략 부분의 줄거리] 한담은 충렬의 아버지를 사칭하여 편지를 보낸다.

'(전략) 만일 나의 말을 듣지 못하면 죽은 혼백이라도 돌아가서 자식이라 하지 않고 무지한 귀신이 되어 청천에 둥둥 떠서 자식을 없는 듯이 하리라. 충렬아, 너의 아비 목숨이 오늘 오시가 되면 동문 대로에서 칼 아래 혼백이 될 것이니 그 아니 망극한가. 아비 경상을 생각하여 빨리 항복하고 **어서 와서 살려 내어라.** 할 말이 무궁하나 흉격이 답답하고 목숨이 경각에 있어 황황망극하기로 아들 충렬아, 충렬아 그만 그치노라.'

라고 하였다. 원수 편지를 받아보고 정신이 아득하여 인사를 모르다가 겨우 진정하여 천자에게 들어가 이 편지를 드리면서 말하였다.

"이 글을 보옵소서. 폐하가 전날에 아비의 글씨를 본 적이 있으십니까. 소장의 아비 수적*인가 보아 주옵소서."

천자와 태자가 이 편지를 보신 후에 박장대소하시고 원수를 위로하여 말하였다.

[B] "그대의 부친이 죽은 지 오래인지라. 죽은 혼백이라도 그렇게 할 리가 없거니와 글씨는 난생 처음이라. 설령 살았을지라도 그렇게 할

리가 없거니와 이러한 말을 하지 않을 것이니 원수는 염려 말고 정한담을 잡아 곡절을 물어 본즉 짐의 말을 옳다 하리라."

원수 물러 나와 생각하되,

'전날 강 승상을 만났을 때에 멱라수에 부친의 필적이 벽에 붙었으므로 죽은 것은 확실하거든 어찌 적진에 돌아와 이 편지를 부치리오. 그러나 **마음**이 **심란**하여 적진을 쳐서 정한담을 사로잡아 곡절을 물으리라.'

라고 하고 일광주를 다시 쓰고 황룡수를 거느리고 봉의 눈을 부릅뜨고 장성검을 높이 들고 신화경을 손에 들고 천사마를 급히 몰아 진영 앞에 나서면서 한담을 불러 말하기를,

"네 놈이 간사한 꾀로 나를 항복받고자 하거니와 내 어찌 모를쏘냐. 바삐 나와 칼을 받으라!"

라고 하니 한담이 황겁하여 **도성**에 들어가 선봉으로 군문을 지키게 하고 나오지 않았다.

– 작자 미상, 「유충렬전」 –

* 기치창검: 깃발과 창과 검.
* 후생이 가외라: 뒤에 태어난 사람이 두려울 만하다.
* 사방신장: 신병을 거느리는 신장.
* 수적: 손수 쓴 글씨나 그린 그림.

27 윗글에 대한 이해로 적절하지 않은 것은?

[3점]

① 충렬은 죄를 묻고 원수를 갚기 위해 한담을 사로잡으려 하였다.

② 충렬을 쫓던 한담은 말이 거꾸러지는 바람에 위기에 처했다.

③ 한담은 본진에 돌아온 후에야 자신의 투구가 사라진 것을 알아차렸다.

④ 한담은 시야가 제한된 장대 위에서 충렬과 자웅을 겨루었다.

⑤ 충렬은 적의 진중을 살펴 토굴을 확인하고 한담의 계책에 당한 것을 깨달았다.

28 ㉠과 ㉡에 대한 설명으로 가장 적절한 것은?
[3점]

① ㉠과 ㉡은 모두 한담을 방심하게 하여 그의 군대가 패배하게 하는 원인이다.

② ㉠과 ㉡은 모두 도사가 자신의 주장을 입증하기 위해 독단적으로 일으킨 일이다.

③ ㉠은 한담이 미래의 사건을 예측하게 하고, ㉡은 충렬이 과거의 기억을 떠올리게 한다.

④ ㉠은 충렬에게 의심을 유발하는 계기이고, ㉡은 충렬에게 아쉬움을 불러일으키는 계기이다.

⑤ ㉠은 한담을 불러들여 위기에서 벗어나게 하고, ㉡은 충렬을 자극하여 위기에 빠지게 한다.

29 [A]와 [B]에 대한 설명으로 가장 적절한 것은? [3점]

① [A]에서는 상대방에게 도움을 청하고 있고, [B]에서는 상대방을 안심시키고 있다.

② [A]에서는 상대방을 칭찬하고 있고, [B]에서는 상대방의 능력 부족을 지적하고 있다.

③ [A]에서는 자신의 억울함을 호소하고 있고, [B]에서는 상대방의 슬픔에 공감하고 있다.

④ [A]에서는 상대방의 제안을 거절하고 있고, [B]에서는 상대방의 생각을 고치려 하고 있다.

⑤ [A]에서는 상대방이 겪는 갈등을 간파하고 있고, [B]에서는 자신이 겪고 있는 갈등을 부각하고 있다.

30 〈보기〉를 바탕으로 윗글을 감상한 내용으로 적절하지 않은 것은? [4점]

〈보기〉

이 작품에서 주인공과 반동 인물의 대결은 천상계에서의 천신 사이의 대결이 인간 세계에까지 이어진다는 점에서 숙명적이다. 또한 충효라는 윤리적 정당성을 지닌 주인공과 비윤리적인 반동 인물이 대결한다는 점에서 윤리적이기도 하다. 윤리성을 실현하려는 의지는 반격의 기회를 노리는 반동 인물에게 이용되기도 한다.

① 충렬이 한담을 잡아 '부친의 충묘당'에 제사를 지내겠다고 말하는 것에서, 주인공이 반동 인물과 대립하는 이유가 효라는 윤리성을 실현하는 데 있음을 알 수 있군.

② 충렬과 한담이 서로가 '천신'임을 알아보는 것에서, 천상계에서의 대립 관계가 인간 세계에서 두 인물의 숙명적 대결로 이어지고 있음을 알 수 있군.

③ 한담이 충렬에게 '어서 와서 살려 내'라는 내용의 편지를 보낸 것은, 한담이 윤리성을 실현하려는 충렬의 의지를 이용하려는 계책임을 알 수 있군.

④ 천상계에서의 대결이 '천자와 태자'를 모시는 충렬과 반대편에 선 한담 간의 대결로 지속되고 있다는 점에서, 이들 간 대결을 숙명적인 것으로 볼 수 있군.

⑤ 충렬이 '심란'한 '마음'을 이겨내고 한담을 '도성' 안으로 물리치는 것에서, 상실했던 윤리적 정당성을 회복하게 되었음을 알 수 있군.

2027

사관학교

10개년 국어

제1교시 국어영역(공통)

▶정답 및 해설 316p

[01~03] 다음 글을 읽고 물음에 답하시오.

"독자 반응 비평 이론가인 야우스(H. R. Jauß)는 기대지평이라는 개념을 제시하여 독자가 문학 작품과 상호 작용하는 과정을 설명하였다. 기대지평은 특정한 시간과 공간에서 독자가 문학 작품에 대해 갖게 되는 해석과 평가의 준거로, 독자의 경험, 지식, 습관 및 사회의 통념, 관습, 전통, 제도 등이 복합적으로 작용하여 구성된다. 기대지평은 독자에 따라 다르고 한번 형성된 기대지평 역시 이 요소들의 변화에 따라 달라지므로, 어떤 작품의 의미나 가치에 대한 판단은 최종적인 것일 수 없다. 하나의 기대지평은 그것을 적용하는 시점에 작품을 평가하고 해석하는 데 유용한 기준이 될 뿐이다. 또한 기대지평은 집단적 차원에서도 형성되어 개인의 기대지평과 서로 영향을 주고받으며 기대지평의 창출과 변화에 기여한다.

문학 작품의 수용은 독자의 기대지평과 작품의 기대지평 간의 상호 작용을 통해 이루어진다. 독자의 기대지평이 독자가 작품에 대해 적용하는 준거라면, 작품의 기대지평은 이 작품의 수용을 위해 독자가 가져야 할 것으로 기대되는 준거라 할 수 있다. 작품의 기대지평과 독자의 기대지평 간에 거리가 존재하는 경우 독자는 이를 인식하고 작품에 대한 부정, 거부감, 혼란, 낯섦 등을 느낄 수 있는데, 이를 작품 수용의 과정에서 나타나는 미적 긴장이라 한다. 부정이나 거부감을 중심으로 미적 긴장을 경험하는 독자가 새로이 형성한 기대지평은 기존의 것과 큰 차이가 없다. 반면 미적 긴장에도 불구하고 방법을 탐색하며 적극적으로 이해를 시도하는 독자는 기존의 기대지평을 현저히 변화시켜 작품의 기대지평에 부응하고자 노력한다. 이 과정을 거쳐 작품을 능동적으로 수용한 독자에게 일어난 기대지평의 변화를 지평전환이라 한다.

독자 반응 비평에서는 전통적인 문학 비평이 작가의 의도, 시대적 배경, 윤리적 준거 등이 작품에 끼치는 영향에 치중하거나 작품 자체의 자율성을 존중하여 작품의 언어적 특성과 문학적 기법에만 집중했다고 지적하면서, 그간 간과되어 왔던 독자의 중요성에 주목하였다. 이러한 의미에서 독자 반응 비평은 독자의 역할을 재정립하고 독자와 작품 사이의 상호 작용을 탐구함으로써 문학 작품의 생산자는 작가이지만 문학 작품을 예술적으로 완성하는 것은 독자임을 분명히 하였다는 평가를 받는다.

01 윗글에 대한 설명으로 가장 적절한 것은? [3점]

① 인접 분야의 개념을 활용하여 독자 반응 비평을 설명하고 있다.

② 다양한 사례를 통해 독자 반응 비평의 실효성을 강조하고 있다.

③ 독자 반응 비평의 변화 과정을 분석하며 그 복합적 성격을 보여주고 있다.

④ 주요 개념을 중심으로 독자 반응 비평을 설명하고 그 의의를 제시하고 있다.

⑤ 독자 반응 비평에 대한 비판적 입장을 부연하여 종합적 결론을 도출하고 있다.

02 윗글을 통해 알 수 있는 문학 비평의 임무로 가장 적절한 것은? [3점]

① 작품과 독자 사이에 일어나는 상호 작용을 검토하는 것이다.

② 작품의 언어적 특성을 연구하여 예술적 가치를 밝히는 것이다.

③ 시공간을 초월하는 작품의 보편성을 독자에게 전달하는 것이다.

④ 독자가 작가의 의도를 중심으로 작품을 파악하는 데 기여하는 것이다.

⑤ 작품이 창작된 시대 배경을 조사하여 작품에 역사적 의미를 부여하는 것이다.

03 윗글을 바탕으로 〈보기〉를 이해한 내용으로 적절하지 않은 것은? [4점]

─────〈보기〉─────

1970년대 발표된 소설 A는 2인칭 주어로 서술되는 문장의 나열과 같은 형식적 파격과 함께 도덕적 일탈을 옹호하는 주인공을 다루어 당대 독자층의 비난을 불러일으켰으며, 이는 A에 대한 조직적인 불매 운동으로 이어졌다. 당시 문학을 전공하고 있던 독자 B는 A를 처음 읽고 혼란을 느꼈지만, 이에 좌절하지 않고 A를 반복적으로 읽으면서 작품의 의미를 찾아 이에 공감하게 되었다. 오랜 시간이 지난 후 '21세기를 맞이하는 문학의 의무'라는 강연회에서 독자 B는 A의 작가가 '소설 A를 통해 시대에 저항한 선구자'로 소개되어 열화와 같은 호응을 얻는 장면을 목격하였다.

① A가 도덕적 일탈을 옹호하는 주인공을 내세워 비난을 받은 것은, 사회의 관습이나 통념이 기대지평의 형성에 영향을 미친다는 것을 드러내는군.

② A를 반복적으로 읽으면서 B가 새로운 의미를 탐색한다는 것은, 기대지평이 과거에 읽었던 동일한 작품을 다시 읽는 과정에서 새로이 형성될 수 있음을 보여주는군.

③ A가 발표되자 조직적인 거부의 움직임을 드러낸 독자층의 모습은, 미적 긴장 상태에 대한 경험의 부재가 작품에 대한 무조건적인 부정으로 이어질 수 있음을 보여주는군.

④ A가 발표 당시 독자층에게 비난받았던 것과 달리 오랜 시간이 지난 후 큰 호응을 받는 것은, 기대지평의 형성과 변화가 집단적 차원에서 이루어질 수 있다는 것을 보여주는군.

⑤ A가 발표 시점으로부터 오랜 시간이 지난 후 시대에 저항한 작가의 작품으로 소개된 것은, 발표 당시 독자의 기대지평이 전환을 거쳐 작품의 기대지평에 부응하게 된 결과라 할 수 있군.

[04~07] 다음 글을 읽고 물음에 답하시오.

근대화를 전후로 나타난 유럽의 인구 현상 중 하나는 고출생률과 고사망률에서 저출생률과 저사망률로의 변화였다. 이 과정을 인구 변천이라고 하며, 인구 변천의 결과 유럽은 출생률과 사망률의 변화를 보이며 인구가 증가하다가 안정적인 상태에 이르게 되었다. 이러한 유럽의 인구 현상을 관찰한 결과를 기초로 하여 인구 변화를 설명한 모델을 ㉠ 인구 변천 모델이라고 한다.

인구 변천 모델의 기본적 전제는 근대화와 출생률의 감소에는 인과적 관계가 있다는 것이다. 인구 변천 모델에서는 근대화 과정에서 인구 성장률이 자발적인 수정 과정을 거치다가 저출생률과 저사망률의 상태에 이르고 안정적인 균형을 유지한다고 보았다. 인구 변천 모델은 이 과정을 네 단계로 나누어 설명하는데 첫 번째 단계는 고위 정지 단계로 주로 근대화 이전의 시기에 해당하는 국가들에서 나타나며, 고출생률과 고사망률을 나타내어 안정성을 보이고 인구 증가가 거의 없다. 두 번째 단계는 초기 확장 단계로 사망률은 급격히 낮아지는 반면 출생률은 그대로 높은 수준을 유지하고 있어서 인구가 급증하는 인구 폭발 현상이 나타난다. 이 단계에서 사망률이 급격히 낮아지는 이유는 영양 개선, 공중 위생·보건 시설의 보급 및 의학의 발달 등이다. 세 번째 단계는 후기 확장 단계로 출생률의 감소 속도가 사망률의 감소 속도보다 훨씬 빠르게 나타나서 인구의 증가 속도가 상당히 둔화되는 단계이다. 이 단계에서 출생률이 감소하는 이유는 여성의 사회·경제적 지위 향상으로 인한 결혼 연령 상승이나 자녀에 대한 가치관의 변화 및 가족계획 등이다. 네 번째 단계는 저위 정지 단계로 저출생률과 저사망률 상태에 들어서며 인구 변화가 거의 없는 안정적인 상태를 유지한다.

인구 변천 모델 이후 타바라(Tabbarah)는 새로운 관점에서 근대화와 출생률 감소의 관계를 파악하려고 하였다. 그는 부부가 원하는 이상적인 가구 규모에 기반하여 출생률 감소가 왜 나타나는지, 어느 시점에서 출생률 감소가 나타나는지를 설명하고자 하였다. 이를 위해 타바라는 '부부가 이상적으로 원하는 자녀의 수(C_d)'와 '부부의 부양 능력에 맞는 최대 자녀의 수(C_m)'라는 변수를 제시하였다. C_d는 인터뷰를 통해 수집한 수치이며, 이를 생잔율*로 나누면 '부부가 이상적으로 원하는 자녀 수를 갖추기 위해 실제 출산해야 하는 자녀의 수(B_d)'를 알 수 있다. 또한 C_m은 통계 자료에서 추출한 '부부의 부양 능력에 맞는 최대 자녀 수를 갖추기 위해 실제 출산해야 하는 자녀의 수(B_m)'에 생잔율을 곱해 산출할 수 있다. 타바라는 이러한 변수들의 관계를 통해 세계 각 지역의 인구 자료를 분석한 결과를 토대로 ⓒ 인구 발전 모델을 제시하였다.

인구 발전 모델은 네 단계로 이루어져 있다. 첫 번째 단계는 C_m이 C_d보다 훨씬 적게 나타나는 단계이다. 이 단계에서는 출산율*도 낮고 자녀들의 생잔율도 낮기 때문에 C_m도 낮게 나타난다. 그러나 어려운 사회·경제적 상황 속에서도 C_d는 높게 생각하는 경향을 보인다. 두 번째 단계는 C_m과 C_d가 거의 비슷해지는 단계이다. 이 단계에서 부부는 원하는 이상적인 수만큼의 자녀를 가질 수 있다. 이런 상황이 나타나는 이유는 출산율과 생잔율이 증가하여 C_m은 상승하는 반면에, 부부가 이상적으로 원하는 자녀의 수는 적어져서 C_d가 하강하기 때문이다. 세 번째 단계는 C_m이 C_d를 약간 능가하게 되며, 네 번째 단계에 이르러서는 C_m이 C_d를 훨씬 능가하게 된다. 부부들은 부양 능력에 맞는 최대의 수만큼 자녀를 갖는 것이 아니라 그들이 원하는 이상적인 수만큼만 자녀를 갖게 된다는 것이다.

[A] 〈그림〉은 인구 발전 모델에서 시간의 경과나 경제 발전에 따라 실제로 원하는 자녀 수와 최대로 출산할 수 있는 자녀 수의 변화 추세를 나타낸 것이다. 인구 발전의 첫 번째 단계인 시점인 t_1에서 부부가 이상적으로 원하는 자녀의 수는 C_{d1}이다. C_{d1}을 갖기 위해서는 B_{d1}만큼의 자녀를 출산해야 하는데 그 이유는 B_{d1}에서 C_{d1}을 뺄 만큼의 사망자가 발생하기 때문이다. 그러나 이러한 이상적으로 원하는 자녀 수를 실제로는 가질 수 없는데 그 까닭은 부양 능력을 고려했을 때의 출산 수준이 B_{m1}에 머물러 있기 때문이며, 사망자 수 때문에 실제로 갖게 되는 자녀 수는 C_{m1}로 나타난다. 그러나 B_d가 B_m보다 클 경우 출산력*이 증가하여 출산 곡선은 B_m 곡선의 방향을 따르게 된다.

인구 발전의 두 번째 단계인 시점 t_0에서는 B_m이 증가하게 되어 결국은 B_d와 일치하게 된다. 부부가 실제로 출산한 자녀의 수가 그들이 이상적으로 원하는 자녀의 수만큼이 되는 것이다. 일반적으로 t_0 이후인 세 번째, 네 번째 단계부터는 이상적으로 원하는 자녀의 수만큼만 출산하게 되어 출산 곡선은 B_d 곡선의 방향을 따른다. 따라서 t_0 이후에는 가족 계획이나 피임법 등에 대한 지식을 갖고 있는 부부들의 출산 곡선은 B_m–O–B_d의 곡선을 따르게 된다는 것이다. 이와 같은 타바라의 모델은 시간의 경과에 따른 출산 양상의 변화를 이해하는 데 도움을 주며, 특히 이상적으로 원하는 자녀의 수에 주목했다는 점에서 의의가 있다.

* 생잔율: 한 연령층의 인구 집단이 어떤 특정 기간이 지난 후까지 살아남게 되는 확률.
* 출산율: 특정 기간의 출생자 수를 해당 기간 가임 연령의 여성 인구로 나눈 비율.
* 출산력: 한 인구 집단의 실제적인 출산의 빈도.

04 윗글을 읽고 알 수 있는 내용으로 적절하지 않은 것은? [3점]

① 인구 변천 모델에 반영된 이론적 배경
② 인구 변천 모델을 설명하기 위한 기본적 전제
③ 인구 발전 모델에 활용된 변수들을 산출하는 방법
④ 인구 발전 모델을 통해 파악할 수 있는 인구 현상과 의의
⑤ 인구 변천 모델의 각 단계에서 나타나는 출생률과 사망률의 변화 추세

05 ㉠과 ㉡에 대한 이해한 내용으로 적절하지 않은 것은? [3점]

① ㉠은 출생률과 근대화 사이에 인과적 관계가 있다고 전제하였다.
② ㉠은 근대화 과정에서 인구 성장률이 자발적인 수정 과정을 겪는다고 하였다.
③ ㉠은 후기 확장 단계에서 사망률의 감소로 인구 폭발 현상이 나타난다고 하였다.
④ ㉡은 부부가 원하는 출산 수준이 부양 능력을 고려했을 때의 출산 수준에 부합하지 않을 수 있다고 하였다.
⑤ ㉡은 부부가 원하는 이상적인 가구 규모에 기반하여 출생률 감소의 원인과 발생 시점을 설명할 수 있다고 하였다.

06 [A]의 〈그림〉을 이해한 내용으로 적절하지 않은 것은? [4점]

① B_{m1}에서 C_{m1}을 뺀 숫자는 t_1 시점에서의 생잔율이 반영된 것이겠군.
② t_1에서 t_0으로 진행되는 동안 출산력은 B_d와 B_m 값의 차이에 비례하겠군.
③ 부부의 출산 수준에 따른 실제 출산 곡선은 C_m–O′–C_d의 형태로 나타나는군.
④ t_1에서 t_0으로 진행되는 동안 부부가 이상적으로 원하는 자녀의 수는 점점 줄어드는군.
⑤ B_d와 C_m이 만난 지점 이후로는 부부가 부양 능력을 고려하지 않아도 원하는 수만큼의 자녀를 가질 수 있겠군.

07 윗글을 바탕으로 볼 때 〈보기〉의 '제2차 인구 변천 이론'이 등장한 이유로 가장 적절한 것은? [4점]

〈보기〉

20세기 후반 이후 결혼 연령 상승, 결혼과 출산 간의 단절, 비혼주의나 결혼 제도의 파괴 등으로 인해 급격하게 출산력이 감소하였다. 기존의 인구 이론으로는 이러한 인구 현상을 설명할 수 없기 때문에 제2차 인구 변천 이론이 등장하였다. 이 이론은 출산력의 감소가 인구 안정 상태를 깨뜨린다고 설명하였다.

① 인구 변천 모델은 결혼 연령의 변화가 출산력에 미칠 영향을 고려하지 못하였기 때문에

② 인구 변천 모델은 출생률과 사망률의 감소가 인구 안정 상태를 깨뜨린다고 판단했기 때문에

③ 인구 변천 모델은 인구 변화가 정체된 상태 이후에 나타난 출산력 감소를 설명할 수 없기 때문에

④ 인구 발전 모델은 비혼주의나 결혼 제도의 파괴를 출산력 감소의 요인으로 판단했기 때문에

⑤ 인구 발전 모델은 이상적인 가족 규모와 실제의 가족 규모 간의 차이로 인해 출산력의 변화를 판단할 수 없기 때문에

[08~11] 다음 글을 읽고 물음에 답하시오.

분자는 원자의 결합체 중 독립 입자로서 작용하는 단위체로, 화학적 결합의 하나인 공유 결합을 통해 형성된다. 원자나 원자단 간에 작용하여 이들의 집합체를 하나의 뚜렷한 단위체로 간주할 수 있게 하는 화학적 결합에는 공유 결합 외에도 이온

결합과 금속 결합이 있다. 화학적 결합과 달리 기존의 물질이 유지된 채 물리적으로만 연결된 결합을 기계적 결합이라고 한다. 일반적으로 기계적 결합보다는 화학적 결합에 필요한 에너지가 더 크며 화학적 결합 중에서는 공유 결합에 필요한 에너지가 가장 크다. 결합을 해체하는데 필요한 에너지는 결합에 필요한 결합 에너지와 같으므로, 결합 에너지가 다시 가해지지 않는 한 분자는 다시 원자 단위로 분해되지 않고 물질의 화학적 성질을 유지하는 최소 단위로서의 독립성을 유지할 수 있다.

분자들이 모여 이루어진 분자 집합체 중 일부는 분자 간의 위치나 연결 방식의 특성으로 인해 발생하는 위상학적 상관관계를 이용한 기계적 결합을 통해 만들어진다. 이 기계적 결합을 끊기 위해서는 개별 분자의 공유 결합을 해체해야 한다. 따라서 ㉠ 이러한 분자 집합체는 분자 수준의 독립성을 지녔다고 볼 수 있다. 〈그림 1〉의 카테네인은 고리 모양의 분자 두 개가 사슬처럼 서로 수직으로 맞물려 결합된 분자 집합체로, 고리 간의 결합을 해체하기 위해서는 개별 고리를 끊어야 한다. 〈그림 1〉의 로탁세인은 양쪽 끝에 입체 장애가 있어 고리 모양의 분자가 빠져나갈 수 없게 한 형태의 분자 집합체이다.

카테네인   로탁세인

〈그림 1〉 카테네인과 로탁세인의 구조

이들 분자 집합체는 분자 기계의 구조적 기반을 이룬다. 분자 기계는 물리적 자극인 빛이나 열, 화학적 자극인 산이나 염기와 같은 외부 자극에 반응해 회전 운동이나 직선 운동과 같은 일정한 기계적 움직임을 구현할 수 있는 분자 집합체이다. 카테네인은 금속의 산화-환원에 따라 회전 운동을 하는 분자 기계로 작동하며, 로탁세인은 사각형 고리가 축의 특정한 자리에서 결합하면서 좌우로 직선 운동을 하는 분자 기계인 분자 셔틀의 기본 구조를 이룬다. Ⓐ 분자 셔틀의 축에는 고리와 상호 작용을 할 수 있는 결합 자리 Ⅰ과 결합 자리 Ⅱ가 있다.

전자가 부족한 양이온 상태의 고리는 전자가 풍부한 결합 자리 I을 선호하므로, 평형 상태에서는 〈그림 2〉의 ⓐ와 같이 고리가 결합 자리 I에 있을 확률이 결합 자리 II에 있을 확률보다 더 높다. 외부에서 브뢴스테드–로우리 산을 넣어 결합 자리 I을 양성자화하면 결합 자리 I과 고리 사이에 정전기적 반발력이 생기면서, 고리와의 친화도가 산성 상태에서 더 큰 결합 자리 II로 결합 자리 I에 있던 고리가 이동하여 〈그림 2〉의 ⓑ와 같은 상태가 된다. 염기를 넣어 중화하면 고리는 다시 결합 자리 I로 되돌아간다. 분자 부품을 원위치로부터 0.7㎚만큼 들어 올리는 데 성공한 분자 엘리베이터나, 근육의 수축과 이완 현상을 모사하는 인공 근육의 작동도 로탁세인을 이용한 것이다.

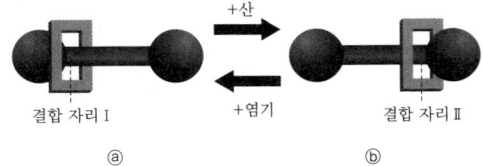

〈그림 2〉 분자 셔틀의 작동 원리

한 방향으로 회전하는 운동을 지속하는 ⑧ 분자 모터도 분자 기계의 하나이다. 육각형의 탄소–탄소 이중결합 화합물이 과밀집된 방향족 구조인 작용기는 작은 모터날처럼 평평한 형태를 띠고 있으며, 작용기의 한쪽 끝에는 메틸기(–CH₃)가 결합되어 있다. 분자 모터는 작용기에 메틸기가 결합한 분자 두 개로 구성되는데, 이들은 한 분자의 작용기가 다른 분자의 메틸기와 마주하면서 조금씩 겹치도록 배열되어 있다. 특정 자외선 파장에 노출되면 분자 하나가 180° 회전한다. 이렇게 되면 작용기와 메틸기의 배열 순서가 달라지면서 작용기에서 메틸기가 결합하지 않은 부분끼리 겹치게 되어 회전하던 분자의 진로에 장애가 발생한다. 적절한 열에너지가 제공되면 작용기의 겹친 부분이 교차되어 이 장애가 해소된다. 이후 자외선에 의해 다시 분자가 180° 회전하면서 배열 순서는 원래대로 돌아오지만, 회전하던 분자의 작용기와 메틸기 모두 다른 분자의 메틸기, 작용기와 각각 겹쳐 회전 진로에 장애가 발생한다. 이는 열 에너지에 의해 다시

해소되면서 회전하던 분자는 결과적으로 한 바퀴를 돌게 된다. 일련의 과정이 반복되면서 연속적으로 같은 방향으로 회전하는 움직임이 구현된다.

08 윗글을 통해 알 수 있는 내용으로 적절하지 **않은** 것은? [3점]

① 카테네인에는 공유 결합과 기계적 결합이 존재한다.

② 분자 셔틀은 로탁세인의 구조를 기반으로 하여 좌우 직선 운동을 한다.

③ 카테네인과 로탁세인은 모두 물리적 자극을 받아 연속적 운동을 할 수 있다.

④ 분자 엘리베이터와 인공 근육의 작동은 분자의 위치 이동을 통해 가능해진다.

⑤ 카테네인과 로탁세인은 모두 위상학적 상관관계를 이용하여 결합을 유지한다.

09 ㉠의 이유를 추론한 것으로 가장 적절한 것은? [3점]

① 개별 분자 내의 기계적 결합의 세기가 매우 크기 때문이다.

② 개별 분자 내 결합이 위상학적 상관관계로 인한 것이기 때문이다.

③ 물리적 연결만으로는 개별 분자 간의 결합을 유도할 수 없기 때문이다.

④ 개별 분자들이 공유 결합을 제외한 화학적 결합을 통해 분자 집합체를 만들었기 때문이다.

⑤ 개별 분자 간의 결합을 끊는 데에는 공유 결합을 끊는 만큼의 에너지가 필요하기 때문이다.

10 〈보기〉는 Ⓐ에 대한 추가 자료이다. 〈보기〉와 윗글을 관련지어 이해한 내용으로 적절하지 <u>않은</u> 것은? [4점]

〈보기〉

화학자 브뢴스테드와 로우리는 산은 양성자인 수소 이온(H^+)을 주는 물질이며 염기는 양성자를 받는 물질이라고 정의한다. 이 정의에서 산과 염기는 양성자가 이동한 결과에 의해 결정된다. 한편 하나의 물질과, 그 물질에서 양성자가 이동하고 난 후의 물질 간의 관계를 '짝산–짝염기' 관계라고 한다.

① 〈그림 2〉의 ⓐ와 ⓑ는 서로 '짝산–짝염기' 관계에 있는 물질들이다.

② 결합 자리 I이 양성자화된다는 것은 수소 이온을 얻게 된다는 의미이다.

③ 〈그림 2〉에서 양성자를 받은 ⓑ는 염기를 넣으면 다시 ⓐ로 되돌아간다.

④ 고리와 결합 자리 I 사이에 정전기적 반발력이 생기면 양성자의 이동이 발생한다.

⑤ 양성자가 유입됨으로써 로탁세인의 고리 분자가 결합 자리 I에서 결합 자리 II로 이동한다.

11 〈보기〉는 Ⓑ의 작동 원리를 그림으로 나타낸 것이다. 〈보기〉의 ㉮ ~ ㉲에 대한 설명으로 적절하지 <u>않은</u> 것은? [3점]

〈보기〉

* 단, 분자 모터는 축을 중심으로 반시계방향으로 회전한다.

① ㉮의 작용기가 180° 회전하면 메틸기는 메틸기끼리, 작용기는 작용기끼리 마주하도록 배열된다.

② ㉯로 바뀌어 발생한 장애는 자외선을 받음으로써 해소된다.

③ ㉯와 ㉰ 사이에서 작용기가 교차하지 않는다면 분자 기계는 한 방향으로 회전할 수 없다.

④ ㉮를 ㉯로 바뀌게 하는 자극과 ㉰를 ㉲로 바뀌게 하는 자극은 같다.

⑤ ㉲가 다시 ㉮로 돌아오기 위해서는 적절한 열 에너지가 요구된다.

[12~15] 다음 글을 읽고 물음에 답하시오.

조선 왕릉의 석물은 왕릉을 장식하는 데 사용된 여러 가지 형상의 돌 조형물로 조선 왕조가 지속되는 동안 「국조오례의」*에 제시된 엄격한 예법에 따라 국가 차원에서 체계적으로 제작되었다. 석물은 건축물과 달리 여러 차례의 역사적 혼란 속에서도 현재까지 대부분 온전히 보존되어 있어 역사적 가치가 매우 높은 문화유산이다. 거대한 잔디 언덕에 있는 왕의 무덤인 봉분 주변에 집중적으로 배치된 석물은 수직과 수평의 형태를 띠어 봉분의 곡선과 조화를 ⓐ이룬다. 또한 크기에 따라 적절히 안배되어 설치 조각으로서 조형적 아름다움을 드러낸다.

조선 왕릉의 석물은 화강암으로 만들어졌다. 화강암은 풍화 작용에 의한 마멸에 매우 강해 거의 영구적으로 보존될 수 있는 내구성을 지녔지만, 조직이 단단하고 치밀하여 조각하기가 매우 ⓑ어렵다. 재료의 이러한 특성으로 인해 정교한 세부 묘사 없이 간결하며 단순한 덩어리로 표현된 조선 왕릉의 석물은 정제된 장엄미를 자아내며, 석물의 표면에 거칠게 남아 있는 정 자국은 투박하면서도 다부진 느낌을 준다. 이는 무르고 입자가 고운 대리석이나 사암을 재료로 하여 세밀하고 예리한 선을 ⓒ살린 조각에서는 볼 수 없는 조선 왕릉 석물만의 고유한 특징을 보여준다.

조선 왕릉의 석물은 병풍석, 난간석과 같은 보호물의 기능을 하는 석물, 혼유석, 망주석, 장명등과 같은 공예품 형상의 석물, 석인(石人), ㉠석수(石獸)와 같은 인간과 동물 형상의 석물로 구분된다. 조선 왕릉에서 봉분이 위치한 공간인 능침 공간은 세 구역으로 구분되며, 석물은 이들 구역에 나뉘어 배치되었다. 능침 공간의 가장 높은 단인 상계에 있는 봉분의 둘레에는 병풍석을 둘러서 봉분을 보호하고 장식했으며, 그 바깥으로 봉분의 울타리 역할을 하는 난간석이 놓였다. 난간석 바깥에는 양 모양의 석양(石羊)과 호랑이 형상의 석호(石虎)가 봉분을 둘러싸듯이 배치되어 능을 수호하는 의미를 드러내었다. 이들은 봉분을 등지고 머리를 밖으로 향하였는데, 이는 사악한 기운을 물리치는 벽사

(辟邪)의 상징적 의미가 있다. 온순한 양과 사나운 호랑이는 각각 음과 양의 기운을 지닌 것으로 간주되었으며, 따라서 석양과 석호는 좌우 대칭으로 각 두 쌍씩 번갈아 배치되어 음양의 조화를 꾀하였다. 봉분 앞에는 상(床)의 형태로 만들어진 혼유석이 놓여 있고, 그 좌우에는 촛대 모양의 망주석이 있다. 다음으로 능침 공간의 중계에는 등불 모양의 장명등이 배설되어 있으며, 공복을 입고 왕을 배알하는 문인 모습의 석물인 문석인 한 쌍이 각각의 이동 수단인 석마(石馬)를 대동하고 서로 마주보게 배치되었다. 능침 공간의 가장 아랫단인 하계에는 갑옷을 입고 왕을 호위하는 무인 모습의 석물인 무석인 한 쌍과 석마 한 쌍이 놓여 있다.

조선 왕릉의 석물은 시대의 흐름에 따라 조형적 특징의 변화가 지속적으로 ⓓ일어났다. 석물 중에서도 가장 규모가 큰 석인에서는 다른 석물에 비해 시기별 변화가 뚜렷하게 나타난다. 무석인보다 문석인에서 더욱 분명하게 나타나는 변화의 흐름은 크게 4기로 나누어 그 특징을 살펴볼 수 있다. 14세기 말부터 15세기 중반까지에 해당하는 제1기는 관대*를 착용하고 손에 홀*을 들고 서 있는 문석인 형상의 기틀을 갖추게 된 시기이다. 두 손 위로 소매가 겹쳐져 있어 홀을 잡은 손이 감춰져 있는 것이 특징이다. 제2기는 문석인의 크기가 3m 내외로 가장 거대해진 15세기 말부터 16세기 말까지이다. 이 시기의 문석인은 사실적인 입체감을 드러내기보다는 전체적으로 단순하고 부피감 있게 조각되어 거대한 덩어리처럼 보이는 독특한 인물상이 되었다. 특히 머리의 크기가 두드러지는 3등신에 ⓔ가까운 신체 비례는 현실과 다른 초월적 느낌을 주며, 탁 트인 야외에서도 위축되지 않는 존재감으로 왕실의 위용을 드러내게 되었다. 또한 이 때부터 홀을 쥔 문석인의 손이 드러나며 공복의 소매가 양 옆으로 완전히 벌어진 형태를 띠게 되었다. 제3기는 임병 양란과 극심한 자연재해로 왕릉 조성에 곤란을 겪었던 17세기 초부터 18세기 초까지이다. 숙종의 석물 간소화 정책으로 문석인의 평균 크기가 176㎝ 정도로 크게 줄어들었고, 획일적으로 경직된 자세와 딱딱하고 직선적인 옷 주름 표현이 정형화

되었다. 18세기 중반부터 20세기 초까지에 해당하는 제4기에는 문석인의 크기가 다시 2m 이상으로 커지고 사실주의의 영향으로 머리 크기가 줄어들어 실제 신체 비례에 근접하게 되었다. 또한 조각 기법의 발전으로 재료의 특성으로 인한 제약이 극복되어 세부 표현이 한층 정교해졌고, 복두를 쓴 이전 시기의 문석인과는 달리 금관을 쓴 문석인이 등장했다. 20세기에 들어서면서는 일본에서 근대 서양식 조각 기법이 도입되어 문석인의 모습이 이국적으로 변하며 전통을 상실하게 되었다.

* 국조오례의: 1474년(성종 5년) 왕명으로 편찬된 국가의 기본 예식인 오례(五禮)에 대해 규정한 예전(禮典).
* 관대: 조선 시대 문관들의 공복(公服). 공복 차림에는 머리에 복두나 금관을 썼음.
* 홀: 조선 시대에 문관들이 임금을 알현할 때 손에 쥐던 물건.

12 윗글을 통해 알 수 있는 내용으로 적절하지 않은 것은? [3점]

① 상계의 혼유석과 중계의 장명등 모두 그 좌우에는 촛대 모양의 망주석이 배치되어 있다.

② 조선 왕릉의 석물은 엄격한 예법에 근거를 두어 오랜 세월 동안 체계적으로 제작될 수 있었다.

③ 잔디 언덕 위에 세워진 조선 왕릉의 석물은 다양한 크기로 조화롭게 어우러져 조형미가 뛰어나다.

④ 조선 왕릉의 석물은 내구성이 강한 화강암으로 만들어져 현재까지 대부분 온전히 보존될 수 있었다.

⑤ 능침 공간의 가장 높은 단에 위치한 왕의 무덤은 보호의 기능을 하는 병풍석과 난간석으로 둘러싸여 있다.

13 〈보기〉는 ㉠에 대한 추가 자료이다. 〈보기〉와 ㉠을 비교한 내용으로 적절하지 않은 것은? [3점]

〈보기〉

황제릉과 제왕릉을 아우르는 중국 왕릉에서 석양, 석호, 석마를 포함한 모든 석수들은 능의 입구에 배치되어 봉분 쪽을 향해 일렬로 도열해 있는데, 이는 석수에 의전을 수행하는 역할을 부여하여 왕의 권력을 과시하고자 한 것이다. 또한 중국 왕릉의 석마는 왕의 말을 관리하는 마관(馬官)이 함께 조각되어 왕의 영혼을 태우고 승천하는 천마(天馬)로서의 상징적 의미를 드러낸다.

① 석수가 봉분 쪽을 향하고 있는 중국 왕릉과 달리, 조선 왕릉의 석양과 석호는 능 밖을 바라보도록 배치되어 벽사의 상징성이 강조되었군.

② 석수가 능 입구에 배치된 중국 왕릉과 달리, 조선 왕릉의 석양과 석호는 봉분 주위를 둘러싸듯이 배치되어 능을 수호하는 의미를 드러내었군.

③ 석수가 일렬로 도열하듯 놓인 중국 왕릉과 달리, 조선 왕릉의 석양과 석호는 대칭을 이루며 봉분 양쪽에 교차 배치되어 음양의 측면에서 조화로운 구성을 보여주었군.

④ 모든 석수가 동일한 공간에 놓인 중국 왕릉과 달리, 조선 왕릉에서 석수는 단차로 나뉜 각각의 구역에 하나의 종류씩 배치되어 수행하는 역할에 차이가 있음을 드러내었군.

⑤ 석마가 승천을 위한 왕의 소유물로서 마관과 함께 서 있는 중국 왕릉과 달리, 조선 왕릉의 석마는 석인과 나란히 배치되어 왕을 보좌하는 신하들을 위한 것임을 드러내었군.

14 윗글을 바탕으로 〈보기〉의 A와 B를 감상한 내용으로 적절하지 <u>않은</u> 것은? [4점]

―――〈보기〉―――

A는 16세기에 만들어진 문석인이다. 잔뜩 웅크린 어깨부터 관대 끝자락까지의 신체 윤곽선이 일(一)자형이며, 머리와 두 손을 매우 크게 표현하여 강렬한 인상을 주고 있다. B는 18세기 후반에 만들어진 문석인으로 유연한 곡선미와 늘씬한 신체가 돋보인다. 특히 금관 둘레의 화려한 연꽃 문양은 조각임에도 마치 회화같이 표현되어 세밀한 부분까지 놓치지 않는 수준 높은 기교의 절정을 보여주고 있다.

320cm　　　　　　　220cm

A　　　　B

① A는 실제보다 과장된 신체 비례로 표현되어 초월적 느낌을 주며 강렬한 존재감을 드러내고 있군.

② 3m가 넘는 크기의 A는 신체 윤곽선이 간결하게 표현되어 부피감 있는 거대한 덩어리처럼 보이는 2기 문석인의 특징에 부합하는군.

③ B는 쓰고 있는 금관 둘레의 문양까지 섬세하게 조각되어 세부적 표현이 정교한 4기 문석인의 특징을 보여주고 있군.

④ 늘씬한 신체가 부드러운 윤곽선으로 표현된 B는 새로운 재료에 적응한 조각 기법의 발전으로 경직된 자세에서 벗어난 문석인의 모습을 보여주고 있군.

⑤ A와 B는 모두 홀을 잡은 양손이 드러나게 조각되어 소맷자락이 좌우로 벌어진 형태로 표현된 문석인의 모습을 보여주고 있군.

15 문맥상 ⓐ~ⓔ와 가장 유사한 의미로 쓰인 것은? [3점]

① ⓐ: 그는 지금껏 단 한 번도 뜻한 바를 <u>이루</u>지 못한 적이 없다.

② ⓑ: 동생은 선생님이 너무 <u>어려워서</u> 그 앞에서는 말도 제대로 못 한다.

③ ⓒ: 사람들은 사그라드는 불씨를 <u>살리기</u> 위해 애를 썼다.

④ ⓓ: 나를 놀리는 말에 화가 불쑥 <u>일어나서</u> 말다툼을 하였다.

⑤ ⓔ: 그 영화는 개봉 첫날부터 백만 명에 <u>가까운</u> 관객이 몰렸다.

[16~18] 다음 글을 읽고 물음에 답하시오.

(가)
새끼오리*도 헌신짝도 소똥도 갓신창*도 개니빠디*도 너울쪽*도 짚검불도 가락잎도 머리카락도 헝겊조각도 막대꼬치도 기왓장도 닭의 짓*도 개터럭도 **타는 모닥불**

재당*도 **초시***도 문장(門長)*늙은이도 더부살이 아이도 새사위도 갓사둔*도 나그네도 주인도 할아버지도 손자도 붓장사도 땜쟁이도 **큰개도 강아지도 모두 모닥불을 쪼인다**

⊙모닥불은 어려서 우리 할아버지가 어미아비 없는 서러운 아이로 불상하니도 몽둥발이*가 된 슬픈 역사가 있다

– 백석, 「모닥불」–

* 새끼오리: 새끼줄 조각. '오리'는 실, 나무, 대 따위의 가늘고 긴 조각.
* 갓신창: 가죽신 바닥에 댄 창. '갓신'은 '가죽신'의 옛말.
* 개니빠디: 개의 이빨. '니빠디'는 '이빨'의 평북 방언.
* 너울쪽: 널빤지.
* 짚검불: 지푸라기.
* 닭의 짗: 닭의 깃털. '짗'은 '깃'의 방언.
* 재당: 향촌의 최고 어른에 대한 존칭.
* 초시: 과거의 첫 시험. 또는 그 시험에 급제한 사람. 예전에 한문을 좀 아는 유식한 양반을 높여 이르던 말.
* 문장(門長) : 한 문중에서 항렬과 나이가 제일 위인 사람.
* 갓사둔: 새사돈.
* 몽둥발이: 몽동발이. 딸려 붙었던 것이 다 떨어지고 몸뚱이만 남은 물건.

(나)
눈 위에 주름 귀 밑에 물사마귀
다들 한결같이 낯설지가 않다
아저씨 워데까지 가신대유
한강만 넘으면 초면끼리 주고받는
맥주보다 달빛에 먼저 취한다
그 저수지에서 불거지 참 많이 잡혔지유
찻간에 가득한 고향의 풀냄새
달빛에서는 귀뚜라미 울음도 들린다
아직 대목장이 제법 크게 슨대면서유
쫓기고 시달린 삶이 꼭 꿈결 같아
터진 손이 조금도 쓰리지 않고
감도 꽤 붉었겠지유 인제
ⓒ이 하루의 행복을 위해
흘린 땀과 눈물도 적지 않으리
여봐유 방앗간집 할머니 아니슈
돌려 세우면 처음 보는 시골 늙은 아낙
선물 보따리가 달빛 속을 달려가고
너무 똑같아 실례했슈
모두들 모르는 사람들이어서
낯선 데가 하나도 없는 귀성열차

– 신경림, 「귀성열차」–

16 (가)와 (나)의 공통점으로 가장 적절한 것은?
[3점]

① 명사로 끝맺은 시행을 반복하여 시적 여운을 자아내고 있다.
② 지시어의 연속적 배치로 상황에 대한 집중을 유도하고 있다.
③ 대화와 진술을 교차하여 시적 상황을 다채롭게 묘사하고 있다.
④ 도치의 방식으로 시상을 마무리하여 주제 의식을 드러내고 있다.
⑤ 현재형 어미를 활용하여 제시된 장면에 현장감을 부여하고 있다.

17 〈보기〉를 바탕으로 (가), (나)를 이해한 것으로 적절하지 않은 것은? [4점]

〈보기〉
(가)와 (나)는 이질적 존재들이 어울리는 순간을 중심으로 시상을 전개한다. 작품에 등장하는 다양한 존재들은 서로를 구분하는 경계를 무화(無化)시키고 하나의 동질성을 획득하면서 어울림의 순간을 공유한다. 이러한 과정은 특정한 매개체를 통하여 혹은 시공간적 거리나 심리적 거리를 뛰어넘게 하는 행위를 통해 이루어진다.

① (가)의 1연에서 하나의 범주로 묶이기 어려운 각양각색의 사물들은 '타는' 과정을 거쳐 하나의 '모닥불'을 만들어낸다.
② (가)의 2연에서 '재당'과 '초시'로부터 '큰개'와 '강아지'에 이르기까지 '모두 모닥불을 쪼인다'는 것은, 이들이 서로를 구분하는 경계가 무화되어 동질성의 차원에서 함께 어울리고 있음을 보여준다.

③ (나)의 '귀성열차'는 '모두들 모르는 사람들'을 한데 모아 '낯선 데가 하나도 없는' 사람들로 아우르는 동질화의 공간이다.

④ (나)의 '한강'은 '고향의 풀냄새'와 '귀뚜라미 울음'으로 충만한 공간이 '선물 보따리'의 종착역으로 인식되기 위해 넘어서야 하는 경계를 의미한다.

⑤ (나)의 '그 저수지에서 붕거지 참 많이 잡혔지유', '아직 대목장이 제법 크게 슨대면서유'와 같은 말은, 사람들 사이의 이질성과 심리적 거리를 제거하는 데 기여한다.

18 ㉠과 ㉡에 대한 설명으로 가장 적절한 것은?
[3점]

① ㉠과 ㉡ 모두에는 대상의 이면을 응시하는 화자의 내면이 투영되어 있다.

② ㉠과 ㉡ 모두에서 상황에 대한 화자의 생각이 변화하는 과정을 살펴볼 수 있다.

③ ㉠과 ㉡ 모두에서 화자의 인식이 역사적 차원으로 확장되고 있음을 확인할 수 있다.

④ ㉠에는 화자가 느끼는 비애의 정서가, ㉡에는 화자가 잠겨 있는 안도의 정서가 형상화되어 있다.

⑤ ㉠에는 화자 자신의 현재에 대한 성찰이, ㉡에는 대상의 미래에 대한 화자의 기대가 드러나 있다.

[19~22] 다음 글을 읽고 물음에 답하시오.

[앞부분의 내용] 가세가 기울어 시골집에 혼자 사는 어머니를 방문하는 고향길은 '나'에게 늘 고역으로 다가온다. 이런 이유로 서울로 돌아가는 길에 고향 사람들을 피하려고 새벽차에 오르지만, 앞차의 사고로 버스가 움직이지 않게 되자 난감해한다. 버스 안에서는 엿장수 아낙을 중심으로 엿판이 벌어지고, '나'는 아낙에게 엿판을 멈추고 사람 값을 하라며 윽박지른다.

나의 공박이 끝나고 난 다음부터 차 속은 한동안 민망스럽도록 조용한 침묵만 흐르고 있었다. 나의 생각을 거들고 나서거나 그것에 호응을 해올 기미 같은 건 더더구나 전혀 기대 밖의 일이었다.

하지만 나는 이제 상관하지 않았다. 나는 무엇인가 꼭 내가 하지 않으면 안 될 듯싶은 일을 방금 해치우고 난 듯한 후련스러움이, 혹은 그것으로 나는 최소한이나마 내가 지녀야 할 사람 값을 치르고 난 듯한 홀가분한 기분이 은밀스럽게 가슴으로 스며왔다. 그리고 그 **후련스럽고 홀가분한 기분**엔, 내겐 어쩌면 차가 가고 못 가고조차도 그리 큰 문제가 아닌 듯싶었다. 사람들이 내게 호응을 해오거나 말거나 그걸 굳이 상관할게 없었다. 나는 이제 그것으로 더 이상 나서야 할 일도 없는 것 같았다.

나는 그만 팔짱을 끼고 눈을 감은 채 자리를 편하게 고쳐앉았다.

㉠그런데 그때였다.

나는 무언가 오해를 하고 있었던 것 같았다. 게다가 너무 일찍 마음이 편해지고 있었던 것 같았다.

"사람 값이라, 사람 값. 그게 참 좋은 말이제……"

㉡조용하기만 하던 차 뒤켠에서 누군지 혼자소리처럼 중얼거리는 소리가 들려왔다. 좀 전에 내가 아낙네에게 쏘아댄 말을 두고 하는 소리가 분명했다. 그것도 그런 소리를 함부로 내쏜 내 쪽을 은근히 이죽거리고 있는 기미가 역력했다.

아나나 다를까, 그 소리에 용기를 얻은 듯 이번에는 바로 등 뒷자리의 여자가 노골적으로 나를 지목하고 나섰다.

"글씨 말이오. 우리도 다 제 돈 주고 탄 찬디, 누군 뭐 당한 줄 모르고 답답한 줄 몰라서 이러고들 앉았겠소. 차를 아주 안 타고 댕길라먼 모를까, 이나마 차편까지 아주 끊어놓고 말라고……."

그러자 그 소리에 뒤이어 다시 여기저기서 저희끼린 듯 듣기 거북한 말들을 보태나갔다.

"젠장맞을! 우리 골 찻길 나쁜 게 국회의원 잘못 뽑은 허물인 중 알았는디, 인제서 진짜 국회의원감 한 사람 만났구만그려."

"허기사 우리 같은 시골 무지랭인 제 옷꼴이 뭣이 되는지 찬비를 맞는지도 모르는 놈들잉께……."

"지 몸에 해로울 것인디, 젊은 신사 양반 너무 혼자만 잘난 척 나서지 맙시다. 기분 난다고 무단한 소리해서 운전사 양반 비위나 건드리리. 그래 봐야 저 양반한테 혼자 차에서 내리란 소리나 들을 텐께……."

ⓒ모두가 등 뒤쪽에서 들려오는 소리들이었다. 호응은커녕 비방과 빈정거리는 소리 일색이었다.

어쨌거나 그건 예상하지 못했던 뜻밖의 사태였다.

나는 금세 다시 목구멍 속에서 불덩이 같은 것이 치솟아올랐다. 하지만 나는 이제 그 소리들 앞에 얼핏 눈을 뜨고 나설 수가 없었다. 눈을 뜨고 그 사람들과 맞서나설 엄두가 나지 않았다. 눈을 꾹 감은 채 그냥 그대로 참아넘기는 수밖에 도리가 없었다.

무슨 말로 맞서봐야 먹혀들 사람들이 아닌 것 같았다. 아니 이제는 나 자신 그 사람들 앞에 맞서고 나설 말이 없었다. 맞서고 나설 육신의 기력도 없었다. 내겐 이제 손가락 하나도 움직여볼 기력이 남아 있질 않았다. 온몸이 그저 물먹은 솜처럼 무겁게 가라앉아 들어가고 있었다.

[A]
그렇게 그냥 눈을 감고 있자니 아깟번처럼 **또 거대한 늪이 나를 깊이 감싸고 들기 시작했다.** 그 늪은 **갈수록 거대한 힘으로 나를 끝없이 빨아들이고 있었다.** 사지를 버둥거릴수록 그 힘은 **더욱더 깊은 늪** 밑바닥으로 나를 **무섭게 빨아들였다.** 내 몸뚱이는 바야흐로 그 거대하게 살아 있는 수렁의 힘 속으로 흔적도 없이

녹아 들어가고 있었다.

"지금은 엿이나 먹고 있을 계제가 아니라……. 것도 참 말인즉 옳은 말이제. 하지만 지금 이렇게 바보처럼 엿이라도 뽑아묵고 앉아 있지 않으면 그래 이 차를 등에 짊어지고 고개를 넘어갈 재주라도 내놓으란 말인가……."

이윽고 다시 **등 뒤쪽 남자**가 나를 이죽거리는 소리가 들렸다. 그리고 그 **엿장수 아낙**이 아직 엿뎅일 손에 들고 있는지, 자신이 엿을 사주겠다는 듯 호기 있게 아낙을 불렀다.

"엿소 아주머니, 그 엿 내게 주시오."

돈까지 치러 건네려는 기미였다.

나는 계속 못 들은 척 눈을 감고 버티었다.

ⓔ하지만 아낙은 아낙대로 또 내게 무슨 공박할 말이 남아 있었던 것일까. 아니면 자신의 헛친절이 발단이 되어 사람들로부터 내가 너무 당하고 있는 데 대한 민망스러움에서였을까. 그녀는 웬일인지 남자에게 엿을 팔 생각을 안 했다.

"가만계세요. 내가 언제 엿 팔아달랩디껴? 이건 아까부터 이 젊은 선상님한테 드리라고 한 것인디……."

그녀는 되려 엿을 사고 싶어하는 남자를 나무라고 나서 내 쪽을 향해 추근추근 다시 말하기 시작했다.

"여보시오 젊은 양반. 나 좀 보시드라고요. 나 선상님헌테 할 말이 좀 있구만요. 그러니께 이 엿이나 드시면서 내 얘기 좀 들어보시드라고요."

무슨 수작인지 알 수가 없었다. 그녀는 이번에도 또 내게 엿을 권해오고 있었다. 눈을 감은 짐작에도 그녀는 다시 내 앞에 엿을 내밀고 있음이 분명했다.

어이가 없기도 하고 난감하기도 하였다. 하지만 나는 역시 못 들은 척하였다. 그러거나 말거나 아낙은 이미 작심한 바가 있는 듯 말을 계속해 나갔다.

"보아하니 선상님은 아매 이런 길이 첨인 것 같아서 따로 허물은 말 않겠소. 하기사 이런 일 많이 안 당해본 사람은 이런 때 성질이 안 끓어 오를 수도 없을 텐께요. 첨엔 우리도 다 그랬답니다. 하지

만 하루 한 번씩 이런 길을 댕기면서 이꼴 저꼴 참
아넘기고 사는 사람도 있다요. 여비만 좀 모자라도
차를 내려라 마라, 삐숙한 불평 한마디만 말해도
노선을 죽인다 살린다…… 차를 아주 안 타고 살라
면 몰라도 그런 일 저런 일에 어떻게 다 아는 척을
하고 살겠소……."

ⓜ아낙이 말을 도맡고 있는 동안 차 안에선 그녀
를 방해하고 나서는 사람이 아무도 없었다. 시비가
어떻게 되어나가는지 모두들 조용히 둘 사이의 동
정만 지켜보는 기미였다. 나는 갈수록 눈을 뜨기가
난처해지고 있었다.

> 나는 계속 눈을 감고 버티는 수밖에 없었다.
> 하지만 아낙의 푸념은 그럴수록 더 깊고 거
> 대한 늪 속으로 나를 힘차게 옥죄어들이고 있
> 었다.
> 나는 이제 그 **늪의 숨결과 인력에 빨려들어**
> 자신의 **형체조차 느낄** 수가 없었다.
> 그러다 **어느 순간**─나는 자신이 끝없이 분
[B] 해되어가는 듯한 허망스런 무력감 속에서 문득
> 그 **살아있는** 늪의 마지막 **밑바닥이 발밑에 닿**
> **아옴을** 느꼈다.
> 그리고 그 늪의 깊고도 견고한 밑바닥에서
> 나는 마침내 죽음처럼 무겁게 가라앉아 들어간
> 수많은 사람들의 **질기디질긴 삶의 숨결**과 그
> 삶들의 따스한 온기가 **조용히 파도쳐 오르고**
> 있음을 느꼈다.

– 이청준, 「살아 있는 늪」 –

19 윗글에 대한 설명으로 가장 적절한 것은?

[3점]

① 빈번한 장면 전환을 통해 긴박한 분위기를
조성하고 있다.

② 자기 고백적인 서술을 통해 인물의 내면을
제시하고 있다.

③ 감각적인 배경 묘사를 통해 인물의 심리 변
화를 전달하고 있다.

④ 전해 들은 이야기를 전달하는 방식으로 과
거 사건을 제시하고 있다.

⑤ 인물의 경험을 삽화 형식으로 제시하여 사
건에 입체감을 부여하고 있다.

20 ⊙~ⓜ에 대한 이해로 적절하지 않은 것은?

[3점]

① ⊙: 특정 시점을 강조하여 이어지는 상황에
대한 주목을 유도하고 있다.

② ⓛ: 하나의 발화를 다른 문장으로 연속적으로
제시하여 그 의미를 부가적으로 드러내고
있다.

③ ⓒ: 서로 다른 발화를 종합하여 그 발화들
의 공통된 성격을 제시하고 있다.

④ ⓔ: 질문의 형식으로 행동의 이유를 탐색하
여 그 행동이 뜻밖의 것임을 드러내고 있다.

⑤ ⓜ: 서술의 초점을 다른 대상으로 옮겨 사
건의 정황을 다각도로 전달하고 있다.

※ 〈보기〉를 읽고 21번과 22번의 두 질문에 답하
시오.

─〈보기〉─

이 작품의 서사는 '나'가 우연한 사고를 계기로 고
향과 고향 사람들에 대한 오랜 거부감에서 벗어나
이해의 국면에 도달하게 되는 과정을 중심으로 진
행된다. 이 과정은 특정한 공간에서 '나'의 침묵과
고향 사람들의 목소리가 대비되는 가운데 점진적으
로 전개되며, ㉮이는 '늪'이라는 상징적 소재를 통해
서 드러난다.

21 〈보기〉와 윗글을 관련지어 감상한 내용으로 적절하지 <u>않은</u> 것은? [4점]

① '나'와 고향 사람들이 사고로 버스 안에 갇히게 된 것은 '나'의 침묵과 고향 사람들의 목소리가 대비될 수 있는 상황적 기반이 만들어지게 된 것으로 볼 수 있군.

② '엿장수 아낙'을 공박한 '나'가 '후련스럽고 홀가분한 기분'을 느낀 것은 사람들의 행동에 대한 불만과 함께 고향에 대해 오래 묻어왔던 거부감을 표출할 수 있었기 때문이라 짐작할 수 있군.

③ '나'의 공박이 끝나고 사람들의 발화가 이어지면서, '나'가 침묵을 유지하는 가운데 이들의 목소리에 귀를 기울일 수밖에 없는 상황을 조성하는군.

④ '나'의 공박에도 불구하고 다시 엿판을 벌이려고 하는 '등 뒤쪽 남자'의 행동을 계기로 고향 사람들의 목소리는 더욱 다변화되고 있군.

⑤ 일방적으로 공박을 쏟아낸 '나'와 달리 '나'의 입장을 감안하는 '엿장수 아낙'의 목소리는, 고향 사람들에 대한 이해의 토대를 만들어 '나'의 변화를 이끌어낸다고 볼 수 있겠군.

22 ㉮와 관련지어 [A], [B]를 이해한 내용으로 적절하지 <u>않은</u> 것은? [3점]

① [A]에서 '거대한 늪'이 '나'를 '깊이 감싸고 들기 시작'한다는 것은, '나'가 당면한 상황을 회피할 수 없는 것으로 인식하게 되었음을 보여준다.

② [A]에서 '깊은 늪'은 '갈수록 거대한 힘'으로 '더욱더' '나'를 '무섭게 빨아들'이는 것으로 제시되어, '나'가 자신을 둘러싼 상황으로 인해 느끼는 부담감이 점점 강화되고 있음을 드러낸다.

③ [B]에서 '나'가 '늪의 숨결과 인력에 빨려들'어 '형체조차 느끼'지 못하게 된 것은, '나'가 고향 사람들을 이해할 수 없다는 심리적 무력감을 보여준다.

④ [B]에서 '나'가 '어느 순간' '살아 있는 늪'의 '밑바닥이 발밑에 닿아옴을 느끼'는 것은 '나'가 고향 사람들의 삶을 이해할 수 있는 국면에 접어들게 되었음을 의미한다.

⑤ [B]에서 '나'가 '살아 있는 늪'에서 '조용히 파도쳐 오르'는 '질기디질긴 삶의 숨결'을 느낀 것은, '나'가 무기력해 보이는 고향 사람들이 실은 상황을 감내하고 있었다는 점을 의식하게 되었음을 보여준다.

[23~26] 다음 글을 읽고 물음에 답하시오.

(가)
아희야 구럭 망태 거두어라 서산에 날 늦었다
밤 지낸 고사리 하마 아니 자라시랴
이 몸이 이 푸새 아니면 조석 어이 지내리
〈1장, 서산에서 나물을 캐다〉

[A]
아희야 도롱이 삿갓 차리어라 동쪽 시내에 비 지거다
기나긴 낙대에 미늘* 업슨 낙시 매어
겨 고기 놀나지 마라 내 흥 계워 하노라
〈2장, 동쪽 시내에서 물고기를 보다〉

아희야 죽조반 다오 남쪽 이랑에 일 만해라
㉠서투론 따부*를 눌 마조 자부려뇨
두어라 성세(聖世) 궁경(躬耕)도 **역군은**이시니라
〈3장, 남쪽 이랑에서 밭을 갈다〉

아희야 소 먹여 내어라 북쪽 성곽에 새 술 먹자
대취한 얼굴을 **달빛**에 시러오니
㉡어즈버 희황상인(羲皇上人)*을 오늘 다시 보와다
〈4장, 북쪽 성곽에서 술을 먹고 돌아가다〉

– 조존성, 「호아곡(呼兒曲)」 –

* 미늘: 낚싯바늘 끝의 갈고리.
* 따부: 농기구의 하나.
* 희황상인: 중국의 시조인 복희씨 이전의 사람. 세상일을 잊고 한가
 하고 편안히 숨어 사는 사람을 이르는 말.

(나)
동풍이 살짝 불어 침실에 들어오니
창밖의 찬 매화 이 소식을 먼저 안다
천지가 화창하여 꽃과 버들이 아름다움 다투니
풍영단 방수단에 미친 흥이 끝이 없다
와룡산에 비 갠 후에 **고사리 손수 꺾어** 국으로 달
이니
조석의 음식맛이 족함도 이내 분수로다
㉢온 산에 꽃 다 지고 나무에 새잎 나니
   ┌ 녹음이 가득하여 여름날이 아주 긴 때에
   │ 돌베개에 낮잠 깨어 함벽당을 굽어보니
   │ 그곳에 노는 고기 낱낱이 다 셀 만하다
[B]│ 대숲의 서늘한 기운 연잎의 물방을 흩어지게
   │ 하니
   └ 군자의 맑은 성품 여기서 알리로다
㉣기러기 한 소리에 맑은 서리 물들이고
산빛이 변하여 금수로 꾸몄으니
곡구암 반타암이 그림 되어 동구에 잠겨 있다
밝은 달이 떠올라 소나무에 비추거든
거문고 바로 안고 난간에 기대니
깃털옷 입은 손님은 다 나를 찾아와 눈에 가득 보
이도다
세모에 날씨 차고 온 산에 눈 덮이니
인적은 끊어지고 우는 새도 없는 때에
언덕과 골짜기는 백옥 궁궐 경요굴이 되었거늘

㉤울창한 소나무는 혼자서 빼어나 높은 기개 가졌
으니
내 마음도 그런 줄을 서로 알아 무고암에 서성이니
우리의 지조 절개야 고칠 줄이 있으랴
아마도 **이 정자 작지만 다 갖추었네**
춘하추동에 눈과 달, 바람과 꽃을 다 가졌으니
무엇을 아니 보며 어느 것을 버리리오

– 김득연, 「지수정가(止水亭歌)」 –

23 '아희(야)'에 주목하여 (가)의 각 장에 나타나
 는 공통점을 설명한다고 할 때, 그 내용으로
 가장 적절한 것은? [3점]

① '아희'의 존재를 개입시켜 정적인 장면에 역
 동성을 부여하고 있다.

② '아희'에게 내리는 지시에 이어 지시를 내리
 게 된 계기를 드러내고 있다.

③ 각 장에서 '아희야'를 반복 표현함으로써 화
 자가 느끼는 감흥을 절제하고 있다.

④ 각 장을 '아희야'로 시작함으로써 청자에게
 교훈을 전하려는 의도를 분명히 하고 있다.

⑤ '아희'를 지시의 대상에서 흥취를 공유하는
 주체로 바라보는 관점의 이동을 보여주고
 있다.

24 ㉠~㉤에 대한 설명으로 적절하지 <u>않은</u> 것은? [3점]

① ㉠: 의문형 어미를 활용하여 자신의 처지에 대한 회의를 부각하고 있다.

② ㉡: 동일시할 수 있는 존재를 과거에서 찾아 현재 자신의 상태를 부각하고 있다.

③ ㉢: 유사한 구조를 대응시켜 자연의 변화를 표현하고 있다.

④ ㉣: 감각적 심상을 연동시켜 주변 경관의 변모를 집약적으로 제시하고 있다.

⑤ ㉤: 자연물과 인간을 상호 교감하는 관계로 상정하여 특정 가치에 대한 태도를 강조하고 있다.

25 〈보기〉를 읽고 (가)와 (나)를 감상한 내용으로 적절하지 <u>않은</u> 것은? [4점]

〈보기〉

　강호와 전원에서의 삶을 노래하는 시가에서 시간과 공간은 자연의 질서와 섭리를 표상하도록 구조화되어 있는 경우가 많다. 그래서 자연 공간은 중앙과 네 개의 방위[사방(四方)]로 이루어져 있는 것으로, 사계절은 순리에 따라 흐르는 시간적 질서를 가진 것으로 나타난다. 또한 이렇게 구조화된 질서와 섭리는 인간 사회로까지 확대되어 적용되기도 한다. 작품에서 시적 주체는 이렇게 구조화된 시공간을 배경으로 자연에서 살아가며, 상징적으로 해석될 수 있는 행위를 한다. 이러한 시가에 빈번하게 등장하는 고사리 캐기, 달 보기 등의 행위는 유교적 이념을 비롯한 정신적 가치에 대한 지향을 드러낸다.

① (가)에 제시된 네 개의 방위는 자연의 공간적 질서를, (나)의 사계절은 자연의 시간적 질서를 표상하는 것으로 구조화되어 있다.

② (가)의 1장의 고사리 캐기는 (나)의 '고사리 손수 꺾어'에서도 나타나는 행위로서, 이는 안분지족하는 시적 주체의 정신적 지향을 드러내고 있다.

③ (가)의 4장에서 '달빛'에 주목하는 행위는, (나)에서 '밝은 달'을 완상하는 행위와 마찬가지로 '군은'에 내포된 사회적 질서와 유교적 가치관을 구체화하고 있다.

④ (가)에서 각 장의 공간은 시적 주체가 거주하는 공간을 중심으로 사방을 향하는 것으로 배분되어, 시적 주체가 수행하는 행위의 시공간적 배경으로 기능하고 있다.

⑤ (나)의 '이 정자'가 '작지만 다 갖춘 것으로 평가되는 것은, 자연의 순리를 드러내는 사계절의 흐름과 정경의 변화를 바라볼 수 있는 공간이기 때문인 것으로 볼 수 있다.

26 [A]의 저 고기 와 [B]의 그곳에 노는 고기 에 대한 설명으로 가장 적절한 것은? [4점]

① '져 고기'는 '기나긴 낙대'를 들게 된 후의 결과이고, '그곳에 노는 고기'는 '낮잠'을 깨게 된 원인이다.

② '져 고기'는 '놀나지' 말아야 할 적막함을 나타내고, '그곳에 노는 고기'는 '연잎의 물방울'을 흩어지게 하는 소란함을 나타낸다.

③ '져 고기'는 '동쪽 시내'의 정경을 조망하게 하는 자연물이고, '그곳의 노는 고기'는 '함벽당'을 굽어보게 하는 계기가 되는 자연물이다.

④ '져 고기'는 '비'와 어울려 '시내'의 생동감을 고조시키는 존재이고, '그곳의 노는 고기'는 '녹음'이 가득한 '여름날'의 무료함을 부각하는 존재이다.

⑤ '져 고기'는 '미늘 업슨 낙시'와 연결되어 무욕의 태도와 '흥'을 드러내고, '그곳의 노는 고기'는 '대숲', '연잎'과 어울려 '군자의 맑은 성품'을 환기하게 한다.

[27~30] 다음 글을 읽고 물음에 답하시오.

[앞부분의 줄거리] 조선의 장수 강홍립은 명을 도와 오랑캐를 토벌하기 위해 출정했으나, 우두머리인 누르하치에게 투항한 후 그의 총애를 받아 부귀영화를 누린다. 그 무렵 조선에서 역모에 가담했던 한윤이 오랑캐 땅으로 도망쳐 온다. 그는 강홍립의 일가친척이 모두 처형되었다는 거짓말을 하며, 누르하치에게 조선 정벌을 설득하도록 강홍립을 부추긴다.

홍립이 스스로 생각건대 자신의 일족을 멸한 복수를 하지 않을 수 없고, 아내를 아끼는 마음 또한 저버릴 수 없었다. 가슴속에서 두 가지 생각이 엎치락뒤치락하는 사이에 몇 달이 흘렀다. ㉠한윤은 홍립이 주저하는 것을 보고는 정색을 하고 이렇게 힐난했다.

"대감께서 어버이를 저버리고 오랑캐에게 항복해 목숨을 구걸한 까닭에 온 집안 사람이 벌을 받아 유혈이 낭자하건만, 대감께서는 부귀에 젖고 아녀자에게 빠져 눈앞의 즐거움만을 마음껏 누리고 있으니 무슨 면목으로 천하의 의사(義士)들을 대하시렵니까? 지금 조선은 나라가 망할 지경에 이르렀으니, 철기병을 이끌고 간다면 파죽지세로 밀고 나가 혁혁한 전공을 세우는 것이 마치 손바닥을 뒤집는 일처럼 쉬울 것입니다. 대감은 어찌 원대한 계책을 품지 않으십니까?"

홍립이 깨달은 바가 있어 마침내 누르하치에게 말했다.

"조선은 천하의 훌륭한 무기가 있는 곳입니다. 좋은 활과 긴 창, 정교한 대포와 날카로운 검이 모두 조선에서 나옵니다. 이처럼 무(武)에 능한 나라이건만, **풍속은 교활함을 숭상하여 인재를 등용할 때 세력과 이익을 보아 사람을 씁니다.** 그러므로 민심이 이반하여 일이 생기면 관망하거나 피해 버립니다. 그러나 재능 있는 인물들은 자신의 재주를 펴 보기를 고대하고 있으므로, 조선을 침략한 후 그들을 불러내 기용하는 사람이 있다면 조선 전역의 인재들이 뭇 별들이 북극성을 둘러싸듯 그 사람을 추종할 것입니다. ㉡우(虞)나라에서는 어리석었지만 진(秦)나라에서는 지혜로웠던 백리해와 같은 사람도 있고, 수나라에서는 아첨이나 일삼았지만 당나라에서는 충성을 다했던 배구와 같은 사람도 있습니다. 지휘에 능한 이로 하여금 강병을 훈련시키고 하늘의 위엄을 받들어 말을 몰아 동쪽으로 향하게 한다면, 조선에 비록 지혜로운 자가 있다 한들 명을 위한 계책을 펼 수 없을 것입니다. 제가 어리석어 주군께 거두어진 뒤 조금의 공도 세운바 없습니다. ㉢지금 군사를 일으키는 때를 맞아 선봉에 세워 주신다면 조선의 가왕(假王)이 되어 지혜롭고 용맹한 이를 모으고 그중 가장 정예한 자들을 뽑아 10만 군대를 갖추어 보이겠습니다. 이로써 주군의 은혜에 보답할 뿐 아니라 하늘이 주신 천하 통일의 기회에 보탬이 되도록 하겠습니다."

누르하치가 웃으며 말했다.

"자네의 말은 옳지 않네. 조선 사람은 예의를 숭상하니 침공하기는 쉽지만 복종시키기는 참으로 어렵지. 옛날 원나라 세조(世祖)는 [A] 그 힘이 천하를 평정할 만했건만, 고려를 완전히 복종시키지 못하고 30년 전쟁 끝에 부마국

(駙馬國)을 만드는 데 그쳤을 뿐이네. 지금 우리 병력이 강하긴 하지만 군사를 나누면 힘이 작아져, 일부 병력만으로 급히 조선 공격에 나섰다가는 군대를 돌이키지 못한 채 공연히 세월만 끌게 될 거야. 그래서는 요동을 넘어 중원을 향해 한 걸음도 나아가지 못할 테니, 작은 이익에 연연하는 것은 올바른 계책이라 할 수 없네. 그러니 지금 최선의 방책은 동쪽으로 조선과 화의를 맺고 남쪽으로 명나라와 싸움을 벌여 곧장 연경(燕京)을 점령한 후 천하가 우리에게 돌아오는 것을 기다리는 것이네. 또 옛사람은 **죽음에 이르러라도 감히 자신이 군주로 섬기던 이를 노예로 만드는 일은 도모하지 않았거늘,** 자네는 왜 자기 조국을 이처럼 원수로 여기는가? 최유(崔濡)의 일을 거울로 삼을 만하니, 자네는 깊이 생각해 보게!"

㉣홍립은 누르하치를 설득하기가 쉽지 않음을 알고는 여러 가지 이익을 들어 꾀어 봐야겠다고 생각해 자리에서 물러나 상소를 올렸다. 홍립은 상소에서 극단적인 말로, 조선은 방비가 매우 허술하고 민심이 이반되어 있으며 여인들이 아름다울 뿐만 아니라 금은보화가 가득하다고 중언부언하며 속히 군사를 일으켜야 한다고 주장했다. 두 번 세 번 거듭 상소를 올리다가 급기야 수십 차례나 상소를 올리기에 이르렀다. 지금도 오랑캐에게는 '강홍립 상소문'이라는 것이 남아 있는데, 그 두루마리가 많으며 사람들이 모두 그 내용을 이야기한다고 한다.

누르하치는 홍립이 스스로 조선의 왕이 되고자 하는 것을 보고는 내심 화가 나서 그 말을 들어주지 않았다. ㉤홍립은 때를 잘못 만나 자신의 뜻을 펼치지 못함을 한탄하매 분함을 못 이겨 목숨을 끊고 싶은 마음이었다.

병인년(1626) 가을, 누르하치가 영원위(寧遠衛)에서 패하고 돌아와 죽었다. 아들 홍타이지가 군주의 자리를 이어받았다. 홍타이지는 새로 즉위하여 도움 받을 곳이 없었으므로 조선과 화의를 맺고자 하여 이 일을 홍립과 의논하였다. 홍립이 이렇게 말했다.

"조선의 군신(君臣)이 입술과 이처럼 명나라와 찰싹 붙어 있어서 사신 한 사람을 보내는 것만으로는 단기간 내에 화의를 맺기 어려울 것입니다. 철기병 수만을 보내 싸움을 벌인 뒤에 화의를 도모하는 것이 최선의 방법입니다. 동쪽으로 조선과는 화친을 맺고 남쪽으로 명과 전쟁을 벌인다는 계책 때문에 그동안 대사를 이루지 못한 것이 참으로 한스럽습니다. 조선과 전쟁하는 것의 이로움은 앞서 논한 바와 같으니, 지금 바로 시행하실 것을 청합니다. 일이 혹 뜻대로 이루어지지 않는다면 그때 가서 화의를 추진해도 늦지 않을 것입니다."

홍타이지가 고개를 끄덕이며 말했다.

"나는 대업을 계승하고 선왕의 뜻을 좇아 옛 신하를 기용하려 하오. 선친은 선생의 계책을 써서 전쟁에서 승리할 수 있었소. 선생이 우리나라에 충성을 다 바쳤음은 짐이 이미 가슴 깊이 새겨 두고 있소. 지금 조선과 우호를 유지하는 것은 선친의 뜻인데, 조선을 침공하자는 선생의 말이 시종 이리 간곡하니 필시 생각이 있어서일 것이오. 조선과 우호 관계를 유지하여 서로 돕고 지내자는 것이 선친의 유지이고, 조선을 침략하여 복속시키자는 게 선생의 계책이니, 이제 이 둘을 모두 시도해 보겠소. 만일 하늘의 도움을 입어 쉽게 조선을 이긴다면 선생 [B] 을 조선의 왕으로 삼겠소. 그러니 선생은 사양하지 말고 군대를 거느리고 가 조선을 치도록 하시오. 선생으로서는 금의환향하는 일이고, 짐으로서는 장차 중원을 공략하는 데 큰 힘을 얻게 될 것이오. 만에 하나 조선의 왕과 하늘을 걸고 맹세하여 길이 우호 관계를 맺는다면 동쪽에 대한 근심을 덜고 남쪽으로 명을 치는 데 전념할 수 있을 것이오. 이는 선친께서 내게 남겨주신 만세토록 무궁한 이익을 얻는 방책이오. 조선에 출정하는 군대에 대한 모든 권한을 선생께 맡기겠소. 가서 힘써 주시오!"

마침내 두 왕자에게 명을 내려, 날랜 기병 3만을 선발하고 홍립을 장군으로 삼아 조선으로 가게 했다. 한윤은 군대의 앞에서 길을 안내하는 역할을 맡았다.

– 권칙, 「강로전」 –

27 윗글에 대한 설명으로 가장 적절한 것은?

[3점]

① 현재에서 과거의 순서로 사건을 전개하고 있다.

② 우의적 설정을 통해 주제 의식을 드러내고 있다.

③ 해학적 표현으로 특정 계층의 입장을 암시하고 있다.

④ 서술자가 개입하여 서술 당시의 상황을 전달하고 있다.

⑤ 초월적 능력을 지닌 인물이 등장하여 갈등을 해소하고 있다.

28 ㉠~㉤에 대한 이해로 적절하지 **않은** 것은?

[3점]

① ㉠: 결심을 촉구하기 위해 상대방을 자극하고 있다.

② ㉡: 말하고자 하는 바를 뒷받침하기 위해 역사적 사례를 들고 있다.

③ ㉢: 자신의 요구를 들어주는 것이 상대방의 이익에 부합함을 설득하고 있다.

④ ㉣: 자신의 뜻을 관철하기 위해 다른 방법을 시도하고 있다.

⑤ ㉤: 실패의 원인을 스스로에게서 찾으며 반성하는 태도를 보이고 있다.

29 [A]와 [B]에 대한 설명으로 적절하지 **않은** 것은? [3점]

① [A]와 [B] 모두 중원을 공략하려는 목표를 밝히고 있다.

② [A]와 [B] 모두 조선과 화친을 맺고자 하는 의도를 밝히고 있다.

③ [A]와 [B] 모두 이익을 얻을 수 있는 방책에 대해 언급하고 있다.

④ [A]와는 달리 [B]에서는 조선을 침공하자는 제안을 수용하고 있다.

⑤ [B]와는 달리 [A]에서는 현재의 병력 운용의 문제점에 대해 언급하고 있다.

30 〈보기〉를 참고하여 윗글을 감상한 내용으로 적절하지 **않은** 것은? [4점]

─〈보기〉─

「강로전」은 '강로' 즉 '강씨 오랑캐'로 규정된 강홍립을 부정적 인물로 내세워 형상화하고 있는데, 그 배경에는 17세기 조선 사회의 지배적 가치관인 명나라를 숭상하고 오랑캐를 배격한다는 '숭명배호'의 정치적 이념이 놓여 있다. 아울러 이 작품에는 서얼로서 신분적 한계를 가졌던 작가 자신의 당대 현실에 대한 비판적 인식이 배어 있기도 하다.

① '강로전'이라는 작품의 제목은, 강홍립 이야기를 숭명배호의 정치적 이념에 근거하여 서술하겠다는 의도를 압축적으로 담은 것으로 볼 수 있겠군.

② 조선과 명의 관계를 거론하며 단기간 내에는 조선과의 화의가 어려울 것이라는 강홍립의 말은, 숭명배호의 가치관이 실현되기 어렵다는 인식을 드러낸 것으로 볼 수 있겠군.

③ '풍속은 교활함을 숭상하여 인재를 등용할 때 세력과 이익을 보아 사람을 씁니다'라는 강홍립의 말에는, 당대의 인재 등용에 대한 작가의 비판적 목소리가 담겨 있다고 볼 수 있겠군.

④ 명나라를 도와 오랑캐를 토벌하기 위해 출정했던 강홍립이 누르하치를 주군으로 섬기는 것은, 그가 숭명배호의 이념에 어긋나는 인물임을 단적으로 보여주는 예로 볼 수 있겠군.

⑤ '죽음에 이르더라도 감히 자신이 군주로 섬기던 이를 노예로 만드는 일은 도모하지' 않는다는 누르하치의 말은, 강홍립이 지닌 부정적 인물로서의 면모를 한층 강화한다고 볼 수 있겠군.

2027
사관학교
10개년 국어

2022학년도 기출문제
국어영역(공통)

제1교시 국어영역(공통)

▶정답 및 해설 325p

[01~03] 다음 글을 읽고 물음에 답하시오.

　"모두가 판에 박은 듯이 똑같은 신문을 무엇 하러 세 가지나 보냔 말이야. 고양이도 낯짝이 있더라고 좀 염치가 있어야지. 한 번만 더 넣었다가는 가만두지 않을 테야."

　어떻게 붙잡았는지 아내가 배달아이를 잡아 닦달하는 소리였다. 영하는 혼자 이불 속에서 비실 웃었다. 그것은 바로 신문기자인 자기한테 하는 소리로 들렸기 때문이다. 간접적이나마 아내한테까지 그런 소리를 들으니 절로 웃음이 나왔다.

　"그냥 놔두고 신문대만 내지 말아요."

　"저 애들이 얼마나 뻔뻔스러운 애들이라고 그렇게 쉽게 되는 줄 아세요? 이달치만 줄 테니 더 넣지 말라고 신문대를 주며 달래보기도 하고, 신문을 모아놨다 돌려주기도 했지만 견뎌낼 재간이 없다고요. 아무리 꺽진 거지도 저 애들 같진 않을 거예요. 구걸을 해도 유분수지, 벌써 여섯 달째라고요."

　"그 구걸하는 돈으로 우리도 월급을 타 먹고 있으니 너무 구박 말아요."

　"하지만 아무 필요도 없는 신문을 세 가지나 보잔 말인가요?"

　아내는 이만저만 속이 상한 게 아닌 모양이었다.

　그 뒤부터 신문이 날아들어 창에 맞고 떨어지는 소리를 들으면, 영하는 그 신문이 자기 가슴에라도 떨어지는 듯 가슴이 철렁했다. 그때마다 또 아내가 쫓아나갈까 겁이 났다. 제발 쫓아나가지 말았으면 하고, 영하는 그 배달아이보다 더 조마조마하게 가슴을 조였다.

　하루는 무슨 일로 일찍 집을 나가다가 바로 대문 앞에서 그 배달아이와 부딪치고 말았다. 신문을 접어 비행기를 날리려는 순간이었다.

　"야!"

　배달아이는 힐끔 돌아보더니 후닥닥 도망쳤다. 마치 무얼 훔치다가 들킨 꼴이었다. 진창까지 밟으며 정신없이 뛰었다. 운동화 한 짝이 벗겨져 공중으로 튕겨 올라갔다. 신을 집더니 제대로 신지도 않고 손에 들고 뛰었다. 골목을 거의 빠져나가서야 이쪽을 돌아보며 신을 신었다. 누구한테 붙잡혀 뺨이라도 얻어맞은 적이 있지 않았을까 싶었다.

　그 며칠 뒤 성탄절 아침이었다. 전날 저녁에 술이 많이 취했으나 다섯 살짜리 아들 녀석이 고장난 장난감을 고쳐달라고 극성을 피우는 바람에 일찍 눈이 뜨였다. 외할머니며 이모들한테 받은 크리스마스 선물이었다.

　그때 골목에서 '××일보요'하는 소리가 났다. 영하 집에서 제대로 구독을 하고 있는, 영하 회사의 경쟁지였다. 그 억지 신문은 아직 날아들지 않고 있었다. 언제나 그 신문이 먼저 날아드는데 오늘은 좀 늦는 모양이었다.

　순간, 지난번 흙탕에서 튕겨 오르던 그 배달아이의 신발이 머리를 스쳤다. 영하는 거의 반사적으로 일어나 포켓을 뒤졌다. 오천 원짜리가 나왔다. 천 원짜리를 찾았으나 없었다. 그대로 손에 쥐고 대문간으로 나갔다. **신문대하고는 상관없이 운동화나 한 켤레 사 신으라**고 할 참이었다. 골목에는 눈이 허옇게 쌓여 있었다. 저쪽에서 배달아이가 달려오고 있었다. 달려오던 아이가 영하를 보더니 우뚝 멈춰 섰다. 대번에 주눅이 들어 조그맣게 오그라들었다.

　"이제 안 넣을게요."

　잔뜩 겁먹은 눈으로 영하를 보며 애원하듯 했다. 골목을 뛰어다녀 얼굴이 벌겋게 익어 있었고, 더운 김을 내뿜는 코끝에는 방울방울 땀방울이 돋아 있었다.

　"그게 아냐."

　"이제 정말 안 넣는다니까요."

소년은 금방 영하가 덜미라도 낚아채지 않을까, 저쪽 담에다 등을 대고 한 걸음 한 걸음 빠져나가며 말했다. 눈은 공포에 질려 있었다.

"아냐, 내 말 들어봐."

영하는 돈을 보이며 말했다.

"정말 안 넣을게요."

소년은 거의 울상으로 슬금슬금 영하 앞을 지나더니 후닥닥 뛰었다. 저만큼 내빼다가 힐끔 돌아봤다. 순간, 눈길에 미끄러져 발랑 나가떨어졌다. 눈 위에 신문 뭉치가 흩어졌다. 소년은 이쪽을 힐끔거리며 뭉떵뭉떵 신문을 거머쥐었다. 다시 이쪽을 돌아보며 도망쳤다. 영하는 소년이 사라진 데를 보고서 있었다. 넋나간 꼴로 한참 동안 서 있다가 대문을 닫고 들어왔다.

다음날부터 그 신문은 날아들지 않았다. 그 소년의 겁에 질린 눈만 커다랗게 남아 있었다. 그 눈이 자꾸 떠올랐다. 자리에 누울 때도 떠오르고 밥을 먹을 때도 떠올랐다. 기사를 쓸 때도 마찬가지였다.

영하는 그때부터 고향에 있는 자기 몫의 논밭이 떠올랐다. 그 얼마 뒤 음력설에 아내와 함께 고향에 다녀오면서 넌지시 시골에서 살면 어떻겠느냐고 했다. 아내는 웃으며 농담으로 받아넘겼다. 영하는 정색을 하고 말했다. 아내는 지금 그게 제정신으로 하는 소리냐는 눈으로 영하를 돌아보며 픽 웃고 말았다. 고향에 가면 언제나 그랬지만 그때는 더 푸근한 안도감이 들었던 것이다. 어디 먼 데로 나돌며 잔뜩 지쳐 빠져 자기 집에라도 돌아온 기분이었다. 사실은, 영하도 말로만 그랬지 여태 몸담아 오던 직장을 버리고 고향으로 내려간다는 게 빈 밥상 물리듯 쉬운 일이 아니라는 건 잘 알고 있었다.

[중략 부분 줄거리] 영하는 아내와 함께 도시 변두리로 이사하지만, 신문기자를 그만두지는 못한다. 그곳의 노인들에게서 또철이의 불효 행각을 고발하는 기사를 써 달라는 부탁을 받고 초고를 작성한다.

편집국에 들어섰다. 어쩐지 신문사 안의 분위기가 싸늘하게 느껴졌다. 모두 입을 봉하고 담배만 뻐끔거리고 있었다. 항상 생글거리던 문화부 여기자마저 얼굴이 굳어 있었다. 대밭에서 와글와글 지저귀던 참새 떼들이 갑자기 지저귀던 소리를 뚝 그치는 경우가 있다. 위험을 감지하는 순간이다. 그 정적 사이에서 한두 마리가 짹짹거린다. 다시 지저귀거나 모두 와르르 날아간다. 그 한두 마리가 짹짹거리는 소리는 괜찮다거나 위험하다는 신호인 모양이었다. 들판에서 끼룩거리며 먹이를 먹던 기러기 떼도 마찬가지다. 망보던 녀석이 뭐라 길게 소리를 하면 먹이를 먹던 기러기 떼가 모두 고개를 쳐들고 소리를 뚝 그친다. 바로 그런 분위기였다. 그때 국장실에서 정치부장이 나왔다. 우거지상이었다.

"제길, 그런 것도 못 쓰면 무얼 쓰란 말이야?"

정치부장은 의자에 엉덩이를 내던지며 창밖을 향해 의자를 핑글 돌렸다. 담배에 불을 붙여 길게 연기를 내뿜었다.

영하에게 갑자기 떠오른 게 있었다. 신문에 내기만 하면 저 죽고 나 죽겠다고 독기를 피우던 또철이의 눈이었다. 영하는 주머니에서 기사를 꺼내 슬그머니 휴지통에 넣어버렸다. 그가 무섭다기보다 귀찮았다. 뒤미처 골목 영감들의 얼굴이 떠올랐다. 좁쌀영감의 차가운 눈이 맨 먼저 떠올랐다. 셰퍼드의 시퍼런 눈도 떠올랐다. 갑자기 옛날 신문배달아이의 공포에 질린 눈도 지나갔다.

– 송기숙, 「개는 왜 짖는가」 –

01 윗글에 대한 설명으로 가장 적절한 것은? [3점]

① 특정 인물의 시각을 중심으로 사건이 서술되고 있다.

② 액자식 구성을 통해 사건을 입체적으로 드러내고 있다.

③ 대화를 통해 인물 간의 오해가 풀리는 과정을 드러내고 있다.

④ 요약적 진술을 통해 특정 인물이 살아온 내력을 제시하고 있다.

⑤ 상징적 소재를 통해 인물 간의 갈등이 해결되었음을 암시하고 있다.

2022 기출문제

02 서사의 흐름을 고려하여 〈보기〉의 ㉠, ㉡에 대해 이해한 내용으로 적절하지 <u>않은</u> 것은? [3점]

① ㉠에서 도망치는 아이를 보고 영하는 아이의 이전 경험을 추측하고 있다.

② ㉠이 우연에 의해 일어난 것이라면 ㉡은 영하의 의도에 의해 일어난 것이다.

③ ㉡이 이루어진 것은 ㉠에서 아이가 도망가다가 신발이 벗겨진 사건과 관련이 있다.

④ ㉡에서 아이는 영하의 의중을 이해하지 못해 여전히 ㉠에서와 같은 태도를 보이고 있다.

⑤ ㉡ 이후 영하는 아이의 겁에 질린 눈을 떠올리며 아내를 말리지 못했던 것을 후회하고 있다.

03 〈보기〉를 참고하여 윗글을 감상한 내용으로 적절하지 <u>않은</u> 것은? [4점]

〈보기〉

이 작품은 권력이 언론을 통제하던 시대를 살고 있는 신문기자를 통해 획일화된 언론 현실을 우회적으로 비판하고 있다. 작품에서 인물은 언론의 자유가 억압된 현실에서 언론인으로서의 책무를 제대로 수행하지 못해 괴로워한다. 생계 때문에 신문사를 그만두지 못하는 그는, 구박을 받으면서도 가난 때문에 신문을 넣어야 했던 배달아이에게 동질감을 느낀다. 그리고 이는 현실로부터 도피하고 싶은 마음으로 이어진다.

① 배달되는 신문이 '모두가 판에 박은 듯이 똑같은' 것은 획일화된 언론의 현실이 드러난 것이겠군.

② 영하가 배달아이에게 '신문대하고는 상관없이 운동화나 한 켤레 사 신으라고' 말하려고 했던 것은 생계를 위해 신문을 넣어야 했던 아이에게 동질감을 느꼈기 때문이겠군.

③ 영하가 아내에게 '넌지시 시골에서 살'자고 제안하는 것은 현실로부터 도피하고 싶은 마음에서 비롯된 것이겠군.

④ '국장실'에서 나온 '정치부장'이 '우거지상'으로 '제길, 그런 것도 못 쓰면 무얼 쓰란 말이야?'라고 말하는 것은 권력이 언론을 통제하던 현실이 반영된 것이겠군.

⑤ 영하가 '주머니에서 기사를 꺼내' 휴지통에 넣은 것은 언론인의 책무를 다하지 못했다는 괴로움 때문이겠군.

[04~07] 다음 글을 읽고 물음에 답하시오.

맹자가 살았던 시대에는 패권 다툼으로 인한 국가 간의 대립이 ⓐ 지속되었다. 인(仁)에 기초한 왕도정치(王道政治)를 주장했던 맹자는 전쟁을 잘하는 자를 큰 죄인으로 여겼고, 침략 전쟁을 주장하는 주전론자(主戰論者)들을 강하게 비판했다. 그러나 당시의 혼란을 극복하기 위한 불가피한 전쟁을 인정하는 태도를 보이기도 하였다. 일견 상반된 것으로 보이는 그의 두 가지 입장은 어떻게 상호 모순됨 없이 성립될 수 있을까?

맹자는 인간이 본래적으로 측은히 여기는 마음인 인(仁)과 그것을 실천하려는 의지인 의(義)를 모두 가지고 있다고 보고, 인간의 도덕 본성을 인의(仁義)로 규정했다. 이러한 도덕 본성은 하늘이 준 것으로 누구나 가지고 있지만 자연스럽게 발현되는 것은 아니므로 인에 대한 자각과 노력이 필요하다고 보았다. 이를 바탕으로 맹자는 왕도정치, 즉 인정(仁政)을 ⓑ 주창한다. 통치의 근간이 되는 인의는 이익을 추구하는 리(利)와 구분된다. 인의는 공(公)이고 리는 사(私)로서, 인의는 모든 인간이 가진 선한 마음에 근거한 공공성을 갖는 것이나, 리는 자신과 타자를 배타적으로 경계 짓는 데서 비롯하는 사사로운 욕망이다.

이러한 리와 인의의 선명한 대비는 패도정치(霸道政治)와 왕도정치가 갈리는 근거가 된다. 리를 추구하는 패자(霸者)는 상대를 힘으로 지배하려는 자이다. 힘으로 지배하려고 하면 힘이 부족한 상대는 굴복하지만 그렇지 않은 경우에는 그 관계가 ⓒ 역전될 수도 있다. 따라서 패자는 늘 상대보다 강한 힘이 필요하고, 그에 따라 대국(大國)을 소유하려 하게 된다. 반면 인정을 베푸는 왕은 신하와 백성들로부터 자발적인 복종과 신뢰를 얻기 때문에 싸우면 반드시 이기게 된다. 맹자는 백성을 돌볼 의무에 ⓓ 태만한 군주를 벌(伐)하여 바로잡는 것을 정(征)이라 하였다. 이처럼 도탄에 빠진 백성을 구제한다는 명분을 갖는 정벌(征伐) 전쟁은 도덕적 정당성을 갖춘 것으로 보았다.

『맹자』에 나오는 연나라 정벌에 관한 대화는 정벌 전쟁이 어떤 것인지 보다 구체적으로 보여준다. 맹자는 제나라의 대부인 심동이 "연나라를 정벌해도 됩니까?"라고 묻자, ㉠ "그렇다."라고 대답한다. 이후 제나라가 연나라를 치자, 어떤 이가 맹자에게 "제나라에 연나라를 정벌하도록 권한 일이 있습니까?"라고 묻는다. 이에 맹자는 ㉡ "아니다."라고 대답한다. 그리고 "만일 정벌할 수 있는 자가 누구인지 물었다면, 천리(天吏)가 정벌할 수 있다고 대답하였을 것이다."라고 한다.

그렇다면 천리란 누구인가? 맹자는 '천하에 대적할 이가 없으면 천리'라고 말한다. 이는 왕도정치를 펴게 되면 천하에 적이 없게 된다는 말이다. 이는 천하에 대적할 자가 없는 인인(仁人)은 지극한 인(仁)으로 지극한 불인(不仁)을 정벌할 수 있다는 의미도 포함한다. 이처럼 맹자는 도덕적 권위를 갖는

군주인 천리가 수행하는 정벌 전쟁을 의전(義戰)이라고 규정하였다.

맹자가 주장한 의전론(義戰論)은 그가 보여준 전쟁에 대한 비판적 태도와는 외형상으로 모순되는 듯이 보이지만, 실질적으로는 맹자의 정치적 이상이었던 인정을 실현하는 방법으로 보아야 한다. 백성들을 도탄에 빠지게 하는 패자들의 전쟁은 일어나서는 안 되는 것이지만, 죄 있는 자를 벌하기 위해 도덕적 권위를 가진 천리가 ⓔ 수행하는 의전은 필요한 것이다. 인정을 실현하기 위한 불가피한 방법으로서 정당성을 부여받는 의전은 결국 그가 지향했던 반전쟁(反戰爭)을 달성하기 위한 수단이라고 할 수 있다.

04 윗글의 내용과 일치하지 <u>않는</u> 것은? [3점]

① 맹자가 살았던 시대에는 서로를 지배하려는 국가 간 패권 다툼이 있었다.

② 맹자는 도덕 본성은 하늘이 준 것이므로 자연스럽게 발현되는 것으로 보았다.

③ 맹자는 패도정치는 리(利)를, 왕도정치는 인의를 추구하는 데서 구분된다고 보았다.

④ 맹자의 의전은 실질적으로는 맹자의 정치적 이상을 실현하는 방법으로 볼 수 있다.

⑤ 맹자는 리(利)를 자신과 타자를 구분하는 데서 비롯하는 사사로운 욕망이라 하였다.

05 윗글의 내용을 바탕으로 할 때 ㉮와 ㉯에 들어갈 말로 알맞게 짝지어진 것은? [3점]

> 윗글의 ㉠은 [㉮]과 관련된 질문에 대한, ㉡은 [㉯]과 관련된 질문에 대한 대답이다.

	㉮	㉯
①	정벌의 명분	정벌 주체의 자격
②	정벌의 대상	정벌의 방식
③	정벌의 방식	정벌의 당위성
④	정벌의 당위성	정벌의 대상
⑤	정벌 주체의 자격	정벌의 명분

06 '맹자'의 관점에서 〈보기〉를 이해한 내용으로 적절하지 <u>않은</u> 것은? [4점]

〈보기〉

A국의 왕은 오로지 자국의 영토를 끊임없이 확장하기 위해 백성들에게 가혹한 세금을 부과하였다. 그리고 농사일에 바쁜 백성들을 징병하여 상대국을 압도할 수 있는 힘을 키웠고, 타국과의 전쟁에 승리하여 대국을 이루었다. 반면 B국의 왕은 인정(仁政)을 베풀어 태평성대를 이룬 결과 A국보다 강한 힘을 갖게 되었다. B국의 왕은 백성을 돌보지 않는 A국의 왕의 죄를 묻고 도탄에 빠진 A국의 백성들을 구하고자 A국과의 전쟁을 결정하였다.

① A국의 왕은 상대를 압도할 수 있는 힘을 키우려 한다는 점에서 패자(霸者)라고 할 수 있겠군.

② A국의 왕은 영토 확장을 위해 전쟁을 일으켰다는 점에서 리(利)를 추구한 것이라고 볼 수 있겠군.

③ B국의 왕은 인정을 베풀었기 때문에 신하와 백성들로부터 자발적인 복종과 신뢰를 얻었겠군.

④ B국의 왕은 태평성대를 이루어 강한 힘을 갖게 됐다는 점에서 정(征)을 행하였다고 할 수 있겠군.

⑤ B국의 왕은 A국의 백성들을 구하고자 했다는 점에서 그가 결정한 전쟁은 도덕적 정당성을 갖추었다고 볼 수 있겠군.

07 ⓐ~ⓔ의 사전적 의미로 적절하지 <u>않은</u> 것은? [3점]

① ⓐ : 어떤 상태가 오래 계속됨.

② ⓑ : 어떤 생각이나 결론·반응 따위를 이끌어 냄.

③ ⓒ : 형세가 뒤집힘.

④ ⓓ : 열심히 하려는 마음이 없고 게으름.

⑤ ⓔ : 생각하거나 계획한 대로 일을 해냄.

[08~11] 다음 글을 읽고 물음에 답하시오.

[A]

콜링우드는 예술을 상상력을 통한 감정의 표현이라고 규정하며, 예술의 본질에 담긴 중요한 요소를 상상력, 감정, 표현으로 파악하였다. 상상력에 대해 이해하기 위해서는 콜링우드가 언급한 감정에 대해서 먼저 이해할 필요가 있다. 콜링우드는 느낌을 감각과 감정으로 나누었다. 감각은 색깔, 소리, 냄새 같은 것을 느끼는 것으로 보편성을 가지며, 감정은 즐거움, 고통, 분노 같은 것을 느끼는 것으로 개인마다 나름대로의 특수성을 갖는다. 콜링우드는 감각에 감정이 부하되는 것으로 감각이 감정에 선행한다고 하였다. 하지만 선행한다고 해서 우선순위를 갖거나 인과 관계로 연결되는 것은 아니다. 감각과 감정은 동일한 대상을 통해 경험되는 것이므로 하나의 감각 경험으로 통합된다.

그런데 콜링우드는 감각이 동시적이고 순간적이라 모든 감각을 인식하기는 어렵지만, 예술가가 자신의 내면에 집중하여 이러한 감각들을 인지하려고 노력한다면 다양한 감각 경험이 종합되어 특정한 감정을 만들어낼 수 있다고 보았다. 콜링우드는 이를 정서적 충전이라고 하였는데, 예술가는 이를 예술 작품의 표현 대상으로 삼음으로써 자기 자신을 이해하고 개별화된 표현을 할 수 있게 된다는 것이다.

콜링우드가 제시한 상상력은 허구적인 이미지를 만들어내는 공상과 구별되는 것으로, 칸트의 생산적 상상력과 유사하다. 칸트는 생산적 상상력을 대상이 현존하지 않더라도 대상의 다양한 형식을 포착하여 그 다양성을 결합하고 종합하는 선천적인 능력이라 하였다. 콜링우드는 상상력이 공상이나 환상과는 달리 지적 활동이라는 칸트의 관점에 동의하며 감정과 표현을 연결하는 고리를 상상력으로 ⓐ 보았다. 즉 예술가가 과거의 경험으로부터 이끌어 낸 정서적 충전을 표현하기 위해서는 상상력이 필수적이라고 본 것이다. 이러한 상상의 영역에서는 모든 시간이 현재화된다. 과거의 감각적 경험을 상상이 일어나는 현재에 표현할 수 있기 때문이다.

콜링우드는 감정의 표현에 대해 이야기하면서, 표현하는 것과 서술하는 것을 구분하였다. 서술하는 것은 대상을 개념화하여 분류하는 것으로 일반화의 과정에 해당하며 객관적인 것이다. 반면에 표현하는 것은 대상이 주는 독특성을 의식하여 드러내는 것으로 개별화의 과정에 해당하며 주관적인 것이다. 그러므로 감정을 표현한다는 것은 다른 사람들의 것과는 구별되는 행위자 고유의 감정을 나타내는 것이다. 그런데 콜링우드는 예술가가 느끼는 감정들은 분화되지 않은 상태이기 때문에 표현하기 전에는 스스로도 알 수가 없다고 보았다. 마치 시인이 현실에서의 경험을 통해 느낀 모호한 감정들을 '시'라는 예술 작품을 통해 형상화함으로써 자신의 감정들이 무엇이었는지를 알게 되는 것처럼 예술가는 자신이 가진 고유한 감정이 작품에 반영되어 표현된 후에야 비로소 그 감정이 무엇인지 인식하게 된다는 것이다. 그리고 감상자도 감수성을

갖고 작품을 음미할 경우, 예술가의 마음에서 창조된 것과 동일한 감정 상태를 자신의 감정으로 재구성할 수 있게 된다고 보았다.

08 윗글을 통해 알 수 있는 내용으로 적절하지 않은 것은? [3점]

① 콜링우드가 본 감각과 감정의 관계
② 칸트가 규정한 생산적 상상력의 개념
③ 콜링우드가 제시한 감각의 구분 기준
④ 콜링우드가 밝힌 감정 표현과 서술의 차이점
⑤ 상상력에 대한 칸트와 콜링우드의 공통된 견해

09 [A]를 바탕으로 〈보기〉를 이해한 내용으로 적절하지 않은 것은? [3점]

───〈보기〉───
어린아이가 분홍색 꽃을 보고, "와, 분홍색이 예쁘다."라고 기뻐했다.

① 어린아이가 꽃의 색깔을 분홍색으로 느낀 것은 감각에 해당한다.
② 어린아이가 분홍색 꽃을 보고 느낀 기쁨은 감정에 해당한다.
③ 어린아이가 느낀 기쁨은 분홍색 꽃을 보고 얻은 감각에 부하된 것이다.
④ 어린아이가 분홍색 꽃을 본 것은 기쁨이라는 감정에 선행한다.
⑤ 어린아이는 분홍색을 본 것과 기쁨을 느낀 것이라는 두 가지 감각 경험을 한 것이다.

10 '콜링우드'의 관점에서 〈보기〉를 이해한 내용으로 적절하지 **않은** 것은? [4점]

〈보기〉

무용가 A는 시민들을 대상으로 '나의 고향'이란 주제의 즉흥 무용 공연을 하기로 하였다. 무용을 위해 A는 어릴 적 고향에서 경험한 나무 사이로 비치는 햇살, 바람 소리, 비 온 뒤의 흙내음 등을 떠올리며 알 수 없는 뭉클한 감정이 차오르는 것을 느꼈다. A는 뭉클한 감정을 춤사위로 선보이며 그것이 어린 시절 느티나무 아래에서 자신을 재워주던 할머니에 대한 그리움이라는 것을 알게 되었다.

① A가 과거 고향에 대한 모호한 감정을 춤사위로 연결하는 과정에서 상상력이 발휘되었겠군.

② A가 즉흥적인 춤사위를 선보이기 전에 느낀 감정은 스스로도 규정할 수 없는 분화되지 않은 감정이었겠군.

③ A가 햇살, 바람 소리, 흙내음 등의 감각을 통해 느낀 감정을 춤으로 표현하기 위한 과정에서 과거의 시간이 현재화되었겠군.

④ A는 자신이 느낀 감정이 나무 아래에서 자신을 재워주던 할머니에 대한 그리움이라는 것을 알게 되며 정서적 충전을 할 수 있었겠군.

⑤ 관객들도 감수성을 갖고 공연을 감상했다면 A의 마음에서 창조된 것과 동일한 감정 상태를 자신의 감정으로 재구성할 수 있었겠군.

11 밑줄 친 단어 중 ㉠의 문맥적 의미와 가장 유사한 것은? [3점]

① 그녀의 행동을 애교로 볼 수 없었다.

② 그녀는 조카를 봐 줄 사람을 구하였다.

③ 할머니는 늦게나마 손녀를 보게 되었다.

④ 기회를 봐서 선생님께 말씀드리는 게 좋겠다.

⑤ 의사 선생님께서는 오전에만 환자를 보십니다.

[12~14] 다음 글을 읽고 물음에 답하시오.

(가)

　　　오동은 고목이 되어갈수록
　　　제 중심에 구멍을 기른다
[A]　오동뿐이랴 느티나무가 그렇고 대나무가 그렇다
　　　잘 마른 텅 빈 육신의 나무는
　　　바람을 제 구멍에 연주한다

　　　어느 누구의 삶인들 아니랴
　　　수많은 **구멍**으로 빚어진 삶의 빈 고목에
[B]　어느 날
　　　지나는 바람 한 줄기에서 거문고 소리 들리리니

　　　거문고 소리가 아닌들 또 어떠랴
[C]　고뇌의 **피리새라도 한 마리 세 들어 새끼칠 수 있다면**
　　　텅 빈 누구의 삶인들 **향기롭**지 않으랴

　　　바람은 쉼없이 **상처**를 후비고 백금칼날처럼
[D]　햇볕 뜨거워 이승의 **한낮**은
　　　육탈*하기 좋은 때
[E]　잘 마른 구멍하나 **가꾸**고 싶다

　　　　　　　　　　　　　　　　　－ 복효근, 「고목」 －

*육탈 : 살이 썩어 뼈만 남음.

(나)

　　누에들은 은수자(隱修者)다. 자승자박의 흰 동굴로 들어가 문을 닫고 조용히 몸을 감춘다. 혼자 웅크린 번데기의 시간에 존재의 **변모**는 시작된다. 세포들이 다시 배열되고 **없었던 날개**가 창조된다. 이 신비로운 변모가 꿈의 힘 없이 가능했을까. 어느 날 해맑은 아침의 얼굴이 동굴을 열고 나온다. 회저처럼 **고통스러웠던 연금술의 긴 밤**을 지나 비로소 **하늘백성의 날갯짓**이 시작되는 것이다. 밖에서 **구멍을 뚫어주는 누에의 왕**은 없다. 누에들은 언제나 자신들이 벽을 뚫어야 하며 **안쪽에서 뚫어야** 한다는 것을 잘 알고 있다.

－ 최승호, 「누에」 －

12 (가)와 (나)의 공통점으로 가장 적절한 것은? [3점]

① 색채의 대비를 통해 시적 분위기를 조성하고 있다.

② 시적 대상에 인격을 부여하여 주제를 형상화하고 있다.

③ 시선의 이동에 따라 화자의 심리적 추이를 드러내고 있다.

④ 음성 상징어를 활용하여 대상을 생동감 있게 표현하고 있다.

⑤ 시간 표지를 활용하여 대상에 대한 화자의 인식 전환을 드러내고 있다.

13 시상의 흐름을 고려할 때 [A]~[E]에 대한 이해로 적절하지 않은 것은? [3점]

① [A] : 자연물들에 대한 관찰을 바탕으로 특정한 자연 현상에 주목하고 있다.

② [B] : [A]에서 주목한 자연 현상을 유추를 통해 인간의 삶에 적용하고 있다.

③ [C] : [B]에 나타난 삶에 대한 이해가 의문형 진술의 반복을 통해 확장되고 있다.

④ [D] : [C]에서 얻은 삶의 의미를 실천하지 못한 회한이 비유적으로 제시되고 있다.

⑤ [E] : [A]~[D]를 통해 얻은 삶에 대한 통찰이 화자의 소망으로 집약되고 있다.

14 〈보기〉를 바탕으로 (가)와 (나)를 감상한 내용으로 적절하지 않은 것은? [4점]

〈보기〉

존재는 스스로와의 결별을 통해 성숙한 존재로 완성되는데, 이 과정은 필연적으로 인고의 시간을 수반한다. 그리고 존재 스스로 성숙의 주체가 되어 이러한 인고의 시간을 극복할 때, 자신을 버리고 새롭게 거듭날 수 있게 된다. 따라서 시련은 역설적으로 존재의 소망 실현을 돕는 환경이 된다. (가)는 외부 세계로부터 주어진 시련에 대해, 스스로를 비움으로써 타자를 포용할 수 있는 성숙한 존재가 되는 과정을 보여 주고 있다. (나)는 스스로 만들어 낸 시련을 견딤으로써, 새로운 존재로 생성되어 가는 성숙의 과정을 보여 주고 있다.

① (가)에서 '구멍'은 '피리새'가 서식할 수 있다는 점에서 타자를 포용하는 공간이고, (나)에서 '동굴'은 '하늘백성'이 되기 위해 거쳐야 한다는 점에서 성숙이 이루어지는 공간이라고 할 수 있겠군.

② (가)에서 '한 마리'가 '세 들어 새끼칠 수 있'는 것과 (나)에서 '누에의 왕'이 '구멍을 뚫어주'지 않는 것은 모두 역설적으로 존재의 소망 실현에 도움을 주는 환경이 된다고 할 수 있겠군.

③ (가)에서 '삶'을 '향기롭'게 하기 위해 구멍을 '가꾸'어야 한다는 점에서, (나)에서 '날갯짓'

을 시작하기 위해 '안쪽에서 뚫어야' 한다는 점에서 모두 스스로 성숙의 주체가 되는 모습을 강조한다고 할 수 있겠군.

④ (가)에서 '한낮'은 '상처'가 후벼지는 시간이라는 점에서, (나)에서 '긴 밤'은 '고통'스러운 '연금술'이 진행되는 시간이라는 점에서 모두 성숙한 존재가 되기 위한 인고의 시간이라고 할 수 있겠군.

⑤ (가)에서 '육탈'은 '잘 마른 텅 빈 육신'을 위한 비움의 과정인 반면, (나)에서 '변모'는 '없었던 날개'가 창조되는 생성의 과정이라고 할 수 있겠군.

[15~18] 다음 글을 읽고 물음에 답하시오.

미시 세계에서 양자의 중첩은 여러 상태들이 겹쳐 있는 것이다. 이 중 특정 상태가 측정될 확률은 알 수 있지만 관측하기 전까지는 어떤 상태인지 정확히 알 수 없다. 어떤 상태인지 알기 위해서는 관측을 해야 하는데, 거시 세계의 관측 행위로 인해 양자의 중첩이 붕괴되어 중첩 상태 중 어느 한 상태로 확정된다. 예를 들어, 미시 세계의 철수는 앉아 있거나 서 있는 두 가지 상태가 중첩되어 있다면, 관측 이전에는 서있는 철수가 관측될 확률과 앉아 있는 철수가 관측될 확률만 알 수 있다. 이처럼 미시 세계의 철수는 서있는 상태와 앉아 있는 상태가 중첩되어 있는데, 이 중첩 상태는 거시 세계의 선생님이 관측했을 때 붕괴되어 비로소 서 있는 상태나 앉아 있는 상태 중 어느 한 상태로 확정된다.

양자 컴퓨터는 이러한 양자의 중첩 현상을 활용한 것이다. 기존의 컴퓨터는 정보의 기본 단위인 비트를 사용하며, 비트는 0 또는 1이라는 확정적인 값을 갖는다. 이와 달리 양자 컴퓨터는 큐비트를 사용하며, 큐비트는 0일 확률과 1일 확률을 가진 중첩된 상태를 갖는다. 따라서 기존 컴퓨터는 확정된 값을 입력해서 한 번에 하나씩 연산하여 확정된 값을 출력하지만, 양자 컴퓨터는 중첩된 큐비트를 한 번 입력함으로써, 중첩상태가 가질 수 있는 모든 가능한 경우에 대한 연산을 한꺼번에 수행한다. 이런 원리상 양자 컴퓨터는 기존 컴퓨터보다 처리 속도가 빠르다.

기존 컴퓨터와 양자 컴퓨터는 오류를 검증하는 방법에도 차이가 있다. 기존 컴퓨터는 데이터를 저장할 때 동일 비트를 세 번 이상 저장한 후 다수결의 원리에 따라 오류를 보정할 수 있다. 일반적인 컴퓨터는 정상 비트일 가능성이 오류 비트일 가능성보다 높기 때문에, 0을 000으로, 1을 111로 저장해두면 그것이 설령 010, 001, 011, 101로 읽힌다고 하더라도 ㉮ 각각의 원래 값을 추정하기는 어렵지 않은 것이다. 그러나 양자 컴퓨터에서는 이러한 방식을 쓸 수 없다. 왜냐하면 중첩된 큐비트를 복사하거나 비교하려고 그 값을 관측하는 순간 중첩이 붕괴되기 때문이다.

이러한 문제를 해결하기 위해 양자 컴퓨터는 논리 게이트 CNOT(Controlled-NOT)을 통해 오류를 검증한다. 중첩된 큐비트가 오류일 가능성보다 정상일 가능성이 높은 양자 컴퓨터에서, 같은 내용의 연산을 통해 도출된 중첩된 큐비트 X와 중첩된 큐비트 Y가 있다고 하자. 연산에 오류가 없다면 X와 Y의 관측값은 같아야 한다. 관건은 중첩된 두 큐비트를 읽지 않고도 서로 같은지 다른지를 어떻게 판정할 수 있는가이다. 〈그림〉의 CNOT에는 위아래로 두 개의 입력과 두 개의 출력이 있는데, 위의 입력은 입력된 그대로 출력된다. 위의 입력에 0이 들어오면 아래의 입력은 그대로 출력되며, 위의 입력에 1이 들어오면 아래의 입력이 반전되어 출력된다. 반전이 되는 경우, 0은 1로 1은 0으로 바뀐다.

〈그림〉

먼저 큐비트 Z는 0으로 고정한다. 그리고 X와 Z를 CNOT에 입력한다. X가 1인 경우 Z를 반전하여 출력한다. 출력된 값을 각각 X와 Z_1이라고 하자. 다음으로, Y와 Z_1을 CNOT에 입력한다. Y가 1인 경우 Z_1을 반전하여 출력한다. 출력된 값을 각각 Y와 Z_2라고 하자. 만약 Z_2가 0이라면 X와 Y는 같고, 이는 연산에 오류가 있을 가능성이 낮다는 것을 의미한다. 반면 Z_2가 1이라면 X와 Y는 다르며, 이는 어디엔가 오류가 있음을 의미한다. 이러한 오류 검증의 과정에서 X와 Y의 값은 관측하지 않는다.

15 윗글에 대한 설명으로 가장 적절한 것은? [3점]

① 상황을 가정하여 특정 대상의 향후 전망을 제시하고 있다.

② 특정 대상이 발전되어 온 과정을 통시적으로 설명하고 있다.

③ 다른 대상과의 차이점을 바탕으로 특정 대상을 설명하고 있다.

④ 서로 다른 이론을 적용하여 특정 대상의 장단점을 분석하고 있다.

⑤ 유사한 두 대상의 공통점을 제시한 후 각각의 의의를 서술하고 있다.

16 윗글을 읽은 학생의 반응으로 적절하지 <u>않은</u> 것은? [3점]

① 거시 세계에서는 관측을 통해 양자의 중첩된 상태를 확인할 수 없겠군.

② 오류 비트일 가능성이 50% 이상이라면 다수결을 이용한 오류 검증은 실효성이 없겠군.

③ 미시 세계에서 중첩된 양자는 어떤 상태가 어느 정도의 확률로 있는지를 알 수 없겠군.

④ 기존 컴퓨터가 여러 번 수행해야 하는 연산을 양자 컴퓨터는 한 번에 수행할 수 있겠군.

⑤ 기존 컴퓨터의 오류 검증에서 동일 비트의 저장 횟수를 늘리면 검증의 정확도가 올라가겠군.

17 문맥을 고려할 때 ㉮를 추정한 내용으로 적절한 것은? [3점]

① 0, 0, 0, 1   ② 0, 0, 1, 1

③ 0, 1, 1, 1   ④ 1, 0, 1, 0

⑤ 1, 1, 0, 0

18 윗글을 바탕으로 〈보기〉를 이해한 내용으로 적절하지 <u>않은</u> 것은? [4점]

〈보기〉

다음은 오류 검증을 위해 사용한 CNOT 게이트의 진리표*를 간략하게 제시한 것이다.

	X	Y	Z	Z_1	Z_2
㉠	(ⓐ)	0	0	0	0
㉡	0	1	0	0	(ⓑ)
㉢	1	0	0	1	(ⓒ)
㉣	(ⓓ)	1	0	1	0

*진리표 : 논리연산의 가능한 모든 입력값의 조합을 열거하고, 각각의 조합에 대한 출력값을 나타내는 표.

① ㉠과 ㉣행의 Z_2가 각각 0이므로 ⓐ는 0, ⓓ는 1이다.

② ㉡과 ㉢행에서 X와 Y가 서로 다르므로, ⓑ와 ⓒ는 서로 다르다.

③ Z_1에 영향을 미치는 것은 X이다.

④ 오류 검증을 위해 관측하는 것은 Z_2이다.

⑤ X와 Y는 서로 영향을 미치지 않는다.

[19~21] 다음 글을 읽고 물음에 답하시오.

[앞부분 줄거리] 한림학사 유연수는 정부인 사씨에게 자식을 얻지 못해, 교녀를 첩으로 들인다. 교녀는 유 한림과의 사이에 아들을 먼저 낳지만 이후 사 부인이 아들을 낳자 위협을 느낀다.

두(杜) 부인이 멀리 가매, 교녀가 등에 가시를 벗은 듯하여 동청에게 사 부인 해하기를 모의한다. 동청이 말한다.

"내 한 계교가 있으되, 두려하건댄 낭자가 듣지 아니할까 하여 못하노라."

교녀가 물으니 동청이 말한다.

"옛적 당나라 황제가 후궁 무 소의의 딸을 사랑하여 제 자식같이 하니, 무 소의 제 딸을 제가 눌러 죽이고, 황후를 모함하여 죽이려 하매, 황제 그 말을 곧이듣고 황후를 폐하고 무 소의로 황후를 봉하였으니, 이 계교를 행하면 낭자가 뜻을 이루리라."

교녀가 묻는다.

"자기 자식은 애중하면서, 남의 자식은 해코자 하는다?"

동청이,

"낭자의 신세가 위태하여 마치 범을 탄 것과 같으니, 내 말을 듣지 아니하면 정녕 후회하리라."

교녀가,

"이 계교는 차마 듣지 못하리니, 다른 좋은 모계를 획책하라."

동청이 대답하지 않고 납매더러 이르기를,

"낭자 사람됨이 잔약하여 이 계교를 행치 아니하면 우리 다 죽을 것이니, 네 틈을 타 행하라."

이후 납매 하수코자 하되 틈을 얻지 못하더니, 하루는 장주가 난간에서 자더라. 사방을 살펴보니 다른 사람은 없고, 사 부인의 몸종 춘방이 설매와 같이 풀싸움하며 난간 아래로 가거늘 멀리 간 후, 즉시 올라가 장주를 눌러 죽이고, 설매를 따라와 이르되,

"네 전일에 ⓐ 옥지환을 도적하였으니 부인과 노야가 아시면 죽을 것이니, 어느 때에 노야가 너를 잡아 물으시거든, 여차여차하게 대답하면 죄를 면하고, 많은 상을 교 낭자에게 얻으리라."

하니 설매 응낙하더라.

장주의 유모가 장주가 깨었는가 하여 와 보니 장주가 칠규로 피를 흘리고 죽었거늘 대성통곡하더라. 교녀가 넘어질 듯이 와 보고 하릴없는지라 크게 울며, 이것이 동청의 한 짓인 줄 아나, 흉모를 행코자 함인 줄 아므로 급히 한림께 알린다. 한림이 들어와 본즉, 차악한 경상(景狀)이 말로 표현할 수 없는데 교녀가 통곡한다.

"이 일이 반드시 연전에 저주하던 사람의 짓이라 시비들을 문초하면 알리이다."

한림이 즉시 형구를 갖추고, 사 부인께 친신(親信)히 잔심부름하던 비복을 엄문하니, 장주 유모는

"소비가 공자를 안고 난간 위에서 놀다가 잠들기에 누이고 잠깐 밖에 나아갔삽더니 그 사이 변이 났사오니, 사죄할 뿐이요, 무슨 말씀을 하오리까?"

납매는,

"소비가 보오니 춘방과 설매가 난간 아래로 지나더이다."

하고 말한다. 춘방과 설매를 엄형 국문(鞫問)하니, 춘방은 독형(毒刑)을 입어, 유혈이 임리(淋漓)하나 애매함을 고하고 설매는 처음은 춘방의 말과 같이 하더니, 나중은 소리를 크게 하여 하는 말이,

"대형벌을 당하여 죽기에 이르렀는데, 어찌 직고치 아니하리까. 부인이 소비와 춘방에게 분부하사 '장주 공자를 죽이면 큰 상을 내리리라.' 하시기에 소비 등이 기회를 엿본 지 오래이나, 행치 못하였더니 오늘 지나가다 보온즉, 공자가 홀로 난간에서 자옵는데, 소비는 차마 하수치 못하옵고, 춘방이 올라가 눌러 죽였나이다."

한림이 대로하여 춘방을 다시 엄형하니 춘방이 설매를 크게 꾸짖는다.

"무죄한 부인을 팔아 살기를 도모하니 견마라도 그 주인을 한 맘으로 섬기거늘 네 간사한 무리와 어울려 재물을 받고 주인을 해코자 하는다? 내 장(杖)을 맞아 죽을지언정 어찌 무죄한 부인을 해하리오. 황천후토(皇天后土)는 부인의 원통한 누명을 씻어 주소서."

하고 안색을 불변하고, 마침내 복초(服招)치 아니하고 장을 맞아 죽더라.

(중략)

이때 승상 엄숭이 도사의 잡술로 천자를 미혹하게 하는지라, 한림이 상소하여 간하였더라. 상이 기뻐 아니하사 비답(批答)지 아니하시고,

"다시 간소(諫疏)를 올리면 죽을 죄로 다스리리라."

하시니 한림이 불안하여 사직하고 집에 있더라. 하루는 아는 도사가 왔거늘 한림이 몽사번잡(夢事煩雜)함을 이르고 도사를 데리고 안에 들어가니 도사 두루 살펴보며 한림 처소의 벽을 헤치고 ⓑ 목인(木人)을 무수히 찾아낸다. 한림이 매우 놀라매 도사가 웃으며 말한다.

"이는 오직 상공의 애정과 관심을 요구함이요, 살인모해(殺人謀害)하는 저주가 아니오니 상공은 방심하소서. 그러나 상공 면상에 흑기(黑氣) 어리어 집을 떠날 수액(數厄)이 있으니 조심하소서."

한림이 칭사(稱謝)하고 도인이 돌아간 후 가만히 생각하니,

"연전에 저주한 일이 다 사씨가 꾸민 짓이라 하였더니, 이제 사씨 나간 지 오래고, 나 있는 방을 고친 지 여러 달 아니 되었거늘 또 이런 흉한 일이 있으니 분명 가내에 악인이 있도다. 이러한즉 사씨 어찌 원통치 아니하리오."

하고 요사한 물건을 다 없이한 후 정신이 들어 옛날 총명이 돌아오더라. 전일을 상상하여 보매 뉘우치는 마음이 점점 더하고 꿈이 깬 듯한데, 두 부인이 성도에서 서간을 부쳐 왔더라. 한림이 개봉한 즉, 사씨의 출화(黜禍)당함을 모르고 쓴 것이라, 말씀이 명쾌하고 거듭 사씨를 부탁하였더라.

한림이 두렵고 죄스러워 머리를 숙이고 가만히 생각하매 자기가 꾀에 빠져 조강(糟糠)의 의(義)를 저버린 듯한지라, 심사가 편치 못하여 교녀와 정이 소원해지더라. 교녀가 크게 두려워 동청더러 사기(事機)를 이른다.

동청이,

"독약을 음식에 타 한림을 먹이라."

교녀가,

"만일 먹지 아니하고 뱉어버려 일이 잘못되면 큰일이 날 것이니 다른 계교를 생각하라."

동청이 모해하기를 생각하다가 하루는 서헌에 들어가니 마침 한림이 친구를 심방하러 나아갔더라. 동청이 서안을 상고하니 한림이 시세를 탄식하여 지은 글이 있는데, 승상 엄숭을 논박하되, 오국학민(誤國虐民)한다 하였더라. 동청이 좋아서 교녀더러 일렀다.

"이제 유연수 없이할 방도를 얻었으니 쾌하도다."

교녀가,

"어찌 이름이뇨?"

"천자가 도사와 단약(丹藥)을 믿으시고, 엄 승상이 그 일을 힘쓰거늘, 이제 유 한림이 천자를 비방하고, 엄 승상을 폄하여 글을 지었으니, 이 글을 엄 승상께 드리면 승상이 노하여 천자께 아뢰어 필연 귀양을 면치 못하리니 어찌 묘하고 쾌하지 아니하리오."

교녀가 좋아서,

"남의 손을 빌어 저를 없이하면 어찌 쾌한 일이 아니리오."

– 김만중, 「사씨남정기(謝氏南征記)」 –

19 윗글을 이해한 내용으로 적절하지 않은 것은? [3점]

① 도사는 한림이 죽음을 맞이할 수도 있다고 경고했다.

② 납매는 교녀의 허락을 받지 않고 장주를 눌러 죽였다.

③ 유 한림은 천자를 미혹하는 승상을 비판하는 글을 지었다.

④ 춘방은 거짓 증언을 하는 설매를 꾸짖으며 죽음을 맞이했다.

⑤ 두 부인은 사 부인이 집에 없는 것을 모르고 한림에게 편지를 썼다.

20 〈보기〉를 바탕으로 윗글을 감상한 내용으로 적절하지 <u>않은</u> 것은? [4점]

─〈보기〉─

조선 중기에 이르러 가부장제가 강화되면서 처첩 간의 갈등, 장자 상속으로 인한 적서차별의 문제 등이 심화되었다. 이러한 문제를 해결하기 위해 가부장의 현명함이 중요했는데, 가부장이 어리석으면 가문의 혼란은 한층 더 가중되었다. 또한 가부장에게 권력이 집중되어 있기 때문에 정쟁 등 외부적 요인으로 인해 가장이 죽거나 부재하게 되면 가문은 쉽게 무너질 수 있었다. 「사씨남정기」는 처첩 갈등을 중심으로, 자신의 지위 확보를 위한 인간의 잔인성을 사실적으로 그려 냄으로써 조선 사회 가부장제로 인한 폐해를 보여 주고 있다.

① 설매가 고문을 당하는 과정에서 사 부인을 모함한 것은 처첩 간의 갈등으로 인해 빚어진 일이겠군.

② 동청이 엄 승상에게 유 한림의 글을 전하려는 계획은 가문의 권력이 집중되어 있는 가장을 축출하려는 시도라 할 수 있겠군.

③ 동청이 유 한림에게 독약을 먹이자고 교녀에게 제안하는 것은 정쟁 등의 외부적 요인으로 인한 가문의 위기 상황이라고 할 수 있겠군.

④ 동청이 납매에게 교녀의 자식을 죽이라고 하는 것은 자신의 지위를 확보하기 위한 인간의 잔인성을 보여 주는 장면이라고 할 수 있겠군.

⑤ 유 한림이 무고한 사 부인을 의심하여 나가게 한 것은 가장의 어리석음으로 인해 가문이 혼란에 빠질 수 있다는 것을 보여 준다고 할 수 있겠군.

21 ⓐ와 ⓑ에 대한 설명으로 가장 적절한 것은? [3점]

① ⓐ와 ⓑ는 모두 사 부인을 살해하려는 수단으로 활용되고 있다.

② ⓐ는 설매가, ⓑ는 사 부인이 과거에 행한 부정적 행위의 증거물이다.

③ ⓐ는 설매를 설득하기 위한, ⓑ는 한림을 협박하기 위한 수단으로 활용되고 있다.

④ ⓐ는 한림의 관심을 유도하려는, ⓑ는 한림을 모해하려는 목적을 위해 활용되고 있다.

⑤ ⓐ는 설매가 납매의 요구를 들어줄 수밖에 없는 이유로, ⓑ는 한림이 과거 자신의 판단을 의심하는 계기로 활용되고 있다.

[22~25] 다음 글을 읽고 물음에 답하시오.

공무원은 국가 공권력의 대행자로서 공익을 위해 자신의 직무를 집행한다. 만약 공무원의 직무 집행으로 인해 개인이 손해를 입을 경우 국가가 이를 배상할 수 있다. 국가배상이란 위법한 국가 작용으로 인해 개인에게 발생한 손해를 국가가 배상하는 제도이다.

[A] 국가배상법은 제2조 제1항 본문에서 국가배상 청구권의 성립 요건을 다음과 같이 제시하고 있다. 첫째, 개인에게 손해를 발생시킨 행위가 공무원의 직무 집행 행위여야 한다. 이때 공무원의 행위가 법령에 규정된 직무가 아닌 경우라도, 겉으로 보기에 공무원의 직무 집행 행위로 보일 수 있으면 직무관련성이 인정된다. 둘째, 공무원의 고의 또는 과실이 존재해야 한다. 고의는 공무원이 행위의 위법성을 인식한 경우를, 과실은 공무원이 갖추어야 할 주의 의무를 다하지 않은 경우를 말한다. 셋째, 공무원의 위법 행위, 즉 법령에 위반된 행위가

존재해야 한다. 행위의 위법성은 적극적인 행위뿐 아니라 부작위에 의한 것도 인정된다. 부작위란 공무원이 일정한 행위에 대한 법적 의무가 존재함에도 이를 행하지 않은 것이다. 넷째, 공무원의 직무 집행 행위와 손해 사이에 인과 관계가 인정되어야 한다. 다만 법령에 규정된 공무원의 직무상 의무의 내용이 개인의 이익이 아닌 공익만을 목적으로 하는 경우, 위법한 직무집행 행위와 개인이 입은 손해 사이에 인과 관계가 인정되지 않는다.

그런데 위의 요건이 모두 충족된 경우라도 국가배상에서 배제되는 경우가 있다. 국가배상법 제2조 제1항 단서에서는 피해자가 공무원 중 군인·군무원·경찰공무원이어서 다른 법령에 의해 손해재해보상금등을 보상받을 수 있는 경우에는 국가배상을 받지 못하도록 규정하고 있다. 이는 별도의 피해 보상 제도를 운영하는 대신에 국가배상을 청구할 수 없도록 하여 이중 배상으로 인한 과도한 재정 지출을 방지하기 위함이다.

이처럼 공무원의 직무 집행 행위로 인한 손해에 대해 국가가 배상을 하는 이유는 무엇일까? 이는 국가배상 책임을 이해하는 관점에 따라 달라진다. ㉠ 자기책임설은 국가가 공권력의 사용 권한을 공무원에게 맡긴 이상 공무원의 권력 남용에 대해서는 국가가 책임져야 한다고 본다. 즉 국가배상 책임은 공무원 개인의 책임이 아니라 국가 자신의 책임이라는 것이다. 이 경우 공무원의 민사상 손해배상 책임은 여전히 존재한다. 이에 반해, ㉡ 대위책임설의 경우, 국가배상 책임은 손해를 가한 공무원이 부담해야 할 민사상 손해배상의 책임을 국가가 대신하여 지는 것이다. 국가는 불법을 행할 수 없다는 국가 무책임 사상에 근거해 공무원의 직무 집행 행위로 인한 손해는 공무원 자신의 책임이지만, 피해자 보호를 위해 국가가 대신해 그 책임을 부담한다는 것이다. 또한 공무원이 직접 배상해야 한다고 하면 공무 수행이 위축되어 무사안일주의가 팽배할 수 있다는 것을 근거로 한다. 마지막으로 ㉢ 절충설은, 공무원의 경과실은 직무 수행상 통상적으로 발생할 수 있는 것이므로, 이에 대한 공무원

개인의 책임은 존재하지 않고 국가의 책임만 존재한다고 본다. 따라서 이때의 국가배상 책임은 국가 자신의 책임이 된다. 반면 공무원의 고의나 중과실이 있는 행위까지 국가의 행위로 볼 수 없으므로, 이 경우 국가의 책임은 존재하지 않고 공무원 개인의 책임만 존재한다고 본다. 따라서 이때의 국가배상 책임은 피해자 보호를 위해 국가가 공무원을 대신하여 책임을 지는 것이 된다.

공무원의 직무 집행 행위로 손해를 입은 개인이 국가를 상대로 국가배상을 청구할 수 있는지, 가해 공무원을 상대로 민사상 손해배상을 청구할 수 있는지는 국가배상 책임을 어떻게 보는가에 따라 달라진다. ⓐ 자기책임설에 따르면, 국가와 공무원 개인 모두에게 배상을 청구할 수 있다. 반면 대위책임설에 따르면, 피해자는 배상 책임자를 선택할 수 없으며 국가에 대해서만 배상을 청구할 수 있다. 절충설에 따르면 경과실의 경우에는 국가에 대해서만, 고의나 중과실의 경우에는 국가와 공무원 중 하나를 선택하여 배상을 청구할 수 있다.

22 다음은 윗글의 독후 활동 학습지이다. ㄱ~ㅁ 중 윗글을 읽고 해결할 수 <u>없는</u> 것은? [3점]

〈학습지〉

○ 국가배상의 개념은 무엇인가? ············· ㄱ

○ 국가배상법 제2조 제1항에 규정된 국가배상 청구권의 성립 요건은 무엇인가? ···· ㄴ

○ 군인의 직무상 행위로 발생한 손해에 대해 국가배상을 배제하는 이유는 무엇인가?
·· ㄷ

○ 대위책임설에서 공무원 개인의 직무상 행위로 발생한 손해배상 책임을 국가가 부담해야 한다고 주장하는 이유는 무엇인가?
·· ㄹ

○ 절충설에서 공무원의 경과실로 인한 손해에 대해 공무원 개인의 책임은 존재하지 않고 국가의 책임만 존재한다고 보는 이유는 무엇인가? ·································· ㅁ

2022 기출문제

① ㄱ   ② ㄴ

③ ㄷ   ④ ㄹ

⑤ ㅁ

23 [A]를 이해한 내용으로 적절하지 않은 것은?

[4점]

① 공무원의 직무 집행 행위가 법령에 위반되었다는 것이 인정된다면 이에 따라 공무원의 과실이 인정된다.

② 공무원이 자신의 행위가 법을 어길 소지가 있다는 것을 인식하면서도 행위를 한 경우 해당 행위의 고의를 인정할 수 있다.

③ 공무원이 어떠한 행위를 하여야 할 의무가 법령에 규정돼 있음에도 불구하고 아무런 행위를 하지 않은 경우에도 행위의 위법성이 인정될 수 있다.

④ 법령에 의해 공무원에게 부과된 의무가 개인의 이익 보호를 목표로 하지 않는다면, 해당 의무의 부작위와 이로 인한 손해 사이에는 인과 관계가 인정되지 않는다.

⑤ 공무원의 행위가 위법한 행위로서, 법령에 규정된 행위가 아니지만 외형상으로는 공무원의 직무 집행행위로 보이는 경우에는 국가배상 청구권이 성립할 수 있다.

24 ㉠~㉢의 입장에 따라 〈보기〉의 상황을 이해한 학생의 반응으로 적절하지 않은 것은? [4점]

〈보기〉

   공무원 A는 상급자인 B의 지시에 따라 업무를 수행하였다. 그런데 업무 수행 중 A가 부상을 입는 사고가 발생하였다. A는 자신이 부상을 입은 것은 상급 공무원인 B의 직무상 권한을 넘어서는 무리한 지시 때문이라고 생각하였고, 자신이 입은 손해에 대한 국가배상 청구 소송을 고려하고 있다.

   (단, B의 업무 지시 행위는 국가배상법 제2조 제1항 본문에 규정된 모든 요건을 충족하고, A는 군인 · 군무원 · 경찰공무원이 아니다.)

① ㉠에 따르면, 국가는 A가 입은 손해에 대해 배상을 해야 하는데, 이는 B의 권력 남용에 대해 국가 자신이 책임을 지는 것이겠군.

② ㉡에 따르면, B의 무리한 지시가 공무원으로서 갖추어야 할 주의 의무를 심각하게 위반한 것이라도 B가 아닌 국가가 A가 입은 손해를 배상해야 하겠군.

③ ㉡에 따르면, 국가가 A가 입은 손해를 배상하더라도 B의 무리한 지시는 개인의 행위일 뿐 국가의 행위로 인정될 수 없으므로 그 책임은 여전히 B에게 존재하겠군.

④ ㉢에 따르면, B의 무리한 지시가 경과실에 해당되는 경우 A는 B에게 민사상 손해배상을 요구할 수 없겠군.

⑤ ㉢에 따르면, B의 무리한 지시가 중과실에 해당되는 경우 A는 국가배상을 받은 이후에도 추가로 B에게 민사상 손해배상을 요구할 수 있겠군.

25 ⓐ의 이유를 추론한 내용으로 가장 적절한 것은? [3점]

① 국가배상 책임은 국가의 책임과 공무원 개인의 책임이 동시에 존재하는 양면성을 지니기 때문이다.

② 국가배상 책임은 공무원의 손해배상 책임을 국가가 대신하여 부담하는 것일 뿐 원래는 공무원 개인의 책임이기 때문이다.

③ 국가배상 책임은 공무원의 권력 남용에 대한 국가의 책임으로, 공무원의 민사상 손해배상 책임과 별개로 존재하기 때문이다.

④ 국가배상 책임은 공무원 개인의 직무 집행 행위로 인해 발생한 것이므로 공무원 개인이 국가배상 책임의 일부를 부담해야 하기 때문이다.

⑤ 국가배상 책임은 공무원 개인의 책임이 아니라 국가의 자기 책임이지만 무사안일주의를 방지하기 위해 공무원에게도 책임을 물어야 하기 때문이다.

[26~30] 다음 글을 읽고 물음에 답하시오.

(가)
기암괴석이 겹쳐 산을 이루었는데
그 위에 **절**이 있어 물이 사방으로 둘렀네
탑 그림자 강에 거꾸러져 물결 아래 일렁이고
풍경 소리 달을 흔들며 구름 사이로 떨어진다
문 앞 나그네 배엔 큰 **파도**가 급한데
대 아래 **스님의 바둑**은 한낮에 한가롭다
한 번 **사신의 명** 받들고 왔다가 석별함에
시 한 수 남겨 두어 **다시 오르길 기약**하네

– 박인량, 「사송과사주구산사(使宋過泗州龜山寺)」–

(나)
어떤 지나는 손이 성산(星山)에 머물면서
서하당(棲霞堂) 식영정(息影亭) 주인(主人)아 내 말 듯소
인생(人生) 세간(世間)의 좋은 일 많건마는
엇디 혼 **강산(江山)**을 갈수록 낫게 여겨
적막(寂寞) 산중(山中)의 들고 아니 나시는고
송근(松根)을 다시 쓸고 죽상(竹床)의 자리 보아
져근덧 올라앉아 어떤가 다시 보니
천변(天邊)의 떳는 구름 서석(瑞石)을 집을 삼아
나는 듯 드는 양이 주인(主人)과 어떠한고
창계(滄溪) 흰 물결이 정자(亭子) 앞에 둘러시니
천손운금(天孫雲錦)을 뉘라셔 베어 내여
잇는 듯 펼치는 듯 헌스토 헌스할샤
ⓐ 산중(山中)에 책력(冊曆)* 없어 사시(四時)를 모르더니
눈 아래 헤친 경(景)이 철철이 절로 나니
듣거니 보거니 일마다 **선간(仙間)**이라
          (중략)
공산(空山)에 쌓인 잎을 삭풍(朔風)이 거둬 불어
떼구름 거느리고 눈 조차 몰아오니
천공(天公)이 호사로와 옥(玉)으로 꽃을 지어
만수천림(萬樹千林)을 꾸며곰 낼셰이고
앞 여울 가리 얼어 독목교(獨木橋) 빗겻는데
막대 멘 늙은 중이 어느 절로 간닷 말고
산옹(山翁)의 이 부귀(富貴)를 남에게 자랑 마오
경요굴(瓊瑤窟) 은세계(隱世界)를 찾을 이 이실셰라
ⓑ 산중(山中)에 벗이 없어 한기(漢紀)*를 쌓아 두고
만고(萬古) 인물(人物)을 거슬러 헤아리니
성현(聖賢)도 많거니와 호걸(豪傑)도 많고 많다
하늘 삼기실 제 곧 무심(無心)할까마는
어찌하여 시운(時運)이 일락배락* 하였는가
모를 일도 많거니와 애달픔도 그지없다
기산(箕山)의 늙은 고블 귀는 어찌 씻었던가*
박 소리 핑계하고* 조장*이 가장 높다
인심이 낯 같아서 볼수록 새롭거늘
세사(世事)는 구름이라 험하기도 험하구나
엊그제 빚은 술이 얼만큼 익었나니
잡거니 밀거니 실컷 기울이니

113

마음에 맺힌 시름 적게나 하리로다
거문고 줄을 얹어 풍입송(風入松)* 이었구나

　　　　　　 – 정철, 「성산별곡(星山別曲)」 –

*책력 : 일 년 동안의 월일, 절기 등을 날의 순서에 따라 적은 책.
*한기 : 중국의 역사책.
*일락배락 : 흥했다가 망했다가.
*기산의~씻었던가 : 기산에 숨어 살던 허유가 임금의 자리를 주겠다
는 요 임금의 말을 듣자, 이를 거절하고 귀를 씻었다는 고사.
*박 소리 핑계하고 : 표주박 하나도 귀찮다고 핑계하고.
*조장 : 기개 있는 품행.
*풍입송 : 악곡 이름.

(다)

　이 세상에 상(象)은 두 가지가 있으니, ㉠ 낮은 양(陽)이 다스리니 일이 있고, 밤은 음(陰)이 다스리니 꿈이 있다. 그러므로 운사(雲師)가 관직을 다스리고, 긴 버들로 꿈을 점쳤던 것은, 이 두 가지가 아울러 행해지고 서로를 필요로 하는 바였다.

　유문(孺文) **이동욱** 군은 이름난 진사로 벼슬이 시종(侍從)이다. 그의 선조들의 집과 묘가 소성(邵城)의 **소래산(蘇來山)** 아래 있다. 군(君)은 아침에는 일어나 관직의 사무에 이바지하고, 밤에는 늘 소래산에 대한 꿈을 꾸어, 집 이름을 '몽소(夢蘇)'라 짓고, 나에게 기(記)를 지어달라고 청했다.

　사람의 사유하는 감관(感官)이란 참으로 신묘하여, 형체에 막히게 되지 않는다. 생각은 떠올라 곧 소래산에 미치는데, 소래산은 군의 고조, 증조와 조부, 부친이 강신(降神)하고 그 혼이 묻혀있는 땅이어서, ㉡ 군의 사모함은 그칠 때가 없어, 자는 중에 나타나 꿈이 되는 것이다. 또 몸이 이미 관직에 매여서, 비록 휴가를 청한다 해도 얻기도 하고 못 얻기도 하며, 비록 말미를 준다 해도 시일(時日)을 허비하게 되니, ㉢ 꿈이 아니면 어찌 한 번 눈 깜짝할 사이에 뜻대로 해볼 수 있을까?

　아! ㉣ 가문에 복(福)과 화(禍)가 있으면 그 선조들이 꿈으로 많이 알려주니, 왕래하여 감통하는 이치를 여기에서 가히 징험해 볼 수 있는 것이다. 또한 **군이 서울에 있어 소래산 꿈을 꾸는 것**이니, 만일 소래에 있다면 응당 서울을 꿈꿀 것이다. 서울은 군이 나고 자란 곳이며, 군의 선대에 벼슬하고 노닐었던 곳인데, 하물며 임금께서 임하신 곳이 아닌가?

나는 호서(湖西)의 **미산(嵋山)** 백성이다. ㉤ 늙어서 서울에 몸 부치고 있으나, 매일 미산 꿈을 꾼다. 지금 그대의 헌에 기를 쓰면서, 근원 거슬러 올라가고 뿌리로 돌아감을 깨닫는 것은 바로 인간의 정리(情理)가 같기 때문이다.

　　　　　　 – 이용휴, 「몽소헌기(夢蘇軒記)」 –

26 (가), (나)에 대한 설명으로 적절하지 **않은** 것은? [3점]

① (가)는 공감각적 심상을 활용하여 대상의 이미지를 구체화하고 있다.

② (나)는 영탄적 어조를 활용하여 대상으로부터 받은 흥취를 강조하고 있다.

③ (가)는 (나)와 달리 자연물에 화자의 감정을 이입하여 애상감을 심화하고 있다.

④ (나)는 (가)와 달리 계절감을 드러내는 시어를 활용하여 시적 분위기를 형상화하고 있다.

⑤ (가)는 선경후정의 방식으로, (나)는 청자에게 말을 건네는 방식으로 시상을 전개하고 있다.

27 (가)와 (나)의 시구를 비교하여 이해한 내용으로 가장 적절한 것은? [3점]

① (가)의 '풍경 소리'와 (나)의 '풍입송'은 삶에 대한 자족감을 나타내는 소재이다.

② (가)의 '큰 파도'와 (나)의 '창계 흰 물결'은 심미적 완상의 대상이다.

③ (가)의 '스님의 바둑'과 (나)의 '엊그제 빚은 술'은 삶에 대한 성찰을 환기하는 소재이다.

④ (가)의 '사신의 명'과 (나)의 '산옹의 이 부귀'는 화자가 부정적으로 인식하는 대상이다.

⑤ (가)의 '시 한 수'와 (나)의 '거문고'는 내면적 감흥을 외부로 표출하는 수단이다.

28 ⓐ와 ⓑ에 대한 설명으로 가장 적절한 것은? [3점]

① ⓐ는 자연 속에서 느끼는 화자의 흥취를, ⓑ는 인간 세상과의 단절로 인한 화자의 고독감을 부각한다.

② ⓐ는 자연과 합일된 삶에 대한 화자의 지향을, ⓑ는 자연과 괴리된 삶에 대한 화자의 안타까움을 드러낸다.

③ ⓐ는 화자에게 무상감을 느끼게 하는 자연의 모습을, ⓑ는 화자가 벗어나고자 하는 인간 세상의 부정적 모습을 환기한다.

④ ⓐ는 화자가 자연의 순환적 질서를 수용하고 있음을, ⓑ는 화자가 산중에서의 시간을 심성 수양의 시간으로 인식하고 있음을 보여준다.

⑤ ⓐ는 산중이 인위적인 시간 질서에 구애받지 않는 곳임을, ⓑ는 산중에서도 인간 세상에 대한 화자의 관심이 여전히 남아 있음을 드러낸다.

29 〈보기〉의 '선생님'의 설명에 따라 (가)~(다)를 감상한 내용으로 적절하지 <u>않은</u> 것은? [4점]

― 〈보기〉 ―

선생님 : 문학에서의 공간은 단순히 물리적 영역으로 그 의미가 제한될 수 있지만, 공간에 어떤 태도나 가치관이 투사될 수도 있습니다. 이때 투사되는 가치관에 따라 공간들 간에 위계적 질서를 형성할 수 있습니다. 또한 가치관의 투사로 인해 공간이 가진 의미가 새롭게 파악되기도 합니다. (가)~(다)에 제시된 공간의 의미를 그 공간에 투사된 가치관을 중심으로 파악해 봅시다.

① (가)에서 '절'은 화자가 '다시 오르길 기약'한다는 점에서 단순한 물리적 공간을 넘어서는 의미가 부여된 곳이라 할 수 있겠군.

② (나)에서 '좋은 일' 많다고 말한다는 점에서 '인생 세간'은 '손'의 가치관이 투사된 공간이라 할 수 있겠군.

③ (나)에서 '강산'을 '선간'으로 표현했다는 점에서 강산이라는 공간을 단순한 자연이 아닌 이상적 공간으로 파악하고 있다고 볼 수 있겠군.

④ (다)에서 '군이 서울에 있어 소래산 꿈을 꾸는 것'이라 말한다는 점에서 '나'는 '소래산'을 '서울'보다 위계적 질서상 상위에 두고 있다고 볼 수 있겠군.

⑤ (다)에서 '소래산'은 효라는 유가적 이념에 기반한 의미가 환기되는 곳이라는 점에서 조상을 중시하는 '이동욱 군'의 가치관이 투사된 곳이라 할 수 있겠군.

30 〈보기〉를 바탕으로 (다)의 ㉠~㉢에 대해 이해한 내용으로 적절하지 <u>않은</u> 것은? [4점]

―〈보기〉―

「몽소헌기」는 몽소(夢蘇) 즉 '소래산을 꿈꾼다'는 뜻을 지닌 건축물에 담긴 의미를 서술하고 있는 작품으로, 꿈꾸는 대상으로서의 소래산만큼 중요하게 제시되는 것이 꿈꾸는 행위 자체이다. 글쓴이는 작품을 통해 현상 혹은 행위로서의 꿈의 의미, 바라는 바가 나타나는 꿈의 원리나 현실적 제약을 초월하는 수단이 되는 꿈의 효용, 그리고 대리 만족을 가능하게 하는 꿈의 작용을 서술함과 동시에 꿈이 주체나 대상과의 결합에 제한이 없다는 측면에서의 꿈의 보편적 성격을 기술하여 '몽소헌'이라는 건축물에 담긴 의미를 완성하고 있다.

① ㉠ : 낮의 일과 밤의 꿈에 대등한 가치를 부여함으로써 꿈의 의미를 드러내고 있다.

② ㉡ : 현실에서 그리움과 사모의 대상이 꿈으로 이어지는 꿈의 원리가 제시되고 있다.

③ ㉢ : 공간적 거리에 따른 현실적 제약을 넘어설 수 있게 하는 꿈의 효용이 제시되고 있다.

④ ㉣ : 현실에서 실현할 수 없는 바에 대한 대리 만족을 가능하게 하는 꿈의 작용을 구체화하고 있다.

⑤ ㉤ : 꿈이 '나', '미산'과도 결합할 수 있다는 것을 통해 주체나 대상에 제한이 없는 꿈의 보편적 성격이 제시되고 있다.

2027

사관학교

 10개년 국어

제1교시 국어영역(공통)

▶정답 및 해설 332p

[01~03] 다음은 강연의 일부이다. 물음에 답하시오.

여러분, 안녕하세요? '철학을 만나는 시간'을 맡고 있는 ○○○입니다. 지난 시간에는 고대 그리스의 대표적인 철학자인 플라톤과 아리스토텔레스를 만나 봤는데요, 오늘은 여러분에게는 다소 생소할 수 있는 고대 그리스의 철학자인 퓌론에 대해 소개하겠습니다.

퓌론에 대해 말씀 드리기에 앞서 다음 화면을 볼까요? (㉠ 화면 제시) 이 화면에 드레스 사진 보이시죠? 이 사진의 드레스가 파란색 바탕에 검은색 줄이 있는 것처럼 보이시는 분, 손 들어보시겠어요? 네, (같은 사진을 보여주며) 자, 그럼 이 드레스가 흰색 바탕에 금색 줄무늬 드레스로 보이시는 분도 계시죠? 손 들어보세요. (학생들을 바라보며) 그럼 이번에는 다른 화면을 볼까요? (㉡ 화면 제시) 노란색 조명으로 빛나는 방 안에 사과가 놓여 있는 것이 보이시죠? 이 사과의 색은 무슨 색일까요? (학생들을 바라보며) 대부분의 학생들이 빨갛다고 대답했네요. 방금 여러분이 보신 화면은 엘리아슨의 '한 가지 색의 방'이란 작품인데요, 엘리아슨은 방 전체에 노란색 조명만을 비추어 방 안에 있는 모든 사물이 노랗게 보이도록 했습니다. 그래서 방금 여러분이 보신 사과 역시 노란색으로 보여야 됩니다. 실제로 사진에 나타난 방과 사과는 노란색입니다. (㉢ 화면 제시) 확인해 볼까요? 방과 사과 모두 노란색 화소값이죠? (웃으며) 당황스러운 표정을 짓는 학생들이 많이 보이네요.

방금 여러분이 경험한 현상은 우리의 뇌가 처음 접하는 물체의 색상을 판단할 때 '기억색'과 '색 항상성'에 영향을 받기 때문입니다. 기억색은 하나의 드레스를 보고 색이 다르다고 인식하는 것을 말합니다. 이것은 자신의 경험을 토대로 물체의 색을

유추하기 때문입니다. 그리고 노란색 사과를 보고 빨갛다고 말씀하셨죠? 이것은 색 항상성 때문이었습니다. 색 항상성은 사물을 있는 그대로 보지 않고 자신이 생각했던 물체 본연의 색으로 사물을 인지하려는 경향 때문에 생기는 현상입니다.

이제 여러분이 왜 그렇게 대답을 했는지 아시겠지요? 그런데 우리가 보고 있는 것이 사물 본연의 실제 모습일까요? 우리의 뇌가 사물을 인지할 때 감각을 왜곡한다면 기억색이나 색 항상성과 같은 현상에 의해 사물의 참모습을 확인할 수 없게 됩니다. 오늘 소개할 철학자인 퓌론은 어떤 것이 사실인지 아닌지를 인간은 확실하게 알 수 없다고 주장했습니다. 또한 그는 이 세상에는 진리가 없다고 말했습니다. 그래서 존재하지 않는 진리를 찾으려고 하면, 인간은 고뇌를 느끼게 된다고 주장했습니다. 그래서 퓌론은 확실히 알 수 없는 것에 대해서는 판단을 중지할 것을 주장했습니다. 이것이 '판단 중지'입니다. 당시 그리스 말로는 이것을 '에포케'라고 했는데요, 이것은 긍정도 부정도 하지 않는 마음의 상태를 일컫는 말입니다. 퓌론은 진리를 얻으려고 할 때 고뇌가 생긴다고 보았고 이것에서 벗어나려면 판단 중지 즉, 에포케 상태가 되어야 한다고 생각했습니다. 그래야 마음의 흐트러짐이 없는 평화로운 상태, 즉 '아타락시아'에 이를 수 있다 본 것입니다.

이러한 퓌론의 생각은 진리를 찾는 것이 철학의 목적이라고 믿었던 당대의 철학자들에게는 굉장히 낯설었을 것입니다. 그런데 '우리는 아무 것도 모른다.'라고 말하며 기존의 당연한 것이라 믿었던 생각들도 끊임없이 의심하고 판단을 보류하라는 퓌론의 주장에 대해 한 번 더 생각해 봐야 합니다. 당대 철학자들에게 낯설었던 퓌론의 주장은 후대의 철학자들에게 큰 영향을 끼치게 됩니다. 퓌론의 생각을

간단하게 말씀드렸는데요, 다음 강의에서는 퓌론의 철학이 후대 철학자들에게 왜 큰 영향을 주었는지에 대해 말씀드리도록 하겠습니다.

01 위 강연자의 말하기 방식으로 가장 적절한 것은?

① 청중의 응답을 이끌어 내고 반응을 확인하여 청중과 상호 작용하고 있다.

② 지난 시간의 강연 내용과 관련된 동영상을 보여주며 강연을 시작하고 있다.

③ 대상의 개념을 친숙한 소재에 빗대어 표현함으로써 청중의 이해를 돕고 있다.

④ 강연의 처음과 끝에 진행 순서를 소개하며 청중이 강연 내용을 예측할 수 있도록 하고 있다.

⑤ 강연 중간 중간에 지난 시간에 강연한 내용을 상기시키며 강연의 중심 내용을 강조하고 있다.

02 강연자가 사용한 매체 자료의 활용에 대한 설명으로 가장 적절한 것은?

① ㉠ : '기억색'과 관련된 현상을 직접 체험할 수 있도록 두 드레스의 화면을 번갈아 보여 주었다.

② ㉠ : 사람마다 사물에 대한 색 인지가 다르다는 점을 설명하기 위해 시간에 따라 드레스 색이 달라지는 동영상 화면을 보여 주었다.

③ ㉡ : '색 항상성'과 관련된 현상은 누구나 경험할 수 있다는 점을 설명하기 위해 사과의 색깔이 다르게 보이는 두 화면을 비교하였다.

④ ㉡ : '기억색'과 '색 항상성'이 일어나는 원인이 다르다는 점을 설명하기 위해 빛이 비치는 각도에 따라 색이 달리 보이는 엘리아슨의 작품을 제시하였다.

⑤ ㉢ : 인간이 지각하는 물체의 색이 실제의 색과 다를 수 있다는 점을 보여 주기 위해 사과와 방의 색 정보가 표시된 화면을 보여 주었다.

03 다음은 학생들이 강연을 들으며 떠올린 생각이다. 강연 내용을 고려하여 학생들의 반응을 분석한 것으로 적절하지 <u>않은</u> 것은?

──〈보기〉──

학생 1 : 논리학에서 어떤 명제와 그것의 부정은 동시에 참이 될 수 없다는 '모순율'은 언제나 변함없는 진리라고 들었어. 그렇다면 이 세상에 진리는 존재하지 않는다고 생각했다는 퓌론의 주장은 잘못된 것이 아닐까?

학생 2 : 같은 길이의 선분인데도 비교하는 대상에 따라 그 길이가 다르게 보이는 이유가 궁금했었는데, 강연을 통해 궁금증을 해소할 수 있어 좋았어. 기억색이나 색 항상성처럼 뇌에 의한 감각의 왜곡에는 어떠한 것들이 있는지 더 찾아보아야겠어.

학생 3 : 아무 생각 없이 멍하니 앉아 있을 때 기분이 좋아진 적이 있었는데, 에포케를 통해 아타락시아를 느낀 것일까? 왜 이런 기분이 들었을까? 아타락시아에서 느끼는 마음의 상태에 대해 좀 더 알아봐야겠어.

① '학생 1'은 배경지식을 활용하여 강연 내용을 점검하고 있다.

② '학생 2'는 이전에 몰랐던 사실을 알게 된 것을 긍정적으로 생각하고 있다.

③ '학생 3'은 강연 내용과 관련된 자신의 과거 경험을 떠올리고 있다.

④ '학생 1'과 '학생 3'은 강연 내용의 정보량이 부족하다는 점을 부정적으로 생각하고 있다.

⑤ '학생 2'와 '학생 3'은 강연 내용과 관련된 추가 활동을 계획하고 있다.

[04~07] (가)는 '활동 1'을 위해 참관한 토론의 일부이고 (나)는 '활동 2'를 수행하기 위해 쓴 초고이다. 물음에 답하시오.

───────────────────────────

'시사적인 문제에 대한 비평 활동'

〔활동 1〕 시사적인 문제에 관한 모의 토론 참관하기
〔활동 2〕 모의 토론 참관 후 쟁점에 대한 자료를 추가 조사하여 자신만의 관점으로 비평문 쓰기

───────────────────────────

(가)

사회자 : 최근 반려동물을 양육하는 반려인에게 세금을 부과하는 반려동물 보유세 도입에 대한 논의가 활발하게 이루어지고 있습니다. 그래서 오늘은 '반려동물 보유세를 도입해야 한다.'라는 논제로 토론을 진행하려 합니다. 이 논제에 대해 찬성 측과 반대 측의 의견을 들어 보겠습니다. 먼저 찬성 측에서 입론해 주신 후 반대 측에서 반대 신문해 주십시오.

찬성 1 : 저희는 반려동물 보유세 도입에 찬성합니

다. 최근 반려동물 양육 가구가 증가하면서 의료비 지원, 동물 편의 시설 확충 등 사회적 요구가 늘고 있는데 반려동물의 복지 증진을 위한 비용은 반려인이 부담하는 것이 타당합니다. 다음으로 이 제도의 도입을 통해 유기되는 동물의 수를 줄일 수 있습니다. 반려동물 보유세를 부과하게 되면 반려동물을 충동적으로 사고 쉽게 버리는 일이 줄어들 것입니다. 끝으로 이 제도 도입을 통해 반려인과 비반려인의 사회적 갈등을 해소할 수 있는 여건을 조성할 수 있다고 생각합니다. 반려동물 보유세 도입으로 재원을 확보하면 반려동물로 인해 발생한 여러 가지 사회적 갈등을 해소할 수 있는 여건을 조성할 비용을 마련할 수 있습니다.

반대 2 : 반려동물 보유세를 도입하면 유기되는 동물의 수를 줄일 수 있다고 말씀하셨는데, 이미 반려동물 보유세를 부과하고 있는 □□국에서도 유기되는 동물이 한해 8만 마리에 이릅니다. 저는 반려동물 보유세 도입으로 유기되는 동물의 수를 감소시키는 효과가 있다는 찬성 측의 발언이 잘못됐다고 생각합니다. 어떻게 생각하십니까?

찬성 1 : 유기동물 수는 우리나라와 □□국이 비슷해 보이지만, □□국의 반려동물 전체 개체 수는 우리나라의 약 5배입니다. 또한 □□국의 유기동물 수에는 반려인들이 키울 수 없어 보호소에 맡기는 경우 등도 포함된 수치이기 때문에 실제 유기되는 동물의 비율은 훨씬 적습니다.

사회자 : 이번에는 반대 측에서 입론해 주신 후 찬성 측에서 반대 신문해 주십시오.

반대 1 : 저희는 반려동물 보유세 도입에 반대합니다. 반려인들은 이미 반려동물 양육에 따른 세금을 납부하고 있다고 생각합니다. 동물 병원 진료비나 반려 용품 구입비 등에 부가 가치세가 포함되어 있습니다. 반려동물과 관련하여 발생하는 사회적 비용은 현재 납

부하고 있는 세금으로 충당해야 합니다. 또한 경제적 취약 계층에서도 반려동물을 양육하는 경우가 많습니다. 이런 분들에게 반려동물 양육에 따른 세금을 새롭게 부과하면 양육을 포기할 수도 있어 유기되는 동물의 수가 오히려 늘어날 수 있습니다. 마지막으로 반려동물 보유세는 과세 대상을 정확하게 파악하기가 곤란하여 실효성을 거두기가 어렵습니다. 반려동물 보유세를 도입한다고 해도 모든 반려인들이 자발적으로 반려동물을 키운다고 신고하지는 않을 것입니다. 그렇게 되면 보유세를 내는 성실한 납세자와 그렇지 않은 사람 사이의 새로운 갈등이 발생할 것입니다. 따라서 반려동물 보유세 도입을 통해 사회적 갈등을 해소할 수 없다고 생각합니다.

찬성 2 : 저도 세금의 실효성을 거두기 위해서는 과세 대상을 정확히 파악해야 한다고 생각합니다. 그런데 우리나라에서는 이미 반려동물 등록제를 시행하고 있습니다. 이 제도를 통해 과세 대상을 파악할 수 있는데, 어떻게 생각하십니까?

반대 1 : 반려동물 등록제를 시행하는 것은 알고 있지만 실제 반려동물을 키우고 있다고 등록한 사람들은 매우 적습니다. 이런 상황에서 이 제도를 도입하면 반려동물을 등록하는 사람이 더 줄어들게 될 것입니다. 따라서 과세 대상을 파악하기는 더욱 어려워질 것입니다.

(나)

정부는 반려동물 보유세 도입 검토가 필요하다는 내용이 포함된 동물 복지 종합계획을 발표하였다. 최근 반려동물을 양육하는 가구가 늘어나면서 사회적 비용이 증가하고 있어 그 비용을 보유세를 통해 충당하겠다는 취지이다.

반려동물 보유세 도입은 필요하다. 반대 측에서는 반려인들이 이미 반려 용품 구입 시 부가가치세를 납부했으므로 이것으로 반려동물과 관련된 사회적 비용을 충당해야 한다고 주장하지만, 부가가치세는 보통세로 국가의 일반적 지출을 충당하기 위해 사용해야 하는 재원이다. 그러므로 반려동물과 반려인만을 위해 사용할 재원은 별도로 마련해야 한다. 이미 반려동물 보유세를 도입한 □□국은 유기동물의 발생 비율이 우리나라에 비해 낮다. 이 보유세로 마련한 재정을 동물 보호 시스템을 만드는 비용이나 반려동물로 인해 발생한 환경오염 처리 비용 등에 충당해 사회적으로 긍정적 효과를 거두고 있다.

하지만 제도를 성급하게 도입하면 부작용이 발생할 수 있으므로 도입 전에 신중한 검토가 필요하다. 우선 반려동물 보유세는 교통 시설의 확충을 위해 사용하는 교통·환경·에너지세와 마찬가지로 특정한 목적에만 사용하는 목적세로 운용되어야 한다. 반려동물 보유세는 반려인이 부담하는 것이기 때문에 반려인과 반려동물에게 실질적인 혜택이 돌아가도록 사용해야 하며 이를 위해 반려인들의 다양한 목소리를 듣고 이를 정책에 반영할 필요가 있다. 또한 과세액을 합리적으로 정해야 한다. 과세액이 너무 낮으면 찬성 측에서 주장하는 유기동물 감소 효과가 없을 것이고, 과세액이 너무 높으면 반대 측의 주장처럼 경제적으로 취약한 반려인들은 양육을 포기할 수 있어 유기동물이 늘어날 수 있다.

04 '활동 1'을 수행한 후 토론 내용을 정리한 것이다. 적절하지 <u>않은</u> 것은?

	찬성 측	반대 측
반려인에게 반려동물 보유세를 부과하는 것의 타당성	반려동물의 복지를 위해 쓰이는 비용은 반려인이 부담해야 한다.	부가가치세의 형태로 세금을 이미 납부하고 있으므로 또 다른 세금을 과세하는 것은 타당하지 않다. ……… ①
반려동물 보유세 도입으로 유기동물 감소 기대 효과	반려동물을 충동적으로 사고 쉽게 버리는 일이 줄어들 것이기 때문에 유기동물이 감소한다. ……… ②	반려동물 보유세의 부담 때문에 양육을 포기하는 경우가 발생하여 유기동물이 증가한다. ……… ③
반려동물 보유세 도입을 통한 사회적 갈등 해소 여부	반려동물 보유세를 통해 확보한 재원으로 사회적 갈등을 해소할 수 있는 여건을 조성할 수 있다. ……… ④	반려동물 보유세로 마련한 재원을 효과적으로 사용할 수 없기 때문에 사회적 갈등을 해소할 수 없다. ……… ⑤

05 (가)의 반대 신문과 답변에 대한 설명으로 가장 적절한 것은?

① '반대 2'는 상대측이 주장하는 내용이 새로운 문제를 발생시킬 수 있다는 점을 지적하고 있다.

② '찬성 1'은 상대측이 제시한 자료의 출처가 불분명함을 지적하며 자신의 주장이 타당함을 논증하고 있다.

③ '찬성 2'는 상대측의 근거 자료가 충분하지 못하다는 것을 지적하며 추가적인 자료를 요구하고 있다.

④ '반대 1'은 상대측이 제시한 내용으로 인해 발생할 수 있는 부정적 상황을 언급하며 주

장의 근거로 삼고 있다.

⑤ '반대 2'와 '찬성 2' 모두 상대방의 입장을 일부 인정하고 상대측의 진술 내용을 확인하는 질문을 하고 있다.

06 다음은 '활동 2'를 수행하기 위해서 구상한 글쓰기 계획이다. (나)에 반영되지 <u>않은</u> 것은?

① 정부 발표를 활용하여 반려동물 보유세 도입의 취지를 밝히며 글을 시작해야겠어.

② 반대 측의 주장에 대해 검토한 내용을 바탕으로 반려동물 보유세 도입에 대한 나의 관점을 명확하게 써야겠어.

③ □□국에서 반려동물 보유세로 인한 긍정적 효과가 있는지 추가로 조사하여 나의 견해를 뒷받침하는 사례로 제시해야겠어.

④ 교통·환경·에너지세를 사례로 들며 반려동물 보유세의 구체적인 사용처를 제시해야겠어.

⑤ 유기동물과 관련한 반대 측의 주장을 활용하여 신중한 검토 없이 제도를 도입할 경우 부작용이 발생할 수 있음을 밝혀야겠어.

07 〈보기〉는 (나)에 대해 상호 평가를 한 내용이다. 이를 바탕으로 (나)의 마지막에 새로운 문단을 추가하려고 한다. 가장 적절한 것은? [3점]

―〈보기〉―
마지막 문단에서는 반려동물 보유세 도입에 대한 입장과 기대 효과를 언급하고 정책의 취지를 살리기 위한 방안을 제안하며 마무리하는 것이 좋겠습니다.

① 반려동물 보유세를 도입하는 것은 아직 이르다. 물론 반려동물 보유세를 도입하면 반려동물로 인한 사회적 갈등을 해소할 여건을 조성할 수 있다. 하지만 부작용이 더 클 것이기 때문에 도입을 재고해야 한다.

② 반려동물 보유세는 반려동물과 반려인을 위해 사용하는 세금이다. 그렇기 때문에 그 취지를 잘 살리려면 반려인에게 세금을 부과하는 것이 타당하다. 하지만 부작용이 예상되기 때문에 과세 기준 마련을 위한 사회적 합의가 필요하다.

③ 반려동물 보유세는 반려인과 반려동물을 위해 필요하다. 보유세로 마련한 재원을 활용하면 반려동물을 위한 효과적인 동물 보호 시스템을 만들 수 있다. 따라서 반려동물과 반려인의 복지 증진을 위해 반려동물 보유세는 반드시 도입해야 한다.

④ 반려동물 보유세 도입이 필요하다. 확보된 재원으로 반려동물로 인해 발생한 문제를 해결하기 위한 사회적 비용을 충당하고 유기되는 동물의 수를 감소시키는 효과를 거둘 수 있다. 하지만 정책의 취지를 살리기 위해서 사회적 논의 과정과 과세액의 합리적 부과를 위한 기준이 마련되어야 한다.

⑤ 반려동물 보유세는 우리 사회에 반드시 필요한 제도이다. 하지만 보유세가 도입되면 경제적으로 어려운 반려인들이 곤란을 겪을 수 있다. 그러므로 이 정책의 취지를 살리기 위해서 반려동물을 양육하는 경제적 취약계층에 대한 배려와 합리적으로 반려동물 보유세를 운용하기 위한 논의가 필요하다.

[08~10] 다음 글을 읽고 물음에 답하시오.

[작문 상황]
○ 작문 과제 : 일상생활에서 겪고 있는 문제를 해결하기 위한 건의문 작성하기
○ 예상 독자 : ○○시청 정책 담당자

[학생 초고]
　안녕하세요? 저는 □□고등학교 학생 △△△입니다. 최근 전동 킥보드 등의 개인형 이동장치를 이용하여 등·하교 및 도심으로 출퇴근을 하는 시민이 늘어나고 있다는 것을 신문 기사에서 보았습니다. 저 역시 전동 킥보드를 종종 이용하고 있는데 아직은 이용상의 불편함이 있어 이렇게 건의문을 쓰게 되었습니다.

　먼저 이 이동장치를 이용하는 사람들은 대중교통으로 환승할 때 역까지 이동한 후 개인형 이동장치를 보관할 장소가 없어서 어려움을 겪고 있습니다. 그리고 이전 법규에서는 이 개인형 이동장치를 차도에서만 운행을 해야 해서 위험했습니다. ⓐ 그렇지만 시속 25㎞ 이하로 운행하도록 되어 있는 개인형 이동장치는 자전거보다 속도가 빨라 자전거 이용자나 보행자에게도 위협이 되고 있습니다. 그런데 법규의 개정으로 자전거 도로에서 주행할 수 있게 되어 전보다는 안전하게 운행할 수 있게 되었습니다.

　이 문제를 해결하기 위해서는 우선, 환승할 수 있는 역과 버스 정류장 주변 등에 개인형 이동장치를 보관할 수 있는 거치대의 마련이 필요하다고 생각합니다. ⓑ 그런데 개인형 이동장치를 들고 지하철이나 버스를 타지 않아도 되기 때문에 대중교통으로의 환승이 편리해져서 개인형 이동장치의 이용자들이 늘어날 것이라 생각합니다. 둘째, 개인형 이동장치와 자전거가 안전하게 운행될 수 있도록 자전거 도로의 정비와 확충이 필요하다고 생각합니다. 그렇게 되면 이 이동장치와 자전거 이용자 그리고 보행자가 모두 안전하게 이동할 수 있게 되어 안전사고를 예방할 수 있을 것입니다. ⓒ 자전거 도로는 자전거 이용 활성화를 위해서 만들어졌습니

다. 끝으로 개인형 이동장치도 공적으로 대여할 수 있도록 공적 대여 제도를 도입할 필요가 있다고 생각합니다. 그러면 이 개인형 이동장치가 비싸서 구입하지 못하는 사람들도 편리하게 이용할 수 있을 것입니다. 우리 시에서 이미 시행되고 있는 공적 자전거를 빌릴 때 운영되는 시스템을 활용한다면 새로운 시스템의 ⓓ 구상 없이도 바로 확대 시행할 수 있을 것입니다.

　제 건의가 받아들여진다면 우리 마을에서 도심으로 출·퇴근하는 주민들의 대중교통 이용이 늘어날 것입니다. 또한 개인형 이동장치 운행이 늘어나면 대중교통 이용이 활성화되어 교통 체증도 줄어들고, 배기가스로 인한 환경오염도 줄어들 것으로 ⓔ 기대되어집니다. 건의 내용을 끝까지 읽어 주셔서 감사합니다.

08 〈보기〉는 글을 쓰기 전에 떠올린 생각이다. 초고에 반영되지 <u>않은</u> 것만을 골라 묶은 것은?

─────〈보기〉─────

○ 개인형 이동장치의 개념을 정의하며 건의 대상을 명확히 해야겠어. ·················· ㉠

○ 개인의 경험을 제시하고 건의문을 쓰게 된 배경을 밝혀야겠어. ·················· ㉡

○ 이전 법규로 얻는 효과를 언급하며 건의 내용의 필요성을 제시해야겠어. ········· ㉢

○ 담화 표지를 사용하여 건의 내용을 명료하게 드러내야겠어. ·················· ㉣

○ 개인형 이동장치 사용의 확대로 얻을 수 있는 기대 효과를 거론하며 글을 마무리해야겠어. ·················· ㉤

① ㉠, ㉡　　　　② ㉠, ㉢

③ ㉡, ㉢　　　　④ ㉢, ㉣

⑤ ㉣, ㉤

09 〈자료〉를 활용하여 '학생의 초고'를 보완하려 한다. 〈자료〉의 활용 방안으로 적절하지 <u>않은</u> 것은? [3점]

─────〈자료〉─────

(가) 〈통계 자료〉

1. 개인형 이동장치 판매량 증가 현황

대 200000
150000
100000
50000
0
A B　A B　A B
2017년　2018년　2019년

A : 전국 판매량
B : 우리 ○○시 판매량

2. 개인형 이동장치 구입을 망설이는 이유에 대한 우리 ○○시민 대상 설문 조사 결과

(단위 : %)

기타 9%
전용 거치대 미비
40%
충전소 미설치 23%
지나치게 비싼 가격
28%

(나) 〈신문 기사〉

　지난 3년 간 ○○시의 자전거 도로에서 발생한 교통사고가 크게 증가한 것으로 나타났다. 이는 늘어나는 자전거 통행량에 비해 자전거 도로가 협소하고 정비가 제대로 되지 않았기 때문이다. 더욱이 지난 6월 개정된 도로교통법에 따라 오는 12월부터는 개인형 이동장치도 자전거 도로에서 이용할 수 있게 되어 자전거 도로에서 사고가 더욱 늘어날 것으로 우려된다. 이에 ○○시 교통 관련 정책 담당자는 연내에 자전거 도로 증설을 위한 계획을 수립·추진할 것이라고 말했다.

－ 우리 ○○시 지역 신문 －

(다) 〈인터뷰〉

　◇◇시는 2017년부터 자전거 공적 대여 서비스 제도와 개인형 이동장치 공적 대여 서비스를

운영하고 있습니다. 개인형 이동장치와 관련된 제반 시설을 갖추어 시행한 결과 개인형 이동장치를 이용하는 시민의 수가 크게 증가하였습니다. 교통 혼잡으로 발생하는 대기오염 물질인 일산화탄소는 전년의 0.6ppm에서 0.325ppm으로, 이산화질소는 0.013ppm에서 0.008ppm으로 줄어드는 효과가 있었습니다. 개인형 이동장치 공적 대여 서비스를 운영하여 ◇◇시는 으뜸 친환경 도시로 자리 잡게 되었습니다.

－ ◇◇시청 관계자 －

① (가)-2를 활용하여 우리 시에서 개인형 이동장치를 활성화하기 위해서는 개인형 이동장치 전용 거치대, 충전소 등의 제반 시설을 갖출 필요가 있다는 점을 구체적으로 제시해야겠어.

② (나)를 활용하여 개인형 이동장치를 이용하면서 발생할 수 있는 안전사고를 예방하기 위해 자전거 도로의 확충이 필요하다는 점을 강조해야겠어.

③ (다)를 활용하여 우리 시도 개인형 이동장치 공적 대여 서비스 제도가 시행되면 개인형 이동장치의 증가로 환경에 긍정적인 효과를 얻을 수 있음을 들어 건의 내용의 근거로 삼아야겠어.

④ (가)-1과 (나)를 활용하여 우리 시의 지난 3년 간 교통사고의 증가가 우리 시 개인형 이동장치 판매량과 관련이 있음을 제시하며 이를 해결하기 위해 자전거 도로의 정비와 확충이 필요함을 제시해야겠어.

⑤ (가)-2와 (다)를 활용하여 경제적인 이유로 개인형 이동장치를 구매하지 못하는 사람들도 이 장치를 이용할 수 있게 된다는 점을 들어 공적 대여 서비스 제도 도입의 필요성을 강조해야겠어.

10 ⓐ~ⓔ를 고쳐 쓰기 위한 방안으로 적절하지 않은 것은?

① ⓐ : 문장 간 연결을 긴밀하게 하기 위해 바로 뒷 문장과 위치를 바꾼다.

② ⓑ : 접속어의 사용이 부적절하므로 '하지만'으로 고친다.

③ ⓒ : 건의의 내용과 관련이 없으므로 삭제한다.

④ ⓓ : 어휘의 사용이 적절하지 않으므로 '구축'으로 대체한다.

⑤ ⓔ : 불필요한 이중피동을 사용했으므로 '기대됩니다'로 수정한다.

11 〈보기〉는 〈자료〉를 탐구하기 위해 찾은 표준 발음법 규정의 일부이다. 〈보기〉를 활용하여 ㉠~㉤을 탐구한 것으로 적절한 것은?

〈보기〉

[표준 발음법]

제9항 받침 'ㄲ, ㅋ', 'ㅅ, ㅆ, ㅈ, ㅊ, ㅌ', 'ㅍ'은 어말 또는 자음 앞에서 각각 대표음 [ㄱ, ㄷ, ㅂ]으로 발음한다. ·················· ⓐ

제10항 겹받침 'ㄳ', 'ㄵ', 'ㄼ, ㄽ, ㄾ', 'ㅄ'은 어말 또는 자음 앞에서 각각 [ㄱ, ㄴ, ㄹ, ㅂ]으로 발음한다. ·················· ⓑ

다만, '밟-'은 자음 앞에서 [밥]으로 발음한다. ·················· ⓒ

제18항 받침 'ㄱ(ㄲ, ㅋ, ㄳ, ㄺ), ㄷ(ㅅ, ㅆ, ㅈ, ㅊ, ㅌ, ㅎ), ㅂ(ㅍ, ㄼ, ㄿ, ㅄ)'은 'ㄴ, ㅁ' 앞에서 [ㅇ, ㄴ, ㅁ]으로 발음한다. ·········· ⓓ

제29항 합성어 및 파생어에서, 앞 단어나 접두사의 끝이 자음이고 뒤 단어나 접미사의 첫 음절이 '이, 야, 여, 요, 유'인 경우에는, 'ㄴ'소리를 첨가하여 [니, 냐, 녀, 뇨, 뉴]로 발음한다. ·················· ⓔ

〈보기〉

○ 그는 네 사람 ㉠ 앞앞이[아바피] 놓인 찻잔에 고루 뜨거운 차를 따른다.
○ 다른 자음들과는 달리 ㉡ 티읕만[티은만] 발음하기가 어려워요.
○ 자전거 브레이크를 갑자기 ㉢ 밟는[밤는] 바람에 넘어질 뻔했다.
○ 그녀는 남의 ㉣ 삯일[상닐]을 해야 할 만큼 고생이 심했다.
○ 연분홍 ㉤ 꽃잎[꼰닙]이 봄바람에 흩날리더라.

① ㉠의 '앞앞이'는 ⓐ가 적용되어 교체가 두 번 일어난 결과 [아바피]로 발음한다.

② ㉡의 '티읕만'은 ⓐ, ⓓ가 적용되어 교체가 두 번 일어난 결과 [티은만]으로 발음한다.

③ ㉢의 '밟는'은 ⓐ, ⓒ가 적용되어 탈락과 교체가 일어난 결과 [밤는]으로 발음한다.

④ ㉣의 '삯일'은 ⓑ, ⓓ, ⓔ가 적용되어 탈락과 첨가가 일어난 결과 [상닐]로 발음한다.

⑤ ㉤의 '꽃잎'은 ⓐ, ⓔ가 적용되어 교체 두 번과 첨가 한 번이 일어난 결과 [꼰닙]으로 발음한다.

12 〈보기〉의 밑줄 친 부분에 해당하는 예로 적절하지 <u>않은</u> 것은?

〈보기〉

우리말에서 하나의 단어는 일반적으로 하나의 품사에 속하게 되는데 하나의 단어가 두 가지 이상의 품사에 속하는 경우가 있다. 예를 들어 '그녀는 전에 어디서 본 적이 있는 듯하다.'에서 '전'은 명사로 쓰였는데, '전 학기보다 이번 학기가 성적이 좋다.'에서 '전'은 관형사로 사용되었다.

① ┌ 오늘 해야 할 일을 다음 날로 미루어서는 안 됩니다.
   └ 저에게 오늘이 있기까지는 여러 사람의 도움이 있었습니다.

② ┌ 명동의 밤거리는 대낮처럼 밝았다.
   └ 칠흑 같던 어둠이 걷히고 서서히 날이 밝았다.

③ ┌ 나는 하나도 아쉬울 것이 없다.
   └ 우리 모두 하나가 되어 이 나라를 지킵시다.

④ ┌ 그녀는 아무 말도 않고 회의장 밖으로 나가버렸다.
   └ 일이 생각만큼 쉽지 않고 처리 과정도 매우 복잡했다.

⑤ ┌ 독서는 세상 그 무엇보다 값진 것이다.
   └ 여러분, 보다 나은 삶을 위해 함께 노력합시다.

13 〈보기〉는 '되다'의 의미를 이해하기 위해 사전을 찾아 정리한 것이다. 이에 대한 이해로 적절하지 <u>않은</u> 것은?

〈보기〉

되다⁰¹

Ⅰ【…이】
「1」 새로운 신분이나 지위를 가지다.
¶ 커서 의사가 되고 싶다.
「2」【…으로】 다른 것으로 바뀌거나 변하다.
¶ 얼음이 물이 되다. / 저 사람은 전혀 다른 사람이 됐다. / 물이 얼음으로 되다.

Ⅱ [   ]
「1」 (주로 피동의 뜻을 갖는 명사와 함께 쓰여) 누구에게 어떤 일을 당하다.
¶ 저 아이는 그 사람에게 양육이 되었다. /

멧돼지가 사냥꾼한테 포획이 되었다.

「2」 어떤 특별한 뜻을 가지는 상태에 놓이다.

¶ 친구의 충고가 너에게 약이 될 것이다.

되다[02]

「1」 반죽이나 밥 따위가 물기가 적어 빡빡하다.

¶ 밥이 너무 되다. / 풀을 되게 쑤었다. / 반죽이 돼서 물을 더 넣었다.

「2」 일이 힘에 벅차다.

¶ 하루 종일 된 일을 하고 번 게 겨우 이것뿐인가?

-되다[03]

「1」 (일부 명사 뒤에 붙어) '피동'의 뜻을 더하고 동사를 만드는 접미사.

¶ 가결되다. / 사용되다. / 형성되다.

「2」 (몇몇 명사, 어근, 부사 뒤에 붙어) 형용사를 만드는 접미사.

¶ 참되다. / 어중되다. / 숫되다. / 막되다. / 못되다. / 안되다.

① '되다[01]'과 '되다[02]'는 각각 두 가지 이상의 뜻을 가지고 있으므로 다의어에 해당하겠군.

② '되다[01][Ⅰ]'의 「1」과 「2」는 문장에서 꼭 필요로 하는 성분의 개수가 다르겠군.

③ '되다[01][2]'의 ⬚ 에는 '【…에게 …이】'가 들어갈 수 있겠군.

④ '되다[02] 「1」'의 반의어로는 '밥이나 반죽 따위가 되지 아니하고 물기가 많다.'는 의미의 '질다'가 가능하겠군.

⑤ '-되다[03]'의 「2」에는 그 용례로 명사와 결합한 '거짓되다'를 추가할 수 있겠군.

[14~15] 다음 글을 읽고 물음에 답하시오.

인용절은 남의 말이나 글에서 직접 또는 간접으로 따온 절을 말한다. 인용절은 직접 인용절과 간접 인용절로 나뉜다. 직접 인용절에서는 (가)의 (1)에서와 같이 조사 '라고'를, 간접 인용절에서는 (가)의 (2)에서와 같이 조사 '고'를 사용한다. 이때 조사 '라고'와 '고'는 인용절을 나타내는 표지이다. 직접 인용절을 간접 인용절로 바꿀 때 인용절 속의 대명사, 어미, 인용 조사, 시간 표현은 달라질 수 있다.

(가)

(1) 그녀는 "나는 지민이를 좋아한다."라고 말했다.

(2) 그녀는 자기가 지민이를 좋아한다고 말했다.

한편 현대 국어에서 인용절은 안긴문장의 형태로 나타난다. 이러한 형태는 중세 국어에서도 확인할 수 있다. 중세 국어에서 인용절을 안은문장의 형태는 현대 국어와 다른 모습을 보이고 있다. (나)의 (1)에서 인용절 앞에 오는 '닐오ᄃᆡ'는 전체 문장의 서술어이고, 문장의 끝에 오는 'ᄒᆞ니라'는 인용동사라고 하는데, 중세 국어는 대부분 인용절이 이러한 형태로 나타난다. (나)의 (2)처럼 문장의 끝에 인용동사가 나타나지 않거나, (나)의 (3)처럼 전체 문장의 서술어인 '니ᄅᆞ시니이다'가 문장의 끝에 나타나는 경우도 있다. 중세 국어에는 현대 국어와 달리 인용절을 구분하는 표지가 나타나지 않는다.

(나)

(1) 제 **닐오ᄃᆡ** 臣(신)은 이 酒中(주중)엣 仙人(선인)이로라 **ᄒᆞ니라**

[제 이르되, 신은 이 주중의 선인이라고 하였다.]

「두시언해」

(2) 善宿(선숙)ㅣ **ᄯᅩ 무로ᄃᆡ** 네 어느 고대 난다

[선숙이 또 묻되 "네 어느 곳에서 낳았느냐"]

「월인석보」

(3) 如來(여래)* 샹녜 우리를 아ᄃᆞ리라 **니ᄅᆞ시니이다**

[여래 항상 우리를 아들이라고 이르셨습니다.]

「월인석보」

* 如來(여래) : '석가모니여래'의 준말. 부처의 존칭.

※ (나) – (1)~(3)의 [　] 안에 있는 현대어 풀이는 중세 국어의 문장 구조를 따른 것임.

14 윗글을 바탕으로 〈보기〉의 밑줄 친 직접 인용절을 간접 인용절로 바꾸려고 할 때, [㉮]에 들어갈 내용으로 적절한 것은?

─〈보기〉─

[어제 민수가 '나'에게 한 말을 다른 사람에게 전하는 직접 인용문]

어제 민수는 나에게 "내일 나에게 올 수 있니?"라고 물었다.

↓

[현재 '나'가 어제 민수가 한 말을 다른 사람에게 전하는 간접 인용문]

어제 민수는 나에게 [　㉮　] 물었다.

① 내일 나에게 갈 수 있냐고
② 오늘 나에게 갈 수 있냐고
③ 오늘 자기에게 올 수 있냐고
④ 내일 자기에게 올 수 있냐고
⑤ 내일 자기에게 갈 수 있냐고

15 윗글을 바탕으로 〈보기 1〉을 탐구한 내용 중, 옳은 것만을 〈보기 2〉에서 골라 묶은 것은? [3점]

─〈보기 1〉─

[A] 이 比丘(비구)ㅣ … **닐오디** 내 … 너희들 홀 업시우디 아니ᄒ노니 너희들히 당다이 부톄 **ᄃ외리라 ᄒ더니**

[이 비구가 … 이르되 "내 너희들을 업신여기지 않으니, 너희들이 마땅히 부처가 될 것이다." 하더니]

「석보상절」

※ [　] 안에 있는 현대어 풀이는 중세 국어의 문장 구조를 따른 것임.

─〈보기 2〉─

ㄱ. [A]의 'ᄃ외리라'는 (가)–(1)의 '라고'와 같이, 인용절을 나타내는 표지라고 볼 수 있겠군.
ㄴ. [A]의 'ᄒ더니'와 (나)–(1)의 'ᄒ니라'는 인용동사라고 볼 수 있겠군.
ㄷ. [A]의 '닐오디'는 (나)–(1)의 '닐오디'와 같이, 인용절의 앞에 위치하는 전체 문장의 서술어라고 볼 수 있겠군.
ㄹ. [A]의 '닐오디'와 'ᄒ더니'의 위치로 보아, [A]는 (나)–(2)와 같이 중세 국어에 주로 나타나는 인용절의 일반적인 형태라고 할 수 있겠군.

① ㄱ, ㄴ　　② ㄱ, ㄷ
③ ㄴ, ㄷ　　④ ㄴ, ㄹ
⑤ ㄷ, ㄹ

[16~20] 다음 글을 읽고 물음에 답하시오.

고대 동양인들은 구름이나 아지랑이가 피어오르는 것을 보고 대자연이 숨을 쉰다고 생각했다. 이들은 자연과 인간 모두가 '기(氣)'로 이루어져 있으며, 빈 것처럼 보이는 공간도 실은 기로 가득 차 있다고 생각하여 빈 공간을 채우고 있는 것을 공기(空氣)라고 ㉠ 불렀다. 또한 기의 모임과 흩어짐에 따라 만물도 나타나고 사라지는 것으로 보인다고 생각했다. 즉 흩어진 기는 사라지는 것이 아니라 우주 자연의 원상태로 돌아간다는 것이다. 이렇게 기가 끊임없이 움직이고, 이 세상에 존재하는 만물이 기로 이루어져 있다는 동양적 사고의 근원은 어디에서 비롯된 것일까?

주로 유목 생활이 발달한 서양에서는, 한군데에 정착하기보다는 필요한 자원이 부족해지면 언제든 떠나야 했다. 이들에게 있어서 자연은 개척하고 적응해야 할 대상이었다. 현재의 '이 공간'에서의 삶이 언제든 다음의 '저 공간'의 삶으로 바뀔 수 있다는 생각이 있었고, 지금 '여기'보다는 더 살기 좋은 '저기'도 있을 것이라고 생각했다. 이로 인해 이상향을 지향하는 인식이 자리 잡게 되었다. 이와 달리 일찍부터 농경이 자리 잡은 동양에서는, 한 지역에 정착하여 대대로 농사를 지으며 살아갔고, 이 때문에 지금 살고 있는 '여기'가 가장 이상적인 곳이며 다른 곳인 '저기'로의 이동은 곧 죽음을 의미한다고 생각하였다. 이로 인해 농경의 터전인 '여기' 즉, 자연에서의 현실적 삶을 중시하는 사고방식이 나타났다. 때문에 동양에서는 삶의 터전인 자연을 합일의 대상이자 가장 닮고 싶은 이상적인 존재로 생각한다. 자연은 스스로 생성을 거듭하는 하나의 생명체이며, 이때 그 원리를 주관하는 존재를 천(天)이라 하였다.

[A] 하늘[天]과 인간 세계의 관계는 한나라 동중서(董仲舒)에 의해 체계적으로 정리되었다. 동중서는 하늘은 스스로 움직이고 만물을 주관하는 존재이며, 사람은 하늘에 근본을 두고 만들어졌다고 생각했다. 또한 하늘은 선(善)의 의지로 인간을 이롭게 하는 존재로 보았다. 천

인감응설(天人感應說)은 이러한 생각을 바탕으로 한다. 즉, 하늘을 닮은 인간이 기를 매개로 하늘과 서로 호응한다는 것이다. 사고를 주관하는 인간의 머리가 둥근 것은 하늘을 닮은 것이고, 지상에서 인간의 행위를 이끄는 발이 평평한 것도 땅을 닮았다 하며 인간을 하늘의 축소판이라고 보았다. 때로는 땅에서의 인간의 삶은 하늘의 뜻을 거스르기도 한다. 그러면 하늘은 자연의 운행을 어긋나게 하여, 땅에서의 어긋난 인간의 삶을 경계하고 하늘의 뜻을 돌아보게 하여 바로잡으려 한다.

그는 우주 만물이 모두 기로 이루어져 있으며, 그 구체적인 모습은 음양(陰陽)과 오행(五行)으로 나타난다고 보았다. 이때 인간과 자연은 기를 매개로 서로 감응한다. 인간은 숨을 들여 마시고 내쉬는 행위를 계속해서 반복한다. 들여 마시는 것과 내쉬는 것은 상대적 행위이다. 하지만 들여 마시는 것은 내쉬기 위한 과정이고 내쉬는 것은 들여 마시기 위한 과정이므로 상보적(相補的)이다. 음양 역시 대립하지만 상보적이다. 이는 이 세상의 만물이 서로 영향을 주고받는 존재라는 것을 보여 준다. 이런 음양의 이치는 우주 만물의 변화 양상을 목(木), 화(火), 토(土), 금(金), 수(水)의 오행으로 설명한다. 오행의 이치는 세상 만물이 홀로 존재하는 것이 아니라, 서로 관련을 맺으며 존재함을 보여준다. 오행은 서로 꼬리에 꼬리를 무는 ㉮ 상생(相生)과 상극(相克)의 관계이다. 상생은 기운을 채워주어 북돋워 주는 관계이며, 상극은 대립하며 기운을 약화시키는 관계이다.

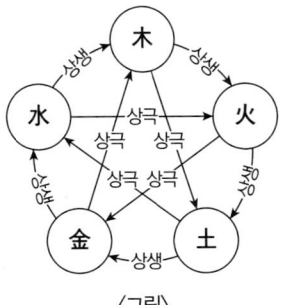

〈그림〉

〈그림〉에서와 같이 오행 중 하나인 나무[木]는 물[水]에서 나와 생성(生成)하므로, 나무는 물과 상생

2021 기출문제

의 관계이다. 반면 나무[木]는 쇠[金]를 만나면 사멸(死滅)하므로, 나무는 쇠와 상극의 관계이다. 이처럼 오행은 상생의 기운으로 보완하기도 하고 상극의 기운으로 약화되기도 한다. 음양과 오행은 만물의 존재 그 자체보다는 서로 관계를 맺음을 중요하게 여기는 사고가 반영되어 있다.

이처럼 인간이 자연과 하나로 연결되어 있다는 인식이나, 자연을 이용의 대상으로 본 인식이나 모두 인간이 자신을 둘러싼 세계에서 잘 살아가기 위한 생각에서 비롯된 것이다. 동양인이든 서양인이든 인간과 세계를 바라보며 삶의 방향을 모색해왔다는 것은 중요하다. 특히, 인간을 둘러싼 삶의 터전인 자연환경이 파괴되어 인간의 삶이 위협받게 된 현대사회에서 우주 만물이 상보적 관계 속에서 유기적으로 순환한다는 동양적 사고는 매우 가치가 있다.

16 윗글의 설명으로 가장 적절한 것은?

① 동양과 서양의 사유 방식의 차이에 대해 의문을 제기하며 관심을 유발하고 있다.

② 동양적 사유의 변화 양상을 통시적 관점에서 설명하고 있다.

③ 동중서와 후대 사상가들을 비교하여 천인감응설의 원리를 밝히고 있다.

④ 천 사상과 관련된 오행의 원리를 예를 들어 설명하고 있다.

⑤ 동서양의 철학적 사유를 절충하여 현대 사회 위기의 극복 방안을 제시하고 있다.

17 윗글을 통해 알 수 있는 내용으로 적절하지 않은 것은?

① 만물의 생성과 소멸은 상보적 관계로 발전하기 위해 순환한다.

② 동양에서 만물을 이루는 기는 형태는 달라지나 사라지지 않는다.

③ 음과 양의 상보적 관계도 만물은 하나로 연결되어 있다는 인식에서 비롯되었다.

④ 동양과 달리 서양에서의 '여기'는 현실적 삶의 공간이자 떠날 수 있는 공간이다.

⑤ 동양에서는 서로 다른 생명체나 사물도 기를 매개로 소통할 수 있다고 생각했다.

18 〈보기〉는 윗글을 심화 학습하며 정리한 내용이다. [A]를 바탕으로 〈보기〉를 이해한 내용으로 적절하지 않은 것은?

─〈보기〉─

○ 하늘에는 기쁨과 성냄, 슬픔과 즐거움의 기(氣)가 있다. 봄에는 하늘의 기쁨의 기로, 가을에는 성냄의 기로 만물이 태어나고 시들며, 여름에는 하늘의 즐거움의 기로, 겨울에는 슬픔의 기로 만물이 자라나고 숨게 된다. 인간의 희로애락(喜怒哀樂) 역시 이러한 하늘을 닮은 것이다.

○ 위정자의 실책으로 인간의 삶이 혼란스러워지면 하늘이 재이(災異)를 일으켜 사람들을 놀라게 하고 두렵게 만들어 경고한다. 그럼에도 불구하고 여전히 두려워할 줄 모르면 재앙(災殃)을 일으킨다.

① 인간에게 희로애락이 있다는 것은 하늘의 기와 인간의 기가 서로 호응한다는 것을 보여주는군.

② 생성과 소멸의 순행으로 계절의 기운이 달라지는 것은 하늘을 닮으려는 인간의 의지에 의한 것이군.

③ 하늘이 '재이'를 일으키는 것은 땅에서의 인간의 어긋난 도덕성을 바로잡아 인간을 이롭게 하려는 것이군.

④ 하늘이 인간을 두렵게 하는 것은 인간이 스스로 자신의 삶을 성찰하여 하늘의 뜻에 따르도록 하기 위함이군.

⑤ '재앙' 이전에 '재이'를 일으키는 것은 인간이 하늘의 뜻을 돌이켜 보게 하여 하늘을 닮은 인간의 근본을 다시 찾도록 하려는 것이군.

① 상생 관계에 있는 폐의 기운을 올려 주어 부족한 신장의 기운을 채워 주었겠군.

② 상생 관계에 있는 간의 기운을 올려 주어 부족한 신장의 기운을 채워 주었겠군.

③ 상생 관계에 있는 심장의 기운을 올려 주어 부족한 비장의 기운을 채워 주었겠군.

④ 상생 관계에 있는 간의 기운을 내려 주어 부족한 비장의 기운을 채워 주었겠군.

⑤ 상극 관계에 있는 비장의 기운을 올려 주어 부족한 신장의 기운을 채워 주었겠군.

19 ㉮와 관련하여 〈보기〉의 두 번째 처방에 대해 추리한 내용으로 가장 적절한 것은? [3점]

〈보기〉

['○○의학서'의 처방 사례]

　한 아이가 구토하며 설사를 하자, 여러 의원들이 독기를 빼내기 위해 약을 처방하였으나 회복되지 않았다. 그런데 의원 갑이 처방하자 구토와 설사가 멈추어 증상은 완화됐으나, 여전히 기력을 회복하지 못했다. 이에 두 번째 처방을 내리자 아이는 회복했다. 사람들이 그 비결을 묻자 의원 갑은 이렇게 말했다.

　"우리 몸의 장기인 간, 심장, 비장, 폐, 신장은 각각 목(木), 화(火), 토(土), 금(金), 수(水)에 대응됩니다. 장기의 병은 그 장기의 기(氣)가 부족하거나 과할 때 생기니, 상생 및 상극의 관계에 있는 장기의 기운을 조절하면 병을 치료할 수 있습니다. 아이가 아픈 것은 비장과 신장이 모두 허약해서 그러한 것인데, 저의 첫 번째 처방으로 비장의 기는 채워졌지만 신장의 기는 여전히 부족한 상태였습니다. 그리하여 두 번째 처방을 내리자 병세가 회복된 것입니다."

20 ㉠과 문맥적 의미가 가장 가까운 것은?

① 화는 또 다른 화를 불렀다.

② 그는 속으로 쾌재를 불렀다.

③ 사람들은 그를 천재라고 불렀다.

④ 친구는 반가운 목소리로 나를 불렀다.

⑤ 그 가게는 옆 가게보다 값을 더 비싸게 불렀다.

[21~25] 다음 글을 읽고 물음에 답하시오.

법학적으로 해석은 법관이 법률의 내용을 구체적이고 명확하게 확정하는 것을 말한다. 법률은 해석을 거친 다음 개별 사안에 적용된다. 법조문의 의미로만 한정하여 법률을 적용하는 것을 '법발견', 법조문이 의미할 수 있는 가능한 범위까지 법률을 적용하는 것을 '법형성'이라 한다.

법발견은 법관이 적합한 법률 조문을 찾아서 개별 사안에 적용하는 것으로 법적삼단논법으로 설명할 수 있다. 법적삼단논법은 '대전제 → 소전제 → 결론'으로 구성되는 연역적 추론 과정을 법률 적용에 응용하는 것이다. 즉 대전제인 법률의 내용에 소전제인 법적사태가 해당되는가의 여부에 따라 결론을 내린다.

법적사태는 법적 판단이 필요한 구체적인 사건을 가리키며, 이 사태에 적용할 수 있는 법률이 무엇인지 탐색하고 해석하여 적용하는 것을 포섭이라고 한다. 이때 ㉠ 법발견의 관점에서 법률을 해석하여 적용하는 법관은 법률의 부족함이나 오류가 없다고 가정한다. 그렇지 않으면 포섭을 통해 결론에 이르는 논증 과정이 성립할 수 없기 때문이다. 이 관점에서의 법관의 역할은 법률의 완전성을 신뢰하고 법적 분쟁을 법적삼단논법에 따라 처리하는 것이다.

그런데 현실적으로 우리 사회에서 일어나는 현상은 다양하고 복잡하기 때문에 법률 조문이 이러한 인간행위들을 완벽하게 포괄할 수는 없다. 그래서 법률 조문은 일반적으로 추상적인 의미를 갖는 명제의 형태로 기술된다. 또한 법을 제정하는 시점에서 이후에 발생할 수 있는 모든 경우들을 예측하여 규정할 수 없기 때문에, 사회·문화적 변화에 따라 입법 당시에는 없었던 것이 법적 분쟁의 대상이 될 수도 있다. 이러한 법률의 불완전성을 '법률의 흠결'이라고 한다.

법률의 흠결은 크게 명시적 흠결과 은폐된 흠결로 나눌 수 있다. 명시적 흠결은 적용할 법률 조문이 다양한 법적사태들을 충분하게 포섭할 정도로 내용을 갖추지 못하여 공백이 드러나는 경우를 말

한다. 한편 은폐된 흠결은 법률 조문들이 지나치게 추상적으로 기재되어 있고, 법률을 세부적으로 한정해야 하는 예외조항이나 단서조항 등이 없기 때문에 법률이 과잉 적용되는 경우를 말한다. 그러나 이런 경우에도 법률의 흠결 때문에 법관이 법적 판단을 미루거나 거부할 수는 없다. 이때 법관은 법형성을 통해 그 흠결을 보충할 수 있다. 일반적으로 명시적 흠결은 법률의 유추 적용을 통해 논리적으로 보충된다. 즉, 법률 조문의 공백으로 인해 포섭할 수 없는 사안이 있을 때에는 유사한 다른 사안을 규율하는 법률을 찾아 이를 해당 사안에 적용하는 것이다. 예를 들어 법률 조문에 이자를 지급하라는 규정은 있으나 입법 과정에서 실수로 이자율을 명시하지 않았다면, 이자율을 규정하고 있는 다른 법률의 조항을 참조해 적정한 이자를 지급하라고 판단을 내릴 수 있다. 한편 은폐된 흠결은 목적론적 축소 적용이라는 방법으로 보충될 수 있다. 이는 법률 조문에 포섭될 수 있는 사례들 중에서 입법의 목적에 부합하지 않는 예외적인 경우는 배제하는 것으로, 해당 법률의 적용 범위를 합리적으로 축소하는 것을 말한다.

법형성의 관점에서 적용하는 법률의 유추적 적용이든 목적론적 축소 적용이든 법형성은 입법기관이 제정한 법조문의 의미를 넘어서는 범위에서 법관이 흠결을 보충한다는 점에서 정당성에 대한 문제를 제기 받을 수 있다. 그래서 법률의 흠결을 보충할 때에는 해당 법률을 제정한 근본적인 목적과 의도를 충실하게 실현하는 방향으로 구현한다. 삼권이 분립된 민주적 법치국가에서는 입법권을 가진 의회가 법을 만들고 법관으로 구성된 법원은 법률을 적용하는 사법권을 갖는다. 법관이 법률을 해석하고 적용하는 과정 역시 헌법과 법률에 구속되는데, 이를 사법권의 법적 기속(羈屬)이라 한다. 따라서 법관의 법형성은 의회의 입법권을 침해하지 않아야 하고 입법의 취지와 의도를 살릴 수 있는 범위 안에서 정당하게 작용할 수 있으며, 법관은 이를 논증해야 하는 부담을 진다.

하지만 법관의 법형성이 원천적으로 금지되는 경우도 있다. 대표적으로 형법의 죄형법정주의를

들 수 있다. 죄형법정주의는 어떤 행위가 범죄에 해당하는지, 그리고 그에 따른 ⓒ 형벌이 무엇인지는 반드시 입법기관이 제정한 법률에 의해야 한다는 원칙이다. 형법은 범죄 행위를 판단하는 시점에 적합한 법률이 존재해야 하며, 그 조문에 명확히 포섭되는 행위를 한 사람만 처벌한다는 원리를 따른다. 만일 형법을 적용할 때 유추 적용을 인정하면 새로운 범죄의 성립을 인정하게 될 우려가 있기 때문이다. 따라서 형법의 경우 법 적용 시 법관의 법형성을 애초에 불가능하게 하여 국가 권력이 형벌권을 자의적으로 남용할 수 없게 하는 것이다.

살릴 수 있는 범위 안에서 종합적으로 적용할 수 있는 것이라 보았다. 그에게 있어서 개념법학은 법률을 현실과 동떨어진 개념의 천국에서 기계적으로만 적용하는 것이었다.

① 법률을 제정한 사회적 목적과 의도에 맞게 법률 조문의 범위로만 판단해야 한다.

② 법률을 개념적으로 분석하여 충실하게 적용하려면 법률의 완결성을 신뢰해야 한다.

③ 법률을 적용할 때는 법의 목적과 입법의 취지를 참작하여 능동적으로 판단해야 한다.

④ 법률의 부작용을 최소화하기 위해서는, 법관은 법률을 제정하는 단계부터 입법 과정에 개입해야 한다.

⑤ 법률에 영향을 주는 요소들을 식별하기 위해서는, 법률의 외부 요소를 차단할 수 있는 방법을 고민해야 한다.

21 윗글을 통해 대답할 수 없는 질문은?

① 법발견과 법형성의 역사적인 기원은 무엇인가?

② 법발견과 법형성 과정에서 법관의 역할은 무엇인가?

③ 법발견과 법형성의 법적 적용 시 차이점은 무엇인가?

④ 법발견과 법형성 중 법률의 완전성을 신뢰하는 것은 무엇인가?

⑤ 법발견과 법형성의 관점에서 흠결에 대한 입장의 차이는 무엇인가?

22 〈보기〉의 '예링'의 입장에서 ㉠에 대해 비판할 수 있는 말로 가장 적절한 것은? [3점]

〈보기〉

개념법학은 법체계와 법률의 완결성을 신뢰하고, 법률의 개념적 분석과 논리적 추론으로 법적 결론에 이르고자 하는 것으로 법률의 외부 요소와 법관의 재량을 인정하지 않았다. 이에 반해 예링은 법은 사회적 목적을 실현하는 실용적인 수단이며, 입법의 의지와 취지를

23 ⓒ의 생각을 지지할 수 있는 입장으로 적절한 것만을 〈보기〉에서 골라 묶은 것은?

〈보기〉

ㄱ. 법관은 사안에 따라 법률 조문에 반대되는 판단도 할 수 있다.

ㄴ. 법관은 자신의 주관과 양심에 따라 자유롭게 판결할 수 있어야 한다.

ㄷ. 법관의 임무는 법률을 적용하는 것이지 법률을 탐구하는 것이 아니다.

ㄹ. 법관은 불법 행위가 범죄에 해당하는지 포섭할 때에는 법조문에 의해서만 판단해야 한다.

① ㄱ, ㄴ   ② ㄱ, ㄷ

③ ㄴ, ㄷ   ④ ㄴ, ㄹ

⑤ ㄷ, ㄹ

※ 다음은 학생들의 모의 법정에 관한 내용이다. 윗글과 〈자료〉를 읽고 24번, 25번 두 물음에 답하시오.

〈자료〉

[사건 개요]

'갑'은 풀을 모아 불을 붙인 후 불이 완전히 꺼졌는지 확인하지 않고 자리를 떠났다. 이 과실로 남은 불씨가 주변에 옮겨붙어, '을'이 소유한 과수원을 태워 재산상의 손해를 입혔다.

[관련 법률 내용]

형법 제3조(실화*) 과실로 인하여 자기의 소유에 속하는 제1조 또는 제2조에 기재한 물건을 소훼*하여 공공의 위험을 발생하게 한 자는 500만 원 이하의 벌금에 처한다.

[학생의 판결문]

[학생 1]	형법 3조에서 '자기의 소유에 속하는'이라는 구절은 '제1조 또는 제2조에 기재한 물건' 전체를 수식한다고 보아야 한다. 그리하여 과실로 타인 소유의 과수원을 태운 갑의 행위는 이 법률의 적용 대상이 될 수 없다. 따라서 법적으로 처벌할 수 없다. 갑의 행위는 처벌할 필요성은 인정되지만, 적용할 수 있는 규정이 없다. 처벌은 법을 제정 또는 개정해야 가능하다.
[학생 2]	형법 3조에서 '자기의 소유에 속하는'이라는 구절이 '제1조 또는 제2조에 기재한 물건' 전체를 수식한다면, 타인이 소유한 물건 또는 건물을 과실로 태운 사람을 처벌할 조항은 없다. 타인이 소유한 건물을 방화한 경우를 자신이 소유한 건물을 방화한 경우보다 더 무겁게 처벌하는 다른 법률 조항에 비추어 보면, 이 판단은 불합리하다. '자기의 소유에 속하는'이라는 구절을 제1조만 수식한다고 보고, 제2조는 '자기 또는 타인의 소유에 속하는'에 해당하는 것으로 해석해야 한다. 그러면 타인이 소유한 건물을 과실로 태운 갑의 행위도 이 법률에 적용 대상이 되므로 처벌해야 한다.

*실화(失火) : 잘못해서 불을 냄.
*소훼(燒燬) : 불에 태워 없앰.

24 '학생 1'과 '학생 2'의 공통된 생각으로 가장 적절한 것은?

① 갑의 행위는 처벌해야 할 필요성이 인정된다.

② 갑의 행위는 법을 개정하기 전에는 처벌할 수 없다.

③ 실화는 방화의 법률 조항을 기준으로 처벌해야 한다.

④ 포섭할 수 없는 법적사태는 유사한 법률로 판결해야 한다.

⑤ 법률로 해석될 수 없는 예외의 경우는 법적 판단을 보류해야 한다.

25 윗글을 바탕으로 위 〈자료〉를 이해한 내용으로 적절하지 <u>않은</u> 것은? [3점]

① 학생 1이 갑의 처벌을 위해서는 법을 제정 또는 개정해야 한다고 한 것은 삼권분립에 따른 것이군.

② 학생 2는 다른 법률 조항의 처벌 수위를 참조하여 자신의 판결에 대한 근거를 보충하고 있군.

③ 학생 2는 갑의 행위를 처벌할 조항이 없어 발생하게 될 상황을 고려하여 학생 1과 달리 해석하고 있군.

④ 학생 2가 '자기의 소유에 속하는'이라는 구절이 제1조와 제2조를 수식한다고 판단하는 것은 법률 조문의 완전성을 신뢰하기 때문이군.

⑤ 학생 1과 학생 2가 다른 결론을 내린 것은 법적삼단논법에서 대전제를 서로 다르게 해석했기 때문이군.

[26~29] 다음 글을 읽고 물음에 답하시오.

　암의 발생 여부나 암의 악성도 등을 형태학적으로 관찰하는 방법은 시간이 많이 소요될 뿐만 아니라 세포의 핵이나 DNA의 상태를 정확하게 알 수 없기 때문에 암의 진행 상황을 예측하고 그에 따른 임상치료를 효과적으로 할 수 없다는 한계가 있다. 유세포 분석법은 이러한 한계를 극복하여 암의 발생 여부나 악성도 및 세포의 현재 상태를 빠르고 정확하게 예측할 수 있는 방법이다. 이 방법은 형광 염료로 세포, DNA 등의 세포 내 물질들을 염색한 후 이를 부유액 상태로 만들어 유세포 분석기 내부에 고속으로 통과시켜 세포의 물리적 특성과 생물학적 특성을 파악하는 데 활용된다.

〈그림 1〉 유세포 분석기 기본 구조도

　유세포 분석은 유세포 분석기로 빛의 세기를 통해 세포의 특징을 파악하고, 세포 검체를 하전시켜 분류하는 방법이다. 유세포 분석법을 시행할 때에는 먼저 형광 물질로 염색된 세포 검체를 부유액 상태로 만든 후 유체실의 세포 운반 노즐에 주입한다. 주입된 부유액이 레이저 광선이 조사(照射)되는 지점에 도달하면, 반사 거울과 조정 렌즈로 검체의 중심에 초점이 맞도록 조정된 레이저 광선이 조사된다. 이 광선은 〈그림 1〉의 ⓐ지점에서 일정

한 유속으로 흐르는 세포 검체들과 부딪힌 후 산란되거나 세포 내부로 흡수되는데, 레이저 광선이 조사되는 방향인 광축으로 산란되는 빛의 세기는 세포의 크기와 표면적에, 레이저 광선의 직각 방향으로 산란되는 빛의 세기는 세포 과립성과 내부 복잡도에 비례한다. 또한 세포에 염색된 형광 물질은 조사된 레이저 빛의 에너지를 흡수하였다가 고유한 파장의 형광 신호를 방출한다. 방출된 형광 신호의 양은 세포 내의 DNA 함량에 비례한다. 통상 사용하는 형광 물질인 FITC와 PE는 488㎚의 레이저 빛을 받으면 약 535㎚의 파장의 녹색 빛과 약 585㎚의 파장의 주황 빛이 각각 방출된다.

　전방 산란광 검출기는 광축 방향으로 산란하는 전방 산란광을, 측방 산란광 검출기는 측방 산란광을, 형광 신호 검출기는 세포 검체에서 방출되는 형광 신호를 검출한다. 각 검출기 앞에는 광학 필터가 부착되어 있어 분석하려는 목적에 따라 광학 필터를 선택하여 특정 신호의 파장을 검출한다. 예를 들어 FITC가 방출하는 형광 신호를 검출하고자 할 경우에는 535㎚ 근처의 파장을 통과시키는 광학 필터를 사용해야 하므로, 530 ± 15㎚의 파장을 통과시키는 '530/30' 광학 필터를 사용한다.

　검출기를 통과한 산란광은 광전자관에 의해, 형광 신호는 광전자 증폭관에 의해 증폭된 후 전기 신호로 바뀌어 컴퓨터 화면에 나타난다. 이들은 각 세포 별 크기와 같은 물리적 특성이나 내부 복잡도 등과 같은 생물학적 특성에 따라 2차원 좌표상의 X축과 Y축 상에 점들로 표시된다. 예를 들어 림프구, 단핵구, 호중구 등으로 분류되는 백혈구를 세포의 크기를 기준으로 분석할 때에는 X축을 전방 산란광 신호 세기로, 세포내부의 복잡도를 분석할 때에는 X축을 측방 산란광 신호 세기로 설정한다. 이때 Y축을 해당하는 세포의 검체 수로 설정하면 세포의 크기나 내부 복잡도 등에 따른 세포의 특성을 파악할 수 있다. 〈그림 2〉는 전방과 측방 산란광 신호를 한 좌표 평면에 나타내어 세포 별 크기와 내부 복잡도의 상관관계를 세포의 분포비율로 파악하기 위해 할 수 있는 그래프이다. 사람의 정상적인 체세포에는 2배체 염색체들이 들어있는데,

분열이 진행될 때는 그 수가 두 배로 증가되었다가 체세포 분열이 완료되면 세포가 둘로 분열되어 다시 2배체가 된다. 그러나 암세포의 염색체 수는 정상 세포와 다르게 나타난다. 세포 내 DNA 함량은 염색체 수에 따라 달라진다. 정상 세포와 암 세포는 DNA의 함량이 다르다. DNA는 형광 신호로 그 특성을 파악할 수 있기 때문에 형광 물질로 DNA를 염색하여 그 특성을 파악한다. 암 발생 여부를 알기 위해서 동일한 형광 물질로 염색된 DNA는 동일한 파장의 형광 신호를 방출한다. 이 경우 세포 내 DNA 함량에 따라 방출되는 형광 신호의 양이 달라지므로 〈그림 3〉과 같이 표시된다. 이를 통해 환자의 암 발생 여부를 알 수 있다.

※단, 각 검체의 ( )는 전체 검체수에서 차지하는 비율임.

〈그림 2〉

〈그림 3〉

한편 유세포 분석기를 통해 생물학적 특성에 차이가 나는 세포들을 분리할 수 있다. 예를 들어 백혈구 세포에서 림프구와 단핵구를 분리하고자 할 경우, 사전에 림프구는 양(+)으로, 단핵구는 음(−)으로 하전되도록 설정한다. 세포 검체가 레이저 광

선 조사부를 통과하면, 세포 검체의 유형이 순간적으로 측정되고 그 결과에 따라 사전에 설정한 전하가 세포 부유액에 하전된다. 이후 이 세포 부유액에 초음파 진동을 가하면 부유액이 물방울로 변환되어 아래로 떨어지면서 편향판을 통과하여 림프구는 음극판 쪽으로, 단핵구는 양극판 쪽으로 떨어지게 된다. 그 이외의 세포는 하전되지 않았기 때문에 그대로 아래로 떨어진다.

이러한 유세포 분석법은 기존의 방법보다 효율적으로 세포의 물리학적 특징과 생물학적 특징을 분석할 수 있다는 장점이 있다. 또한 레이저, 필터 등을 추가로 설치하는 것이 가능하기 때문에, 세포가 지닌 여러 가지 생물학적 특징을 효율적으로 측정할 수 있어 의학 분야에서 널리 활용되고 있다.

26 다음은 윗글을 읽은 학생의 독서 기록 중 일부이다. 윗글을 참고할 때, '점검 결과'가 적절하지 <u>않은</u> 것은?

─〈보기〉─

[읽기 계획] 1문단을 훑어보면서 뒷부분을 예측하고 질문 만들기를 통한 후, 글을 읽고 점검하기

예측 및 질문 내용	점검 결과
○ 유세포 분석기의 구조와 원리에 대해 설명하고 있을 것이다.	예측과 같음 ·············· ①
○ 세포의 핵이나 DNA 상태 분석이 암 치료에서 중요한 이유를 설명하고 있을 것이다.	예측과 다름 ·············· ②
○ 유세포 분석법에서 검사할 세포를 부유액으로 만드는 이유는 무엇일까?	질문의 답이 언급되지 않음 ·············· ③
○ 유세포 분석법을 통해 알 수 있는 세포의 물리적 특성에는 어떠한 것들이 있을까?	질문의 답이 제시됨 ·············· ④

○ 유세포 분석법에서 세포 내 물질을 형광 염료로 염색하는 이유는 무엇일까?	질문의 답이 언급되지 않음 ·················· ⑤

⑤ 〈그림 2〉는 세포 별 크기와 내부 복잡도의 상관관계를 통해, 〈그림 3〉은 방출하는 형광 신호의 양에 따른 세포의 특성을 파악할 수 있다.

27 윗글을 통해 알 수 있는 내용으로 가장 적절한 것은?

① 세포 검체는 세포 운반 노즐에 주입된 후 형광 물질로 염색된다.

② 유세포 분석 방법보다 형태학적 관찰 방법의 검사 소요 시간이 짧다.

③ 검출기를 통과한 산란광은 광전자 증폭관에 의해 증폭된 후 전기 신호로 변환된다.

④ 세포 검체에 부딪혀 전방 산란 검출기를 통과한 빛을 분석하면 세포의 크기와 표면적을 알 수 있다.

⑤ 세포의 물리적 특징을 분석하기 위해 조사된 레이저 광선은 세포 검체에 부딪힌 후 모두 산란된다.

28 윗글과 〈그림 2〉, 〈그림 3〉을 통해 알 수 있는 내용으로 적절하지 않은 것은? [3점]

① 〈그림 2〉로 볼 때, B는 A보다 세포 과립성과 내부 복잡도가 크다.

② 〈그림 2〉로 볼 때, 세포 크기가 작더라도 전체 검체에서 차지하는 비율이 클 수 있다.

③ 〈그림 3〉을 보면, 3배체의 존재를 통해 환자의 암 발생 여부를 판단할 수 있다.

④ 〈그림 3〉의 경우 DNA 함량이 큰 검체일수록 전체 세포 검체에서 차지하는 비율이 높다.

29 〈보기〉는 유세포 분석기 일부를 도식화한 것이다. 윗글을 바탕으로 〈보기〉를 이해한 내용으로 적절하지 않은 것은?

〈보기〉

○ 유세포 분석기 설정 : 488nm 파장의 레이저 광선을 조사함.

○ 형광 검출기 검출 결과 : 535nm와 585nm 파장의 형광 신호가 검출되었음.

(단, 부유액에는 535nm와 585nm 파장을 방출하는 형광 물질로 염색된 세포 검체만 포함되어 있음.)

① ㉮에 주입되는 세포 부유액에는 FITC와 PE로 염색된 세포 검체가 포함되어 있겠군.

② ㉯는 반사 거울과 조정 렌즈의 의해 세포 검체의 중심에 초점이 맞도록 조정되겠군.

③ ㉠에 '560/30' 광학 필터를 부착했다면, ㉰에서는 585nm 파장의 형광 신호를 검출하지 못했겠군.

④ ㉱에서 측정되는 신호의 세기는 ㉲에서 측정된 신호와 달리 세포 검체 내부에 포함된 물질의 영향을 받지 않겠군.

⑤ ⓑ를 통과하여 녹색 형광 신호를 방출한 세포 검체가 음으로 하전되었다면 주황색의 형광 신호를 방출하는 세포 검체는 음극판으로 분리되겠군.

[30~33] 다음 글을 읽고 물음에 답하시오.

(가)
비가 온다
오누나
오는 비는
올지라도 한 닷새 왔으면 좋지.

여드레 스무날엔
온다고 하고
초하루 삭망(朔望)이면 간다고 했지.
㉠ 가도 가도 왕십리(往十里) 비가 오네.

웬걸, 저 새야
울려거든
왕십리 건너가서 울어나 다고,
비 맞아 나른해서 벌새가 운다.

천안(天安)에 삼거리 실버들도
촉촉히 젖어서 늘어졌다네.
비가 와도 한 닷새 왔으면 좋지.
구름도 산마루에 걸려서 운다.

– 김소월, 「왕십리(往十里)」 –

(나)
어머니 장사 떠나시고 다시 맡겨진 송천동
봄날은 골짜기마다 유난히 햇볕 밝게 내려서
날이 풀리면, 배고파지면 아이들 따라

바위 틈에 숨은 게들 잡으러 개펄로 갔다

게들은 바위 모서리나 청태 낀 비탈에
제 몸 가득 흰 거품 부풀려 먼 수평선 바라보아도
해종일 바람 불고 파도 그치지 않아서
㉡ 송천동, 선뜻 발자국 지워지며 끝없던 모래벌

어느새 그 해 여름 지나고 막막한 가을도 가서
물결은 더욱 차갑게 출렁거리고 인적조차 끊어지면
송천동, 아득한 방죽 따라 구름 몰려와
눈 내려 또 한 해 겨울 돌아오던 곳

누구는 어느 집 양자되고 다시 몇 명은
낯선 사람 따라서 바다 건너 떠나갔지만
모른다, 내게 와 부딪친 그리움도 부질없이
아직도 그 물결에 젖고 있을지
송천동 송천동 바람 불어 게들 바위 틈에 숨던 곳

– 김명인, 「머나먼 곳 스와니 I」 –

30 (가)와 (나)의 공통점으로 가장 적절한 것은?

① 공간의 이동에 따라 화자의 갈등이 해소되고 있다.
② 화자의 내면을 외적 대상에 투영하여 표현하고 있다.
③ 명사로 시행을 종결하여 시적 여운을 드러내고 있다.
④ 쉼표를 사용하여 여유를 느끼고 있는 화자의 심리를 드러내고 있다.
⑤ 유사한 통사 구조를 활용한 수미상관을 통해 시상을 마무리하고 있다.

31 〈보기〉를 바탕으로 (가)를 감상한 내용으로 적절하지 <u>않은</u> 것은?

〈보기〉

이 시는 일제 강점기 백성으로서 겪는 비애와 한(恨)을 나그네의 심정과 비를 연계하여 그려내고 있다. 이 시에서 '한 닷새' 정도 내리는 비는 여정에 지친 나그네에게 쉴 수 있는 시적 상황이다. 반면, 추적추적 계속 내리는 비는 여정에 방해가 되는 거추장스러운 것으로 그려진다. 이와 관련하여 이 시에는 '여드레 스무날엔 온다고 하고', '초하루 삭망이면 간다'고 하는 관습적 표현이 활용된다. 당대 물가에서 생업을 이어가는 사람들에게 '여드레와 스무날' 경은 조수가 낮아 바다로 통하는 물가의 바닥이 드러나 조개 채취 등을 할 수 있는 때이다. 그러므로 이때 내리는 비는 일을 할 수 없게 하는 거추장스러운 존재이다. 반면, '초하루 삭망' 때에는 어차피 조수가 높고 물도 탁하여 일하지 못할 때가 많아 비가 와도 그만이다. 이러한 표현에는 '오지 말아야 할 때는 온다고 하고, 가도 그만인 때에는 간다고 하는' 비마저도 뜻대로 되지 않는 것에 대한 당대 우리 백성들의 서러움이 화자의 심정과 처지에 맞물려 표현되고 있다.

① '온다', '오누나', '오는', '올지라도'의 연쇄적 변주를 통해 비가 그치지 않고 계속 내리는 상황과 화자의 처지를 부각하고 있군.

② '한 닷새' 오는 비에 대한 화자의 심정은, 물가에서 생업을 이어가는 사람들이 '초하루 삭망'에 오는 비를 보며 안타까워하는 심정과 유사하겠군.

③ '여드레 스무날엔 온다고 하고', '초하루 삭망이면 간다'는 관습적 표현을 활용하여 뜻대로 되지 않는 상황에 대한 화자의 심정과 처지를 드러내고 있군.

④ '비 맞아 나른해서'와 '운다'를 통해 시적 대상이 여정에 방해가 되는 비를 맞고 있음을 짐작할 수 있군.

⑤ '천안(天安)에 삼거리 실버들도' 촉촉히 젖어서 늘어졌다데.'는 비가 다른 공간에서도 내리는 상황을 화자가 전달하며 공간적 확장을 통해 일제 강점기의 상황을 보여 주는군.

32 ㉠과 ㉡에 대한 설명으로 가장 적절한 것은?

① ㉠은 ㉡과 달리 부재한 대상과의 재회에 대한 화자의 열망을 보여 준다.

② ㉠은 화자의 상황 극복 의지를, ㉡은 대상에 대한 화자의 연민을 보여 준다.

③ ㉠은 현실에서 벗어나고 싶은 정서를, ㉡은 과거 상황에 대한 정서를 환기하는 공간이다.

④ ㉠과 ㉡은 모두 이르지 못하는 세계를 지향하는 화자의 고뇌를 보여 준다.

⑤ ㉠과 ㉡은 모두 그 공간과 관련된 경험에서 비롯된 화자의 인식 전환의 과정을 보여 준다.

33 (나)를 감상한 내용으로 적절하지 <u>않은</u> 것은?

① '유난히 햇볕 밝게' 내리는 봄날은 화자의 내면과 대비되는 배경으로 화자의 정서를 부각하고 있다.

② '물결은 더욱 차갑게 출렁거리고 인적조차 끊어지면'을 통해 '어느 집 양자'로 된 화자의 외로움과 절망감을 드러내고 있다.

2021 기출문제

③ '또 한 해 겨울 돌아오던 곳'은 계절의 순환을 통해서 기다림의 상황이 계속 이어졌음을 드러낸다.

④ '내게 와 부딪친 그리움도'는 화자의 내면에 남아 있는 그리워했던 순간에 대한 심정을 드러내고 있다.

⑤ '아직도 그 물결에 젖고 있을지'를 통해 '모른다'고 말하는 화자가 과거를 떠올리고 있음을 보여 주고 있다.

[34~36] 다음 글을 읽고 물음에 답하시오.

(가)

옥천산(玉泉山) 용천산(龍泉山) 느린 물히
정자(亭子) 압 너븐 들희 올올(兀兀)히 펴진 드시
넙써든 기노라 프르거든 희지 마니
쌍룡(雙龍)이 뒤트는 듯 긴 깁을 치펏는 듯
어드로 가노라 므슴 일 빅얏바
닷는 듯 쓰로는 듯 밤낫즈로 흐르는 듯
므조친 사정(沙汀)은 눈곳치 펴졋거든
어즈러운 기러기는 므스거슬 어르노라
안즈락 느리락 모드락 훗트락
노화(蘆花)을 스이 두고 우러곰 좃니는뇨
너븐 길 밧기요 진 하늘 아리
드르고 꾀존 거슨 모힌가 병풍(屛風)인가 그림가 아닌가

〈중략〉

남녀(藍輿)를 비야 ᄐ고 솔 아리 구븐 길노 오며 가며 ᄒᆞᄂᆞᆫ 적의
녹양(綠楊)의 우는 **황앵(黃鶯) 교태(嬌態)겨워** ᄒᆞᄂᆞ괴야
[A] **나모 새 ᄌᆞᄌᆞ지어 수음(樹陰)이 얼린 적의**
백척(百尺) 난간(欄干)의 긴 조으름 내여 펴니

수면(水面) **양풍(涼風)**이야 긋칠 줄 모르는가
즌서리 싸진 후의 산빗치 금슈로다
황운(黃雲)은 쏘 엇지 만경(萬頃)의 편거긔요
어적(漁笛)도 흥을 계워 돌롤 ᄯᆞ라 브나는다
초목(草木) 다 진 후의 강산(江山)이 미몰커늘
조물(造物)리 헌ᄉᆞᄒᆞ야 빙설(氷雪)노 수며 내니
경궁요대(瓊宮瑤臺)와 옥해은산(玉海銀山)이 안저(眼底)에 버러세라
건곤(乾坤)도 가음 열샤 간 대마다 경이로다
인간(人間)을 써나 와도 내 몸이 겨를 업다
니것도 보려ᄒᆞ고 져것도 드르려코
ᄇᆞ람도 혀려ᄒᆞ고 돌도 마즈려코
봄으란 언제 줍고 고기란 언제 낙고
시비(柴扉)란 뉘 다드며 딘 곳츠란 뉘 쓸려료
아춤이 낫브거니 나조히라 슬흘소냐
오늘리 부족(不足)거니 내일리라 유여(有餘)ᄒᆞ랴
이 뫼히 안즈 보고 져 뫼히 거러 보니
번로(煩勞)ᄒᆞᆫ ᄆᆞᄋᆞᆷ의 ᄇᆞ릴 일리 아조 업다
쉴 스이 업거든 길히나 젼ᄒᆞ리야
다만 ᄒᆞᆫ 청려장(靑藜杖)이 다 뫼 듸여 가노미라
술리 닉어가니 벗시라 업슬소냐
블니며 ᄐᆞ이며 혀이며 이아며
온가짓 소리로 취흥(醉興)을 빈야거니
근심이라 이시며 시름이라 브터시랴
누으락 안즈락 구부락 져츠락
을프락 ᄑᆞ람ᄒᆞ락 노혜로 소긔니
천지(天地)도 넙고 넙고 일월(日月)도 한가ᄒᆞ다
희황(羲皇)을 모을너니 니 적이야 긔로괴야
신선(神仙)이 엇더던지 이 몸이야 긔로고야
강산풍월(江山風月) 거늘리고 내 백년(百年)을 다 누리면
악양루상(岳陽樓上)의 이태백(李太白)이 사라 오다
호탕정회(浩蕩情懷)야 이예셔 더ᄒᆞᆯ소냐
이 몸이 이렁굼도 역군은(亦君恩)이샷다

– 송순, 「면앙정가(俛仰亭歌)」 –

(나)

찬연한 봉(鳳)새 날며 옥룡(玉龍)이 서린 듯한 산세(山勢), 푸른 빛 송림(松林) 자락

지필봉(紙筆峯)과 연묵지(硯墨池)를 갖춘 향교(鄕校)에서

마음은 육경(六經)에, 의지는 천고(千古) 궁구(窮究)에 둔 공자 제자들

아! 봄철의 암송(暗誦), 여름의 농현(弄絃)*하는 경(景), 그것이 어떠하겠습니까?

해마다 삼월이면 먼 노정(路程)을 오신

아! 신관(新官)을 큰 소리로 맞는 경(景), 그것이 어떠하겠습니까?

〈3수〉

붉은 살구꽃 분분(紛紛)하고 **방초(芳草)**는 무성한데 술동이 앞에서의 긴 봄날과

짙게 푸른 나무 그늘 속 깊이 잠긴 단청(丹靑) 집,

거문고 위로 여름 **훈풍(薰風)**이 불고

황국(黃菊)과 단풍이 비단에 수 놓을 제 기러기 날아간 뒤에

아! 눈[雪]에 달빛이 비치는 경(景), 그것이 어떠하겠습니까?

중흥(中興)한 성대(聖代)에 길이 대평(大平)을 즐기니

아! 사계절 놀고 지냅시다 그려.

〈5수〉

– 안축, 「죽계별곡(竹溪別曲)」 –

*농현(弄絃) : 거문고나 가야금 등의 현악기를 연주함.

34 (가)와 (나)에 대한 설명으로 적절하지 <u>않은</u> 것은?

① (가)는 인간의 다채로운 움직임을 열거하여 화자의 심리를 드러내고 있다.

② (가)는 (나)와 달리 대상과의 비교를 통해 삶에 대한 만족감을 드러내고 있다.

③ (가)는 (나)와 달리 학문과 연관된 사물을 제시하여 장소의 성격을 드러내고 있다.

④ (나)는 (가)와 달리 청유형 어미를 활용하여 풍류를 즐길 것을 권유하고 있다.

⑤ (가)와 (나) 모두 비유적 표현을 활용하여 대상에 역동성을 부여하고 있다.

35 (가)의 [A]와 (나)의 〈5수〉에 대한 설명으로 적절하지 <u>않은</u> 것은?

① [A]의 '황앵 교태 겨워'는 자연물을 통해 화자의 정서를, 〈5수〉의 '기러기 날아간 뒤에'와 '눈에 달빛'은 계절의 변화를 드러내고 있다.

② [A]의 '나모'의 'ㅈㅈ'진 모습과 〈5수〉의 '방초'는 나무와 풀의 무성한 모습을 통해 여름을 시각적으로 드러내고 있다.

③ [A]의 '양풍'은 '조으름'과, 〈5수〉의 '훈풍'은 '거문고'와 어우러지며 여름날의 한가로운 정취를 드러내고 있다.

④ [A]의 '황운'은 가을의 들판을 나타내며, 〈5수〉의 '황국과 단풍이 비단에 수 놓을 제'는 가을 풍경의 아름다움을 나타내고 있다.

⑤ [A]에서는 '어적'과 '들'이 조응하는 장면을 통해 가을의 정취를, 〈5수〉에서는 '눈'과 '달빛'이 조응하는 장면을 통해 겨울의 정취를 드러내고 있다.

36 〈보기〉를 참고하여 (가)를 감상한 것으로 적절하지 <u>않은</u> 것은? [3점]

― 〈보기〉 ―

송순은 '내 여기서 소요(逍遙)하고 면앙(俛仰)하며 여생을 보내게 되었으니 나의 소원이 이제야 이루어졌네.'라고 말했다. 여기서 면

앙은 굽어보고[면(俛)], 올려다본다[앙(仰)]는 뜻으로 면앙정가에는 두 가지 측면에서의 면앙이 나타난다. 먼저 정자를 중심으로 넓은 들판과 강물을 면하고 하늘과 산을 앙하는 공간에 대한 면앙이 나타난다. 화자의 시선은 굽어보는 것에서 올려다보는 것으로 이동하여 자연의 모습을 포착하기도 한다. 한편 시간상의 면앙은 현재를 면하고 과거를 앙하는 것이다. 이를 통해 화자는 역사적 인물을 떠올리며 현재 자신의 삶에 대한 인식과 태도를 드러내기도 한다.

① '안즈락 ᄂᆞ리락'하는 '기러기'의 움직임을 바라보는 화자의 시선은 '면'과 '앙'을 통해 자연스럽게 이동하게 되는군.

② '므조친 사졍'은 눈같이 펴진 공간에 대한 '면'이며 하늘에서 '쇼즌'모습을 한 '모'는 '앙'으로, 정자에서 바라본 '면앙'의 경관을 조화롭게 드러내는군.

③ '일월도 한가ᄒᆞ다'는 시간상의 '면'을 통한 화자의 생각은 시간상의 '앙'을 거쳐 '니 젹이야 긔로고야'라는 인식을 하게 되는군.

④ '인간을 써나'오기 전의 '겨를 업'음으로 인해 '청려장'이 '뫼 되여'졌다는 화자의 인식은 시간상의 '면앙'을 통한 과거에 대한 그리움에서 비롯된 것이군.

⑤ 화자가 역사적 인물인 '이태백'을 떠올리고 '호탕정회야 이예셔 더홀소냐'라며 삶의 즐거움을 드러내는 것은 시간상의 '면앙'에 의한 인식에서 비롯된 것이군.

[37~40] 다음 글을 읽고 물음에 답하시오.

[앞부분의 줄거리] 조상 대대로 살아온 고향집 만취당은 정승이 나온다는 명당 터에 있는데, 아버지는 젊을 때 노름 때문에 빼앗겨 버렸고, 정승 자리에 '나'가 오를 것이라는 믿음을 가지고 만취당을 다시 찾겠다는 집념으로 살고 있다.

아내로부터 ㉠ 내 얘기를 전해들은 아버지가 날 불러 앉혔다. 내가 너한티 을매나 말했니! 모난 돌이 정 맞는 벱이라구. 그런디 도대체 어떻게 처신을 했으믄…… 너도 그렇지만 우리 모두 을매나 고생을 했냐 말여. 그런디 그 벼슬자리에 앉아보두 못하구 모가지 걱정을 해야 하다니! 너도 니 오대조 할아버님 꼴이 되구 싶으냐? 그분께서두 바른 소릴 하시다가 조정에서 쫓겨나 낙향하신 겨. 처신만 잘했으믄 정승자리는 식은 죽 먹기였다는 겨. 그래설람 낙향해 가지군 오동남구 잎사구마냥 일찍 벼슬자리에서 떨어진 당신 신셀 한탄하믄서 당신은 이왕에 그렇게 됐지만두 자손들만은 즘(겨울)꺼정 푸른 솔잎마냥 되라는 뜻으루다 만취당이라는 당호를 지어 붙이신겨. 나는 아버지의 그 ㉡ 터무니도 없는 얘기에 터져나오는 웃음을 참을 수가 없었다. 만약 내가 어렸다면 한 차례 종아리를 맞았을지도 모를 일이었다. 아버지는 노여운 기색이긴 했으나 입을 다물고 있었다. 나는 아버지의 낯빛을 살피면서 노여움을 돋우지 않으려고 애를 썼다. 그리고 조심스럽게 입을 열었다. 아버님 말씀대로 만취당의 만취가 겨울철이 돼도 솔잎의 푸른빛이 변하지 않는 걸 뜻하는 말이긴 하지만 그건 노후에도 그 굳은 절조가 변하지 않는 사람을 비유한 말이에요. 내 말에 아버지는 미간을 찌푸렸다. 그리고는 억지를 부렸다. 요새 세상은 옛날하군 달러. 절조를 지키구 살다간 웃음거리가 되는 벱여. 시류에 맞추어 살아야 하는겨. 그래야 즘에두 늘 푸른 소나무처럼 오래도록 부귀영화를 누릴 수가 있는겨. 만취당은 그런 뜻으루다 진 당호란 말여. 그런디 니가 아까 한 말, 대체 누가 그러디? 아버지의 물음에 나는 대답을 할 수가 없었다. 내게 ㉢ 그 얘기를 해준 것은 서예학원을 경영하는 아저씨였다. 물론 아버지도 그 아저씨로부터 만취당의 내력을 들은 것이었다. 그런데도 만취당의 정확한 내력을 내게 말해주지 않았다. 그것은 다분히 의도적인 것이었다.

아버지는 내 목이 위험하게 됐다는 것을 아내로부터 들은 뒤부터 눈에 띄게 불안해하고 초조해했다. 절조를 지키느라고 벼슬자리를 잃게 된 오대조처럼 내 신세가 그렇게 될 것이 뻔했기 때문일 것이었다. 달포 전, 아버지는 나와 아내를 불러 앉히곤 자못 엄숙하게 말했다. 용이 물 밖에 나면 개미도 침노를 하는 뱁이여. 어쩌다가 그런 실수를 했냐? 실수가 아니라 법을 어기는 일이기 때문에 소신껏 처리한 일이라고 대답하자 아버지는 화를 벌컥 냈다. 치성 드려 낳은 자식이 눈 먼 꼴이여. 야, 이 녀석아! 니가 이 애비 생각을 조금이라두 하는 눔이냐? 두말할 필요 읎이 며늘애기 너는 만취당에 내려가 애 낳을 작정해라. 내말 알겠지? 나는 아이를 낳으러 가다가 숲 속에 이르러 해산을 하게 되는 아내의 모습을 연상하며 쓴웃음을 날리지 않을 수 없었다.

화톳불은 끊임없이 아버지의 환영을 피워 올렸다. 나는 아버지가 만취당을 되찾는 데 성공했기를 빌었다. 그리고 이제 어디로 가야만 아버지를 만날 수 있는지 또 어떻게 찾아야 될지, 그런 것들을 궁리하기 시작했다.

(중략)

"우리 부친께서 틀림없이 이 동촌리에 오셨을 텐데…… 이장집에 가면 확인할 수 있을지 모르겠군요."

"실은……."

이 경장은 불 단속을 하느라고 굽혔던 허리를 펴고 ㉣ 잠시 멈췄던 얘기를 잇기 시작했다.

"어르신네께서 내려오셨던 건 확실합니다. 이짜, 택짜, 희짜 쓰시는 어른 아닙니까?"

"아니 어떻게 이름까지……."

나는 그의 말에 깜짝 놀랐다.

"제 이름과 똑같아서 욀 수가 있었습니다만. 실은 어르신네께서…… 저희들이 어제 어르신네를 연행했던 일이 있었습니다."

"지금 뭐랬소? 연행이라고 했소?"

나는 내 귀를 의심하지 않을 수가 없었다. 그가 나를 놀래켰기 때문에 혹 헛들은 것이 아닌가 싶었던 것이다.

"실은 어르신네께서 어제 약주가 과하셔가지고 군청에 들어가 군수 비서실에서 행패를…… 군청에서 연락해 오길 행패를 부렸다는 겁니다."

"행패라뇨? 무슨 행패를 부렸단 말입니까?"

나는 나도 모르게 언성을 높였다.

"그보다 먼저 아셔야 될 게 있으십니다만. 실은 만취당이 헐리게 됐습니다. 만취당뿐만 아니라 동촌리에 있는 모든 집들이 헐리게 된 겁니다."

"그건 또 ㉤ 무슨 얘기입니까?"

"여기에 농공단지가 들어서게 된 겁니다."

이 경장의 설명은 주민들에게 이미 이주비가 다 지불되었고 이주가 완료되는 다음 달부터는 공사가 시작되게끔 돼 있다는 것이었다. 그의 얘기는 계속되었다.

"어르신네께서는 그 사실을 아시고 횟술을 잡수신 끝에 군청에 들어가셔서 군수를 만나시겠다고 했는데 비서실에서 약주가 잔뜩 취하신 분이라 군수를 만나게 해주질 않았다는 겁니다. 그러니까 어르신네께서 화가 나셔서 비서실 전화며 의자를 집어던지는 소동을 일으키신 겁니다."

경찰에 연행된 아버지는 술이 깬 뒤 조사를 받게 되었는데 그 결과 그렇게 행동하게 됐던 까닭을 알게 되었고 또 이곳 태생의 노인이기도 해서 군청과 타협해 훈계 방면했다는 것이었다.

"아마 모르면 몰라도 어제 밤차로 올라가셨지 싶습니다만, 어젯밤에 내려오시고 올라가시고 길이 엇갈리신 모양입니다. 이장 집에 전화가 있으니 가셔서 댁에 전활 해보시지요."

나는 일시에 맥이 탁 풀리고 말았다. 아버지를 찾으러 왔다가 길이 어긋났다는 점도 맥빠지게 했지만 그보다도 이제는 만취당을 영원히 되찾을 수 없게 됐다는 실망감이 결정적으로 나를 그토록 맥빠지게 한 것이었다. 내가 이런데 아버지의 심정은 그야말로 어떠했겠느냐 싶었다.

– 김문수, 「만취당기(晚翠堂記)」 –

37 윗글에 대한 설명으로 가장 적절한 것은?

① 대화를 통해 중심 소재를 둘러싼 사건을 서술하고 있다.

② 배경 묘사를 통해 앞으로 벌어질 사건에 대해 암시하고 있다.

③ 작품 밖 서술자의 서술을 통해 현재 상황에 대한 이해를 돕고 있다.

④ 이야기 속에 또 다른 이야기를 삽입하여 사건을 입체적으로 드러내고 있다.

⑤ 서로 다른 장소에서 동시에 벌어진 사건을 병치하여 원인과 결과를 규명해 내고 있다.

38 〈보기〉는 '만취당'에 대한 인물의 관계를 구조화한 것이다. 윗글의 내용과 관련하여 인물들에 대해서 이해한 내용으로 적절하지 <u>않은</u> 것은? [3점]

① Ⓐ가 지킨 만취당의 가치를 고수하기 위해 실수를 반복하는 Ⓒ에게 Ⓑ는 감정적인 반응을 보이고 있다.

② Ⓐ가 만취당을 세운 내력에 대해 Ⓑ는 알고 있으나 Ⓒ에게는 그 내력을 고의로 숨기고 있다.

③ Ⓑ는 Ⓐ가 만취당이라는 당호를 붙인 이유를 전달하며 Ⓒ가 현실과 타협할 것을 강요하고 있다.

④ Ⓑ는 Ⓐ가 만취당을 통해 전하고 싶었던 가치를 Ⓒ가 지니고 살아가는 것에 불안감을 느끼고 있다.

⑤ Ⓒ는 Ⓐ가 지키고자 했던 가치에 대해서 Ⓑ와 다른 모습을 보이지만, 만취당이 없어지게 된 상황에 대해서는 유사한 심정을 보이고 있다.

39 ㉠~㉤의 내용에 대한 이해로 가장 적절한 것은?

① ㉠ : '아버지'에게 전해달라고 '나'가 '아내'에게 부탁했던 얘기

② ㉡ : '나'가 지금 이 자리에서 성공할 것이라는 '아버지'의 얘기

③ ㉢ : '아저씨'가 서예학원을 경영하게 된 내력을 밝힌 얘기

④ ㉣ : '아버지'가 '군수'를 만나 자신에 대한 하소연을 했다는 얘기

⑤ ㉤ : 동촌리에 와서 '이 경장'의 설명에 의해 '나'가 알게 된 얘기

40 <u>용이 물 밖에 나면 개미도 침노를 하는 벱이여</u>를 말한 의도로 가장 적절한 것은?

① 별 볼 일 없게 되어 무시당하는 삶을 살게 될 것을 우려해서

② 소신을 지켜야 하는 상황에서 그것을 하지 못할까 염려해서

③ 뜻을 굽히면서 고생한 만큼 보상을 받지 못할 것을 염려해서

④ 절조를 지키지 못하여 마을 사람들에게 비
   아냥 받을 것을 우려하여

⑤ 사람들에게 인정받지 못해 법을 어기는 결
   과를 초래할 것을 우려하여

[41~45] 다음 글을 읽고 물음에 답하시오.

(가)

"상천(上天) 일월 성신(星辰)이며, 하지(下地) 후
토(后土) 성황(城隍) 사방지신(四方之神), 제천제불
(諸天諸佛) 석가여래 팔금강보살(八金剛菩薩) 소소
응감(昭昭應感) 하옵소서. 하느님이 만드신 일월은
사람에게는 눈과 같은지라. 일월이 없사오면 무슨
분별 하오리까. 소녀 아비 무자생(戊子生) 이십 세
후 눈이 멀어 사물(事物)을 못 보오니, 소녀 아비
허물이랑 제 몸으로 대신하고 아비 눈을 밝게 하여
천생연분 짝을 만나 오복(五福)을 갖게 주어, 수부
다남자(壽富多男子)를 점지하여 주옵소서."

이렇게 주야로 빌었더니, 도화동 심소저는 천신
(天神)이 아는지라. 흠향(歆饗)*하시고 앞일을 인도
하셨더라. 하루는 유모 귀덕어미가 오더니

"아가씨, 이상한 일 보았나이다."

"무슨 일이 이상하오?"

"어떠한 사람인지 십여 명씩 다니면서 값은 고하
간에 십오 세 처녀를 사겠다고 다니니 그런 미친놈
들이 있소?"

심청이 속마음에 반겨 듣고,

"여보, 그 말이 진정이오? 정말로 그리 될 양이
면 그 다니는 사람 중에 노숙(老熟)하고 점잖은 사
람을 불러오되, 말이 밖에 나지 않게 조용히 데려
오오."

귀덕어미 대답하고 과연 데려왔는지라. 처음은
유모를 시켜 사람 사려는 내력을 물은즉 그 사람의
대답이,

"우리는 본디 황성(皇城) 사람으로서 상고
(商賈)차로 배를 타고 만 리 밖에 다니더니, 배
갈 길에 인당수라 하는 물이 있어 변화불측(變
化不測)하여 자칫하면 몰사(沒死)를 당하는데
십오 세 된 처녀를 제수(祭需) 넣고 제사를 지
내면, 수로(水路) 만 리를 무사히 왕래 하고 장
사도 흥왕하옵기로 생애(生涯)가 원수로 사람
사러 다니오니, 몸을 팔 처녀가 있사오면 값을
관계치 않고 주겠나이다."

㉮

심청이 그제야 나서며,

"나는 본촌 사람으로 우리 부친 앞을 보지
못하여 세상을 분별하지 못 하기로, 평생에 한
이 되어 하느님전에 축수하더니, 몽운사 화주
승이 공양미 삼백 석을 불전에 시주하면 눈을
떠서 보리 라 하되, 가세가 지빈(至貧)하여 주
선 할 길 없삽기로 내 몸을 방매하여 발원(發
願)하기 바라오니 나를 사 가는 것이 어떠하
오? 내 나이 십오 세라 그 아니 적당하오?"

선인이 그 말 듣고 심소저를 보더니, 마음이 억
색(臆塞)*하여 다시 볼 정신이 없어 고개를 숙이고
묵묵히 섰다가,

"낭자 말씀 듣자오니, 갸륵하고 장한 효성 비할
데 없습니다."

이렇듯이 치하한 후에 저의 일이 긴한지라,

"그리하오." / 하고 허락하더라.

(중략)

"저 소경 이리로 와 거주 성명을 고하게 하
라."

심봉사가 꿇어앉았다가 시녀를 따라 탑전
(榻前)으로 들어가서 세세원통한 사연을 낱낱
이 말씀한다. "소맹은 근본 황주 도화동에 사
는 심학규라 하옵니다. 이십에 안맹하고 사십
에 상처하여, 강보에 싸인 여식 동냥젖을 얻어
먹여 근근이 길러 내어 십오 세가 되었는데 이
름은 심청이라. 효성이 출천하여 그것이 밥을
빌어 연명하여 살아갈 제, 몽운사 부처님께 공
양미 삼백 석을 지성으로 시주하면 눈 뜬단 말
을 듣고 남경장사 선인들께 공양미 삼백 석에
아주 몸을 영영 팔려 인당수에 죽었는데, 딸만

[A]

죽이고 눈 못 뜨니 몹쓸 놈의 팔자 벌써 죽자 하였더니 탑전에 세세 원정(原情) 낱낱이 아뢴 후에 죽자고 불원천리 왔나이다."

하며 백수풍진(白首風塵) 고루 겪은 두 눈에서 피눈물이 흘러내리며,

"애고, 내 딸 청아!"

엎어지며 땅을 치고 통곡을 마지아니하니, 심황후 이 말을 들으시매, 말을 다 마치기 전에 벌써 눈에서 피가 두르고 뼈가 녹는 듯하여 부친을 붙들어 일으키며,

"애고 아버지, 살아왔소. 내 과연 물에 빠진 청이오. 청이 살았으니 어서 눈을 뜨시고 딸의 얼굴을 보옵소서."

이 말을 들은 심봉사가 어떻게 반가왔던지 두 눈 번쩍 뜨이니 심봉사 두 손 으로 눈을 썩썩 비비며,

"으으, 이게 웬 말이냐? 내 딸 심청이가 살았단 말이냐? 내 딸 심청이 살았단 말이 웬 말이냐? 네 딸이면 어디 보자!

하더니, 백운이 자욱하며 청학·백학·난봉·공작이 운무중(雲霧中)에 왕래하며 심봉사 머리 위에 안개가 자욱하더니 심봉사의 두 눈이 활짝 뜨이니, 천지 일월 밝아 왔구나. 심봉사 마음 비취여광하여 소리를 지른다.

"애그머니! 애고, 무슨 일로 양쪽 환하더니 세상이 허전하구나. 감았던 눈 번쩍 뜨니 천지 일월 반갑도다."

딸의 얼굴 쳐다보니 칠보화관(七寶花冠)이 황홀하여 뚜렷하고 어여쁠사. 심봉사 그제야 눈뜬 줄을 알고 사방을 살펴보니 형형색색 반갑도다. 심봉사가 어찌나 좋은지 와락 달려들어,

"이게 누구냐? 갑자 사월 초파일날 몽중에 보던 얼굴일세. 음성은 같다마는 얼굴은 초면일세. 얼씨구나 지화자, 이런 경사 또 있을까. 여보게 세상 사람들아, 고진감래(苦盡甘來) 나를 두고 한 말일세. 얼씨구 좋을씨고. 지화자 좋을씨고!"

– 작자 미상, 「심청전(沈淸傳)」 –

(나)

왕후 : (장승상 부인을 보고) 그러면 심청이라는 소녀는 분명 죽은가 보이다.

장승상 부인 : (눈물을 씻으면서) 네 아마도 그런가 합니다.

왕후 : 그러니 그는 죽었다니 할 수 없으려니와 그 아비되는 심봉사라도 이 잔치에 오든지 거취를 알든지 해서 찾았으면 전에 우리가 상의한 대로 그렇게 해주련만.

장승상 부인 : 네에 효녀 심청의 성을 널리 천하에 알리기 위해서도 지당하신 처분이신 줄 아옵고 신도 주소*로 심봉사를 기다려 마지 않습니다.

(중략)

장승상 부인 : 응 마침 잘 나왔소. 아니 참 내 양딸 심청이지. 심청이 어여 이리 오너라. 중전마마께서 혹시 네가 설불리 할까 하셔서 또 근렴을 합신다.

왕후 : 김가가 심가가 되어서 장님을 아버지라 하고 살기가 거북하리라만 어쩔 수 있니. 네가 아주 영영 심청이가 된 셈만 치려무나. 그러면 출천대효 심청이가 되니 오죽 좋은 일이냐.

궁녀 김씨 : 명심하겠나이다.

┌ 장승상 부인 : 거리낄 건 조금도 없느니라. 눈을 뜬 사람이라면 좀 거북하기도 하고 부끄럽기도 하겠지만 눈이 멀어서 보지를 못하니 그저 아버지라고만 하고 살뜰히 시중만 들어주면 그만이다.

㉯ 궁녀 김씨 : 중전마마 영이시니 힘껏 시행을 하겠습니다마는 혹시 무슨 서슬에 탄로가 나면……

장승상 부인 : 그럴 리야 없지. 그리고 참 나에게도 마님이라고 깍듯이 불러야 한다.

└ 궁녀 김씨 : 네.

내시 을 : (하수로 등장, 읍을 하고) 황주 도화동 심학규 알현이요.

왕후와 장승상 부인 반기면서 마주 보고는 하수편을 바라본다. 심봉사 내시 을에게 인도받아 등장. 궁녀 김씨와 다른 궁녀들도 심봉사에게로 시선이 쏠리고 궁녀 김씨는 좋지 아니한 안색으로 고개를 숙인다.

장승상 부인 : (심봉사가 등장할 때에 자리에서 벌떡 일어섰다가 궁녀 김씨를 보고) 그러면 내가 일러준 대로 잊지 말고 있다가 내가 손짓을 하고 아가 심청아 어서 오너라 너의 아버지 오셨다 하거들랑 아버지 부르고 쫓아와서 매달려 응. 그리고 나서 어떻게 살아났느냐고 묻거들랑 중전마마께서 마침 그때 해변을 순어하시다가 구해주셨다고 응 그런 말 다 잊잖았지?

궁녀 김씨 : 네.

심봉사 : (내시 을의 인도로 전계*의 자리 위에 엎드려 세 번 절한다.) 소맹은 황주 도화동 사옵던 심학규로……

왕후 : 응, 네가 심학귤시 분명하냐?

심봉사 : 네에 이 세상에 둘도 없이 팔자가 기구한 심봉사 심학규에 갈 데 없사옵니다.

왕후 : 그렇다면 너를 기다리던 사람이 따로 있으니 만나 보아라. (장승상 부인에게 눈짓을 한다.)

장승상 부인 : (전계로 나가서) 심생원 나를 알겠소?

심봉사 : ㉠ 어? 이 이 도화동 장승상 부인 아니십니까? 아 참 죽잖고 살아 있으니 또 뵙게 됩니다그려?

장승상 부인 : 네, 퍽 반갑소. 그런데 심생원이 정말 반가운 일이 있소.

심봉사 : 네? 반가운 일이라니요? 혹시 뺑덕이네가 그 황봉사 놈하고 여기 온 것을 부인께서 붙잡아 놓으셨습니까?

장승상 부인 : 아니요. 그 따위 뺑덕어미하고는 만 명을 주어도 아니 바꿀 일이지요.

심봉사 : 그럼 무엇이 반가운 일입니까? 혹시 나라에서 나를 불쌍하다고 전장이나 좀 내어주신답니까?

장승상 부인 : 그것도 있지요. (방백) ㉡ 대번에 불쑥 말을 하면 너무 좋아서 기절을 할 테니 천천히 해야지. (심봉사더러) 그것도 있지만 더 반가운 소식이지요.

심봉사 : 그러면 혹시 우리 우리 심……(말을 마저 하지 못한다)

장승상 부인 : 네, 심청이 소식입니다.

심봉사 : 심청이 소식이요?

장승상 부인 : 네, 심청이가……자세 들으시요, 죽지 않고.

심봉사 : 심청이가, 네 죽지 않고 그러면? 그러면? 오오 살아 있대요?

장승상 부인 : 네, 살아 있어요.

심봉사 : 그러면 그렇지. (벌떡 일어서서 춤을 덩실덩실 추며) 어허 좋다. 그러면 그렇지. 내 딸 심청이가 죽다니 될 말인가! 흐흐 좋다. 얼씨구 좋다. 심청이가 우리 딸 심청이가 출천대효 내 딸 심청이가 죽대서야 천도가 무심하지 흐흐 좋다. 얼씨구 좋다. 글쎄 어쩐지 그런 것만 같더라니 거 참 혈육이란 할 수 없는 거야! 어쩐지 어데 가서 살아있는 것만 같더란 말이야! 흐흐 좋다. 얼씨구 좋다. 그런데……그런데 말씀입니다. 장승상 부인 그래 그 애가 지금 있기는 어데 가 있답니까? 그건 모르시나요?

장승상 부인 : 왜요. 알지요. (궁녀 김씨에게 손짓을 하며) 이 애 심청아 어여 오너라. 너이 아버지 오셨다.

심봉사 : 엉? (또 한 번 달리 놀라) 엉?

궁녀 김씨 : ㉢ (전계로 나오면서) 아버지. (매달리지 않고 무춤* 머물러 선다)

심봉사 : 오오 심청아 어데 보자. (눈도 떴다. 껴안으려고 달려든다) 네가 띠어 주려던 눈도 시방이야 떴다.

궁녀 김씨 : 아이구머니! 숭축해라!(돌아서서 전 안으로 들어가며) 장님이라더니 눈을 떴어요. (전 뒤로 퇴장)

심봉사 얼떨떨해서 멍하니 섰다가 전후좌우와 위아

래로 둘러본다. (특히 관객에게 눈 뜬 것이 보이도록) 장승상 부인과 왕후는 궁녀 김씨가 실패한 것을 당황하다가 심봉사가 눈 뜬 것을 알고 기뻐한다.

장승상 부인 : 어쩌면! (심봉사를 들여다보며) 정말 눈을 떴구려! 원 이런 신통한 도리가 또 있을까?

심봉사 : ㉣ 네 하도 반가워서 눈이 그냥 번쩍 떠졌습니다. 그런데 그런데.

장승상 부인 : 원 어쩌면 몽운사 부처님의 영험이 인제야 발현했나 보우. 그것도 다 심청이 죽은 정성이지요.

심봉사 : 네 심청이가 또 죽었어요?

장승상 부인 : 네 아니 아이구 이걸 어쩌나 내가 입이 방정이야. 그 애가 또 아니라 하고 달아났지! 이걸 어쩌면 좋습니까?

왕후 : 할 수 없지요. 일희일비라니 눈 뜬 것이나 다행한 일이니 바른대로 말해 주시오.

장승상 부인 : 여보, 심생원 그런 게 아니라 심청이는, 정말 심청이는 저 인당수에서……

심봉사 : 네, 인당수에서? 아니 아까 그건?

장승상 부인 : 아까 그건 거짓말 심청이고 그래서 심생원이 눈을 뜨니까 질겁을 해서 달아났다우. 그리고 정말 심청이는. 여보 심생원 정말 심청이는 인당수에서 아주 영영 죽었……

심봉사 : ㉤ (자기 손가락으로 두 눈을 콱 찌르면서 엎드려진다) 아이구 이 놈의 눈 구먹! 딸을 잡아먹은 놈의 눈 구먹! 아주 눈 알맹이째 빠져 버려라. (마디마디 사무치게 흐느껴 운다)

— 채만식, 「심봉사」 —

*흠향 : 신명(神明)이 제물을 받음.
*억색 : 억울하거나 원통하여 마음이 답답함.
*주소(晝宵) : 밤과 낮을 아울러 이르는 말.
*전계(殿階) : 궁전(宮殿)으로 오르는 계단의 섬돌.
*무춤 : 놀라거나 어색한 느낌이 들어 하던 짓을 갑자기 멈추는 모양.

41 (가)와 (나)에 대한 설명으로 가장 적절한 것은?

① (가)는 배경 묘사를 통해 사건을 암시하고 있고, (나)는 인물의 과장된 말과 행동을 통해 인물의 성격을 부각하고 있다.

② (가)는 독백적인 서술을 통해 인물 간의 갈등을 심화시키고 있고, (나)는 인물 사이의 대화를 통해 인물 간의 갈등 양상을 보여주고 있다.

③ (가)는 (나)와 달리 인물이 자신의 행적을 요약적으로 진술하여 사건에 대한 이해를 돕고 있다.

④ (나)는 (가)와 달리 인물의 과거 회상을 통해 인물이 겪은 비현실적인 상황을 드러내고 있다.

⑤ (가)와 (나)는 모두 빈번하게 장면을 전환하여 사건을 긴박하게 전개하고 있다.

42 〈보기〉를 바탕으로 (가)를 감상한 내용으로 적절하지 않은 것은? [3점]

〈보기〉

소설 속 인물들은 자신의 고유하고 개별적인 욕망을 지향하고 갈망하는 '욕망 주체'이자 다른 이들의 욕망 실현에 영향을 주는 '욕망의 중재자'가 될 수 있다. 욕망은 욕망 주체의 끊임없는 노력이나 중재자의 도움으로 실현되기도 하고, 현실적인 여건에 의해 좌절되기도 한다. 또한 가끔은 중재자의 희생이나 절대적 존재의 초월적인 힘에 의해 예기치 않게 욕망이 실현되기도 한다.

① 인당수를 건너고 싶다는 '남경장사 선인'의 욕망은 '심청'의 욕망이 실현되는 계기를 제공한다.

② '천신'은 개별적인 욕망 주체의 지향에 응답하여 욕망을 중재하는 초월적인 힘으로 욕망의 실현에 영향을 준다.

③ '귀덕 어미'는 '아비'의 욕망을 대신 실현하려는 '심청'을 위해 수로 만 리를 무사히 왕래하고자 하는 욕망 주체의 중재자가 된다.

④ 자신의 욕망으로 '아비'의 욕망을 발원한 욕망 주체는 절대적 존재의 힘에 의해 보상을 받게 된다.

⑤ '심봉사'는 자신의 욕망 실현을 염원했던 것에 대해 자책하나 예기치 않게 욕망이 실현된다.

43 (가)를 토대로 (나)가 창작되었다고 할 때, [A]와 (나)에 대해 이해한 내용으로 적절하지 <u>않은 것</u>은?

① [A]에서의 궁궐은 환상적인 공간으로 그려지고, (나)에서의 궁궐은 심봉사가 현실을 직시하는 공간으로 그려진다.

② [A]에서는 장면 묘사를 통해 인물의 고조된 기쁨을 보여주고, (나)에서는 인물의 비극적 상황에 대한 인식을 통해 절망감을 드러낸다.

③ [A]와 달리 (나)에서는 새로운 인물을 등장시켜 현실에서 일어난 심청의 죽음을 감추려 한다.

④ [A]와 달리 (나)에서의 왕후와 장승상 부인이 상의하는 것은 심청의 효의 가치를 널리 알리기 위해 계획하고 있는 것이다.

⑤ [A]와 달리 (나)에서 심봉사가 자신의 현실적인 소망을 구체적으로 드러내는 것은 심청의 죽음에 대한 안타까움을 부각하기 위한 것이다.

44 ㉮와 ㉯에 대한 이해로 가장 적절한 것은?

① ㉮에서 '남경장사 선인'은 자신의 신분을 밝혀 신뢰성을 강조하고, ㉯에서 '궁녀 김씨'는 자신의 요구를 드러내고 있다.

② ㉮에서 '심청'은 일어날 수 있는 일을 예측하여 걱정하고, ㉯에서 '궁녀 김씨'는 어쩔 수 없는 상황에서 요구를 수용하고 있다.

③ ㉮에서 '심청'은 도덕적 가치를 근거로 불편한 심기를 내비치고, ㉯에서 '장승상 부인'은 행동에 대한 당위성을 강조하고 있다.

④ ㉮에서 '남경장사 선인'은 예상되는 문제를 언급하여 상대방에게 해결을 요구하고, ㉯에서 '장승상 부인'은 상대방의 처지를 이해하며 위로하고 있다.

⑤ ㉮에서 '남경장사 선인'은 처할 수 있는 위기를 언급하며 행위의 이유를 밝히고, ㉯에서 '장승상 부인'은 상대해야 하는 사람의 특성을 들어 상대방을 안심시키고 있다.

45 ㉠~㉤ 중 (나)를 공연하기 위한 회의 내용으로 적절하지 <u>않은</u> 것은?

① ㉠ : 장승상 부인이 하는 말을 듣고 반가움이 드러나는 목소리로 반응하며 표정 연기를 하는 것이 좋겠어.

② ㉡ : 심봉사가 듣지 못하는 것처럼 보이게 하며 관객을 향해 대사를 한 후 심봉사 쪽으로 몸을 돌리고 대사를 하는 것이 좋겠어.

③ ㉢ : 어색한 태도로 심봉사 앞으로 나오면서 마지못한 목소리로 대사를 하는 것이 좋겠어.

④ ㉣ : 눈을 뜬 것에 대한 신기함과 딸이라고 여겼던 인물이 도망간 상황에 대한 당황함이 드러나도록 표정 연기를 하는 것이 좋겠어.

⑤ ㉤ : 심봉사의 애절한 심정을 부각하기 위해 절제된 감정 표현이 드러나도록 연기를 하는 것이 좋겠어.

2027

사관학교

10개년 국어

제1교시 국어영역(공통)

▶정답 및 해설 342p

[01~03] 다음은 수업 중 학생의 발표이다. 물음에 답하시오.

저는 여름 방학 동안 여러 미술관을 방문하고 왔는데요, 인상적인 작품이 있어서 여러분께 소개하고 싶습니다. 제가 좋아하는 작품 순서대로 보여 드리겠습니다.

여러분, (화면 1을 가리키며) 이 작품을 아세요? (청중의 대답을 듣고) 맞아요. 우리가 지난번 미술 시간에 배웠던 칸딘스키 작품이지요. 칸딘스키는 대상의 구체적인 형상에 내재한 본질을 드러내려고 하였습니다.

즉 칸딘스키는 실재하는 대상의 구체적인 형상을 화폭에 재현하지 않았습니다. 대신에 그는 단순한 선과 면, 그리고 색의 덩어리로 작품을 만들었습니다. 대상을 재현하는 것이 아니라 추상적으로 표현하였다는 점에서 저는 칸딘스키의 그림이 음악을 닮았다는 생각을 했습니다.

(화면 2를 가리키며) 이 사진 속 작품은 철을 소재로 회전하는 모양의 타워를 표현한 리처드 세라의 설치 작품입니다. 우리가 미술관이나 전시회에 가보면 예술 작품을 그저 바라만 보잖아요. 그런데 이 작품에서는 다른 작품에서와 달리 작품을 관람하는 관람자의 위치에 따라 작품의 의미가 달라지는 것을 경험할 수 있습니다. 저도 이 사진 속 사람들처럼 작품 안에 들어가서 작품을 만져 보기도 하고, 다양한 위치에서 바라보았습니다. 이는 세라의 창작 의도와 관련이 있습니다. 세라는 작품의 완성은 관람자의 참여에 의해 이루어진다고 생각했습니다. 그래서 세라는 이 작품을 창작할 때 작품에 참여하는 관람자의 위치나 시선과 같은 요소를 고려하였습니다.

마지막은 드립 페인팅 기법을 활용한 잭슨 폴록의 작품입니다. (화면 3을 가리키며) 그는 커다란 천을 바닥에 깔고 공업용 페인트를 흩뿌려 이 작품을 만든 것으로 알려져 있습니다. 심지어 구멍 낸 물감통을 흔들거나, 주사기로 물감을 쏘는 방식을 사용하여 선과 색의 구별마저 없애 버렸습니다. 폴록은 즉흥적이고 순간적인 생각과 감정을 우연적인 방식으로 작품에 담으려고 했기 때문입니다. 더욱이 그의 작업 과정이 사진으로 기록됨으로써 작품을 창작하는 예술가의 작업 과정까지도 예술이 될 수 있다고 평가를 받고 있습니다.

그런데 지금까지 소개한 세 작품을 (화면 4를 가리키며) 이렇게 정리해 볼 수도 있습니다. 세라의 작품을 칸딘스키와 폴록의 작품과 구분하여 제시한 이유가 무엇일까요? 힌트를 드릴까요? 제가 앞에서 설명한 내용 중에서 관람자에 대한 세라의 생각을 떠올리시면 좀 더 쉽게 답을 찾을 수 있습니다. 여러분, 재미있으셨나요? 저도 이번 발표를 준비하면서 즐거웠습니다. 그리고 준비 과정에서 작품에 참여하는 관람자의 역할이 시대에 따라 변화한다는 것에 흥미를 느끼게 되었습니다. 그래서 앞으로 기회가 되면 '작품과 관람자'란 주제로 발표해 보려 합니다. 이만 발표를 마치겠습니다.

01 학생의 말하기 방식으로 가장 적절한 것은?

① 반언어적 표현을 반복적으로 활용하여 주요 내용을 강조하고 있다.

② 청중을 칭찬하는 말로 발표를 시작하며 청중과의 유대감을 쌓고 있다.

③ 전문가의 말을 직접 인용하며 발표 내용에 대한 신뢰도를 높이고 있다.

④ 공유하는 경험을 환기하여 발표 내용에 대한 청중의 관심을 끌고 있다.

⑤ 발표 내용을 요약한 후 청중의 이해 정도를 확인하며 마무리하고 있다.

02 〈보기〉는 위 발표에서 사용했던 매체 자료이다. 이 시각 자료를 보며 발표를 들은 학생이 보인 반응으로 가장 적절한 것은? [3점]

〈보기〉

화면 1

화면 2

화면 3

화면 4

① 작품의 규모에 따라 화면 1, 2, 3을 보여준 후, 작품에 사용된 표현 기법이 대비되도록 화면 4를 준비했군.

② 발표자에게 인상적이었던 순서로 화면 1, 2, 3을 보여준 후, 작품의 소재가 대비되도록 화면 4를 준비했군.

③ 발표자가 관람한 시간적 순서로 화면 1, 2, 3을 보여준 후, 예술가의 활동 시대가 대비되도록 화면 4를 준비했군.

④ 작품의 인기 순으로 화면 1, 2, 3을 보여준 후, 각각의 예술가에 대한 당대의 평가가 대비되도록 화면 4를 준비했군.

⑤ 발표자의 선호도에 따라 화면 1, 2, 3을 보여준 후, 관람자의 참여에 대한 작가의 고려 여부가 대비되도록 화면 4를 준비했군.

03 〈보기〉는 위 발표를 들으며 떠올린 생각들이다. 〈보기〉에 대한 설명으로 적절하지 <u>않은</u> 것은?

〈보기〉

• 칸딘스키 그림이 음악을 닮았다고 했는데, 구체적인 예를 들어 설명했으면 좋았을 것 같아.

• 칸딘스키에 대해 궁금해졌어. 발표자가 칸딘스키에 대해 참고한 자료는 무엇인지 알아봐야겠어.

• 세라의 작품이 타원을 표현한 것이라는데, '수학과 예술'에 관한 과제 발표에 활용해야겠어.

• 폴록을 인터넷에서 검색하면 작품보다 작업하는 그의 모습을 찍은 사진이 더 많이 보여 이상하게 생각했는데, 발표 내용을 듣고 나니 그 이유를 알겠어.

• 나도 발표를 듣고 작품과 관람자의 관계에 대해 궁금해졌어. 다음 발표도 기대되는군.

① 발표자의 언어 예절에 대해 평가하며 들었다.
② 발표자가 계획한 발표 주제에 대해 긍정적으로 생각하며 들었다.
③ 발표 내용을 통해 자신이 과거에 가졌던 의문을 해결하며 들었다.
④ 발표 내용에서 추가 설명이 필요한 부분은 없는지 점검하며 들었다.
⑤ 발표 내용과 관련된 것을 자신의 과제 해결에 활용할 생각을 하며 들었다.

[04~07] (가)는 학교에 게시할 안내문을 작성하기 위한 학생회 학생들의 회의이고, (나)는 이를 바탕으로 작성한 글의 초고이다. 물음에 답하시오.

(가)

학생 1 : 잘 알다시피, 학교에서 학생들이 모둠별 활동이나 발표 준비를 할 수 있도록 올해부터 모둠 학습실을 만들어 우리 학생회가 운영하고 있잖아. 그런데 모둠 학습실을 이용하는 데 문제점들이 꽤 많은 것 같아. 이 점에 대해 의견들을 말해 보면 좋겠어.

학생 2 : 모둠 학습실은 모둠별 활동과 발표를 준비할 수 있어서 인기가 많아. 그런데 방이 세 개밖에 없어서 사용 중인 팀이 있으면 그 팀이 나올 때까지 기다려야 돼. 지난주에 수행평가 모둠별 활동 때문에 나도 여러 번 갔는데 먼저 사용 중인 팀들이 나오지 않아서 한 번밖에 사용을 못 했어.

학생 3 : 아마 사용 시간에 제한이 없기 때문에 그런 것 같아. 그래서 생각해 봤는데 모둠 학습실을 한 번 이용할 때 사용할 수 있는 시간을 정해놓으면 좋겠어. 2시간 정도로 제한하여 예약제로 운영하면 어떨까?

학생 1 : 좋은 생각이야. 그리고 체계적으로 시간을 관리하기 위해서는 운영 시스템이 필요해. 학교 홈페이지를 통해 학생회 총무부가 한 달 전부터 예약을 받고 정해진 시간만 이용하도록 하면 좋겠어.

[A]

학생 3 : 그래. 너희들은 다른 문제는 없었니? 난 지난번에 가 봤더니 빔 프로젝터가 작동하지 않더라. 자기 물건이 아니라고 함부로 쓰는 친구들이 있는 것 같아. 모둠 학습실을 이용할 때 책임을 맡을 사람을 정하면 좋겠어. 예약제를 하기로 했으니까, 학교 홈페이지에 예약하는 사람이 고장난 기자재를 홈페이지를 통해 학생회에 알리도록 하면 어떨까?

학생 1 : 좋은 생각이야. 그리고 내가 이용했을 때는 음식물 냄새가 심하게 나서 불쾌했는데, 너희들은 어땠니?

학생 2 : 내가 모둠 학습실을 사용할 때는 괜찮았는데, 지난주에 이용한 우리 반 친구는 모둠 학습실이 지저분하게 어질러져 있다는 말을 했어. 청소도 문제인 것 같아.

학생 1 : 맞아. ㉠ 음식물로 모둠 학습실이 지저분해지니까, 물을 제외한 음식물 반입을 못하도록 하는 게 어떨까?

학생 3 : 좋아. 이제 학생들에게 공지할 안내문을 써야할 텐데, 어떤 내용이 들어가면 좋을까? 그동안의 이용 상황에 대해서 언급해야 할 것 같아. 도저히 지금 상태로는 모둠 학습실이 원활하게 운영되기 어렵기 때문에 규칙을 만들게 되었다는 것을 알려야 할 것 같아.

학생 2 : 그전에 모둠 학습실이 만들어진 배경과 과정에 대해서 먼저 언급하는 게 좋지 않을까? 많은 학생들의 요구가 있었고, 어렵게 만들어진 장소라는 사실을 알려야 할 것 같아.

학생 1 : 지금 나온 의견을 바탕으로 먼저 모둠 학습실을 만들게 된 배경과 과정을 언급하고, 학생들이 모둠 학습실 이용에 불편을 겪고 있는 상황을 이야기하자. 그 다음에 원활한 운영을 위해서 규칙을 만들었다고 하면 더 좋을 것 같아. 그리고 마지막에 규칙을 안내하면 될 것 같아.

학생 2 : 좋아. 근데 ⓒ 모둠 학습실 청소를 맡은 도서반 친구들이 힘드니, 모둠 학습실을 이용하는 팀이 청소를 하면 어떨까? 제대로 이용하지 않는 사람들 때문에 같은 학교 친구들이 고생하고 있잖아. 그 문제와 대책도 알릴 필요가 있다고 생각해.

학생 3 : 맞아. 모둠 학습실 운영 규칙에 대한 제안을 더 받는 건 어때? 다른 학생들이 느끼는 불편함을 우리가 듣고 규칙을 만들어나갈 예정이라고 하면 더 설득력이 있을 것 같아.

[B]
┌ 학생 1 : 좋은 생각이야. 마지막에는 학생들에게 동참을 권유하는 어투를 사용하면 더 좋겠어. 글이 다소 딱딱하게 느껴질 수 있으니까 비유적인 표현을 활용하자.

학생 2 : 지금까지의 모습이 좋지 않았으니까 대조의 방식을 활용하는 것도 좋을 것 같아.

└ 학생 1 : 그래. 그러면 내일부터 글을 같이 써보자.

(나)

학생 여러분, 안녕하세요. ○○고 학생회입니다. 자유로운 분위기에서 모둠별 활동을 하거나, 발표 준비를 할 수 있는 모둠 학습실에 대한 학생 여러

분의 요구가 그동안 많았습니다. 그래서 저희 학생회는 여러분의 요구에 따라 도서관 담당 선생님과 간담회를 진행하였고, 그 결과 2층 도서실 옆에 노트북 컴퓨터와 빔프로젝터를 이용할 수 있는 3개의 모둠 학습실이 생겼습니다.

모둠 학습실은 많은 학생들의 호응을 받았지만 한 학기가 지난 지금, 그 모습은 처음과 많이 다릅니다. 일부 학생들이 모둠 학습실을 독점하는 경우가 많이 보입니다. 또한 모둠 학습실의 기자재를 망가뜨리거나 분실하고, 모둠 학습실을 이용한 후에 청소를 제대로 하지 않고 나가는 등의 일이 자주 발생하여 많은 학생들이 이용에 불편을 겪고 있습니다. 청소를 맡은 도서반 친구들도 매우 힘들어하고 있습니다. 이에 따라 저희 학생회에서는 모둠 학습실의 운영 규칙을 마련하였으니 협조해주시기 바랍니다.

먼저 여러 학생들에게 이용의 기회가 돌아갈 수 있도록 모둠 학습실은 예약제를 실시할 것입니다. 1회에 최대 2시간 동안 이용이 가능하며, 다른 학생들의 예약이 없는 경우에는 연장이 가능합니다. 이용 시간을 준수해주시고, 이용 후에는 청소를 잘 해주시기 바랍니다. 그리고 모둠 학습실 내부에서는 물 이외의 음식물은 허용하지 않겠습니다. 바닥이 천 재질로 되어 있어서 음료를 흘릴 경우에 냄새가 나고 얼룩이 생기기 때문입니다. 이 외에도 학생 여러분이 필요한 규칙이 있다고 생각하면 언제든 저희에게 이야기해주세요. 여러분과 함께 쾌적한 모둠 학습실을 만들어 나가고 싶습니다.

[ⓐ   ]

04 [A]에 대한 이해로 적절하지 <u>않은</u> 것은?

① 학생 2는 모둠 학습실 이용의 문제점에 대해 자신의 경험을 활용하여 말하고 있군.

② 학생 3은 모둠 학습실 이용의 문제점에 대한 원인과 대책을 말하고 있군.

③ 학생 1은 학생 3이 제안한 내용을 실행할 주체와 방안을 구체적으로 제시하고 있군.

④ 학생 3은 학생 1이 언급한 학교 홈페이지를 활용하여 기자재 관리 문제에 대한 해결책을 제시하고 있군.

⑤ 학생 2는 모둠 학습실 청소에 대한 자신의 견해의 근거로 학생 1의 말을 제시하고 있군.

④ 학생들이 모둠 학습실 이용에 불편을 겪고 있다는 내용을 담는다.

⑤ 학생들로 인해 모둠 학습실의 기자재가 망가진 경우도 있음을 알린다.

05 (가)의 담화 흐름을 고려할 때, ㉠과 ㉡의 공통점으로 가장 적절한 것은?

① 상대방 의견에 부분적으로 동의한 뒤, 이의를 제기하고 있다.

② 문제 상황을 언급한 뒤 그에 대한 해결 방안을 제시하고 있다.

③ 물음의 형식을 사용하여, 상대방의 의견에 대한 자신의 동의를 드러내고 있다.

④ 상대방이 제시한 의견의 문제를 지적하며, 상대방에게 해결 방법을 제안하고 있다.

⑤ 상대방에게 되묻는 방식으로 상대방의 생각에 대한 자신의 이해가 정확한지를 확인하고 있다.

06 (가)를 바탕으로 (나)를 작성했다고 할 때, (나)에 반영된 내용으로 적절하지 <u>않은</u> 것은?

① 모둠 학습실에 음식물 반입을 제한하는 이유를 언급한다.

② 모둠 학습실을 만들게 된 배경과 과정에 대해서 설명한다.

③ 모둠 학습실이 실제로 운영되고 있는 시간에 대해서 소개한다.

07 [B]를 고려할 때, ⓐ에 들어갈 내용으로 가장 적절한 것은?

① 학교 기자재는 우리가 사랑하는 학교의 소중한 자산입니다. 학교 기자재는 여러분의 꿈을 키워주는 소중한 자산입니다. 다함께 모둠 학습실을 학교의 보물처럼 아껴주도록 해요.

② 자기만을 생각하는 차가운 모둠 학습실, 친구를 배려하는 따뜻한 모둠 학습실, 여러분은 어떤 선택을 하겠습니까? 우리 함께 호텔 같은 모둠 학습실을 만들어 나갑시다.

③ 시끄러운 모둠 학습실이 좋은가요? 조용한 모둠 학습실이 좋은가요? 여러분과 함께 모두가 만족할 수 있는 모둠 학습실을 만들어 나가고 싶습니다.

④ 지저분하게 어질러진 모둠 학습실을 원하십니까? 쾌적하게 정리된 모둠 학습실을 원하십니까? 모둠 학습실에서 행복한 학교생활을 시작합시다.

⑤ 아름다운 사람은 머문 자리도 아름답습니다. 우리 모두 깨끗한 모둠 학습실로 공부하고 싶은 학교를 만듭시다.

[08~10] 다음 글을 읽고 물음에 답하시오.

〈교지 편집부의 요청 내용〉

학생들을 대상으로 자전거를 안전하게 타도록 설득하는 글을 써 주세요.

〈글을 쓰기 전에 떠올린 생각〉

• 자전거 등하교로 인한 사고가 늘어나고 있음을 언급하며 글을 시작해야겠어. ····················· ㉠
• 자전거에 대한 안전 의식의 미흡함을 언급해야겠어. ·· ㉡
• 자전거 안전장치에는 어떤 것들이 있는지 알려줘야겠어. ·· ㉢
• 자전거를 운전하기 전에 안전모를 정확하게 착용하는 방법을 알려줘야겠어. ····················· ㉣
• 자전거로 도로를 안전하게 주행하는 방법을 소개해야겠어. ·· ㉤

〈초고〉

지난 1년 동안 우리 학교에서 자전거를 이용해 통학하는 학생들이 눈에 띄게 늘어났다. 이에 따라 자전거로 등하교하던 학생이 사고를 당하거나, 사고를 일으키는 경우가 많아져 이를 우려하는 사람들이 늘어나고 있다.

요즘 학생들은 자전거에 대한 안전 의식이 매우 부족하다. 자전거로 등하교를 하는 학생들이 자전거 안전수칙을 잘 모르거나, 알더라도 잘 지키지 않고 있다. 안전한 자전거 이용 방법을 알리기 위해 정부는 최근에 자전거 안전 수칙을 제시했다. 첫째, 자전거에 안전장치를 장착해야 한다. 자전거에 장착할 안전장치로는 전조등과 후미등, 반사 장치 등이 있다. 둘째, 안전모를 착용해야 한다. 이 두 가지는 법적 의무 사항이기 때문에 자전거를 타는 학생들은 반드시 이를 지켜야 한다. 셋째, 자전거 운행 시 휴대전화나 이어폰을 사용하지 말아야 한다. 왜냐하면 자전거를 타는 사람의 주의력과 반응 속도를 떨어뜨리기 때문이다.

지금까지 설명한 자전거 안전 수칙 외에도 자전거로 도로를 안전하게 주행하는 방법에 대해서도

알 필요가 있다. 자전거는 도로교통법 상 '차'에 해당하기 때문에 자전거 도로가 있으면 자전거 도로를 이용하고 그렇지 않은 곳에서는 차도를 이용해야 한다. 또한 횡단보도를 건널 때에는 반드시 자전거에서 내려, 자전거를 끌고 걸어가야 한다. 자전거를 타고 횡단보도를 건널 경우, '횡단보도 보행자 횡단방해' 등의 범칙행위에 해당하여 범칙금이 부과될 수 있다.

도로교통법을 철저히 지키는 일은 번거로운 일이다. 하지만 안전은 원래 불편하고 번거로운 일이다. 그것은 자전거를 탈 때도, 자동차를 탈 때도 마찬가지이다. 자동차를 탈 때 안전띠를 매듯이 자전거를 탈 때에는 안전모를 쓰는 습관이 필요하다.

08 ㉠~㉤ 중 초고에 반영되지 <u>않은</u> 것은?

① ㉠
② ㉡
③ ㉢
④ ㉣
⑤ ㉤

09 〈보기〉의 자료를 활용하여 초고를 수정·보완하고자 할 때, 활용 방안으로 적절하지 <u>않은</u> 것은?

─ 〈보기〉 ─

(가) 자전거 안전 수칙에 대한 설문 내용 및 결과(대상 : 학생)

1. 다음 중 가장 위험하다고 생각되는 행동은?	응답
자전거 운행 중 휴대전화 사용	40%
야간 운행 중 전조등, 후미등 미장착	24%
자전거 음주 운전	18%
자전거 권장 속도위반	10%
자전거 운행 시 안전모 미착용	8%
합계	100%

2. 자전거 안전 수칙을 지키지 않는 이유는?	응답
안전 수칙을 몰라서	45%
안전 수칙을 지키는 것이 불편해서	30%
안전 수칙을 지키는 데 필요한 비용 때문에	18%
기타	7%
합계	100%
합계	100%

(나) 관련 기사

　○○경찰청에 따르면 최근 3년 동안 일어난 자전거 사고 중 71.7%는 안전 수칙 불이행으로 인한 사고였다. 특히 안전모를 쓰지 않아 사망에 이르는 경우가 많았다. 차도에서 발생하는 자전거 사고도 많았는데, 자전거로 차도를 이용할 때에는 도로의 가장 우측 차로의 오른쪽 절반에서 타야하며, 두 대가 양옆으로 나란히 주행하는 것은 불법이다.

(다) 교통안전 전문가 인터뷰

　차량이 야간에 운행을 하면 가시거리가 주간 운행에 비해 현격하게 줄어듭니다. 이로 인해 야간에 발생하는 차량과 자전거와의 사고는 낮에 일어나는 사고보다 치사율이 무려 3배나 높습니다. 후미등을 켜 놓더라도 더 밝은 자동차 불빛이 비추면 자전거가 안 보일 수 있기 때문에 안전을 위해서는 반사 스프레이를 자전거나 옷에 뿌려야 합니다.

① '(가)-1'을 활용해 자전거 안전 수칙에 음주 운전 금지와 권장 속도 지키기를 추가해야겠어.

② '(가)-2'를 활용해 학생들에게 자전거 안전 의식이 부족한 이유를 설명해야겠어.

③ (다)를 활용해 자전거를 야간에 운행할 때 주의를 더 기울여야 한다는 내용을 덧붙여야겠어.

④ (나)와 (다)를 활용해 차량과 자전거와의 사고를 예방하는 데 후미등이 중요한 역할을 한다는 것을 부각해야겠어.

⑤ '(가)-1'과 (나)를 활용해 자전거 사고로 인한 피해를 최소화하기 위해서는 안전모 착용이 중요하므로 학생들이 이를 알아야 한다는 점을 강조해야겠어.

10 〈보기〉는 초고를 읽은 편집부의 검토 의견과 이에 따라 학생이 고쳐 쓴 글이다. ⓐ에 들어갈 내용으로 가장 적절한 것은? [3점]

─〈보기〉─

[편집부의 검토 의견]

　초고 잘 읽었습니다. (ⓐ) 내용으로 마지막문단을 고쳐 주시면 좋겠습니다.

[고쳐 쓴 글]

　자전거를 안전하게 타는 방법을 정리하면 다음과 같다. 안전모 착용, 안전장치 장착, 휴대전화나 이어폰 사용 금지, 도로교통법 준수 등이다. 자전거를 탈 때에 안전모를 쓰는 습관과, 횡단보도를 건널 때에 자전거에서 내려 걸어가는 습관 등이 필요하다. 이제 모두 자전거의 안전 수칙을 실천해야 할 때이다.

① 글의 내용을 요약하고 자전거를 안전하게 타기 위한 실천을 촉구하는

② 글의 목적을 밝히며 자전거의 안전장치에 대한 인식 전환을 강조하는

③ 전달하려는 내용을 강조하기 위해서 자전거 정비의 필요성을 부각하는

④ 예상 독자를 고려하여 자전거 안전사고에 대한 정부의 대책 마련을 제안하는

⑤ 글의 흐름을 고려하여 도로에서 자전거를 탈 때의 안전 속도 준수를 제시하는

11 〈보기1〉을 참고할 때, 〈보기2〉에 대한 이해로 적절하지 <u>않은</u> 것은?

─〈보기1〉─

음운 현상은 바뀌게 되는 음운, 바뀌어 나온 음운, 일어나는 조건이라는 세 가지 구성 요소로 이루어진다. 음운 현상은 음운 수의 변화, 조음 위치나 조음 방법의 변화에 따라 세분화하여 살펴볼 수 있고, 어떤 음운 현상 외에 또 다른 음운 현상이 더 적용될 수도 있다.

─〈보기2〉─

'닭+만 → [당만]', '잎+만 → [임만]', '옷+는 → [온 : 는]', '닭+는 → [당는]'은 비음화의 세 가지 구성 요소를 명확히 보여 준다. 또한 비음화 외에 또 다른 음운 현상이 더 적용된다.

① 비음화가 일어나는 조건은 'ㅁ, ㄴ 앞'이다.

② 비음화에 의해 바뀌게 되는 음운은 'ㅂ, ㄷ, ㄱ'이다.

③ 비음화는 조음 방법은 달라지지만 조음 위치는 달라지지 않는 음운 현상이다.

④ '닭+만 → [당만]'의 경우 비음화에 의해 음운의 수가 줄어든 예로 볼 수 있다.

⑤ '국+물 → [궁물]'의 경우 안울림소리가 'ㅇ'으로 바뀌므로 비음화의 예로 추가할 수 있다.

12 〈보기〉의 ㉠, ㉡을 이해한 내용으로 적절한 것은?

─〈보기〉─

㉠ 그녀는 여름 방학이 어서 오기를 기다린다.
㉡ 해군 부대는 함정이 한참 부족했으나 용맹한 자세로 전투에 나섰다.

① ㉠에는 부사어가 있지만 ㉡에는 부사어가 없다.

② ㉠은 명사절을 안고 있지만 ㉡은 인용절을 안고 있다.

③ ㉠은 종속적으로 이어진 문장이지만 ㉡은 대등하게 이어진 문장이다.

④ ㉠에는 주어가 생략된 안긴절이 있지만 ㉡에는 목적어가 생략된 안긴절이 있다.

⑤ ㉠에는 목적어 역할을 하는 안긴절이 있지만 ㉡에는 서술어 역할을 하는 안긴절이 있다.

13 〈보기〉는 사전 자료의 일부이다. 이에 대한 이해로 적절하지 <u>않은</u> 것은?

─〈보기〉─

실리다¹
「동사」
【…에】
「1」옮겨지기 위하여 탈 것, 수레, 비행기, 짐승의 등 따위에 올려지다. '싣다'의 피동사.
　㉐ 다음 날 밤 그는 포승을 찬 채 지프차에 실리어 갔다.
「2」사람이 어떤 곳을 가기 위하여 차, 배, 비행기 따위의 탈 것에 오르게 되다. '싣다'의 피동사.
「3」글, 그림, 사진 따위가 책이나 신문 따위의 출판물에 나오게 되다. '싣다'의 피동사.

㉔ 신문에 우리 학교에 관한 기사가 실렸다.
「4」 기운이 무엇에 품기거나 띠게 되다. '싣다'
의 피동사.

실리다²
「동사」
【…에 …을】
물체나 사람을 옮기기 위하여 탈 것, 수레, 비
행기, 짐승의 등 따위에 올리다. '싣다'의 사
동사.
㉔ 구급차에 환자를 실려 보내다.

① '실리다¹' 「1」의 능동사인 '싣다'는 주어 외에도
목적어와 부사어가 필수적으로 요구된다.

② '실리다¹' 「4」의 용례로 '눈에 겁이 잔뜩 실려
있다.'를 제시할 수 있다.

③ '실리다²'에서 제시된 용례를 주동문으로 만
들려면 부사어를 주어로 바꿔야 한다.

④ '실리다¹'과 '실리다²'는 서로 동일한 품사이
면서 동음이의어 관계이다.

⑤ '실리다¹'과 '실리다²'는 서술어가 필수적으로
요구하는 문장 성분의 개수가 서로 다르다.

[14~15] 다음 글을 읽고 물음에 답하시오.

의미 자질은 단어의 의미를 구성하는 최소 성분
을 말한다. 의미 자질을 표시할 때는 여러 기준을
설정하고, [+기준] 또는 [−기준]과 같은 형식으로
한다. 예컨대 '소녀', '소년', '할머니', '할아버지'라는
단어의 의미 자질을 표시하면 다음과 같을 것이다.

소녀 : [−남성], [−어른], [+인간]
소년 : [+남성], [−어른], [+인간]
할머니 : [−남성], [+어른], [+인간]
할아버지 : [+남성], [+어른], [+인간]

그런데 위 단어들의 공통된 의미 자질, 즉 [+인
간]을 표시하고 나면 [+포유류], [+동물] 등의 의
미 자질은 표시할 필요가 없다. 왜냐하면 이 두 가
지 의미 자질은 [+인간]에 다 포함되어 있기 때문
이다. 이때 [+포유류], [+동물] 등을 [+인간]의 잉
여자질이라 한다.

단어의 의미 자질은 상위어일수록 그 수가 적다.
예컨대 '사람', '남자', '소년'의 의미 자질은 다음과
같이 표시할 수 있다.

사람 : [+인간]
남자 : [+인간], [+남성]
소년 : [+인간], [+남성], [−어른]

한편, 단어의 의미는 변한다. 이는 곧 의미 자질
이 변한다는 것과 같은 말이다. 예컨대 15~17세기
에 나타나는 '마노라'라는 단어는 자기보다 지위가
높은 남녀 모두를 가리키는 데 사용됐다. 그러다가
18세기에 이르면 '마노라'는 자기보다 지위가 높은
여자만을 가리키게 된다. 19세기에는 '마노라' 외에
도 '마누라'라는 단어가 나타나는데, 이 둘은 서로
다른 의미로 쓰였다. '마노라'의 의미에는 변화가
없었으나, '마누라'는 '아내'라는 뜻으로 사용된 것
이다. 오늘날에는 '마노라'라는 단어는 사라지고 '마
누라'라는 단어만 남았다. '마누라'는 '중년이 넘은
아내'를 부를 때 외에 '중년이 넘은 여자'를 낮춰 부
를 때도 사용된다.

14 윗글을 바탕으로 단어의 의미 자질을 분석한 내용으로 적절하지 <u>않은</u> 것은?

① '총각'과 '처녀'의 공통된 의미 자질에는 [−
결혼]이 있다.

② '과일'의 의미 자질의 수는 '포도'의 의미 자
질의 수보다 적다.

③ '바다'와 '강'의 의미 자질 중의 하나는 [+물]
로 표시할 수 있다.

④ '수탉'이 [+동물]의 의미 자질을 갖고 있다
면 [+닭]은 잉여 자질이라고 할 수 있다.

⑤ '낮'이 [+밝음]의 의미 자질을 갖고 있다면
'밤'은 [−밝음]이라는 의미 자질을 갖고 있다.

15 윗글에 대한 이해로 적절하지 <u>않은</u> 것은? [3점]

① 15세기의 '마노라'와 달리 18세기의 '마노라'
는 [+여자]라는 의미 자질을 갖고 있다.

② 15세기의 '마노라'와 현대의 '마누라' 모두
[+사람]이라는 공통적인 의미 자질을 갖고
있다.

③ 18세기의 '마노라'와 19세기의 '마누라' 모두
[+여자]라는 의미 자질을 갖고 있다.

④ 19세기부터 [+가족]이라는 의미 자질을 갖
는 '마누라'라는 단어가 나타났다.

⑤ 19세기의 '마누라'와 현대의 '마누라' 모두
[−아내]라는 의미 자질을 갖고 있다.

[16~18] 다음 글을 읽고 물음에 답하시오.

(가)
대바람 소리
들리더니
소소한 대바람 소리
창을 흔들더니

소설(小雪) 지낸 하늘을
눈 머금은 구름이 가고 오는지
미닫이에 가끔
그늘이 진다.

국화 향기 흔들리는
좁은 서실(書室)을
무료히 거닐다
앉았다, 누웠다
잠들다 깨어 보면
그저 그런 날을

눈에 들어오는
병풍의 '낙지론(樂志論)'을
읽어도 보고……

그렇다!
아무리 쪼들리고
웅숭거릴지언정
— '어찌 제왕의 문에 듦을 부러워하랴'

대바람 타고
들려오는
머언 거문고 소리……

– 신석정, 「대바람 소리」 –

(나)
나도 봄산에서는
나를 버릴 수 있으리
솔이파리들이 가만히 이 세상에 내리고
상수리나무 묵은 잎은 저만큼 지네
봄이 오는 이 숲에서는
지난날들을 가만히 내려놓아도 좋으리
그러면 지나온 날들처럼
남은 생도 벅차리
봄이 오는 이 솔숲에서
무엇을 내 손에 쥐고
무엇을 내 마음 가장자리에 잡아두리
솔숲 끝으로 해맑은 햇살이 찾아오고
박새들은 솔가지에서 솔가지로 가벼이 내리네
삶의 근심과 고단함에서 돌아와 거니는 숲이여 거
기 이는 바람이여
찬 서리 내린 실가지 끝에서
눈뜨리

눈을 뜨리
그대는 저 수많은 새 잎사귀들처럼 푸르른 눈을 뜨리
그대 생의 이 고요한 솔숲에서

– 김용택, 「그대 생의 솔숲에서」 –

16 (가), (나)의 공통점으로 가장 적절한 것은?

① 계절적 이미지를 통해 시적 상황을 형상화
하고 있다.
② 화자의 공간 이동에 따른 정서 변화를 나타
내고 있다.
③ 수미상관의 방식을 통해 구조적 안정감을
형성하고 있다.
④ 대상에게 말을 건네는 방식을 통해 친밀감
을 높이고 있다.
⑤ 영탄적 어조를 사용하여 자연물에 대한 경
외감을 드러내고 있다.

17 〈보기〉를 바탕으로 (가)를 이해한 내용으로 적
절하지 <u>않은</u> 것은? [3점]

─────〈보기〉─────

　　신석정은 지조를 지키는 삶을 중시했던 작
가이다. 이 작품에서 화자는 무료한 일상을
보내고 있다가 문득 깨달음을 얻어 지조를 지
키며 살아가려는 다짐을 보이고 있다. 이 작
품에 인용된 낙지론의 말미에는 '豈羨夫人帝
王之門哉(어찌 제왕의 문으로 들어가는 것을
부러워하겠는가)'라는 부분이 있다. 이를 통
해 화자는 세속적 부귀영화에 대한 미련을 버
리고 가난하지만 지조를 지키겠다는 태도를
드러내고 있다. 이러한 화자의 태도는 감각적
이미지를 통해 잘 형상화되고 있다.

① '좁은 서실'은 무료한 일상의 공간이자 깨달
음을 얻게 되는 공간이다.
② '그렇다!'라는 독백은 화자가 지향하는 삶에
대한 다짐으로 이어지고 있다.
③ '쪼들리고 / 옹숭거릴지언정'은 화자가 벗어
나려는 가난을 감각적으로 표현한 것이다.
④ '제왕의 문'은 화자가 부정하는 세속의 부귀
영화를 의미한다.
⑤ '대바람 타고 / 들려오는 / 거문고 소리'는
화자가 지향하는 삶을 환기하는 청각적 이
미지이다.

18 (나)에 대한 감상으로 적절하지 <u>않은</u> 것은?

① '봄산'은 '솔이파리'와 '상수리나무 묵은 잎'
처럼 '나'를 버릴 수 있는 공간이겠군.
② '삶의 근심과 고단함에서 돌아와'로 미루어
볼 때, 화자는 과거에 힘겨운 일을 겪었을
수 있겠군.
③ '거기 이는 바람'과 '찬 서리'는 '저 수 많은
새 잎사귀들'의 생명을 위협한다는 점에서
화자가 경계하는 대상이겠군.
④ '지나온 날들처럼 / 남은 생도 벅차리'에서
과거를 수용하면서 미래에 대한 기대감을
가지는 화자의 심리를 엿볼 수 있겠군.
⑤ '무엇을 내 마음 가장자리에 잡아' 둘 필요
가 없다는 것은 집착에서 벗어나려는 화자
의 태도를 드러낸다고 할 수 있겠군.

[19~21] 다음 글을 읽고 물음에 답하시오.

[앞부분 줄거리] 횡포를 일삼던 마름 집을 마을 사람들과 습격했다가 쫓기던 막동이는 다른 데로 피하라는 어머니의 설득으로 마을을 등진다. 얼마 후 잘 지내고 있다는 막동이의 편지를 받은 어머니는 다행이라 생각한다. 그런데 해방이 된 이듬해 어머니는 막동이가 형무소에 갇혔다는 편지를 받는다. 둘째 아들을 보내 사정을 알아보니 막동이는 국회의원에 입후보한 사람을 암살한 죄로 형무소에 갇힌 것이었다.

"뭔 일이란가, 뭔 일이여?"

그게 무슨 벼락 맞을 소리냐고, 우리 막동이는 그럴 아이가 아니라고, 그건 다른 사람이 뒤집어씌운 것일 거라고 펄펄 뛰어보는 것도 마냥 쓸데없는 일이었고, 이때부터 열흘 걸러 한 번씩 허우허우 보성으로 달려가서 기차를 타고, 광주 땅에 내리기가 바쁘게 동명동 형무소 면회 창구에 면회 신청을 하여, 두 손을 묶이어 나오는 푸르스름한 죄수복의 막동이, 그놈의 허영고 부석부석한 얼굴을 보면서 쓰라린 마음을 달래곤 했다. 그러면서 그놈에게 늙은 어머니는, 누가 너에게 그런 죄를 씌웠느냐고 울며불며 물어보곤 했지만, 그놈은 멀거니 이 어미의 얼굴을 건너다볼 뿐 입을 꼭 다물고만 있곤 할 뿐이었다. 그놈의 그런 태도로 미루어, 그놈의 심중에는 어느 누구한테도 말하지 못할 어떤 사정인가가 있기는 있는 모양이지만, 그걸 무슨 말로 어떻게 해서 비춰야 할 것인지, 알 수가 없는 것이었다.

늙은 어머니는 그 막동이를 그렇게 만들어놓은 게 모두 소갈머리 없는 자기 때문이라 하며 혀를 깨물고 칵 죽어야 한다고 생각해보지 않은 건 아니었지만, 마룻장 위에서 올골골 떨고 있는 그 막동이를 그대로 둔 채 눈을 감을 수란 도저히 없는 일이므로, 하루하루가 마냥 답답하고 기막히다 할지라도 이미 그놈한테 내리덮인 그 죄를 어떻게 벗겨 줄 길이란 없는 일이니, 이제 그놈이 벗어나오는 날까지 이렇게 면회를 가서 얼굴이라도 볼 수 있는 것만도 고맙게 여기면서, 부지런히 면회를 다니는 길밖에 없다 했다.

한데, 그 면회나 자주 다닐 수 있었으면 하련마는 그놈이 집에 있을 때 품팔아 받아들인 쌀값으로 마련한 송아지를 도짓소로 준 것, 그것을 팔아 면회를 다니며 써버린 뒤로는 왔다 갔다 할 차비에 먹고 잘 돈, 면회 다니면서 그놈 먹고 마시게 할 돈…… 그걸 마련 못해 주겠다고 앙탈을 하는 자식들의 소행이 못내 섭섭하고 노여워, 늙은 어머니는 그 저수지 둑 밑에 주저앉아 다리를 죽 뻗고 통곡이라도 해버렸으면 시원할 것 같은 심사를 억누르고, 부지런히 활갯짓을 하면서 오른손에 든 지팡이를 옮겨 놓았다.

그때 복받치는 격정이 목구멍을 막아 쿨룩 기침을 했고, 그사이 들이마신 찬바람 때문에 그 기침은 연거푸 터져 나오기 시작하여, 늙은 어머니는 쪼그려 앉아 오그라져 들어가는 뱃가죽을 그러쥐고, 숨이 발딱 넘어가는 곰 고욤 소리를 내다가, 헛돌던 치차가 잘못되어 달칵 지르륵 하고 걸려 돌아가는 것처럼 "으음"하고 목을 가다듬으며 일어섰다.

〈중략〉

이날 면회 신청은 물론 그 늙은 어머니가 제일 먼저 하였다. 접수를 하고 나자 늙은 어머니는 조급해졌다. 전에 하던 것으로 보아, 얼마 있지 않아 아들을 데려다 줄 것이라 생각하며 곧 밥집으로 달려갔다. 가는 도중에 우유 장수를 만났다. "아차, 잊을 뻔했구나" 하며 우유 두 병을 샀는데, 그게 제법 따끈한 게 다행이다 싶었다.

그걸 든 채로 밥집으로 가, 쇠고깃국 끓인 냄비를 한 손에 들고, 우유를 찹쌀떡 싼 보자기에 집어넣어 지팡이 든 손에 끼어 들고 면회장 입구로 달려가 기다리는데, 또 왜 이날 아침에야말로 이리도 더디 데려다 주는 것인지 환장할 것 같았다.

ⓐ"국이 다 식어뿔구만, 어째서 아직 안 데리고 나온다냐?" 하고 투덜거리던 늙은 어머니는, 쇠고깃국과 우유가 식는 게 안타까워 여기저기를 두리번거리다가 재빨리 묘안을 하나 생각해냈다. 쇠고깃국을 대기소 안의 난로 위에 올려놓고, 우유는 치맛말을 들치고 젖가슴에다 꼭 끼워 묻었다.

늙은 어머니의 바로 다음 차례로 접수를 했던 부인들과 남정네들이 자기들 이름을 불러줄 것을 기다리며 서성거리고 있었다. 대기소에서 면회장으로 들어가는 입구를 지키는 교도관은 죄수들이 도착할 때마다 그 죄수 면회 온 사람 이름을 불러들이곤 했다.

ⓑ '아니, 어짠 일이란가?'

맨 먼저 접수를 시켰으니 응당 "이막동이 면회 온 분!" 하고 늙은 어머니의 이름을 더 먼저 불러들여야 할 일인데도, 이미 늙은 어머니보다 훨씬 늦게 접수한 사람들을 무려 여섯 사람이나 면회장 안으로 불러들이면서도, 그 늙은 어머니를 불러 넣어 주지는 않는 것이었다.

ⓒ '뭣 땜시 이란단가?'

혹시 그놈이 아파서 못 나오는 것은 아닌가, 아니 어디 다른 데로 보내버렸을까 하며 조급해진 늙은 어머니의 생각에, 꼭 열두 번째의 사람을 면회장 안으로 불러들였다고 느껴지는 순간 "이막동이 면회 온 분!"하는 소리가 들려, ⓓ "휘이, 이제야 데리고 나왔는가 보다" 하며 난로 위의 뜨거운 쇠고깃국 냄비를 뜨거운 것도 의식하지 못한 채 덥석 들어 안고 면회장 안으로 들어서려는데, 입구를 지키던 교도관이 "할머니!"하고 늙은 어머니를 세우더니 손에 든 종이쪽지를 옆에 서 있는 다른 교도관에게 보이며 무슨 말인가를 속닥거렸다. 그러더니 눈살을 찌푸리며 쓴 입맛을 다시고 "이막동이가 아들이오?" 하고 물었다.

"예에."

가슴이 후들거리고 기침이 목구멍 너머에서 자꾸 근질거리며 튀어 나오려는 것을 이를 악물어 억누르는데, "이막동이 말고 아들 또 있고?" 하고 다시 물었다. 둘이나 있다고 하자 그 교도관은 옆에 있는 교도관하고 말을 주고받은 뒤 고개를 주억거리다가, "이막동이 어제 옮겨갔어요" 하는 것이었다.

무슨 뜻이냐고 묻자 교도관이 예쁘장하게 생긴 얼굴을 다시 한 번 일그러뜨리고, 문밖으로 멀리 갔다는 손짓을 곁들여 퉁명스러운 목소리로, "목포로 갔단 말이오, 어제. 빨리 그리로 가보시오" 했다.

늙은 어머니는 자기의 귀를 의심했다.

"목포로 옮겨라우?"

교도관은 고개를 깊이 주억거려주고, 잠시 동안 천장을 멀거니 쳐다보다가 다음 사람을 불렀다.

ⓔ "어따 어메, 어째사 쓸꼬!" 하고 허둥허둥 나서다가, 쿨룩 쿠울룩 터져 나오는 기침 때문에 창자를 그러쥐느라고 쪼그려 앉은 늙은 어머니의 품 속에서 우유병 하나가 떨어져 하얗게 박살이 나고 있었다. 옆에 섰던 한 남자가 안되었다는 듯 끌끌 혀를 차는 것이, 그 늙은 어머니의 귀에 들어갔을 까닭이 없을 것이었다.

– 한승원, 「어머니」 –

19 윗글에 대한 설명으로 가장 적절한 것은?

① 작품 밖 서술자가 특정 인물의 시각에서 작중 상황을 서술하고 있다.

② 동시에 벌어진 사건을 병렬적으로 배치하여 이야기의 흐름을 지연하고 있다.

③ 이야기 속에 또 다른 이야기를 삽입하여 사건의 인과 관계를 추적하고 있다.

④ 서술자가 다양한 인물로 바뀌면서 인물 간의 갈등을 다각적으로 조명하고 있다.

⑤ 이야기 속 인물이 과거의 일을 고백하는 방식으로 인물의 내면을 서술하고 있다.

20 ⓐ~ⓔ에 대한 이해로 적절하지 <u>않은</u> 것은?

① ⓐ : 막동이를 어서 만나고 싶어 하는 조바심을 드러내고 있다.

② ⓑ : 막동이를 만날 수 없으리라는 절망감을 느끼고 있다.

③ ⓒ : 막동이를 볼 수 없을지도 모른다는 불안감을 느끼고 있다.

④ ⓓ : 막동이를 만나게 될 것에 대한 반가움을 드러내고 있다.

⑤ ⓔ : 막동이를 만나지 못한 상황에 대한 당혹감을 드러내고 있다.

⑤ 다른 사람이 막동이에게 죄를 뒤집어씌운 것이라 생각하는 어머니를 통해 어떤 상황에서도 아들에 대한 믿음을 잃지 않으려는 모습을 엿볼 수 있군.

21 〈보기〉를 참고하여 윗글을 감상한 내용으로 적절하지 <u>않은</u> 것은? [3점]

─〈보기〉─

이 작품은 해방 후 현대사의 정치적 격동기를 배경으로 하고 있다. 이데올로기의 대립으로 인한 민족의 분열과 갈등에 휘말려 사형 선고를 받고 형무소에 갇힌 아들과 그 사실을 모르는 채 옥바라지를 하는 어머니의 지극한 사랑을 그리고 있다. 어머니는 어떤 상황에서도 아들에 대한 믿음과 사랑을 잃지 않고, 아들을 탓하는 대신 자신의 탓으로 전가하는 무조건적 사랑을 보여 준다. 또한 다른 어떤 현실적 가치보다도 자식을 우선시하는 어머니의 모습을 통해 모정의 위대함을 강조하고 있다.

① 돈을 마련 못해 주겠다고 앙탈하는 자식들과 어머니의 갈등은 해방 후 정치적 격동기의 단면을 보여주는군.

② 동이가 처한 상황을 두고 자책하는 모습은 불행한 상황을 자신의 탓으로 전가하는 어머니의 무조건적인 사랑을 보여 주는군.

③ 송아지를 팔아 막동이 면회를 갈 돈을 마련하는 어머니를 통해 현실적 가치보다 자식을 우선시하는 모정의 위대함을 엿볼 수 있군.

④ 쇠고깃국을 난로에 올리고 우유를 젖가슴에 품는 모습에서 아들에게 따뜻한 음식을 먹이고자 하는 어머니의 지극한 모정을 느낄 수 있군.

[22~25] 다음 글을 읽고 물음에 답하시오.

교호(交好)란 사회적 행위자 사이의 상호 작용과 의사소통을 뜻한다. SNS는 이용자에게 자신의 상태를 끊임없이 갱신하여 교호 활동에 적극적으로 참여하라고 요구한다. 어떤 SNS의 입력창에는 "지금 무슨 생각을 하고 계신가요?"라는 질문이 항상 제시되어 있다. 이용자는 이 질문을 볼 때마다 자신의 계정에 무언가 써야만 할 것 같은 강박, 즉 기록 강박에 빠지게 된다. SNS에서 이루어지는 다양한 활동은 계량적 지표로 활용되어 이용자를 서열화할 수 있기 때문에 이용자는 이 서열을 자신의 정체성과 결부시켜 받아들일 수 있다. 가령 더 자주 접속하여, 더 많은 게시물과 반응을 남기는 이용자는 자기 스스로 SNS 공간에서 유명 인사가 될 수 있다고 생각한다.

기록 강박은 노출 심리로 이어지기도 한다. 왜냐하면 무언가 써야 한다는 압박은 손쉽게 쓸거리를 취할 수 있는 대상으로 '나'에 주목할 가능성을 높이기 때문이다. 게다가 가상 세계인 SNS는 사람들로 하여금 현실 세계에서의 지위나 역할에서 벗어나 새로운 '나'가 될 수 있다는 환상을 갖게 한다. 그래서 이용자들은 현실 세계에 비해 SNS에서 자기의 행적과 감정 등을 드러내는 일에 더 적은 부담을 갖는다.

[A] 철학자 슈티글러에 따르면 사건(event)이란 발생하는 일을 우선순위에 따라 골라 정보로 구성해 낸 결과이다. 그것은 주로 공적인 성격을 띤다. 그런데 기록 강박과 노출 심리는 자

신의 상태를 '미시적 사건'으로 구성해 내도록 SNS 이용자들을 유도한다. 이들은 오늘 점심에 어떤 식당에서 어떤 메뉴의 음식을 누구랑 먹었는지, 어떤 상태에서 어떤 음악을 들었는지, 어제 본 텔레비전 프로그램의 주인공이 어떤 이야기를 했는지 등을 하나의 사건으로 취급하여 공적인 공간에 게시한다. 이런 경향을 '미시적 사건화'라 부를 수 있다. 따라서 미시적 사건화는 공적 성격이 부족한 일상의 자질구레한 경험들을 공적인 공간인 SNS에 게시하는 행위라고 볼 수 있다. SNS에 무의미한 정보가 범람하는 까닭은 바로 이 때문이다.

미시적 사건화와 그 제공자는 '관심'의 대상보다는 '관음'의 대상이 되기 쉽다. 상대방에 대한 주의를 기준으로 할 때, 사회적 상호 작용은 크게 '관심'과 '관음'의 양식으로 구별된다. ㉠ 관심의 양식이 양방향적 시선에 기반을 둔 염려나 기쁨이라면, ㉡ 관음의 양식은 일방향적 시선에 기반을 둔 욕망의 표출에 가깝다. 즉 전자는 타인이 처한 상황과 타인의 감정에 주의를 기울이면서 상대방에게 공감하는 정신의 과정을 말하는 반면, 후자는 오로지 자신의 만족을 위해 타인의 상황과 마음에 주의를 기울이는 정신의 과정을 말한다. 따라서 관심의 양식으로 대상을 바라보는 '나'는 타자를 존중하고 타자의 안위를 바라지만, 관음의 양식으로 대상을 바라보는 '나'는 자신의 만족에만 몰두할 뿐 타자의 안위에는 관심을 기울이지 않는다.

자신의 감정을 투자하여 맺을 수 있는 관계의 규모가 무한하지 않음에도 불구하고, SNS는 친구 찾기와 추천 알고리즘을 통해 이용자로 하여금 SNS 친구를 지속적으로 늘려 가도록 유도한다. 어떤 SNS의 경우 대략 150명에서 500명 정도의 친구를 둔 이용자가 가장 많다고 한다. SNS에서 150명 이상의 친구를 자주 찾아가 그들에게 공감하고 그들의 안위를 염려하는 정신적 활동을 감당하기란 현실적으로 거의 불가능하다. 따라서 SNS를 매개로 한 교호 활동은 상대방에 대한 염려를 기반으로 하는 관심의 양식보다 자기만족을 위한 관음의 양식으로 나타날 가능성이 높다. 당연하게도, 관음의

양식은 진정한 교호 관계와 거리가 멀다.

SNS를 긍정적으로 인식하는 사람들은 게시물과 댓글의 주고받음을 양방향적 또는 상호작용적 교호 활동이라고 주장하지만, 이는 염려와 공감에 기반을 둔 관심의 주고받음이 아니라 미시적 사건(구경거리)의 주고받음이라는 점에서 일방적 시선들의 기계적 모음이라 할 수 있다. 비유컨대 타인의 삶을 구경거리 삼아 디지털 공간 여기저기를 둘러보는 SNS 이용자는 ⓐ '현대 디지털 산보자'인 셈이다. SNS는 이러한 방식의 교호 활동을 부추기기 때문에 인간은 SNS 공간에서 더 많은 친구들과 이어져 있음에도 더 외로워지고, 관계는 더 빈곤해진다.

물론 SNS 공간에서 모든 이용자가 이러한 양상을 경험하고, 이렇게 행동한다고 말할 수는 없다. 어떤 이용자들은 SNS를 인간관계의 심화나 지적 능력의 확장, 민주적 공론화의 장 마련 등을 위한 생산적인 도구로 활용하는 경우도 분명 존재하기 때문이다. 그럼에도 불구하고 SNS는 '너'와 '나'의 관계를 일방향적이고 자기만족적인 성격으로 변화시킬 수 있음을 이해하는 일이 중요하다.

22 윗글에 대한 설명으로 적절하지 않은 것은?

① 구체적 사례를 들어 독자의 이해를 돕고 있다.

② 대조의 방식을 활용하여 대상의 특성을 밝히고 있다.

③ 묻고 답하는 방식으로 독자의 주의를 환기하고 있다.

④ 용어의 개념을 정의하여 내용을 명료하게 전달하고 있다.

⑤ 전문가의 견해를 활용하여 내용의 신뢰성을 높이고 있다.

23 윗글을 참고할 때, 〈보기〉에 대한 설명으로 가장 적절한 것은?

〈보기〉

□□는 수시로 자신의 SNS 방문자 수와 '좋아요' 수를 확인한다. 또한 다른 사람의 SNS 게시물에 '좋아요'를 습관적으로 누른다. 방금 전에도 어떤 사람의 SNS 게시물을 제대로 보지도 않은 채, '좋아요'를 누르고, "고양이가 멋지네요. 제 계정에도 놀러 오세요."라는 댓글을 달았다. 그리고 친구 추가를 요청했다. 하지만 그 사람은 얼마 전에 죽은 고양이를 그리워하는 마음에 이를 슬퍼하는 글과 함께 사진을 올린 것이었다.

△△는 SNS 친구가 SNS에 올린 축하 파티 사진 게시물을 확인했다. 그 친구는 오랫동안 준비했던 자격증 시험에 합격하여 파티를 한 것이었다. △△는 거기에 "오랫동안 노력하더니 좋은 결과가 있어서 참 다행이네요. 축하해요!"라고 진심 어린 댓글을 달고 '좋아요'를 눌렀다. 그랬더니 그 친구는 "고마워요. 지난번 보내준 위로 메시지가 제게는 큰 힘이 되었어요. 이번 합격은 다 △△님 덕분입니다."라고 답했다.

① 다른 사람의 SNS 게시물에 댓글을 남겼다는 점에서, □□의 행동은 ⓛ보다 ㉠에 가깝다.

② 수시로 SNS 방문자 수와 '좋아요' 수를 확인하고 친구 추가를 요청한다는 점에서, □□의 행동은 ⓛ보다 ㉠에 가깝다.

③ SNS 친구와 서로 위로와 축하를 주고받는다는 점에서, △△의 행동은 ⓛ보다 ㉠에 가깝다.

④ SNS 친구의 안위를 걱정하는 마음을 표현했다는 점에서, △△의 행동은 ㉠보다 ⓛ에 가깝다.

⑤ 다른 사람의 SNS에 '좋아요'를 눌렀다는 점에서, □□와 △△의 행동 모두 ㉠보다 ⓛ에 가깝다.

24 윗글의 ⓐ와 〈보기〉의 ㉮에 대한 설명으로 적절하지 않은 것은? [3점]

〈보기〉

스펙터클은 특별한 또는 새로운 볼거리라는 의미로 널리 사용된다. 19세기 파리는 그 자체로 산보자의 스펙터클이었다. ㉮ 19세기 파리의 산보자는 잘 닦인 파리의 대로(大路)를 걸으며 새로운 근대적 도시를 경험하였다. 당시에 새롭게 등장한 '파사주'(작은 쇼핑몰)를 찾아 쇼핑하는 산보자들에게 파사주는 그 자체가 '도시'이자 '축소된 세계'였다. 대로의 카페에 앉아 있는 산보자는 스펙터클로 변화한 세계의 구경꾼이자 또 다른 산보자의 스펙터클이기도 했다.

① ⓐ가 바라보는 대상은 주로 타인이 구성한 미시적 사건이다.

② ㉮가 바라보는 대상은 근대적 도시와 그 안에서의 삶의 모습이다.

③ ⓐ와 ㉮ 모두 바라보는 행위의 주체이기도 하지만 대상이 되기도 한다.

④ ⓐ와 ㉮ 모두 '나'의 외부에 있는 대상을 구경하는 자의 시선을 갖고 있다.

⑤ ⓐ가 바라보는 대상은 실제 세계인 반면 ㉮가 바라보는 대상은 가상 세계이다.

25 〈보기〉를 참고하여 [A]를 비판한 내용으로 가장 적절한 것은?

─── 〈보기〉 ───

SNS에서는 기상이나 교통에 관한 구체적인 정보가 실시간으로 공유된다. 예를 들어, 출근 시간에 차가 막혀서 지각했다는 소식은 SNS에 빠르게 게시된다. 이런 소식은 뉴스가 될 만한 사건이 아닌, 개인의 자질구레한 일상을 담은 미시적 사건이다. 그러나 1분, 1초가 아쉬운 직장인과 학생들에게 이러한 정보는 매우 유용할 수도 있다.

① 학생1 : SNS에 올라온 미시적 사건들을 보다 보면 참 즐겁고 흥미로워.

② 학생2 : 개인의 관점에서는 공적 삶보다 사적 삶이 더 중요한 의미를 가지지.

③ 학생3 : 자신의 일상을 구체적으로 기록하는 일은 예나 지금이나 가치 있는 일이잖아.

④ 학생4 : SNS에 게시된 사소한 일상의 모습이 누군가에게는 의미 있는 정보가 될 수 있어.

⑤ 학생5 : 의사소통 내용은 공적이지만 사적인 공간에 게시된 것도 미시적 사건화라 할 수 있어.

[26~30] 다음 글을 읽고 물음에 답하시오.

(가)
㉠ 죄 지을 줄 아라시면 공명 탐(貪)츠 ᄒ여시랴.
ⓐ 산진(山陣)매 슈진(水陣)매와 희동쳥(海東靑) 보라매가
심슈 춍님(深樹叢林) 숙어나려 산계 야목(山鷄夜

鶩) 츠고 날 졔,
앗갑다. 걸렸구나. 두 날개 걸렸구나.
먹기의 탐(貪)이 나니 형극(荊棘)을 몰나 보늬,
어와 민망ᄒ다. **주인 박대** 민망ᄒ다.
아니 먹은 헛 주정(酒酊)에 욕설조차 대단하다.
혼ᄌ 안ᄌ 군말ᄒ듯 날 드르라 ᄒ는 말이,
건넌 집 나그늬는 졍승의 아ᄃᆯ이요
뒷집의 손님늬는 판셔의 아우로셔
나라의 득죄(得罪)ᄒ고 외딴셤 드러오면
㉡ 이젼(以前) 말은 ᄒ도 말고 여긔 스름 일을 비와
고기 낙기 나무 븨기 즈리치기 신삼기와
보리 동냥 ᄒ여다가 주인 양식(糧食) 보틔거든
한곳에서는 무슴 일노 공(空)ᄒᆫ 밥을 먹으랴노
㉢ 쓰ᄌᆫ는 열 손가락 꼼즉이도 아니ᄒ고
겻ᄌᆫ는 두 다리는 움즉이도 아니ᄒ니
셕은 나무에 박은 슬인가 젼당(典當) 잡은 쵹딕(燭臺)런가
종 찾으려는 상젼인가 빚 받으려는 채주(債主)런가
동이셩(同異姓)의 권당*인가 풋낯*의 친구런가
㉣ 양반인가 상인인가 병인(病人)인가 반편인가
화쵸(花草)라고 두고 볼가 괴셕(怪石)이라 노코 볼가
은혜 끼친 일이 잇셔 특명(特命)으로 먹으려나
져 지은 죄 뉘 타시며 제 셔름을 늬 아던가
밤나즈로 우는 소리 슬픈 소리 듯기 실타.
ᄒᆫ 번 듣고 두 번 듣고 통분키도 ᄒ다마는
풍속을 보아ᄒ니 **놀랄 일이 막심**ᄒ다.
인륜이 업셔시니 부ᄌ(父子)의 쌋홈이요
남녀를 불분ᄒ니 계집의 등짐이라.
방언(方言)이 괴이ᄒ니 존비(尊卑)를 아올손가.
다만 아는 거시 손곱아 주먹 혬의
두 다섯 홀 다섯에 뭇 다섯 꼽기로다.
포학 탐욕이 예의 염치 되어시며,
분젼(分錢) 승합(升合)*으로 효졔 충심 슴아시며,
한둘 공덕ᄒ면 지효(至孝)로 아라시며,
㉤ 혼졍신셩(昏定晨省)*은 보리 담은 큰 항아리요
출필고(出必告) 반필면(反必面)*은 돈 모으는 벙어리라.
무지(無知)가 이러ᄒ고 막지(莫知)가 이러ᄒ니,

왕화(王化)*가 불급(不及)ᄒ니 **견융(犬戎)의 행사***
로다.
인심이 아니어든 인사를 책망ᄒ랴.
내 귀양살이 아니러면 이런 일 보아시랴.

– 안도환, 「만언사(萬言詞)」 –

*권당 : 친척.
*풋낯 : 익힌 지가 얼마 되지 않은 얼굴.
*분전승합 : 푼돈과 얼마 되지 않는 곡식.
*혼정신성 : 아침저녁으로 부모의 안부를 물어서 살핌.
*출필고 반필면 : 나가고 돌아올 때 부모님께 인사하는 예법.
*왕화 : 임금의 교화.
*견융의 행사 : 오랑캐의 행동.

(나)

앞으로 나아가 **소년대(少年臺)**에 올랐다. 천왕봉을 우러러보니 구름 속에 높이 솟아 있었다. 이곳에는 잡초나 잡목이 없고 푸른 잣나무만 연이어 나 있는데, 눈보라와 비바람에 시달려 앙상한 줄기만 남은 고사목이 10분의 2~3은 되었다. 멀리서 바라보면 머리카락이 희끗희끗한 노인의 머리 같으니 다 솎아낼 수 없을 듯하다. '소년'이라고 이름이 붙은 것을 보면, 혹 **영랑***의 무리를 일컬을 듯하다. 그러나 내 생각으로는 천왕봉은 장로(長老)이고 이 봉우리는 장로를 받들고 있는 소년처럼 생겼기 때문에 '소년대'라 이름 붙인 것 같다. 아래로 내려다보니 수많은 봉우리와 골짜기가 주름처럼 펼쳐져 있었다. 이곳에서도 오히려 이러한데, 하물며 제일봉에 올라 바라봄에랴.

드디어 지팡이를 내저으며 **천왕봉**에 올랐다. 봉우리 위에 판잣집이 있었는데 바로 성모사(聖母祠)였다. 사당 안에 석상 한 구가 안치되어 있었는데 흰옷을 입힌 여인상이었다. 이 성모는 어떤 사람인지 모르겠다. 혹자는 말하기를 "고려 태조대왕의 어머니가 어진 왕을 낳아 길러 삼한을 통일하였기 때문에 높여 제사를 지냈는데, 그 의식이 지금까지 이어지고 있다."라고 한다. 영남과 호남에 사는 사람들 중에 복을 비는 자들이 이곳에 와서 떠받들고 음사(淫祠)*로 삼으니 바로 초나라, 월나라에서 귀신을 숭상하던 풍습이다. 원근의 무당들이 이 성모에 의지해 먹고산다. 이들은 산꼭대기에 올라 유생이나 관원들이 오는지를 내려다보며 살피다가, 그

들이 오면 토끼나 꿩처럼 흩어져 숲속에 몸을 숨긴다. 유람하는 사람들을 엿보고 있다가, 하산하면 다시 모여든다.

봉우리 밑에 벌집 같은 판잣집을 빙 둘러 지어놓았는데, 이는 기도하러 오는 자들을 맞이하여 묵게 하려는 것이다. 짐승을 잡는 것은 불가에서 금하는 것이라 핑계하여, 기도하러 온 사람들이 소나 가축을 산 밑의 사당에 매어놓고 가는데, 무당들이 그것을 취하여 생계의 밑천으로 삼는다. 그러므로 성모사, 백모당, 용유담은 무당들의 3대 소굴이 되었으니, 참으로 분개할 만한 일이다. 이 날 비가 그치고 날이 개어 뿌연 대기가 사방에서 걷히니, 광활하고 까마득한 세계가 눈앞에 끝없이 펼쳐졌다. 마치 하늘이 명주 장막을 만들어 이 봉우리를 위해 병풍처럼 둘러친 듯하였다. 감히 시야를 가로막는 한 무더기 언덕도 전혀 없었다.

(중략)

삼면에 큰 바다가 둘러 있는데, 점점이 흩어진 섬들이 큰 파도 속에 출몰하고 있었다. 그리고 대마도의 여러 섬은 까마득히 하나의 탄환처럼 작게 보일 뿐이었다. 아, 이 세상에 사는 덧없는 삶이 가련하구나. **항아리 속에서 태어났다 죽는 초파리 떼**는 다 긁어모아도 한 움큼도 채 되지 않는다. 인생도 이와 같거늘 조잘조잘 자기만 내세우며 옳으니 그르니 기쁘니 슬프니 하며 떠벌리니, 어찌 크게 웃을 만한 일이 아니겠는가? 내가 오늘 본 것으로 치면, 천지도 하나하나 다 가리키며 알 수 있으리라. 하물며 이 봉우리는 하늘 아래 하나의 작은 물건이니, 이곳에 올라 높다고 하는 것이 어찌 거듭 슬퍼할 만한 일이 아니겠는가? 저 안기생, 악전*의 무리가 난새의 날개와 학의 등을 타고서 구만리 상공에 떠 아래를 바라볼 때, 이 산이 미세한 새털만도 못하리라는 것을 어찌 알겠는가?

사당 밑에 작은 움막이 하나 있었는데, 잣나무 잎을 엮어 비바람을 가리게 해 놓았다. 승려가 말하기를 "이는 매를 잡는 사람들이 사는 움막입니다."라고 하였다. 매년 8, 9월이 되면 매를 잡는 자들이 봉우리 꼭대기에 그물을 쳐 놓고 매가 걸려들길 기다린다고 한다. 대체로 매 가운데 잘 나는 놈

은 천왕봉까지 능히 오르기 때문에 이 봉우리에서 잡는 매는 재주가 빼어난 것들이다. ⓑ <u>원근의 관청에서 쓰는 매가 대부분이 봉우리에서 잡힌 것들이다.</u> 그들은 눈보라를 무릅쓰고 추위와 굶주림을 참으며 이곳에서 생을 마치니, 어찌 단지 관청의 위엄이 두려워서 그러는 것일 뿐이랴. 또한 대부분 이익을 꾀하여 삶을 가볍게 여기기 때문이리라. 아, 소반 위의 진귀한 음식 한 입도 안 되지만 백성의 온갖 고통 이와 같은 줄 누가 알겠는가. 해가 기울어 향적암(香積庵)으로 내려갔다.

– 유몽인, 「유두류산*록(遊頭流山錄)」 –

*영랑 : 신라 때 화랑의 우두머리.
*음사 : 유가(儒家)에 어긋나는 제례나 그 행위를 일컬음.
*안기생, 악전 : 중국 신선의 이름들.
*두류산 : 지리산의 옛 이름.

26 (가), (나)의 공통점으로 가장 적절한 것은?

① 대상에 대한 그리움이 드러나 있다.

② 고립된 처지에서 비롯한 비애가 드러나 있다.

③ 경계하는 삶에 대한 글쓴이의 인식이 드러나 있다.

④ 가난한 현실을 이겨내고자 하는 진취적 자세가 드러나 있다.

⑤ 정치적 포부를 펼치지 못한 것에 대한 아쉬움이 드러나 있다.

27 (가), (나)에 대한 이해로 적절하지 <u>않은</u> 것은?

① (가)의 화자는 '공흔 밥'을 먹으려 한다며 '주인'에게 '박대' 당하고 있다.

② (가)의 화자는 '놀랄 일이 막심'하다면서 자신이 거처하는 곳의 '풍속'을 '견융의 행사'라고 비판하고 있다.

③ (나)의 화자는 '소년대'라는 이름의 유래를 살피며 '천왕봉' 유람에 대한 기대감을 드러내고 있다.

④ (나)의 화자는 '영랑'을 떠올리며 선인들이 남긴 옛일을 회고하고 있다.

⑤ (나)의 화자는 '천왕봉'에 올라 '항아리 속에서 태어났다 죽는 초파리 떼' 같은 인생의 덧없음을 느끼고 있다.

28 ㉠~㉤에 대한 설명으로 적절하지 <u>않은</u> 것은?

① ㉠ : 설의적 표현을 활용하여 유배에 처하게 된 원인을 드러내고 있다.

② ㉡ : 화자가 배운 일들을 열거하여 화자의 노력을 강조하고 있다.

③ ㉢ : 대구의 표현을 활용하여 풍자적 인식을 보여 주고 있다.

④ ㉣ : 동일한 종결 어미를 활용하여 냉소적 태도를 부각하고 있다.

⑤ ㉤ : 비유적 수법을 활용하여 대상을 부정적으로 평가하고 있다.

29 ⓐ, ⓑ를 비교한 내용으로 가장 적절한 것은?

① ⓐ는 ⓑ와 달리 화자에게 앞으로 닥칠 상황을 상징한다.

② ⓐ는 ⓑ와 달리 화자 자신의 불우한 상황을 비유한 자연물이다.

③ ⓑ는 ⓐ와 달리 화자와 타자 사이의 갈등을 유발한다.

④ ⓐ와 ⓑ 모두 탐욕으로 인해 고통 받는 존재이다.

⑤ ⓐ와 ⓑ 모두 화자가 추구하는 삶의 덕목을 드러낸다.

30 〈보기〉를 참고하여 (나)를 감상한 내용으로 적절하지 <u>않은</u> 것은? [3점]

──〈보기〉──

전통적으로 산은 만물을 만들어내는 어머니로 인식되었다. 조선 초기에는 지리산 성모(聖母)에게 조정의 관리가 의례를 올리기도 했다. 그러나 점차 유교적 이념이 확립되어감에 따라 지리산 성모 신앙은 부침을 겪게 된다. 유몽인이 지리산 유람을 한 시기는 임진왜란이 끝난 직후이다. 백성들은 생활 터전이 파괴된 상태에서 미래에 대한 희망을 더 이상 지배층과 임금에게서 찾기 어려웠다. 그래서 그들은 이러한 암울한 상황을 일순간에 벗어나게 해 줄 수 있는 초자연적 존재를 찾아 의탁하고자 했다. 무당들은 이러한 백성들에 기대어 생계를 유지하였고 조정에서는 이러한 행위를 강력히 금지하지 못했다. 당대 조선이 도탄에 빠진 백성들을 위로할 만한 여력이 없었기 때문이다.

① '흰옷을 입힌 여인상'을 '고려 태조대왕의 어머니'와 연결 지어 이해하는 것은 전통적인 성모 신앙을 반영하는 것이라고 볼 수 있겠군.

② '복을 비는 자들'의 행위를 '음사'로 규정하면서도 강력히 제재하지 못하는 것은 당대 조선이 백성들을 위로할 만한 힘이 없었기 때문이라고 볼 수 있겠군.

③ '원근의 무당들이 이 성모에 의지해 먹고'살 만큼 백성들이 찾아온다는 것에서 임진왜란으로 인해 도탄에 빠졌던 백성들이 초자연적 존재에 의탁하기도 했다는 것을 알 수 있겠군.

④ '유생이나 관원들이' 오면 '토끼나 꿩처럼 흩어져 숲속에 몸을' 숨기는 것에서 생활 터전이 파괴되어 미래에 대한 희망을 지배층에게서 찾기 어려웠던 백성들의 의식을 엿볼 수 있겠군.

⑤ '성모사, 백모당, 용유담은 무당들의 3대 소굴'이라고 지칭하며 '분개'한 것에서 유몽인이 유교적 이념의 테두리 속에서 지리산 성모 신앙을 부정적으로 평가했다는 것을 알 수 있겠군.

[31~35] 다음 글을 읽고 물음에 답하시오.

재산권은 경제적 기초가 되는 재산에 대해 자유로이 사용, 수익, 처분 등을 할 수 있는 권리이다. 재산권은 배타적, 독점적 권리이기 때문에 타인으로부터 ⊙ 침해받지 않는다. 배타적, 독점적 권리라는 말은 재산을 자기 뜻대로 사용, 수익, 처분할 수 있다는 뜻이다. 이는 재산권자가 아닌 사람이 재산을 사용, 수익, 처분하려면 반드시 재산권자의 허락을 받아야 함을 말한다. 그래서 국가는 재산권 제도를 만들어 국민의 재산권을 ⊙ 보장하고 있다. 그것은 재산권 제도가 실질적으로 사회 전체를 위한 것이기 때문이다. 그렇다면 ⓐ 왜 재산권 제도가 사회 전체를 위한 제도일까?

갑과 을이라는 두 사람만 있는 사회가 있고, 이 사회는 아직 재산권 제도가 존재하지 않는다고 가정하자. 거래나 교환은 재산권 제도를 전제로 성립할 수 있기 때문에 이 사회에서는 아직 거래나 교환이 존재할 수 없다. 이 상황에서 갑과 을 두 사람이 각자 자신의 재화의 양을 늘리는 방법은 두 가지이다. 하나는 스스로 재화를 생산하는 것이고, 다른 하나는 타인이 생산한 재화를 약탈하는 것이다. 결국 갑과 을은 자신이 보유한 시간과 노력 등의 자원을 생산과 약탈에 적절히 배분함으로써 자신이 가질 수 있는 재화의 총량을 극대화하려 할 것이다.

[A] 논의의 단순화를 위해 약탈에 대한 도덕적 죄책감은 문제가 되지 않는다고 가정하자. 갑은 자신이 직접 생산하는 것보다 을의 재화를 약탈하는 경우에 적거나 동일한 자원으로 더 많은 성과를 얻을 수 있다고 하자. 그러면 갑은 자신의 자원을 약탈에 더 많이 배분하게 될 것이다. 만약 그 반대의 경우라면 갑은 자신의 자원을 생산하는 쪽에 더 많이 배분하게 될 것이다. 그런데 이와 같은 논리는 을도 마찬가지이다. 이럴 경우 갑과 을은 상대방의 약탈로부터 자신의 재화를 지키기 위한 방어에 자원을 배분해야 할 것이다. 결국 갑과 을은 자신들의 재화를 생산, 약탈, 방어 세 분야로 나누어 사용하게 된다.

이 사회에서 갑이나 을 중 한 사람은 상대의 재산권을 존중하고, 다른 사람은 부인하는 경우가 있을 수 있다. 이 경우 상대방의 재산권을 부인하는 사람은 다른 사람의 재화를 약탈하는 것이 자신의 재화를 극대화하는 방법이 된다. 그러면 나머지 한 사람도 자신의 재화를 극대화하기 위하여 상대방의 재산권을 부인하게 된다. 결국 두 사람 모두 상대의 재산권을 부인하는 것으로 귀결될 것이다.

앞의 경우와 달리 이 사회에 재산권 제도가 형성되어 있다면, 국가에 의해서 그 권한의 행사가 ⓒ 강제되기 때문에 갑과 을은 약탈을 할 수 없게 된다. 그렇다면 이들은 약탈이나 방어에 자원을 사용하지 않고 생산에만 모든 자원을 사용할 것이다. 그렇게 된다면 사회 전체가 생산하는 재화의 총량은 최대가 된다. 이처럼 사회의 재화의 총량을 증가시키기 위해서 재산권 제도가 필요하다. 물론 재산권 제도를 위해서는 입법 비용, 경찰 비용 등 여러 사회적 비용이 들어갈 것이다. 그러나 사회적 비용의 증가분이 재산권 제도로 인한 사회의 재화의 증가분보다 작을 경우 재산권 제도가 있는 것이 사회에 더 효율적이다.

국가가 개인의 재산권을 보호하고, 재산권이 배타적 권리라도 이는 절대적이고 무제한적일 수 없다. 예를 들어, 어떤 철도 회사가 자기의 철도에 대하여 가지는 재산권이 절대적이고 무제한적인 권리라면 철도 운영 과정에서 발생하는 오염 물질도 마음대로 ② 배출할 수 있다. 이 경우 그 오염 물질로 인하여 철도 인근의 농민들이 소유한 경작지의 가치는 그만큼 감소하므로 농민들의 재산권이 침해당한 것이다. 법에서는 이런 경우를 서로 다른 두 재산권이 충돌하는 것으로 본다. 이런 경우에는 권리와 이익을 받을 수 있는 자격, 즉 권익권을 누구에게 ⑩ 부여할 것인가를 법정책적으로 결정해야 한다.

철도 회사가 오염 물질을 배출하지 않기 위해 드는 비용이 100이고, 오염 물질로 인해 농민이 받는 피해는 50이라고 하자. 우선 법이 농민들의 권익권을 인정하는 경우, 농민들은 철도 회사의 오염 물질 배출을 막을 수 있게 된다. 그러면 철도 회사는 100의 비용을 들여 오염 물질의 배출을 막거나, 농민들이 가진 권익권을 구매해야 한다. 그 권익권의 가격이 100보다 작다면 철도 회사는 권익권을 구매하는 것이 이익이다. 이 경우 권익권은 농민들이 입는 피해인 50보다 크고, 철도 회사의 비용인 100보다 작은 가격에서 거래가 이루어진다. 농민들이 철도 회사에 권익권을 판매하면 철도 회사는 오염 물질을 계속 배출할 것이다. 농민들은 오염 물질로 인한 자신들의 손해인 50보다 큰 금액을 철도 회사로부터 받았기 때문에 손해를 본 것은 아니다.

반면에 법이 철도 회사의 권익권을 인정하는 경우, 농민들은 자신이 입는 피해에 해당하는 50보다 작은 가격에는 철도 회사의 권익권을 사려하겠지만, 50보다 큰 가격으로는 사려하지 않을 것이다. 그리고 철도 회사는 100보다 작은 가격으로는 자신들의 권익권을 판매하지 않을 것이다. 왜냐하면 자신들이 권익권을 판매할 경우에 들여야 하는 비용이 100이기 때문이다. 따라서 철도 회사가 권익권을 갖는 경우, 권익권의 거래는 이루어지지 않게 되고, 철도 회사는 오염 물질을 계속 배출할 것이다. 그런데 앞의 경우와 다른 점은 농민들은 철도 회사의 오염 물질의 배출로 인한 피해에 대해 그 어떤 보상도 받지 못했다는 것이다. 결국 법이 누구의 권익권을 인정하느냐에 따라 소득 분배의 결과는 달라진다.

31 윗글을 이해한 내용으로 적절하지 <u>않은</u> 것은?

① 재산권이 충돌하는 경우 권익권을 가진 사람의 권리가 인정된다.

② 재산권은 배타적, 독점적이어서 무제한적인 속성을 지닌다.

③ 재산권자의 허락을 받으면 타인의 재산을 사용할 수 있다.

④ 사람들은 자신의 자원을 활용하여 재화를 늘리려 한다.

⑤ 거래나 교환은 재산권 제도가 전제되어야 가능하다.

32 [A]를 바탕으로 〈보기〉를 분석한 내용으로 적절하지 <u>않은</u> 것은? [3점]

〈보기〉

아래의 표는 재산권 제도가 형성되지 않은 사회에서 갑과 을이 상대의 재산권에 대해 취하는 태도에 따라 각자 가지게 되는 재화의 양을 표시한 것이다. 갑과 을이 자신의 자원을 모두 생산에 사용하여 가질 수 있는 재화의 양은 각각 10과 15이다. (단, 사회 구성원은 갑과 을뿐이고, 다른 변수는 없다고 가정한다.)

		갑	
		상대의 재산권 존중	상대의 재산권 부인
을	상대의 재산권 존중	갑=10, 을=15 (가)	갑=14, 을=6 (나)
	상대의 재산권 부인	갑=4, 을=17 (다)	갑=7, 을=10 (라)

① (가)의 경우, 사회의 재화의 총량이 최대를 이룬 상태이다.

② (나)의 경우, 갑의 재화가 14가 된 것은 을의 재화를 약탈한 결과라고 할 수 있다.

③ (다)의 경우, 을은 자신의 자원 일부를 약탈에 배분했을 것이다.

④ (나)와 (다)의 경우, 재산권 제도가 확립되지 않는다면 결국 (라)로 귀결될 것이다.

⑤ (라)를 고려할 때, 재산권 제도 확립을 위한 사회적 비용이 10이라면 재산권 제도가 있는 것이 더 효율적이다.

33 윗글을 바탕으로 할 때, 〈보기〉에 대한 반응으로 적절하지 <u>않은</u> 것은?

〈보기〉

A회사는 ○○지역에서 공장을 운영한다. 공장 운영 과정에서 발생하는 매연으로 ○○지역 주민들의 재산에 100만큼의 피해가 발생하였다. 그런데 매연 발생 방지 기계가 있으며, 이 기계의 비용은 50이다. (단, 이 과정에서 다른 조건이나 비용은 고려하지 않으며 A회사와 ○○지역 주민들은 모두 경제적 이익을 위해 행동한다.)

① A회사가 권익권을 갖는 경우, A회사는 50보다 큰 가격이면 주민들에게 권익권을 파는 것이 이익이겠군.

② A회사가 권익권을 갖는 경우, ○○지역 주민들은 100보다 작은 가격으로 A회사의 권익권을 사려 하겠군.

③ A회사가 권익권을 갖는 경우, A회사가 ○○지역 주민들에게 권익권을 판매한다면 A회사는 매연 발생 방지 기계를 설치해야겠군.

④ ○○지역 주민들이 권익권을 갖는 경우, ○○지역 주민들은 80의 가격으로는 A회사에 권익권을 판매하지 않겠군.

⑤ ○○지역 주민들이 권익권을 갖는 경우, A회사는 ○○지역 주민들로부터 권익권을 사고, 매연 발생 방지 기계를 설치하지 않겠군.

34 ⓐ의 물음에 대한 글쓴이의 견해로 가장 적절한 것은?

① 사회적 약자를 구제할 수 있으므로

② 개개인의 권익권을 보호할 수 있으므로

③ 법정책을 효율적으로 집행할 수 있으므로

④ 사회의 재화의 총량을 극대화할 수 있으므로

⑤ 사회적 비용을 위한 자원을 확보할 수 있으므로

35 ㉠~㉤의 사전적 의미가 적절하지 <u>않은</u> 것은?

① ㉠ : 세력이나 기운 따위가 쇠함.

② ㉡ : 어떤 일이 어려움 없이 이루어지도록 조건을 마련하여 보증하거나 보호함.

③ ㉢ : 권력이나 위력으로 남의 자유의사를 억눌러 원하지 않는 일을 억지로 시킴.

④ ㉣ : 안에서 밖으로 밀어 내보냄.

⑤ ㉤ : 사람에게 권리·명예·임무 따위를 지니도록 해 줌.

[36~39] 다음 글을 읽고 물음에 답하시오.

[앞부분 줄거리] 재상 윤현의 아들 지경과 참판 최홍일의 딸 연화는 서로 사랑하여 혼례를 올리려 하지만, 임금은 이를 무시하고 장원급제한 지경에게 후궁인 귀인 박 씨의 딸(옹주)과의 혼례를 하교한다. 지경은 이를 거부하지만 임금은 화를 내며 위력으로 혼례를 강행한다. 이에 지경은 최홍일에게 연화를 만나게 해 달라고 부탁한다.

공이 가로되,

"불가하나 네 아내이니 잠깐 보고 가라."

언파에 소저를 부르니, 소저가 승명하여 ㉠ 전당에 이르러 부인 곁에 앉아 수괴함을 띠어 사색이 태연하여 아는 듯 모르는 듯하고, 아리따운 태도가 달 같아 반가운 정이 유동하고, 어진 태도와 약한 기질을 대하매 마음이 깨어지는 듯하니, 공의 부부가 더욱 슬퍼하더라.

돌아가기를 잊고 앉았으니 공이 여아를 들여보내고 생(生)의 손을 잡고 밖으로 나와 십분 개유하니, 생이 부득이 돌아와 병이 되어 식음을 폐하더니, 길일이 다다라 행례할새 옹주의 자색이 전혀 없고 포독불인(暴毒不仁)*함이 외모에 나타나는지라. 생이 더욱 불쾌하여 띠를 끄르지 아니하고 밤을 새우고 명조에 입궐하여 문안하니 상이 웃으며 가로되,

"네 죄 크게 통한하더니 이제 자식이 되니 가장 어여쁘다."

하시고 즉시 부마의 관교(官教)를 주시니, 웃고 꿇어 받자와 계하에서 사은(謝恩)하고, 귀인을 보니 극히 교만하고 포독하니, 더욱 모골이 송연하더라.

박 귀인이 부마의 풍채를 사랑하고 더욱 기꺼워하더라.

부마가 ⓛ 집에 돌아와 대문에 들며 하인을 명하여 교자(轎子)를 산산이 깨치고 들어와, 소매 속으로부터 부마의 관교를 내어 땅에 던지니, 윤공이 크게 책망하여 가로되,

"이 어인 일이뇨. 임금이 주신 교지(教旨)를 업수이 여김이 어찌 이렇듯 불공한가."

하고, 또 개유하더라.

윤공의 집이 서문 밖일러니, ⓒ 옹주궁을 경내 골명동에 짓고 상이 윤공을 성내로 들라 하시니, 공이 마지못하여 옹주궁 곁에 집을 사오니, 본집은 둘째 아들 정랑(正郎)에게 주더라.

최홍일의 집이 또한 서문 밖일러라.

옹주를 친영(親迎)*하여 오니, 얼굴이 작고 자색이 바이 없어, 시아버지와 시어머니 상하가 불쾌하나, 왕의 위엄을 두려워 공경 접대하더라. 윤공이 최 씨를 불쌍히 여겨 자주 가 보니, 그 용모 태도가 절승하여 볼 적마다 사랑하고 어여쁜 마음 가이 없어라.

부마가 궁에 가지 아니하고 부친 계신 ⓔ 외헌에 있어, 조카 격석 등을 데리고 자더니, 하루는 최 씨를 보러 가니 소저가 부모 앞에서 한가지로 보는지라, 바라보매 아미에 시름 맺혔으니 더욱 기이 절묘하더라.

부마가 어여쁨을 이기지 못하여 눈물 나는 줄을 깨닫지 못하더니, 조금 있다가 가로되,

"거년에 포숙(鮑叔)*의 신(信)을 이르시기로, 복은 이리 못 잊어 자주 다니되 한 번도 나와 보지 아니코 대접치 아니하시니, 어찌 당초 언약을 저버림이 이 같으뇨."

소저가 나직이 대답하여 가로되,

"그때 우연히 한 말이 맞았으니, 첩은 포숙의 신이 있으려니와, 상공의 말과 같을진대 신후경*의 죽음을 달게 여기시나이까. 첩은 다만 빙채를 지키며 도장에서 늙을지라, 어찌 상공을 접화(接和)하리이까. 사생이 부모에게 있사오니 번거로이 자주 와 찾지 마소서."

[중략 부분 줄거리] 지경은 옹주를 부인으로 인정하지 않고 연화와의 만남을 지속한다. 그러던 중 지경은 연화와의 만남을 최홍일에게 발각된다.

"네 언제 이르렀느뇨."

생(生)이 가로되,

"빙부*가 종시 허치 아니하시니, 아내 그리워 견디지 못하와 8월부터 월장할 계교를 내어, 날마다 다녀 스스로 금치 못하다가 오늘 이 욕을 보오니 빙부의 고집한 탓이로다."

공이 애련하여 등을 쓰다듬어 가로되,

"네 어찌 그리 미혹한가. 옹주를 중대하여 자녀를 낳고 살며 옹주를 개유하면, 네 부친과 내 주상께 이런 절박한 사연을 고할 것인즉, 주상은 인군(仁君)이시라 허하시리니, 그때 빛 나게 해로하기는 생각지 아니하고, 갈수록 옹주를 박대하며 귀인의 험담을 이루고 복성군을 미워하며, 밤을 타 도망하여 날마다 내 집에 오니, 옹주가 알면 화가 적지 아니하리니, 끝을 어이할꼬."

부마가 가로되,

"낸들 어찌 모르리이까마는 옹주는 천하 괴물 박색이고, 귀인은 간악이 비할 바 없고, 복성군은 남 헐기 심한데 홍명화·홍상이 박빈을 체결(締結)*하여 필연 그윽한 흉계를 지을지라, 옹주를 후대하고 그 당에 들었다가 멸문지환(滅門之患)*을 면치 못하리니, 아내를 애중하고 옹주를 박대하면 불과 빙부

175

와 부친의 죄가 큰즉 정배(定配)요, 적은즉 삭탈관직(削奪官職)이요, 저는 귀양밖에 더 가리이까. 싫은 것을 강인하고 그른 것을 어이 견디리이까."

공이 말이 없다가,

"어찌하든 밤이 깊었으니 들어가 자라."

생(生)이 사례하고 이후로는 주야 오니, 공과 소저가 민망하여 아무리 간하여도 듣지 아니하더니, 윤공이 알고 불러 대책하고 옹주궁을 떠나지 못하게 하나, 산 사람을 동여 두지 못하고, 날마다 최 씨에게 가니 옹주 어찌 모르리요. 부마 ⓜ 내당에 들어간 때 옹주 가로되,

"내 비록 용렬하나 임금의 딸이요, 빙례로 부마의 아내가 되었거늘 업수이 여겨 천대하기 심하도다. 최 씨를 얻어 고혹(蠱惑)하였으되 태부(太夫)는 두 아내 두는 법이 없거늘, 부마 어찌 두 아내 있으리요. 최홍일은 어떠한 사람이완대 부마에게 재취를 주어 주상과 첩을 업수이 여김이 심하뇨."

지경이 정색하여 가로되,

[B]
┌ "내 할 말을 옹주 하시는도다. 일국에 도령이 가득하거늘, 이미 얻은 사람을 내 어찌 조강지처를 버리고 부귀를 탐하여 옹주와 화락하리요. 옹주 만일 최 씨를 청하여 한 집에서 화목하기를 황영(皇英)*을 본받을진대, 최 씨와 같이 공경하고 화락하려니와, 투기하여 나를
└ 원망한즉 평생 박명을 면치 못하리로다."

– 작자 미상, 「윤지경전」 –

*포독불인 : 사납고 독살스러우며 어질지 못함.
*친영 : 신랑이 신부의 집에 가서 신부를 직접 맞이함.
*포숙 : 중국 춘추 시대 제나라의 대부. 친구인 관중을 환공에게 천거해서 승상이 되게 했음.
*신후경 : 비극적 사랑 이야기가 담긴 중국 원나라 때의 「교홍전」의 남자 주인공.
*빙부 : 장인.
*체결 : 얽어서 맺음.
*황영 : 이황과 여영은 자매지간으로, 순임금에게 시집을 가서 화목하게 지냄.

36 윗글의 인물에 대한 이해로 가장 적절한 것은?

① 연화는 지경이 언약을 지키지 않았다는 이유로 지경을 만나지 않았다.
② 옹주는 지경이 연화를 만나는 것을 알아채고는 임금을 원망하고 있다.
③ 지경은 옹주를 만나보고는 박 귀인과 달리 포독하다는 인상을 받았다.
④ 최홍일은 임금이 시켜서 어쩔 수 없이 성내에서 서문 밖으로 이사를 했다.
⑤ 지경의 부친은 연화와의 만남을 막기 위해 지경이 옹주궁을 떠나지 못하게 했다.

37 [A], [B]에 대한 설명으로 가장 적절한 것은?

① [A]는 상황의 불가피성을 근거로 설득하고 [B]는 상대방의 과거 행적을 근거로 비판하고 있다.
② [A]와 달리 [B]는 상대방에게 특정한 상황을 가정하여 문제 해결의 방법을 제시하고 있다.
③ [B]와 달리 [A]는 상대방에게 빠른 해결책의 필요성을 언급하고 있다.
④ [A]와 [B] 모두 고사(古事)를 근거로 상대방의 특정 행동을 유도하고 있다.
⑤ [A]와 [B] 모두 상대방의 선택에 따라 나타날 수 있는 긍정적 상황과 부정적 상황을 함께 제시하고 있다.

38 ㉠~㉢에 대한 설명으로 적절하지 <u>않은</u> 것은?

① ㉠은 지경이 연화를 만나서 반가움과 슬픔을 느끼는 공간이다.

② ㉡은 지경이 옹주와의 혼례에 대한 불만을 표출하는 공간이다.

③ ㉢은 임금이 옹주의 부탁을 받고 지경을 벌하기 위해 만든 공간이다.

④ ㉣은 지경이 옹주를 만나지 않으려고 의도적으로 선택한 공간이다.

⑤ ㉤은 부마와 옹주가 대화를 나누면서 갈등을 드러내는 공간이다.

39 〈보기〉를 참고하여 윗글을 감상한 내용으로 적절하지 <u>않은</u> 것은? [3점]

─〈보기〉─

윤지경전은 역사적 상황을 바탕으로 허구와 사실을 적절히 조화시켰다. 역사적 실존 인물인 중종, 귀인 박 씨, 복성군 등이 작품 속에서 등장하는데, 이런 방식은 작품의 사실감을 높여 준다. 또한 권력을 내세워 위력으로 자신의 입장을 강요하는 인물과 신의를 지키려는 인물의 갈등이 드러난다. 그 과정에서 왕의 권위에도 굴하지 않고 사랑의 쟁취를 위해 고난을 무릅쓰는 남자 주인공을 통해 새로운 인간상을 제시하고 있다.

① 지경이 연화를 만나기 위해 월장하는 행동은 연화에 대한 사랑을 보여 주는 것이라 볼 수 있다.

② 왕의 권위에도 굴하지 않고 사랑의 쟁취를 통해 가문의 번영을 이루려는 지경을 통해 새로운 인간상을 보여 준다.

③ 최홍일과 지경의 대화 과정에서 귀인 박 씨와 복성군이란 역사적 실존 인물이 거론되어 작품의 사실감을 높여 준다.

④ 지경이 옹주와 화락하지 않고 혼례를 약속한 연인을 버리지 않는 태도에서 신의를 지키려는 인물의 태도를 확인할 수 있다.

⑤ 이미 혼례를 약속한 지경에게 위력으로 옹주와 혼례를 시킨 임금은 권력을 내세워 자신의 입장만을 강요하는 인물이라고 할 수 있다.

[40~45] 다음 글을 읽고 물음에 답하시오.

지상에서 우주 공간에 있는 미확인 인공위성을 관측하는 작업은 두 가지 방향으로 이루어진다. 하나는 인공위성의 위치를 정확히 파악하는 것이고, 다른 하나는 인공위성의 형상을 통해 인공위성의 기능이나 특성을 파악하는 것이다. 인공위성의 위치를 파악하는 데에는 SLR(Satellite LASER Ranging) 장비가 쓰이며, 인공위성의 형상을 파악하는 데에는 적응광학(Adaptive Optics) 장비가 쓰인다.

SLR 장비는 레이저를 이용하여 인공위성의 위치를 정확하게 알아낼 수 있는 장비로서 망원경, 초정밀 시계, 레이저 송수신부 등으로 구성된다. 위치를 측정하기 위해서는 먼저 망원경을 인공위성으로 향하게 한 다음, 레이저 송신부에서 레이저를 쏜다. 그 레이저가 인공위성에 반사되어 수신부로 돌아오면 초정밀 시계로 레이저의 왕복 시간을 측정함으로써 인공위성과의 거리를 계산한다. 거리는 속력에 시간을 곱한 것이므로, SLR 장비와 인공위성 간의 거리는 레이저의 속력 c(광속 상수)에 왕복 시간을 곱한 값을 2로 나누어 구한다. 예를 들어, 천구의 중앙을 지나는 인공위성에 반사되어 온 레이저의 왕복시간이 0.2초로 측정되었다면, SLR 장비와 인공위성의 거리는 $c \times 0.2초 \times \frac{1}{2}$로 계산된다. 이렇게 구한 '거리'에 SLR 장비의 '위치 정보'와 망원경이 향하고 있는 '방향 정보'를 융합하여 인공위성의 위치를 구한다.

그런데 이렇게만 해서는 ⊙ 인공위성의 정확한 위치를 알 수 없다. 오차가 있는 것이다. 이 오차를 보정하기 위해서는 여러 가지 요소들이 고려되어야 하지만, 대기로 인한 오차를 생각해야 한다. 빛은 매질의 밀도에 따라 속력과 파장이 달라진다. '진공에서의 빛의 속력'을, 'A매질에서의 빛의 속력'으로 나눈 값을 'A 매질의 굴절률'이라고 한다. 매질의 밀도가 클수록 빛의 속력은 느려지며 파장의 길이는 짧아진다. 레이저는 지구의 대기를 지나면서 속력이 달라진다. 따라서 레이저의 왕복 시간만으로 계산된 거리는 대기로 인한 오차를 보정하는 수학 모델인 대기 모델을 적용하여 수직적 오차를 보정해야 한다.

인공위성의 위치를 파악하기 위해 SLR 장비를 사용했다면, 고배율 망원경으로는 그 형상을 관측할 수 있다. 그런데 고배율 망원경으로도 인공위성의 형상을 자세히 파악하는 것은 쉽지 않다. 고배율 망원경에 맺힌 상이 흔들리기 때문이다. 그 주원인은 대류권에서 발생하는 난류이다. 대기층의 하부인 대류권에서는 서로 다른 특성을 지닌 공기들이 일정하지 않게 움직이면서 불규칙한 공기의 흐름인 난류가 만들어진다. 이 난류는 빛의 굴절에 영향을 준다. 난류를 통과하는 빛들은 방향과 속력이 제각각 달라진다.

파면은 특정한 시간에 파동의 위상이 같은 점을 연결한 가상의 면으로서, 빛의 진행 방향에 대해 수직이다. 파면이 평면인 빛을 평면파라 하고, 그 파면을 평면 파면이라 한다. 우주에서 지구로 오는 빛은 대기권을 통과하면서 굴절하게 되는데, 난류를 만나기 전의 빛의 파면은 여전히 평면에 ⓐ 가깝다. 그러나 대류권에서 난류를 만난 빛은 불규칙 굴절을 하여 그 방향이 제각각 달라진다. 그런데 파면은 빛의 진행 방향에 수직이므로, 이때의 빛의

파면은 평면이 아니게 된다. 이 빛을 왜곡파라 하고 그 파면을 왜곡 파면이라 한다. 이것이 ⓒ 별빛이 반짝이는 것처럼 보이는 이유이다.

인공위성에서 오는 빛은 대류권의 난류를 통과하며 왜곡파가 되므로, 망원경으로 관측된 인공위성의 상은 흔들리는 것으로 나타난다. 이를 보정하기 위해 적응광학 기술을 사용한다. 적응광학 장비는 망원경에 광선분배기, 파면 센서, 데이터처리기, 제어기, 형상가변반사경 등이 추가된다. 지상에 설치된 망원경에 대기권을 통과한 빛이 들어오면 그 빛은 형상가변반사경을 거쳐 광선분배기로 입사된다. 입사된 빛은 광선분배기에 의해 접안부와 파면 센서로 나뉘어 보내진다.

파면 센서는 들어온 빛의 파면이 왜곡된 정도를 측정한다. 파면 센서는 CCD*에 여러 개의 볼록 렌즈가 격자처럼 결합된 것으로서, 빛은 볼록 렌즈를 통과하면서 CCD에 볼록 렌즈의 수만큼 상으로 맺히게 된다. 들어온 빛이 평면파라면 CCD의 각 격자의 중심에 상이 맺히는데, 들어온 빛이 왜곡파라면 빛이 지나온 대기의 특성이 반영되어 각 격자의 중심이 아닌 곳에 상이 맺히게 된다. 이때 중심에서 벗어난 방향과 정도를 분석하여 왜곡된 파면의 뒤틀린 정도를 측정할 수 있다.

측정된 정보는 데이터 처리기를 거쳐 분석되고, 제어기는 분석된 정보를 전기적 신호로 변환하여 형상가변반사경으로 보낸다. 형상가변반사경은 휘어질 수 있는 거울의 뒤에 구동기가 빼곡하게 달려있는 것으로서, 각 구동기는 제어기가 보낸 전기적 신호에 따라 거울의 뒷면을 밀거나 당김으로써 거울을 변형시키게 된다. 왜곡 파면은 이렇게 변형된 거울을 통해 보정되고, 우리 눈은 보정된 상을 볼 수 있게 되어 흔들림이 없어진다. 이러한 일련의 과정은 반복되기 때문에 인공위성의 형상을 보다 분명하게 파악할 수 있다.

*CCD : 전하결합소자. 카메라의 이미지 센서로 쓰인다.

40 윗글을 이해한 내용으로 적절하지 <u>않은</u> 것은?

① 평면 파면은 왜곡 파면과 달리 빛의 진행 방향에 대해 수직이다.

② SLR 장비는 망원경, 초정밀 시계, 레이저 송수신부 등으로 구성된다.

③ 대류권의 난류는 빛의 속력과 파장에 영향을 미쳐 파면을 왜곡시킨다.

④ 지상에서 인공위성의 형상을 파악하기 위해서는 적응광학 장비가 쓰인다.

⑤ 인공위성의 위치를 정확하게 알아내기 위하여 SLR 장비는 대기 모델을 적용한다.

41 ㉠에 대한 설명으로 가장 적절한 것은?

① 대기의 굴절률이 1보다 작으므로 보정하기 전에 파악한 위치보다 더 멀리 있다.

② 대기의 굴절률이 1보다 크므로 보정하기 전에 파악한 위치보다 더 가까이 있다.

③ 대기에서의 레이저 속력은 진공에서보다 빠르므로 보정하기 전에 파악한 위치보다 더 가까이 있다.

④ 대기에서의 레이저 파장은 진공에서보다 길므로 보정하기 전에 파악한 위치보다 더 멀리 있다.

⑤ 대기에서의 레이저 파장은 진공에서보다 짧으므로 보정하기 전에 파악한 위치보다 더 멀리 있다.

42 ㉡에 대한 설명으로 가장 적절한 것은?

① 관측자가 바람에 흔들리기 때문이다.

② 대류권의 공기들은 그 특성이 균질하기 때문이다.

③ 빛의 동일 위상을 연결한 선이 평면이기 때문이다.

④ 빛이 거쳐 온 난류의 굴절률이 제각기 다르기 때문이다.

⑤ 대기의 굴절률이 달라져도 빛의 파면이 변하지 않기 때문이다.

43 ⓐ의 문맥적 의미가 쓰인 예로 가장 적절한 것은?

① 기차역과 버스터미널은 <u>가깝다</u>.

② 수형이와 만수는 <u>가까운</u> 친구이다.

③ 그 사람은 행동이 어린이에 <u>가깝다</u>.

④ 그들은 <u>가까운</u> 장래에 결혼할 예정이다.

⑤ 주말에 <u>가까운</u> 친척의 결혼식에 다녀왔다.

44 윗글을 바탕으로 〈보기〉를 이해한 내용으로 적절하지 <u>않은</u> 것은? [3점]

〈보기〉

다음은 적응광학 장비의 원리를 나타낸 그림이다.

① 형상가변반사경은 휘어질 수 있는 거울로 구성되어 있다.

② 광선분배기는 빛을 접안부와 파면 센서로 나누어 보내 준다.

③ 파면 센서는 여러 개의 볼록 렌즈와 CCD의 결합으로 구성되어 있다.

④ 데이터처리기에서는 파면 센서의 정보를 조합하여 보정된 상을 보낸다.

⑤ 제어기는 데이터처리기의 정보를 받아 구동기에 전기적 신호를 보낸다.

45 윗글을 바탕으로 〈보기〉를 이해한 내용으로 적절하지 <u>않은</u> 것은?

〈보기〉

다음은 동일한 대상을 관측할 때 파면 센서 CCD에 맺힌 상으로, 이 상은 적응광학 장비에 의해 보정되기 전의 모습이다.

① ㉯ 상태가 지속된다면 파면의 변화가 없다고 할 수 있겠군.

② ㉮와 달리 ㉯는 평면파가 들어오고 있음을 보여 주겠군.

③ ㉯에서 ㉰로 달라진다면 빛의 파면이 바뀐 것이겠군.

④ ㉱는 ㉯에 비해 파면이 뒤틀린 정도가 심하겠군.

⑤ ㉰와 달리 ㉱는 왜곡파가 들어오고 있음을 보여 주겠군.

2027
사관학교
10개년 국어

2019학년도 기출문제
국어영역(공통)

제1교시 국어영역(공통)

▶정답 및 해설 353p

[01~03] 다음은 수업 중 학생의 발표이다. 물음에 답하시오.

안녕하십니까. ○○○입니다. 오늘은 '나도 참신한 아이디어로 세상을 바꿀 수 있다'는 주제로 말씀드리겠습니다. 여러분, 지난 수학여행 때 동해 바다에 둥둥 떠다니는 쓰레기를 보며 눈살을 찌푸렸던 일이 기억나시죠? 그런데 혹시 태평양 한가운데에는 거대한 쓰레기 섬이 있다는 사실도 알고 계신가요? 여기 화면을 보시죠. (자료 제시) 보시는 사진은 태평양에 있는 거대한 쓰레기 섬입니다. 이 섬의 크기가 무려 우리나라의 14배에 달한다고 합니다.

이 쓰레기 섬을 본 많은 사람들은 비로소 바다에 떠도는 쓰레기의 심각성을 깨달았습니다. 그래서 쓰레기 섬이 생기지 않도록 바다의 쓰레기 수거에 많은 노력을 기울였습니다. 하지만 해류를 타고 바다를 떠도는 쓰레기를 일일이 쫓아다니며 수거하는 데는 많은 시간과 비용이 소모되었습니다. 그런데 이 쓰레기를 효과적으로 수거할 수 있는 묘안을 짜낸 사람이 있었습니다. 바로 보얀 슬랫이라는 소년이었습니다.

16살 때 보얀은 쓰레기 섬의 존재를 알고 충격을 받았습니다. 그래서 보얀은 쓰레기 섬이 생기지 않도록 바다의 쓰레기를 수거하는 데 관심을 갖게 되었습니다. 이러한 관심은 쓰레기 섬이 생기는 원인에 대한 의문으로 이어졌고 그는 환류라는 해류 현상으로 인해 쓰레기 섬이 만들어진다는 것을 알게 되었습니다. 그렇다면 환류란 무엇일까요? (㉠ 자료 제시) 지금 보시는 것이 환류입니다. 환류란 바닷물이 일정한 방향으로 도는 현상을 일컫는데요, 보시는 것처럼 이 환류를 타고 이동하는 쓰레기가 환류의 중심으로 모이면서 쓰레기 섬이 만들어지는 것입니다.

이런 사실을 알게 된 보얀은 쓰레기 섬이 만들어지는 원리를 역으로 이용하여 쓰레기를 수거할 수 있는 아이디어를 떠올리게 됩니다. 자, 이것을 한번 보십시오. (㉡ 자료 제시) 이것은 보얀이 고안한 아이디어를 나타낸 그림입니다. 보얀은 V자 형태의 거대 울타리를 바다에 설치할 것을 제안했습니다. 환류로 인해 떠돌던 쓰레기들이 V자 울타리의 꺾인 지점에 모이기 때문에 일일이 쫓아다니지 않아도 원하는 곳에 울타리를 설치하면 쓰레기를 손쉽게 수거할 수 있습니다. 전문가의 견해에 따르면 이 방식은 기존의 쓰레기 수거 방식에 비해 비용은 1/33로 줄이면서도 그 속도는 무려 7,900배나 향상시킬 수 있는데요, 이 정도의 쓰레기 처리 효율이라면 10년 이내에 태평양 쓰레기의 절반을 없앨 수 있을 것으로 예측되고 있습니다. 보얀은 이러한 자신의 아이디어를 인터넷을 통해 사람들에게 알렸고, 아이디어에 공감한 사람들로부터 200만 달러가 넘는 환경 기금을 모아 비영리 환경 단체를 설립하게 됩니다.

여러분, 보얀이 쓰레기 수거 방법에 대한 아이디어를 실현할 수 있었던 이유는 무엇일까요? 우선 문제를 해결하고자 하는 의욕이 있었기 때문입니다. 그리고 자신이 알게 된 지식을 창의적으로 활용했기 때문이 아닐까요? 문제에 대한 참신한 발상으로 바다에 숨을 불어넣고 있는 보얀처럼 여러분들도 문제 해결을 위해 의욕을 가지고 여러분의 지식을 활용해 보세요. 여러분들도 얼마든지 제2의 보얀이 될 수 있습니다. 이상으로 발표를 마치겠습니다.

01 위 발표에 반영된 학생의 발표 계획으로 적절하지 <u>않은</u> 것은?

① 청중과 공유했던 경험을 환기하여 청중의 관심을 끌어야겠어.

② 구체적인 수치를 제시하여 문제 상황의 심각성을 부각해야겠어.

③ 발표를 시작하면서 주제를 제시하여 청중이 발표 내용을 짐작하게 해야겠어.

④ 발표 중간 중간에 질문을 던져 발표 내용에 대한 청중의 이해도를 점검해야겠어.

⑤ 발표 내용과 관련하여 청중들에게 권유하는 말을 덧붙이며 발표를 마무리해야겠어.

02 〈보기〉는 발표를 들은 후 학생들이 보인 반응이다. 발표를 고려하여 청중의 반응을 분석한 것으로 적절하지 <u>않은</u> 것은? [3점]

─〈보기〉─

학생 1 : 발표를 듣고 바다를 오염시키는 쓰레기의 심각성을 새롭게 알게 된 점은 좋았어. 그런데 바다를 떠도는 쓰레기를 수거하는 방식 외에 이미 만들어진 쓰레기 섬을 처리하는 방법에 대한 내용도 함께 제시되었으면 더 좋았을 거 같아.

학생 2 : 나도 보안과 같이 문제 해결을 해 봐야겠다는 생각이 들었어. 얼마 전 참신한 아이디어를 통해 개인의 변화를 이끌어 내는 넛지 이론에 대해 공부한 적이 있어. 넛지 이론을 활용하여 학교 앞 공터를 꽃밭으로 만들면 공터에 불법으로 쓰레기를 투기하는 문제를 해결할 수 있지 않을까?

학생 3 : 예전에 인터넷에서 바다에 버려진 빨대가 코에 꽂혀 괴로워하는 거북이를 보고 마음이 아팠던 적이 있어서 그런지 발표 내용이 더 마음에 와 닿았어. 그런데 내가 발표자였다면 해양 동물의 고통과 같은 해양 쓰레기로 인한 문제를 보다 구체적으로 소개했을 것 같아.

① 학생 1은 발표를 통해 몰랐던 사실을 알게 된 것을 긍정적으로 생각하고 있군.

② 학생 2는 발표 내용에 따라 자신의 지식을 활용한 아이디어를 만들어내고 있군.

③ 학생 3은 발표 내용과 관련된 자신의 경험을 떠올리며 발표 내용에 공감하고 있군.

④ 학생 1과 학생 3 모두 발표에서 언급되지 않은 내용을 지적하며 아쉬움을 드러내고 있군.

⑤ 학생 2와 학생 3 모두 발표 내용의 신뢰성을 의심하며 비판적 태도를 보이고 있군.

03 〈보기〉는 발표에서 발표자가 제시한 자료이다. 발표자의 자료 활용에 대한 설명으로 가장 적절한 것은?

〈자료 1〉

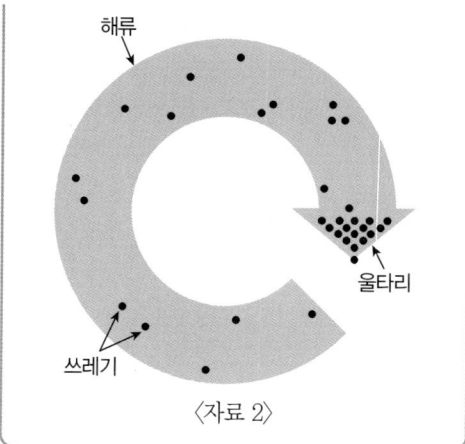

해류

울타리

쓰레기

〈자료 2〉

① 〈자료 1〉은 쓰레기 섬의 발생 원인을 구체적으로 설명하기 위해 ㉠에서 활용하였다.

② 〈자료 1〉은 쓰레기 섬의 분포를 구체적으로 보여주기 위해 ㉡에서 활용하였다.

③ 〈자료 2〉는 쓰레기 수거를 위한 아이디어를 떠올리는 과정을 보여주기 위해 ㉠에서 활용하였다.

④ 〈자료 2〉는 보양의 방식이 기존 방식보다 비용이 적게 드는 이유를 보여주기 위해 ㉠에서 활용하였다.

⑤ 〈자료 1〉과 〈자료 2〉는 쓰레기로 인한 해양 오염 실태를 보여주기 위해 ㉡에서 활용하였다.

[04~07] (가)는 학생들의 토의이고, (나)는 이를 바탕으로 작성한 글의 초고이다. 물음에 답하시오.

[토의 전 상황]
지난 토의 시간에 학생회 임원들은 학생회장 투표 방식을 바꾸기로 결정하고 구체적인 방법을 논의하였다. 그리고 학생회에서 결정한 사안을 학교 홈페이지를 통해 알리기로 하였다.

(가)

학생 1 : 자, 그럼 학교 홈페이지에 올릴 글에 어떤 내용을 담을지 논의해 보자.

학생 2 : 이번 선거부터 투표 방식을 변경하게 됐으니, 학생들에게 새로 도입하는 방식의 취지를 이해시키는 게 중요할 거야.

학생 3 : 맞아. 그러려면 먼저 현행 방식의 문제점을 알려주는 것이 필요해. 반별로 정해진 시간에 단체로 투표를 하다 보니, 투표를 소중한 권리로 인식하지 못하고 귀찮은 의무로만 생각하는 학생들이 많아. 작년 선거만 봐도 장난삼아 성의 없이 투표하는 인원이 많았고 그래서 무효표도 많았다는 걸 구체적으로 언급하자.

학생 2 : 그래. 작년 투표 결과를 보니 무효표가 무려 15나 나왔는데, 그걸 인용하여 학생들을 억지로 투표에 참여하게 하는 기존 방식에 문제가 있음을 지적하자.

학생 1 : 좋은 생각이야. 그런데 기존 방식에 문제가 있었다 해도 갑자기 투표 방식이 바뀐 것에 대해 반발하는 학생들이 있을 텐데, 그것을 해결해야 하지 않을까?

[A]

학생 3 : 음. 이번 변경 안을 우리 학생회의 일방적인 결정으로 생각할 수 있다는 말이지? 그럼 이 문제는 어떻게 해결하는 게 좋을까?

학생 2 : 많은 학생들이 참여한 설문 조사 결과를 반영하여 우리가 수차례 논의하였다는 점을 강조하면 학생들의 오해를 어느 정도 해소할 수 있을 것 같아.

학생 1 : 그게 좋겠다. 그리고 새로운 방식의 장점을 강조하는 것도 학생들의 동의를 이끌어 내는 데 도움이 될 것 같아. 변경된 방식을 통해 자유롭게 투표할 수 있는 권리를 보장받게 되고, 주체적으로 판단하여 투표에 참여하면서 민주적인 투표 방식을 체험할 수 있는 거잖아.

학생 2 : 네 말이 맞아. 그런데 우리 목적은 투표 참여 방식이 새롭게 바뀌었다는 걸 알

[B] 려주는 거니까, 기존 방식과 비교해서 어떻게 달라졌는지를 명확하게 알려줘야 할 것 같아. 매년 반별로 시간을 정해 단체로 투표하는 방식에서 학생들이 각자 원하는 시간에 자율적으로 투표를 하는 방식으로 바뀌었다는 것을 투표를 할 수 있는 구체적인 시간과 함께 알기 쉽게 설명해 주어야겠어.

학생 3 : 맞아. 또 투표장 위치와 기표소의 배치가 달라졌다는 점도 미리 알려주는 것이 좋겠어.

학생 1 : 그리고 투표 방식을 변경한 취지를 살리기 위해 학생들이 후보들의 연설을 귀 기울여 듣고 누가 가장 훌륭한 일꾼일지 고민하면서 소중한 한 표를 행사하자는 내용을 담도록 하자.

학생 3 : 그래 좋아. 그런데 ㉠ 투표 방식을 변경하면 투표율이 떨어질 수 있을 텐데 어떻게 하면 투표율을 높일 수 있을까?

학생 2 : 새로운 방식이 가지는 의의를 드러내면서 적극적인 참여를 호소해야지.

[C] 학생 1 : ㉡ 캠페인 구호 같은 걸 만들어서 글에 포함시키면 좋을 것 같지 않아? 새로운 방식이 가지는 의의를 담고, 학생들의 주의를 환기할 수 있도록 비유적으로 표현하자.

학생 2 : 찬성이야. 그리고 대구의 방식을 활용하여 운율감을 살리는 것도 좋겠어. 이렇게 캠페인 구호를 넣으면 보다 호소력이 있는 글이 될 것 같아.

학생 3 : 좋아. 그럼 다음 주에는 함께 글을 써 보자.

(나)

안녕하십니까. ○○고등학교 학생회장 ○○○입니다.

차기 학생회를 이끌어 갈 학생회장 선거가 한 달 앞으로 다가왔습니다. 이번 선거를 앞두고 우리 학생회에서는 많은 논의 끝에 새로운 투표 방식을 도입하기로 하였습니다.

우리는 지금까지 반별로 시간을 정해 단체로 투표하는 방식으로 선거를 치렀습니다. 그런데 이와 같은 투표 방식으로 인해 여러 가지 문제점이 나타났습니다. 작년 선거의 경우, 장난이나 무성의한 투표로 무효표가 무려 15에 이르는 등 여러 부작용이 발생한 것입니다. 또한 설문 조사 결과 많은 학생들이 기존의 투표 방식이 자유롭게 투표할 수 있는 개인의 권리를 침해한다며 부정적으로 인식하고 있다는 사실도 알 수 있었습니다.

[D] 우리는 이러한 문제들을 이번에 도입하는 자율 참여 투표 방식을 통해 해결하고자 합니다. 이번 학생회장 선거는 선거일 하루 중 원하는 시간에 자유롭게 투표장에 가서 투표를 하는 방식으로 진행됩니다. 즉 기존의 방식처럼 반별로 정해진 시간에 투표를 하는 것이 아니라, 쉬는 시간이나 점심시간, 그리고 자치회 시간 등을 이용해 여러분이 원하는 때에 언제든지 투표할 수 있습니다. 그리고 투표장은 체육관 대신 본관 현관 입구에 설치하고 기표소의 간격을 좀 더 넉넉하게 해서 나란히 배치했으니 투표를 할 때 참고해 주십시오.

우리는 새로운 투표 방식을 통해, 자유롭게 투표할 수 있는 권리를 보장받게 되고, 주체적으로 판단하여 투표에 참여하면서 민주적인 투표 방식을 체험할 수 있을 것입니다. 새로운 방식이 잘 정착할 수 있도록 여러분의 관심과 참여를 부탁드립니다. 아울러 후보들의 연설을 귀 기울여 듣고 누가 가장 훌륭한 일꾼일지 판단하십시오. 그리고 여러분의 소중한 한 표를 꼭 행사하기 바랍니다.

장차 우리가 참정권을 바르게 행사함으로써 더 나은 민주주의를 실현하고자 할 때, 새로운 투표 참여 방식에 대한 경험이 그 초석이 될 수 있기를 기대합니다. 감사합니다.

[㉮]

04 [A]에 대한 이해로 적절하지 <u>않은</u> 것은?

① '학생 3'이 장난삼아 성의 없이 투표한 경우를 언급한 것은 기존 투표 방식과 무효표에 인과 관계가 있다고 판단했기 때문이군.

② '학생 2'가 작년의 통계를 언급한 것은 기존 투표 방식에 문제가 있다는 주장의 설득력을 높일 수 있다는 판단에 따른 것이군.

③ '학생 1'이 투표 방식 변경에 따라 예상되는 반응을 언급한 이유는 반발하는 학생들도 고려해야 한다는 판단에 따른 것이군.

④ '학생 2'가 설문 조사 결과의 반영을 언급한 이유는 학생회의 일방적인 결정으로 투표 방식이 변경되었음을 인정하기 때문이군.

⑤ '학생 1'이 새로운 방식의 장점을 언급한 것은 '학생 3'이 제기한 기존 방식의 문제점을 변경된 방식으로 해결할 수 있다는 판단에 따른 것이군.

05 ㉠, ㉡에 대한 설명으로 가장 적절한 것은?

① ㉠은 상대방의 의견에 문제를 제기한 후 그에 대한 해결책을 요구하고 있다.

② ㉡은 상대방에게 되묻는 방식으로 상대에게 구체적인 방안을 요청하고 있다.

③ ㉠에서 제기된 문제에 대한 해결 방안이 ㉡에서 제시되고 있다.

④ ㉠은 상대방의 동의를 구하는 질문이고, ㉡은 상대방의 의견을 구하는 질문이다.

⑤ ㉠과 ㉡ 모두 우려되는 문제의 상황을 들어 논의가 필요한 사항을 제시하고 있다.

06 (가)의 [B]를 바탕으로 (나)의 [D]를 작성했다고 할 때, [D]에 반영된 내용으로 가장 적절한 것은?

① 학생들에게 변경된 투표 장소를 알려주자는 의견을 반영하되, 투표 장소를 변경한 이유도 같이 설명한다.

② 기표소와 관련한 변경 사항을 알려주자는 의견을 반영하여 투표장 내에 배치한 기표소의 개수를 안내한다.

③ 학생들이 투표할 수 있는 시간을 구체적으로 알려주자는 의견을 반영하여 투표 시간을 기존의 방식과 대비하여 안내한다.

④ 투표 방식이 바뀌었다는 점을 알려주자는 의견을 반영하여 새로운 방식에 따라 달라진 투표 절차를 단계별로 소개한다.

⑤ 새로운 투표 방식을 알려주자는 의견을 반영하여 기존 방식과 새로운 방식의 투표 참여 대상의 차이점을 제시하여 안내한다.

07 [C]를 바탕으로 할 때, ㉮에 들어갈 캠페인 구호로 가장 적절한 것은?

① 스스로 찾아가는 투표 현장, 저절로 피어나는 민주 의식

② 성실히 참여한 여러분의 투표, 열심히 일하는 우리의 대표

③ 여러분이 키워 보낸 한 표가 소중한 일꾼 되어 돌아옵니다.

④ 투표소에서 모아지는 작은 한 표, 민주주의 씨앗을 뿌려볼까요?

⑤ 진지하게 생각한 여러분의 한 표, 민주주의를 앞당길 수 있습니다.

[08~10] 다음 글을 읽고 물음에 답하시오.

(가) 초고 작성을 위한 메모

○ 글의 목적 : 학교 스포츠클럽 대회의 도입을 제안함.

○ 예상 독자 : 우리 학교 교사와 학생

○ 글을 쓰기 위해 떠올린 생각
 - 올해 실시한 체육대회에 대해 언급하면서 글을 시작해야겠어. ···························· ㉠
 - 현행 체육대회의 한계를 지적해야지. ··· ㉡
 - 스포츠클럽 대회를 제안하며 그 방식을 언급해야지. ································ ㉢
 - 스포츠클럽 대회 도입 시의 기대 효과를 강조해야겠어. ···························· ㉣
 - 스포츠클럽 대회 도입으로 인해 예상되는 문제의 해결책을 제시해야지. ············ ㉤
 - 제안하는 바를 강조하며 글을 마무리해야지.

(나) 글의 초고

우리 학교는 올해도 예년처럼 지난 1학기 중간고사 직후에 축구, 줄다리기, 이어달리기 등의 종목을 중심으로 체육대회를 실시하였다. 그런데 이처럼 매년 한 차례 체육대회를 실시하는 것만으로는 평소 학생들의 체육 활동을 활성화하기에 미흡하다고 할 수 있다. 실제로 우리 학급 학생들을 대상으로 인터뷰를 해 본 결과, 학생들은 현행 체육대회가 일회성 행사에 그치고 있으며 이로 인해 학생들의 경기 참여 기회 역시 제한된다는 한계점을 언급하였다.

이러한 인터뷰 결과를 바탕으로 할 때, 현행 체육대회는 유지하되, 그 한계를 보완하기 위해 스포츠클럽대회를 도입할 필요가 있다고 생각된다. 우리 학교의 다양한 스포츠클럽의 종목들 중에서 매월 학생들이 희망하는 종목을 정해 점심시간 내지 방과 후에 학생들이 자유롭게 참여하는 방식으로 경기를 진행하게 된다면 학생들의 경기 참여의 폭이 확대되고 그만큼 체육 활동에 대한 관심 또한 증가할 것이다. 즉, 보다 다양한 종목의 경기를 진

행함으로써 더욱 많은 학생들이 경기에 출전할 수 있으며, 직접 출전하지 않는 종목일지라도 관람할 수 있는 기회 또한 늘어나기에 그 종목에 대한 관심을 유발하게 될 것이다. 대회 운영에 대한 학교의 부담이나 학생들의 학업에 부정적 영향을 줄 수 있다는 점을 들어 우려하는 목소리도 없진 않으나, 현행 체육대회를 보완할 수 있다는 점에서 도입해볼 여지가 충분하다고 본다.

인생의 전 시기 중에서 청소년기는 육체와 정신이 비약적으로 발달하는 시기이다. 따라서 학업과 체육활동의 중요성을 모두 인식하고, 몸과 마음이 조화롭게 성장할 수 있도록 노력하는 것이 무엇보다 중요하다.

08 (가)의 ㉠~㉤ 중, (나)에 반영되지 <u>않은</u> 것은?

① ㉠　　　　　　② ㉡

③ ㉢　　　　　　④ ㉣

⑤ ㉤

09 〈보기〉는 (나)를 보완하기 위해 추가로 수집한 자료이다. 자료의 활용 방안으로 적절하지 <u>않은</u> 것은? [3점]

─〈보기〉─

〈전교생들을 대상으로 한 설문 조사 결과〉

A. 현행 체육대회에 대한 만족 여부 (단위 :)

매우 만족	만족	보통	불만족	매우 불만족
1	8	17	53	21

B. 현행 체육대회에 대한 불만족 이유 (단위 :)

일회성 행사에 그침.	34
종목의 다양성이 부족함.	32
경기 참여 기회가 제한됨.	27
기타	7

C. 교육 전문 잡지

그간 청소년기의 체육 활동이 정서 및 사회성 발달에 기여한다는 연구 결과가 꾸준히 발표되었는데, 최근에는 학생들의 학업 역량과의 상관관계를 밝힌 연구 결과가 발표되었다. 이에 따르면 매주 일정 시간 이상 꾸준히 체육 활동을 한 학생들이 그렇지 않은 학생들에 비해서 학업 성취도가 유의미하게 향상되는 결과를 나타냈다. 이와 같은 청소년기 체육 활동의 중요성에 대한 연구 결과가 잇따르면서 학생들의 체육 활동을 장려하는 학교가 늘고 있다. 특히 매월 학교 내의 다양한 스포츠클럽이 주축이 되어 해당 종목의 체육대회를 상시적으로 운영함으로써 체육 활동에 대한 학생들의 관심과 참여를 증진하는 학교가 많아지고 있다.

① A를 활용해, 학생들의 만족도를 근거로 제시하여 현행 체육대회의 한계를 보완해야 한다는 내용을 뒷받침한다.
② B를 활용해, 현행 체육대회의 한계에 대한 보완이 필요한 이유로 종목의 다양성이 부족하다는 점을 추가한다.
③ C를 활용해, 체육 활동이 학생들의 학업에도 긍정적 영향을 미칠 수 있다는 내용을 추가한다.
④ A, C를 활용해, 스포츠클럽 대회 도입이 학생들의 정서 및 사회성 발달에 기여할 수 있다는 내용을 추가한다.
⑤ B, C를 활용해, 스포츠클럽 대회를 도입하여 학생들의 상시적이고 다양한 체육 활동을 뒷받침함으로써 학생들이 만족하지 못하는 원인을 해소할 수 있음을 강조한다.

10 다음은 (나)를 쓴 학생이 초고의 마지막 문단을 점검하여 고쳐 쓴 내용이다. 학생이 점검했을 내용으로 가장 적절한 것은?

건강한 육체에 건강한 정신이 깃든다는 말처럼, 몸과 마음이 급격히 성숙하는 청소년기에 체육 활동에 꾸준히 참여하는 일의 중요성은 재론의 여지가 없다. 이러한 점을 감안하여 스포츠클럽 대회를 도입함으로써 체육 활동에 대한 학생들의 관심과 참여를 증대할 수 있는 여건을 조성하는 것이 중요하다.

① 예상 독자인 학교 여러 구성원 중에서 체육 활동에 실제로 참여할 학생들에 초점을 맞추어 글을 수정해야겠다.
② 작문 상황을 고려하여 스포츠클럽 대회의 도입을 위한 선생님들의 노력이 필요하다는 내용을 강조하는 것이 필요하겠다.
③ 글의 객관성을 고려하여 어느 한쪽에 치우치기보다는 정신적 측면과 육체적 측면에 대한 중요성을 모두 강조하면서 글을 마무리해야겠다.
④ 글의 목적이 달성되도록 청소년기 체육 활동의 중요성에 초점을 맞추어 스포츠클럽 대회 도입의 필요성이 부각되도록 고쳐 쓰는 것이 좋겠다.
⑤ 작문 맥락을 고려하여 참여 주체인 청소년들의 특성과 학교의 여건 등을 종합적으로 감안한 스포츠클럽대회 운영 방식을 제시하는 것이 중요하겠다.

[11~12] 다음 글을 읽고 물음에 답하시오.

감탄문은 화자가 청자를 의식하지 않거나 거의 독백하는 상태에서 자기의 느낌을 표현하는 문장이다. 감탄문은 감동·응답·부름·놀람 따위의 느낌을 나타내는 감탄사와 함께 실현되는 경우가 많다.

현대 국어의 감탄문은 감탄형 어미의 형태에 따라 '구나' 형 감탄문과 '어라' 형 감탄문으로 나눌 수 있다.

'구나' 형 감탄문은 감탄문의 일반적 유형인데, 용언이나 서술격 조사의 어간에 '-(는)구나, -(는)구먼, -(는)구려, -군, -네' 등이 붙어서 실현된다. 이에 비해 '어라' 형 감탄문은 형용사의 어간에 종결 어미인 '-아라/-어라/-여라'가 붙어서 실현된다. 감탄문은 다른 문장 성분 없이 독립어와 서술어만으로 실현될 수 있다. '구나' 형 감탄문의 높임 표현도 격식체와 비격식체로 나눌 수 있는데, 격식체에는 '해라체'의 '-(는)구나', 하게체의 '-(는)구먼', 하오체의 '-(는)구려' 등이 쓰이고, 비격식체에는 '해체'의 '-군, -네' 등이 쓰인다.

한편 중세 국어의 감탄문은 감탄형 종결 어미로 실현되는 경우와 선어말 어미로 실현되는 경우로 나눌 수 있다. 전자는 서술어로 쓰이는 용언에 감탄형 종결 어미인 '-ㄴ뎌, -ㄹ쎠/-ㄹ셔' 등이 붙어서 실현되고, 후자는 선어말 어미인 '-도-/-돗-/-옷-' 등이 붙어서 실현된다. '-도-'는 '-다' 앞에서 쓰인 '-돗-'의 이형태이다.

ㄱ. 됴홀쎠 오늜날 果報ㅣ여(좋구나 오늘날의 과보여) [월석 23:82]
ㄴ. 이 男子ㅣ 精誠이 至極홀쎠 보빅를 아니 앗기놋다(이 남자가 정성이 지극하므로 보배를 아니 아끼는구나) [월석 1:11]

ㄱ의 '됴홀쎠'는 '둏다'의 어간에 감탄형 어미 '-ㄹ쎠'가 붙어서 감탄이 실현된 것이고, ㄴ의 '앗기놋다'에서는 '-옷-'이 붙어서 감탄이 실현된 것이다.

---

11 윗글을 바탕으로 '감탄문'에 대해 이해한 내용 중 적절하지 **않은** 것은?

① '앗, 차가워라!'는 놀람의 느낌을 나타내는 감탄사와 함께 실현된 감탄문이다.
② '철수가 게를 잡는구나!'는 해라체에, '철수가 게를 잡는구려!'는 하오체에 해당한다.
③ '벌써 개나리가 피었네!'는 해체로 쓰이는 감탄형 어미 '-네'가 붙어서 실현된 감탄문이다.
④ '아, 시원해라!'는 다른 문장 성분 없이 독립어와 서술어만으로 감탄문이 실현된 문장이다.
⑤ '호박죽이 너무 뜨겁구나!'와 같은 '구나' 형 감탄문을 만들 수 있는 용언의 품사는 '어라' 형 감탄문에 비해 제한적이다.

12 〈보기 2〉는 윗글을 바탕으로 〈보기 1〉의 ⓐ~ⓔ를 설명한 것이다. 〈보기 2〉의 ㄱ~ㄹ 중, 옳은 설명만을 골라 묶은 것은?

─〈보기1〉─
ⓐ 義는 그 큰뎌 (의는 그것이 크구나) [내훈 3:54]
ⓑ 摩耶ㅣ 如來를 나쓰봉실쎠 (마야가 여래를 낳으셨구나) [석상 11:24]
ⓒ 새 그를 어제 브텨 보내돗더라 (새 글을 어제 부쳐 보내었었구나) [두언 23:29]
ⓓ 내 아드리 어딜쎠 (내 아들이 어질구나) [월석 2:7]
ⓔ 뜨디 기프시도다 (뜻이 깊으시구나) [금삼 5:21]

〈보기 2〉

ㄱ. ⓐ는 감탄형 종결 어미에 의해 실현된 감탄문이고, ⓑ는 선어말 어미에 의해 실현된 감탄문이다.

ㄴ. ⓑ와 ⓓ를 통해 동사, 형용사가 감탄문의 서술어가 될 수 있음을 알 수 있다.

ㄷ. ⓑ와 ⓔ를 통해 감탄형 종결 어미가 선어말 어미와 결합할 수 없음을 알 수 있다.

ㄹ. ⓒ와 ⓔ를 비교해 보면 감탄문을 만드는 선어말 어미의 이형태가 있음을 알 수 있다.

① ㄱ, ㄴ ② ㄱ, ㄷ

③ ㄱ, ㄹ ④ ㄴ, ㄷ

⑤ ㄴ, ㄹ

13 〈보기〉의 설명을 참고하여, 관형사절에 대하여 탐구한 내용으로 적절한 것은? [3점]

〈보기〉

관형사절은 관형사절의 문장 성분이 생략된 관계절과 그렇지 않은 보문절로 나눌 수 있다. 관계절에서 안긴문장 속의 어떤 문장 성분이 생략되는 것은 그 성분이 지시하는 대상이 피수식어인 체언이기 때문이다. 또한 관형사절은 관형사형 어미 앞에 종결 어미가 있는 긴 관형사절과 종결 어미가 없는 짧은 관형사절로 나눌 수 있다. 긴 관형사절과 짧은 관형사절은 서로 바꿔도 의미적으로 자연스러운 경우와 바꾸면 부자연스러운 경우가 있다. 그리고 관형사절은 전체 문장의 성립에 반드시 필요한 경우와 그렇지 않은 경우가 있다.

① "네가 되려는 의사라는 직업은 그렇게 녹록하지 않단다."

⇒ 주어가 생략된 짧은 관형사절로 이 절을 생략해도 문장은 성립한다.

② "오늘에서야 그가 우리를 사랑했다는 것을 알았다."

⇒ 종결 어미가 있는 관계절로 이 절을 생략하면 문장이 성립되지 않는다.

③ "너는 개울에서 헤엄을 쳐 본 경험이 있니?"

⇒ 종결 어미가 없는 보문절로 긴 관형사절로 바꿔도 자연스럽다.

④ "나는 그때 네가 그렸다는 그림을 보았다."

⇒ 목적어가 생략된 긴 관형절사로 이 절을 생략해도 문장은 성립한다.

⑤ "그분이 노벨상을 타게 되었다는 소문이 돌았다."

⇒ 종결 어미가 있는 보문절로 짧은 관형사절로 바꿔도 문장이 자연스럽다.

14 〈보기〉는 모음의 음운 변동에 대한 설명이다. 이를 바탕으로 음운 변동을 분석한 것으로 적절하지 <u>않은</u> 것은?

〈보기〉

단모음과 단모음이 서로 인접하면 모음들이 충돌하게 되므로 이를 피하려는 경향이 있다. 이로 인해 단모음이 반모음으로 교체되기도 하고, 선행 모음 'ㅡ'가 다른 단모음 앞에서 탈락하거나 선후행 모음이 동일할 때 한 모음이 탈락하기도 한다. 또한, 두 단모음 사이에 반모음이 첨가되기도 하고, 두 단모음이 새로운 하나의 단모음으로 축약되기도 한다.

① '파- + -아서 → [파서]'는 동일한 단모음 'ㅏ'와 'ㅏ' 중 하나가 탈락하였다.

② '비- + -어서 → [비여서]'는 단모음 'ㅣ'와 'ㅓ' 사이에 반모음이 첨가되었다.

③ '쓰– + –이– + –어 → [쓰여]'는 'ㅡ'가 그대로 유지되고, 'ㅓ' 앞에 반모음이 첨가되었다.

④ '바꾸– + –어라 → [바꿔라]'는 단모음 'ㅜ'가 반모음으로 교체된 다음 'ㅓ'와 결합하였다.

⑤ '보– + –이– + –어 → [뵈여]'는 'ㅗ'와 'ㅣ'가 단모음으로 축약되고, 'ㅓ' 앞에 반모음이 첨가되었다.

15 〈보기 1〉을 고려할 때, 〈보기 2〉의 시제에 대한 설명으로 적절한 것은?

〈보기 1〉

절대 시제는 말하는 시점인 발화시와 동작이나 상태가 일어나는 시점인 사건시를 비교하여 사건시가 앞서면 과거, 일치하면 현재, 발화시가 앞서면 미래로 나눈다. 한편 상대 시제는 안은문장이나 주절의 사건시를 안긴 문장이나 종속절의 사건시와 비교하여, 안긴 문장이나 종속절의 사건시가 앞서면 과거, 일치하면 현재, 안은문장이나 주절의 사건시가 앞서면 미래로 나눈다.

〈보기 2〉

ㄱ. 우리는 음악을 들으며 밥을 먹는다.
ㄴ. 내일 우체국 가는 길에 은행에 들르겠다.

① ㄱ의 '들으며'의 절대 시제와 상대 시제는 일치하지 않는다.

② ㄴ에서 '가는'의 절대 시제는 '들르겠다'의 절대 시제와 일치한다.

③ ㄱ의 '들으며'의 상대 시제와 ㄴ의 '가는'의 절대 시제는 모두 현재이다.

④ ㄱ의 '먹는다'의 '–는–'과 ㄴ의 '가는'의 '–는'은 모두 절대 시제가 현재임을 나타낸다.

⑤ ㄱ의 '들으며'의 '–으며'는 '들으며'의 사건시가 '먹는다'의 사건시보다 앞섬을 나타낸다.

[16~18] 다음 글을 읽고 물음에 답하시오.

노파는 손녀의 오늘따라 유별난 친절이 거북하다 못해 슬그머니 심통이 난다. ㉠흥, 내가 미국을 가게 되니까 너도 별수 없이 나에게 아첨을 떠는구나, 누가 모를 줄 알구…… 노파의 소견머리는 고작 이쯤밖에 안 움직인다. 그만큼 노파는 식구들의 지청구에만 익숙해 있다.

제 에미를 닮아 새침하고 곱살스러운 데라곤 손톱만큼도 없던 손녀딸년이 할머니 서울 구경을 제가 맡고 나선 것도 수상한데 박물관에 들어오자 등에 손을 돌려 부축까지 해 주며 저것은 법주사 팔상전을 본딴 것, 저것은 불국사의 어디 어디를 본딴 것 하며 열심히 설명까지 하자 노파는 무슨 말인지 하나도 알아들을 수 없거니와 친절 그 자체를 받아들이기에도 너무 서투르다. 손녀가 환성을 지르며 손가락질하는 데를 바라보며 집 한번 으리으리 잘 지어 놨다 싶더라도, 흥 저까짓 거 미국엔 백 층도 넘는 집이 수두룩하다는데 곧 미국 할머니가 될 내가 저까짓 것에 놀랄까 보냐고 콧방귀를 뀐다.

머리숱하며 몸집하며 이목구비가 자리 잡은 간살하며 어디 한 군데 넉넉한 데라곤 없이 옹색하고 박하게만 생긴 노파가 남을 얕잡을 때만은 갑자기 의기양양하고 되바라지며 밝고 귀여운 얼굴이 된다. 꼭 불이 켜진 꼬마전구같이. ㉡요새 이 꼬마전구는 꺼져 있는 동안보다 켜져 있는 동안이 훨씬 많다.

노파는 곧 미국을 가게 모든 수속이 다 끝나 있다. 딸의 덕에. 노파에겐 이 딸의 덕이란 게 암만해도 진수성찬 끝에 구정물 마신 것 모양 꺼림칙했지만 아들 넷 중 맏이만 빼놓고 세 아들이 다 미국에 있다는 생각을 하면 다시 고개가 빳빳해지며 당당해진다. 노파에게 미국이란 우선 먹을 것, 입을 것이 지천인 부자 나라도 되었지만, 서울 장안만 한 넓이의 고장도 되어서 딸하고 수틀리면 아들네로, 그 아들하고도 틀리면 다음 아들네로 몽당치마에 바람을 일으키며 한 걸음에 달려갈 수 있는 것으로 되어 있다. 그러나 실상 노파의 자식들 중 미국에 있는 건 딸 뿐이고, 둘째 아들은 서독(西獨)에, 셋째 아들은 브라질에, 넷째 아들은 괌에 가 있다. 세 아들들이 어쩌다 일이 잠깐 빗나가 지금 미국 아닌 고장에 뿔뿔이 흩어져 있긴 하지만 그들의 당초의 목적은 미국이었고 미국으로 이민 갈 연줄을 찾아 눈에 핏발이 서 동분서주할 때부터 노파는 "미국, 미국, 미국에만 갈 수 있으면!" 하는 아들들의 잠꼬대 같은 탄식 소리를 귀에 못이 박히게 들어 왔고, 그러는 사이에 노파에게 미국이란 가기는 힘들지만 갈 수만 있으면 그야말로 누구에게나 금시발복*의 땅이란 고정관념이 뿌리박았다.

(중략)

한 젊은이가 할머닌 어디까지 가십니까고 상냥하게 말을 건다.

"ⓒ 그 뭐라나, 미국의 어디메드라? 참, 쌍포리코라던가."

"네, 샌프란시스코요. 저도 그리로 가는데요."

젊은이가 광대같이 우스꽝을 떨며 노파를 껴안았다. 노파도 반가워서 젊은 손을 덥석 잡았다가 놓으면서,

"참 내 정신 좀 봐. 내가 이러구 있을 게 아니라 버스 떠나기 전에 식구들에게 든든한 동행이 있다는 걸 알려줘야지. 이 늙은일 혼자 떠나보내고 발길들이 안 돌아설 텐데."

노파는 허겁지겁 버스를 내린다. 노파는 그냥 가족들을, 특히 길남이를 다시 보고 싶을 뿐이다. 버스에서 내린 노파는 송영대 밑으로 달려가 송영대를 쳐다보며 악을 쓴다.

"얘들아, 마침 쌍포리코까지 같이 갈 동행을 만났다. 아주 친절한 젊은이야. 내 걱정들은 마라."

그러나 아무 반응이 없다. 낯선 사람들이 킬킬거릴 뿐이다. 다시 쳐다봐도 송영대에 밀집한 사람 중 낯익은 얼굴은 하나도 없다. 벌써 환갑집으로 가버린 모양이다.

ⓔ 다시 확인하고 싶으나 시야가 자꾸만 부옇게 흐려져 그게 여의치 않다. 별안간 송영대에 나와 있는 사람들 보기가 부끄러워져서 숨듯이 다시 버스에 오른다. 버스를 내려서 다시 비행기를 타고 그동안 내내 노파는 혼돈 속을 가듯 눈앞이 지척을 분간 못 하게 부옇고 의식조차 흐리멍덩하다. 아까의 젊은이가 노파를 부축해 주려다 말고 딴 젊은이들과 섞여서 시시덕댄다.

마침내 기체가 이륙하는 것을 노파는 심한 충격과 함께 의식한다. 그것은 누구나 느낄 수 있는 물리적인 충격이 아니라 노파 하나만의 것인 아무도 헤아릴 수 없는 크나큰 충격이다.

몇 백 년쯤 묵은 고목이 어떤 거대한 힘에 의해 몽땅 뽑히는 일이 있다면 그때 받는 고목의 충격이 바로 이러하리라. 노파의 의식이 비로소 혼돈을 헤치고 뿌리 뽑힌 고목으로서의 스스로를 인식한다.

비행기 속의 젊은이들은 노파의 아들들이 그랬던 것처럼 조국을 뜨는 마당에 일말의 애수조차 없이 다만 기쁘고, 빛나는 얼굴을 하고 있다. 그래서 그런지 조금도 동류의식을 느낄 수 없다. 노파는 외롭다.

"할머니 울잖아? 애기같이, 우리도 안 우는데. 울지 마. 우린 같은 처지야."

아까의 젊은이가 광대 같은 표정으로 어리광을 떨며 노파를 웃기려 든다.

ⓜ 하긴 저들도 뿌리 뽑혔달 수도 있겠지. 그러나 저들은 묘목이다. 어디에고 다시 뿌리를 내릴 수 있는 묘목이다. 그러나 난 틀렸어. 난 죽은 목숨이야.

노파는 노파의 아들들이 이를 갈며 싫어했고 진저리를 치며 놓여나기를 갈망했던 이 땅의 모든 구질구질한 것까지 자기가 얼마나 사랑했던가를 안다. 노파는 마치 자기 시신(屍身)을 보듯 이 숨막히는 공포로 뽑혀 나동그라진 거대한 나무와 지상으로 노출된 수만 가닥의 수근(樹根)이 말라비틀어지는 참담한 모습을 환상하며 심장을 쥐어짜듯이 서럽게 운다.

– 박완서, 「이별의 김포공항」 –

*금시발복(今時發福) : 어떤 일을 한 뒤에 복이 곧 돌아와 부귀를 누리게 됨.

16 윗글에 대한 설명으로 적절한 것은?

① 장면에 따라 시점을 달리하여 서술하고 있다.

② 서로 다른 공간의 사건을 병치하여 서술하고 있다.

③ 상황의 원인을 역순행적으로 추리하며 서술하고 있다.

④ 작품 속 인물이 서술자가 되어 사건에 대해 주관적으로 서술하고 있다.

⑤ 서술자가 작품 속 특정 인물의 시선을 중심으로 대상과 상황을 서술하고 있다.

17 ㉠～㉤에 대한 이해로 적절하지 <u>않은</u> 것은?

① ㉠ : '손녀'의 행동에 담긴 의도를 부정적으로 생각하는 '노파'의 심리를 독백적 진술로 드러내고 있다.

② ㉡ : 이전과 달라진 '노파'의 심리를 비유적으로 표현하고 있다.

③ ㉢ : 발음의 유사성을 활용한 언어유희로 우스꽝을 떠는 '젊은이'의 허위의식을 비꼬고 있다.

④ ㉣ : 기대했던 상황이 벌어지지 않아 슬퍼하는 '노파'의 심리가 드러나고 있다.

⑤ ㉤ : '젊은이'와 자신의 처지를 대비하여 이륙 상황에서 '노파'가 느끼는 감정을 부각하고 있다.

18 〈보기〉를 바탕으로 윗글을 감상한 내용으로 적절하지 <u>않은</u> 것은? [3점]

― 〈보기〉 ―

인간은 자신이 처한 현실에서 벗어나 다른 세계로 가고자 하는 경향이 있는데, 이는 보통 현실에 대한 불만이나 다른 세계는 더 나을 것이라는 희망에서 비롯된다. 그러나 희망이 과도하여 합리적인 근거 없이 고정관념으로 굳어질 때 맹목적인 동경이 된다. 그런데 막상 현실을 떠나 다른 세계로 가는 상황에 맞닥뜨릴 때 비로소 자신을 깨닫게 되는 경우가 있다. 부정적인 현실마저도 자신의 삶의 일부임을 깨닫고 그에 대한 애정을 확인하게 되는 것이다. 이 작품은 그런 인간의 경험과 심리를 묘사하고 있다.

① 현실에서 벗어나 다른 세계로 가고자 하는 인간의 경험과 심리를 '노파'의 미국행이라는 사건을 통해 그리고 있군.

② '손녀'가 가리키는 곳을 '으리으리 잘 지어 났다'고 생각하는 것에서 '노파'가 자신이 처한 현실을 잘못 파악하고 있음을 엿볼 수 있군.

③ '미국에만 갈 수 있으면!' 하고 '잠꼬대 같은 탄식 소리'를 한 '노파의 아들들'은 맹목적으로 다른 세계를 동경하는 인물들로 볼 수 있군.

④ '노파'가 '뿌리 뽑힌 고목으로서의 스스로를 인식'하는 것은 자신의 실상을 깨닫는 인간의 모습으로 볼 수 있군.

⑤ '노파'가 '이 땅의 모든 구질구질한 것까지' 사랑했다는 것은 부정적인 현실마저 사랑하는 인간의 심리를 드러낸 것이군.

[19~22] 다음 글을 읽고 물음에 답하시오.

수소는 우주의 88%를 차지할 만큼 많고, 연소될 때 많은 에너지가 발생하기 때문에 로켓 연료로까지 이용된다. 그러나 수소를 일상생활의 에너지원으로 활용하는 데에는 난관이 적지 않다. 우선 지구 대기 속에 수소 기체가 거의 없는 것이 문제다. 그것은 가장 간단한 원소로 되어 있는 수소 기체가 매우 가벼워 지구의 대기 밖으로 쉽게 날아가 버리기 때문이다. 그러면 지구상의 수소는 도대체 어디에 존재하는 것일까? 우리가 알고 있듯이 수소는 대부분 물속에 들어 있다. 따라서 우리 주위에 흔한 물에서 수소를 분리해 내면 어떨까 하는 생각을 할 수 있지만, 물 분해에 많은 에너지를 투입해야 함을 감안하면 경제성이 떨어진다. 이 점을 고려해 ㉠ 식물의 광합성 시스템을 모방한 인공 광합성 기술이 활발하게 연구되고 있다. 왜냐하면 햇빛을 이용하면 보다 적은 에너지로 수소를 얻을 수 있기 때문이다.

식물의 광합성은 엽록소가 NADPH와 ATP를 생성하는 명반응과 그것들을 활용해 이산화탄소를 포도당으로 합성하는 암반응이 순환하면서 이루어진다. 빛 에너지를 흡수하면 엽록소 속에 있던 전자가 에너지를 얻어 다른 곳으로 가 버리고, 엽록소는 물을 분해해 전자를 보충한다. 즉 물(H_2O)을 분해하는 과정에서 발생한 산소(O)는 기체 상태로 배출되고, 수소는 전자(e^-)와 수소 양이온(H^+)으로 분해된다. 엽록소는 분해된 수소 양이온과 전자를 받아들인 다음 $NADP^+$와 결합시켜 NADPH라는 효소를 만들어 내는 것이다. 한편 엽록소에서 빠져나온 전자는 빛 에너지가 전환된 화학 에너지 ATP를 생성하는 데 이용된다. 여기까지가 암반응 과정을 위해 필요한 명반응 과정이다. 암반응에서는 NADPH가 $NADP^+$와 전자, 수소 양이온으로 분해되는데, $NADP^+$는 다시 명반응 과정에서 NADPH를 생성하는 데 활용되고, 전자와 수소 양이온은 이산화탄소(CO_2)와 결합해 최종적으로 유기물인 포도당을 만드는 데 이용된다. 이때 필요한 에너지는 ATP가 ADP로 바뀌면서 발생하는 에너지로 충당하는데, 생성된 ADP는 명반응 과정에서 ATP를 생성하는 데 재료가 된다.

㉡ 수소를 생성하는 인공 광합성 시스템은 포도당 대신에 수소 기체를 얻기 위한 것이다. 대표적인 인공 광합성 시스템인 전지형 시스템은, 태양의 빛 에너지를 받아 수소 양이온을 생성하는 광전극과 수소 기체를 생성하는 환원 전극이 물속에 있고, 두 전극이 전선으로 연결된 구조로 되어 있다. 두 전극은 반도체를 가지고 만드는데, 광전극은 n형 반도체로, 환원 전극은 p형 반도체로 되어 있다. n형 반도체는 (−) 전하인 자유 전자가 (+) 전하인 정공보다 많고, p형 반도체는 정공이 자유 전자보다 많은 반도체이다. 빛 에너지를 받으면 광전극에서 자유 전자와 정공이 더욱 많이 생기고, 높은 에너지 상태에 있는 자유 전자들은 전선을 [A] 따라 환원 전극으로 이동한다. 광전극에 남아 있는 정공들은 광전극의 표면에 몰려 전자를 보충하기 위해 물을 분해한다. 그 결과 물의 산소는 기체 상태로 배출되고, 수소 양이온은 물속을 떠돌게 된다. 한편 환원 전극의 표면에서는 광전극으로부터 온 자유 전자를 이용해 수소 양이온을 환원시킨다. 즉 물속에 떠돌다 환원 전극의 표면에 도달한 수소 양이온이 자유 전자와 결합하는 것이다. 이때 수소 기체가 최종적으로 생성된다. 그리고 두 전극 사이에는 분리막이 있어, 광전극에서 만들어진 수소 양이온이 그것을 투과하면 광전극에서 반응할 수 없도록 하고, 생성된 수소 기체가 광전극 쪽으로 가 반응하지 못하도록 하는 역할을 한다.

하지만 이와 같은 인공 광합성 시스템은 효율이 그다지 높지 않다. 그래서 태양 전지를 별도로 장착한 전지형 인공 광합성 시스템을 만들었는데, 이를 통해 약 12%까지 태양광–수소 전환 효율을 높였다. 한편 과학자들은 촉매 연구에도 힘을 쏟고 있다. 광전극에서 생긴 자유 전자와 정공은 분리되자마자 곧바로 다시 결합하는 경우가 많다. 그러면 환원 전극으로 이동하는 자유 전자의 양이 적어지기 때문에 환원 반응에 필요한 자유 전자가 부족하게 된다. 따라서 광전극의 자유 전자와 정공들이 재결합하기 전에 산화, 환원 반응을 빠르게 하는 촉매가 필요하다. 이에 따라 과학자들은 반도체의 기능과 촉매의 기능을 동시에 향상시키는 방법을 찾고 있다. 하지만 아직까지 전지형 광합성 시스템의 전극을 만드는 데에 들어가는 원료가 고가이고 그 공정 비용 또한 높다. 좀 더 싼 값에 대량으로 수소를 생산할 수 있는 효율적인 방법을 찾는 것이 앞으로 남은 숙제이다.

19 윗글을 통해 대답할 수 <u>없는</u> 질문은?

① 수소를 에너지원으로 활용하려는 이유는 무엇인가?

② 수소가 지구 대기 속에 존재하기 힘든 이유는 무엇인가?

③ 전지형 인공 광합성 시스템 개발에 있어 향후 과제는 무엇인가?

④ 자연의 원리를 활용해 에너지 문제를 해결하려는 시도로 어떤 것이 있는가?

⑤ 인공 광합성 연구가 자연의 광합성 원리 연구 발전에 어떤 영향을 미쳤는가?

20 ㉠과 ㉡에 대한 설명으로 적절하지 <u>않은</u> 것은?

① ㉠, ㉡ 모두 물을 분해하는 과정에서 산소가 부산물로 배출된다.

② ㉠, ㉡ 모두 물을 분해하는 과정에서 발생한 전자는 수소에서 떨어져 나온 것이다.

③ ㉠과 달리 ㉡에서는 최종 생성물이 만들어지는 과정에서 이산화탄소가 이용되지 않는다.

④ ㉡과 달리 ㉠에서는 유기물을 생성한다.

⑤ ㉠의 엽록소에서 방출된 전자와 ㉡의 정공과 분리된 전자는 같은 역할을 한다.

[21~22] 〈보기〉를 보고 물음에 답하시오.

〈인공 광합성 시스템〉

21 [A]를 바탕으로 〈보기〉를 이해한 내용으로 적절하지 <u>않은</u> 것은? [3점]

① ㄱ에서는 정공과 자유 전자가 햇빛이 없을 때보다 더 많이 생기겠군.

② ㄴ의 주요 기능은 물을 분해하는 것이겠군.

③ ㄱ의 자유 전자들은 ㄴ으로 이동하겠군.

④ ㄱ에서 생성된 수소 양이온이 ㄴ에서는 환원되어 수소 기체가 되겠군.

⑤ ㄱ은 자유 전자가 많은 반도체로, ㄴ은 정공이 많은 반도체로 만들어졌겠군.

22 〈보기〉의 '분리막'에 대해 이해한 내용으로 가장 적절한 것은?

① 수소 기체가 보다 효율적으로 생성되게 하기 위한 장치로군.

② 광전극과 환원 전극의 공정 비용을 절감하기 위한 장치로군.

③ 수소 기체 생성 과정을 보다 단순화하기 위한 장치로군.

④ 자유 전자를 더욱 빠르게 이동시키기 위한 장치로군.

⑤ 빛 에너지를 더 많이 흡수하기 위한 장치로군.

[23~26] 다음 글을 읽고 물음에 답하시오.

포졸을 따라 한림이 오자 최 지부는 고발장을 꺼내 들고 죄목에 대해 물었다. 범한은 이미 계단에 우두커니 팔짱을 끼고 서 있었다. 다 듣고 난 한림은 자신이 모함에 빠진 것을 알고는 마음이 아팠다. '이건 운명이야, 운명! 내가 허위로 자백하지 않으면 어머니와 형이 어떻게 되겠는가?' 한림은 마침내 고개를 들고 대답했다.

"참으로 그런 일이 있었습니다. 죄가 이미 모두 드러났으니 죽을 수밖에 없습니다."

최 지부가 불쌍하여 탄식하면서 한림에게 말했다.

"죄인의 사정이 참 딱하구려. 어머니가 이미 고발장을 냈으니 효자 된 도리로 어떻게 발명할 수 있겠소.

그렇지만, 한나라 때 동해의 효성스러운 며느리가 시어머니를 죽였다고 죄 없이 허위 자백하는 바람에 처형된 뒤 삼 년 동안 그 땅에 비가 오지 않고, 그 태수 된 자는 후세에 어리석다는 말을 듣게 되었소. 지금 나도 그렇게 되면 억울하지 않겠소?"

그러자 범한이 큰소리로 외쳤다.

"㉠ 죄인이 스스로 그 죄를 알아 변명하지 않고 자백하였으면 벌을 줄 따름이지, 무슨 연유로 이 사람을 달래어 그 말을 바꾸려 하십니까?"

최 지부가 크게 화를 내며 범한을 끌어내리고 서릿발 같은 목소리로 꾸짖었다.

"천한 네 놈은 범가이면서 무슨 일로 화씨 집안 일에 간섭하여 이처럼 함부로 입을 놀리는 게냐?"

그러고는 그 머리채를 잡아 끌어내라 하고 한림은 일단 옥에 가두어 두었다. 범한은 수중의 은냥을 내서 옥졸들에게 나누어 주고 기회를 보아 한림을 죽이려고 했다.

한편, 한림의 유모 계화는 심 씨에게 쫓겨난 후 고을의 부자 유이숙의 아내가 되었다. 계화는 한림이 변을 만나 옥에 갇혔다는 소식을 듣고는 통곡하며 먹지도 않더니, 화씨 집 문에서 자결하여 그 원통함을 밝히고자 했다. 유이숙이 이런 부인을 의롭게 여겨 말했다.

"내가 한번 가보리다."

잠시 후에 유이숙이 돌아와서 분한 마음에 눈물을 흘리며 말했다.

"㉡ 한림의 옥 같은 용모를 보니 천하의 군자였소. 사내대장부가 되어 이런 사람을 위해서 목숨을 바치지 않을 수 있겠소?"

그러고는 금전을 많이 내어 물 쓰듯 뇌물을 주고 계화는 직접 옥중에 음식을 대었는데, 유이숙이 옥문 옆에 앉아 있다가 독이 있는지 먹어 본 후에야 들였다. 그러니 범한의 은화는 쓸모없이 허비된 셈이다. 옥문의 안팎에 혹시라도 범한의 그림자라도 보이면 흰 몽둥이와 붉은 작대기가 구름에 비 오듯 쏟아지니 범한은 간담이 서늘하여 감히 가까이 가지 못했다.

최 지부는 한림의 사건을 자나 깨나 안타깝게 생각했지만, 어찌해야 할지 스스로 결단을 내리지 못하고 있었다. 그때 마침 도어사 하춘해가 절강을 돌아보고 돌아가다가 소흥을 지나게 되었다. 최 지부는 크게 기뻐하면서 하 어사를 맞이했다.

"저희 고을에 의옥(疑獄)이 있습니다. 제가 어리석어서 사실을 밝혀내기 어려운 차에 다행히 나리께서 오셨으니 한번 나리의 말씀을 듣고자 합니다."

그리고는 고발장을 꺼내 보였다. 어사가 겨우 몇 줄 읽고는 놀라서 말했다.

"이른바 화진이라는 사람은 장원으로 급제해 한림학사가 된 자가 아닙니까?"

"그렇습니다."

어사는 모두 읽고 나서 팔을 걷어붙이며 한탄했다.

"지난번 언무경이 이 자를 불효하다고 탄핵했을 때 우리는 이 자가 억울하게 누명을 썼다고 생각했소. 그런데 지금 이 고발장을 보니 과연 한림은 흉특한 자였구려. 내가 마땅히 법이 바르게 서도록 하겠소. 끌고 오라 하시오."

이에 한림이 뜰에 이르렀다. 어사는 그 고발장의 내용이 사실이냐고 물었다. 이전처럼 대답하는 한림의 옥 같고 별 같은 눈에 구슬 같은 눈물이 그렁그렁하여 금방이라도 흘러내릴 것 같았다. 가만히 보던 어사의 얼굴에 슬픈 기색이 나타났다. '군자로구나! 기린이 때를 만나지 못해 서상의 액(厄)*을 만났듯 곤경에 처했구나!' 그리고는 최 지부를 돌아보고 말했다.

"이 사람을 잘 보호해 주시오."

그날 밤 어사는 ⓐ <u>직접 쓴 편지</u>를 시중들던 사람 왕겸을 시켜 몰래 화진에게 전하게 했다.

(중략)

한림은 다 읽고 나서 감격의 눈물을 쏟았다. 그리고 속으로 생각했다. '예전에 선친께서 태학사 하언의 충성을 칭찬하셨지. 지금 그 아들이 선하고 의로운 것을 보니 아버지를 욕되게 하지 않겠어. ⓒ <u>아, 불초한 나는 이렇게 아버지의 이름을 욕되게 하고 있구나!</u>' 그리고 나서 바로 왕겸에게 말했다.

"하 어사 나리께서 죽어 마땅한 이 죄인을 생각해 주시고, 열 줄 글을 보내시어 이렇게 간곡하게 일러주시니, 아둔하고 사나워서 사람의 도리로 꾸짖기 부족한 저라도 어찌 일호 감동하는 마음이 없겠습니까? 그렇지만 죄인의 죄명은 이미 드러났고 국가의 법률이 지엄하니, 밝은 태양 아래서 차마 실상을 속이고 말을 바꾸지 못하겠습니다."

왕겸이 하 어사에게 돌아가 이 말을 전하자 어사가 감탄했다.

"이 사람은 참으로 효성스럽구나. 죽음을 각오하고 동요하지 않으니 나도 어쩔 수 없겠어."

하 어사는 왕겸을 보내 옥중의 한림을 보호하도록 했다. 그리고 ⓓ <u>수레를 빨리 몰아 경사로 가면서 최 지부에게 일러두었다.</u>

"이 사건은 성급히 판결해서는 안 되니 황제께 아뢴 후에 처리하려고 하오. 최 지부께서는 옥리들을 잘 단속하여 형벌로 죄인이 죽거나 자결하는 일이 없도록 해 주시오."

그때 범한은 최 지부가 한림을 보호하려는 뜻이 있고 또 유이숙 때문에 감히 독약을 먹일 수도 없자 마음이 초조해졌다. 그리하여 즉시 한 필 말을 타고 밤새도록 서울로 달려가서 엄숭에게 뇌물을 쓰니, 엄숭은 소흥부 죄인을 경사로 올리라는 명을 내렸다. 이에 유이숙과 왕겸은 한림을 보호하여 길을 나섰다. ⓔ <u>계화가 말 앞에서 통곡을 하며 배웅하자 한림이 말을 세우고 눈물을 흘렸다. 길가에서 구경하던 사람들도 탄식하지 않는 이가 없었다.</u>

– 조성기, 「창선감의록」 –

*서상의 액(厄) : 기린이 노나라 사람, 서상에 의해 잡힌 일.

23 〈보기〉는 윗글의 흐름을 정리한 것이다. 이를 바탕으로 윗글을 이해한 것으로 적절하지 <u>않</u>은 것은?

〈보기〉

[A]	[B]	[C]	[D]
'최 지부'가 '한림'을 심문함.	⇒ '유이숙'이 '한림'을 지킴.	⇒ '하춘해'가 '한림'을 심문함.	⇒ '한림'이 경사로 호송됨.

① [A]부터 [D]까지의 흐름은 시간의 순차적 순서에 따른 구성을 보여주고 있다.

② [A]에서 '범한'은 '한림'을 처벌받게 하려다가 실패하자, [A]와 [B] 사이에 다른 방법을 모색해 '한림'을 죽이려 하고 있다.

③ [A]에서의 '최 지부'와 마찬가지로 [C]에서 의 '하춘해'도 '한림'의 자백을 사실로 받아 들이지 않고 있다.

④ [B]는 '계화'의 '한림'에 대한 정성이 계기가 된 것으로, [D]에서 '유이숙'이 '한림'을 따라 경사로 가는 길에 나서는 것으로 이어지고 있다.

⑤ [C] 이후에 '하춘해'는 편지를 보내 '한림'을 설득하려다가 실패한 뒤, 차선책으로 [D]의 일을 주선하여 '한림'의 옥사를 해결하려 하였다.

24 ㉠~㉤에 대한 이해로 적절하지 <u>않은</u> 것은?

① ㉠ : '한림'에 대한 처벌이 이루어지지 않을 지도 모른다는 '범한'의 불안감을 느낄 수 있다.

② ㉡ : '유이숙'이 결심을 하는 데에 '용모'에 대한 평가가 큰 역할을 했음을 알 수 있다.

③ ㉢ : '한림'이 자신의 잘못을 깨닫고 '하춘해' 의 처분을 따르려는 심리를 엿볼 수 있다.

④ ㉣ : '하춘해'가 '한림'을 구하고자 하는 마음 에 다급해 하는 모습을 엿볼 수 있다.

⑤ ㉤ : 주위에 구경하던 사람들이 '한림'과 '계 화'의 모습을 안타까워하고 있음을 엿볼 수 있다.

25 ⓐ를 쓴 의도를 고려할 때, 그 핵심 내용으로 가장 적절한 것은?

① 당신의 지금 행동은 나의 심금을 움직이고 있다. 현재보다 더 적극적으로 덕행을 쌓아 어려움을 극복해 달라.

② 고발장의 내용과 달리 당신의 인품은 참으 로 아름답다. 당신을 잃는 안타까움이 없도 록 사실대로 말해 달라.

③ 당신이 죄의 대가를 혼자 지려는 모습이 많 은 이의 귀감이 되고 있다. 비록 강상의 죄 를 범했지만 참 아쉽다.

④ 당신은 현재 옥사에 대해 분명한 입장을 유 보하고 있다. 보다 분명한 입장을 밝혀 나 의 고민을 덜어주기 바란다.

⑤ 어머니와 관련된 사안이어서 당신은 현 상 황을 회피하려고만 하고 있다. 그러면 당신 의 어머니가 더 괴로울 수 있다.

26 〈보기〉를 바탕으로 윗글을 감상한 내용으로 적절하지 <u>않은</u> 것은? [3점]

〈보기〉

「창선감의록」은 착한 사람은 예외 없이 복 을 받고 악한 사람은 화를 당한다는 구조를 통하여 효와 우애라는 중세적 윤리 의식을 고 취하는 작품이다. 이 작품의 핵심 갈등은 화 춘과 화진(한림) 사이의 갈등 즉, 무능한 가장 인 형(화춘)과 그로부터 가문을 지키려는 동 생(화진)의 갈등이다. 그 외 선한 인물을 도와 주려는 조력자들과, 악한 인물들과 결탁한 인 물들의 대결 구도도 보인다. 이 과정에서 시 종일관 효와 우애를 중시하는 화진의 태도는 개인의 명예보다는 가문의 명예를 지키고 가 문을 번영케 하는 데 중심적인 역할을 한다.

① '계화'가 '한림'의 옥중 음식을 마련하고 '하어사'가 '왕겸'에게 지시하는 데서, 이들이 '한림'을 도우려는 조력자임을 알 수 있어.

② '한림'이 자신이 처한 상황을 알고 나서도 '허위로 자백하'겠다고 결심하는 데서, 중세적 윤리 의식이 얼마나 내면화되었는지 깨달았어.

③ '범한'과 '엄숭'은 '한림'의 '어머니와 형'과 함께 악한 세력에 속하여 선한 인물을 도우려는 인물들과 대결 구도를 형성하고 있는 듯해.

④ '최 지부'가 '범한'을 꾸짖어 내쫓고 '유이숙'이 '범한'으로부터 '한림'을 보호하려고 노력한 것은, 가문을 지키기 위해 죽음을 택하려는 '한림'의 뜻을 수용했기 때문이군.

⑤ '한림'이 '최 지부'의 설복에도 꿈적하지 않고 '하춘해'의 설복에도 자신의 뜻을 굳건히 유지한 것은, 개인보다는 가문을 소중히 여겼기 때문이겠군.

[27~31] 다음 글을 읽고 물음에 답하시오.

비용편익분석은 공공사업의 경제성을 분석하는 대표적인 기법으로, 투입되는 비용과 얻을 수 있는 편익의 크기를 ⓐ 예측하고 비교해서 사업의 타당성을 따져보는 것이다. 비용편익분석의 핵심은 비용과 편익을 화폐가치로 환산한 뒤 비교하는 것이다.

일반적으로 공공사업에서 비용은 초기에 집중적으로 투입되는 데 비해 편익은 장기간에 걸쳐 ⓑ 분산되어 나타난다. 그러므로 비용과 편익을 정확하게 비교하기 위해서는 우선 서로 다른 시점에 발생하는 편익과 비용을 각각 계산해야 한다. 이때 편익이나 비용이 시간의 경과에 따라 가치가 변화한다는 점을 무시하고 단순하게 계산하여 합산하면 비용편익분석의 결과에 대한 신뢰성이 떨어지게 된다.

그렇기 때문에 미래가치를 현재가치로 환산하는 기준이 되는 비율인 할인율을 적용해야 한다. 할인율을 r이라고 할 때 1년 후의 미래가치를 현재가치로 환산하는 방법은 다음과 같다.

$$현재가치 = \frac{1년 \ 후의 \ 미래가치}{1+r}$$

이러한 방식을 활용하여 공공사업의 미래가치를 현재가치로 환산한 비용의 합계와 편익의 합계를 계산할 수 있다. 이렇게 현재가치로 환산된 비용의 합계와 편익의 합계를 계산하여 비교하면 사업의 타당성을 판단할 수 있는데, 그 기준이 되는 것으로 '순현재가치'와 '편익-비용비'를 들 수 있다.

순현재가치는 현재가치로 환산된 편익의 합계에서 현재가치로 환산된 비용의 합계를 뺀 값으로 나타낸다. 따라서 적절한 할인율이 적용되어 사업의 순현재가치가 0보다 클수록 사업 가치가 높은 사업이라고 판단할 수 있다. 한편, 편익-비용비는 편익의 합계를 비용의 합계로 나눈 값, 즉 단위 비용 당 발생한 편익을 가리킨다. 편익-비용비가 1보다 클수록 자원을 효율적으로 사용하는 것이기 때문에 사업 가치가 높은 사업이라고 판단할 수 있다. 그런데 양의 값을 갖는 순현재가치나 1보다 큰 편익-

비용비가 사업 수행의 충분조건은 아니다. 예컨대 투자할 자금이 ⓒ 제한된 상태라면 순현재가치가 0보다 크거나 편익-비용비가 1보다 큰 사업이라고 하더라도 필요한 비용이 투자할 자금의 범위 내에 있어야 투자할 수 있는 것이다.

순현재가치와 편익-비용비는 모두 비용과 편익을 고려한 사업 선택의 기준이다. 다만 전자가 비용을 뺀 편익의 규모에 중점을 두는 데 반해 후자는 투입되는 비용의 효율성에 무게를 둔다. 따라서 사업 선택을 할 때에는 어떤 기준을 적용할지를 고민할 수 있다. 예컨대 정부에서 용수 공급을 위해 저수지 건설 사업을 추진한다고 하자. 총 3개의 후보지 A, B, C를 대상으로 저수지 건설에 대한 비용편익분석을 실시한 결과, 순현재가치는 A 〉 B 〉 C 순으로 크게 나온 반면 편익-비용비는 C 〉 B 〉 A 순으로 나올 수 있다. 실제로 정책을 결정할 때 순현재가치에 의한 우선순위와 편익-비용비에 의한 우선순위는 일치하지 않는 경우가 많다. 즉 편익의 규모는 크지만 투입되는 비용의 효율성이 낮거나, 반대로 투입되는 비용의 효율성은 높지만 편익의 규모가 작은 사업이 있을 수 있는 것이다. 따라서 가용 예산이 제한되어 있는 경우에는 이 두 가지 기준을 복합적으로 ⓓ 고려하여 최적의 선택을 해야 한다.

한편 순현재가치나 편익-비용비는 모두 적용되는 할인율에 따라 그 값이 달라진다. 할인율이 높을수록 편익의 현재 가치는 낮게 평가된다. 공공사업이 초기에 비용이 집중적으로 들어가고 편익은 장기간에 걸쳐 서서히 발생한다는 점을 ⓔ 감안하면, 할인율이 높을수록 편익에 대한 현재가치가 낮아지므로 비용에 비해서 편익이 많이 줄어든다. 따라서 비용편익분석을 통해 대안을 평가하고 선택할 때에는 어떤 할인율을 적용하는가가 중요하다.

공공사업에 대한 비용편익분석에서 타당성을 인정받으려면 낮은 할인율을 선택하는 것이 유리하다. 그래서 공공사업의 경우에는 공적 차원의 할인율을 적용하는데 이를 사회적 할인율이라고 한다. 사회적 할인율은 자본 시장에서 결정되는 시장이자율보다 낮다. 공공사업은 장기간에 걸쳐 사회의 공익 증진에 크게 기여한다. 따라서 사회적 할인율을 공공사업에 적용하여 투입되는 비용에 비해 편익의 가치를 크게 만들어 줄 필요가 있는 것이다. 결국 공공사업에서 사회적 할인율을 선택하는 것은 미래 세대의 이익에 무게를 두는 것과 같다. 만일 사회적 할인율이 시장이자율처럼 높다면 미래 세대에 대한 배려는 저평가되는 셈이다. 그러므로 사회적 할인율은 공익적 차원에서 결정되는 것이 바람직하다.

27 윗글에서 언급된 내용으로 적절하지 <u>않은</u> 것은?

① 비용편익분석을 하는 이유
② 비용편익분석에서 편익과 할인율의 관계
③ 비용편익분석을 적용하는 공공사업의 유형
④ 비용편익분석에서 미래가치를 현재가치로 환산하는 이유
⑤ 비용편익분석에서 순현재가치와 편익-비용비를 산출하는 방법

28 윗글을 바탕으로 할 때, 〈보기〉에 대한 반응으로 적절하지 <u>않은</u> 것은? [3점]

〈보기〉

정부는 도로 건설 사업을 추진하기로 하고 A, B, C, D 각각의 사업에 대한 비용편익분석을 실시하여 사업의 우선순위를 결정하기로 하였다. 편익의 합계와 비용의 합계는 다음과 같으며 정부가 배정한 총예산은 2,000이고 비용은 도로 건설비 외에는 발생하지 않는다. (단, 제시된 편익과 비용 외에는 어떤 요소도 고려하지 않는다.)

도로	편익의 합계	비용의 합계
A	500	250
B	700	400
C	1,000	800
D	1,500	1,000

① 만약 정부의 총예산이 2,450으로 증가한다면 A, B, C, D를 모두 건설할 수 있겠군.

② 가용 예산과 순현재가치를 고려했을 경우 B를 건설하는 것은 바람직하지 못하겠군.

③ 비용의 효율성을 기준으로 우선순위를 결정한다면 D보다 B를 먼저 건설해야 하겠군.

④ 단위 비용 당 최대의 편익을 얻기 위해서는 A를 우선적으로 건설하는 것이 가장 바람직하겠군.

⑤ 만약 C의 편익이 300만큼 줄어든다면 편익의 규모로 볼 때 C를 건설하는 것은 바람직하지 못하겠군.

29 윗글을 바탕으로 할 때, 〈보기〉에서 선생님이 한 질문에 대한 답으로 가장 적절한 것은?

─〈보기〉─

선생님 : 공공사업에 적용하는 사회적 할인율은 낮을수록 바람직합니다. 하지만 사회적 할인율을 지나치게 낮게 설정하면 문제가 생길 수 있어요. 어떤 문제가 생길 수 있을까요?

① 비용편익분석을 민간사업에는 적용할 수 없게 되어요.

② 공공사업의 가치가 과대평가되는 문제를 야기할 수 있어요.

③ 비용편익분석을 하는 데 더 많은 시간과 비용을 소비하게 되어요.

④ 공공사업의 편익보다는 비용을 늘어나게 하는 문제가 생길 수 있어요.

⑤ 공공사업을 추진함에 있어 미래 세대에 대한 배려가 저평가될 수 있어요.

30 〈보기〉는 할인율 변화에 따른 A, B 두 사업의 순현재가치를 나타낸 그래프이다. 윗글을 바탕으로 〈보기〉를 이해한 내용으로 적절한 것은? (단, A, B 두 사업의 비용은 동일하며, 제시되지 않은 다른 요소는 고려하지 않는다.)

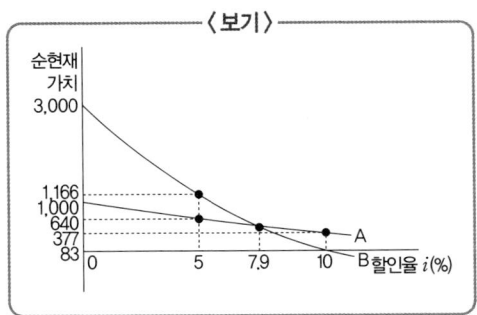

① 할인율이 높아질수록 A와 B의 순현재가치는 높아진다.

② 할인율이 0%일 때 편익−비용비는 A가 B보다 높다.

③ 할인율이 5%일 때 A사업이 B사업보다 사업가치가 높다.

④ 할인율이 7.9%일 때 B사업이 A사업보다 사업가치가 높다.

⑤ 할인율이 10%를 초과하면 B의 편익−비용비는 1보다 작다.

31 ⓐ~ⓔ의 사전적 의미로 적절하지 <u>않은</u> 것은?

① ⓐ : 미리 헤아려 짐작함.

② ⓑ : 갈라져 흩어짐.

③ ⓒ : 하지 못하도록 함.

④ ⓓ : 생각하고 헤아려 봄.

⑤ ⓔ : 참고하여 생각함.

[32~36] 다음 글을 읽고 물음에 답하시오.

(가)
풀폭을 수목을 땅을
바윗덩이를 무르녹이는 열기가 쏟아져도
오직 네만 냉정한 듯 차게 흐르는
강아
천치의 강아

국제철교를 넘나드는 무장열차(武裝列車)가
너의 흐름을 타고 하늘을 깰듯 고동이 높을 때
언덕에 자리 잡은 포대(砲臺)가 호령을 내려
너의 흐름에 선지피를 흘릴 때
너는 초조에
너는 공포에
너는 부질없는 전율밖에
가져본 다른 동작이 없고
너의 꿈은 꿈을 이어 흐른다

네가 흘러온
흘러온 산협에 무슨 자랑이 있었더냐
흘러가는 바다에 무슨 영광이 있으랴
이 은혜롭지 못한 꿈의 향연을
전통을 이어 남기려는가
강아
천치의 강아

너를 건너
키 넘는 풀속을 들쥐처럼 기어
색다른 국경을 넘고자 숨어 다니는 무리
맥 풀린 백성의 사투리의 향려(鄕閭)*를 아는가
더욱 돌아오는 실망을
묘표(墓標)를 걸머진 듯한 이 실망을 아느냐

㉠ 강안(江岸)에 무수한 해골이 뒹굴어도
해마다 계절마다 더해도
오직 너의 꿈만 아름다운 듯 고집하는
강아
천치의 강아

– 이용악, 「천치(天痴)의 강(江)아」 –

*향려 : 시골 마을.

(나)
강물이 풀리다니
강물은 무엇하러 또 풀리는가
우리들의 무슨 설움 무슨 기쁨 때문에
강물은 또 풀리는가

기러기같이
서리 묻은 섣달의 기러기같이
하늘의 얼음짱 가슴으로 깨치며
내 한평생을 울고 가려 했더니

무어라 강물은 다시 풀리어
이 햇빛 이 물결을 내게 주는가

저 민들레나 쑥잎풀 같은 것들
또 한번 고개 숙여 보라 함인가

황토언덕
꽃상여
떼과부의 무리들
여기 서서 또 한번 더 바라보라 함인가

강물이 풀리다니
강물은 무엇하러 또 풀리는가

우리들의 무슨 설움 무슨 기쁨 때문에
강물은 또 풀리는가

― 서정주, 「풀리는 한강가에서」 ―

(다)

오늘 한강 하구(河口)에 서서 당신의 강물을 생각합니다. 그렇습니다. 강물은 목표를 향하여 끊임없이 나아가는 물임에 틀림없습니다. 골짜기와 들판을 지나 바다에 이르기까지 참으로 숱한 역사를 쌓아가는 살아 있는 물입니다. 절벽을 만나면 폭포가 되어 뛰어내리고 댐에 갇히면 뒷물을 기다려 다시 쏟아져 내리는 치열한 물입니다. 이처럼 치열한 강물과는 달리 바다는 더 이상 어디로 나아가지 않는 물입니다. 바다로 나와 버린 물은 아마 모든 의지가 사라져 버린 물의 끝인지도 모릅니다.

나는 당신에게 보내는 마지막 엽서를 들고 먼저 한강과 임진강이 만나는 통일 전망대를 찾아왔습니다. 태백산에서 시작하여 굽이굽이 천 리 길을 이어온 한강과 마식령산맥에서부터 오백 리 길을 흘러온 임진강이 서슴없이 서로 몸을 섞으며 바다로 향하고 있었습니다. 나는 다시 물길을 따라 강화도의 월곶리에 있는 연미정(燕尾亭)으로 왔습니다. 마침 밀물 때를 만난 서해의 바닷물이 강화 해협을 거슬러 이 두 물을 마중 나오고 있었습니다. 드넓은 강심에는 인적 없는 유도(流島)가 적막한 DMZ 속에서 잠들어 있고 기다림에 지친 정자가 녹음 속에 늙어가고 있었습니다.

다시 강안(江岸)을 따라 강화의 북쪽 끝인 철산리(鐵山里) 언덕에 올랐습니다. 이곳은 멀리 개성의 송악산이 바라보이고 예성강물이 다시 합수하는 곳입니다.

생각하면 이곳은 남쪽 땅을 흘러온 한강과 휴전선 철조망 사이를 흘러온 임진강, 그리고 분단 조국의 북녘 땅을 흘러온 예성강이 만나는 곳입니다. 파란만장한 강물의 역사를 끝마치고 바야흐로 바다가 되는 곳입니다. 참으로 많은 것을 생각하게 하고 일깨우는 곳입니다. 멀리 유서 깊은 벽란도(碧瀾渡)의 푸른 솔이 세 강물을 배웅하고 있습니다.

나는 오늘 이곳 철산리에서 바다의 이야기를 당신에게 띄웁니다.

당신이 내게 강물을 생각하라고 하듯이 나는 당신에게 바다의 이야기를 담아 엽서를 띄웁니다. 바다로 나온 물은 이제 한강도, 임진강도, 예성강도 아닌 바다일 뿐입니다. 드넓은 하늘과 그 하늘의 푸름을 안고 있는 평화로운 세계일 뿐입니다.

나는 당신이 강물을 사랑하는 까닭을 모르지 않습니다. 그러나 생각하면 강물은 고난의 시절입니다. 강물은 목표를 향해 달리는 물이되 엎어지고 갇히고 찢어지는 고난의 세월을 살아갑니다. 우리의 역사에서도 한강과 임진강·예성강 유역은 삼국이 서로 창검을 겨누고 수없이 싸웠던 전장(戰場)입니다. 지금도 ⓒ 임진강은 휴전선 철조망에 옆구리를 할퀸 몸으로 이곳에 당도하고 있습니다.

(중략)

그러나 이곳 철산리 앞바다에 이르러서는 암울한 강물의 시절도 그 고난의 장을 마감합니다. 당신의 말처럼 이제 더 이상 목표를 향해 달리는 물이 아닙니다.

한마디로 바다가 됩니다. 달려야 할 목표가 없다기보다 달려야 할 필요가 없습니다. 이곳은 부질없었던 강물의 시절을 뉘우치는 각성의 자리이면서 이제는 드넓은 바다를 향해 시야를 열어나가는 조망의 자리이기도 합니다.

돌이켜 보면 강물의 치열함도 사실은 강물의 본성이 아니라고 생각됩니다. 험준한 계곡과 가파른 땅으로 인해 그렇게 달려왔을 뿐입니다. 강물의 본성은 오히려 보다 낮은 곳을 지향하는 겸손과 평화인지도 모릅니다. 강물은 바다에 이르러 비로소 그 본성을 찾은 것이라 할 수 있습니다. 바다가 세상에서 가장 낮은 물이며 가장 평화로운 물이기 때문입니다.

바다는 가장 낮은 물이고 평화로운 물이지만 이제부터는 하늘로 오르는 도약의 출발점입니다. 자신의 의지와 자신의 목표를 회복하고 청천 하늘의 흰 구름으로 승화하는 평화의 세계입니다. 방법으로서의 평화가 아니라 최후의 목표로서의 평화입니다.

― 신영복, 「철산리의 강과 바다」 ―

32 (가)~(다)에 대한 설명으로 적절한 것은?

① (가)와 (나)는 동일한 시구를 반복하여 시적 의미를 강조하고 있다.

② (가)와 (다)는 과거와 현재를 대비하여 정서의 변화를 부각하고 있다.

③ (나)와 (다)는 상승적 이미지를 활용하여 지향하는 세계를 드러내고 있다.

④ (가)~(다)는 모두 상대방에게 말을 건네는 듯한 어조를 활용하여 독자에게 친근감을 주고 있다.

⑤ (가)~(다)는 모두 공간의 이동에 따른 정서를 구체화하여 특정 공간에 대한 애착을 드러내고 있다.

33 ㉠과 ㉡에 대한 설명으로 적절한 것은?

① ㉠과 ㉡은 모두 꿈과 소망이 실현되는 공간이다.

② ㉠과 ㉡은 모두 현실을 초월하려는 의지가 생성되는 공간이다.

③ ㉠과 ㉡은 모두 민족이 처한 비극적 현실이 드러나는 공간이다.

④ ㉠과 달리 ㉡은 민족을 위한 자기희생적 태도를 다짐하는 공간이다.

⑤ ㉡과 달리 ㉠은 과거의 삶에 대한 애착을 환기하는 공간이다.

34 〈보기〉를 바탕으로 (가)를 이해한 내용으로 적절하지 **않은** 것은?

〈보기〉

1930년대 최소한의 생존 조건마저도 허락되지 않은 한반도의 백성들은 만주와 시베리아로 이주해 갔는데, 이를 가장 잘 목격할 수 있었던 지역이 두만강변이었다. 이용악은 이 지역에서 성장하면서 절망적이고 공포스러운 상황에 노출된 유이민의 삶을 직접적으로 목격하였다. 그 자신 또한 가난과 상실로 얼룩진 가족사의 희생자이기도 했다. 그는 자신이 목격하고 체험한 사실을 개인적 비애의 울타리에 가두어 두지 않고 비판적 안목을 통해 민족적 차원으로 확장하였다.

① 2연의 '무장열차', '포대'가 가져오는 초조하고 공포스러운 상황의 해소를 위해 3연에서 '너'는 '전통'을 이어 남기려는 태도를 드러내고 있다.

② 2연의 '선지피를 흘릴 때'라는 처참한 이미지를 제시함으로써 우리 민족이 마주했던 절망적 상황을 환기하고 있다.

③ 3연의 '자랑', '영광'은 4연의 '국경을 넘고자 숨어 다니는 무리'에서 연상되는 유이민의 비참함과 대비되고 있다.

④ 4연의 '키 넘는 풀속'을 기어가는 '들쥐'는 최소한의 생존 조건마저도 허락되지 않은 한반도의 백성들을 비유하고 있다.

⑤ 4연의 '묘표(墓標)를 걸머진 듯한 이 실망'에도 불구하고 5연에서 '너의 꿈만 아름다운 듯 고집'하는 존재에 대한 화자의 비판적 인식이 드러난다.

35 (나)에 대한 반응으로 적절하지 <u>않은</u> 것은?

① 1연에서는 자연 현상을 인간의 감정과 연결하여 화자의 정서를 드러내고 있군.

② 2연에서는 화자가 살아가려 했던 삶의 모습을 '기러기'에 빗대어 표현하였군.

③ 3연과 4연에서는 인간의 삶과 자연 현상을 대비함으로써 자연의 비정함을 부각하고 있군.

④ 5연에서는 '꽃상여', '떼과부'와 같은 시어를 통해 서글픈 이미지가 형상화되고 있군.

⑤ 6연에서는 1연과 동일한 내용이 동일한 형식으로 반복되어 화자의 내면이 강조되어 전달되는군.

36 〈보기〉는 '선생님'의 안내에 따라 학생들이 (다)를 감상한 내용이다. ⓐ~ⓔ 중 적절하지 <u>않은</u> 것은? [3점]

―〈보기〉―

선생님 : 이 수필의 글쓴이는 감격적 체험을 하고 나서 자신의 마음을 차곡차곡 펼쳐 보이고 있습니다. 공간적 특성과 긴밀하게 연결하여 자신이 생각한 내용을 설득력 있게 서술할 뿐 아니라 독자와의 공감도를 높이기 위해 독특한 장치를 활용하고 있습니다. 게다가 자신의 소망을 잘 드러낼 수 있는 상징물을 설정하고 거기에 적합한 표현 방법을 통해 자신의 감격이 독자의 감격으로 전이되게 하고 있습니다. 자, 그러면 이러한 점을 염두에 두고 감상해 봅시다.

학생 1 : 글쓴이가 '통일 전망대 → 연미정 → 철산리 언덕' 순으로 장소를 옮기며 '강'의 흐름에 주목하고 지리적 특성에 맞게 역사적 의미를 부여한 것에서 묘한 설득력을 느꼈어요. ……… ⓐ

학생 2 : '철산리'에서 '한강'과 '임진강'과 '예성강'을 '유서 깊은 벽란도의 푸른 솔'이 '배웅'한다는 의인화된 표현은 파란만장한 역사를 끝마치는 데에 따른 감회를 부각하고 있는 듯해요. ……………………… ⓑ

학생 3 : 글쓴이가 '당신'에게 엽서를, 그것도 '마지막' 엽서를 띄우는 것으로 설정하고 있어요. 게다가 '당신'에는 독자인 '나'도 포함된다고 생각하니 글의 내용이 더욱 진솔하게 다가왔어요. ………………………… ⓒ

학생 4 : '강'을 '치열한 물'에 빗대어 강한 의지를 지닌 대상으로 그리기도 하고, '고난의 세월'을 살아간 대상으로 형상화하기도 하여 '강'의 상징적 의미가 더욱 다각적으로 느껴졌어요. …………………………… ⓓ

학생 5 : '강물'과 '바다'에 대한 '당신'과 '나'의 대조적 인식이 '낮은 곳을 지향하는' '강물'과 '흰 구름으로 승화하는' '바다'와의 대립으로 이어지면서 화자의 고조된 감정이 잘 느껴졌어요. …………………………… ⓔ

① ⓐ   ② ⓑ

③ ⓒ   ④ ⓓ

⑤ ⓔ

[37~41] 다음 글을 읽고 물음에 답하시오.

유학을 지배 이념으로 수용한 조선의 유학자들에게 성리학의 영향력은 막대했다. 하지만 조선 후기에 이르러서 사회를 보는 시각이 다양해지자 성리학에 대한 회의와 비판이 일어났다. 그 과정에서 성리학의 핵심 사유 체계였던 ㉮ 주희의 '이기론(理氣論)'도 비판적 검토의 대상이 되었다. 더욱이 청나라를 통해 서양의 사상을 접한 조선 후기의 학자들은 기존의 사유 체계의 변화를 ⓐ 도모했다.

주희의 이기론은 존재의 근원과 그 구조를 드러내기 위한 사유 체계였다. 존재의 생성과 변화의 원리는 '이(理)'이고, 각 개체가 고유성을 띠고 존재하게 하는 것은 '기(氣)'이다. '이'는 만물이 공유하는 존재론적 근거로서 모든 개체에 동일하지만, 개체가 갖고 있는 '기'는 서로 다르다. 만물은 선험적인 '이'와 '기'가 결합한 형태로만 존재한다. 또한 '성리학'이라는 말에서 알 수 있듯이 '이'는 곧 '성[본성]'이다.

위와 같은 주희의 이기론을 강하게 비판한 사람 중 하나는 정약용이었다. 그는 '부여된 '이'는 동일하지만 '기'가 다르기 때문에 만물은 차이가 난다.'는 주희의 생각은 '개체가 곧 전체이고, 전체가 곧 개체이므로 만물은 다른 종류의 개체로 윤회한다.'는 불교 논리와 다를 바 없다고 비판하였다. 즉, 주희가 불교를 극복할 수 있는 논리를 유학 안에 갖추려고 고민하였는데, 그런 고민을 거쳐 마련한 성리학적 틀이 불교와 매우 유사하다는 비판이었다. 실제로 주희의 '이기론'에는 불교의 흔적이 많이 남아 있었다.

정약용은 '유형한 물질'과 '무형한 정신'의 이원 구도로 세계를 인식했는데, '유형한 물질'은 무목적적으로 움직이는 '기'의 지배를 받고, '무형한 정신'은 '기'의 무목적적인 움직임에 질서를 부여한다고 생각했다. 그는, '유형한 물질'인 육신과 '무형한 정신'인 '이성 능력'이 오묘하게 합하여 인간이 형성되는데, '이성 능력'에는 '자유 의지'가 있기 때문에 인간이 도덕을 행할 수 있다고 보았다. 그에게 이러한 '이성 능력'은, 사물이나 짐승에게서는 찾을 수 없기에 인간만이 갖고 있는 고유한 본성이었다. 이런 입장에서 정약용은 주희의 '이'가 '이성 능력'도 '자유 의지'도 없는 선험적 생성 원리이기 때문에, 인간의 본성을 포괄할 수 없다고 비판하였다. 그는 자체적으로 존재하는 실체는 '기'뿐이고, '이'는 실체에 딸린 속성에 ⓑ 불과하므로 '이'는 '기'가 드러나야 있을 수 있다고 말하였다. 결국 주희의 '이기론'에서 '기'는 정약용에게도 그대로 유지되었지만, '이'는 개념적으로 축소되어 '이' 중심의 이기론은 이론적 틀로서 역할이 제한될 수밖에 없었다.

그런데 이러한 정약용의 생각은 독자적이라기보다는 서구의 영향을 받은 것으로 보인다. 정약용은 젊은 시절에 마테오 리치가 중국에 신학(神學)을 전파하기 위해 저술한 『천주실의』를 읽었는데, 여기에는 '유형한 물질', '무형한 정신', '자유 의지' 등에 해당하는 개념뿐 아니라 주희의 '이'가 정신적 실체가 될 수 없다는 마테오 리치의 생각도 함께 소개되어 있었기 때문이다. 게다가 흥미로운 것은 마테오 리치가 의존한, 현상에 대한 인식적 틀은 아리스토텔레스에게서 ⓒ 차용한 것이라는 점이다.

정약용이 의도했든 의도하지 않았든 아리스토텔레스를 끌어왔다면, 최한기는 당시 조선에 ⓓ 유입된 서양의 근대적 자연관에 의지하여 '이기론'에 대해 비판적 입장을 취했다. 그는, '이'는 '기' 밖이 아니라 '기' 가운데서 구해야 미루어 알 수 있음을 강조했다. '이'라는 법칙 세계에서 현상 세계로 접근하지 말고 '기'라는 현상 세계에서 '이'를 인식해야 한다는 경험주의적 입장을 드러낸 것이다. 최한기에게 '기'는 일종의 에너지로서, 자발적으로 운동하며, 갖가지 도구를 통해서 수치화되어 측정 가능한 대상이었다. 이러한 최한기의 생각은 '기'가 모이고 흩어지는 작용에 의해 만물이 생성하고 변화한다고 본, 중국 철학자 장재(張載)의 주장과도 유사하지만, 당시 동아시아에 유행했던 뉴턴의 '에테르' 가설과도 연관된다. 19세기 말에 그 존재가 부정되었지만, 에테르는 빛을 전달하는 매질로 우주에 가득 존재하는데, 이것이 응결되어 구체적인 물질이 만들어진다고 뉴턴은 주장했기 때문이다. 한편 주희는 현상적 측면의 근원으로 '이'를 제시하여 '이'의 선험성을 강조했는데, 최한기는 '이'의 선험성을 부정하고 '이'를 '기'의 내재적 법칙성으로 한정하였다. 하지만 '이'는 '기'의 운동 법칙, 인식의 원리 및 판단의 기준으로서 여전히 최한기의 사상 체계를 구성하는 주요 개념으로 남아 있었다.

정약용과 최한기와 같이 '이기론'의 한계성을 절감한 ㉠ 조선 후기 학자들은 서양의 사상을 접하고 자신의 이론을 발전시켜 주희를 극복하려고 노력했다. 그러나 그들은 주희의 세계관을 비판하면서도 결국 주희의 핵심 범주인 '이ㆍ기(理氣)' 자체에서 벗어나지 못했다. 주희의 개념적 틀은 상당수의 학자들의 이론에 그대로 남아 있었기 때문에 주희의 '이기론'에서 ⓔ 탈피하려는 그들의 시도는 절반만 성공을 거두었다고 할 수 있다.

37 윗글을 통해 알 수 있는 내용이 <u>아닌</u> 것은?

① 주희의 이기론은 불교의 논리와 유사한 구조를 취하고 있다.

② 주희는 개체의 고유성에 관계없이 '이'의 동일성을 주장하였다.

③ 마테오 리치가 기댄 철학적 토대는 아리스토텔레스로부터 비롯된다.

④ '에테르' 가설과 달리 최한기의 '기' 이론은 과학적 검증을 받지 못했다.

⑤ 『천주실의』는 저술 의도와는 다른 방향으로 정약용에게 영향을 미쳤다.

38 '정약용'과 '최한기'에 대한 이해로 적절하지 <u>않은</u> 것은?

① 정약용은 '이'는 '기'에 종속된 속성이라고 보았다.

② 최한기는 '기'로부터 '이'를 인식해 가는 접근법을 강조했다.

③ 정약용과 최한기는 모두 '이'보다는 '기'의 중요성을 부각하였다.

④ 정약용과 최한기는 모두 주희와 달리 '이'와 '기'의 관련성을 부정했다.

⑤ 최한기는 주희와 달리 '기'의 근원적 원리로서의 '이'의 선험성을 부정했다.

39 〈보기〉를 바탕으로 ㉠을 비판한 내용으로 가장 적절한 것은?

〈보기〉

사르트르에 이르러서 서양 철학은 '본질'과 '현상(사물)'이라는 이원론적 틀에서 벗어날 수 있었다. 플라톤 이후 '본질'과 '현상'에 매달린 철학자들과 달리 사르트르는 톱이 썰기 위해 존재하는 데서 알 수 있듯이 사물[톱]은 본질[물건을 써는 작용]에 의존하지만, 인간은 주어진 어떤 본질도 갖지 않는다고 보았다. 인간은 고유의 본질도 없이 그저 던져진 존재라는 데서 오는 불안을 극복하고 스스로에게 본질을 부여해야만 자유로운 존재가 된다고 보았다. 이러한 사르트르의 생각 덕분에 인간은 자신의 본질을, 나아가 미래의 삶을 결정할 수 있는 새로운 가능성을 확보하게 되었다.

① 주희에 대한 정약용의 비판을 최한기가 부정한 것이 당신들의 한계로 이어진 것입니다.

② 그 자체로 완전한 이론 체계인 주희의 '이기론'에 변화를 주려는 시도는 애초부터 실패할 수밖에 없었습니다.

2019 기출문제

③ 현상 및 인간에 대한 새로운 이해는 기존의 사고의 틀인 '이기론'을 활용하는 한 충분히 드러낼 수 없습니다.

④ 주희가 관심을 기울인 개체의 고유성은 애초부터 존재하지 않았기에 당신들은 허상을 쫓는 우를 범한 것입니다.

⑤ '이기론'이 왜 만들어졌는지에 대한 충분한 고민이 없었기에 '이기론'에 대한 비판은 비판을 위한 비판이 되었습니다.

③ ㉯는 모래가 취한 둥근 형상은 질료인 모래가 실현된 상태라고 여겼을 것이다.

④ ㉯는 모래 덩어리가 시간이 지나면 모습이 바뀔 것이기 때문에 '둥긂'을 모래의 형상으로 여겼을 것이다.

⑤ ㉯는 둥근 그릇에 담기기 전의 모래는 불완전하고 미완성적이라는 점에서 질료의 속성을 갖는다고 생각했을 것이다.

40 윗글의 ㉮와 〈보기 1〉의 ㉯의 〈보기 2〉에 대한 이해를 추론한 것으로 적절하지 <u>않은</u> 것은?
[3점]

─── 〈보기 1〉 ───

㉯ 아리스토텔레스에 따르면 질료는 형상이 실현될 바탕이고, 형상은 질료가 실현된 상태이다. 형상은 완전무결하고 완성적인 것이고, 질료는 불완전하고 미완성적이라는 속성을 갖는다. 질료는 미완성적이고 불완전하므로 완성적인 것을 향해 변화하고자 한다. 형상과 질료의 합성체가 우리가 현실에서 보는 실체가 되는데, 아리스토텔레스는 이 실체를 참된 존재로 여겨 '제1실체'라 불렀다.

─── 〈보기 2〉 ───

우리 앞에 모래사장이 있다고 해보자. 그곳에 있는 모래를 둥근 그릇에 담아 꾹꾹 눌러서 바닥에 놓고 그릇을 빼면, 우리는 둥근 모양으로 서 있는 모래 덩어리를 보게 된다.

① ㉮는 둥근 모양의 모래 덩어리로 있게 한 '그릇'을 '기'로 보았을 것이다.

② ㉮는 둥근 그릇에 담기면 둥근 모양이 되는 모래의 성질을 '이'에 대응시켰을 것이다.

41 ⓐ~ⓔ를 바꿔 쓸 말로 적절하지 <u>않은</u> 것은?

① ⓐ : 꾀했다

② ⓑ : 지나지 않으므로

③ ⓒ : 빌린

④ ⓓ : 들어온

⑤ ⓔ : 무너뜨리려던

[42~45] 다음 글을 읽고 물음에 답하시오.

(가)

┌ 이봐 아이들아 아무려나 힘써 일하라.
[A] 죽은 국물 상전 먹고 건더기 건져 종을 주니
└ 눈살을 찌푸리고 코로 방귀 뀐다.
┌ 올벼는 한 발 뜯고 조, 팥은 다 묵히니
│ 싸리, 피, 바랭이는 나기도 많이 났네.
│ 환곡 비싼 이자는 무엇으로 장만하며
│ 부역과 세금은 어찌하여 차려 낼고.
│ 이리저리 생각해도 견딜 수가 전혀 없다.
[B] ⓐ 장초(萇楚)*의 무지(無知)를 부러워하나 어
└ 찌하리.

시절이 풍년인들 지어미 배부르며
겨울을 덥다 한들 몸을 어이 가릴고.
베틀의 북도 쓸데없어 빈 벽에 걸려 있고
솥, 시루도 버려두니 붉은 녹이 다 슬었다.
세시 절기, 잔치, 제사는 무엇으로 지내며
원근의 친척, 오가는 손은 어떻게 접대할고.
└ 이 얼굴 지녀 있어 어려운 일 많고 많다.
┌ 이 원수 궁귀(窮鬼)를 어이하야 여의려뇨.
술에 음식 갖추고 이름 불러 전송(餞送)하여
길일을 잡아서 사방(四方)으로 가라 하니
시끄럽게 떠들며 화를 내어 이른 말이
어려서 지금까지 희로우락을 너와 함께 하여
죽거나 살거나 여읠 줄이 없었거늘
[C] 어디 가 뉘 말 듣고 가라 하여 이르느뇨.
우는 듯 꾸짖는 듯 온 가지로 꾸짖거늘
돌이켜 생각하니 네 말도 다 옳다.
무정한 세상(世上)은 다 나를 버리거늘
너 혼자 신의 있어 나를 아니 버리거든
억지로 회피하여 잔꾀로 떨쳐내랴.
┌ 하늘이 만든 이 내 가난 설마한들 어이하리.
[D] └ 빈천(貧賤)도 내 분수어니 설워한들 무엇하리.

                              – 정훈, 「탄궁가(嘆窮歌)」 –

*장초 : 시경(詩經)에 나오는 복숭아 나무의 일종.

(나)
순풍(淳風)*이 죽다 하니 진실(眞實)로 거즛말이
인성(人性)이 어지다 하니 진실(眞實)로 올흔 말이
천하(天下)에 허다영재(許多英才)를 소겨 말슴홀가
〈제3곡〉

산전(山前)에 유대(有臺)하고 대하(臺下)에 유수(有水)ㅣ로다
떼 많은 갈매기는 오명가명 하거든
엇더타 교교백구(皎皎白駒)*는 멀리 무음 두는고
〈제5곡〉

춘풍(春風)에 화만산(花滿山)하고 추야(秋夜)에 월만대(月滿臺)라
사시가흥(四時佳興)이 사룸과 한가지라

하믈며 어약연비(魚躍鳶飛) 운영천광(雲影天光)*
이야 어찌 끝이 있으리
〈제6곡〉

ⓑ 청산(靑山)은 엇뎨하야 만고(萬古)애 프르르며
유수(流水)는 엇뎨하야 주야(晝夜)에 긋디 아니는고
우리도 그티디 마라 만고상청(萬古常靑)호리라
〈제11곡〉

우부(愚夫)도 알며 하거니 긔 아니 쉬운가
성인(聖人)도 몯다 하시니 긔 아니 어려운가
쉽거나 어렵거낫 듕에 늙는 주를 몰래라
〈제12곡〉

           – 이황, 「도산십이곡(陶山十二曲)」 –

*순풍 : 순박한 풍속.
*교교백구 : 현자(賢者)가 타는 흰 망아지. 여기서는 현자를 가리킴.
*어약연비 운영천광 : 고기가 뛰고 소리개가 날고 구름 그림자와 하늘 빛을 가리키는 말. 대자연의 오묘한 이치를 나타냄.

42 (가), (나)의 공통점으로 적절한 것은?

① 설의적 표현을 사용하여 시적 의도를 강조하고 있다.
② 색채 이미지를 활용하여 정신적인 지향을 드러내고 있다.
③ 자연물에 감정을 이입하여 체념적 정서를 부각하고 있다.
④ 명령의 형식을 통해 현실에 대한 비판 의식을 드러내고 있다.
⑤ 음성상징어를 활용하여 시적 상황을 생동감 있게 전달하고 있다.

43 (가)의 [A]∼[D]에 대한 이해로 적절하지 <u>않은</u> 것은?

① [A]에서 화자와 대상 간의 갈등을 유발하는 원인이 [C]에 이르러 소멸하고 있다.

② [B]에서 부정적으로 묘사한 가난한 상황이 [C]에서 해학적으로 그려지고 있다.

③ [C]에서는 [B]와 달리 대화 장면을 제시하여 시상 전개에 변화를 주고 있다.

④ [C]에서는 부정적으로 인식하는 대상에 대한 화자의 태도 변화가 나타나고 있다.

⑤ [B]에서 가난으로 괴로워하던 화자는 [D]에서는 숙명론적 사고를 통해 자신의 처지를 수용하고 있다.

44 ⓐ, ⓑ에 대한 이해로 적절한 것은?

① ⓐ는 화자가 동질감을 느끼는 대상이고, ⓑ는 화자가 이질감을 느끼는 대상이다.

② ⓐ는 화자와 대비되는 대상이고, ⓑ는 화자가 지향하는 가치를 담고 있는 대상이다.

③ ⓐ는 화자에게 심경 변화의 계기를 제공하고, ⓑ는 화자에게 삶의 목표를 일깨워 준다.

④ ⓐ는 화자에게 현실에 대한 새로운 인식을 주고, ⓑ는 화자에게 심리적 위안을 주고 있다.

⑤ ⓐ는 화자가 현실에 대한 불만을 표출하는 대상이고, ⓑ는 화자가 내면의 만족감을 드러내는 대상이다.

45 〈보기〉를 참고하여, (나)를 감상한 학생들의 반응으로 적절하지 <u>않은</u> 것은? [3점]

〈보기〉

　이황은 「도산십이곡」을 통해 성리학적 수양 과정을 형상화하였다. 성리학에서는 인간은 누구나 성인이 될 수 있다고 보았는데, 그것은 모든 인간에게는 본래 타고난 순수한 본성이 내재되어 있기 때문이다. 하지만 모든 인간은 어느 정도의 비루한 기질을 갖고 있어 순수한 본성을 완전히 발현하는 데에는 한계가 있다. 이황은 자연을 보면서 거기에 깃든 이치와 동일한 인간의 본성을 인식하고, 옛 성인의 행적을 본받아 순수한 본성을 최대한 발현하기를 바라는 마음에서 이 작품을 지은 것이다.

① 〈제3곡〉에서 사람은 본래 '인성이 어지다'고 생각했기 때문에 〈제12곡〉에서 '우부도 알며 ㅎ거니'라고 노래한 것이군.

② 〈제5곡〉에서 '교교백구'가 '멀리 ㅁ음' 둔다고 화자가 타박한 것은, 그것을 비루한 기질을 갖고 있는 존재로 인식했기 때문이군.

③ 〈제6곡〉의 '사시가흥'이 '사름과 ㅎ가지'라고 화자가 감탄한 것은, 〈제3곡〉에서 말한 '거즛말이'와 '올흔 말이'의 차이를 넘어선 경지를 화자가 깨달았기 때문이군.

④ 〈제6곡〉의 '어약연비 운영천광'은 자연의 이치로 〈제12곡〉의 '우부'나 '성인'이 공통적으로 지닌 순수한 본성에 대응되겠군.

⑤ 〈제11곡〉에서 '만고상청호리라'는 성리학적 수양과 실천을 통해 성인에 이르고자 하는 화자의 의지를 드러낸 것이군.

2027

사관학교

10개년 국어

제1교시 국어영역(공통)

▶정답 및 해설 365p

[01~02] 다음은 학생이 음악 시간에 '타악기'를 소개하는 발표이다. 물음에 답하시오.

여러분, 오케스트라 공연을 관람해 보신 분, 손한번 들어 보실래요? (청중을 둘러본 후) 생각보다 많은 분들이 있으시군요. 그렇다면 오케스트라 공연에서 기억나는 타악기에는 어떤 것이 있을까요? (청중의 대답을 들으며) 역시 타악기를 기억하시는 분은 드물군요. 그래서 저는 오늘 오케스트라에서 중요한 역할을 하는 두 타악기의 특징에 대해서 여러분께 설명을 드리려 합니다.

여러분이 오케스트라 공연에서 타악기를 잘 떠올리지 못한 것은 타악기가 오케스트라 공연 내내 침묵한 채 있다가 가끔 등장하기 때문일 겁니다. 하지만 이 타악기는 예외로 해야 합니다. 잠깐 사진을 볼까요? (사진을 보여 주며) 이 악기는 바로 '팀파니'입니다. 팀파니는 여러 대의 북을 사용하여 서로 다른 음높이를 구현하는 타악기입니다. 오케스트라 연주의 전체 바탕을 마련하는 중요한 악기라서 팀파니 연주자는 제2의 지휘자나 다름이 없습니다. 그래서 예전에는 팀파니 연주자가 오케스트라 뒤쪽 중앙에서 지휘자와 마주 보며 오케스트라의 리듬을 잡아 주곤 했습니다. 물론 지금도 종종 팀파니가 지휘자와 마주 보게 배치되는 경우가 있습니다. 「베토벤 교향곡 제5번」의 3악장 마지막 부분을 들어 볼까요? (음악을 들려주고 나서) '딴 따따따 딴 따따따'하는 소리를 들으셨나요? 이 소리가 팀파니 소리인데, 팀파니가 음높이와 리듬에 변화를 주면서 해가 뜨기 직전의 긴장감을 아주 훌륭하게 표현하고 있습니다.

다음으로 소개할 타악기는 바로 '글로켄슈필'입니다. (사진을 보여 주며) 이 악기의 특징은 소리에 있습니다. (청중의 질문을 듣고) '실로폰'하고 다른 점이 무엇이냐고요? 실로폰처럼 생겨서 그런 질문을 하시는 것 같은데, 아, 그럼 실로폰과 비교하여 글로켄슈필을 설명하면 여러분의 이해에 도움이 될 수 있겠네요. 두 악기는 모양이 비슷하고 모두 음높이가 있지만 음색이 다르고 그 쓰임새 또한 다릅니다. 실로폰은 나무판으로 되어 있어 나무가 부딪히는 둔탁한 느낌을 주고, 글로켄슈필은 여러 가지 길이의 금속판으로 되어 있어 맑고 청아한 느낌을 줍니다. 그래서 글로켄슈필은 천상의 소리에 비유되며 오케스트라 연주에서 중요한 역할을 하는 경우가 있습니다. 실제로 드뷔시는 바다를 묘사하는 오케스트라 곡에서 물방울이 튀는 소리와 햇빛에 반사되는 수면의 반짝임을 이 악기를 사용해 표현했습니다. (음악을 들려주고 나서) 이 음악이 바로 드뷔시의 「바다」입니다. 하프 소리와 글로켄슈필 소리가 어우러져 환상적인 느낌을 주죠?

타악기는 오케스트라 연주의 바탕을 잡아 주기도 하고 음악의 주제나 내용에 어울리는 분위기를 조성하는 중요한 역할을 합니다. 음악의 중요한 일부이지만 연주를 들을 때 우리가 미처 인지하지 못하는 쉼표처럼, 타악기 또한 우리가 잘 느끼지는 못하지만 오케스트라 연주를 완성하는 악기랍니다.

01 발표의 흐름을 고려하여 발표자가 계획한 말하기 전략 중 위 발표에 반영되지 <u>않은</u> 것은?

흐름	발표자의 말하기 전략
도입	• 청중의 경험을 환기하며 질문 던지기 ···· ⓐ • 발표의 주제를 미리 안내하기
전개	• 시각 자료와 청각 자료 활용하기 ········· ⓑ • 발표 중간에 앞에서 말한 내용 요약하기 ·· ⓒ • 청중의 궁금증을 반영하여 발표 내용 조정 하기 ·· ⓓ
정리	• 발표의 내용을 간단하게 정리하기 • 비유적 표현을 사용하여 주제 강조하기 ·· ⓔ

① ⓐ   ② ⓑ

③ ⓒ   ④ ⓓ

⑤ ⓔ

02 다음은 청자가 '발표를 들은 후'의 변화를 '발표를 듣기 전'과 비교하여 나타낸 것이다. '발표를 들은 후'의 변화 중 발표 내용을 <u>잘못</u> 이해한 것은?

발표를 듣기 전		발표를 들은 후
언젠가 글로켄슈필과 실로폰은 모양이 비슷하다는 설명을 들은 적이 있어.	→	글로켄슈필과 실로폰은 모양은 비슷하지만, 재질과 소리가 다르구나. ·············· ㄱ
연주에서 가끔씩 등장하는 팀파니는 한 대의 북으로 된 악기야.	→	오케스트라곡 연주에서 사용되는 팀파니는 여러 대의 북으로 구성되어 있구나. ····· ㄴ
타악기는 음악의 분위기를 조성하는 보조적인 역할만 담당하는 것 같아.	→	보조적 역할을 넘어 오케스트라의 전체 바탕을 마련하는 타악기도 있구나. ·········· ㄷ
타악기는 다른 악기와 달리 음의 높이를 표현할 수 없는 것 같아.	→	타악기 중 글로켄슈필은 팀파니와 달리 음 높이를 구현할 수 있구나. ················· ㄹ
드뷔시의 「바다」는 하프 소리 때문에 환상적인 느낌을 주는 것 같아.	→	드뷔시의 「바다」는 하프와 글로켄슈필을 사용해 환상적인 느낌을 준 거구나. ·········· ㅁ

① ㄱ   ② ㄴ

③ ㄷ   ④ ㄹ

⑤ ㅁ

[03~05] 다음은 '갈등 상황'을 해결하기 위한 협상을 준비하는 회의이다. 물음에 답하시오.

〈갈등 상황〉

　○○시에서는 음식물 쓰레기가 음식물 쓰레기 처리 시설의 용량을 초과하여 시민들이 많은 어려움을 겪고 있다. 이에 따라 시에서는 막대한 사업비를 들여 A 동네에 음식물 쓰레기 처리 시설을 새로 건립하기로 하였다. 그러나 A 동네 주민들이 건립 취소를 요구하여 시설 건립이 지연되고 있어 주민들과 협상을 해야 하는 상황이다.

시 직원 1: 지금부터 A 동네와의 협상을 준비하기 위한 ㉠ 회의를 하겠습니다.

시 직원 2: 먼저 동네 주민들의 요구를 파악해 보는 것이 중요할 것 같습니다. 동네 주민들은 음식물 쓰레기 처리 시설을 혐오 시설로 인식하여 주거 환경이 나빠지는 것을 염려하고 있습니다.

시 직원 3: 그렇습니다. 주민들에게 신축될 시설이 최첨단 기술을 이용한 친환경 시설이므로 기존의 시설물과는 달리 주거 환경에 나쁜 영향을 미치지 않는다는 점을 여러 번 말씀드렸지만, 주민들의 입장에는 변화가 없었습니다. 여론을 수렴한 결과 주민들은 건립 자체를 반대하기보다는 시설을 건립하는 조건으로 현재보다 주거 환경의 질을 높일 수 있는 구체적 방안을 원하고 있는 것으로 분석됩니다. 협상을 타결하기 위해 주민들의 요구를 충족할 수 있는 대안을 찾아봅시다.

시 직원 2 : 실제 협상에서 동네 주민들은 구체적인 요구 조건을 제시할 겁니다. 유사한 사례들의 보고서를 참고할 때, 대개 생태 문화 공원을 조성하거나 복지 시설을 설치하는 것처럼 주거 환경 개선과 관련된 조건을 제시할 가능성이 높다고 생각합니다.

시 직원 3 : 우리도 정해진 예산의 범위 내에서 사업을 추진하는 것이니까 만약 주민들의 요구가 무리한 내용이라면 무조건 수용할 필요는 없는 것 같아요. 예산 심의를 통과하기 위해서는 A 동네 주민이 아닌 일반 시민들도 납득할 수 있는 사업이어야 하지 않을까요? 사업의 경제성과 타당성 평가에 심각한 지장을 주는 요구라면 협상을 포기하고, 음식물 쓰레기 처리 시설 건립 문제를 해결할 수 있는 다른 수단을 찾는 것이 나아요. 예를 들어 현재 가동 중인 시설을 대대적으로 리모델링하여 확충하거나 사업비가 A 동네보다 20% 더 들지만 입지 환경이 비교적 양호하면서 주민들의 수용 가능성이 높은 B 동네를 선택하는 방법이 있어요.

시 직원 1 : 저도 동의합니다. 그게 합리적입니다. 그런데 현재 시설이 있는 곳은 더 이상 확충 공사가 불가능하니까 우리의 고려 대상에서 제외해야 할 것 같습니다.

시 직원 3 : 그렇습니다. 다만 우리 시의 예산 상황과 사업의 경제성을 따져 볼 때, 총 사업비의 15% 이내의 범위에서 추가 비용이 발생하는 것은 수용 가능하지만, 이를 초과하는 경우에는 주민들의 수용 가능성이 높은 B 동네에 건립하는 것을 생각해 보아야 해요. 그렇기 때문에 주민들의 요구 조건 중에서 비용이 얼마나 소요되는지를 면밀하게 따져서 사업의 경제성을 해치지 않는 범위 내에서 우리가 수용할 수 있는 요구 조건이 어떤 것이 있는지 우선순위를 정해야 할 것 같아요. 그리고 주민들에게 실질적인 이익이 돌아갈 수 있는 방안을 생각해 보는 것도 좋을 것 같아요.

시 직원 2 : 그렇습니다. 사업의 경제성을 해치지 않으면서 주민들에게도 이익이 될 수 있는 방안, 예를 들면 새로 건립되는 시설에서 근무하는 근로자의 20% 정도를 A 동네 주민들로 고용하는 방안 등을 생각할 수 있을 것 같습니다.

시 직원 3 : 좋은 방안인 것 같습니다. 하지만 우리가 양보할 수 있는 수준과 주민들이 요구하는 조건의 접점을 찾을 수 없다면 협상이 결렬될 수도 있습니다. 협상이 원만하게 타결되도록 하려면 어떻게 해야 할까요?

[A]

시 직원 1 : 상대방의 감정을 자극하기보다는 문제 해결을 위한 공동의 노력을 강조해야겠지요. 동네 주민들도 결국 시민 중 한 사람이라는 점을 강조하며 공감대를 형성하는 것이 좋겠습니다.

시 직원 2 : 맞아요. 우리는 시를 운영하는 주체로서 우선적으로 주민들과 상호 신뢰를 구축하는 것이 중요해요. 따라서 우리가 수용하기 어려운 제안이라도 바로 제안을 거절하기보다는 대안을 마련하여 역으로 다시 제안하는 것이 좋을 것 같아요. 물론 그 대안은 당장의 비용 지출을 줄이면서 장기적으로 주민들에게도 도움이 될 수 있는 내용이면 더 좋을 것 같습니다.

시 직원 1 : 자, 그럼 지금까지 우리가 회의한 내용을 정리해 봅시다.

03 ⊙의 내용에 대한 설명으로 적절하지 <u>않은</u> 것은?

① 협상 상대에게 줄 수 있는 이익을 고려하고 있다.

② 협상 상대에게 양보할 수 있는 수준을 정하고 있다.

③ 협상 상대가 제시할 수 있는 요구 사항을 탐색하고 있다.

④ 협상 목표를 고려하여 협상 의제의 우선순위를 결정하고 있다.

⑤ 협상이 결렬될 위기에 처했을 때의 대응 방안을 논의하고 있다.

04 〈보기〉는 협상 방법과 관련된 설명이다. 윗글에서 〈보기〉의 ⓐ~ⓔ에 해당하는 내용으로 적절하지 <u>않은</u> 것은? [3점]

─〈보기〉─

협상에서는 '근원적 이해'를 분석하는 것이 중요하다. 근원적 이해란 협상을 통해 진정 얻고 싶거나 달성하고자 하는 사항을 의미한다. 따라서 협상을 할 때에는 ⓐ 자신의 근원적 이해와 ⓑ 상대의 근원적 이해를 분석하여 이를 충족할 수 있는 결과를 도출해야 한다. 또한 협상은 그 자체로 목적이 아니고 수단이기 때문에 협상 이외에 문제를 해결할 수 있는 다른 수단이 존재하는데, 이를 ⓒ 복안(腹案)이라고 한다. 따라서 협상을 할 때 ⓓ 복안보다 더 유리한 제안은 수락해야 하고, ⓔ 복안보다 더 불리한 제안은 거절하는 것이 합리적이다.

① ⓐ : 원만한 합의를 통해 A 동네에 음식물 쓰레기 처리 시설을 건립하는 것

② ⓑ : 주거 환경의 질을 높일 수 있는 구체적인 방안을 확보하는 것

③ ⓒ : 현재 가동 중인 음식물 쓰레기 처리 시설을 리모델링하여 확충하는 것

④ ⓓ : A 동네에 시설을 건립하면서 추가 비용이 총 사업비의 15% 이내로 발생하는 것

⑤ ⓔ : 주민들의 요구가 사업의 경제성과 타당성 평가에 심각한 지장을 줄 수 있는 것

05 〈보기〉는 위 회의를 바탕으로 실시된 실제 협상의 일부이다. ㉮에서 '시 직원 2'가 [A]를 반영하여 할 수 있는 말로 가장 적절한 것은?

─〈보기〉─

시 직원 1 : 그렇다면 문화 시설을 갖춘 생태 문화 공원을 조성하는 걸로 하겠습니다.

주민 대표 : 좋습니다. 또한 주민들에게 특별 지원금을 지급해 주셨으면 좋겠습니다. 시에서는 비용 부족과 다른 동네 주민들과의 형평성 문제를 근거로 자꾸 난색을 표하는데, 이 요구를 수용해 주지 않으면 우리는 절대 합의해 줄 수 없습니다.

시 직원 2 : (　　　　㉮　　　　)

① 그러면 이 협상은 없었던 것으로 합시다. 앞으로 시에서는 A 동네에 어떤 사업도 추진하지 않겠습니다. 그에 따른 불이익은 동네 주민들이 감수하셔야 할 것입니다.

② 여러분께서 많은 희생을 하고 있다는 점을 인정합니다. 별도의 예산을 추가 확보하여

특별 지원금을 지급할 테니, 동네 주민들도 시설이 조기에 완공될 수 있도록 협조해 주시면 어떨까요?

③ 우리 시에서 A 동네의 주민들을 위해 얼마나 많은 노력을 하고 있는지 알고 계시지 않습니까? 시의 정성을 생각해서라도 특별 지원금을 지급해 달라는 의견만큼은 철회해 주셨으면 좋겠습니다.

④ 여러분도 우리 시의 일원인 만큼 함께 해결 방안을 찾아봅시다. 특별 지원금을 지급하는 대신 음식물 쓰레기를 재처리한 퇴비의 판매 수익금으로 복지 시설을 지속적으로 확충해 나가면 어떨까요?

⑤ A 동네도 우리 시의 일부이기 때문에 시설 완공에 따른 혜택을 함께 누릴 수 있을 겁니다. 또한 생태 문화 공원이 조성되면 장기적으로는 동네의 집값도 오를 것입니다. 이 정도라면 충분하지 않을까요?

[06~08] (가)는 학생이 글을 쓰기 전에 선생님과 나눈 '대화 상황'이고, (나)는 학생이 쓴 '초고'이다. 물음에 답하시오.

(가) 대화 상황

도연 : 선생님, 안녕하세요? 국어 시간에 선생님께서 안내해 주신 '청소년 글쓰기 대회'에 참가하고 싶어서요. 그런데 글을 제대로 써 본 적이 없어서 걱정이 많아요.

선생님 : ㉠ 수업 시간에 배운 내용을 잘 활용하면 좋은 글을 쓸 수 있을 거야. 우선 대회 포스터를 줄 테니 잘 읽어 보렴. 특히 대회 운영의 취지나 글쓰기 주제 등은 꼭 확인하렴.

도연 : 대회 운영 취지를 보니 '일반 시민들이 사회 문제에 관심을 갖고, 문제 해결 방안을 모색할 수 있도록 하기 위함.'이라고 쓰여 있네요.

선생님 : 그러면 관련된 주제를 잘 선정해야겠구나. 도연이가 평소 관심을 두고 있던 사회 문제는 없니?

도연 : 저는 아무래도 학생이니까 청소년 문제에 관심을 많이 갖고 있어요.

선생님 : 그렇구나. 그럼 관심사와 관련된 초고를 먼저 작성해 오렴. 나중에 초고를 보면서 다시 이야기하자꾸나.

(나) 초고

1 학교를 다니지 않는 학생이라고 하면 무엇이 떠오르는가? 아마도 그것은 비행 청소년, 학교 중도 탈락자 등과 같은 부정적 단어일 것이다. 그러나 정확히 말해 이런 학생들을 '학교 밖 청소년'이라고 부른다. 일반적으로 학교 밖 청소년은 만 19세 미만으로 정규 학교의 교육을 받지 않는 청소년을 통칭하는 말이다. 그렇다면 학교 밖 청소년의 수는 얼마나 될까? 정부의 통계에 따르면 2016년 기준 우리나라에서 학교를 다니지 않는 청소년은 약 39만 명에 이르며, 매년 6만여 명씩 증가하고 있다고 한다. 그리고 그중 28만 명 정도는 어디에서 무엇을 하고 있는지 그 소재조차 파악되지 않는다고 한다.

2 우리나라는 2015년부터 학교 밖 청소년 지원에 관한 법률을 시행하여 지원 센터를 통해 학교 밖 청소년이 건강한 사회 구성원으로 성장할 수 있도록 돕고 있다. 그러나 아직은 지원 센터의 기능과 역할이 한정적이어서 학교 밖 청소년이 참여할 수 있는 프로그램이 다양하게 운영되지 못하는 한계가 있다. 또한 지원 센터의 도움을 받고 있는 청소년도 전체 학교 밖 청소년 중 일부에 불과한 문제도 있다.

3 2015년에 여성가족부에서 학교 밖 청소년을 대상으로 조사한 결과에 따르면, 이들의 절반 이상은 학교를 그만 둔 후 특별한 근로 경험이 없이 친구 집이나 피시방, 숙박업체 등에서 생활하였으며, 단순 근로에 종사했던 것으로 나타났다. 또한 사회적

편견으로 인한 차별과 홀대가 학교 밖 청소년이 겪는 어려움 중 가장 큰 비율을 차지하는 것으로 나타났다. 이는 학교 밖 청소년이, 학교를 다니는 청소년에 비해 취약한 성장 환경에 노출되어 있음을 보여 주는 것이다.

④ 그렇다면 이 문제를 어떻게 해결해야 할까? '한 명의 아이를 키우기 위해서는 마을 전체가 필요하다.'라는 인디언 속담과 같이, 사회 공동체의 다각적인 동참과 노력이 필요하다. 학교는 가정과 연계하여 학생들의 학업 중단을 예방하고 학교생활에 적응하지 못하는 학생들을 돕기 위한 제도를 실질적으로 운영해야 한다. 또한 지원 센터는 학교 밖 청소년의 자립과 자활이 가능하도록 그 기능을 확대하고, 지원 센터를 중심으로 학교 밖 청소년의 다양한 요구를 충족할 수 있도록 관련 기관과 연계한 맞춤형 프로그램을 운영해야 한다. 그리고 정부에서도 학교 밖 청소년 문제를 해결할 수 있는 정책적 노력을 펼쳐야 한다. ⓒ 그러나 무엇보다 중요한 것은 학교 밖 청소년에 대해 사람들이 갖고 있는 기존의 생각을 바꾸는 것이다.

① ㄱ : 평소 관심을 반영하면서 대회 운영의 취지에 맞도록 '학교 밖 청소년 문제'를 주제로 정해야겠군.
② ㄴ : 설득의 목적에 맞게 '현황 제시 - 문제 진단 - 해결 방안'의 구조를 지닌 논설문을 써야겠군.
③ ㄷ : 독자의 수준을 고려하여 '학교 밖 청소년'의 개념을 밝히고, 그 발생 원인을 분석해야겠군.
④ ㄹ : 자문자답의 표현 방식을 사용하거나 속담을 인용하여 독자의 주의와 관심을 유도해야겠군.
⑤ ㅁ : 글에서 통계 자료를 인용할 때에는 자료의 출처와 조사 시기를 명확하게 밝혀야겠군.

06 〈보기〉는 ㉠의 내용이다. 〈보기〉를 바탕으로 글을 쓰기 위해 학생이 떠올린 생각 중 (나)에 반영되지 <u>않은</u> 것은?

〈보기〉
ㄱ. 자신의 관심뿐 아니라 글쓰기 상황을 고려하여 주제를 선택함.
ㄴ. 글의 목적에 따라 글의 종류를 선택하고 그에 맞게 구조를 결정함.
ㄷ. 독자의 관심과 수준 등을 고려하여 자료를 선별하고 내용을 생성함.
ㄹ. 독자의 주의와 관심을 이끌어 낼 수 있도록 적절한 표현 방식을 활용함.
ㅁ. 외부 글이나 자료를 사용할 때에는 신뢰성을 확보하기 위해 쓰기 윤리를 준수함.

07 〈보기〉는 ⓒ에 대한 선생님의 조언이다. 〈보기〉를 반영하여 ⓒ에서 주장하고자 하는 바를 고쳐 쓴 내용으로 가장 적절한 것은? [3점]

〈보기〉
• "주장이 분명하게 드러나도록 구체적으로 서술해 보렴."
• "제시한 주장이 중요한 이유를 사실 논거를 사용하여 밝히면 좋겠어."
• "설의법을 사용하면 주장하는 바를 효과적으로 표현할 수 있을 거야."

① 그러나 더 중요한 것은 무엇일까? 그것은 바로 사람들의 태도 변화이다. 즉 우리는 그들을 바라볼 때, '학교 밖'이라는 용어에 관심을 기울이기보다는 그들도 '청소년'이라는 것을 인식해야 할 것이다.

② 그러나 정책보다 중요한 것은 학교 밖 청소년에 대한 따뜻한 관심과 애정이다. 학교 밖 청소년은 당신의 자녀일 수도 있다. 만약 그런 상황에서도 그들을 비행 청소년 정도로 여길 수 있겠는가?

③ 그러나 학교 밖 청소년에 대한 사회의 관심은 여전히 낮은 편이다. 성인 10명 중 6명은 학교 밖 청소년이 누구인지, 어떤 문제가 있는지조차 모르고 있다고 한다. 그렇다면 학교 밖 청소년에 대한 사회적 관심을 유도할 수 있는 방안을 강구하는 것이 무엇보다 중요하지 않을까?

④ 그러나 전문가들은 사람들의 인식을 바꾸는 것이 중요하다고 말한다. 이와 더불어 학교, 사회, 국가가 협력하여 학업 중단 예방부터 학업 중단 후 진로·취업 지원까지를 담당하는 체계적인 시스템을 갖추어야 한다. 이제는 말로만 그치지 말고 실천적 노력을 해야 되지 않을까?

⑤ 그러나 학교 밖 청소년에 대한 사람들의 부정적인 인식을 개선하는 것이 가장 중요하다. 실제로 학교 밖 청소년이 겪는 가장 큰 어려움은 사회적 편견인 것으로 나타났다. 그들이 건강한 사회 구성원으로 성장할 수 있도록 편견을 버리는 자세를 갖추는 것이야말로 진정한 문제 해결 방법이 아닐까?

08 (나)의 ①~④를 수정·보완하는 과정에서 〈보기〉를 활용하는 방안으로 적절하지 <u>않은</u> 것은?

〈보기〉

I. 전문가 인터뷰

"현황이 파악된 학교 밖 청소년은 모두 지원 센터와 연계된 학생들입니다. 지원 센터에서 도움을 주기 위해서는 학교 밖 청소년의 명단을 확보하고 이들의 연락처를 알아야 하는데 개인정보보호법 때문에 임의로 그것을 수집할 수 없는 것이 현실입니다. 학교 밖 청소년의 소재를 파악하여 그들이 센터의 지원을 받을 수 있도록 정부는 관련 기관이 학교 밖 청소년에 한해 개인정보를 예외적으로 수집할 수 있게 관련 법률을 개정할 필요가 있습니다."

II. 신문 기사

외국에서는 학교 밖 청소년 정책의 주된 목표가 학교 밖 청소년을 학교로 복귀시키는 것이 아니라 이들이 학교 밖에서 스스로 성장할 수 있도록 하는 것이다. 독일은 정부의 지원 아래 다양한 관련 기관들이 네트워크를 통해 공조하며 학교 밖 청소년 지원 프로그램의 질을 엄격하게 관리하고 있다. 또한 스웨덴은 정부가 지방자치단체에 관련 예산을 교부하여 지방자치단체가 학교 밖 청소년을 지원하는 센터를 직접 운영하고 다양한 프로그램을 개발하도록 하고 있다.

III. 통계 자료(2016년 ○○교육청)
(1) 학교 중단 후 근로 경험

(단위 : %)

음식점 서빙 및 배달	퀵 서비스 및 전단지 돌리기	편의점·슈퍼 점원	식당·뷔페 요리 보조	없음
44.4	9.7	8.5	5.5	31.9

(2) 학교 밖 청소년이 필요하다고 생각하는 지원 프로그램

1순위	2순위	3순위	4순위	5순위
검정고시 지원	건강 검진 제공	진로 탐색 체험	직업 교육 훈련	질병 치료

① ① : I을 활용하여 개인정보를 보호하는 법률과 연관 지어 학교 밖 청소년의 소재를 제대로 파악하지 못하는 이유를 추가해야겠군.

② ② : II를 활용하여 지원 센터의 기능과 역할이 한정적인 이유가 우리나라 정책이 학교 밖 청소년의 학교 복귀를 목표로 하고 있기 때문이라는 내용을 추가해야겠군.

③ ③ : III-(1)을 활용하여 학교 밖 청소년의 단순 근로 경험 실태를 뒷받침하는 자료로 제시해야겠군.

④ ④ : III-(2)를 활용하여 학교 밖 청소년의 요구를 반영할 수 있는 맞춤형 프로그램에는 어떤 것이 있는지 소개해야겠군.

⑤ ④ : I과 II를 활용하여 정부의 정책적 노력을 법률 개정이나 예산 지원 등으로 구체화해야겠군.

[09~10] 다음은 '작문 과정'에 따라 학교 신문에 실을 여행 소감문의 '초고'를 작성한 것이다. 물음에 답하시오.

[작문 과정]

계획하기	글을 쓰는 목적에 맞게 주제를 설정한다.

↓

내용 생성하기	여행지의 달라진 모습을 상상하며 갖게 된 설렘을 드러낸다. ………… ㄱ / 여행지에서 느낀 감상과 문학 작품을 관련짓는 내용을 포함한다. ………… ㄴ

↓

조직하기	여행지에서 경험하고 느낀 일을 여정에 따라 추보식으로 구성한다. ………… ㄷ

↓

표현하기	여행지에서 접한 대상에 대한 친근감을 비유적으로 표현한다. ………… ㄹ / 여행지를 떠나는 감회를 여운이 느껴지는 표현으로 마무리한다. ………… ㅁ

↓

고쳐쓰기	단어, 문장, 호응 관계, 접속어 등의 적절성을 살펴 수정한다.

[초고]

고향 강변의 구불구불한 옛 기찻길 구간이 최근 자전거 길로 탈바꿈되었다는 소식을 듣고, 어린 시절 기차를 타고 그 길을 지나다녔던 추억을 떠올렸다. ○○군에서 주민들의 의견을 수렴하여 새롭게 ㉠ 조성된 자전거 전용 길을 달려 보고 싶은 생각에 아버지와 함께 그곳에 가 보았다.

자전거 길이 시작되는 곳에 도착한 우리는 인근의 자전거 대여점으로 갔다. 나란히 서 있는 자전거들은 튼튼한 바퀴와 형형색색의 몸체를 뽐내며 달릴 준비가 됐으니 자기 안장에 올라타라고 조르는 것 같았다. 내 눈길을 끄는 자전거를 하나 골라 신나게 달리기 시작했다. 자전거 길의 첫 구간은 오르기 힘든 경사가 없어 힘들지 않게 달릴 수 있는 길이었다. 시원한 강바람을 맞으며 강을 따라 달리자 가슴이 탁 트이는 기분이었다.

한참을 달리던 중에 조그만 옛 간이역에 멈춰 선

우리는 잠깐 쉬어 가기로 했다. ⓛ 사진을 설명해 주시는 분은 이 역이 옛 건축의 특징이 잘 보존된, 몇 안 되는 곳이라 했다. 역의 대합실에서는 이 역과 관련된 많은 사진을 전시하고 있었다. 특히 철길을 달리는 옛 증기기관차의 모습이 담긴 오래된 흑백 사진이 내 마음을 끌었다. 그리고 대합실 모습을 담은 사진들은 수업 시간에 읽었던 곽재구의 「사평역에서」를 연상케 했다. 늦은 밤 막차를 기다리는 사람들의 모습을 담은 시의 한 장면은 마치 이 역이 그 작품 속 사평역일지 모른다는 착각에 빠져들게 했다. 차후에 이 역을 미술관이나 박물관으로 만들 예정이라고 했다.

간이역에서 나와 10여 분을 달리자 철교 구간이 나타났다. 바닥을 나무로 깔아 놓은 다리 위를 달릴 때 나는 옆에서 부는 강한 바람과 교각 밑으로 흐르는 물결에 약간 두려운 마음이 들었다. ⓒ 그래서 다리 끝 지점에서 그 두려움은 성취감으로 바뀌었다. 예전에 기차를 타고 철교를 지날 때는 느껴 보지 못한 새로운 경험이었다.

철교 구간을 지나 한 20분을 달리자 어릴 때 동생과 즐겁게 놀았던 □□ 저수지에 도착했다. 저수지에는 그 옛날 친구들처럼 오리 배들이 자유롭게 물 위를 떠다니고 있었다. 오랜만에 탄 오리 배는 더 이상 다리가 아닌 모터의 힘으로 가는 것이었지만, 나는 어린 시절 ⓔ누가 더 페달을 빨리 밟는지 경쟁하며 즐거워하던 때를 추억할 수 있었다.

되돌아오는 길에 보이는 자전거 길의 풍경은 햇빛의 각도와 바라보는 방향이 달라지면서 또 다른 묘미를 주었다. 기찻길에 남아 있는 아련한 옛 추억을 ⓜ 쫓아 강변의 정취에 흠뻑 빠진 사이 어느새 자전거 길의 끝에 도착해 있었다.

자전거 길을 다 돌아 다시 집으로 가는 길, 자전거 길 길목에 서 있는 표지판이 내 마음을 붙잡았다.

'자전거에 몸을 싣고, 기차에 마음을 싣고, 강변에 추억을 싣고……'

---

09 '작문 과정'의 ㄱ~ㅁ 중, '초고'에 반영되지 않은 것은?

① ㄱ   ② ㄴ

③ ㄷ   ④ ㄹ

⑤ ㅁ

10 작문 과정의 '고쳐쓰기'를 고려하여 ㉠~㉤을 고쳐 쓰기 위한 방안으로 적절하지 않은 것은?

① ㉠ : 문장 성분의 호응을 고려하여 '조성한'으로 수정한다.

② ㉡ : 문맥을 고려하여 바로 뒤 문장과 순서를 바꾼다.

③ ㉢ : 앞뒤 내용을 고려하여 '하지만'으로 교체한다.

④ ㉣ : 생략된 문장 성분을 고려하여 '동생과'를 삽입한다.

⑤ ㉤ : 단어 사용의 적절성을 고려하여 '좇아'로 고친다.

11 〈보기〉의 '학습 과제'를 수행한 결과로 적절한 것은?

───〈 보기 〉───

[학습 자료]

• 절대 시제 : 발화시와 사건시의 관계에 따라 결정되는 시제.

• 상대 시제 : 주문장의 사건시에 의존하여 상대적으로 결정되는 시제.

[학습 과제]

ㄱ~ㄹ의 밑줄 친 부분의 상대 시제가 **예**의 밑줄 친 부분의 상대 시제와 같은 것을 모두 고르시오.

> **예** 학교 숙제를 <u>마친</u> 그녀가 음악을 듣는다.

ㄱ. 아버지께서 <u>가져오신</u> 수박을 우리가 다 먹었다.
ㄴ. 퇴근한 후에 오빠는 <u>청소하시는</u> 어머니를 도왔다.
ㄷ. 우리 반 친구들은 <u>밥 먹는</u> 시간을 무척 기다렸다.
ㄹ. 나는 그 친구에게서 <u>그가 입원한</u> 사실을 방금 들었다.

① ㄱ, ㄴ   ② ㄱ, ㄹ

③ ㄴ, ㄷ   ④ ㄴ, ㄹ

⑤ ㄷ, ㄹ

[12~13] 다음 글을 읽고 물음에 답하시오.

언어 사용자는 일상생활에서 적은 노력과 시간을 들여 최대의 효과를 낼 수 있는 의사소통을 추구하는 경향이 있다. 그러한 심리가 주된 동인이 되어 만들어지는 말 중의 하나가 '줄임말'이다. '줄임말'은 본말보다 음절수가 하나 이상 줄어들어 형성된 언어 형식으로, 형식적인 감소 과정이 어떻게 이루어지느냐에 따라 몇 가지의 대표적인 유형으로 나눌 수 있다.

ㄱ. 가지다 → 갖다, 견디어 → 견뎌, 아이 → 애
ㄴ. 노동조합 → 노조, 몰래 카메라 → 몰카, 한국은행 → 한은
ㄷ. 서양복 → 양복, 자외광선 → 자외선, 거스름돈 → 거스름
ㄹ. 태권도 + 에어로빅 → 태권로빅, 자동차 + 가계부 → 차계부

ㄱ은 음운론적인 과정을 통해 음절수가 감소된 경우이다. ⑦ 한글 맞춤법 제4장 제5절에서 설명하고 있는 '준말'의 예들은 대체로 여기에 해당한다. 음운론적 차원에서 음절이 줄어든 준말은 음운이 '탈락'되거나 '축약'되면서 형성된다. 전자는 모음 중 한 모음이 생략됨으로써 형성되는 것으로, '마음 → 맘', '디디고 → 딛고'와 같은 예가 이에 해당한다. 후자는 두 모음이 결합하면서 두 모음과는 다른 제3의 모음으로 바뀜으로써 형성되는 것으로, '사나이 → 사내', '조심스러이 → 조심스레'와 같은 예가 이에 해당한다.

이와 달리 ㄴ, ㄷ, ㄹ은 형식적인 감소 과정이 음운론적으로는 설명될 수 없는 예들이다. ㄴ은 단어와 단어가 연쇄되어 있을 때, 각각의 첫 음절만을 연결해서 만든 것으로, 이러한 유형의 줄임말을 '두자어(頭字語)'라고 한다. 두자어는 본말이 구나 문장으로 구성되었다 하더라도 고유 명칭처럼 하나의 단위로 인식되는 특성이 있다. ㄷ은 복합어에서 음절이나 단어를 생략해서 만든 것으로, 이러한 유형의 줄임말을 '절단어(切斷語)'라고 한다. 절단어는 보통 첫 부분이나 끝 부분이 생략되어 만들어지지만 간혹 가운데 부분이 생략되는 경우도 있다. ㄹ은 둘 이상의 단어에서 각각의 일부분을 잘라 내고 새로운 단어를 만든 것으로, 이러한 유형의 줄임말을 '혼성어(混成語)'라고 한다. 혼성어는 절단과 합성이라는 두 가지 방법을 통해 형성된 것으로 두 단어가 갖는 각각의 특성을 모두 가진 새로운 대상을 지칭하는 것이 일반적이다.

12 윗글을 바탕으로 할 때, 〈보기〉의 a~f에서 '줄임말'의 유형이 동일한 것끼리 묶인 것은?

〈보기〉

a. '슈퍼'는 원래 '슈퍼마켓'에서 온 말이지.
b. '어제저녁'은 '엊저녁'으로 줄여 쓸 수 있어.
c. '고속철도'를 간단하게 '고속철'이라고도 해.
d. '불백'은 '불고기 백반'이라는 말이 준 거야.
e. '라면과 떡볶이'를 합치면 내가 좋아하는 '라볶이'.
f. '선거 관리 위원회'를 줄여서 '선관위'라고도 하지.

① a, b   ② a, c
③ b, e   ④ a, c, e
⑤ b, d, f

13 다음은 ㉠의 일부를 정리한 내용이다. 이를 바탕으로 '준말'에 적용된 항목을 탐구한 내용으로 적절하지 <u>않은</u> 것은?

(가) 체언과 조사가 어울려 줄어지는 경우에는 준 대로 적음.
(나) 'ㅏ, ㅕ, ㅗ, ㅜ, ㅡ'로 끝난 어간에 '-이-'가 와서 각각 'ㅐ, ㅖ, ㅚ, ㅟ, ㅢ'로 줄 적에는 준 대로 적음.
(다) 'ㅏ, ㅗ, ㅜ, ㅡ' 뒤에 '-이어'가 어울려 줄어질 적에는 '-이-'가 앞 음절에 붙어 줄여지기도 하고 뒤 음절에 붙어 줄여지기도 함.
(라) 어미 '-지' 뒤에 '않-'이 어울려 '-잖-'이 될 적과 '-하지' 뒤에 '않-'이 어울려 '-찮-'이 될 적에는 준 대로 적음.
(마) 어간의 끝음절 '하'의 'ㅏ'가 줄고 'ㅎ'이 다음 음절의 첫소리와 어울려 거센소리로 될 적에는 거센소리로 적음.

① '저리로'는 (가)를 적용하여 '절로'로 줄여 쓸 수 있겠군.
② '보이다'는 (나)를 적용하여 '뵈다'로 줄여 쓸 수 있겠군.
③ '누이어'는 (다)를 적용하여 '누여'로 줄여 쓸 수 있겠군.
④ '점잖지 않다'는 (라)를 적용하여 '점잖찮다'로 줄여 쓸 수 있겠군.
⑤ '정결하다'는 (마)를 적용하여 '정결타'로 줄여 쓸 수 있겠군.

14 〈보기〉에서 제시한 ㄱ~ㅁ의 '복수 표시'에 대해 탐구한 내용으로 적절하지 <u>않은</u> 것은? [3점]

〈보기〉

ㄱ. 너희는 학교로 모여라. / 너희들은 학교로 모여라.
ㄴ. 친구들이 병들을 모았다. / *음료수 세 병들이 깨졌다.
ㄷ. *거기들에서 잠시 동안 기다려라. / 여기들 앉아서 조금만 기다려라.
ㄹ. *세종대왕들이 한글을 창제했다. / 우리 학교는 세종대왕들을 길러내고 있다.
ㅁ. *일과 이를 더하면 삼들이다. / *지고 이기고는 둘째들 치고 경기에 집중하자.

*는 비문임.

① ㄱ: 복수의 의미를 갖는 2인칭 대명사의 경우 복수 표시를 할 수 있음을 보여 주는군.
② ㄴ: 명사가 단위로 쓰인 경우 복수 표시를 할 수 없음을 보여 주는군.
③ ㄷ: 가까운 장소를 가리키는 지시 대명사의 경우 복수 표시를 할 수 있음을 보여 주는군.

④ ㄹ: 고유 명사가 보통 명사로 쓰인 경우 복수 표시를 할 수 있음을 보여 주는군.

⑤ ㅁ: 체언 중에서 수사의 경우 복수 표시를 할 수 없음을 보여 주는군.

15 〈보기〉의 (A), (B)에 들어갈 객체 높임 선어말 어미로 가장 적절하게 묶인 것은?

─〈보기〉─

• 중세 국어의 객체 높임 선어말 어미가 실현되는 음운 환경

후속하는 어미 결합하는 어간	안울림소리 로 시작	울림소리로 시작
모음으로 끝나거나 'ㄴ, ㅁ, ㄹ'로 끝남.	–ᅀᆞᆸ–	–ᅀᆞᆯ–
'ㄱ, ㅂ, ㅅ, ㅎ'으로 끝남.	–ᅀᆞᆸ–	–ᅀᆞᆯ–
'ㄷ, ㅈ, ㅊ'으로 끝남.	–ᅀᆞᆸ–	–ᅀᆞᆯ–

(가) 無量壽佛 [   ] 사ᄅᆞᆫ
　　　　　[→ 보-+(A)+-ㄴ]
[현대어 풀이] 무량수불(을) 뵌 사람은

(나) 無量壽佛ᄭᅴ 나 正法 [   ]
　　　　　　　[→ 듣-+(B)+-고져]
[현대어 풀이] 무량수불께 나 정법(을) 듣고자

	(A)	(B)		(A)	(B)
①	–ᅀᆞᆸ–	–ᅀᆞᆯ–	②	–ᅀᆞᆸ–	–ᅀᆞᆸ–
③	–ᅀᆞᆸ–	–ᅀᆞᆸ–	④	–ᅀᆞᆸ–	–ᅀᆞᆸ–
⑤	–ᅀᆞᆸ–	–ᅀᆞᆸ–			

[16~20] 다음 글을 읽고 물음에 답하시오.

선물 거래는 경기 상황의 변화에 의해 자산의 가격이 변동하는 데서 올 수 있는 경제적 손실을 피하려는 사람과 그 위험을 대신 떠맡으면서 그것이 기회가 될 수 있는 상황을 기대하며 경제적 이득을 얻으려는 사람 사이에서 이루어지는 것이다.

[A] 배추를 경작하는 농민이 주변 여건에 따라 가격이 크게 변동하는 데서 오는 위험에 대비해 3개월 후 수확하는 배추를 채소 중개상에게 1포기당 8백 원에 팔기로 미리 계약을 맺었다고 할 때, 이와 같은 계약을 선물 계약, 8백 원을 선물 가격이라고 한다. 배추를 경작하는 농민은 선물 계약을 맺음으로써 3개월 후의 배추 가격이 선물 가격 이하로 떨어지더라도 안정된 소득을 확보할 수 있게 된다. 그렇다면 채소 중개상은 왜 이와 같은 계약을 한 것일까? 만약 배추 가격이 선물 가격 이상으로 크게 뛰어오르면 그는 이 계약을 통해 많은 이익을 챙길 수 있기 때문이다. 즉 배추를 경작한 농민과는 달리 3개월 후의 배추 가격이 뛰어오를지도 모른다는 기대에서 농민이 우려하는 위험을 대신 떠맡는 데 동의한 것이다.

선물 거래의 대상에는 농산물이나 광물 외에 주식, 채권, 금리, 외환 등도 있다. 이 중 거래 규모가 비교적 크고 그 방식이 좀 더 복잡한 외환 즉, 통화 선물 거래의 경우를 살펴보자. 세계 기축 통화인 미국 달러의 가격, 즉 달러 환율은 매일 변동하기 때문에 달러로 거래 대금을 주고받는 수출입 기업의 경우 뜻하지 않은 손실의 위험이 있다. 따라서 달러 선물 시장에서 약정된 가격에 달러를 사거나 팔기로 계약해 환율 변동에 의한 위험에 대비하는 방법을 활용한다.

미국에서 밀가루를 수입해 식품을 만드는 A 사는 7월 25일에 20만 달러의 수입 계약을 체결하고 2개월 후인 9월 25일에 대금을 지급하기로 하였다. 7월 25일 현재 원/달러 환율은 1,300원/US\$이고 9월에 거래되는 9월물 달러 선물의 가격은 1,305원/US\$이다. A 사는 2개월 후에 달러 환율이 올라 손

실을 볼 경우를 대비해 선물 거래소에서 9월물 선물 20만 달러어치를 사기로 계약하였다. 그리고 9월 25일이 되자 A 사가 우려한 대로 원/달러 환율은 1,350원/US$, 9월물 달러 선물의 가격은 1,355원/US$으로 올랐다. A 사는 아래의 〈표〉와 같이 당장 미국의 밀가루 제조 회사에 지급해야 할 20만 달러를 준비하는 데 2개월 전에 비해 1천만 원이 더 들어가는 손실을 보았다. 하지만 선물 시장에서 달러당 1,305원에 사서 1,355원에 팔 수 있으므로 선물 거래를 통해 1천만 원의 이익을 얻어 현물 거래에서의 손실을 보전할 수 있게 된다.

외환 거래	환율 변동에 의한 손익 산출	손익
현물	−50원(1,300원−1,350원)×20만 달러	−1,000만 원
선물	50원(1,355원−1,305원)×20만 달러	1,000만 원

〈표〉 A 사의 외환 거래로 인한 손익

반대로 미국에 상품을 수출하고 그 대금을 달러로 받는 기업의 경우 받은 달러의 가격이 떨어지면 손해이므로, 특정한 시점에 달러 선물을 팔기로 계약하여 선물의 가격 변동을 이용함으로써 손실에 대비하게 된다.

㉠ 선물이 자산 가격의 변동으로 인한 손실에 대비하기 위해 약정한 시점에 약정한 가격으로 사거나 팔기로 한 것이라면, 그 약정한 시점에 사거나 파는 것을 선택할 수 있는 권리를 부여하는 계약이 있는데 이를 ㉡ 옵션(option)이라고 한다. 계약을 통해 옵션을 산 사람은 약정한 시점, 즉 만기일에 상품을 사거나 파는 것이 유리하면 그 권리를 행사하고, 그렇지 않으면 그 권리를 포기할 수 있다. 그런데 포기하면 옵션 계약을 할 때 지불했던 옵션 프리미엄이라는 일종의 계약금도 포기해야 하므로 그 금액만큼의 손실은 발생한다. 만기일에 약정한 가격으로 상품을 살 수 있는 권리를 콜옵션, 상품을 팔 수 있는 권리를 풋옵션이라고 한다. 콜옵션을 산 사람은 상품의 가격이 애초에 옵션에서 약정한 것보다 상승하게 되면, 그 권리 행사를 통해 가격 변동 폭만큼 이익을 보게 되고 이 콜옵션을 판 사람은 그만큼의 손실을 보게 된다. 마찬가지로 풋옵션을 산 사람은 상품의 가격이 애초에 옵션에서 약정한 것보다 하락하게 되면, 그 권리 행사를 통해 가격 변동 폭만큼 이익을 보게 되고 이 풋옵션을 판 사람은 그만큼의 손실을 보게 된다.

선물이나 옵션은 상품의 가격 변동에서 오는 손실을 줄여 시장의 안정성을 높이고자 하는 취지에서 만들어진 것이다. 하지만 이것이 시장 내에서 손실 그 자체를 줄이는 것은 아니고 새로운 부가가치를 창출하는 것도 아니다. 또한 위험을 무릅쓰고 높은 수익을 노리고자 하는 투기를 조장한다는 점에서 오히려 시장의 안정성을 저해한다는 비판도 제기되고 있다.

16 윗글에서 알 수 있는 내용으로 적절하지 <u>않은</u> 것은?

① 선물 거래를 하는 이유
② 선물 거래로 인한 부작용
③ 선물 거래가 이루어지는 상품
④ 선물 거래와 시중 금리의 상관관계
⑤ 선물 거래에서 손익에 영향을 미치는 요소

17 [A]의 거래 방식을 평가한 것으로 가장 적절한 것은?

① 안정된 소득을 거래 당사자 모두에게 보장해 주기 위한 것이군.
② 상품의 수요와 공급이 불균형한 상태를 극복하기 위한 경제 활동인 것이군.
③ 가격 변동에 따른 위험 부담을 거래 당사자의 어느 한쪽에 전가하는 것이군.
④ 서로의 이익을 극대화하기 위해 거래 당사자 간에 손실을 나누어 가지는 것이군.

⑤ 소득이 균형 있게 분배되도록 거래 당사자의 소득에 따라 가격을 달리하는 것이군.

18 ㉠, ㉡에 대한 설명으로 적절하지 <u>않은</u> 것은?

① ㉠은 ㉡과 달리 가격 변동의 폭에 따라 손익의 규모가 달라진다.

② ㉡은 ㉠과 달리 약정한 상품에 대한 매매의 실행 여부를 선택할 수 있다.

③ ㉡은 ㉠의 거래로 인해 발생하는 손실에 대비하기 위해 활용될 수 있다.

④ ㉠, ㉡은 모두 계약 시점과 약정한 상품을 매매할 수 있는 시점이 서로 다르다.

⑤ ㉠, ㉡은 모두 위험 요소로 인한 시장 내의 경제적 손실 자체를 제거하지는 못한다.

19 〈보기〉는 환율 변동에 대비하는 회의이다. 윗글을 바탕으로 할 때 적절하지 <u>않은</u> 것은?

[3점]

〈보기〉

상황 보고자 : 우리 회사는 오늘 3월 25일에 미국 회사에 LCD 패널 100만 달러어치를 수출하기로 계약하고 대금을 2개월 후인 5월 25일에 받기로 하였습니다. 환율 변동성이 커진 최근의 경제 상황에 대비하기 위해 우리 금융 대응팀에서 여러 경제적인 요인을 분석하여 3월 25일부터의 환율 및 달러 선물 가격의 변동을 아래와 같이 예측했습니다. 3월 25일 현재 원/달러 환율은 1,250원/

US$이고, 5월물 달러 선물의 가격은 1,260원/US$입니다.

김 대리 : 달러 현물 가격의 추이로 볼 때 5월 25일에 현물로 대금을 받는다면 손실이 발생할 것이 분명하네요. … ㄱ

최 과장 : 5월 25일에 거래되는 5월물 달러 선물 100만 달러어치를 팔기로 계약한다면 현물로 받은 대금의 손실을 보전할 수 있을 것 같습니다.
⋯⋯⋯⋯⋯⋯⋯⋯⋯⋯⋯⋯⋯ ㄴ

이 차장 : 전례가 있으니 미국 회사의 동의를 얻어 대금을 받는 날짜를 1개월 더 늦춰 6월 25일로 연기한다면 굳이 5월물 달러 선물을 계약할 필요가 없을 것 같습니다. ⋯⋯⋯⋯⋯ ㄷ

고 대리 : 말씀하신 대로 대금을 받는 날짜를 6월 25일로 1개월 더 연기할 수 있다면 현물 거래로도 우리 회사는 이익을 얻을 수 있습니다. ⋯⋯⋯⋯⋯ ㄹ

박 대리 : 현재 6월물 달러 선물 가격은 1,280원입니다. 따라서 대금을 받는 날짜를 1개월 더 연기하고, 6월 25일에 거래되는 6월물 달러 선물 100만 달러어치를 팔기로 계약하면 추가이익이 발생해 회사에 도움이 될 것 같습니다. ⋯⋯⋯⋯⋯⋯⋯⋯⋯ ㅁ

① ㄱ   ② ㄴ
③ ㄷ   ④ ㄹ
⑤ ㅁ

20 윗글을 바탕으로 〈보기〉의 상황을 이해한 것으로 적절한 것은?

〈보기〉

옵션 거래의 대상인 상품 Ⓐ, Ⓑ가 계약일에 약정한 가격 대비 만기일의 가격이 Ⓐ는 상승하였고, Ⓑ는 하락하였다. 이에 Ⓐ, Ⓑ에 대한 옵션을 거래한 사람들은 손익으로 인해 희비가 엇갈리게 되었다.

① Ⓐ에 대한 콜옵션을 판 사람은 만기일에 이익을 보았겠군.

② Ⓐ에 대한 풋옵션을 산 사람은 만기일에 이익을 보았겠군.

③ Ⓑ에 대한 콜옵션을 산 사람은 만기일에 손실을 보았겠군.

④ Ⓑ에 대한 풋옵션을 포기한 사람은 만기일에 이익을 보았겠군.

⑤ Ⓑ에 대한 콜옵션을 포기한 사람은 만기일에 손실을 보지 않았겠군.

[21~26] 다음 글을 읽고 물음에 답하시오.

동물은 생존을 위한 열을 물질대사 혹은 외부로부터 얻는다. 조류와 포유동물들은 주로 내온성인데, 이는 체내의 물질대사 과정에서 생성된 열에 의해 체온을 유지한다는 것을 의미한다. 따라서 내온 동물은 외부 온도와 독립적으로 일정한 온도를 유지하는 항온성을 가진다. 대조적으로 양서류, 파충류 등은 주로 외온성인데, 이는 대부분의 열을 외부로부터 얻는다는 것을 의미한다. 외온 동물은 외부 온도에 따라 체온이 변하는 변온성을 가진다. 그밖에 박쥐, 벌 등은 내온성과 외온성을 겸비하는데, 이런 동물을 이온 동물이라 한다.

내온 동물이건 외온 동물이건 간에 동물들이 물질대사를 하기 위해서는 음식으로부터 에너지를 공급받아야 한다. 그렇다면 음식으로부터 획득한 전체 에너지 중 동물이 살아가는 데 필요한 에너지는 얼마나 될까? 동물이 단위 시간당 사용하는 에너지량을 ㉠ 물질대사율이라 하는데, 이는 주어진 시간 동안 에너지를 요구하는 생화학적 반응의 총합이다. 동물이 사용하는 거의 모든 에너지는 궁극적으로 열로 나타나기 때문에 물질대사율은 열 상실률로 측정될 수 있다. 그리고 물질대사율 중 주어진 시간 동안에 세포 활동, 호흡, 심장 박동과 같은 기본적 기능들을 유지하기 위해 필요한 최소한의 에너지량을 ㉡ 최소대사율이라 한다. 최소대사율은 물질대사율과 달리 그 측정 방법이 다른데, 내온 동물의 경우 최소대사율은 열의 생성이나 방출을 요구하지 않는 범위, 즉 쾌적한 온도 범위 안에서 측정된다. 반면 외온 동물의 최소대사율은 특정한 온도에서 결정되는데, 이는 외부의 온도 변화가 체온과 물질대사율을 변화시키기 때문이다.

[A]
동물의 물질대사율은 많은 요인들에 의해서 영향을 받는데, 그중 가장 영향을 많이 받는 요인이 몸의 크기이다. 커다란 동물들은 보다 큰 몸 크기(몸무게)를 갖고 있어서 작은 동물보다 에너지를 많이 요구한다. 하지만 몸무게 g당 물질대사율은 반비례 관계에 있기 때문에 내온동물이 작으면 작을수록 안정적인 체온을 유지하는 데 필요한 에너지의 비율은 더욱 커진다. 그 이유는 무엇일까? 이는 길이, 표면적, 부피의 관계를 통해 설명할 수 있는데, 길이가 L배 커지면, 표면적은 L^2, 부피는 L^3에 비례하여 커진다. 예를 들어 몸길이가 2cm인 동물 A와 4cm인 동물 B의 경우 표면적은 4 : 16, 부피는 8 : 64가 된다. 그리고 대사 활동을 통해 발생되는 열에너지는 몸의 세포 수, 즉, 부피에 비례하고, 외부에서 얻거나 외부로 발산되는 열에너지는 몸의 표면적에 비례한다. 위의 예에서 A의 경우 부피에 대한 표면적의 비율은 1/2(4/8)인 반면, B는 1/4(16/64)이다. 이는 어떤 동물이 작으면 작을수록 부피에 대한 표면적의 비율이 더 커진다는 것을 의미한다.

외부와의 열교환이 이루어지는 표면적이 차지하는 비율이 더 커지면 주변과의 열교환은 더욱 빨라지게 된다.

물질대사율과 몸 크기의 관계는 체세포와 조직에 의한 에너지 소모의 측면에서도 설명할 수 있다. 예를 들어 코끼리는 생쥐에 비해서 보다 많은 칼로리를 사용하고 있지만 생쥐는 코끼리에 비해서 g당 약 20배 이상의 에너지를 사용한다. 이처럼 좀 더 작은 동물들의 몸무게 g당 물질대사율이 높은 것은 작은 동물의 높은 산소운반율과 관련된다. 좀 더 작은 동물은 큰 동물에 비해 상대적으로 좀 더 큰 호흡률, 혈액량, 심장박동수를 가진다. 따라서 작은 동물은 큰 동물에 비해 상대적으로 몸무게 g당 더 많은 음식을 섭취해야 한다.

몸 크기 외에 동물의 물질대사율에 영향을 미치는 요인으로는 활동, 환경, 체온 조절 등이 있다. 예를 들어 수컷 물개는 먹이를 잡기 위해 헤엄쳐야 하기 때문에 에너지 지출의 많은 부분을 활동에 사용한다. 수컷 물개는 온도가 낮은 극지방에 서식하지만 피부 표면에서 단열이 잘 되어 있기 때문에 체온 조절을 하는 데 비교적 낮은 에너지를 사용한다. 또한 새끼에게 먹이를 주는 생식에는 연간 에너지의 6%만을 사용한다. 그리고 성체가 되면 더 이상 자라지 않기 때문에 성장에는 에너지를 소모하지 않는다.

물질대사를 통해 항상성을 유지하려는 노력에도 불구하고 동물들은 이를 위협하는 환경에 처하게 될 수도 있다. 예를 들어 1년 중 어떤 계절의 온도가 극도로 올라가거나 내려갈 수도 있고, 이용 가능한 음식이 사라질 수도 있다. 이러한 환경에서 생존하기 위해 동물들이 선택한 방법 중 하나가 ⓐ휴면이다. 휴면은 내온 동물과 외온 동물을 가리지 않고 일어나는데, 휴면에 들어가면 에너지 소모량이 줄어들게 됨에 따라 동물들의 체온은 활동할 때보다 떨어진다. 휴면에는 겨울철의 추위와 먹이가 부족한 상황에 일어나는 동면, 여름철의 고온과 물이 부족한 환경에서 일어나는 하면이 있다.

21 윗글의 내용과 일치하지 않는 것은?

① 물질대사율은 섭취한 음식으로부터 획득한 에너지의 총량을 나타낸다.

② 내온 동물의 경우 몸무게 g당 필요한 에너지는 몸 크기에 반비례한다.

③ 대사 활동을 통해 생성되는 열에너지는 동물의 몸무게가 작을수록 적다.

④ 내온 동물은 체내에서 이루어지는 물질대사를 통해 체온을 일정하게 유지한다.

⑤ 이온 동물은 외부 환경으로부터 열을 공급받거나 물질대사를 통해 열을 생산한다.

22 〈보기〉는 동물들의 '에너지 지출과 에너지 할당'을 나타낸 표이다. 윗글을 참고하여 〈보기〉의 각 항목을 이해한 내용으로 적절하지 않은 것은? [3점]

〈보기〉

항목		a. 남극에 서식하는 10kg의 펭귄	b. 온대 기후에 서식하는 0.02kg의 사슴쥐	c. 열대 기후에 서식하는 4kg의 비단뱀
연간 에너지 지출량		340,000 kcal	4,000 kcal	8,000 kcal
몸무게 g당 물질대사율		34kcal(년)	200kcal(년)	2kcal(년)
에너지 할당	최소 대사율	37%	23%	39%
	성장	2%	0%	15%
	체온 조절	15%	33%	0%
	⋮	⋮	⋮	⋮

① a~c의 '연간 에너지 지출량'을 비교해 보니, 동물의 물질대사율은 몸무게가 커질수록 증가하는군.

② a, b의 '몸무게 g당 물질대사율'을 비교해
보니, b가 a보다 안정적인 체온을 유지하는
데 필요한 에너지의 비율이 더 크겠군.

③ a~c의 '최소대사율'을 비교해 보니, 단위 시
간당 열 상실률은 c, a, b 순서로 크겠군.

④ a, c와 달리 b가 '성장'에 사용하는 에너지가
0%인 것을 보니, b는 더 이상 자라지 않는
성체이겠군.

⑤ a, b와 달리 c가 '체온 조절'에 사용하는 에
너지가 0%인 것을 보니, c는 변온성을 가지
겠군.

① 외부와의 열교환이 느려져서 물질대사의 균
형을 유지하기 어렵기 때문이다.

② 물질대사율이 작아지면서 활동에 필요한 에
너지의 공급이 원활하지 못하기 때문이다.

③ 부피가 줄어들면서 열에너지 생성을 위한
물질대사 활동 또한 줄어들게 되기 때문이다.

④ 부피에 대한 표면적의 비율이 상대적으로
매우 커서 항온성을 유지하지 못하기 때문
이다.

⑤ 부피와 표면적이 줄어들면서 체온을 유지하
는 데 필요한 에너지의 비율이 작아지기 때
문이다.

23 ㉠, ㉡의 공통점으로 적절하지 <u>않은</u> 것은?

① 동물의 부피와 연관성이 있다.

② 동물이 처한 외부 온도의 영향을 받는다.

③ 동물 신체의 열 상실률로 측정할 수 있다.

④ 일정한 단위 시간을 기준으로 측정한 값이다.

⑤ 내온 동물과 외온 동물에 따라 측정 방법이
다르다.

24 [A]를 참고할 때 〈보기〉의 빈칸에 들어갈 말
로 가장 적절한 것은?

〈보기〉

영화에서 보는 것처럼 사람의 크기보다
1/100 작은 초소형 인간은 존재할 수 있을
까? 우리의 상상력 속에 등장하는 그런 초소
형 인간은 현실적으로 존재할 수 없다. 그 이
유는 (　　　　　　　　　　　　)

25 윗글을 바탕으로 〈보기〉에서 언급한 '역류 열
교환'의 효과를 추론한 것으로 가장 적절한 것
은?

〈보기〉

동물들은 진화 과정에서 추위에 노출되었
을 때 항상성을 유지하는 방법으로 '역류 열
교환' 방식을 선택했다. 아래 그림에서와 같
이 동맥과 정맥이 역평행 방향으로 인접하게
배열되는 역류 열교환은 심장에서 만들어진
따뜻한 혈액이 동맥을 통하여 흐를 때 말단
(손발)으로부터 심장으로 되돌아가는 정맥 안
의 혈액으로 열을 전달하는 효과가 있다.

역류 열교환이 없을 때 혈액의 흐름

역류 열교환이 있을 때 혈액의 흐름

① 체내의 산소운반율을 높여 외부 온도의 급격한 변화에 효과적으로 대처할 수 있겠군.

② 열 손실을 줄임으로써 물질대사율 중 체온조절에 쓰이는 에너지 비율을 줄일 수 있겠군.

③ 체내에서 이루어지는 물질대사를 활발하게 하여 체내의 열에너지 생산을 증가시킬 수 있겠군.

④ 환경의 변화에 따라 혈류의 양을 조절하여 체세포와 조직에 의한 에너지 소모를 줄일 수 있겠군.

⑤ 최소대사율을 높이는 방식으로 외부와의 열교환을 촉진하여 안정적인 체온 유지에 도움이 되겠군.

26 ⓐ에 대한 이해로 적절하지 <u>않은</u> 것은?

① 필요에 따라 내온 동물과 외온 동물 모두에게서 일어날 수 있다.

② 활동할 때보다 에너지 소모량이 줄어들기 때문에 체온이 떨어진다.

③ 항상성을 유지하려는 동물들의 노력이 위협받는 상황에서 이루어진다.

④ 서식 환경의 변화에 따라 활동을 줄여 물질대사를 감소시키는 생존 전략이다.

⑤ 외부로부터 얻는 에너지를 외부로 발산하는 에너지보다 작게 하기 위한 방법이다.

[27~30] 다음 글을 읽고 물음에 답하시오.

아리스토텔레스의 『시학』은 서구에서 최초의 문학 이론서라고 알려져 있다. 모든 시초에는 뒷날의 발전 가능성이 ⓐ 잠재해 있는 법이지만 『시학』의 경우는 각별히 그러하다. ㉠ 『시학』에서 맹아의 형태로 내재되어 있던 중요 쟁점들이 뒷날 많은 문학 이론가들에 의해서 싹을 틔우게 되었기 때문이다. 비극이 주된 관심의 대상인 이 『시학』에서 가장 중요한 쟁점이 되어 온 것은 바로 카타르시스이다. 아리스토텔레스는 비극이 연민과 공포를 불러일으키는 사건을 통해서 이런 감정들의 카타르시스를 성취한다고 하면서 카타르시스에 대해 언급하고 있다. 우리에게 일반적으로 정화(淨化)의 의미로만 알려져 있는 이 카타르시스는 이른바 정화이론(淨化理論)과 조정이론(調整理論)의 둘로 나누어 살펴보아야 올바른 이해에 도달할 수 있다.

먼저 정화이론에서는 카타르시스를 재귀적 과정으로 파악한다. 즉 비극은 연민과 공포를 불러일으킨 뒤에 이들 감정을 마음 밖으로 몰아내는 것으로 이해하고, 그러한 정화의 효과가 발생하는 것을 카타르시스라고 본다. 플라톤은 『국가』에서 비극이 연민을 환기하여 구경꾼들을 겁쟁이로 ⓑ 전락시킨다고 비판했는데 아리스토텔레스는 플라톤의 이러한 문학 비판에 동의하지 않는다. 비극이 연민과 공포를 불러일으키는 것은 사실이나 이를 밖으로 몰아내기 위해서 그런다는 아리스토텔레스의 주장은 플라톤의 비판에 대한 직접적인 답변처럼 보이기도 한다. 그런데 여기에서 문제가 되는 것은 이러한 '정화'가 어떻게 작용하느냐 하는 것이다. 르네상스 시대부터 『시학』의 해석자들은 아리스토텔레스가 염두에 두고 있는 것이 고대 의학에서 쓴 동류요법(同類療法)의 개념이었다고 설명한다. 즉 열병은 열기로 다스리고 한기는 한기로 다스린다는 이열치열(以熱治熱)이 그것이다. 이러한 동류요법에 의한 카타르시스 해석 즉 정화이론은 20세기에 들어와서 프로이트의 영향력이 커짐과 동시에 널리 받아들여지게 된다. 프로이트는 환자들의 고통스러운 어린 시절의 경험을 최면을 통해 회상시킴으로써 신경증의 증상을 감소시킬 수 있다는 것을 발견하였다. 그의 이러한 정신분석법은 어린 시절의 고통스러운 경험을 불러들여 몰아내는 정화와 연관되어 있다.

하지만 조정이론에서는 이러한 정화이론에 반론을 펼친다. 즉 비극은 연민과 공포를 불러일으킨 뒤에 이들 감정을 밖으로 몰아내는 것이 아니라 그 감정들을 적절히 제어할 수 있게 해 주는 것으로 이해하고, 그런 조정의 효과가 발생하는 것을 카타르시스라고 본다. 플라톤은 감정이 이성에 대한 위협이라고 생각하였으나 아리스토텔레스는 감정이 이성 못지않게 인간의 중요한 일부라고 생각했다. 감정은 그 자체가 해로운 것이 아니며 적절히 통제되지 못할 때에만 해롭다고 ⓒ 간주했다. 이처럼 조정이론은 감정의 몰아내기라는 개념을 동반하지 않는다. 연민은 흔히 좋은 감정으로 파악되며 적절한 공포는 건강에 좋은 것이 된다. 이 조정이론은 정신의 건강이 양극단 사이의 중용에 있다고 본 아리스토텔레스의 『니코마코스 윤리학』에서 그 논거를 ⓓ 원용한 것이다. 이 윤리학에 기초한 조정이론에 따르면 카타르시스는 일종의 정신적, 도덕적인 길들이기가 된다. 이를 통해 비극을 구경하는 이들은 연민이나 공포와 같은 감정의 적절한 효용을 배우게 된다.

이러한 조정이론은 다시 두 가지의 관점으로 나누어 이해할 수 있다. 먼저 르네상스 시기에 카스텔베트로를 ⓔ 위시한 몇몇은 비극이 감정을 단련시켜 준다고 하였다. 싸움터에서 병사들이 동료의 죽음을 빈번하게 목격하게 되면서 죽음의 공포를 극복하게 되듯이 구경꾼들은 비극 속에서 끔찍하고 보기 딱한 사건을 구경함으로써 가파른 삶의 실상에 익숙해진다는 것이다. 한편 18세기 독일의 레싱 같은 비평가는 비극이 감수성을 예민하게 함으로써 구경꾼의 심성을 부드럽게 순화시켜 준다고 주장하였다. 이 둘은 모두 조정이론이라는 점에서는 비슷하나 세부적인 설명에서는 서로 다른 관점을 보이고 있다.

플라톤이 비극의 가치를 공격한 것에 대한 답변으로서, 또 비극을 올바로 이해하기 위한 하나의 관점으로서 아리스토텔레스의 『시학』에서 논의된 카타르시스는 오늘날까지 논쟁적이면서도 설득력 있는 쟁점으로 이어져 오고 있다.

27 윗글의 전개 과정을 고려하여 ㉠을 가장 잘 이해한 것은?

① 비극의 효용을 부정하는 플라톤과 그 반대의 입장을 취하는 아리스토텔레스 사이의 논쟁이 후대의 이론가들에 의해 더욱 심화되었다는 의미로 이해할 수 있겠군.

② 아리스토텔레스가 『시학』에서 언급한 화두인 카타르시스가 후대 이론가들의 여러 논의로 파생되면서 비극의 가치가 재조명될 수 있었다는 의미로 이해할 수 있겠군.

③ 아리스토텔레스가 정화와 조정의 두 관점으로 해석한 카타르시스의 개념을 후대 이론가들이 통합시킴으로써 『시학』의 학문적 위상을 높였다는 의미로 이해할 수 있겠군.

④ 아리스토텔레스가 정의한 카타르시스의 개념을 후대의 몇몇 이론가들이 다양한 관점에서 재해석하여 중세와 르네상스의 사상적 가교 역할을 했다는 의미로 이해할 수 있겠군.

⑤ 비극의 향유자가 경험하는 카타르시스의 작용 원리를 후대 이론가들이 고전 의학이나 특정 윤리학으로 확대 적용함으로써 비극의 효용성을 강화했다는 의미로 이해할 수 있겠군.

28 윗글을 통해 알 수 있는 내용으로 적절하지 **않은** 것은?

① 조정이론은 감정이 조정되는 양상에 따라 두 가지 관점으로 나뉜다.

② 프로이트의 정신분석법은 카타르시스의 정화이론과 깊은 관련이 있다.

③ 아리스토텔레스는 아무리 좋은 감정이라도 적절히 제어하지 못하면 해롭다고 보았다.

④ 플라톤은 이성이 감정을 제어할 수 없다는 점에서 카타르시스의 효용을 인정하지 않았다.

⑤ 『니코마코스 윤리학』은 극단보다는 중용을 지향하는 태도가 정신 건강에 좋다고 주장한다.

29 〈보기〉는 '카타르시스'와 관련된 과제 발표 수업의 일부이다. 윗글을 바탕으로 학생들의 발표 내용을 설명한 것으로 적절하지 **않은** 것은? [3점]

―― 〈보기〉 ――

선생님 : 자, 지난 시간에는 카타르시스에 대해 함께 공부를 했습니다. 그리고 과제로 셰익스피어의 유명한 비극 작품 「리어왕」을 각자 읽어 오라 했었는데요. 그러면 오늘은 「리어왕」을 읽고 난 후에 개인이 느낀 감상을 카타르시스의 관점에서 자유롭게 이야기해 보도록 합시다.

가 영 : 셋째 딸 코델리아가 왕으로부터 부당한 버림을 받는 장면에서는, 제가 어릴 적에 아버지에게 억울하게 혼이 났던 일이 생각나면서 갑자기 눈물이 났습니다. 그런데 눈물이 그치

고 나니 이상하게도 십 년 묵은 체증이 싹 사라지는 듯한 느낌을 받았습니다.

나 영 : 질투에 눈이 먼 첫째 딸이 둘째 딸을 독살한 후 가책을 느껴 자살하는 장면을 보면서, 인생이 헛된 야망으로 허무하게 끝이 날 수도 있음을 알게 되었습니다. 그리고 죽음이란 것이 항상 우리 곁에 맴돌고 있다는 점을 염두에 두고 의연하게 삶을 영위해 나가야겠다고 생각했습니다.

다 영 : 리어왕과 그 딸들이 겪은 비극적인 가족사를 접하면서 가족에 대한 사랑의 소중함을 느꼈습니다. 그러면서 그동안 가족들에게 퉁명스러웠던 내 모습을 되돌아보게 되었고, 부모님과 누나, 형을 대하는 마음가짐이 훨씬 더 부드러워졌습니다.

① '가영'이 코델리아에 대한 연민의 감정이 마음속에 환기된 후 이것을 마음 밖으로 몰아내는 경험을 한 것은 카타르시스의 재귀적 과정을 보여 주는 것으로 볼 수 있겠군.

② '가영'이 코델리아에게서 자신이 어릴 적 겪었던 일을 떠올리며 마음이 정화되는 느낌을 받은 것은 동류요법과 관련된 카타르시스를 경험한 것으로 볼 수 있겠군.

③ '나영'이 두 자매의 비극적인 죽음에서 삶의 허무함을 느끼고 이것이 누구에게나 일어날 수 있는 것임을 인식한 것은 카스텔베트로가 주장한 카타르시스를 경험한 것으로 볼 수 있겠군.

④ '나영'이 의연하게 삶을 영위해 나가고자 하는 것은 연민과 공포의 감정을 배제하는 과정을 통해 카타르시스를 느끼며 도덕적으로 길들여진 결과라고 볼 수 있겠군.

⑤ '다영'이 비극적인 이야기를 접하고 이전과 달리 가족들을 대하는 심성이 부드럽게 순화되는 느낌을 받은 것은 레싱이 주장한 카타르시스를 경험한 것으로 볼 수 있겠군.

30 ⓐ~ⓔ의 사전적 의미로 적절하지 <u>않은</u> 것은?

① ⓐ : 겉으로 드러나지 않고 속에 잠겨 있거나 숨어 있음.

② ⓑ : 나쁜 상태나 타락한 상태에 빠짐.

③ ⓒ : 확실하게 알아보거나 인정함.

④ ⓓ : 주장을 세우기 위해 어떤 문헌 내용을 끌어다 씀.

⑤ ⓔ : 여럿 가운데 어떤 대상을 첫째 또는 대표로 삼음.

[31~34] 다음 글을 읽고 물음에 답하시오.

[앞부분 줄거리] 셋방살이를 하고 있는 '나'(권기용)는 아내 수술비를 구하고자 복면강도가 되어 집주인인 오 선생네 안방을 침입하지만 정체가 탄로 나고 만다. 그 길로 집을 나온 '나'는 자살을 시도하다 깨어난 뒤, 집으로 돌아온다. '나'는 취직을 위해 노력하지만, 전과 기록과 나이 때문에 계속 실패한다. 그러던 어느 날 '나'는 동림산업 사장이 타고 가던 차에 치이게 된다. 동림산업 측에서 합의의 조건으로 보상금과 취직 두 가지 중 하나를 선택할 것을 제안하자, '나'는 취직을 택한다.

"권 씨, 웃으시오, 웃어요."

합의서가 작성되고 나자 별안간에 비서가 강요

하다시피 나한테 웃음을 재촉했다. 쌍방 사이에 오가는 이야기를 잠자코 듣고만 있던 기자라는 친구가 내 얼굴에 카메라를 들이대고 있었다. 나는 깜짝 놀라 붕대에 묶이지 않은 오른손을 들어 얼굴을 가렸다.

"왜들 이러는 거요?"

안 나오는 웃음을 강요당하는 것도 마뜩찮은 일이거니와, 더구나 허락도 없이 남의 얼굴을 멋대로 훔치려 드는 그 소행에는 더 참을 수가 없었다.

"구태여 사진까지 찍을 필요는 없잖습니까?"

나만큼이나 놀랐던지 오 선생도 옆에서 항의를 했다.

"다아 권 씨 위하느라고 그러는 거요. 기왕 찍는 김에 기분 좋게 한바탕 웃는 포즈를 취해 주시오."

비서의 주문에 따라 기자가 병상 주위를 돌면서 마구 셔터를 눌러댔다.

〈중략〉

다음 날 오후에 오 선생이 석간을 들고 하얗게 질린 표정으로 헐레벌떡 달려왔다.

"이렇게 지독하게 나올 줄은 상상도 못했어요!"

[A]
나는 오 선생이 코앞에 펼쳐 보이는 기사를 읽었다. '마르지 않은 인정의 샘'이라는 큰 제목 밑에 작은 제목으로 '자해(自害) 상습범에 뻗친 갱생(更生)의 손길'이라고 적혀 있고, 침대 위에 누운 채 면목 없다는 듯이 손바닥을 펴서 턱 부근을 약간 가리고 있는 사내의 사진이 그 아래 들어가 있었다. 그것이 바로 내가 '전비(前非)를 뉘우치면서' 괴로워하는 모습이었다. 한마디로 그것은 허위투성이의 기사였다. 우선 '권기용 씨(가명·37세, 경기도 성남시 태평동 거주)'라고 기재된 인적 사항부터가 엉터리였다. 엄연한 내 본명을 가명이라고 적어 놓은 것이다. 특히나 심한 것은 가해자와 피해자를 뒤바꿔 놓은 그 점이었다. 멀쩡한 대낮에 불의의 교통사고를 위장해서 금품을 갈취할 목적으로 달리는 차에 뛰어들었다는 것이다. 어떻게 알아냈는지 내가 전과자임을 밝힌 그 대목만은 움직일 수 없는 사실이었다. 그러나 그것도 읽는 사람으로 하여금 자해 행위를

하다가 얻은 전과인 듯이 그릇된 인상을 줄 염려가 다분하게 매우 애매한 서술 방식을 취하고 있었다. 내 잘못을 모두 용서하고 나를 자기 회사 사원으로 특채함으로써 응달 속의 인생에 거듭나는 기쁨을 안겨 준 미담의 주인공 오 사장은 왕방(往訪)한 기자에게 다음과 같이 말하고 있었다.

"죄는 미워할 수 있어도 인간을 미워할 수는 없습니다. 약간 여유가 있는 사람으로서 사회를 위해 당연히 해야 할 일을 했을 뿐인데 번번이 남들이 알게 돼서 그저 부끄럽기만 할 뿐입니다."

끝으로 그 기사는, 화제의 인물 오만한 사장이 과거에도 부지기수로 어려운 사람들을 형제처럼 도운 바 있는 숨은 독지가이며, 그가 경영하는 동림 산업은 목화표 섬유 제품을 생산하는 전도유망한 신진기업이라고 소개하고 있었다.

"이따위 놈들은 가만 내버려 둬선 안 됩니다! 명예 훼손이 아니라 집단 폭행죄로 고소를 해야 합니다!"

[A] 오 선생은 흥분을 억제하지 못해 연신 안절부절을 못했다. 오히려 당사자인 내가 그를 진정시키고 위로할 정도였다. 그의 흥분을 나는 십분 이해할 수 있었다. 크게는 구두를 태운 뒤로 무섭게 변모해 버린 이웃에 대한 여전한 애정이자 새로운 우려의 표시일 것이었다.
[B] 그리고 작게는 처음부터 이번 일에 대리인 자격으로 깊이 관여한 데서 느껴지는 책임감 때문일 것이었다. 하지만 나는 오 선생이 걱정해 주는 것만큼 그렇게 비참한 기분은 아니었다. 의식적이든 무의식적이든 나로서는 진즉부터 예감하고 마음으로 대비해 나온 수많은 경우 중의 하나에 지나지 않았다.

"그들은 그들대로 계산이 있겠지만 전 저대로 또 계산이 있습니다. 실직자인 데다가 전과자라는 사실까지 밝혀진 건 내 약점이고, 그 약점을 이용해서 제멋대로 허위 보도를 하게 만든 건 그들의 약점입니다. 서로가 상대방의 약점을 최대한 활용해서 공존동생 하겠다는 세상 아닙니까. 내 손에도 약점 한 가지가 쥐어진 이상 저들이 나한테 건넨

약속은 이제 어느 정도 보장을 받은 셈입니다. 모르는 척하고 그냥 넘어갑시다."

"권 선생, 사람이 이런 취급을 당하고도 부끄럽지도 않소? 분하고 억울하지도 않소?"

오 선생이 그렇게 흥분하면 할수록 더욱더 차갑게 가라앉는 나 자신이 스스로 생각해도 두렵고 끔찍하게 느껴질 지경이었다.

"오 선생한테 빚지고 신세지면서 살아가는 거나 이런 취급을 당하는 거나 부끄럽긴 아마 마찬가질 겁니다. 허지만 같은 값이면 이제부터라도 빚 안 지고 신세 안 져도 되는 부끄러움 쪽을 택하고 싶습니다. 구두를 태우기 전이면 오 선생보다 훨씬 더 분하고 억울하다고 펄펄 뛰었을 겁니다. 허지만 오 선생도 아시다시피 ㉮ 이미 구두를 태워버린 겁니다."

"땅바닥에다 내던지는 걸 주워 먹는 똥개 신세는 결코 되지 않겠다고 그러셨죠? 천만에요! 내 눈엔 지금 권 선생이 똥개 그 이하로밖에 안 보입니다. 전에 단대리에서 살 적에 우리집 동준이란 놈이 시궁창에다 과자를 집어던지는 걸 봤습니다. 동네 꼬마 하나가 그걸 주워 먹겠다고 둑 밑으로 내려갑디다. 그걸 보고 나는 꼬마 녀석을 때리는 대신에 내 자식 놈을 마구 때렸습니다."

"수진리 고개 밑에 가면 양산도집이란 술집이 있죠. 그 집에서 전에 작부로 일하던 신 양이라고 혹시 아닙니까? 모르시죠? 그 여자를 오 선생한테 보여드리고 싶습니다. 그 여자하고 긴 얘기를 나누고 나면 아마 오 선생도 누구를 때리고 싶다, 누구를 때렸다는 말을 그렇게 힘 안 들이고 할 수는 없게 될 겁니다. 오 선생 생각은 오 선생이 경험한 바탕 안에서만 출발하고 멈춥니다. 자기 경험만을 바탕으로 남의 생각까지 재단하기는 애당초 무립니다. 오 선생은 보름 안에 자기 손으로 집을 지어본 적 있습니까? 배고프다고 시위하다 말고 엎어진 트럭에 벌떼같이 달려들어서 참외를 주워 먹는 인생들을 본 적 있습니까? 죽었다가 살아난 경험은요? 그리고 생명만큼 아끼던 자기 구두를 태우는 아픔은요? 이건 결코 자랑이 아닙니다. 내가 경험한 이런 일 모두가 사회 탓이라고 세상을 원망하는 것도

아닙니다. 내가 모자란 탓에 자업자득으로 그런 거니까 뒤늦게나마 좀 넉넉해보자는 겁니다. 보기 나름이고 생각하기 나름입니다. 후회를 하더라도 아주 나중에 하겠습니다. 오 선생더러 박수를 쳐달라고 그러는 게 아닙니다. 산속으로 끝까지 가 봐도 길이 없으니까 이제부터 되돌아서 들판 쪽으로 나와 보려는 것뿐입니다.”

– 윤흥길, 「직선과 곡선」 –

31 [A]와 [B]에 대한 설명으로 적절한 것은?

① [A]에서는 [B]에서 '나'가 보이는 내적 갈등의 원인을 구체적으로 보여 주고 있다.

② [B]에서는 [A]에서 일어난 사건이 가져 올 결과를 애써 외면하는 '나'의 심리가 드러나 있다.

③ [A]에서는 '나'의 현실적 상황을, [B]에서는 '나'의 주관적 판단을 중점적으로 서술하고 있다.

④ [A]에서는 '나'의 체험을 바탕으로, [B]에서는 '나'의 회상을 바탕으로 서사를 전개하고 있다.

⑤ [A]와 [B]에서는 모두 구체적인 행동 묘사와 '나'의 추측을 통해 인물의 성격을 제시하고 있다.

32 〈보기〉를 참고하여 윗글을 감상한 내용으로 적절하지 <u>않은</u> 것은?

〈보기〉

1970년대를 배경으로 하는 한국 소설에는 산업화로 인한 인간성의 상실, 비합리적 사회 상황, 물신주의 등의 문제가 나타난다. 이 작품은 산업화에 적응하지 못한 채 소외된 삶을 살아가고 있는 사회적 약자의 비참한 모습과 금력을 바탕으로 이윤 추구를 위해 폭력을 행사하는 자본가의 교활하고 위선적인 모습을 통해 우리 사회의 부정적 모습을 단적으로 보여 준다. 작가는 이 작품 속에서 인물들 간의 유대감을 모색하지만 서로에 대한 이해 없이는 진정한 유대가 이루어지기 힘들다는 것을 보여 주고 있다.

① '나'가 '자해 상습범'으로 조작되어 기사화된 것은 사회적 약자에게 가해지는 자본가의 폭력으로 볼 수 있겠군.

② '권 씨'가 본명이 가명으로 바뀐 채 일방적으로 피해자에서 가해자로 전도된 것은 산업화 사회에서 벌어지는 비합리적 상황을 보여 준다고 할 수 있겠군.

③ '오 사장'을 미담의 주인공으로 만들기 위해 '나'를 홍보의 수단으로 전락시킨 것은 이윤 추구를 위해 진실을 왜곡하는 자본가의 위선적 모습을 보여 주는군.

④ '양산도집'의 '신 양'을 '오 선생'에게 보여 드리고 싶다는 '나'의 말에는 산업화에 적응하지 못한 채 소외된 삶을 살아가고 있는 사회적 약자에 대한 연민이 담겨 있겠군.

⑤ '나'가 기사 조작을 문제화하려는 '오 선생'을 이해하지 못하고 있는 것이 두 사람이 유대감을 형성하는 데 방해가 되는 주요 원인이 된다고 할 수 있겠군.

33 〈보기〉는 윗글의 전작 소설의 일부이다. 〈보기〉를 고려할 때 ㉮에 담긴 의미를 가장 잘 이해한 것은?

─〈보기〉─

비잉 둘러가며 구두 전체에 약을 한 벌 올리고 나서 가볍게 솔질을 가하여 웬만큼 윤이 나자 이번엔 우단 조각으로 싹싹 문질러 결정적으로 광을 내었다. 내 보기엔 그런 정도만으로도 훌륭한 것 같은데 권 씨는 거기에 만족하지 않고 계속해서 같은 동작을 반복했다. 그만한 일에도 무척 힘이 드는지 권 씨는 땀을 흘렸다. 숨을 헉헉거렸다. 침을 퉤퉤 뱉었다. 실상 그것은 침이 아니었다. 구두를 구두 아닌 무엇으로, 구두 이상의 다른 어떤 것으로, 다시 말해서 인간이 발에다 꿰차는 물건이 아니라 얼굴 같은 데를 장식하는 것으로 바꿔놓으려는 엉뚱한 의지의 소산이면서 동시에 신들린 마음에서 솟는 끈끈한 분비물이었다. 권 씨의 손이 방추(紡錘)처럼 기민하게 좌우로 쉴 새 없이 움직이고 있었다. 마침내 도금을 올린 금속제인 양 구두가 번쩍번쩍 빛이 나게 되자 권 씨의 시선이 내 발을 거쳐 얼굴로 올라왔다. 그는 활짝 웃고 있었다. 그의 눈이 자기 구두코만큼이나 요란하게 빛을 뿜었다.

– 윤흥길, 「아홉 켤레의 구두로 남은 사내」 중 –

① 자신이 처한 가난한 현실을 타개해 나갈 수 없다는 무력감을 행동화한 것이다.

② 자존심을 지킬 수 없도록 만든 사회에서 도피하고자 하는 의지를 드러낸 것이다.

③ 지켜왔던 자존심을 접고 현실에 타협하는 삶을 살아가려는 심리를 표출한 것이다.

④ 주변인으로서의 삶을 살아가면서 느낀 현실의 부정적 속성들을 들추어 고발한 것이다.

⑤ 현실에 순응하고자 하는 마음과 가치관을 지키고자 하는 마음 사이의 갈등을 나타낸 것이다.

34 〈보기〉는 윗글의 내용을 '오 선생'의 시선으로 요약하여 재구성하는 과제를 수행한 것이다. 윗글의 내용에 부합하지 <u>않는</u> 것은? [3점]

─〈보기〉─

㉠권 씨가 동림산업 사장이 탄 차에 치여 병원에 실려 갔다. 회사의 비서라는 사람이 병원에 왔고, ㉡권 씨의 취직을 대가로 교통사고를 무마하는 합의서가 작성되었다. 그런데 비서가 데려온 기자가 갑자기 권 씨의 사진을 찍기 시작했다. ㉢나도 놀랐지만 권 씨도 놀라 함께 항의를 했다. 더욱더 충격적인 일은 그 다음날 벌어졌다. 피해자인 권 씨가 신문 기사에서 자해 상습범으로 조작되었고, 가해자인 회사의 사장은 미담의 주인공으로 소개되고 있던 것이다. ㉣기사를 보고 너무나 어이가 없어서 우리는 함께 분노했지만 나와 달리 권 씨는 이내 냉정을 되찾았다. 그리고 기사의 조작을 문제 삼지 않겠다는 말을 했다. ㉤변변한 일자리가 없었던 권 씨이기에 취직이 꼭 필요한 처지였겠지만, 인간으로서 이런 대우를 받으면서 참고 있다는 것이 말이나 되는가? 그동안 권 씨를 위해 나름대로 애를 쓴다고 했는데, 이번 일로 나는 권 씨에 대해 실망을 느끼지 않을 수 없었다.

① ㉠ ② ㉡

③ ㉢ ④ ㉣

⑤ ㉤

[35~38] 다음 글을 읽고 물음에 답하시오.

(가)

[A]
　어느 사이에 나는 아내도 없고, 또,
　아내와 같이 살던 집도 없어지고,
　그리고 살뜰한 부모며 동생들과도 멀리 떨어
　져서,
　그 어느 바람 세인 쓸쓸한 거리 끝에 헤매이었다.
　바로 날도 저물어서,
　바람은 더욱 세게 불고, 추위는 점점 더해 오
　는데,
　나는 어느 목수네 집 헌 샷*을 깐,
　한 방에 들어서 쥔을 붙이었다.

[B]
　이리하여 나는 이 습내 나는 춥고, 누긋한 방
　에서,
　낮이나 밤이나 나는 나 혼자도 너무 많은 것같
　이 생각하며,
　딜옹배기에 북덕불*이라도 담겨 오면,
　이것을 안고 손을 쬐며 재 우에 뜻 없이 글자
　를 쓰기도 하며,
　또 문밖에 나가지도 않고 자리에 누워서,
　머리에 손깍지 베개를 하고 굴기도 하면서,
　나는 내 슬픔이며 어리석음이며를 소처럼 연하
　여 새김질하는 것이었다.
　내 가슴이 꽉 메어 올 적이며,
　내 눈에 뜨거운 것이 핑 괴일 적이며,
　또 내 스스로 화끈 낯이 붉도록 부끄러울 적이며,
　나는 내 슬픔과 어리석음에 눌리어 죽을 수밖
　에 없는 것을 느끼는 것이었다.

[C]
　그러나 잠시 뒤에 나는 고개를 들어,
　허연 문창을 바라보든가 또 눈을 떠서 높은 천
　장을 처다보는 것인데,
　이 때 나는 내 뜻이며 힘으로, 나를 이끌어 가
　는 것이 힘든 일인 것을 생각하고,
　이것들보다 더 크고, 높은 것이 있어서, **나를**
　마음대로 굴려 가는 것을 생각하는 것인데,

[D]
　이렇게 하여 여러 날이 지나는 동안에,
　내 어지러운 마음에는 슬픔이며, 한탄이며, 가
　라앉을 것은 차츰 앙금이 되어 가라앉고,

외로운 생각만이 드는 때쯤 해서는,
더러 나줏손*에 쌀랑쌀랑 **싸락눈이** 와서 **문창**
을 치기도 하는 때도 있는데,
나는 이런 저녁에는 화로를 더욱 다가 끼며,
무릎을 꿇어 보며,
어느 먼 산 뒷옆에 바위 섶에 따로 외로이 서서,
어두워 오는데 하이야니 눈을 맞을, 그 마른
잎새에는,
쌀랑쌀랑 소리도 나며 눈을 맞을,
그 드물다는 **굳고 정한 갈매나무라는 나무를**
생각하는 것이었다.

－ 백석, 「남신의주유동박시봉방」－

*샷 : 갈대로 엮은 샷자리.
*북덕불 : 짚이나 풀 등을 태운 화롯불.
*나줏손 : 저녁 무렵.

(나)

　㉠ 한기태심(旱旣太甚)*ᄒ야 시절(時節)이 다 느
즌 제 서주(西疇) 놉흔 논애 잠깐 긴 녈비예 도상
(道上) 무원수(無源水)를 반만깐 듸혀 두고 쇼 ᄒ
적 듀마 ᄒ고 엄섬이 ᄒᄂ 말삼 친절(親切)호라 너
긴 집의 달 업슨 황혼(黃昏)의 허위허위 다라가셔
구디 다든 문(門) 밧긔 어득히 혼자 서셔 큰 기츰
아함이를 양구(良久)토록 ᄒ온 후(後)에,
　어화 긔 뉘신고 염치(廉恥) 업산 늬옵노라. 초경
(初更)도 거읜ᄃ 긔 엇지 와 겨신고. 년년(年年)에
이러ᄒ기 구차(苟且)ᄒ 줄 알건만ᄂ, 쇼 업슨 궁가
(窮家)애 혜염 만하 왓삽노라. 공ᄒ니나 갑시나 주
엄즉도 ᄒ다마ᄂ 다만 어제밤의 거넨집 져 사람이
목 불근 수기치(雉)*을 옥지읍(玉脂泣)게 쑤어ᄂᆡ고
간 이근 삼해주(三亥酒)를 취(醉)토록 권(勸)ᄒ거든
이러한 은혜(恩惠)을 어이 아니 갑흘넌고. 내일(來
日)로 주마 ᄒ고 큰 언약(言約) ᄒ야거든 실약(失
約)이 미편(未便)ᄒ니* 사설이 어려왜라.
　실위(實爲) 그러ᄒ면 혈마 어이ᄒ고. ㉡ 헌 먼덕
수기 스고 측 업슨 집신에 설피설피 믈너오니 풍채
(風采) 저근 형용(形容)애 긔 즈칠 뿐이로다. 와실
(蝸室)에 드러간들 잠이 와사 누어시랴. 북창(北窓)
을 비겨 안자 시비ᄅᆞ 기다리니 무정(無情)ᄒ 대승
(戴勝)은 이ᄂᆡ 한(恨)을 도우ᄂ다. 종조추창(終朝

惆悵)*ᄒ며 먼 들흘 바라보니 즐기ᄂᆫ 농가(農歌)도 흥(興) 업서 들리ᄂᆞ다. **세정(世情) 모른 한숨은** 그칠 줄을 모ᄅᆞᄂᆞ다. ⓒ <u>아ᄉᆞ온 져 소뷔*는</u> 벗보님도 됴홀셰고. 가시 엉긘 묵은 밧도 용이(容易)케 갈련마ᄂᆞᆫ, 허당반벽(虛堂半壁)에 슬듸업시 걸려고야. 춘경(春耕)도 거의거다 후리쳐 더뎌 두쟈.

강호(江湖) ᄒᆞᆫ 꿈을 ᄭᅮ언지도 오리러니, **구복(口腹)이 위루(爲累)ᄒᆞ야 어지버 이져쎠다.** 첨피기욱(瞻彼淇澳)*ᄒᆞ듸 녹죽(綠竹)도 하도 할샤. 유비군자(有斐君子)들아 낙듸 ᄒᆞ나 빌려ᄉᆞ라. 노화(蘆花) 깁픈 곳애 명월청풍(明月淸風) 벗이 되야, 님ᄌᆞ 업슨 풍월강산(風月江山)애 절로절로 늘그리라. 무심(無心)ᄒᆞᆫ 백구(白鷗)야 오라 ᄒᆞ며 말라 ᄒᆞ랴. 다토리 업슬슨 다문인가 너기로라.

ⓔ <u>무상(無狀)ᄒᆞᆫ 이 몸애 무슨 지취(志趣)* 이스리마ᄂᆞᆫ,</u> 두세 이렁 밧논를 다 무겨 더뎌 두고 이시면 죽(粥)이오 업시면 굴물망졍 남의 집 남의 거ᄉᆞᆫ 젼혀 부러 말렷노라. 니 빈천(貧賤) 슬히 너겨 손을 헤다 물너가며, 남의 부귀(富貴) 불리 너겨 손을 치다 나아오랴. **인간(人間) 어늬 일이 명(命) 밧긔 삼겨시리.** 빈이무원(貧而無怨)을 어렵다 ᄒᆞ건마ᄂᆞᆫ, 니 생애(生涯) 이러호듸 설온 ᄯᅳᆺ은 업노왜라. ⓛ <u>단사표음(簞食瓢飮)을 이도 족(足)히 너기로라.</u> 평생(平生) ᄒᆞᆫ ᄯᅳᆺ이 온포(溫飽)*애는 업노왜라. **태평천하(太平天下)애 충효(忠孝)를 일을 삼아** 화형제(和兄弟) 신붕우(信朋友) 외다 ᄒᆞ리 뉘 이시리. 그 밧긔 남은 일이야 삼긴 듸로 살렷노라.

– 박인로, 「누항사」 –

*한기태심 : 가뭄이 이미 크게 심함.
*수기치 : 수평.
*실약이 미편ᄒᆞ니 : 약속을 어기는 것이 편하지 못하니.
*종조추창 : 아침이 끝날 때까지 슬퍼함.
*소뷔 : 쟁기.
*첨피기욱 : 저 기수 물굽이를 바라보니.
*지취 : 뜻과 취향.
*온포 : 따뜻하게 입고 배불리 먹음.

35 (가), (나)의 공통점으로 가장 적절한 것은?

① 색채 이미지의 선명한 대조를 통해 주제 의식을 강조하고 있다.

② 탈속적인 공간을 묘사하여 자연 친화적인 태도를 보여 주고 있다.

③ 추상적 대상의 구체적 형상화를 통해 내적 정서를 부각하고 있다.

④ 대화체와 음성 상징어를 활용하여 상황을 실감나게 전달하고 있다.

⑤ 감각을 전이시키는 방법을 통해 계절감을 효과적으로 드러내고 있다.

36 〈보기〉를 바탕으로 (가), (나)를 이해한 내용으로 적절하지 않은 것은? [3점]

〈 보기 〉

　백석의 「남신의주유동박시봉방」과 박인로의 「누항사」는 개인의 삶 속에서 일어나는 일들이 숙명에 의해 정해져 있다는 운명론적 세계관을 담고 있다. 두 작품의 화자는 자신이 처한 현실을 부정적으로 인식하고 있고, 그러한 현실에 대한 대응 태도를 되돌아보면서 주어진 운명을 수용하고 있다. 그럼으로써 내적 고뇌가 가라앉는 경험을 하게 되고, 지향해야 할 가치를 떠올리며 자기 구원의 길을 모색하고 있다.

① (가)에서는 '나를 마음대로 굴려 가는 것'에서, (나)에서는 '인간 어늬 일이 명 밧긔 삼겨시리.'에서 운명론적 세계관을 엿볼 수 있다.

② (가)에서는 '그 어느 바람 세인 쓸쓸한 거리 끝에 헤매이었다.'를 통해 고난과 방랑으로 점철된 삶이, (나)에서는 '구복이 위루ᄒᆞ야

2018 기출문제

어지버 이져쎠다.'를 통해 먹고사는 것이 누가 되는 삶이 화자의 숙명임을 알 수 있다.

③ (가)에서는 '내 슬픔과 어리석음에 눌리어 죽을 수밖에 없는 것'에서, (나)에서는 '세정 모른 한숨'에서 화자 자신이 처한 현실에 대한 부정적 인식을 보여 주고 있음을 알 수 있다.

④ (가)에서는 '문창을 치기도 하는' '싸락눈'이, (나)에서는 '무심흔 백구'가 화자로 하여금 내적 고뇌가 가라앉는 경험을 하게 하는 매개체라고 할 수 있다.

⑤ (가)에서는 '굳고 정한 갈매나무라는 나무를 생각하는 것이었다.'에서 자신이 처한 현실을 이겨내려는 모습을, (나)에서는 '태평천하애 충효를 일을 삼아'에서 관념적 이상을 추구하려는 의지를 보임으로써 화자가 자기 구원의 길을 모색하고 있음을 알 수 있다.

37 (가)의 [A]~[D]에 대한 설명으로 적절하지 <u>않은 것은?</u>

① [A] : 가족 공동체의 해체로 외로운 처지에 놓이게 된 삶의 역정을 보여 주고 있다.

② [B] : 자기 한 몸도 감당하기 어려운 무기력한 삶을 성찰하는 모습을 표현하고 있다.

③ [C] : 삶이 주는 고통이 내면화되면서 비애가 심화되고 있는 상황을 드러내고 있다.

④ [D] : 동일시할 수 있는 외적 대상을 연상하며 위안을 얻고 있는 내면을 담고 있다.

⑤ [A]~[D] : 시상이 절망에서 희망으로 전환되는 정서적 추이를 보여 주고 있다.

38 (나)의 ㉠~㉤을 이해한 내용으로 적절하지 <u>않은 것은?</u>

① ㉠ : 자연현상을 제시하여 화자가 자신의 비참한 처지를 직시하게 되는 사건의 발단을 제공하고 있다.

② ㉡ : 감각적 이미지를 활용하여 소기의 목적을 달성하지 못한 화자의 서글픈 심정을 효과적으로 표현하고 있다.

③ ㉢ : 농기구가 제 용도를 발휘할 수 없는 상황을 강조하여 농사일을 포기할 수밖에 없는 화자의 아쉬움을 드러내고 있다.

④ ㉣ : 내적 지향과 외적 환경을 대비하여 이상과 현실 사이의 괴리에서 오는 화자의 안타까움을 강조하고 있다.

⑤ ㉤ : 단정적인 표현을 활용하여 청빈하고 소박한 삶을 긍정함으로써 물질적 가치를 멀리하고자 하는 화자의 다짐을 표현하고 있다.

[39~43] 다음 글을 읽고 물음에 답하시오.

(가) 우리나라의 고전 세태소설은 당대 사회의 풍속, 제도, 인물들의 가치관 등을 제재로 한다. 그리고 부정적 사회 현실에 대한 저항이나 개혁 등을 주제로 다루기보다는 급변하는 정치, 경제, 사회적 상황을 사실적으로 반영하는 경향을 보인다.

이 소설들은 조선 후기 실학사상의 영향을 받아 당대의 사회적 현실에 대한 관심이 높아지면서 본격화되었다. 조선 후기는 중세 사회를 지탱하던 신분제가 무너지면서 신분보다 경제력을 중시하는 경향이 농후해진 시기이다. 또한 경제력을 우선시하는 새로운 사회구조에 적응하지 못한 무능한 가장

들이 많아지고 적극적인 여성들이 등장할 수 있는 사회적 분위기가 형성되면서 가정이나 사회에서 남녀의 역할이 전도되는 현상이 나타나기도 했다.

조선 후기의 세태소설은 이러한 당시 사회의 급격한 변화 양상을 보여 주는 서사적 특징을 보인다. 이러한 특징은 당대의 사회적 관심사인, 전통적인 신분 제도가 와해되면서 생긴 계층 간의 갈등, 관념적 가치보다 물질적 가치를 추구하는 인물들의 삶의 양태 등을 담은 다양한 사건을 그리고 있는 데서 엿볼 수 있다. 조선 후기의 세태를 잘 담아내고 있는 대표적 작품으로는 노비들이 상전의 재물을 탈취하는 사건을 소재로 한 「김학공전」, 주색잡기에 빠져 가산을 탕진하는 춘풍의 이야기를 다룬 「이춘풍전」을 들 수 있다.

(나) 노자(奴子) 중 박명석(朴明錫)이라 하는 놈이 흉계를 생각하고 저의 동류(同類)를 청하여 의논 왈,

"우리가 매양 남의 종노릇만 할 것 없으니, 지금 상전이 부인과 어린아이뿐이라. 이때를 타서 상전을 다 죽이고 금은보화를 탈취하여 가지고 무량 계도(桂島) 섬에 가 양민(良民)이 됨이 어떠하뇨."

하니, 모든 노속(奴屬)이 일시에 응하거늘, 명석이 모든 사람에게 허락을 받은 후 하는 말이,

"그대들의 뜻이 이러할진대 모월 모일에 잔치를 배설(排設)하고 그 날로 계교를 행하자."

하고 각각 돌아가니라.

이때에 학공의 유모가 마침 명석의 집에 갔다가 이같이 의논하는 말을 엿들은 후에 마음이 떨리고 가슴이 서늘하여 가만히 생각한즉,

'이 말을 부인에게 전하면 내가 그놈에게 죽을 것이요, 아니 고하면 인정상 차마 못할 바이라.'

하고 유예하여 미결하던 차에, 일일은 노자(奴子) 제인(諸人)이 잔치를 배설한다 하거늘, 유모 마지 못하여 들어가 부인에게 이 말을 자세히 고하고 정신없이 앉아 눈물을 흘리거늘, 부인이 이 말을 들으매 천지가 아득하여 기절하였다가, 반향(半餉)에야 겨우 정신을 차려 가슴을 두드리며 하는 말이,

"이것이 어인 말인고. 이러한 흉계가 있으되 망연히 아지 못하고 이 같은 대환(大患)을 당하니 이

일을 장차 어찌 하리오. 미덕과 나의 목숨은 고사하고 만일 학공을 죽이면 김씨의 향화(香火)를 뉘라서 받들리오. 세상 천하에 이 같이 망극한 일이 어디 있으리오. 바라건대 유모는 좋은 묘책을 생각하여 학공을 살려 주면 은혜를 황천에 돌아간 고혼이라도 갚을 것이니 깊이 생각하라."

하고 눈물이 비 오듯 하니, ⊙ 그 참혹한 경상은 일월이 무광(無光)하고 초목과 금수가 다 슬퍼하더라.

유모 다시 고왈,

"주사야탁(晝思夜柝)에 아무리 생각하여도 좋은 계교 없사오나 인명이 재천이라 하오니 설마 어떠하오리까."

하니, 부인이 유모를 붙들고 통곡하여 왈,

ⓐ "유모의 수단으로 살지 못한다면 노자들을 남녀노소 없이 낱낱이 불러 우리 집 재물을 분급(分給)하야 속량(贖良)하여 주고 목숨을 보전하겠으니 모두 다 데려오라."

하니 유모 하는 말이,

"아무리 생각하와도 저희들이 이미 계교를 정하였으니 듣지 아니 하올지라, 미리 피신함만 같지 못하오니 깊이 생각하옵소서."

부인 왈,

ⓒ "도망을 하자 한들 저 놈의 배포 설심(設心)이 이같이 강성하였으니, 혈혈약질(孑孑弱質)이 어린 자녀를 데리고 갈 수도 없고 아니 갈 수도 없으니 이 일을 장차 어찌 하잔 말고."

하며, 학공을 붙들고 실성통곡 왈,

[A]

"슬프다. 너의 부친이 나와 무슨 연분이 지중(至重)하여 나이 사십에 자식이 없어 서러워하다가 너의 남매를 얻어 후사(後嗣)를 전하고자 하였더니, 조물(造物)이 시기하여 불행히 너의 부친이 일찍이 세상을 버리시니, 마땅히 뒤를 따르고자 하나 너의 남매를 생각하고 망망한 천지간에 구차히 살았다가, 이 같은 망극지변(罔極之變)을 당하니 어느 친척이 있어 구제하리오. 옥황상제께 비나이다. 유유한 창천(蒼天)은 무죄한 인생을 굽어 살피옵소서."

하며 무수히 통곡하다가, 한 계교를 생각하고 땅을 깊이 파고 학공을 그 속에 넣고 노비 전답 문서를

전대에 넣고 허리에 띠고, 먹을 것을 많이 넣고,

"배고프거든 이것을 먹고 문서를 잘 간수하였다가, 요행히 살아나거든 우리의 원수를 갚게 하여라. 슬프다. 우리도 살아서 너와 한가지로 다시 만나 살면 천행(天幸)이요, 불연(不然)이면 한 칼에 삼모자(三母子)가 다 죽을 것이니 조심하여 잘 있거라."

하며 슬픈 눈물로 이별할 제, 학공이 모친의 치마를 붙들고 통곡하며, 모친은 학공의 손을 붙들고 울다가 자주 혼절하니, 그 가련한 경상을 어찌 보리오. 눈물 아니 흘릴 이 없더라.

– 작자 미상, 「김학공전」 –

(다) 추월이 거동 보소. 춘풍의 재물을 빼앗고 괄세하여 내친다. 슬픈 거동 가련하다. 만나 보면,

"내 눈에 보기 싫다."

석경 면경 헷던지며 생중내어 구박할 제, 성외(城外) 성내(城內) 한량에게 의논하되 들경막의 장작인가 전당(典當)집의 은촛대가, 썩은 나무 박힌 뿌리런가. 이러할 줄 몰랐던가.

"어디로 갈랴시오, 노자가 부족하면 한대나 보태시오."

돈 한 돈 내어주며 바삐 나가라 재촉하니, 춘풍의 거동 보소. 분한 마음 폭발하여 추월에게 하는 말이,

"우리 둘이 갓 만나서 원앙금침(鴛鴦衾枕) 마주 누워, 불원상리(不遠相離) 굳은 언약 태산같이 언약하여 대동강이 마르도록 떠나가지 말래더니, 이렇듯 깊은 맹세 농담인가. 이제 이 말 웬 말인가."

추월이 이 말 듣고 변색하여 하는 말이,

ⓒ "이 사람아, 내 말을 들어 보소. 청루물정 몰랐던가. 장 낭부, 이 낭청도 동가식서가숙(東家食西家宿)하고 노류장화(路柳墻花)는 인개가절(人皆可折)*이라. 평양기생 추월 성식 몰랐던가. 자네가 가져온 돈냥 혼자 먹던가."

이같이 구박하여 등 밀치며 어서 바삐 가라 하니, 춘풍이 분한 중에 탄식하며 전면 기둥 비켜서서 이리저리 생각하니 한심하고 가련하다.

[B]
'집으로 가자 하니 무면 도강동(無面 渡江東)이요, 처자도 부끄럽고 또한 막중 호조 돈 이천 냥을 내어다가 한 푼 없이 돌아가면 금부옥(禁府獄)에 가두고 주장대로 지르면 속절없이 죽겠으니 서울로도 못 가겠고, 동서 구걸하자니 그도 또한 못 하겠고, 불원천리 가자니 노자 한 푼 없으되 그도 또한 못 하겠다. 이를 장차 어찌하리. 이럴 줄을 몰랐던가. 후회막급 창연하다. 대동강 깊은 물에 풍덩 빠져 죽자 하니 그도 차마 못 하겠고, 석자 세치 지자 수건 목을 매어 죽자 하니 이도 차마 못 하겠네. 답답한 이내 일을 어찌하면 옳단 말인고. 평양 성내 걸인 되어 이 집 저 집 빌자 하니 노소인민 아동주졸(兒童走卒)* 이놈 저놈 꾸짖으니 걸식도 못하리라. 어디로 가잔 말인가.'

이리저리 생각하다가 추월 앞에 나가 앉아 간절히 비는 말이,

㉣ "추월아 추월아. 내 말 잠깐 들어 봐라. 우리 조선이 인정지국(人情之國)이어든 어찌 그리 박절한가. 날 살리게 날 살리게. 내가 자네 집에 도로 있어 물이나 긷고 불 사환(使喚)이나 하고 있으면 어떠할꼬."

추월이 거동 보소. 눈을 흘겨보면서,

"여보소, 이 사람아. 자네가 전 행실을 못 고치고 '하네' 소리하려면 내 집 다시 있지 마소."

이렇듯이 구박하니 춘풍이 하릴없어 '아가씨' 말이 절로 나고 존대가 절로 난다.

[중략 줄거리] 춘풍의 처는 춘풍을 구하기 위해 참판의 도움으로 비장 신분이 되어 평양에 와 추월을 문초한다.

"이년 바삐 다짐하라. 네 죄를 모르느냐."

추월이 정신이 아득하여 겨우 여쭈오되,

"춘풍의 돈은 소녀에게 부당하여이다."

비장이 대로하여 분부하되,

"네 어찌 모르리오. 막중 호조 돈을 영문에서 물어 주랴 본부에서 물어 주랴. 네가 먹었거든 무슨 잔말 아뢰느냐. 너를 쳐서 죽이리라."

주장(朱杖)대로 지르면서,

"바삐 다짐하라."

오십도를 중히 치며 서리같이 호령하니, 추월이 기가 막혀 혼이 질겁을 내어 죽기를 면하려고 아뢰되,

ⓜ "국전(國錢)이 지중하고 관령이 지엄하니, 영문 분부대로 춘풍의 돈을 다 물어 바치리이다."

– 작자 미상, 「이춘풍전」 –

*노류장화는 인개가절이라 : 길가의 버들과 담 밑의 꽃은 아무나 쉽게 꺾을 수 있다.
*아동주졸 : 길거리에서 노는 철없는 아이들이나 떠돌아다니는 사람들.

39 (가)에서 언급한 '조선 후기의 세태 소설'에 대한 설명으로 적절하지 <u>않은</u> 것은?

① 사회 개혁적인 인물을 등장시켜 주제를 형상화한다.

② 조선 후기 실학사상의 영향을 받으면서 본격화되었다.

③ 당대의 풍속, 제도, 인물들의 가치관 등을 제재로 한다.

④ 당대 사람들의 사회적 관심사와 관련된 사건을 다룬다.

⑤ 당대의 시대적 상황을 사실적으로 반영하는 경향을 보인다.

40 (가)를 바탕으로 (나), (다)를 감상할 때, 적절하지 <u>않은</u> 것은? [3점]

① (나)에서 노비 박명석이 노속들에게 '상전을 다 죽이고 금은보화를 탈취하자'는 데서 전통적인 신분 질서가 와해되어 가는 세태를 짐작할 수 있군.

② (나)에서 유모가 학공의 모친에게 노비들의 계교를 알리지 않고 '유예하여 미결하는' 모

습에서 당대 사회의 이면에 계층 간의 갈등이 존재하고 있는 세태를 확인할 수 있군.

③ (다)에서 추월이 '춘풍의 재물을 빼앗고 괄세하여 내치며' 경제력에 따라 춘풍을 달리 대접하는 행태에서 물질적 가치를 추구하는 세태를 엿볼 수 있군.

④ (다)에서 춘풍이 추월의 집 '사환이나 하는' 일을 하다가 아내의 도움으로 곤경에서 벗어나는 데서 가부장제가 흔들리고 있는 세태를 짐작할 수 있군.

⑤ (다)에서 비장이 된, 춘풍의 아내가 추월을 문초하며 '바삐 다짐하라'며 강권하는 모습에서 적극적인 여성이 나타난 세태를 살펴볼 수 있군.

41 [A]와 [B]에 대한 설명으로 적절하지 <u>않은</u> 것은?

① [A]는 [B]와 달리 초월자에게 의지하여 문제를 해결하려는 바람을 표현하고 있다.

② [B]는 [A]와 달리 자신의 잘못된 행동에 대한 인물의 회한을 드러내고 있다.

③ [A]는 요약적 진술로, [B]는 나열의 방식으로 인물이 처한 상황을 서술하고 있다.

④ [A]와 [B]는 현재의 상황을 초래한 원인을 알 수 있는 과거의 잘못을 보여 주고 있다.

⑤ [A]와 [B]는 암담하고 절망적인 상황에 놓여 있는 인물의 심리를 나타내고 있다.

42 ㉠~㉤에 대한 설명으로 적절하지 <u>않은</u> 것은?

① ㉠ : 학공 모자가 처한 참혹한 상황에 대한 독자의 공감을 유도하는 서술 방식을 보이고 있다.

② ㉡ : 이전의 경험에 근거하여 앞으로 겪게 될 절망적인 상황을 염려하는 모습을 드러내고 있다.

③ ㉢ : 자신의 신분적 특성을 언급하며 춘풍에 대한 홀대가 당연한 처사임을 언급하고 있다.

④ ㉣ : 인정에 호소하며 자신의 절박한 처지를 헤아려 주기를 바라는 심정을 표현하고 있다.

⑤ ㉤ : 다급한 상황을 모면하기 위해 어쩔 수 없이 권위에 복종하는 모습을 보여 주고 있다.

43 ⓐ와 관련이 있는 말로 가장 적절한 것은?

① 고식지계(姑息之計)

② 고육지책(苦肉之策)

③ 권토중래(捲土重來)

④ 기호지세(騎虎之勢)

⑤ 자승자박(自繩自縛)

[44~45] 다음 글을 읽고 물음에 답하시오.

[앞부분 줄거리] 선수보, 여우(여배우), 시간강사, 입후보 등은 정식 지위에 올라 본 적이 없는 사람들이다. 이들은 임시 운전수가 모는 낡은 버스를 타고 동쪽으로 가다 타이어의 펑크로 임시 역에 서게 된다. 스페어타이어가 없어서 타이어를 고치는 동안, 이들은 버스 밖에서 기다리며, 동쪽에 도달하는 것에 대한 희망에 부푼다.

이때 동쪽에서 폐차 직전에 있는 낡은 차 소리가 들려온다. 이윽고 맥없이 타이어 터지는 소리가 난다. 동쪽에서 노 운동선수가 등장. 농구 선수다. 허리가 지독히 휘었다. 낡은 운동백과 쪼그라진 농구 볼을 다 터진 그물에 넣어서 등에 메고 있다. 너무 늙어서 잘 걷지도 못한다. 그 뒤에서 노엑스트라 여배우가 역시 지팡이를 짚고 따라 나온다. 이때 보조경찰이 노선수보와 노여우의 신분증을 검사한다.

노선수보 : 네, 농구 선수입니다.

노여우 : 네, 배우가 직업입니다.

보조경찰 : ㉠농구 선수지만 증명서에는 보결 농구 선수라고 써 있고, 이분 것은 엑스트라 여배우라고 적혀 있군요.

노선수보 : (화가 나서) 내가 남보다 실력이 없어 그런 줄 아세요? 그놈의 팔자 때문에 그런 거요.

노여우 : 저도 마찬가지랍니다.
(노스페어 운전수 등장. 튜브와 연장을 들고 있다.)

노선수보 : (보조경찰에게 서쪽을 가리키며) 이리로 자꾸만 가면 동쪽이 됩니까?

보조경찰 : 글쎄요.

노운전수 : ㉡벌써 동쪽을 향해 30년을 달리고 있는데 참 거리가 멀군요. (노선수보와 노여우를 가리키며) 저분들은 팔자를 고치기 위해 벌써 30째 동쪽을 향해 달리고 있습니다.

노선수보 : (서쪽을 향하여) 아, 벌써 동쪽이 보이는 것 같아. 조금만 가면 동쪽이 나올 거야.

노여우 : (역시 서쪽을 바라보며) 네, 동쪽이 보이

는 것 같군요. 아, 주연을 맡아 볼 날도 얼마 남지 않았어.

노운전수 : 전 튜브 땜질을 좀 해야겠습니다. (적당한 곳에 앉아 일을 시작한다.)

역장보 : 참 기억이 나는군. 30년 전에 이 두 분이 동쪽으로 간다고…… (서쪽을 가리키며) 이쪽에서 (동쪽을 가리키며) 저쪽으로 갔는데 30년 후인 오늘은 반대 방향에서 나타났군.

시간강사 : (노선수보에게) 이리로 가면 서쪽입니다.

노선수보 : ⓒ 왜 서쪽이요, 동쪽이지. 동쪽을 향해 벌써 오랫동안 달렸는데 내가 방향을 모르리라고요?

입후보 : 영감님, 저희들은 서쪽에서 왔습니다. 저리로 가면 서쪽입니다. 방향을 잘못 잡았습니다.

노선수보 : 왜 이렇게 시끄러울까. 우리는 지금 동쪽으로 가고 있는 거요. (노운전수에게) 여보, 이 양반들이 시끄러우니 저쪽에 가서 쉬도록 합시다.

노여우 : ⓓ 아, 동쪽이 뵈는 것 같다. 빨리 화장을 좀 해야지. 갑자기 주연을 맡게 되면 곤란해.

노선수보 : 이번엔 주장을 시킬 거야.

노선수보 퇴장, 노운전수, 노여우도 그 뒤를 따라 서쪽으로 퇴장. 보조 경찰관과 역장보를 제외한 모든 인물들이 서쪽 무대로 사라지는 노인들을 손가락질하며 한바탕 크게 웃어댄다.

운전수 : 자, 튜브 땜질이 다 됐습니다. 곧 떠나야죠. 스페어타이어가 없으니 이 꼴이군.

역장보 : ⓔ 스페어타이어는 꼭 있어야 합니다. 바퀴가 넷만 있다고 해서 자동차가 마음대로 움직인다고 생각하면 큰 오해지. 스페어타이어가 있어야 안심이 되거든요. 스페어타이어는 흡사 낮 다음에 오는 밤 같은 존재니까.

운전수 : 할 수 있나요. 이왕 없이 떠났으니 그대로

갈 수밖에. 자 갑시다.

전보조인물 : 가자! 가자! 희망의 동쪽으로!

운전수의 연장이 걸려 버드나무의 받침대가 쓰러져 버드나무도 자빠진다. 전원 그대로 퇴장. 동쪽으로

역장보 : 앗따, 나무가 자빠졌군. 자 손을 좀 빌려주시오.
(역장보와 보조 경찰관이 버드나무를 받침대로 받쳐 다시 세운다. 이때 동서 양측에서 차가 발동하여 떠나는 소리가 난다.)

보조경찰 : 이것도 동쪽으로 가고 저것도 동쪽으로 가는군.
(차 소리가 사라진다.)
자 좀 쉬어 볼까.

역장보 : 전 들어가 기차를 기다려야겠습니다. 언제 기차가 이 임시 역을 통과할지 모르니까.

먼 데서 차 소리가 또 들려온다.

보조경찰 : (관객에게) 좀 쉬려고 했더니 또 다른 차가 옵니다. 신분증을 조사해야죠. 동쪽으로 가는 손님들임에 틀림없습니다.
(반대 방향에서도 차 소리가 들려온다.)
저쪽에서도 차가 옵니다. 동쪽으로 가는 손님인 모양입니다.

– 이근삼, 「동쪽을 갈망하는 족속들」 –

44 〈보기〉는 윗글을 읽고 심화 학습하는 과정에서 학생이 접한 내용이다. ㄱ~ㅁ 중 윗글에서 확인할 수 <u>없는</u> 것은?

〈보기〉

• 이근삼 희곡의 특징

ㄱ. 배경이 현실과 거리가 멀고, 사건들의 개연성이 떨어짐.

ㄴ. 등장인물은 동일하거나 유사한 행위 또는 대사를 반복함.

ㄷ. 등장인물이 관객에게 무대에서 벌어지는 사건, 인물 등을 설명함.

ㄹ. 현실감을 떨어뜨리고 생소한 느낌을 주는 효과음과 소품을 사용함.

ㅁ. 등장인물의 이름, 행동, 직업을 통해 특정한 성격이나 유형을 보여 줌.

① ㄱ

② ㄴ

③ ㄷ

④ ㄹ

⑤ ㅁ

45 〈보기〉를 바탕으로 윗글을 감상한 내용으로 적절하지 <u>않은</u> 것은? [3점]

〈보기〉

자본주의의 발달은 다수의 소외 계층을 양산하는 부조리한 사회 구조를 고착화하는 폐해를 낳았다. 이러한 자본주의적 사회 구조는 소외 계층에게 막연하고 거짓된 희망을 맹목적으로 추구하게 만들었다. 그럼으로써 소외 계층을 특권 계층이 중심이 되는 부조리한 사회 구조를 유지하는 부속품으로 만들어 버렸다. 「동쪽을 갈망하는 족속들」은 자본주의 사회의 이러한 문제점을 풍자하면서 거짓된 희망이 이루어질 수 없음을 깨닫지 못하는 소외 계층의 비극성과 그들에 대한 작가의 안타까움을 담고 있는 작품이다.

① ㉠ : 사회적으로 인정받지 못하는 여러 인물들이 등장하는 것에서 다수의 소외 계층을 양산하는 자본주의 폐해를 확인할 수 있군.

② ㉡ : 기약 없이 맹목적으로 희망을 추구하는 모습에서 자본주의 사회에서 소외된 계층의 비극성을 느낄 수 있군.

③ ㉢ : 잘못된 방향인지 알면서도 가야만 하는 상황에서 왜곡된 현실 구조에서 벗어나려는 소외 계층의 간절한 처지를 짐작할 수 있군.

④ ㉣ : 희망이 이루어지는 상황을 막연하게 기대하는 모습에서 자신이 처한 현실을 직시하지 못하는 소외 계층에 대한 작가의 연민을 엿볼 수 있군.

⑤ ㉤ : 스페어타이어를 필요로 하는 상황에서 특권 계층을 위해 소외 계층을 부속품처럼 만들어 버린 부조리한 사회의 한 단면을 살펴볼 수 있군.

2027
사관학교

10개년 국어

제1교시 국어영역(공통)

▶정답 및 해설 377p

[01~03] 다음은 협상의 일부이다. 물음에 답하시오.

시청 측 : 지금부터 2017년 야구장 임대료 건에 대한 협상을 시작하도록 하겠습니다. 우리 시는 야구장 임대료를 작년과 같이 입장료 수입의 15%로 유지하고자 합니다. 다른 지역의 야구장도 이 정도 수준으로 임대료를 책정하고 있으니 적정한 수준이라고 생각합니다.

구단 측 : 작년부터 저희 팀 홈경기를 보러 오는 관중 수가 30%P 가량 늘었습니다. 그래서 저희 구단은 야구장 임대료를 입장료 수입의 10%로 정했으면 합니다. 관중 수가 지속적으로 늘고 있는 상황이고 내년에도 이러한 추세가 이어질 것으로 예상되기 때문에 10%로 낮춘다고 해도 시의 야구장 임대료 수익이 줄어들지는 않을 것으로 저희 구단은 예상하고 있습니다.

시청 측 : 2017년 시즌에 관중 수가 어떻게 될지 모르는 건데, 야구장 임대료를 10%로 낮추는 것은 어렵습니다. 관중 수가 지속적으로 증가하는 것을 고려할 때 야구장 임대료를 입장료 수입의 12%까지는 내릴 수 있습니다. 그 대신 구단의 재정 사정이 좋지 않았을 때 일시적으로 넘겨 드렸던 야구장 광고권과 매점 운영권을 이제는 우리 시에 돌려주시는 것으로 했으면 합니다.

구단 측 : 임대료를 12%까지 내려 주실 수 있다는 말씀은 고맙습니다. 하지만 야구장 광고권과 매점 운영권을 달라고 하는 것은 지나친 요구입니다. 작년부터 관중 수가 늘었다고 해도 선수들 연봉 인상을 비롯해 구단 운영 비용이 늘어났기 때문에 광고권과 매점 운영권이 없으면 저희 구단은 오히려 손해를 보게 될 상황입니다.

시청 측 : 구단의 사정이 어려울 때 조금이나마 도움을 주고자 넘겼던 권리를 이제는 구단 사정이 많이 나아졌으니 원래대로 되돌려 받겠다는 것입니다. 임대료를 입장료 수입의 12%까지 낮춰 주는데도 그것이 불가능하다면 작년과 마찬가지로 임대료를 15%로 유지할 수밖에 없습니다. 그리고 임대료 협상을 더 이상 진행하지 않겠습니다.

[가]

구단 측 : 시에서 그동안 배려해 주신 점은 저희 구단에서도 감사하게 생각하고 있습니다. 하지만 관중이 늘어나면서 야구장의 광고 수입과 매점 운영 수입이 많아진 것은 엄연히 저희 구단이 노력해 온 결과입니다. 저희가 그동안 해 온 노력의 대가는 인정해 주셔야 합니다. 그러니 광고권은 시에서 가져가시되 매점 운영권은 계속 저희가 가졌으면 합니다. 매점은 저희 구단의 홈경기가 있는 날에만 수익이 생기는 것이고, 그 수익은 저희 구단의 노력 여하에 따라 달라지는 것 아니겠습니까? 매점 운영권을 유지하는 대신 저희 구단도 시민들을 위해 시에서 계획하고 있는 복지 정책에 적극적으로 협력하겠습니다.

시청 측 : 그렇다면, 우리 시에서 계획하고 있는 소외계층에 대한 무료입장 행사를 개최해 주시고, 홈런 개수당 일정 금액을 우리 시에 기부하여 난치병 어린이들을 위한 치료비 지원 사업에 도움을 주시는 건 어떻겠습니까?

구단 측 : 좋습니다. 그렇게 하면 시의 복지 재정에도 도움이 되고, 저희 구단의 이미지 향상에도 도움이 될 것 같습니다. 매점 운영권을 계속 가질 수 있다면, 그 정도 제안은 수용할 수 있습니다. 그럼, 지금까지 합의한 내용을 정리하여 ⑤ 계약서를 작성하시죠.

시청 측 : 좋습니다. 이것으로 2017년 야구장 임대료 건에 대한 협상을 마무리하도록 하겠습니다.

01 〈보기〉를 바탕으로 위 협상을 이해할 때 적절하지 <u>않은</u> 것은? [3점]

① ⓐ : 구단 측은 관중 수의 증가를 근거로 야구장 임대료를 인하하려는 기본 입장을 밝혔다.

② ⓑ : 시청 측은 구단 측이 처음 제시한 임대료 인하율을 수용하면서 대응 제안을 제시했다.

③ ⓑ : 구단 측은 그동안 해 온 노력의 결과를 근거로 제시하며 시청 측의 제안에 대한 대응 제안을 제시했다.

④ ⓑ : 시청 측은 구단 측이 원하는 권리를 인정해 주고, 구단 측의 협력 의사와 관련하여 구체적인 방안을 제시했다.

⑤ ⓒ : 구단 측은 시청 측이 제시한 복지 정책과 관련된 협력 방안의 효과를 언급하며 시청 측의 제안을 수용했다.

02 [가]에 나타난 협상 태도로 가장 적절한 것은? [2점]

① 자기 측 주장의 정당성을 언급하며 상대 측 제안을 단호하게 거부하고 있다.

② 상대 측의 과거 상황을 언급하며 상대 측의 양보를 겸손하게 제안하고 있다.

③ 상대 측 주장의 근거가 논리적으로 타당하지 않음을 완곡하게 지적하고 있다.

④ 문제 상황의 심각성을 부각하며 타결의 필요성을 간곡하게 호소하고 있다.

⑤ 상대 측 주장을 일정 부분 인정하면서도 상대 측 제안을 강력하게 비판하고 있다.

03 ⑤에 포함될 내용으로 적절하지 <u>않은</u> 것은? [2점]

① 야구장 임대료는 입장료 수입의 12%로 한다.

② 광고권은 시가, 매점 운영권은 구단이 갖는다.

③ 구단은 홈런 개수당 일정한 금액을 시에 기부한다.

④ 시는 구단의 매점 운영과 관련된 행정적 지원을 한다.

⑤ 구단은 소외계층에 대한 야구장 무료입장 행사를 개최한다.

[04~05] 다음은 학생이 수업 시간에 한 발표이다. 물음에 답하시오.

여러분, 몇 년 전에 상영된 '해적'이라는 영화 보셨나요? (학생들의 대답을 듣고) 우리나라에서는 해적들이 등장하는 영화가 드물어 많은 관심을 받았었는데, 역시 보신 분들이 많군요. 조선의 사신이 중국 황제로부터 받은 옥새를 잃어버리자 여러 인물들이 목숨을 걸고 그것을 찾아 나선다는 게 이 영화의 설정이었죠. 옥새가 얼마나 중요한 것이기에 그렇게까지 애쓰며 찾으려 한 걸까요?

이번 시간에 제가 발표할 내용은 바로 이 영화에서 중요하게 다루어진 '옥새'에 관한 것입니다. 발표 전에 제가 나눠 드린 활동지를 한번 보시죠. 거기에 관련 사진들도 있으니 참고하시면서 발표 내용을 메모하시면 좋을 것 같습니다.

왕의 도장으로서 옥으로 제작한 것을 옥새, 금으로 제작한 것을 금보 혹은 금인이라 하였습니다. 진시황 때 옥으로 황제의 권위를 보여 주는 도장을 새긴 것이 옥새의 시작이었는데, 이후 금으로 만든 금보도 그냥 옥새로 통칭해서 불렀습니다. (사진을 보여주며) 자, 이것은 국립 고궁 박물관에 소장된 조선시대 왕의 옥새인데요, 손잡이 부분이 거북 모양으로 만들어져 있습니다. 거북은 십장생의 하나로 왕의 장수를 기원하는 의미를 담고 있습니다. (다른 사진을 보여 주며) 옥새에 새겨진 이와 같은 문자를 '인문'이라고 합니다. 자, 옥새에 새겨진 글자를 한번 읽어 볼까요. (학생들의 반응을 보고) 네. 한자인데다 글자체가 독특해서 읽기 어려우시죠? 이것은 바로 '조선국왕지인'이라고 새긴 겁니다.

고려 말에 신진 사대부들이 이성계에게 옥새를 가져다 바치면서 왕이 되어 달라고 간청했다는 이야기가 있습니다. 예전에는 이 옥새가 왕의 권위를 상징하고 또 옥새를 왕위 계승의 징표로 삼았다고 하니, 당시 사람들이 옥새에 부여한 상징적 의미가 어느 정도였는지 짐작하실 수 있겠죠?

그런데 후대로 내려올수록 옥새를 찍어야 할 일이 많아지면서 그 용도에 따라 여러 개의 옥새를 사용했다고 합니다. 고궁 박물관 학예 연구사의 설명에 의하면, 주로 대 중국 관계의 외교문서에서는 중국 황제가 보내 준 '국인' 또는 '대보'를 사용했고, 왕명으로 작성되는 국내 문서에는 국내에서 제작한 '어보'를 사용했다고 합니다.

여러분, 현재도 옥새를 사용하고 있을까요? 왕은 없지만 대통령이 국가원수로서 도장을 찍을 일이 많을 겁니다. 그래서 대한민국 정부 수립 이후 옥새 대신 '대한민국지새'라는 한자 인문을 새긴 '국새'를 쓰기 시작했습니다. 이후 몇 번 새롭게 제작하는 과정에서 국새 인문을 한글 '대한민국'으로 바꾸어 사용하게 되었습니다. (사진을 보여 주며) 지금 보시는 이 국새가 2011년에 새롭게 제작한 현행 대한민국 국새입니다. 자, 손잡이 부분이 아까 보신 옥새와 달리 상서로운 새, 봉황으로 되어 있는 것도 보이시죠? 이 국새는 주로 헌법 공포문, 외교사절 임명장, 중요 외교문서 등에 찍는다고 합니다.

이제 옥새에 대해 많이 아시게 되셨죠? 그럼 제 발표는 여기서 마치겠습니다.

04 학생의 발표 계획 중 위 발표에 반영되지 않은 것은? [2점]

① 발표 주제를 선정하게 된 사회적 배경을 언급해야겠어.

② 청중과의 상호작용을 위해 질문의 형식을 활용해야겠어.

③ 전문가의 설명을 인용하여 발표 내용의 신뢰성을 높여야겠어.

④ 청중의 경험을 환기하며 발표 내용에 대한 관심을 유도해야겠어.

⑤ 중심 제재와 관련된 이야기를 소개하며 청중의 흥미를 끌어야 겠어.

05 다음은 발표를 들으면서 활동지에 메모한 내용이다. 적절하지 않은 것은? [2점]

─────〈보기〉─────

〈옥새〉

- 진시황 때부터 옥으로 만든 옥새 사용 … ㉠
- 황제의 권위 상징, 왕위를 계승했다는 상징적 의미 ·· ㉡
- 여러 개의 옥새 사용
  - 대 중국 관계 외교문서 : 국인, 대보 사용 ··· ㉢
  - 국내 문서 : 중국 황제에게 받은 어보 사용 ······································· ㉣

〈국새〉

- 국새 손잡이는 봉황 모양
  - **봉황** : 상서로운 새
- 국내 사용
  - 헌법 공포문, 외교사절 임명장, 중요 외교문서 등 ···························· ㉤

① ㉠　　　　② ㉡

③ ㉢　　　　④ ㉣

⑤ ㉤

[06~08] 다음을 읽고 물음에 답하시오.

[작문 상황]

　다음 주말에는 인터넷 등산 카페 '산에서 사노라네' 회원들과 함께 설악산 등산을 하기로 했다. 나는 회장으로서 회원들에게 이번 등산 계획에 대해 알리는 한편, 국립공원 등산로 등급제에 관한 정보를 소개하는 글을 쓰기로 했다.

[초고]

　안녕하세요? 여러분과 함께 산이 좋아 산을 지키고 있는 회장 ○○○입니다. 지난 11차 '소백산' 등산에는 서른여섯 분의 회원이 참가하셔서 소백산 삼가 탐방지원센터에서 어의곡에 이르는 왕복 약 10km의 코스를 다녀왔습니다. 모두 건강하고 안전하게 산행을 마치고 무사히 일상생활로 ㉠ 돌아가 복귀하셨으리라 생각합니다.

　이번에 전해 드릴 사항은 다음 주말에 실시할 12차 산행을 설악산 등산으로 정했다는 것입니다. 운영진에서 설악산으로 산행을 정한 이유는 카페에서 실시한 산행지 온라인 투표에서 설악산이 압도적으로 1위를 ㉡ 차지했습니다. 또 여러 회원님들이 운영진에 난이도가 높은 산행을 했으면 하는 바람을 피력하셨습니다.

　아래 그림처럼 이번 산행은 설악산 오색 분소에서 대청 분소까지를 왕복하는 것으로, 편도 5km를 4시간에 가야 하는 좀 힘든 코스입니다. 그래서 이번에는 대청 분소까지 다녀오실 '산에서' 팀과, 대청 분소에 가지 않고 권금성을 케이블카로 다녀오는 '사노라네' 팀으로 나누어 진행하겠습니다. 특히, '사노라네' 팀에는, 권금성을 다녀오신 후 설악산 패러글라이딩 협회 회원이시기도 한 △△△ 회원께서 특별히 패러글라이딩 연수 기회를 드린다고 하니 멋진 경험이 될 것입니다. 회원 여러분! 그렇다고 모두 '사노라네' 팀으로 가버리시면 정말 ㉢ 험난합니다. ^^

〈국립공원 등산로 등급제〉

등급명		이용 대상	픽토그램
국문	영문		
매우 쉬움	Easy	• 장애인, 임신부 등 • 바퀴 달린 보행 수단(휠체어, 유모차 등)	
쉬움	Moderate	• 어린이, 고령자 등	
보통	Intermediate	• 등산 경험자	
어려움	Advanced	• 등산 숙련자	
매우 어려움	Expert	• 등산 전문가	

회원 여러분을 위해 '국립공원 등산로 등급제'에 관한 정보를 첨부하였습니다. 아시는 분도 있겠지만 국립공원 등산로 등급제는 국립공원 관리공단에서 전국 약 1,700km의 등산로에 대해 경사도와 폭, 거리, 노면 상태 등을 조사해 등산로별 난이도로 등급을 매긴 제도입니다. 등급별 코스에 대해 간략하게 설명을 드리면, 먼저 '매우 쉬움' 코스는 노면이 평탄하고 폭도 넓고 경사가 완만한 구간, '쉬움' 코스는 평탄한 흙길 위주의 등산로입니다. ⓔ 국립공원 관리공단에서는 무리한 등산으로 발생하는 심장 돌연사, 골절, 탈진 등을 예방하기 위해 등산로 등급제를 실시하게 되었다고 합니다. '보통' 코스는 가벼운 등산을 위한 코스, '어려움' 코스는 심한 경사와 돌로 이루어진 4~7시간의 중거리 코스, '매우 어려움' 코스는 아주 심한 경사와 대부분 돌로 이루어진 장거리 코스이니, 등산하실 때 꼭 참고하십시오.

제가 회원님들께 늘 드리는 말씀이지만, 이번 산행에도 안전이 가장 중요합니다. 특히, 이번 대청

분소 코스에는 경사도 심하고, 돌길이 많은 '매우 어려움' 코스가 있다고 합니다. 산행을 위해 체력 훈련을 많이 하시고, 등산 장비도 꼼꼼히 챙겨 오시기 바랍니다. 비가 살짝 올 것으로 예상되니, 우비도 꼭 준비해 주십시오. 등산을 잘 한다고 자신하는 분도 긴장을 늦추지 마시고 안전한 산행을 하는 데 최선을 다해야겠습니다.

태양 빛은 더없이 강렬해지고 뜨거운 바람은 우리의 눈과 귀를 훅훅 볶아댑니다. ⓜ 그러면 설악산에서 멋진 땀방울을 흘릴 일을 생각하니 벌써부터 행복해집니다. 대청 분소에 올라 설악산의 정기를 받으며 그동안 쌓인 스트레스를 날려 봅시다.

마지막으로 여러분!! 아시죠? 우리의 구호!! 항상 "즐산!"입니다. 이번 산행에 관한 자세한 내용은 총무님을 통해 추후 카페 '공지사항'에 올리겠습니다. 감사합니다.

06 [작문 상황]을 고려하여 글을 쓰기 전에 글쓴이가 떠올린 생각이다. [초고]에 반영되지 않은 것은? [2점]

① 회원들에게 지난 산행에 대한 간단한 보고를 하며 글을 시작해야지.

② 등산 계획을 안내할 때는 그 산행지를 선정하게 된 이유를 언급해야지.

③ 등산 코스를 안내할 때는 시각 자료를 제시해서 회원들의 이해를 도와야지.

④ 국립공원 등산로 등급제는 등급 코스별로 나누어 그 특징을 설명해야지.

⑤ 안전 산행을 위한 당부 사항을 전달할 때는 전문가의 말을 인용해야지.

07 ㉠~㉤을 고쳐 쓰기 위한 방안으로 적절하지 않은 것은? [2점]

① ㉠ : 의미상 중복된 표현이므로 삭제한다.

② ㉡ : 주어와 호응이 잘못되었으므로 '차지했기 때문입니다.'로 바꾼다.

③ ㉢ : 단어의 선택이 잘못되었으므로 '난해'로 바꾼다.

④ ㉣ : 내용의 흐름을 고려하여 앞의 문장과 순서를 바꾼다.

⑤ ㉤ : 접속어의 연결이 어색하므로 '그렇지만'으로 바꾼다.

08 카페에 올린 [초고]를 보고 회원들이 쓴 댓글 중, [초고]의 내용을 제대로 이해하지 <u>못한</u> 것은? [2점]

아이디(ID)	내용
야호 야호	요즘 제가 감기에 걸려서 대청 분소 산행이 무리일 것 같아요. 저는 '사노라네' 팀에 합류해서 한 마리 멋진 새가 되어 볼게요. ㅋㅋ ……………㉠
한라산 좋아	이번 등산 코스는 꽤 힘들겠네요. 이번까지는 어쩔 수 없었지만, 앞으로는 산행지를 결정할 때 꼭 카페 회원들의 의견을 모아 주세요. 그리고 한라산에 한번 오세요. 제가 모든 회원님들께 승마 가르쳐 드릴게요. ……………㉡
등산 마녀	오색 분소에서 대청 분소까지는 '쉬움' 코스에서 '어려움' 코스, '매우 어려움' 코스로 진행되겠네요. 회장님 말씀대로 긴장을 늦추지 말고 마음 단단히 먹어야겠어요. ……………㉢
초롱 초롱이	회장님께서 그날 비가 조금 내린다고 하셨으니, 산길에서 잘 미끄러지지 않는 등산화를 꼭 신고 가야겠네요. ^^ ……………㉣
나는 엄흥길	회원들이 만날 장소나 출발 시간, 일정, 회비 등에 대해 알려면 총무님이 카페 '공지사항'에 올리는 글을 꼭 열어 봐야겠네요. 회원님들 다음 주말에 반갑게 만나요. ^^ ……………㉤

① ㉠   ② ㉡

③ ㉢   ④ ㉣

⑤ ㉤

[09~10] 다음 〈보기 1〉과 〈보기 2〉를 읽고 물음에 답하시오.

── 〈보기 1〉 ──

[작문 상황]

• 작문 과제 : 일반인을 대상으로 하는 논설문 쓰기

• 작문 소재 : 대기오염과 친환경 자동차

• 작문 논지 : 대기오염 개선을 위해 친환경 자동차의 보급을 확대하는 방안을 제시한다.

[활용 자료]

(가) 도서 자료

구분	하이브리드 자동차	전기차	수소차
연료	화석연료+전기	전기	수소
대당 온실가스 감축 효과(년)	0.7톤	2톤	2톤
특징	• 높은 연비 • 대기오염 물질 약 40% 감소 • 화석연료 사용	• 대기오염 물질 배출 없음 • 비싼 가격 • 충전소 부족	• 대기오염 물질 배출 없음 • 비싼 가격 • 충전소 부족

(나) 보도 자료

대기오염을 일으키는 주요 원인은 바로 자동차 배기가스입니다. 수도권 대기오염 물질의 절반 가까이가 자동차에 의해서 발생하고 있습니다. 이에 따라 친환경 자동차에 대한 관심이 커지고 있습니다. 약 5년 후에는 전 세계적으로 친환경 자동차 시장이 2.6배, 특히 전기차와 수소차 시장은 8.5배 성장하여, 친환경 자동차 산업이 경제의 새로운 성장 동력으로 떠오를 전망입니다. 그러나 친환경 자동차 산업이 활성화되려면 친환경 자동차에 대한 소비자들의 인식 개선이 선행되어야 할 것으로 보입니다.

— ○○ 뉴스 —

(다) 통계 자료

국내 자동차 연료별 신규 등록 비중 추이(%)

(라) 인터뷰 자료

　나 하나 탄다고 환경이 개선되겠어요? 그리고 사고 싶어도 친환경 자동차의 가격이 여전히 일반 자동차에 비해 많이 비싸잖아요. 주위 사람들을 보면, 세금 감면이나 보조금 지원과 같은 친환경 자동차 구매 혜택이 적어 구매를 포기하는 경우가 많더라고요. 특히 전기 충전소나 정비 시설 등이 제대로 구축되지 않아 불편할 것 같아요.

──────〈 보기 2 〉──────

• 서론
• 본론
　1. 친환경 자동차의 종류와 특징 ·············· ㉠
　2. 친환경 자동차 보급의 필요성
　　가. 환경 개선 효과 ························· ㉡
　　나. 자동차 산업 활성화 효과
　3. 친환경 자동차 보급 실태와 문제점 ·········· ㉢
　4. 친환경 자동차 보급 확대 방안
　　가. 정부의 적극적인 지원 ················· ㉣
　　나. 기업의 적극적인 투자와 기술 개발
　　다. 소비자의 친환경 자동차에 대한 인식
　　　전환 ································· ㉤
• 결론

09 〈보기 1〉을 활용하여 〈보기 2〉를 구체화하는 방안으로 적절하지 <u>않은</u> 것은? [2점]

① ㉠에서는 (가)를 활용하여, 친환경 자동차에 대한 독자의 이해를 돕기 위해 친환경 자동차의 종류와 장단점을 제시한다.

② ㉡에서는 (가), (나)를 활용하여, 친환경 자동차 보급이 확대되면 대기오염 물질이나 온실가스의 배출이 줄어들어 환경을 개선하는 효과가 있음을 언급한다.

③ ㉢에서는 (다), (라)를 활용하여, 친환경 자동차의 비싼 가격, 구매 지원 제도 및 관련 기반 시설 구축 미흡 등이 친환경 자동차 보급이 저조한 이유임을 설명한다.

④ ㉣에서는 (나), (다)를 활용하여, 정부가 대기오염 문제 개선을 위해 화석연료를 사용하는 자동차에 환경 부담금을 부과하여 친환경 자동차 비율을 높이는 방안을 제시한다.

⑤ ㉤에서는 (나), (다), (라)를 활용하여, 친환경 자동차가 환경 개선 효과가 있음에도 소비자들이 여전히 구입에 소극적이라는 점을 밝히고, 이에 대한 인식 전환의 필요성을 강조한다.

10 〈보기 2〉의 서론을 〈조건〉에 따라 쓴 것으로 가장 적절한 것은? [2점]

──────〈 조건 〉──────

• 〈보기 1〉의 작문 논지를 반영하여 문제의식을 드러낼 것.
• 구체적인 통계 수치와 비유적 표현을 활용할 것.

① 대기오염 물질의 1차적 주범, 일반 자동차 판매량은 왜 계속 늘어나는 것일까? 대기오염의 어두운 그림자로부터 탈출할 수 있는 방법과 친환경 자동차 산업의 명암을 살펴보자.

② 어느덧 인간을 둘러싼 환경이 우리의 목을 조이고 있다. 눈앞의 경제적 이익보다는 10년 후의 깨끗하고 아름다운 환경을 위해 친환경 자동차의 보급을 활성화할 수 있는 방안을 알아보자.

③ 대기오염 물질로 인해 우리의 하늘이 검게 물들고 있다. 그런데 친환경 자동차의 신규 등록 비율은 왜 2% 내외에 불과할까? 친환경 자동차 보급의 걸림돌은 무엇이고 이를 개선할 수 있는 방안은 무엇인지 알아보자.

④ 친환경 자동차 산업은 우리의 대기를 정화하고 우리 경제에 새로운 활력이 될 수 있는 신 성장 산업이다. 특히 친환경 자동차 산업은 5년 내에 2.6배나 성장할 것으로 보인다. 친환경 자동차 산업의 전망과 성장 가능성에 대해 알아보자.

⑤ 미래 사회 우리 경제의 새로운 성장 동력, 친환경 자동차 산업, 하지만 아직도 일반 자동차가 98% 내외의 판매량을 유지하고 있다. 이처럼 우리나라에서 친환경 자동차 판매가 부진한 이유는 무엇이고 이를 개선하기 위한 방안은 무엇인지 알아보자.

11 〈보기〉는 접두사의 쓰임에 대한 탐구 과정이다. ㉠, ㉡에 들어갈 접두사로 적절한 것은? [2점]

─〈보기〉─

〈탐구 과제〉
수집한 단어 분석을 통해 '색깔이 더 짙음'을 표현할 때 사용하는 접두사의 쓰임을 탐구한다.

〈수집한 단어〉
새까맣다 새파랗다 샛노랗다 시꺼멓다
시퍼렇다 싯누렇다

〈탐구 결과〉

결합되는 어간의 첫 음절	초성	된소리, 거센소리		울림소리	
	중성	양성 모음	음성 모음	양성 모음	음성 모음
접두사			㉠	㉡	

	㉠	㉡			㉠	㉡
①	시-	샛-		②	시-	싯-
③	새-	시-		④	새-	샛-
⑤	샛-	싯-				

12 〈보기〉는 문법 수업의 일부이다. 학생이 정리한 내용 중 가장 적절한 것은? [2점]

〈보기〉

선생님 : 자, 이번에는 보조사의 쓰임에 대해 탐구해 보도록 하겠습니다. 활동지의 용례 위에 글상자가 있습니다. 이 글상자는 보조사가 용례의 [ ]에 들어갈 수 있는지 없는지를 표시한 것입니다. 그리고 화살표 오른쪽 글상자는 왼쪽의 용례에서 알 수 있는 보조사가 결합되는 특징을 정리한 것입니다. 이제 ㄱ의 예시를 보고 ㄴ의 빈 글상자에 들어갈 내용을 정리해 봅시다.

① 보조사 중에는 동사에 결합할 수 있는 것들이 있다.

② 보조사 중에는 서술어에만 결합할 수 있는 것들이 있다.

③ 보조사 중에는 연결 어미에 결합할 수 있는 것들이 있다.

④ 보조사 중에는 종결 어미에만 결합할 수 있는 것들이 있다.

⑤ 보조사 중에는 보조 형용사 뒤에 결합할 수 있는 것들이 있다.

13 〈보기 1〉을 참고하여 〈보기 2〉의 ㄱ, ㄴ을 탐구한 내용으로 적절하지 않은 것은? [3점]

〈보기 1〉

다른 문장 속에 들어가 하나의 성분처럼 쓰이는 홑문장을 안긴문장이라 하고, 안긴문장을 포함하는 문장을 안은문장이라 한다. 안긴문장의 한 성분이 안은문장의 한 성분과 동일하면 그것은 생략되는 경우도 있다.

〈보기 2〉

ㄱ. 그는 자신이 아팠다는 사실을 기억하지 못했다.
ㄴ. 너희가 내일 점심에 먹는 삼계탕이 그야말로 보양식이다.

① ㄱ의 안긴문장은 안은문장의 목적어를 꾸미고 있군.

② ㄴ의 안긴문장은 안은문장의 주어를 꾸미고 있군.

③ ㄱ과 ㄴ 모두 안긴문장과 안은문장의 주어가 가리키는 대상이 다르군.

④ ㄱ의 안긴문장에는 ㄴ의 안긴문장에서와 달리 생략된 문장 성분이 없군.

⑤ ㄱ의 안긴문장은 과거의 상황을, ㄴ의 안긴문장은 미래의 상황을 나타내는군.

14 〈보기〉의 선생님의 설명을 들은 학생의 반응으로 적절하지 <u>않은</u> 것은? [2점]

─〈보기〉─

〈표준 발음법 제17항〉

받침 'ㄷ, ㅌ(ㄾ)'이 조사나 접미사의 모음 'ㅣ'와 결합되는 경우에는, [ㅈ, ㅊ]으로 바꾸어서 뒤 음절 첫소리로 옮겨 발음한다.

[붙임] 'ㄷ' 뒤에 접미사 '히'가 결합되어 '티'를 이루는 것은 [치]로 발음한다.

선생님 : 표준 발음법 제17항은 구개음화에 대한 발음 규정입니다. 그런데 여러분이 주의해야 할 것은, 'ㄷ, ㅌ' 뒤에 오는 모음 'ㅣ'나 '히'가 조사나 접미사와 같은 형식 형태소일 때만 구개음화가 일어난다는 것입니다. 그래서 'ㄷ, ㅌ' 뒤에 오는 모음 'ㅣ'나 '히'가 원래부터 한 형태소의 일부이거나 실질 형태소의 일부일 때는 구개음화가 일어나지 않는다는 것에 주의해야 합니다. 그렇다면 아래의 문장에서 밑줄 친 단어를 어떻게 발음해야 할지 생각해 보세요.

ㄱ. 오랜만에 미용실에 간 <u>맏이</u>는 윗머리와 뒷머리 숱을 많이 쳤다.

ㄴ. 느티나무 아래에서 쉬던 그는 흙에 <u>묻힌</u> 감자를 캐기 시작했다.

ㄷ. 그는 <u>밭이랑</u> 논이랑 땅이 많아서 마을 사람들의 부러움을 샀다.

① ㄱ의 '맏이'는 'ㄷ' 뒤에 접미사 '이'가 결합된 형태이므로 [마지]로 발음해야겠군.

② ㄱ의 '숱을'은 'ㅌ' 뒤에 'ㅣ'나 '히'가 결합된 형태가 아니므로 [수츨]로 발음해야겠군.

③ ㄴ의 '느티나무'는 '느티'가 원래부터 한 형태소이므로 [느티나무]로 발음해야겠군.

④ ㄴ의 '묻힌'은 'ㄷ' 뒤에 접미사 '히'가 결합된 형태이므로 [무친]으로 발음해야겠군.

⑤ ㄷ의 '밭이랑'은 'ㅌ' 뒤에 'ㅣ'로 시작하는 형식 형태소가 결합된 형태이므로 [바치랑]으로 발음해야겠군.

15 〈보기〉의 (가)와 (나)를 비교하여 이해한 내용으로 적절하지 <u>않은</u> 것은? [2점]

─〈보기〉─

(가) [중세 국어 자료]

:시내 횟:돈 ·딕 ·솑 ᄇᄅ·미 기·리
:부ᄂ·니 프·른 쥐 :녯 디샛 ·서리·예
·숨ᄂ·다

:아디 :몯ᄒ·리로·다 어·느 :님긊 宮殿
(궁전)·고 기·튼 지·슨 거·시 노·푼 石
壁(석벽)ㅅ 아·래로·다

·어득ᄒ 房(방)·앤 귓거·싁 ·브리
프·ᄅ·고 믈·어딘 길·헨 슬픈 ·므리 흐
르·놋·다

여·러 가·짓 소·리 眞實(진실)ㅅ
뎌·와 ·피릿 소·리 ·ᄀᆞᆮ·도소·니
ᄀᆞ·ᄋᆞᆳ ·비치 正(정)·히 ᄌᆞᆺ·ᄒ도·다

─ 두보, 「옥화궁(玉華宮)」 『초간본 두시언해』 (1481년) ─

(나) [현대 국어 자료]

시내 휘도는 데 솔 바람이 길이 부나니 푸른 쥐 옛 기와 사이에 숨는다.

알지 못하리로다, 어느 <u>임금의</u> 궁전인가? 남은 지은 것이 높은 석벽의 아래로다.

어둑한 방에는 귀신의 불이 파랗고 무너진 길에는 슬픈 물이 <u>흐르는구나</u>.

여러 가지 소리 진실로 저와 피리의 소리 같더니 가을 <u>빛이</u> 정히 깨끗하도다.

① (나)의 '옛'을 고려할 때, (가)의 '녯'에는 두 음법칙이 적용되지 않았군.

② (나)의 '임금의'를 고려할 때, (가)의 '님긊'에서 'ㅅ'은 관형격 조사의 역할을 했군.

③ (나)의 '불이'를 고려할 때, (가)의 '브리'에는 원순모음화가 나타났군.

④ (나)의 '-는구나'를 고려할 때, (가)의 '-놋다'는 감탄을 나타내는 의미로 쓰였군.

⑤ (나)의 '빛이'를 고려할 때, (가)의 '비치'는 이어적기 표기를 했군.

[16~19] 다음 글을 읽고 물음에 답하시오.

오늘날 특정한 국가에서 순수하게 하나의 언어만을 사용하는 경우는 드물다. 한 국가의 언어 상황은 아주 복잡한 양상을 띠고 있는데, 특히 한 개인이나 사회가 둘 또는 그 이상의 언어를 사용하는 언어적 다양성을 보이는 경우에는, '이중 언어 사용'과 '양층 언어 사용'의 두 상황으로 나누어 볼 수 있다.

먼저 이중 언어 사용은 한 개인이나 사회가 일상생활에서 두 개 혹은 그 이상의 언어를 어느 정도 유창하게 사용하는 것을 말하는데, 이때 둘 이상의 언어들은 사회적으로 기능상의 차이 없이 통용된다. 이중 언어 사용은 개인적 이중 언어 사용과 사회적 이중 언어 사용의 두 가지로 나누어 볼 수 있는데, 전자는 개인이 이중 언어 사용 공동체에 속해 있는지의 여부와 상관없이 두 개 이상의 언어를 사용하는 것을 말하며, 후자는 공동체 내에 두 개 이상의 언어가 실제로 사용되고 있는 상황을 가리킨다. 이중 언어 사회의 구성원은 반드시 이중 언어 사용자가 될 필요는 없다. 대다수 구성원들이 두 언어를 모두 사용할 수 있기 때문에 자신은 하나의 언어만 알고 있어도 사회생활의 거의 모든 분야에서 의사소통이 되지 않을 염려는 없다.

이중 언어 사회에서 통용되는 둘 이상의 언어들은 공용어로서 대등한 지위를 가질 수 있지만 대체로 구성원 대다수가 사용하는 언어가 '다수자 언어'가 되고, 상대적으로 사용 인원이 적은 언어는 '소수자 언어'가 된다. 일반적으로 다수자 언어는 힘이나 권위의 문제에 있어 소수자 언어보다 우세한 지위를 가지는 경우가 많고, 소수자 언어는 그 사회에서의 영향력이 작다는 이유로 정치, 교육, 경제 등 여러 분야에서 상대적으로 소홀히 취급되는 경향이 있다.

양층 언어 사용은 언어학자 퍼거슨이 처음으로 사용한 개념이다. 양층 언어 사용은 언어적 유사성이 희미하게 남아 있지만 방언 수준 이상으로 음운, 문법, 어휘 등이 층위에서 서로 다른 모습을 보이는 두 개 이상의 변이어를 사용하는 것을 말한다. 변이어들은 사회적 차원에서 서로 독립적인 기능을 하면서, 사용하는 장소나 상황이 엄격하게 구분되어 쓰인다. 양층 언어 사회에서 변이어들은 언어 사용자 수와 무관하게 '상층어'와 '하층어'로 구분되어 사용되며 상보적 관계에 있다. 상층어는 주로 종교, 법률, 교육, 행정 등과 같은 '높은 차원'의 언어적 기능을 수행하기 위해 사용되며, 주로 학교에서 이루어지는 정식 교육을 통해 배우게 된다. 반면 하층어는 가족 간의 비격식적인 대화, 친교를 위한 일상 담화 등 '낮은 차원'의 언어적 기능을 수행하기 위해 사용되며, 가정에서 모어로 습득되는 경우가 많다. 양층 언어 사용 상황에 있는 구성원은 특정 상황에서 사용되는 언어를 모를 경우 불이익을 받을 수 있다. 예를 들어 정치 분야에서 사용되는 특정 상층어를 모른다면 일상생활에는 지장이 없겠지만, 투표와 같은 참정권을 행사하는 과정에서 불편을 겪게 될 가능성이 크다.

[A] 퍼거슨과 달리 피시먼은 그의 연구에서, 언어적 유사성이 없는 서로 다른 두 언어가 각자의 기능을 엄격하게 구별하여 수행하는 상황까지를 포함하여 양층 언어 사용을 설명하였다. 피시먼의 연구 결과를 뒷받침하는 대표적인 사례로는 파라과이의 언어 사용 상황을 들 수 있

다. 파라과이에서는 스페인어가 상층어로서 각종 행정이나 교육 현장에서 사용되고, 스페인 어와 언어적 유사성이 없는 토착어인 과라니 어는 인구의 90%가 사용하고 있음에도 불구하고 하층어로 사용되고 있다.

16 윗글에 대한 설명으로 적절하지 <u>않은</u> 것은?

[2점]

① 용어의 개념을 밝혀 독자의 이해를 돕고 있다.

② 예시의 방법으로 설명 내용을 뒷받침하고 있다.

③ 대조의 방법으로 대상의 특성을 부각하고 있다.

④ 인과의 방법으로 대상의 변화 과정을 소개하고 있다.

⑤ 대상을 하위 요소로 나누어 체계적으로 설명하고 있다.

17 윗글의 내용과 일치하지 <u>않는</u> 것은? [2점]

① 양층 언어 사회에서는 사용되는 변이어들이 상보적 관계에 있다.

② 양층 언어 사회에서는 특정 변이어를 모르면 불편을 겪을 수 있다.

③ 양층 언어 사회에서는 구성원들이 각 변이어에 부여하는 가치가 다르다.

④ 이중 언어 사회에서는 소수자 언어가 공용어로서의 지위를 얻을 수 없다.

⑤ 이중 언어 사회에서는 일반적으로 다수자 언어의 사회적 영향력이 더 크다.

18 윗글을 바탕으로 〈보기〉를 이해한 내용으로 적절하지 <u>않은</u> 것은? [3점]

〈보기〉

• A 지역에서는 현대 표준 아랍어와 구어체 아랍어 두 개의 언어가 사용된다. 사회 구성원들 대다수는 현대 표준 아랍어가 구어체 아랍어보다 우위에 있다고 생각하며, 현대 표준 아랍어를 사용해야 하는 종교 시설에서 구어체 아랍어를 사용하면 비난을 받게 된다.

• B 지역에서는 프랑스 어와 영어 두 개의 언어가 사용된다. 이 두 언어를 모두 유창하게 구사할 수 있는 공무원들은 공공기관에 찾아온 민원인에게 프랑스 어와 영어 중 무엇을 사용할 것인지에 대한 선택권을 주기 위해 'Bonjour(봉주르), Hello(헬로)!'와 같이 인사를 건넨다.

① A 지역에서는 두 개의 언어를 습득하는 환경이 다를 수 있겠군.

② B 지역에서는 구성원 모두가 두 개의 언어를 유창하게 구사할 수 있어야 하겠군.

③ A 지역에서는 B 지역에서와 달리 두 개의 언어가 사회적으로 그 기능에 차이가 있겠군.

④ B 지역에서는 A 지역에서와 달리 두 개의 언어가 사용되는 장소의 구분이 없겠군.

⑤ A 지역과 B 지역에서는 두 개의 언어가 통용될 수 있는 언어적 다양성이 나타나겠군.

19 [A]에 나타난 '피시먼'의 연구 결과를 평가한 것으로 가장 적절한 것은? [2점]

① 상층어와 하층어는 서로 다른 언어적 체계와 규범을 지닌다는 것을 규명하였다.

② 상층어와 하층어를 구분하는 기준을 사용 비율에 초점을 맞추어 새롭게 설정하였다.

③ 이중 언어 사용과 양층 언어 사용에 대한 이론을 정립하여 언어학의 외연을 넓혔다.

④ 언어적 유사성에 국한하지 않고 상황에 따른 차별적 사용 여부에 주목하여 양층 언어 사용의 개념을 확대하였다.

⑤ 언어에 대한 연구 관점을 본질적 차원과 기능적 차원으로 구분하여 양층 언어 사용의 연구 분야를 체계화하였다.

[20~23] 다음 글을 읽고 물음에 답하시오.

사회 복지 제도는 국민의 안정적인 생활을 ⓐ 보장하기 위한 여러 사업을 조직적으로 행하는 제도를 말한다. 이는 사회 복지를 제도화하려는 것으로, 사회 정책적 차원에서 몇 가지 모델 유형으로 분류된다. 여기서 가장 널리 사용되는 방식은 윌렌스키와 르보가 제안한 '잔여적 복지 모델'과 '제도적 복지 모델'로 구분하는 방법이다.

㉠ 잔여적 복지 모델은 개인의 욕구를 충족시키고 자원을 배분하는 사회적 기능이 일차적으로 사적 영역인 가족이나 시장 등을 통해 이루어져야 한다고 본다. 다만 이것이 제대로 이루어지지 않을 때 사회 복지 제도가 잠정적이고 일시적으로 그 기능을 대신할 수 있다는 점에서 잔여적 복지 모델은 구호적 성격의 사회 복지 모델이다. 잔여적 복지 모델은 자유주의 이념에 따라 사적 영역에 대한 국가의 관여를 최소 수준으로 ⓑ 제한해야 한다는 입장이며, 사회 복지의 대상도 노동시장에서 소득을 얻지 못하는 사람들과 같이 사적 영역에서 사회적

기능을 보장받지 못한 일부 사람들로 국한되어야 한다고 본다. 그래서 공공 부조와 같이 이 모델을 바탕으로 하여 국가가 제공하는 대부분의 사회 복지 서비스는 소득 조사나 자산 조사의 과정을 반드시 거쳐 제공된다. 또한 국가의 역할이 최소화되면서 가족, 공동체, 민간 자원봉사, 시장 등 민간 부문이 개인 복지의 중요한 역할을 담당하게 된다.

㉡ 제도적 복지 모델은 각 개인의 욕구 충족과 자기 성취를 돕기 위해서 국가가 사회 제도를 통해 보편적 복지 서비스를 제공하는 것이 필요하다고 본다. 이는 개인들이 자신의 힘만으로는 일상적 위험과 불안에 충분히 ⓒ 대처하기 어려우며, 가족이나 직장도 개인들의 기본적인 필요와 욕구를 충족해 줄 수는 없다고 보기 때문이다. 제도적 복지 모델은 복지 국가의 이념에 따라 개인의 성별, 나이, 지위, 계층 등의 조건과 관계없이 국가가 모든 국민에게 복지 혜택을 제공함으로써, 국민들의 기본적인 욕구를 해결하고 생존의 불안과 위험을 최소화해야 한다고 본다. 따라서 이 모델을 바탕으로 하는 복지 서비스는 '탈상품화'를 특징으로 한다. 탈상품화는 복지 서비스를 시장에서 돈으로 사고파는 상품이 아니라 소득이나 자산에 관계없이 누구나 제공받을 수 있게 하는 것을 말한다. 즉 제도적 복지 모델에서는 국가가 사회 복지를 시장 논리에 내맡기지 않고 개인 또는 가족, 민간 부문에 그 책임을 ⓓ 전가하지 않는다.

오늘날 국가에서 이 두 가지 복지 모델 중 하나만을 택하여 모든 복지 제도에 적용하는 것은 현실적으로 불가능하다. 그래서 대부분의 국가에서는 두 복지 모델을 상호 보완적으로 운영하고 있다. 그리고 복지 모델을 바탕으로 사회 복지를 ⓔ 구현할 때는 운영 방식 차원에서 '보편적 복지'와 '선택적 복지'의 형태로 시행한다. 전자는 국민 모두를 수혜 대상으로 하는 것이고, 후자는 국민 중 일부에게만 복지 혜택을 제공하는 것이다. 우리나라의 경우, 건강보험 제도가 대표적인 보편적 복지라고 할 수 있는데, 국민은 누구나 의무적으로 건강보험에 가입하여 보험료를 납부해야 하고 국가는 건강보험료를 재원으로 모든 국민에게 기본적인 의료

혜택을 제공하고 있다. 그리고 일부 저소득층을 대상으로 최저 소득을 보장해 주는 생계 급여 제도는 선택적 복지의 형태로 제공되고 있다.

20 윗글에서 알 수 있는 내용으로 적절하지 <u>않은</u> 것은? [2점]

① 복지 모델들은 상호 보완적으로 운영되는 경우가 많다.

② 복지 모델들은 공통적으로 사회 복지의 제도화를 추구한다.

③ 공공 부조는 국가가 국민에게 제공하는 사회 복지 서비스이다.

④ 국가에서 제공하는 복지 서비스는 반드시 자산 조사 과정을 거친다.

⑤ 우리나라의 생계 급여 제도는 잔여적 복지 모델의 관점을 따른 것이다.

21 〈보기〉의 상황에 대해 ㉠, ㉡의 입장에서 주장할 수 있는 복지 정책의 방향으로 적절하지 <u>않은</u> 것은? [3점]

───〈보기〉───

민간 자선단체가 주로 빈민 구호 역할을 맡고 있는 A 국가에서는 최근 경제 상황이 악화되어 빈민들이 크게 늘어났다. 그리고 국가의 의료 복지 제도가 미비하여 빈민들이 개인 비용으로 병원 시설을 이용할 수밖에 없어 상당한 경제적 부담을 느끼고 있는 상황이다. 이에 따라 A 국가에서는 빈민들에 대한 사회 복지 제도의 운영 방향에 대한 사회적 논의가 활발하게 이루어지고 있다.

① ㉠ : 국가가 빈민 구호에 나설 수도 있습니다. 하지만 수혜자를 노동시장에서 소득을

얻지 못하는 사람들로 한정해야 합니다.

② ㉠ : 개인의 욕구 충족은 사적 영역에서 이루어져야 합니다. 먼저 현재처럼 민간 자선단체가 빈민 문제를 해결하도록 최대한 유도해야 합니다.

③ ㉡ : 국가에서 빈민 구호법을 제정해서 이 문제를 해결해야 합니다. 이제는 사회 복지의 책임을 민간에 맡겨서는 안 됩니다.

④ ㉡ : 국가가 재정을 확보하여 일시적으로 빈민들을 지원해야 합니다. 빈민들이 겪는 생존의 위험과 불안을 최소화하는 것은 사회 구성원 모두의 의무입니다.

⑤ ㉡ : 복지 서비스를 시장 논리에 내맡겨서는 안 됩니다. 지금의 상황을 이용하여 특정인이나 단체가 복지 서비스를 상품화하지 못하도록 국가가 최선의 방법을 강구해야 합니다.

22 〈보기〉는 윗글을 읽은 후의 반응이다. (A), (B)에 들어갈 내용으로 가장 적절한 것은? [2점]

───〈보기〉───

"글을 읽고 보니, 사회 정책적 차원의 두 복지 모델은 (A)에 따라, 운영 방식 차원의 두 복지 제도는 (B)에 따라 구분한 것으로 볼 수 있겠군."

	(A)	(B)
①	정부의 정책 방향	수혜자의 계층
②	정부의 개입 정도	수혜자의 범위
③	정부의 지원 여부	수혜자의 지위
④	정부의 운영 체제	수혜자의 능력
⑤	정부의 재정 상황	수혜자의 소득

23 ⓐ~ⓔ의 사전적 의미로 적절하지 <u>않은</u> 것은? [2점]

① ⓐ : 모자라는 것을 보태거나 채워서 잘못된 것을 바르게 고침.

② ⓑ : 일정한 한도를 정하거나 그 한도를 넘지 못하게 막음.

③ ⓒ : 어떤 정세나 사건에 대하여 알맞은 조치를 취함.

④ ⓓ : 잘못이나 책임을 다른 사람에게 넘겨씌움.

⑤ ⓔ : 어떤 내용이 구체적인 사실로 나타나게 함.

[24~27] 다음 글을 읽고 물음에 답하시오.

현미경의 성능을 결정하는 주요 기준인 '분해능'은 관찰이 가능한 두 점 사이의 최소 거리를 말한다. 분해능이 작을수록 현미경의 성능이 좋아지는데, 분해능은 검사 대상을 관찰하기 위해 사용된 광원의 파장이 짧을수록 작아진다. 광학 현미경에 사용되는 광원인 가시광선은 380~780nm의 파장을 가지고 있기 때문에 자외선에 가까운 짧은 파장의 가시광선을 이용하더라도 광학 현미경의 분해능은 한계가 있을 수밖에 없다.

광학 현미경은 집광렌즈, 대물렌즈, 접안렌즈를 통해 검사 대상을 자세하게 관찰할 수 있는 구조로 되어 있다. 먼저 집광렌즈는 가시광선을 굴절시켜 검사 대상에 집중시키고, 이를 통해 검사 대상의 중간 상을 만든다. 그리고 대물렌즈와 접안렌즈가 중간 상을 굴절시켜 연구자가 검사 대상을 관찰할 수 있을 정도로 확대한다.

의학과 생물학이 발전하면서 연구자들은 세균이나 세포를 더 정밀하게 관찰하기 위해 광학 현미경보다 훨씬 더 높은 수준의 분해능을 가진 현미경이

필요했다. 이에 따라 20세기 초반 더 향상된 분해능을 가진 현미경에 대한 연구가 활발하게 진행되었고, 그 결과로 탄생한 것이 전자 현미경이다.

전자 현미경은 높은 수준의 분해능을 실현하기 위해 전자선을 사용한다. 전자선은 가시광선과 같이 굴절과 집중이 용이하면서도 파장은 훨씬 짧아 광학 현미경과는 비교할 수 없을 정도의 분해능을 보여 준다. 전자 현미경 중 검사 대상을 3차원의 입체적인 상으로 보여 주는 것으로 '주사 전자 현미경'이 있다. 주사 전자 현미경의 주요 부품으로는 전자총, 전자기 집광렌즈, 주사 코일, 전자기 대물렌즈, 전자 검출기, 모니터나 필름 등이 있다.

[A] 전자총은 전자를 가속하여 방출하는 역할을 하는데 전자총의 전압이 높을수록 파장이 짧은 전자가 방출된다. 방출된 전자는 전자기 렌즈*의 일종인 두 개의 전자기 집광렌즈를 통해 굴절되고, 굴절된 전자들이 집중되면서 나선형으로 회전하는 전자선을 형성한다. 이때 ㉠ 두 개의 전자기 집광렌즈를 사용하는 것은 검사 대상에 집중되는 전자의 양을 많게 하기 위해서이다. 두 개의 전자기 집광렌즈에 의해 형성된 전자선은 주사 코일을 통과하게 된다. 주사 코일은 전자기장을 활용하여 전자선의 방향을 제어함으로서 전자선이 검사 대상의 표면 전체에 순차적으로 주사될 수 있도록 조절한다. 주사 코일을 통과한 전자선은 전자기 대물렌즈를 거치게 된다. 이때 전자기 대물렌즈가 자기장을 이용하여 전자선을 집중시키는 정도에 따라 검사 대상 표면에 주사되는 전자선의 면적이 결정되는데, 그 면적이 작을수록 분해능이 작아져 더 정밀한 상을 얻을 수 있다. 전자기 대물렌즈를 통해 주사된 전자선이 검사 대상의 표면에 부딪치면, 그 충격에 의해 검사 대상의 표면에 있는 전자들이 방출된다. 이때 방출된 전자를 2차 전자라 한다. 전자 검출기는 2차 전자를 검출한 후 전기신호로 변환하여 모니터나 필름에 검사 대상의 입체적인 상을 만들어 낸다. 이때 검출된 2차 전자의 양이 많을수록 모니터나 필름에 나타나는 상은 더욱 선명해진다.

*전자기 렌즈 : 자기장을 이용하여 방출된 전자를 집중시키거나 전자
선을 굴절시키는 기능을 하는 원통의 코일.

24 윗글에서 알 수 있는 내용으로 적절하지 <u>않은</u>
것은? [2점]

① 광학 현미경은 집광렌즈를 통해 중간 상을
확대한다.

② 광학 현미경은 가시광선이 굴절되는 원리를
활용한다.

③ 광학 현미경은 주사 전자 현미경과 달리 접
안렌즈를 사용한다.

④ 주사 전자 현미경에서는 2차 전자를 육안으
로는 직접 관찰할 수 없다.

⑤ 주사 전자 현미경을 이용하면 검사 대상의
입체적인 상을 얻을 수 있다.

25 '분해능'과 관련된 내용을 정리한 것으로 적절
하지 <u>않은</u> 것은? [2점]

• 분해능이 작을수록 더욱 정밀하게 검사 대
상을 관찰할 수 있음. ··························· ①
• 광학 현미경의 분해능은 가시광선의 파장
의 길이에 영향을 받음. ····················· ②
• 전자 현미경은 사용하는 렌즈의 수가 많을
수록 분해능이 커짐. ························· ③
• 전자 현미경이 광학 현미경보다 분해능이
작은 것은 전자선을 사용하기 때문임. ··· ④
• 검사 대상의 표면에 주사되는 전자선의 면
적이 작을수록 주사 전자 현미경의 분해능
도 작아져 더 정밀한 상을 얻을 수 있음.
··· ⑤

26 [A]를 참고하여 〈보기〉의 ⓐ∼ⓔ에 대해 설명
한 내용으로 적절하지 <u>않은</u> 것은? [3점]

〈주사 전자 현미경의 구조〉

① ⓐ : 짧은 파장의 전자를 방출하려면 전압
이 높아야 한다.

② ⓑ : 방출된 전자를 나선형으로 회전하는
전자선으로 만든다.

③ ⓒ : 검사 대상의 표면에 주사되는 전자선
의 방향을 제어한다.

④ ⓓ : 자기장을 이용하여 검사 대상의 표면
에 전자선을 집중시킨다.

⑤ ⓔ : 검사 대상의 표면에서 반사되는 전자
선을 검출하여 전기신호로 변환한다.

27 ㉠의 이유를 추론한 내용으로 가장 적절한 것
은? [2점]

① 모니터에 나타나는 상을 크게 확대하기 위
한 것이군.

② 모니터에 나타나는 상의 선명도를 높이기
위한 것이군.

③ 광학 현미경보다 더 작은 대상을 검사하기
위한 것이군.

④ 검사 대상의 표면을 오랜 시간 동안 관찰하
기 위한 것이군.

⑤ 검사 대상의 표면에 전자선을 정확하게 주
사하기 위한 것이군.

[28~30] 다음 글을 읽고 물음에 답하시오.

판소리는 청각적 요소가 중심이 되는 공연 예술이면서 시각적 요소도 매우 효과적으로 활용하는 예술이다. 판소리의 주요 시각적 요소는 창자의 신체와 창자가 입는 의상, 그리고 소도구로 사용하는 부채가 전부이다. 판소리에서 활용하는 시각적 전략의 요체는 역설적이게도 시각적 요소를 최소화하는 것이다. 그것은 창자가 여러 등장인물로 자유롭게 변환하는 것을 제약하는 공연 예술의 관습을 최소화함으로써 그 표현 효과를 극대화하고자 하는 것이다. 만일 판소리 창자의 의상과 소도구가 복잡하게 짜여 있다면 창자는 오히려 시각적 요소들의 제약으로 인해 작중 상황에 맞는 다채로운 변신을 기할 수 없을 것이다.

창자가 여러 등장인물로 자유롭게 변환할 수 있는 것은 판소리 특유의 연행 방식과도 관련이 있다. 창자는 등장인물의 모습을 완전히 무대에 드러내는 것이 아니라 '청관중'이 그 등장인물을 알아차릴 수 있게 하는 최소한의 특징만을 드러내는데, 이를 판소리에서는 ㉠'부분적 현전'이라고 한다. 한편 청관중은 창자의 부분적 현전을 매개로 하여 그 등장인물의 완전한 모습을 나름대로 마음속에 환기하게 되는데, 이를 ㉡'매개적 현전'이라 한다. 또한 판소리에서는 한 사람의 창자가 작품에 나오는 모든 등장인물을 하나씩 구현해 나가게 되는데, 이를 ㉢'통합적 현전'이라 한다.

그렇다면 판소리에서 창자와 고수, 청관중은 어떤 방식으로 공연을 만들어 가게 될까? 판소리의 공연 구조는 아래와 같다.

동시적 결합 ①	창자	창·발림	+	동시적 결합 ②	창자	아니리·발림
	고수	장단·추임새 (강)			고수	장단·추임새 (약)
	청관중	추임새 (강)			청관중	추임새 (약)

계기적 결합 →

이처럼 판소리 공연은 동시적 결합 단위 ①과 ②가 계기적으로 결합되며 진행되는데, 진행 과정에서 '공소*'를 활용하게 된다. 고수는 추임새로 공소를 메우면서 청관중의 추임새를 유도하며 공연의 분위기를 조성하게 된다. 동시적 결합 단위 ①에서 창자는 '창'을 하는 사이사이에 고수와 청관중이 공연 내부에 참여할 수 있는 공소를 적극적으로 만들어 놓는다. 이에 따라 고수와 청관중의 추임새를 통해 자기의 주관을 공연 내부에 적극적으로 개입시킴으로써 작중 상황에 몰입하게 되는 '동화의 원리'가 작용한다. 반면 ②에서는 창자가 '아니리'를 하면서 공소를 소극적으로 만들게 된다. 따라서 청관중은 자기의 주관을 공연 내부에 개입시키기 어려워 객관적인 입장에서 작중 상황을 관망하게 되는 '이화의 원리'가 작용한다.

판소리 공연은 공연자인 창자가 고수와 서로 긴밀하게 협력하여 공연 내부에 필요한 공소를 적절하게 만들고, 청관중이 그 공소를 추임새로서 적절히 채워 나가면서 완성된다. 공소의 적절한 배치와 활용을 통해 연행되는 판소리 공연은 '동화—이화'의 반복을 통해 판소리 공연에 참여하는 사람들 사이에 형성되어 있던 경계를 느슨하게 하여 소리판을 하나의 공동체적 공간으로 만들게 된다. 이는 판소리가 생동적인 시간적 구조, 곧 과정적 생성 구조임을 말해 주는 것이다.

*공소 : 공연 예술에서 공연자가 청관중의 공연 참여를 유도하기 위해 작품 내부에 시간적으로 휴지를 두거나 부분적으로 공간을 비워 두는 부분.

28 윗글을 바탕으로 〈보기〉의 ㉮~㉰에 대해 보인 반응으로 적절하지 **않은** 것은? [3점]

─〈보기〉─

〈창〉 - ㉮

　어사또를 정신없이 물끄러미 보더니마는 웃음도 반 울음도 반으로, 마오 마오, 그리 마오. (고수 : 얼씨구) 서울 양반 독헙디다. 기처 불식이란 말이 (고수 : 허이) 사기에난 있지마는, 내게조차 이러시오? (고수 : 어이 좋다) 어제 저녁 모시었을 제, 날 보고만 말씀허였으면 마음 놓고 잠을 자지. (고수 : 얼씨구) 지나간 밤 (고수 : 허이) 오날까지 간장 탄 걸 헤아리면 살어 있기가 뜻밖이오. (청관중 : 잘한다)

〈아니리〉 - ㉯

　그 때야 춘향 모난 어사또가 사원 줄은 알았으나, 간밤에 사위를 너무 괄시헌 가남이 있어, 염치 없어 못 들어가고 삼문 밖에서 눈치만 보다, 춘향 입에서 우리 어머니 소리가 나니, 옳지 인자 되얏다 허고 떠들고 들오난디, (고수 : 얼씨구)

〈창〉 - ㉰

　어디 가야 여기 있다. 도사령아, 큰문 잡아라. (고수 : 허이) 어사 장모님 행차허신다. 열녀 춘향을 누가 낳나. 말도 마소, 내가 낳네. 장비야, 배 다칠라! 열녀 춘향 난 배로다. (고수 : 얼씨구) 네 이눔들, 오늘도 삼문만이 이미 드셀 테냐. (청관중 : 잘한다)

– 판소리, 「춘향가」 중 –

① ㉮는 ㉯에 비해 청관중이 작중 상황에 쉽게 몰입될 여지가 있겠군.

② ㉯는 ㉰에 비해 고수와 청관중의 참여가 상대적으로 더 제한되겠군.

③ ㉯는 ㉮, ㉰에 비해 시각적 요소로서 의상과 소도구가 더 다양하겠군.

④ ㉮~㉰의 과정을 통해 창자와 청관중이 소통하며 정서적 일체감이 형성되겠군.

⑤ ㉮, ㉯, ㉰는 '동화 → 이화 → 동화'의 원리가 계기적으로 결합되면서 연행되겠군.

29 윗글의 '판소리(A)'와 〈보기〉의 '풍물굿(B)'을 비교한 내용으로 적절하지 **않은** 것은? [2점]

─〈보기〉─

　'풍물굿'은 꽹과리, 징, 북과 같은 풍물 악기들을 사용하여 풍물 장단을 반복적으로 연주하는 공연 예술이다. 풍물굿에는 특정한 등장인물을 연기하기 위해 하나의 가면을 쓰고 공연에 참여하는 '잡색'이 있다. 잡색은 다른 공연자와 청관중 사이를 오가면서 공연에 참여하고자 하는 청관중의 욕구를 자극한다. 그러면 한 걸음 떨어져 공연을 보던 청관중은 잡색의 유도로 신명을 느끼며 공연판 안으로 들어가 춤을 추다가 자리로 돌아가는 과정이 반복되면서 공연자화된다. 이처럼 풍물굿은 공연자와 청관중이 함께 어우러지면서 공연을 완성해 나가는 연행 방식을 보여 준다.

① (A)에서는 창자가, (B)에서는 잡색이 다채로운 인물로 변신하며 연기하는군.

② (A)에서는 시간적 공소가, (B)에서는 공간적 공소가 활용되며 연행되겠군.

③ (A)와 (B)에서는 청각적 요소와 시각적 요소를 함께 사용하며 공연하는군.

④ (A)와 (B)에서는 청관중의 호응도에 따라 공연 분위기가 달라질 수 있겠군.

⑤ (A)와 (B)에서는 청관중과 공연자가 공연을 함께 완성해 나가는군.

30 ㉠~㉢에 대한 설명으로 가장 적절한 것은?

[2점]

① ㉠과 ㉢은 청관중이, ㉡은 창자가 주체가 된다.

② ㉠은 ㉡과 달리 청관중의 상상력을 필요로 한다.

③ ㉡은 ㉠이 나타나는 상황을 전제로 이루어진다.

④ ㉡은 ㉠과 ㉢이 절충되는 과정에서 이루어진다.

⑤ ㉢은 ㉠과 ㉡의 구현 순서가 역전되면서 진행된다.

[31~34] 다음 글을 읽고 물음에 답하시오.

(가)
겨울 문의(文意)에 가서 보았다.
거기까지 닿은 길이
몇 갈래의 길과
가까스로 만나는 것을.
죽음은 죽음만큼 길이 적막하기를 바란다.
마른 소리로 한 번씩 귀를 닫고
길들은 저마다 추운 쪽으로 뻗는구나.
그러나 삶은 길에서 돌아와
잠든 마을에 재를 날리고
문득 팔짱 끼어서
먼 산이 너무 가깝구나.
눈이여, 죽음을 덮고 또 무엇을 덮겠느냐.

┌ 겨울 문의(文意)에 가서 보았다.
│ **죽음이 삶을 껴안은 채**
[A] **한 죽음을 받는 것을.**
│ 끝까지 사절하다가
└ 죽음은 인기척을 듣고

저만큼 가서 뒤를 돌아다본다.
모든 것은 낮아서
이 세상에 눈이 내리고
아무리 돌을 던져도 죽음에 맞지 않는다.
겨울 문의(文意)여, 눈이 죽음을 덮고 또 무엇을 덮겠느냐.

– 고은, 「문의 마을에 가서」 –

(나)
동백의 숲까지 나는 간다
저 붉은 것,
피를 토하며 매달리는 간절한 고통 같은 것
어떤 격렬한 열망이 이 겨울 꽃을 피우게 하는지
㉠ 내 욕망의 그늘에도 동백이 숨어 피고 지고 있겠지

㉡ 지는 것들이 길 위에 누워 꽃길을 만드는구나
동백의 숲에서는 꽃의 무상함도 일별해야 했으나
견딜 수 없는 몸의 무게로 무너져내린 동백을 보는 일이란
곤두박질한 주검의 속살을 기웃거리는 일 같아서
㉢ 두 눈은 동백 너머 푸른 바다 더듬이를 곤두세운다
옛날은 이렇게도 끈질기구나
동백을 보러갔던 건
거기 내 안의 동백을 부리고자 했던 것

┌ 동백의 숲을 되짚어 나오네
│ 부리지 못한 동백꽃송이 내 진창의 바닥에 떨어지네
│ ㉣ 무수한 칼날을 들어 동백의 가지를 치고 또 친들
[B] 나를 아예 죽고 죽이지 않은들
│ 저 동백 다시 피어나지 않겠는가
│ 동백의 숲을 되짚어 나오네
│ ㉤ 부리지 못한 동백꽃송이
└ 내 진창의 바닥에 피어나네

– 박남준, 「동백」 –

31 (가)와 (나)의 공통점으로 가장 적절한 것은?
[2점]

① 삶의 어려움을 극복해 낸 담담한 자기 고백이 드러나 있다.

② 외부 정경을 관찰하면서 떠올린 지난 삶의 궤적이 나타나 있다.

③ 삶의 덧없음을 이겨 내고자 하는 성숙한 내면 의식이 드러나 있다.

④ 특정 공간에서의 경험을 통해 얻은 삶에 대한 통찰이 나타나 있다.

⑤ 자아의 근원적 모습을 탐색하는 데서 오는 내적 갈등이 드러나 있다.

32 [A]와 [B]에 대한 설명으로 적절하지 <u>않은</u> 것은? [2점]

① [A]는 추상적 대상을 구체화하여 시상을 전개하고 있다.

② [B]는 반복과 변주를 활용하여 내적 정서를 부각하고 있다.

③ [A]는 [B]와 달리 도치를 통해 상황의 전달 효과를 높이고 있다.

④ [B]는 [A]와 달리 대상에 인격을 부여하여 시적 정서를 드러내고 있다.

⑤ [A]와 [B]는 모두 의문문의 형식을 활용하여 화자의 정서를 표현하고 있다.

33 〈보기〉는 (가)에 대한 수업의 일부이다. 선생님의 발표 과제를 수행한 결과로 적절하지 <u>않</u>은 것은? [3점]

─〈보기〉─

선생님 : 「문의 마을에 가서」는 작가가 망자(亡者)의 무덤을 산에 쓰고 난 후, 사람들이 사는 마을로 돌아와 느낀 삶과 죽음의 '상거(相距)'와 '합일(合一)'을 담고 있는 작품입니다. '상거'는 삶과 죽음 사이에는 거리가 있어 서로 단절되어 있다는 인식을, '합일'은 삶과 죽음은 하나로 이어져 있다는 인식을 의미합니다. 이 시를 감상할 때는 각각의 시적 표현들이 '상거'의 의미를 담고 있는지, '합일'의 의미를 담고 있는지 구분해 보면 감상의 묘미를 더할 수 있습니다. 그렇다면 여러분, 이 시에서 '상거', '합일'의 의미가 담겨 있는 표현을 찾아 그렇게 생각한 이유와 함께 발표해 봅시다.

① '죽음은 죽음만큼 길이 적막하기를 바란다.'는 삶과 구별되는 죽음의 이미지에 대한 화자의 인식이 나타나 있다는 점에서 '상거'의 의미를 담고 있다고 할 수 있습니다.

② '길들은 저마다 추운 쪽으로 뻗는구나.'는 '길'을 매개로 삶과 죽음이 순환한다는 인식을 표현하고 있다는 점에서 '합일'의 의미를 담고 있다고 할 수 있습니다.

③ '눈이여, 죽음을 덮고 또 무엇을 덮겠느냐.'는 망자의 무덤이 있는 산과 사람들이 사는 마을을 '눈'이 하나로 덮는 모습을 연상하게 한다는 점에서 '합일'의 의미를 담고 있다고 할 수 있습니다.

④ '죽음이 삶을 껴안은 채 / 한 죽음을 받는 것을.'은 삶과 죽음이 밀착되어 있는 모습을 형상화하고 있다는 점에서 '합일'의 의미를 담고 있다고 할 수 있습니다.

⑤ '아무리 돌을 던져도 죽음에 맞지 않는다.'는 삶과 죽음이 물리적으로 닿을 수 없을 정도로 유리되어 있음을 표현하고 있다는 점에서 '상거'의 의미를 담고 있다고 할 수 있습니다.

③ ㉢ : 생에 대한 욕망이 외부 세계에 의해 강화되고 있는 화자의 안타까운 심정을 표현하고 있다.

④ ㉣ : 화자가 치열하게 자기 자신을 성찰하며 생의 욕망을 제거하려는 상황을 가정하여 표현하고 있다.

⑤ ㉤ : 완전한 자기 소멸에 이르지 못하기에 생의 욕망을 내려놓는 것에 실패한 상황을 표현하고 있다.

34 〈보기〉는 (나)에 대한 시평의 일부이다. 이를 바탕으로 ㉠~㉤을 설명한 것으로 적절하지 <u>않은</u> 것은? [2점]

─── 〈보기〉 ───

시인은 '동백'을 보고 자신의 내면을 다스리고자 했던 것으로 보인다. 시인은 마음속에서 꿈틀거리는 생의 욕망을 내려놓고 싶어 동백의 숲을 찾지만 실패하고 만다. 그것은 동백이 떨어지고 난 후에도 그 모양새와 붉은색을 그대로 유지하듯, 아무리 치열하게 자신을 성찰하며 내면적 의지를 다진다 하더라도 생의 욕망을 제거하기는 어렵다고 느꼈기 때문이다. 완전한 자기 소멸이 전제되지 않는 한 인간은 생의 욕망에 얽매일 수밖에 없기에, 떨어진 동백을 보는 것은 자신의 내면을 들여다보는 것이기에, 시인은 꽃길을 만든 동백에 주던 시선을 거두었던 것이다.

① ㉠ : 생의 욕망이 꿈틀거리는 화자의 내면 심리를 동백의 이미지와 연결하여 표현하고 있다.

② ㉡ : 진 후에도 그 모습을 유지하며 꽃길을 만드는 동백을 통해 끈질긴 생의 욕망을 표현하고 있다.

[35~38] 다음 글을 읽고 물음에 답하시오.

(가)

　비단 장막으로 찬 기운 스며들고 새벽은 멀었지만
　텅 빈 뜨락에 이슬 내려 구슬 병풍은 차갑다.
[A] 못 위의 연꽃은 시들어도 밤까지 향기 여전하고
　우물가의 오동잎은 떨어져 그림자 없는 가을
　물시계 소리만 똑딱똑딱 서풍 타고 울리는데
　발[簾] 밖에는 서리 내려 밤 벌레만 시끄럽구나.

　베틀에 감긴 옷감 가위로 잘라낸 뒤
　임 그리는 꿈을 깨니 비단 장막은 비어 있네.
[B] 먼 길 나그네에게 부치려고 임의 옷을 재단하니
　쓸쓸한 등불이 어두운 벽을 밝힐 뿐.
　울음을 삼키며 편지 한 장 써 놓았는데
　역사* 내일 아침 남쪽 동네로 전해 준다네.

　옷과 편지 봉하고 뜨락에 나서니
　반짝이는 은하수에 새벽별만 밝네.
[C] 차디찬 금침에서 뒤척이며 잠 못 이룰 때
　㉠ 지는 달이 정답게 내 방을 엿보네.

－ 허난설헌, 「사시사(四時詞)」 －

*역사 : 편지를 전하는 사람

(나)

산천은 험준하고 수림(樹林)은 총잡*흐듸 만학(萬壑)의 눈 싸이고 천봉(千峰)의 바람 칠 제 싀가 어이 울랴마는

적벽화전의 죽은 군사 원혼(冤魂)이 한조(恨鳥)되야 조조만 원망흐여 우니난듸 이게 모도 귀성(鬼聲)이라 도탄 중 싸인 군사 고향 이별이 몃 히런고

공산 ⓒ 낙월(落月) 깁흔 밤 귀촉도 불여귀의 우는 져 두견 너 홀노 울지 말고 날과 함기*

– 임중환의 사설시조 –

*총잡 : 빽빽하게 우거짐.
*함기 : 함께.

(다)

가로등이 좋아지는 것은 역시 겨울철이다. 함박눈이 쏟아지는 밤에 설레는 눈발 속에 우러러보는 등불, 그것은 우리의 감정이 닿을 수 있는 동경의 알맞은 위치에 외롭게 켜 있는 꿈의 등불이다. 그 등불이 켜진 가로등 기둥에 호젓이 기대어 서서 가없는 명상에 잠시 잠겨 보는 고독, 그것은 나의 젊은 날의 눈물겨운 모습이다.

그러나 요즘은 눈 오는 밤 가로등에 기대 보는 그런 고독한 낭만조차 잊은 지 오래다. 그것은 나의 연령의 탓만이 아닐 것이다. 어쩌면 인간이란 나이가 들수록 한결 고독한 것이며, 그래서 눈이 오는 밤은 한결 유감해지는 것이리라. 다만 내가 고독한 낭만을 못가지는 것은 세태의 탓일 것이다. 해방 후로 우리는 밤의 낭만을 잃은 것이다. 그 포근한 밤의 지향 없는 소요를 통행 금지라는 법이 막고 있는 것이다. 열한시 사이렌이 불고 나면, 이미 밤은 나의 것이 아니다. 그래서 시청 앞길의 가로등은 다만 텅 빈 적적한 광장을 외롭게 비치는 고독한 등불이 되는 것이다. 통행 금지 시간 넘어 거리에 선 가로등의 그 처참한 모습과 쓸쓸한 불빛. 그렇다. 우리의 생활에는 안녕과 질서를 위해서 밤을 완전히 어둠으로 맞이해야 하는 것이다.

안데르센 동화에 '늙은 가로등'이란 작품이 있다. 밤이면 가로등을 물끄러미 쳐다보는 이마가 넓은 청년의 이야기로 시작하는 작품이다. 가로등은 그 꿈 많은 청년의 허연 이마에 그의 불빛의 쓸쓸한 키스와 또한 '쓸쓸한 축복'을 부어 주었다. 나는 이 동화를 읽으면서, 그 젊은 청년의 이마에 비쳐주는 가로등의 쓸쓸한 불빛이 불빛이기보다 오히려 '신의 너그러운 축복'이요, '내 삶이 내게 비쳐 주는 빛' 같았다.

나는 나의 멀고 아득한 인생 여로의 대목마다 외로운 가로등이 켜 있기를 빌었다. 참으로 가로등을 멀리서 바라볼 때, 그것은 미래의 어느 지점에 은은히 비치는 별빛이다. 나는 가로등을 목표로 해서 어두운 길을 어느 지점에서 다른 지점까지 가게 되는 것이다.

그 가로등 가까이 가면 한결 길이 환해지고, 때로는 내가 목표한 가로등에 벌레처럼 설레는 함박눈이 이상하게 노래하는 꽃송이가 한 꼬투리처럼 걸리기도 하고, 또는 가는 실비가 비단 베일을 씌우며 신비롭게 속삭이기도 하고, 혹은 다만 어둠 속에 등불만 쫑긋이 켜 있기도 한다. 그러나 막상 그 목표한 가로등을 지나면, 우선 나의 그림자가 발에 밟힌다. 그 그림자가 밟히는 사실을 나는 무어라 표현할까? 눈물겨운 추억의 한 자락이 발에 밟히는 것이라 할까? 나는 이 어둡고 고독한 밤길에 다만 가로등이 비쳐주는 다만 그만큼의 '빛의 둘레' 속에 나의 그림자와 더불어 호젓이 길을 걷는 한갓 영상으로 화하는 것이다. 이것이야말로 이 세상을 건너가는 나 자신 바로 그것의 모습 같은 생각이 든다. 그 흐뭇한 고독감, 나의 삶의 가장 밑바닥을 흐르는 '서러움의 물길'이다. 이 물길 위에 배를 띄우듯 어줍잖은 몇 편의 시, 그것이 나의 숨쉬는 시의 세계일 것이다.

가로등의 이러한 빛의 둘레를 완전히 벗어날 때, 나는 앞이 아득한 암흑의 벽을 다시 느끼며, 끝없이 아득한 어두운 길에 또 하나의 가로등을 찾아보는 것이다. 그러나 아무리 보아도 가로등이 없을 경우, 아득한 어둠은 영원한 어둠이 되어버린다. 이것은 '나의 마지막'이다.

나의 일생은 언제나 적당한 거리에 가로등이 켜 있는 길이었다. 그리고, 지나온 길 위에 그것은 나란히 열을 지어서 스크린의 어느 한 장면처럼 아득

하게 뻗쳤다. 또한 나의 미래도 설사 아무리 절망
하기로니, 늘 가로등이 대목마다 켜 있는 길일 것
이다. 내가 마음속에 신을 잃지 않는 한, 혹은 시를
놓치지 않는 한. 그래서 나는 때때로 창백한 이마
에 가로등의 그 쓸쓸한 불빛의 키스와 축복을 받으
며, 외롭게 흐뭇한 밤길을 갈 것이다. 가로등에 축
복이 있기를.

– 박목월, 「가로등」 –

35 (가)~(다)의 공통점으로 가장 적절한 것은?
[2점]

① 의성어를 사용하여 표현 효과를 높이고 있다.

② 역설적 표현을 통해 내면의 변화를 부각하
고 있다.

③ 고사를 활용하여 비극적 분위기를 고조시키
고 있다.

④ 감각을 전이시켜 작중 상황의 전달 효과를
높이고 있다.

⑤ 계절적 배경이 글쓴이의 정서와 연계되며
내용이 전개되고 있다.

36 ㉠과 ㉡에 대한 이해로 가장 적절한 것은? [2점]

① ㉠과 ㉡은 화자가 지향하는 가치가 투영된
소재이다.

② ㉠과 ㉡은 화자가 자신의 삶을 성찰하게 하
는 매개물이다.

③ ㉠은 화자와 교감하는 자연물이고, ㉡은 화
자와 동일시된 자연물이다.

④ ㉠은 화자가 소망을 기원하는 대상이고, ㉡
은 화자가 원망을 표출하는 대상이다.

⑤ ㉠은 화자의 마음을 위로해 주는 존재이고,
㉡은 화자의 애상감을 더해 주는 존재이다.

37 (가)의 [A]~[C]에 대한 설명으로 적절하지 않
은 것은? [2점]

① [A]는 외부의 정경을 중심으로 시적 상황을
나타내고 있다.

② [A]와 [C]는 촉각적 이미지를 통해 화자의
정서를 표현하고 있다.

③ [B]는 [A]와 달리 하강의 이미지를 통해 애
상적 분위기를 환기하고 있다.

④ [C]는 '방 안' → '뜨락' → '방 안'으로의 공간
이동을 보이고 있다.

⑤ [A]~[C]는 시간의 흐름에 따라 순차적으로
시상을 전개하고 있다.

38 (다)의 글쓴이의 인생 여로를 〈보기〉의 ㉮~
㉺에 따라 정리해 보는 활동을 수행한 결과로
적절하지 않은 것은? [3점]

① ㉮ : 글쓴이가 기대감을 갖고 지향하는 목
표를 향해 걸어가는 대목이다.

② ㉯ : 지향하는 목표에 가까이 다가서며 희
열을 느끼는 대목이다.

③ ㉰ : 지나온 삶을 회상하며 흐뭇한 고독감
을 느끼는 대목이다.

④ ㉱ : 아득한 상황일지라도 또 다른 목표를
향해 묵묵히 걸어가는 대목이다.

⑤ ㉲ : 종교적 성찰을 통해 삶에 대한 집착에
서 벗어나는 대목이다.

[39~41] 다음 글을 읽고 물음에 답하시오.

[앞부분의 줄거리] 심작은둘 노파는 폐결핵과 장질부사로 입원하였지만, 가난한 형편으로 인해 폐허나 다름없는 제3병동에 수용된다. 노파의 간호를 위해 그의 딸인 강남옥 처녀는 노파의 침대에서 숙식을 같이 하다가 결국 장질부사에 걸린다. 의사 김종우는 강남옥을 무료로 진찰해 주고, 매트도 구해 줘 모친과 함께 치료를 받게 한다. 하지만 수납계 직원이 이를 눈치챈다.

내과 과장은 그녀가 누운 매트에 대해서는 수납계 직원처럼 그리 수상쩍게, 또 못마땅하게 여기진 않았다. 오히려 그런 사정이 있으려니 하는 눈짓으로 싱긋이 웃고만 돌아갔다. 내과 과장이 떠나자 이내 서무과 급사가 들어오더니 수간호원을 보고서,

"수혈 끝나는 대로 서무과장이 좀 오시래요."

"왜?"

수간호원은 급사의 표정을 훑었다.

"글쎄요……."

급사는 그저 그럴 내기다.

'쳇, 매트 얘길 테지! 그 여우 같은 늙정이가…….'

일러바친 게로군 싶었다.

[A] 멀리서 하늘 울리는 소리가 들려오고, 극성스럽게 쏟아지는 폭우가, 허물어져 가는 제3병동의 유리창을 마구 때렸다. 헐렁한 창문 틈바구니마다 빗물이 새어들어 유리를 타내리고, 강남옥 처녀가 누워 있는 쪽 천장 구석도 차츰 젖어들기 시작했다. 그러한 빗속에서도 불도저는 내처 부르릉거렸다. 운전사는 필시 물에 빠진 생쥐 꼴이 됐을 테지. 명령, 아니 인간의 강하고 약함이 한꺼번에 실감되는 그러한 경황이랄까? 그러나 이상하게도 그날만은 그 둔탁스런 불도저 소리도 환자들에게는 그다지 거슬리지 않는 모양이었다. 한결같이 희멀건 눈들이, 쏟아지는 빗발을 심심치 않게 내다보는가 하면, 그 속에서 부르릉대는 불도저의 극성맞은 소리에도 내처 귀를 기울이고 있는 것 같았다.

요컨대 그들은 병원생활이 무척 괴롭고 지루했던 것이다. 가뜩이나 전염병 환자만이 늘어져 있는 허물어져 가는 3등 병실에서, 그저 치료비 독촉장이나 받을 뿐, 누구 하나 꽃이라도 들고 깍듯이 찾아 주는 사람도 없는 3등 인간인 그들에게는!

그러니까 때로는 비도 반가웠고 불도저 소리도 거슬리지는 않았다. 뿐만 아니라 우르릉 하는 먼 천둥 소리에, 숫제 살아 있는 하늘의 방향이라도 잡아 보려는 듯, 눈을 번쩍 뜨는 자도 있었다. 말하자면 누에가 잠을 잘 때 고개만을 치켜들고 있듯 빗소리에 한결 조용해진 병실 안 사람들도 신경은 내처 날카롭기만 했던 것이다.

다만, 넓적한 마스크를 한 간호원이 가끔 와서 보고 가는 오룡댁 심작은둘 노파만이, 또닥또닥 떨어져 들어가는 피를 받으면서 그러한 반응을 보이지 않을 뿐이었다.

강남옥 처녀는 시종일관 모든 것을 샅샅이 눈여겨보았다. 매트 위에 누웠을 때도, 천장을 향해 있는 그녀의 핏발 선 커다란 눈은 마치 병실 안 전체를 삼키고 있는 것 같았다. 그리고 꽉 다문 입은 헤일 수 없는 말들을!

…… 더구나 수납계의 고참 직원이 불쑥 나타났을 때의 일, 서무과 급사로부터 출두 연락을 받았을 때의 수간호원의 심상치 않은 표정…… 이러한 것들과, 그로 말미암아 덩달아 일어나는 여러 가지 추측이며 생각들이 한때 어머니에 대한 걱정까지도 밀어 버리고 그녀의 망막과 머릿속을 점령했다. 천장에 맺혔던 물방울이 툭 하고 머리맡에 떨어질 때 그런 의식에서 일단 단절된다. 그러나 다시 덮친다. 다시 덮치다간, 결국 이것도 저것도 갈피를 잡지 못한다. 머리가 몽롱해 온다. 머리가 몽롱해 오며 의식마저 허물어진다. 결국 그녀의 의식은 고열로 인해 녹아진 것이다.

강남옥 처녀가 다시 의식을 되찾은 것은 그녀의 몸뚱이가 김종우 의사와 간호원들에 의해서 그녀의 어머니 곁으로 옮겨졌던 순간이었다. 날카로운 소리에 눈이 번쩍 띄웠다.

"그저 보고만 하고 말 것이 아니라……."

김종우 의사가 그녀가 누워 있던 빈 매트를 발로써 냅다 밀어 버리며 괜히 죄도 없는 간호생을 보고 투덜대고 있었다.

"인부 시켜, 수납계 그 늙다리한테 딱 갖다 보이고서 치워 두래! 알았어?"

아직 경험이 없는, 실습 간호생은 어리둥절하고 있다.

"빨리 그러라니까!"

김종우 씨의 말소리는 더욱 날카로워진다. 수간호원이 간호생더러 뭐라고 타일러 보낸다. 강남옥 처녀는 팔꿈치에 따끔한 것을 느꼈다. 링거 방울이 눈물처럼 눈에 아른거린다. 김종우 의사는 그것을 조절하면서 또 씨부렸다.

"저희들은 턱도 아닌 것들을 데리고 와서 관비 치료니 뭐니 하면서……."

"그러기 말예요."

수간호원이 맞장구를 치듯 받는다.

"그 말을 듣고 화를 내는 원장님도 원장님이지 뭐예요."

좁은 병상 위에서, 한쪽은 피 주사를, 한쪽은 링거—다행히 몸피가 여윈 3등 인간이라 좋았다. 그러나 그와 같은 구차스런 꼬락서니도 오래 가지는 못했다. 이튿날 저녁 오룡댁 심작은둘 노파의 몸뚱이는 드디어 병상에서 내려갔다. 뻗어진 것이다.

(중략)

인부들이 돌아간 뒤, 강남옥 처녀는 다시 어머니의 시체에 매달려서 흐느끼기 시작했다. 남의 사정도 헤아려야만 하는 병실에서와는 달리 본격적인 울음이 시작된 것이다. 그저 훌쩍거리고 어깨를 추스릴 뿐이 아니다. 소리를 내가며 울었다.

[B]
휘휘한 방 안을, 천장에 덩그러니 달린 바알간 전등 하나가 지켜보고 있었다. 바깥은 여전히 빗소리다. 불도저 소리도 여전히 멀리서 부르릉거렸다. 허물어져가는 제3병동의 한 귀퉁이라도 무너뜨리려는지 우지끈하는 소리가 한 번 들렸다. 다행히 시체안치소의 유리창만은 흔들리지 않았다. 그러나 이럴 때 누가 문틈으로라도 엿보았더라면, 죽어 있는 시체보다 을씨년스럽게 울어 대는 처녀의 모습에 더욱 질렸을 것이다. 이제 간호원들도 그녀의 열을 재러 오지 않았다. 의사들도 나타나지 않았다.
아무도 그녀의 울음을 방해할 사람은 없었다.

이윽고, 널빤지로 된 문짝에서 인기척이 나더니 아까 그 인부 두 사람이 되나타났다. 약간 주기가 있는 듯한 얼굴들로서 손에 무언가 들고 있었다.

"처녀가 혼자서 울고 있는 걸 보니……."

위로차 온 모양이다.

"그냥 올 수도 없고, 암매 향불도 미처 못 구했지 싶어서……."

그들은 어머니의 시체에 매달려 있는 강남옥 처녀를 떼놓듯이 하고 향을 피워 주었다. 한 사람은 축 늘어진 포켓 속에서 조그만 초까지 꺼내어 촛불까지 밝혀 주었다. 손등에는 빗물들이 번질거리고 있었다. 그들에 대한 흔감한 정까지 겹쳤음인지 강남옥 처녀의 울음소리는 더욱 구슬퍼졌다.

나이 늙수그레한 인부 한 사람은 병원 구내에 살았던 모양으로 아침 일찍 부인을 시켜 죽까지 한 그릇 치면하게 갖다 주었다. 우격에 못 이겨 그걸 받아 마시는 강남옥 처녀의 눈에서는 눈물이 샘솟듯했다. 죽 위에 사뭇 떨어졌다. 3등 인간도 끝내 외롭지는 않았던 것이다.

– 김정한, 「제3병동」 –

---

39 윗글에 대한 설명으로 가장 적절한 것은?

[2점]

① 동시에 일어난 두 사건을 병치하여 극적 효과를 높이고 있다.

② 서술자가 작중 상황에 대한 자신의 주관적 판단을 노출하고 있다.

③ 사건을 역전적으로 구성하여 인물의 과거 행적을 드러내고 있다.

④ 이야기 속에 다른 이야기를 삽입하여 사건을 입체적으로 나타내고 있다.

⑤ 특정 인물의 시선을 통해 다른 인물의 심리를 해석하여 보여 주고 있다.

40 〈보기〉를 참고하여, 윗글을 감상한 내용으로 적절하지 <u>않은</u> 것은? [2점]

――――――〈보기〉――――――

이 작품은 인간을 이윤 추구의 도구로 보는 '도구적 가치관'과 인간의 존엄성을 중시하는 '본질적 가치관'의 대립을 보여 주고 있다. 이 작품에서 '병원'은 근대화가 양산한 불구화된 심성의 소유자들에 의해 도구적 가치관이 지배하는 공간으로 변질되어 있다. 하지만 그 속에서도 본질적 가치를 지켜 내려는 인물들의 모습을 보여 줌으로써 휴머니즘을 통해 인간소외와 물신주의를 극복할 수 있다는 가능성을 제시하고 있다.

① 수납계 직원의 말을 전해 듣고 화를 내는 원장을 비난하고 있는 '수간호원'은 도구적 가치관을 지닌 인물이군.

② 어머니를 여읜 '강남옥 처녀'에게 향불과 죽을 제공하는 '인부들'은 본질적 가치관을 중시하는 휴머니즘적 인물이군.

③ 3등 병실에 있는 '3등 인간'은 인간을 등급화시키는 물신주의에 의해 소외된 인간의 모습을 비유적으로 나타낸 것이군.

④ 병원이 환자의 생명보다 이윤 추구에 매몰된 공간으로 변질된 현실은 도구적 가치관이 팽배한 근대화의 한 단면을 보여 주는군.

⑤ '강남옥 처녀'를 진정으로 걱정하며 도움을 주는 '김종우 의사'는 도구적 가치를 지닌 인물들과는 달리 본질적 가치를 지키려는 인물이군.

41 〈보기 1〉을 참고하여 윗글의 [A]와 [B]를 감상한 내용으로 적절한 것을 〈보기 2〉에서 모두 골라 바르게 묶은 것은? [3점]

――――――〈보기 1〉――――――

선생님 : 이 작품에서 '유리창'은 내부 공간과 외부 공간을 단절시키거나 매개하는 역할을 합니다. 이 작품의 [A]와 [B]에서는 유리창을 경계로 안과 밖의 공간이 아래와 같이 나뉘어 있습니다.

[내부 공간]	[외부 공간]	[내부 공간]
제3병동 병실	비가 내림. 불도저가 작업 중임.	시체안치소
〈유리창〉	〈유리창〉	

그렇다면 여러분, '유리창'과 유리창을 경계로 한 '내부 공간'과 '외부 공간'의 모습을 등장인물의 상황, 태도, 심리와 연계하여 감상해 봅시다.

――――――〈보기 2〉――――――

• 가희 : [A]의 '불도저의 극성맞은 소리에도 내처 귀를 기울이고 있는 것 같았다.'는 병원 생활에 지쳐 외부 공간의 상황에 관심을 보이는 내부 공간 인물들의 심리를 나타내는 것 같습니다.

• 나희 : [B]의 '불도저 소리도 여전히 멀리서 부르릉거렸다.'는 외부로부터 주어진 현실을 받아들이길 거부하고, 이에 맞서고자 하는 내부 공간 인물의 태도를 보여 주고 있는 것 같습니다.

• 다희 : [A]와 달리 [B]에서 '유리창만은 흔들리지 않았다.'라고 표현한 것은 외부 상황이 내부 공간의 인물에 영향을 미치지 못하는 상황을 보여 주고 있는 것 같습니다.

• 라희 : [A]의 '극성스럽게 쏟아지는 폭우'와 [B]의 '바깥은 여전히 빗소리다.'는 외부 공간을 지향하지만 두려움에 떨며 망설이고 있는 내부 공간 인물들의 심리와 태도를 보여 주고 있는 것 같습니다.

① 가희, 나희　　② 가희, 다희

③ 나희, 다희　　④ 나희, 라희

⑤ 다희, 라희

[42~45] 다음 글을 읽고 물음에 답하시오.

[앞부분의 줄거리] 명나라 권 승상의 아들 용선은 순무어사로 지방 순시 중 강정에 있는 숙부 권 시랑의 집에 들른다. 거기서 용선은, 부모인 오 공 부부가 돌아가서 고모 오 부인과 살고 있는 오 소저를 보고 첫눈에 반해 정혼한다. 그러나 용선은 태후의 눈에 들어 공주와 강제로 혼인하게 될 처지에 놓인다. 용선은 어머니 김 부인, 형제들과 함께 권 시랑의 아들 봉선이 한림의 벼슬을 받은 일을 축하하러 숙부의 집에 왔다가 숙부께 오 소저와의 혼례를 허락해 줄 것을 요청한다.

용선이 꿇어 고하여 왈,

"숙부의 말씀이 당연하시나 소질(小姪)은 승천입지*하와도 오 소저와의 성례 전은 공주를 맞이하지 아니 하려나이다. 숙부는 밝혀 살피옵소서."

시랑이 침음양구*에 탄식 왈,

"㉠ 용선의 일념에 맺힌 마음은 돌이키기 어렵도다."

하고, 부인과 제인(諸人)을 대하여 왈,

[A]
"용선의 마음이 이러하여 시방 돌아가 상명*을 준수하여 공주를 맞이한다 하나 끝내 화합치 못할 것이요, 오 소저의 일생이 잔잉*할 뿐더러 몽중에 오 공이 무슨 일이 있을지라도 용선과 성례함을 어기지 말라 하옴이 진실하고, 또 용선의 기상이 길고 긴 복록을 누릴지라, 비록 기군(欺君)*함이 되나 길일을 기다려 강정에서 남모르게 성례하여 용선의 마음을 위로하고 돌아가 공주를 맞으면 좋으리라. 용선을 경계하여 상명을 준수한 후 날을 기다려 성례케 하라."

하니, 용선은 삼가 명을 받들고 김 부인과 용선의 형제는 기꺼하나 오 부인은 즐겨 아니하고 탄식 왈,

"사정(私情)에 얽매어 신하가 되어 임금을 기만한 죄를 범하여 이같이 하니 어찌 마침내 평안하리오."

하더라. 용선이 시랑 부부께 하직하고 김 부인을 모셔 본대로 돌아가니라.

이러구러 염육일이 다다르매 용선이 강정으로 나아갈새, 종을 데리고 필마로 강정에 이르러 다만 권 시랑의 외당에서 길복을 갖추고 설매당에서 혼례의 절을 올릴새, 다만 시랑 부자와 부인 모녀 앉아 있어 오 부인이 소저를 보건대 홍월 나삼과 촉라 취운상을 입고 구룡채 봉관을 쓰고 혼례석에 나와 혼례를 파안 후 침소에 돌아가매, 시랑과 부인이 용선으로 더불어 난간에 좌를 명한 후 다만 오 부인이 약간 주효를 마련하고 심정을 위로할새, 오 부인이 탄식하고 슬퍼 울며 왈,

[B]
"질녀의 팔자가 기구하여 어려서 부모의 사랑을 잃고 우리를 따라 이곳에 와서 사위를 얻으매, 혼사를 완전히 차리고 빈객을 모아 남과 같이 성례하여 이웃과 친척이 다 혼인한 줄 알게 하여 망형의 고혼을 위로할까 바랐더니, 이렇듯 뜻 아닌 환란을 만나 구차히 겨우 성례하며, 십이 세 유치 약질로 하여금 문을 바라는 과부가 되어 아내로서 남편의 보살핌을 믿지 못할 듯하니 어찌 잔잉치 않으며, 사정 있는 사람이 어찌 차마 볼 바이리오. 제 몸이나 무사하여 내 곁이나 떠나지 아니하게 용선은 오늘로부터 종적을 그침을 바라노라."

용선이 깨달아 절하며 왈,

"숙모님의 하교를 듣사오니 소질의 심사가 근심과 슬픔을 이기지 못하리로소이다."

공이 탄식 왈,

"부질없는 설화를 하여 사람의 심사만 상하올 것이니, 다시 무익한 말은 말지어다. 서로 심곡과 회포를 모름이 없으나 다시 말을 베풀지 말라."

하고 말을 마치자 탄식하고 일어서니 오 부인과 오 소저는 중당으로 들어가고 용선은 봉선으로 더불어 공을 모셔 중헌으로 나왔더니, 봉선이 가로되,

"명일은 입직 차례라. 소제가 마땅히 석양에 궁궐로 들어가려 하오니 형장도 한가지로 가고자 하시나이까?"

용선이 깊이 생각하다가 일어나며 왈,

"오늘로 이별이 될 것이니 소저를 잠깐 보아 이

별을 고하고 너와 한가지로 들어가리라."

[중략 부분의 줄거리] 용선은 궁에 들어가 공주와 혼인하나 오 소저를 잊지 못해 공주를 멀리한다. 공주는 보모를 시켜 용선의 뒤를 조사해 용선이 오 소저와 이미 혼례를 올렸음을 알고 분노한다. 공주는 태후께 말해 용선을 옥에 가두고 오 소저를 궁으로 불러들인다.

오 소저 태후 궁에 들어가니 태후와 공주 한 번 보매 과연 귀비의 색으로도 비하지 못할러라. 마음에 기어이 여겨 왈,

"저렇거든 권가 도적놈이 아니 혹하리오."

마음에 투기와 불호(不好)한 마음이 분출하여 무수히 꾸짖되, 오 소저가 안색이 지약하여 답언이 없더라. 삼천 비빈과 육궁 분대(粉黛)는 다 애련히 여기고 또한 기특히 여겨 가로되,

"벅벅이 인간 사람이 아니라."

하니, 공주가 조금도 다름없이 여기더라.

석 귀비는 용선의 외사촌 누이라. 오 소저가 궁중에 오래 머물게 되면 귀비 반드시 저의 재용을 사랑하여 상께 고하면 상이 반드시 재취시킬까 마음에 거리끼되, 다른 계교 없어 근심하여 다음을 보아 오 소저를 참살할 것으로 생각하더라. 이때 석 귀비 오 소저의 환란 당함을 가련히 여기나, 태후와 공주가 기꺼 아니할 줄 알고 아직 모르는 체하나 심중에 잔잉히 여기고 아낌을 마지아니하더라.

차시에 각처 제후가 홀연 천자께 상소하였으되,

"제왕(齊王)이 반심(叛心)을 두어 날마다 장사를 불러 모으고 군사를 조련한다 하오니 모름지기 일찍이 칙지를 내리와 문죄하시고 그 기틀을 살피소서."

하였거늘 상이 들으시고 대경하사 마땅히 보낼 사람을 정하지 못하사 근심하시더니, 승상 주현이 태후께 가만히 고하여 왈,

"그 시각이 마땅히 계교를 행할 때이오니 용선으로 하여금 제국의 사신을 삼아 보내시고, 그 사이에 오 소저를 노국으로 보내어 세자의 후궁으로 삼으시면 공주에게 화가 없삽고, 노국 세자는 절색을 얻고 기꺼 하오리니 어찌 계교 기특치 아니하오리까."

공주가 곁에 모셨다가 크게 대희하여 가로되,

"이 계교가 실로 묘하오니 급히 행하소서."

주현이 명일에 상께 주 왈,

"이제 제국에 사신을 보내시려 하시면 문무겸전한 사람을 보내셔야 조정을 욕되지 아니하옵고 후환이 없을까 하오니, 엎드려 바라건대 폐하는 어떤 사람을 택하셨나이까."

상이 가라사대,

"아직 정하지 못하였으니 경은 한 사람 천거하여 짐의 근심을 덜게 하라."

주현이 다시 주 왈,

"죄인 권용선을 죄를 사하여 사신으로 보내시면 이 사람밖에는 명을 받들 이 없사오니이다."

상이 본디 용선을 중히 여기시는지라. 정히 용선이 광서를 평정하던 지략을 생각하자 즉시 용선의 죄를 사하시고 상서의 품계를 내려 제국의 사신을 정하시고, 또 용선의 두 형에게 참정과 태부를 하사하니, 기실흉계 어느 곳에 미칠 줄 알지 못할러라.

– 작자 미상, 「권용선전」 –

*승천 입지 : 하늘로 오르고 땅으로 들어간다는 뜻으로, 자취를 감춤을 이르는 말
*침음양구 : 속으로 깊이 생각한 지 오랜 뒤.
*상명 : 임금의 명령.
*잔잉 : 애처롭고 불쌍하여 차마 보기 어려움.
*기군 : 임금을 속이는 일.

42 윗글을 읽고 확인할 수 있는 내용으로 적절하지 않은 것은? [2점]

① 용선은 궁중에 석 귀비가 있다는 말을 듣고 크게 위안을 얻었다.

② 용선과 오 소저는 강정에 있는 권 시랑의 집에서 혼례를 올렸다.

③ 용선은 오 소저와 이별한 후 봉선과 함께 궁궐로 들어가고자 했다.

④ 석 귀비는 자신이 오 소저를 걱정하고 있음을 겉으로 드러내지 않았다.

⑤ 태후는 주현이 용선을 제국의 사신으로 천거할 것을 미리 알고 있었다.

43 〈보기〉를 바탕으로 윗글의 내용을 정리한 것으로 적절하지 <u>않은</u> 것은? [3점]

─〈보기〉─

　「권용선전」은 '늑혼(강제 결혼)담'을 바탕으로 사건이 전개되고 있다. 늑혼담은 일반적으로 다음과 같은 서사 구조를 보인다.

이상적인 두 인물이 서로 사랑하여 정혼을 약속함.	광서를 평정할 정도로 지략이 있는 용선이 귀비의 색으로도 비하지 못할 용모를 지닌 오 소저를 만나 정혼을 약속 ·········· ⓐ
권력자에 의해 정혼자와의 결연이 방해를 받음.	용선의 지모와 인물을 알아본 공주가 정혼자와 이미 결연했다는 사실을 알고 있었음에도 불구하고 용선과의 결혼을 추진함. ···························· ⓑ
주인공이 주체적 의지로 정혼자와 결연하려고 함.	용선이 승천 입지하와도 오 소저와의 성례 전에는 공주와 성례를 하지 못하겠다며 오 소저와의 혼례를 강하게 주장함. ······ ⓒ
정혼자와의 결연이 지연되거나 주인공들이 고난을 겪음.	오 소저가 공주의 부름을 받고 궁으로 들어와 태후와 공주에게 무수히 질책을 받음. ················· ⓓ 　용선은 제국에 사신으로 보내지게 되고, 오 소저는 노국에 보내져 세자의 후궁이 될 처지에 놓임. ·· ⓔ
고난을 극복한 주인공들이 진정한 결연을 이루게 됨.	용선과 오 소저가 서로 헤어질 운명에 처하지만 결국에는 진정한 결연을 이루게 될 것임을 예상할 수 있음.

① ⓐ　　　　② ⓑ

③ ⓒ　　　　④ ⓓ

⑤ ⓔ

44 [A]와 [B]에 대한 이해로 적절하지 <u>않은</u> 것은? [2점]

① [A]에는 꿈에 나타난 인물들의 말을 근거로 하여 결정을 내리는 상황이 드러나 있다.

② [B]에는 자신의 바람과 다른 방향으로 상황이 전개되는 것에 대한 탄식이 드러나 있다.

③ [A]에는 상대의 요청에 대한 생각이, [B]에는 상대의 행동에 대한 요청이 드러나 있다.

④ [A]와 [B]에는 인물이 앞으로 경험하게 될 삶을 예상하는 내용이 드러나 있다.

⑤ [A]와 [B]에는 인물이 살아온 과정을 요약적으로 말하는 부분이 드러나 있다.

45 ㉠에 나타난 '권 시랑'의 생각을 〈보기〉와 같이 나타낼 때, 빈칸에 들어갈 말로 가장 적절한 것은? [2점]

─〈보기〉─

　'권 시랑'은 '오 소저'를 향한 '용선'의 태도가 (　　　　　) 할 것으로 판단했겠군.

① 좌고우면(左顧右眄)

② 절치부심(切齒腐心)

③ 전전반측(輾轉反側)

④ 은인자중(隱忍自重)

⑤ 요지부동(搖之不動)

발견은 준비된 사람이 맞딱뜨린 우연이다.

A discovery is said to be an accident meeting a prepared mind.

– 알버트 센트 디외르디(Albert Szent–Gyorgyi) –

우연은 항상 강력하다.
항상 낚싯 바늘을 던져두라.
전혀 기대하지 않은 곳에 물고기가 있을 것이다.

Chance is always powerful.
Let your hook be always cast;
in the pool where you least expect it, there will be a fish.

– 오비디우스(Ovid) –

MeMo

MeMo

MeMo

MeMo

육사 | 해사 | 공사 | 국군간호사관

사관학교 기출문제

국 어

2026~2017

10개년
연차별 동형
기출문제

정답 및 해설

빠른 정답찾기

2026 학년도

01 ⑤	02 ④	03 ④	04 ①	05 ③	06 ②	07 ③	08 ①	09 ③	10 ①
11 ⑤	12 ②	13 ①	14 ⑤	15 ①	16 ①	17 ③	18 ⑤	19 ③	20 ②
21 ③	22 ④	23 ④	24 ②	25 ②	26 ⑤	27 ④	28 ④	29 ③	30 ②

2025 학년도

01 ①	02 ③	03 ⑤	04 ⑤	05 ④	06 ④	07 ①	08 ③	09 ③	10 ②
11 ⑤	12 ②	13 ①	14 ⑤	15 ③	16 ①	17 ②	18 ④	19 ①	20 ④
21 ⑤	22 ③	23 ①	24 ④	25 ⑤	26 ②	27 ②	28 ②	29 ②	30 ⑤

2024 학년도

01 ②	02 ④	03 ⑤	04 ⑤	05 ⑤	06 ⑤	07 ③	08 ②	09 ①	10 ④
11 ②	12 ④	13 ⑤	14 ②	15 ④	16 ②	17 ①	18 ④	19 ①	20 ④
21 ③	22 ①	23 ④	24 ④	25 ⑤	26 ④	27 ④	28 ⑤	29 ①	30 ⑤

2023 학년도

01 ④	02 ①	03 ③	04 ①	05 ③	06 ②	07 ③	08 ③	09 ⑤	10 ④
11 ②	12 ①	13 ④	14 ④	15 ⑤	16 ⑤	17 ④	18 ①	19 ②	20 ⑤
21 ④	22 ③	23 ②	24 ①	25 ③	26 ⑤	27 ④	28 ⑤	29 ⑤	30 ②

2022 학년도

01 ①	02 ⑤	03 ⑤	04 ②	05 ①	06 ④	07 ②	08 ③	09 ⑤	10 ④
11 ①	12 ②	13 ④	14 ②	15 ③	16 ③	17 ②	18 ②	19 ①	20 ③
21 ⑤	22 ③	23 ①	24 ⑤	25 ③	26 ③	27 ⑤	28 ⑤	29 ④	30 ④

빠른 정답찾기

빠른 정답찾기 🔍

01 ②	02 ①	03 ④	04 ①	05 ④	06 ⑤	07 ③	08 ②	09 ④	10 ③
11 ①	12 ③	13 ③	14 ②	15 ③	16 ④	17 ④	18 ②	19 ④	20 ④
21 ④	22 ②	23 ①	24 ①	25 ③	26 ⑤	27 ②	28 ③	29 ①	30 ③
31 ④	32 ④	33 ②	34 ③	35 ⑤	36 ⑤	37 ③	38 ⑤	39 ②	40 ①
41 ②	42 ①	43 ②	44 ⑤	45 ⑤					

2026학년도 기출문제 정답 및 해설

2026학년도

[국어]

정답 및 해설

▌[국어] 2026학년도 | 정답

01	⑤	02	④	03	④	04	①	05	③
06	②	07	③	08	①	09	③	10	①
11	⑤	12	②	13	①	14	⑤	15	①
16	①	17	③	18	⑤	19	③	20	②
21	③	22	④	23	④	24	②	25	②
26	⑤	27	③	28	④	29	③	30	②

[국어] 2026학년도 | 해설

[01~05] 독서 – 철학

01	글의 중심 내용 파악하기	⑤

[정답해설]

제시문은 도덕적 판단과 관련된 하이트의 주장에 대해 '도덕적 말문 막힘', '아이가 우는 상황', '강아지와 같은 귀여운 대상을 돌보고 싶어 하는 것', '아버지를 이름으로 부르는 아들' 등 구체적인 사례를 들어 '도덕 모듈'과 '통용적 동인' 개념을 설명하고 있다.

[오답해설]

① 제시문은 도덕적 판단과 관련된 벤담, 흄, 칸트, 하이트 등의 이론을 소개하고 있지만, 다양한 이론이 가지는 장점들을 비교하기보다는 하이트의 이론을 중심으로 설명하고 있다.

② 제시문은 도덕적 판단과 관련된 하이트의 이론을 구체적인 사례를 들어 설명하고 있으나, 특정 개념의 변화에 대한 전망을 제시하고 있지는 않다.

③ 제시문은 도덕적 판단에 대한 여러 학자들의 주장을 언급하고 있으나, 이 논쟁이 나타난 사회적 배경이나 시대적 흐름을 통시적으로 소개하고 있지는 않다.

④ 제시문의 마지막 문단에 도덕적 판단에 대한 하이트의 주장이 가지는 의의가 언급되어 있지만, 그 한계를 제시하고 있지는 않다.

02	부적절한 내용 고르기	④

[정답해설]

4문단에 따르면 하이트의 관점에서 도덕은 사회·문화적 맥락을 공유하는 특정 집단의 도덕이지 보편적 도덕이 아니라고 하였다. 즉, 하이트는 보편적 도덕에 대한 기준을 설정한 것이 아니라 도덕의 상대성과 특수성을 강조하였다.

[오답해설]

① 3문단에서 하이트는 '도덕/비도덕'으로 짝지어진 여섯 가지 도덕 모듈을 제시하고 있다. 따라서 하이트가 도덕 모듈을 '도덕'과 '비도덕'으로 짝을 지어 제시했다고 이해하는 것은 적절하다.

② 1문단에서 벤담은 행복을 양적으로 계산할 수 있다는 입장에서 '최대 다수의 최대 행복'의 결과를 가져오는 행동을 도덕적이라고 보고 있다. 따라서 벤담이 도덕적 판단에서 다수에게 많은 행복을 주는 것을 중요시했다고 이해하는 것은 적절하다.

③ 3문단에서 하이트는 도덕 모듈을 '동물의 뇌 안에 존재하는 일종의 스위치'로써 생물학적·문화적인 진화를 통해 선천적으로 얻어진 특수한 기능이라고 설명하고 있다. 따라서 하이트가 도덕적 기반을 뇌 안에 생득적으로 형성된 것으로 보고 있다고 이해하는 것은 적절하다.

⑤ 3문단의 〈표〉를 보면 '권위/전복' 모듈의 통용적 동인으로 '윗사람'이 제시되어 있다. 따라서 '윗사람의 정당한 말을 따르지 않는 것'은 '권위/전복'의 모듈에 자극을 줄 수 있다고 이해하는 것은 적절하다.

03 부적절한 내용 고르기 ④

[정답해설]

1문단에서 합리주의에 의한 이성적 추론은 비자동성, 의도성 등의 특징을 지닌다고 하였고, 2문단에서 직관주의에 의한 도덕적 판단과 행동은 반사적이고 자동적인 기제인 직관에 의해 이루어진다고 서술되어 있다. 즉, 도덕적 판단이 반사적으로 이루어진다고 본 것은 합리주의가 아니라 직관주의임을 알 수 있다. 따라서 합리주의에서는 도덕적 판단이 이성적이면서 반사적으로 이루어진다고 보았다는 ④의 설명은 적절하지 않다.

[오답해설]

① 1문단에서 흄은 이성이 정념의 노예이고 도덕 법칙은 이성이 내리는 결론이 아니라며 도덕적 판단에서 감정의 영향을 중시했다고 서술되어 있다. 따라서 흄이 도덕적 판단에서 이성보다 감정을 중시했다고 설명한 것은 적절하다.

② 1문단에서 칸트는 도덕적 판단을 이성적 추론으로 도출해 낸 보편적 도덕 법칙에 따라야 함을 주장했다고 서술되어 있다. 따라서 칸트는 도덕적 판단을 이성적 추론의 산물이라고 보았다고 설명한 것은 적절하다.

③ 마지막 문단에서 하이트 이론의 강점을 설명하며 도덕적 판단에 대한 이해 및 통찰을 기반으로 개인 또는 집단 간에 견해 차이, 갈등이 생기는 이유를 살펴보았다고 서술되어 있다. 따라서 하이트가 도덕적 판단의 차이가 집단 간의 갈등을 유발할 수 있다고 보았다는 설명은 적절하다.

⑤ 2문단에서 직관주의 입장에 따르면 일상에서의 도덕적 판단과 행동은 감정적 반응의 영향하에, 반사적이고 자동적인 기제인 직관에 의해 이루어진다고 서술되어 있다. 따라서 직관주의에서는 일상에서의 도덕적 행동이 감정적 반응에 바탕을 둔다고 보았다는 설명은 적절하다.

04 지시 대상 이해하기 ①

[정답해설]

3문단에서 본래적 동인은 각 모듈을 작동시키는 근원적인 상황이나 대상을 의미하며, 각 도덕 모듈은 본래적 동인의 영향에 의해 형성된 것이라고 설명하고 있다. 따라서 ㉠의 '본래적 동인'이 도덕 모듈의 형성에 영향을 미쳤다고 이해하는 것은 적절하다.

[오답해설]

② 4문단에서 통용적 동인은 문화적 학습, 경험에 의해 집단이나 개인별로 다를 수 있다고 설명하고 있다. 따라서 ㉡의 '통용적 동인'은 학습이나 경험에 의해 후천적으로 변화될 수 없다고 이해하는 것은 적절하지 않다.

③ 3문단에서 통용적 동인은 본래적 동인 외에 도덕 모듈의 자극을 유발할 수 있는 모든 상황이나 대상을 의미한다고 하였다. 즉, 통용적 동인이 본래적 동인을 포함한다고 볼 수 있다. 따라서 ㉠의 '본래적 동인'이 ㉡의 '통용적 동인'을 포함하면서 도덕 모듈을 자극한다고 이해하는 것은 적절하지 않다.

④ 3문단에서 본래적 동인은 각 모듈을 작동시키는 근원적인 상황이나 대상이라고 하였고, 통용적 동인은 도덕 모듈의 자극을 유발할 수 있는 모든 상황이나 대상을 의미한다고 하였다. 따라서 ㉡의 '통용적 동인'이 도덕 모듈을 자극하는 모든 상황이고, ㉠의 '본래적 동인'이 특수한 상황에 해당된다.

⑤ 3문단에 따르면 본래적 동인은 생물학적 · 문화적인 진화를 거쳐 획득된 것이고, 4문단에 따르면 통용적 동인은 문화적 학습이나 경험에 의해 획득된 것임을 알 수 있다. 따라서 ㉠의 '본래적 동인'과 ㉡의 '통용적 동인' 모두 개인적 경험을 통해 학습된 도덕이라고 이해하는 것은 적절하지 않다.

05 부적절한 반응 고르기 ③

[정답해설]

4문단에서 도덕 모듈이 작동하는 동시에 동인과 관련된 감정이 수반되면서 인간은 도덕적 판단을 하게 된다는 서술 내용을 볼 때, 하이트는 '도덕 모듈이 작동'함과 동시에 '감정이 수반'된다고 주장함을 알 수 있다. 그러나 〈보기〉의 ⓒ에서 □□형을 습관화하는 교육의 과정을 거치면, 도덕적 판단 과정에서 □□형이 즉각적으로 작동한다고 하였는데, 여기서 □□형은 ⓑ에서 언급한 것처럼 이성적 분석과 추론으로 정보를 느리게 처리하는 것이라고 하였다. 따라서 ⓒ의 주장은 도덕적 판단 과정에서 '이성적 분석'이 수반되는 것으로 이해할 수 있다. 그러므로 하이트의 주장과 ⓒ라는 주장은 도덕적 판단이 감정의 영향하에 즉각적으로 나타난다는 점을 보여 주는 것이라고 반응하는 것은 적절하지 않다.

[오답해설]

① 2문단에서 즉각적으로 지각하는 직관과 이와 더불어 발생되는 감정을 통해 도덕적 판단을 한다는 서술 내용을 볼 때, 하이트는 직관과 '더불어 발생되는 감정'을 통해 도덕적 판단을 한다고 주장함을 알 수 있다. 또한 〈보기〉의 ⓐ에서 ○○형은 뇌의 감정적 활동이 정보를 즉각적으로 처리하여 도덕적 판단을 하는 것이라고 하였으므로, 하이트의 주장과 ⓐ라는 주장은 감정이 도덕적 판단에 영향을 미친다는 점을 보여 주는 것이라고 반응하는 것은 적절하다.

② 2문단에서 도덕적 판단은 이성적 추론으로 그 판단을 합리화하는 것이라는 서술 내용을 볼 때, 하이트는 '이성적 추론'으로 도덕적 판단을 '합리화'한다고 주장함을 알 수 있다. 또한 〈보기〉의 ⓑ에서 □□형은 이성적 분석과 추론으로 정보를 느리게 처리하는 것이라고 하였으므로, 하이트의 주장과 ⓑ라는 주장은 이성이 도덕적

판단과 관련되어 있다는 점을 보여 주는 것이라고 반응하는 것은 적절하다.

④ 4문단에서 같은 상황에서도 작동하는 도덕 모듈이 같지 않거나 작동하지 않을 수 있기 때문에 도덕적 갈등을 해결하기 위해서는 상대방을 이해하려는 태도가 필요하다고 서술되어 있다. 또한 〈보기〉의 ⓓ에서 도덕적 판단 기준은 문화권마다 중요도가 달라진다고 하였다. 그러므로 하이트의 주장과 ⓓ라는 주장은 상대방을 이해하려는 태도가 필요하다는 점을 보여 주는 것이라고 반응하는 것은 적절하다.

⑤ 4문단에서 도덕은 사회·문화적 맥락을 공유하는 특정 집단의 도덕이지 보편적 도덕이 아니라는 서술 내용을 볼 때, 하이트는 '도덕은 사회·문화적 맥락을 공유하는 특정 집단의 도덕'이라고 주장함을 알 수 있다. 또한 〈보기〉의 ⓔ에서 문화권에 따라 형성된 도덕 판단 기준이 도덕 판단에 영향을 준다고 하였으므로, 하이트의 주장과 ⓔ라는 주장은 도덕적 판단이 사회·문화적 요소에 영향을 받는다는 점을 보여 주는 것이라고 반응하는 것은 적절하다.

[06~10] 독서 - 정치

06	부적절한 질문 내용 고르기	②

[정답해설]

제시문에 허브 국가가 네트워크를 이용해 영향력을 행사하는 방식과 그 한계점에 대한 설명은 나타나 있지만, 허브 국가가 영향력을 행사하는 것을 제한할 수 있는 국제기구에 대한 언급은 나타나 있지 않다.

[오답해설]

① 2문단에서 최근에 국가들을 노드로 하는 네트워크에서는 국가 간 상호 의존이 증가하였지만 네트워크의 불균등성과 비대칭성은 더욱 확대되는 양상을 보인다는 내용을 통해 '최근의 국제 정치에서 국가들을 노드로 하는 네트워크의 변화 양상은 무엇인가?'라는 질문에 대한 답을 구할 수 있다.

③ 3문단에서 전통적인 경제 재재는 대상국 내 취약 계층에 대한 피해를 초래할 수 있고, 또한 제재를 부과하는 국가가 경제적 측면에서 피해를 보는 상황에 처할 수도 있다는 내용을 통해 '전통적 경제 제재를 부과하는 국가가 처할 수 있는 문제 상황은 무엇인가?'라는 질문에 대한 답을 구할 수 있다.

④ 4문단에서 스마트 제재는 특정 대상만을 제재하기 때문에 인도적 차원에서 부담이 작고, 네트워크를 활용한 경제 제재는 제재 범위를 제한함으로써 상대국에 대한 제재의 효과는 극대화하지만 제재에 소요되는 비용과 국내외의 정치적 부담은 감소시키는 특징이 있다는 내용을 통해 '전통적 경제 제재와 비교했을 때 네트워크를 활용한 경제 제재의 장점은 무엇인가?'라는 질문에 대한 답을 구할 수 있다.

⑤ 5문단에서 허브 국가가 경제 제재를 반복적으로 하면 제재 대상 국가가 네트워크 자체를 재편하는 전략을 추구하도록 촉진할 수 있다는 내용을 통해 '허브 국가가 경제 제재를 반복적으로 하면 발생할 수 있는 상황은 무엇인가?'라는 질문에 대한 답을 구할 수 있다.

07	부적절한 내용 고르기	③

[정답해설]

2문단에서 힘의 비대칭적 관계에 있는 국가들의 네트워크 내에서 진행되는 상호 의존의 증가는 허브 국가가 다른 국가들에 비해 더 많은 링크를 갖도록 하고, 이는 허브 국가가 '패놉티콘 효과'와 '조임목 효과'를 통해 상호 의존을 무기화할 수 있게 한다고 하였다. 그러므로 허브 국가가 ㉠의 '패놉티콘 효과'와 ㉡의 '조임목 효과'를 통해 서로 다른 네트워크의 공존을 허용한다고 이해하는 것은 적절하지 않다.

[오답해설]

① 2문단에서 허브 국가가 접근 가능한 정보가 많다는 우위를 이용하여 다른 국가와의 상호 작용에서 이점을 얻을 수 있다는 내용을 볼 때, 허브 국가가 ㉠의 '패놉티콘 효과'를 통해 다른 국가와의 협상에서 우위를 점할 수 있다고 이해하는 것은 적절하다.

② 2문단에서 조임목 효과는 허브를 통하지 않고는 네트워크와 연결되기 어려운 환경을 이용해 허브 국가가 다른 국가의 링크를 제한하거나 차단하는 것을 의미한다고 하였고, 이러한 링크의 제한과 차단은 네트워크를 변화시키는 요인에 해당한다. 그러므로 허브 국가가 ㉡의 '조임목 효과'를 통해 네트워크를 변화시킬 수 있다고 이해하는 것은 적절하다.

④ 2문단에서 힘의 비대칭적 관계에 있는 국가들의 네트워크 내에서 진행되는 상호 의존의 증가는 허브 국가가 다른 국가들에 비해 더 많은 링크를 갖도록 한다고 하였고, 링크가 많다는 것은 허브 국가의 접근 가능한 정보가 많아져 다른 국가에 비해 우위를 점할 수 있는 요소가 많아지는 것이다. 그러므로 네트워크 내에서 상호 의존이 증가할수록 ㉠의 '패놉티콘 효과'와 ㉡의 '조임목 효과'의 영향력이 커진다고 이해하는 것은 적절하다.

⑤ 1문단에서 네트워크 내부에서 다른 노드들과 다수의 링크를 맺고, 서로 다른 노드를 연결하는 중심이 되어 유의미한 영향력을 행사하는 노드를 허브라고 하였고, 허브 국가는 이러한 허브의 지위를 이용해 패놉티콘 효과와 조임목 효과를 전략적으로 이용한다. 그러므로 네트워크 내에서 허브 국가의 상대적 지위가 ㉠의 '패놉티콘 효과'와 ㉡의 '조임목 효과'를 가능하게 한다고 이해하는 것은 적절하다.

08   지시 대상 이해하기   ①

[정답해설]

2문단에서 최근에 네트워크의 불균등성과 비대칭성은 더욱 확대되는 양상을 보이고 있고, 이러한 불균등한 네트워크에서 허브 국가는 다른 국가들에 비해 더 많은 링크를 확보함으로써 더 많은 영향력을 행사할 수 있게 된다. 그러므로 허브 국가가 ㉮의 내용처럼 링크를 차단하여 제재를 가할 수 있는 것은 네트워크에서 국가 간의 상대적 지위가 불균등하고 비대칭적이기 때문이라고 볼 수 있다.

[오답해설]

② 5문단에서 제재의 대상이 될 것이라고 예상하는 국가들이 네트워크로부터 분리를 시도하거나 제재에 대한 취약성을 줄이기 위해 새로운 대안적 네트워크를 형성하려고 시도할 수 있다는 내용에 비추어 볼 때, 새로운 대안적 네트워크를 형성하려고 시도하는 것은 허브 국가가 아니라 제재 대상 국가이다.

③ 제재 대상 국가가 노드들 간의 상호 작용을 통해 링크를 변화시키는 것은 허브 국가의 제재에 대한 제재 국가의 대응 방안이므로, 허브 국가가 ㉮의 제재를 시도할 수 있는 이유에 해당되지 않는다.

④ 제재 대상 국가가 기존의 네트워크와 다른 새로운 네트워크를 만드는 것은 허브 국가의 제재에 대한 제재 국가의 대응 방안이므로, 허브 국가가 ㉮의 제재를 시도할 수 있는 이유에 해당되지 않는다.

⑤ ㉮는 제재 대상 국가의 영향력을 약화시키는 것이므로, 허브 국가가 새로운 링크를 통해 제재 대상 국가와의 협력을 촉진한다는 내용과 상충된다. 그러므로 이것은 허브 국가가 ㉮의 제재를 시도할 수 있는 이유로 부적절하다.

09   부적절한 내용 고르기   ③

[정답해설]

4문단에서 상대국 내의 특정 대상에만 효율적으로 제재를 부과하도록 설계하는 것을 스마트 제재라고 부르며, 이는 허브 국가가 제재 대상 국가와 그 대상 국가를 지원하는 개인 또는 집단을 연결하는 링크를 차단하는 것이라고 하였다. 〈보기〉에서 A국가의 국민이 B국가의 반도체 기업 인력으로 지원하는 활동을 제한하는 것은 제재 대상 국가를 지원하는 개인 또는 집단을 연결시키는 링크를 차단하는 것이므로 전형적인 스마트 제재에 해당된다. 그러므로 A국가가 B국가에 대한 반도체 관련 인력을 통제한 것은 스마트 제재와 달리 네트워크 내의 링크를 차단하는 효과를 의도했다고 이해하는 것은 적절하지 않다.

[오답해설]

① 5문단에서 허브 국가는 네트워크 내에서의 지위를 유지하거나 강화하기 위해서 기술 혁신을 비롯해 자체 역량을 키우기 위해 노력한다는 내용으로 볼 때, 〈보기〉에서 A국가가 첨단 기술 개발에 투

자하여 취약한 부분을 개선하려는 것은 네트워크 내에서 지위를 강화하려는 의도라고 이해하는 것은 적절하다.

② 5문단에서 허브 국가의 반복적인 제재로 제재 대상 국가가 네트워크 자체를 재편하는 전략을 추구한다면 허브 국가는 상대를 압박할 수 있는 수단을 상실할 수 있다는 점에서 장기적으로 손실이 될 가능성이 있다는 내용을 볼 때, 〈보기〉에서 B국가가 기존의 반도체 공급망을 대체할 새로운 반도체 공급망을 구축한다면 네트워크 재편으로 인해 A국가에 손실이 발생할 수 있다고 이해하는 것은 적절하다.

④ 2문단에서 허브를 통하지 않고 네트워크와 연결되기 어려운 환경을 이용해 허브 국가가 다른 국가의 링크를 제한하거나 차단하는 것을 의미하는 '조임목 효과'의 사례로 볼 때, 〈보기〉에서 A국가가 B국가에 대한 반도체 관련 수출을 통제한 것은 B국가가 A국가를 통하지 않고 기존의 반도체 공급망에 연결되기 어려운 환경을 이용한 것이라고 이해하는 것은 적절하다.

⑤ 4문단에서 네트워크를 활용한 경제 제재가 상대국에 대한 제재의 효과는 극대화하지만 제재에 소요되는 비용과 국내외의 정치적 부담은 감소시키는 특징에 비추어 볼 때, 〈보기〉에서 A국가가 B국가에 대한 무역 적자를 개선하기 위해 반도체 분야의 수출을 통제한 것은 전통적 경제 제재보다 자국의 경제에 미치는 부정적 영향을 줄이는 전략이라고 이해하는 것은 적절하다.

10   단어의 문맥상 의미 파악하기   ①

[정답해설]

ⓐ의 '구성되다'는 '몇 가지 부분이나 요소들이 모여 일정한 전체가 짜여 이루어지다.'는 뜻이고, '이루어지다'는 '몇 가지 부분이나 요소가 모여 일정한 성질이나 모양을 가진 존재가 되다.'는 뜻이므로 서로 바꾸어 쓰기에 적절하다.

[오답해설]

② ⓑ의 '확대되다'는 '모양이나 규모 따위가 더 크게 되다.'는 뜻이고, '옮아가다'는 '본래 있던 곳에서 다른 곳으로 자리 잡아 가다.'는 뜻이므로 서로 바꾸어 쓰기에 적절하지 않다.

③ ⓒ의 '초래하다'는 '일의 결과로서 어떤 현상을 생겨나게 하다.'는 뜻이고, '키우다'는 '상태나 상황 따위를 나빠지거나 심해지게 하다.'는 뜻이므로 서로 바꾸어 쓰기에 적절하지 않다.

④ ⓓ의 '촉진하다'는 '다그쳐 빨리 나아가게 하다'는 뜻이고, '내세우다'는 '어떤 일에 나서게 하거나 앞장서서 행동하게 하다.'는 뜻이므로 서로 바꾸어 쓰기에 적절하지 않다.

⑤ ⓔ의 '압박하다'는 '기운을 못 펴게 세력으로 내리누르다.'는 뜻이고, '굽히다'는 '뜻, 주장, 지조 따위를 꺾고 남을 따르다'는 뜻이므로 서로 바꾸어 쓰기에 적절하지 않다.

[11~15] 독서 – 과학

| 11 | 글의 세부 내용 파악하기 | ⑤ |

[정답해설]

5문단에서 내외면연소 방식은 그레인의 안에서는 연소되는 면의 넓이가 증가하고 그레인의 바깥에서는 연소되는 면의 넓이가 감소하여 강한 추력을 낼 수 있다고 서술되어 있다. 그러므로 내외면연소는 그레인 안의 연소되는 면의 넓이는 감소하고 밖의 연소되는 면의 넓이는 증가한다는 ⑤의 설명은 제시문의 내용과 일치하지 않는다.

[오답해설]

① 2문단에서 연소되는 면 이외에 그레인의 다른 부분에서 연소가 일어나지 않도록 단열성을 좋게 만들어야 한다고 서술되어 있다. 그러므로 그레인은 연소되는 면 이외에 다른 부분이 연소되지 않게 만들어야 한다는 설명은 적절하다.

② 2문단에서 액체 로켓은 로켓 안에 분리되어 저장된 연료와 산화제를 연소 시에 혼합하여 추진제로 사용한다고 서술되어 있다. 그러므로 액체 로켓은 로켓 안에 연료와 산화제가 섞여서 연소되는 공간이 필요하다는 설명은 적절하다.

③ 1문단에서 로켓 엔진은 중량에 비해 추력이 매우 높고, 빠르게 가속할 수 있기 때문에 무거운 탑재체를 싣고 대기권 위로 날아올라야 하는 비행체에 널리 사용된다고 서술되어 있다. 따라서 액체 로켓도 로켓 엔진에 해당하므로, 액체 로켓은 무거운 탑재체를 가지고 우주로 날아가야 하는 비행체에 사용할 수 있다는 설명은 적절하다.

④ 1문단에서 로켓 엔진은 중량에 비해 추력이 매우 높고, 빠르게 가속할 수 있기 때문에 빠르게 적을 타격해야 하는 각종 군용 미사일에서도 널리 사용된다고 서술되어 있다. 그러므로 로켓 엔진은 중량에 비해 추력이 높고, 빠르게 가속할 수 있어서 군용 미사일에 널리 사용된다는 설명은 적절하다.

| 12 | 지시 대상 이해하기 | ② |

[정답해설]

3문단에서 고체 로켓은 비행 중에 추력을 조절하기 어렵지만 그레인을 통해 미리 설정된 추력을 내게 만들 수 있다는 서술 내용을 볼 때, 고체 로켓이 비행 중에 그레인 단면의 형상을 실시간으로 변화시켜 추력을 조절할 수 있다는 설명은 적절하지 않다.

[오답해설]

① 4문단에서 증가형은 추력이 그레인의 연소가 끝나기 직전에 최대가 되며, 이를 활용하여 목표한 곳에 가까워질수록 추력이 증가하는 비행체를 설계할 수 있다고 서술되어 있다. 그러므로 목표한 곳에 접근할수록 속도를 빠르게 낼 수 있는 연소 방식을 사용할 수 있다는 설명은 적절하다.

③ 4문단에서 중립형은 정해진 시간 동안 추력이 일정하며, 추력이 일정하면 비행체의 경로를 제어하기 쉽다고 서술되어 있다. 그러므로 추력의 변화를 중립형이 되게 만들면 일정 시간 동안 경로를 제어하기 쉽다는 설명은 적절하다.

④ 5문단에서 연소 방식이 다른 그레인을 접합하여 비행 시간에 따라 추력을 조절할 수도 있다는 서술 내용을 볼 때, 연소 방식이 서로 다른 그레인을 접합시키면 추력을 변화시킬 수 있다는 설명은 적절하다.

⑤ 2문단에서 고체 로켓은 연료와 산화제를 균질하게 혼합한 추진제인 그레인을 사용한다는 서술 내용을 볼 때, 고체 로켓이 연료와 산화제가 균질하게 혼합된 추진제를 사용하여 추력을 낸다는 설명은 적절하다.

| 13 | 글의 세부 내용 파악하기 | ① |

[정답해설]

3문단에서 그레인은 연소되는 면의 넓이가 넓을수록 큰 추력을 낼 수 있는데, 그레인의 연소는 연소면의 수직 방향으로 이루어지며 연소면은 최초 연소면에 평행하다고 하였다. ㉠에서 나뭇가지형 그레인의 경우 단면 형상이 복잡하여 초기에 연소되는 면이 넓어 큰 추력을 내고 그 이후로는 낮은 추력을 낸다고 하였는데, 이는 연소면의 수직 방향으로 최초 연소면에 평행하게 연소되면서 복잡한 초기의 단면이 점점 단순화되어 연소되는 면의 넓이가 급감하기 때문이라고 추론할 수 있다.

[오답해설]

② 내면연소 방식에서 그레이의 단면 형상을 달리하는 이유는 원하는 추력을 얻기 위해서이다. 그런데 로켓의 외부 표면에 전달되는 열을 감소시켜 로켓의 안전성을 유지시키는 것은 추력과는 관련이 없는 내용이므로 ㉠의 이유로 적절하지 않다.

③ 5문단에서 단면연소 방식은 연소되는 면의 넓이가 거의 일정하게 유지되어 중립형을 보인다고 하였다. 그런데 나뭇가지형 그레인은 단면연소 방식이 아닌 내면연소 방식에 해당하므로, 연소되는 면의 넓이를 일정하게 유지시켜 원하는 추력을 얻으려는 것은 ㉠의 이유로 적절하지 않다.

④ 5문단에서 내외면연소 방식은 그레인의 안에서는 연소되는 면의 넓이가 증가하고 그레인의 바깥에서는 연소되는 면의 넓이가 감소하여 강한 추력을 낼 수 있다고 하였으므로, 그레인의 안과 밖에서 연소가 동시에 일어나는 것은 내외면연소 방식임을 알 수 있다. 그런데 나뭇가지형 그레인은 내외면연소 방식이 아닌 내면연소 방식에 해당되므로, 그레인의 안과 밖에서 연소가 동시에 일어나 그레인이 빨리 연소된다는 내용은 ㉠의 이유로 적절하지 않다.

⑤ 나뭇가지형 그레인의 경우 단면 형상이 복잡하여 초기에 연소되는 면이 넓어 큰 추력을 내고 그 이후로는 낮은 추력을 낸다고 하였다.

그런데 연소가 끝나기 직전에 추력을 크게 내야 할 필요가 있다는 내용은 이와 반대되는 개념이므로 ⓒ의 이유로 적절하지 않다.

하다면 t₆에서 남아 있는 그레인의 양이 더 많은 로켓은 로켓 B라고 이해하는 것은 적절하다.

14	부적절한 내용 고르기	⑤

[정답해설]

3문단에서 그레인은 연소되는 면의 넓이가 넓을수록 큰 추력을 낼 수 있다고 하였다. 〈보기〉의 그래프 중 t₆에서 로켓 C가 추력이 가장 높으므로 t₆에서 그레인의 연소되는 면이 가장 넓은 로켓은 로켓 C이다. 또한 t₆에서 로켓 C가 추력이 가장 낮으므로 t₆에서 그레인의 연소되는 면이 가장 좁은 로켓은 로켓 C이다. 그러므로 t₆에서 그레인의 연소되는 면이 가장 좁은 로켓이 로켓 B라는 설명은 적절하지 않다.

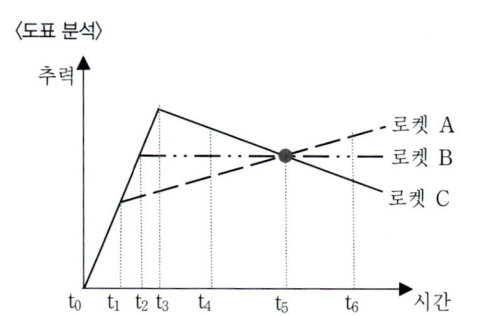

〈도표 분석〉

- 로켓 A(증가형): 추력이 그레인의 연소가 끝나기 직전에 최대가 되는 증가형이다.
- 로켓 B(중립형): 정해진 시간 동안 추력이 일정한 중립형이다.
- 로켓 C(감소형): 초기에 추력이 최대가 되어 높은 속도에 도달한 뒤, 그 속도를 유지할 수 있을 정도의 낮은 추력이 되는 감소형이다.

[오답해설]

① 〈보기〉의 그래프 중 t₀ 지점에서 t₂ 지점까지 로켓 B와 로켓 C의 추력이 일치하므로 t₀에서 로켓 A, 로켓 B, 로켓 C가 동일한 양의 그레인을 가지고 발사되었다면 t₂까지 연소된 그레인의 양은 로켓 B, 로켓 C 모두 동일하다고 이해하는 것은 적절하다.

② 〈보기〉의 그래프 중 t₃ 지점에서의 로켓 B의 추력이 로켓 A의 추력보다 더 높게 나타난다. 그러므로 t₃에서 로켓 B는 로켓 A보다 그레인의 양을 많이 소모한다고 이해하는 것은 적절하다.

③ 〈보기〉의 그래프 중 t₅ 지점에서 로켓 A, 로켓 B, 로켓 C의 추력은 모두 동일하다. 그러므로 t₅에서 로켓 A, 로켓 B, 로켓 C 모두 그레인의 연소되는 면의 넓이가 동일하다고 이해하는 것은 적절하다.

④ 〈보기〉의 그래프 중 t₆ 지점에서 로켓 A의 추력이 로켓 B의 추력보다 더 높으므로, 로켓 A가 더 많은 그레인을 소모했음을 알 수 있다. 따라서 t₆에서 로켓 A, 로켓 B에 남아 있는 그레인의 양이 동일

15	단어의 문맥상 의미 파악하기	①

[정답해설]

ⓐ의 '나누다'는 '여러 가지가 섞인 것을 구분하여 분류하다.'는 의미로 사용되었다. 마찬가지로 '지휘자가 악기를 관악기와 현악기로 나누었다.'에서 '나누다'도 '분류하다'는 의미로 사용되었으므로 ⓐ와 문맥상 그 의미가 가장 가깝다.

[오답해설]

② '그와 친구는 진로에 대한 이야기를 나누었다.'에서 '나누다'는 '말이나 이야기, 인사 따위를 주고받다.'라는 의미로 사용되었다.

③ '그는 자신의 유산을 가족들에게 나누었다.'에서 '나누다'는 '몫을 분배하다.'는 의미로 사용되었다.

④ '그는 친구들과 명절 음식을 나누었다.'에서 '나누다'는 '음식 따위를 함께 먹거나 갈라 먹다.'는 의미로 사용되었다.

⑤ '나와 그는 운동의 즐거움을 나누었다.'에서 '나누다'는 '즐거움이나 고통, 고생 따위를 함께하다.'는 의미로 사용되었다.

〈나누다〉의 사전적 의미

I. [...을 ...으로]

- 하나를 둘 이상으로 가르다.
  예 이 사과를 세 조각으로 나누자.
- 여러 가지가 섞인 것을 구분하여 분류하다.
  예 나는 이 물건들을 불량품과 정품으로 나누는 작업을 한다.
- 수학 나눗셈을 하다.
  예 20을 5로 나누면 4가 된다.

II. [...을 ...에/에게]

- 몫을 분배하다.
  예 이익금을 모두에게 공정하게 나누어야 불만이 생기지 않는다.

III. [(...과) ...을] ('...과'가 나타나지 않을 때는 여럿임을 뜻하는 말이 주어로 온다)

- 음식 따위를 함께 먹거나 갈라 먹다.
  예 나는 그녀와 술을 한잔 나누면서 여러 가지 이야기를 했다.
- 말이나 이야기, 인사 따위를 주고받다.
  예 고향 친구와 이야기를 나누는 일은 언제나 즐겁다.
- 즐거움이나 고통, 고생 따위를 함께하다.
  예 나는 언제나 아내와 모든 어려움을 나누고 살리라고 다짐하였다.
- 같은 핏줄을 타고나다.
  예 나는 그와 피를 나눈 형제이다.

[16~19] 현대 소설

염상섭, 「전화」
- 갈래 : 단편 소설
- 성격 : 사실적, 묘사적, 일상적
- 배경 : 1920년대 서울
- 시점 : 전지적 작가 시점
- 제재 : 전화
- 주제 : 전화를 둘러싸고 일어나는 부부 간 갈등과 인간의 이해타산
- 특징
  - '전화 설치'라는 일상적이고 사소한 사건을 통해 인간의 보편적인 본성인 허영심을 이끌어냄
  - 치밀한 심리 묘사와 사실주의를 통해 인물의 욕망, 불안, 시기심 등을 세밀하게 묘사함
  - 부와 권위, 사회적 지위 등을 상징하는 전화를 통해 겉치레와 체면을 중시하는 당시 지식인과 중산층의 세태를 풍자함

16 　　작품의 서술상 특징 이해하기　　①

[정답해설]

해당 작품은 전화를 둘러싼 '이 주사'와 '아내' 사이의 갈등을 중심으로 사건이 전개되고 있다. 전화를 팔고 받지 못한 '이백 원'의 행방을 두고 갈등이 증폭되지만, 결국 오해가 풀리고 아내가 직접 돈을 받아오면서 갈등이 해소된다. 즉, 작품 전반에서 인물 간의 생생한 대화를 통해 갈등이 증폭되고 해소되는 과정을 제시하고 있다.

[오답해설]

② 해당 작품은 주로 집을 배경으로 시간의 흐름에 따라 사건을 순차적으로 진행하고 있다. 그러나 동일한 시간의 두 공간을 연결하여 사건을 입체적으로 전개하고 있지는 않다.

③ 해당 작품은 일상의 사소한 일을 통해 인물의 심리와 사건을 세밀하게 묘사하고 있다. 그러나 이야기 속에 또 다른 이야기가 들어 있는 액자 구조를 활용하고 있지는 않다.

④ 해당 작품은 이야기 밖의 서술자가 등장인물의 행동과 태도 및 내면심리까지 묘사하는 3인칭 전지적 작가 시점으로 일관되게 서술하고 있다. 그러나 다양한 시점을 혼용하여 인물 간의 심리적 거리를 효과적으로 드러내고 있지는 않다.

⑤ 해당 작품은 작품 외부의 서술자가 등장인물의 내면심리까지 묘사하는 전지적 작가 시점으로 서술하고 있다. 그러나 작품 내부의 서술자가 인물의 심리를 묘사하여 사건 전달의 객관성을 높이고 있지는 않다.

17 　　부적절한 내용 고르기　　③

[정답해설]

ⓒ에서 '아내'가 느낀 '어색함'은 남편의 거짓말을 간파한 것에 대한 쾌감이 아니라, 남편을 근거 없이 의심했다가 자신의 의심이 틀렸음을 알고 무안해진 감정이다. 이후 다시 생기가 돈 것도 남편의 거짓말에 속지 않아서가 아니라, 김 주사 부자에게 직접 가서 돈 이백 원을 받아낼 생각에 신이 났기 때문이다.

[오답해설]

① '아내'는 아침에는 기생 '채홍'이 '남편'에게 전화를 걸고, 저녁에는 식사 중 '남편'이 전화를 받고 나가자 기분이 상한다. 그러던 중 ㉠에서 아침에 전화를 걸었던 기생 '채홍'이 또 전화를 하자, '아내'는 한바탕 몰아세우고 전화를 끊어버리고는 통쾌함을 느낀다. 그러므로 '남편'의 외출과 전화를 건 이의 태도로 인해 상했던 '아내'의 기분이 나아졌다는 설명은 적절하다.

② ㉡에서 '아내'가 '앓던 이나 빠진 듯이'라며 전화가 없어진 것에 대한 후련함을 표출하지만 그러면서도 '매우 서운한 기색'으로 선웃음을 치며 전화가 없어진 것에 대한 아쉬움을 드러내고 있다. 그러므로 '아내'는 '남편'에게 전화를 떼어 간 사실을 전하며 후련함과 아쉬움을 느꼈다는 설명은 적절하다.

④ ㉢에서 받지 못한 전화값 이백 원을 받아오면 자신의 것이라는 '아내'의 말에 '남편'은 처분대로 하라며 허락한다. 그러면서 인제는 바가지나 긁지 말라며 전화값 이백 원을 '채홍'에게 줬다고 여기는 '아내'의 오해에서 벗어날 수 있게 된 것에 웃음을 보인다. 그러므로 '남편'은 전화 값을 둘러싼 '아내'의 오해에서 벗어났다고 생각하여 여유로운 태도를 보였다는 설명은 적절하다.

⑤ ㉣에서 '아내'는 기생 '채홍'의 집 김장은 '김 주사'가 해주었다는 말에 안심이 되어 샐쭉 웃는다. 그러므로 '아내'는 '남편'이 '채홍'에게 돈을 주지 않았음을 알아차리고 마음이 놓였다는 설명은 적절하다.

18 　　지시 대상 이해하기　　⑤

[정답해설]

ⓐ에서는 '아내'가 이백 원 마저 내놓으라며 '남편'이 돈을 가로채 기생에게 줬다고 몰아세우자, '남편' 입장에서는 '김 주사'에게 사기를 당해 돈을 구경도 못해본 억울한 상황인데, '아내'가 전혀 예상치 못한 억측을 하니 어이가 없어 웃는다. ⓑ에서도 전화로 인해 그렇게 오해와 갈등을 빚고도 전화를 판 돈 이백 원을 받아오자마자 태도를 바꾸어 '전화 하나 또 매자'고 조르는 '아내'의 말에 '남편'이 어이가 없어서 웃는다. 그러므로 ⓐ, ⓑ 모두 '아내'가 한 말이 자신이 예상하지 못한 말이어서 기가 막힌 '남편'의 심리를 드러낸다고 볼 수 있다.

[오답해설]

① ⓑ에서 '남편'은 전화를 다시 놓자는 '아내'의 제안에 황당해서 웃고 있을 뿐, '아내'와의 갈등을 완화하고 있는 것은 아니다.

② ⓐ, ⓑ 모두 '남편'이 '아내'의 태도에 할 말을 잃고 어이 없이 웃고 있을 뿐, '남편'과 '아내'의 적극적인 대화를 이끌거나 대화의 단절을 의미하는 것은 아니다.

③ ⓑ에서 전화를 다시 놓자는 '아내'의 말에 '남편'이 새로운 기회를 깨달은 것이 아니라, '아내'의 이중적 태도에 기가 막혀 하고 있다.

④ ⓐ, ⓑ 모두 '아내'의 말이나 제안에 '남편'이 억울해하고 황당해 하는 모습을 보여줄 뿐 궁지에 몰린 '남편'의 상황을 보여 준 것은 아니다.

19	작품의 감상 내용 이해하기	③

[정답해설]

'남편'이 '김 주사' 부친의 편지를 읽은 장면은 '김 주사'가 중간에서 전화값 이백 원을 가로챘다는 기만행위가 밝혀지는 대목으로, 이는 전화값을 둘러싼 중산층 생활인의 욕망과 허위, 속물근성을 보여주고 있다고 감상할 수 있다. 그러므로 '남편'이 영수증을 달라는 편지를 읽는 장면에 근대 문물에 적응하는 정도가 다른 조선인들의 모습이 드러나 있다고 감상한 것은 적절하지 않다.

[오답해설]

① '아내'는 '남편'이 저녁 식사 도중 기생 '채홍'의 전화를 받고 나가자 별일이 많다며 눈살을 찌푸리고 있다. 그러므로 '남편'이 전화를 받고 나가는 장면에는 전화의 도입이 일상에 미친 영향이 드러나 있다고 감상한 것은 적절하다.

② '아내'가 '남편'의 첫 전화를 받고 반갑기도 하고 부끄러운 듯이 웃음도 저절로 나온다며 전화가 쓸모 있음을 고마워한다. 그러므로 부부간의 통화 장면에는 새로운 의사소통 수단으로 '남편'과 첫 대화를 나누는 '아내'의 설렘이 드러나 있다고 감상한 것은 적절하다.

④ '김 주사'가 '남편'에게 전화를 오백 원에 사면서 자신의 아버지에게는 칠백 원에 샀다고 속이고 이백 원을 떼어먹는데서 인물의 허위나 속물근성을 보여준다. 그러므로 전화 값을 둘러싼 '이 주사'와 '김 주사' 간의 사건에는 중산층 생활인이 지닌 욕망과 허위가 드러나 있다고 감상한 것은 적절하다.

⑤ '아내'가 '남편'과의 갈등으로 '원수'라 부르던 전화를 삼백 원에 설치한 후 칠백 원에 되팔아 이익을 남기자 '남편'에게 전화를 또 하나 놓자고 조른다. 그러므로 전화를 또 하나 놓자는 '아내'의 말에는 전화 소유에 대한 입장을 바꿀 수 있을 만큼 강한 중산층의 속물근성이 드러나 있다고 감상한 것은 적절하다.

[20~23] 고전 시가

(가) 박인로, 「조홍시가」
- 갈래 : 평시조, 연시조
- 성격 : 교훈적, 유교적, 사친가
- 제재 : 효
- 주제 : 부모에 대한 효심과 봉양의 의지
- 특징
  - 여러 고사를 인용해 효를 실천하는 것의 중요성을 드러냄
  - 불가능한 상황을 설정하여 화자의 소망을 드러냄
  - 추상적 시간을 구체적 이미지로 형상화함
  - 자연물을 통해서 부재하는 대상을 떠올리고 정서를 환기함

(나) 남석하, 「원유가」
- 갈래 : 가사, 기행 가사, 유배 가사
- 성격 : 유교적, 이상적, 풍류적
- 제재 : 강호에서 즐기는 흥취
- 주제 : 자연의 흥취와 임금에 대한 충심
- 특징
  - 다양한 고사를 활용하여 주제를 형상화함
  - 대화체 기법으로 임금에 대한 충심을 강조함
  - 공명에 대한 포부와 건강한 삶을 소망함

20	작품의 세부 내용 파악하기	②

[정답해설]

(가)의 〈제4수〉는 '봉황'과 '까마귀'를 두고 비록 겉모습은 다르지만 '비조' 즉, 날아다니는 새라는 두 대상의 공통점을 환기시키고 있다. 이를 통해 효를 상징하는 까마귀를 고귀한 봉황의 무리에 어울릴 수 있을 만한 존재로 높이면서 효의 가치를 강조하려는 화자의 의도를 드러내고 있다.

[오답해설]

① (가)의 〈제3수〉는 만균을 늘여 길게 노끈 꼬아 해를 잡아맨다는 불가능한 상황을 설정하여 부모님이 늙지 않기를 바라는 간절한 소망을 드러내고 있으나, 화자의 절망감을 드러내고 있지는 않다.

③ (나)의 [A]는 옛 현인들의 풍류를 나열하여 그들의 '놀음'을 예찬하고 있으나, 궁핍한 상황과 영달한 상황을 교차하여 화자의 처지를 드러내고 있지는 않다.

④ (나)의 [B]는 임금과의 대화를 통해 공명에 대한 화자의 포부와 희망을 드러내고 있으나, 인물 간의 대화를 통해 화자가 느끼는 아쉬움을 드러내고 있지는 않다.

⑤ (나)의 [C]는 '천하만사 순간'이며 인생의 무상함을 느끼고 대장부로서 질병 없이 살아가고자 하는 화자의 다짐을 엿볼 수 있으나, 시간을 압축한 표현을 통하여 화자의 회한을 드러내고 있지는 않다.

21 부적절한 내용 고르기 ③

[정답해설]
ⓒ에서 화자는 뒤늦게나마 자신이 높은 벼슬에 오른 것을 기뻐하고 있으나, 벼슬을 다시 맡은 것인지는 작품 속에 나타나 있지 않다. ⓒ에는 벼슬의 때가 늦었음에도 임금을 만나 공명의 포부를 펼치게 된 것에 대한 화자의 자부심이 드러나 있다.

[오답해설]
① ㉠에서 화자는 '백년 허송(虛送) 마라서라'라며 세월을 헛되이 보내면 안 된다는 생각을 나타내고 있다.
② ㉡에서 화자는 '밝은 달'을 본보기로 삼아 옛사람처럼 인생을 즐기는 것에 대해 긍정적인 태도를 나타내고 있다.
④ ㉣에서 화자는 '성군(聖君)'과 '명주(明主)' 즉, 어질고 현명한 임금을 모시고 싶다는 기대를 나타내고 있다.
⑤ ㉤에서 화자는 즐거운 삶을 영위하기 위해 '질병 없이' 건강하게 살고 싶은 바람을 나타내고 있다.

22 지시 대상 이해하기 ④

[정답해설]
ⓐ(북당)는 화자가 더디 늙기를 바라며 정성(효심)을 다하고 싶은 부모님이 있는 장소이고, ⓑ(궁궐)는 화자가 충신으로 공명을 다하겠다는 마음속의 정회(회포)를 풀어내고 싶은 임금이 있는 장소이다.

[오답해설]
① ⓐ(북당)는 화자가 부모님으로부터 은혜를 입은 장소이고, 마찬가지로 ⓑ(궁궐)도 화자가 임금으로부터 은혜를 입은 장소이다.
② ⓑ(궁궐)는 임금이 거처하는 장소로, 화자가 임금을 섬기기 위해 거처하는 장소는 아니다. ⓐ(북당) 역시 부모님이 거처하는 장소이지, 화자가 거처하는 장소는 아니다.
③ ⓑ(궁궐)는 충신으로 공명을 다하겠다는 화자의 소망이 실현될 장소로 볼 수 있으나, ⓐ(북당)는 부모님이 돌아가셔서 '반길 사람 없어 서러워'하고 있으므로 화자가 소망하는 바가 실현된 장소라고 볼 수 없다.
⑤ ⓐ(북당)는 효를 실현하기 위해 부모님에게, ⓑ(궁궐)는 충을 실현하기 위해 임금에게 화자가 애정을 드러내는 장소로 볼 수 있으나, 그와 반대로 각 대상이 화자에게 애정을 드러내는 장소인지는 알 수 없다.

23 부적절한 감상 내용 고르기 ④

[정답해설]
(가)의 〈제2수〉는 평생 동안 '증자'처럼 효도를 다하겠다는 화자의 의

지를 밝히고 있다. (나)의 화자는 임금에게 직언을 잘 했던 '급암'처럼 신하의 도리를 다하기를 소망하지만, 자신의 과거에 대한 반성을 드러내고 있지는 않다. 오히려 임금을 만나 자신의 포부를 펼치며 공명을 다하겠다는 화자의 의지를 엿볼 수 있다.

[오답해설]
① (가)의 〈제1수〉에서 화자는 '조홍감'을 보고 육적회귤의 고사를 떠올리지만, '품어 가 반길 사람'이 없다며 부모님이 계시지 않음을 슬퍼하고 있다. 그러므로 '반중 조홍감'의 존재를 통해 부모의 부재를 떠올리고 효도하지 못하는 것을 안타까워한다는 감상 내용은 적절하다.
② (나)의 화자는 '백년 허송' 하지 말라며 인생이 항상 청춘이 아니므로 질병 없이 풍류를 즐기며 살자고 제안한다. 그러므로 '인생이 항상 소년 아님'을 인식하고 풍류를 즐기며 현재를 살고 싶어 한다는 감상 내용은 적절하다.
③ (나)의 화자는 공명을 기약하고 '홍진자맥', 즉 번잡하고 번화한 속세에 나아가 늦게나마 높은 벼슬에 오른 것을 기뻐한다. 그러므로 '홍진자맥 찾아가'는 행위를 통해 번화한 속세에 나아가 입신양명하기를 바란다는 감상 내용은 적절하다.
⑤ (가)의 〈제3수〉에서 화자는 '만균(큰 쇳덩어리)'을 늘여 꼬아 만든 노끈으로 해를 잡아매어 부모님을 더디 늙게 하기를 소망한다. 그러므로 '만균'을 이용하여 부모가 천천히 늙기를 희망한다는 감상 내용은 적절하다. 또한 (나)의 화자는 공명을 크게 닦고 사직을 아뢴 후 태평주를 빚어 벗들과 술 한 잔 하며 오래 취하기를 바란다. 그러므로 향촌 공동체와 '태평주'를 나누며 즐거움을 함께하고자 한다는 감상 내용은 적절하다.

[24~27] 고전 소설

작자 미상, 「영이록」
• 갈래 : 고전 소설, 국문 소설, 영웅 소설
• 성격 : 전기적, 비현실적, 비판적, 교훈적
• 시점 : 전지적 작가 시점
• 주제 : 손기의 일생과 영웅적인 삶
• 특징
  – 외양은 화려하나 내면이 좁은 소운성과 겉은 허름하나 내면이 깊고 비범한 손기를 극명하게 대비시킴
  – 부모의 말씀을 따르고 원수를 덕으로 갚는 유교적 도덕성을 강조함
  – 전형적인 갈등 해소의 서사적 구조를 가짐
  – 전기적 요소를 사용하여 비범한 인물의 능력을 부각함

24 | 부적절한 내용 고르기 | ②

[정답해설]

형 한림이 "손 서방은 일찍이 병이 있어 말달리기를 잘 못한다네."라고 말한 것은 소운성이 말달리기 벌칙을 제안한 것이 손기를 괴롭히기 위한 것임을 눈치 채고 거짓 핑계를 댄 것이다. 또한 손기가 도술을 부려 맨 처음 변수 가에 도착하였으므로, 형 한림이 일찍이 병이 있어 말달리기를 잘하지 못하는 손 서방을 위로하였다는 설명은 적절하지 않다.

[오답해설]

① 계아가 "당신의 복장이 너무 검소합니다. 모름지기 어진 사람의 마음을 가져 이전의 원한을 갚으려고 독한 수단을 부리지 마십시오. 두 집안의 좋은 분위기가 깨질까 염려됩니다."라고 손기에게 말한 대목에서 계아는 허름하게 차려입은 손기에게 좋은 분위기를 깨지 말 것을 당부하였음을 알 수 있다.

③ '소운성은 말을 오래 세워놓아 발에 병이 났다고 핑계를 대며 탄식하였다. 형씨 형제 가운데 둘째와 셋째가 하인에게 물을 가져오게 하고는 소운성에게 빨리 마시라고 재촉하였다.'는 대목에서 형씨 형제들은 핑계를 대는 소운성에게 변수의 물을 마시라고 재촉하였음을 알 수 있다.

④ '주위에 있던 사람들이 모두 놀랐으나 이미 알고 있는 소운성은 놀라는 기색 없이 아버지 소현성에게 가서 그동안의 경과를 아뢰었다.'는 대목에서 소현성은 광대로 인해 벌어진 사건의 경과를 아들에게 전해 들었음을 알 수 있다.

⑤ 소운성이 "제가 집으로 올 때 동서가 부적 하나를 주면서, 이 부적을 광대에게 주어 훈계하면 더 이상 제멋대로 굴지 못할 것이라 하였습니다."라고 아버지에게 말한 대목에서 손기는 동서에게 자신이 준 부적을 광대에게 주라고 일러 주었음을 알 수 있다.

25 | 작품의 서사적 기능 이해하기 | ②

[정답해설]

손기를 괴롭히기 위한 소운성의 말달리기 제안에 겉보기에는 보잘것없는 손기의 나귀가 도술을 통해 '별이 흐르고 번개가 지나듯이' 변수 가에 맨 처음 도착하였다. 이처럼 '작은 나귀'는 손기가 신이한 능력을 발휘하는 수단이자 손기가 비범한 인물임을 독자에게 각인시키는 장치로 활용되었다.

[오답해설]

① 임금이 하사한 청총마를 탄 소운성은 '작은 나귀'를 탄 손기를 괴롭히기 위해 벌칙이 있는 말달리기 제안을 하였다. 그러므로 '작은 나귀'를 소운성이 손기의 정체를 의심하는 근거로 삼은 것은 아니다.

③ '작은 나귀'를 탄 손기의 행색을 염려하는 계아의 말에 손기는 말 없이 그저 웃기만 하였다. 즉, '작은 나귀'가 두 사람 사이의 감정적

소통을 돕는 매개체로 작동한 것은 아니므로, 손기가 계아의 진심을 알게 되는 계기로 작용한 것은 아니다.

④ 소운성이 손기를 괴롭히기 위해 말달리기 벌칙을 제안하자, 형 한림은 약한 나귀를 탄 손 서방의 불리함을 알고 이를 말린다. 이는 형 한림의 성품을 나타낸 것일 뿐, '작은 나귀'가 형 한림과 손기의 관계를 증명하는 도구로 사용된 것은 아니다.

⑤ 계아는 '작은 나귀'를 타고 허름하게 차려입은 손기에게 두 집안의 좋은 분위기를 깨지 말라며 충고한다. 그러므로 '작은 나귀'가 손기에 대한 계아의 신뢰를 보여 주는 상징물로 사용된 것은 아니다.

26 | 지시 대상 이해하기 | ⑤

[정답해설]

ⓐ에서 소운성은 손기를 괴롭히려는 자신의 사적인 의도를 숨긴 채 '사대부들이 해야 하는 육례'라는 사회적 관습을 바탕으로 말달리기 시합을 제안하고 있다. 또한 ⓑ에서 소운성은 '하늘을 속이고 사람 목숨을 해치며 세상의 도리를 어지럽혔다'는 도덕적 가치를 언급하며 광대에 대한 자신의 처벌이 정당함을 주장하고 있다. 그러므로 ⓐ와 ⓑ 모두 사회적 가치나 관습을 바탕으로 자신의 행동이나 판단에 정당성을 부여하고 있다는 설명은 적절하다.

[오답해설]

① ⓐ에서 소운성은 손기에게 사대부들이 해야 하는 육례에 따라 말달리기에 나설 것을 설득하고 있으나, 상대방에게 과거의 예법에서 벗어나 자발적으로 나설 것을 설득하고 있지는 않다.

② ⓑ에서 소운성은 상대방의 잘못이 초래한 결과를 나열하며 광대가 마땅히 처벌 받아야 함을 강조하고 있으나, 처벌을 피할 방법을 제시하고 있지는 않다.

③ ⓐ에서 소운성은 손기를 괴롭히려는 자신의 의도를 숨기기 위해 즐거움을 함께하자고 부추기고 있다. ⓑ에서 소운성은 광대에게 크게 화를 내며 꾸짖고 있으므로, 개인적인 원한을 숨기기 위해 감정을 절제하고 있는 것은 아니다.

④ ⓐ에서 소운성은 '사대부들이 해야 하는 육례'를 근거로 손기에게 말달리기 시합에 응할 것을 주문하고 있으나, 상대방의 무지를 일깨우며 태도 변화의 필요성을 강조하고 있지는 않다. ⓑ에서 소운성은 '아홉 번 죽여도 죄를 용서하지 못하리라'며 광대가 끼친 해악의 정도를 거론하여 지은 죄가 가볍지 않음을 강조하고 있다.

27 | 부적절한 내용 고르기 | ④

[정답해설]

소운성이 '묶은 것을 풀어주며' 광대에게 멀리 가지 않으면 '다시 벌'하겠다고 한 장면은 '함부로 처단하지 말고 먼 곳으로 내치라'는 아버

지의 분부에 따른 것이다. 이는 유교적 관용과 도덕이라는 사대부의 가치관을 중시한 아버지의 뜻을 따른 것이다. 그러므로 소운성이 광대를 풀어준 것을 사대부가의 가치관이 절대적이지 않다고 여기게 된 것으로 이해하는 것은 적절하지 않다.

[오답해설]

① '정제된 의관'과 '임금이 하사한 청총마'는 소운성이 임금의 신임을 받아 성취한 관직을 상징한다. 그러므로 이를 통해 소운성이 임금에게 인정받아 유교식의 사회적 성취를 이룬 인물임을 알 수 있다.

② 소운성이 '말을 달려 꼴찌에게는 벌칙으로 변수의 물을 떠먹이'자고 제안한 것은 손기를 괴롭히기 위한 계략이다. 그러므로 이를 통해 소운성이 적대적인 태도를 지니고 손기를 골탕 먹이려 한 것임을 알 수 있다.

③ 소운성이 아들의 목숨을 구한 '손기의 신기한 재주에 감탄하며 마음속으로 칭찬하'는 모습은 유교적 배경을 지닌 소운성이 손기의 도교적 유용성을 인정한 것이다. 그러므로 이를 통해 소운성이 도교적 질서로 문제를 해결할 수 있다고 인정하게 되었음을 알 수 있다.

⑤ 손기가 도술로서 소운성의 아들을 위기에서 구해주자 소운성은 '술과 먹을거리를 가지고' 형 한림 형제와 손기를 찾아가 사례한다. 이는 손기에 대한 소운성의 적대적인 태도가 바뀐 것으로, 이를 통해 소운성이 문제를 해결해 준 손기에게 감사를 표하며 손기와 화해에 이르렀음을 알 수 있다.

[28~30] 현대 시

> **(가) 백석, 「내가 생각하는 것은」**
> • 갈래 : 자유시, 서정시
> • 성격 : 성찰적, 고백적, 애상적, 명상적
> • 제재 : 봄밤의 흥성한 거리와 외로운 방 안
> • 주제 : 현실과 이상의 괴리에서 오는 쓸쓸함과 삶에 대한 성찰
> • 특징
> – 대조적인 이미지를 반복적으로 사용하여 시적 효과를 높임
> – 자신의 감정을 직설적으로 표현하여 독자들에게 강한 인상을 심어줌
> – 향토적인 어휘를 사용하여 시에 정감을 더함
>
> **(나) 기형도, 「진눈깨비」**
> • 갈래 : 자유시, 서정시
> • 성격 : 성찰적, 상징적, 회상적
> • 제재 : 진눈깨비
> • 주제 : 희망 없이 살아가는 도시 소시민의 비애
> • 특징
> – 진눈깨비가 내리는 풍경을 통해 하강과 소멸의 이미지를 구축함

> – 차가움, 어두움 등 시각과 촉각을 활용해 우울한 분위기를 극대화함
> – 외부 세계와의 단절을 통해 철저히 혼자 남겨진 화자의 고립감을 보여줌

28 　　작품의 표현상 특징 파악하기　　④

[정답해설]

(가)는 '누긋하니 푹석한 밤', '하이얀 자리 위', '새파란 핏대', '내 눈가를 내 가슴가를 / 뜨겁게 하는 것' 등의 감각적 이미지를 통해 따뜻한 바깥 분위기와 대조되는 초라한 현실에 대한 화자의 인식을 보여 준다.

(나)는 '진눈깨비', '딱딱한 손', '어두운 골목', '낡고 흰 담벼락' 등의 감각적 이미지를 통해 도시적 삶의 불행과 허무에 대한 화자의 인식을 보여준다.

[오답해설]

① (가)에서는 상승의 이미지가 나타나지 않지만, (나)에서는 '진눈깨비 흩날린다', '서류 봉투가 떨어진다' 등 하강의 이미지를 활용하여 과거의 각오와 현실의 괴리에 대한 절망을 드러내고 있다.

② (가)에서는 밖(거리)에서 안(하이얀 자리)으로 화자의 시선이 이동하고 있으며, (나)에서도 '눈길', '어두운 골목길', '낡고 흰 담벼락' 등으로 화자의 시선이 이동하며 시상을 전개하고 있다.

③ (가)에서는 '가난한 아버지', '처녀가 시집을 간 것', '동무가 나를 버린 일' 등의 유사한 소재를 나열하여 화자의 외로움과 슬픔을 표현하고 있다. (나)에서도 대학을 졸업하면서 한 '각오'와 불행한 현실을 병치하여 힘겨운 삶에 대한 비애를 표현하고 있다. 즉, (가)와 (나) 모두 자신의 상황에 대한 한탄과 비애를 드러내고 있으나, 외부 대상에 대한 화자의 비판적 태도를 강조하고 있는 것은 아니다.

⑤ (가)에서는 도치법을 활용한 강조가 나타나 있지 않으며, (나)에서는 '허리를 나는 굽히다 말고', '내린다 진눈깨비' 등에서 의도적으로 어순을 도치시켜 대상의 행위가 지닌 의미를 강조하고 있다.

29 　　　　지시 대상 이해하기　　　　③

[정답해설]

ⓒ에서는 초라한 현실에 대해 '내 눈가를 내 가슴가를 뜨겁게 하는' 슬픔을 대상화하여 소외되고 힘든 '나'의 삶을 성찰하고 있고, ⓔ에서는 화자의 신체 일부를 '딱딱한 손'이라고 대상화하여 고단한 현실 속에서 굳어버린 '나'의 힘든 삶을 드러내고 있다.

[오답해설]

① ㉠이 비어 있는 상태는 '신간서 하나 없는' 화자의 빈곤한 삶을 나

타내며, 이는 ⓒ을 유발하여 화자의 결핍과 소외감을 심화시키고 있을 뿐, 새로운 삶의 가능성을 긍정하도록 하는 것은 아니다.

② ㉠의 '신간서 하나 없는 손'과 ㉢의 '딱딱한 손' 모두 화자의 가난하고 고단한 삶을 표현하는 소재로 사용되었을 뿐이며, '나'가 자신의 삶이 전환되었던 계기를 떠올려 자신의 삶을 객관화하도록 하는 소재로 사용된 것은 아니다.

④ 화자는 ⓒ에서 빈곤하고 소외된 삶에 대한 슬픔을, ㉣에서 과거의 각오와 대비되는 현실을 인식하고 있을 뿐이며, '나'가 자신의 행위를 반성적으로 돌아보고 현재의 상황을 타개하려는 극복의 의지를 보여주고 있지는 않다.

⑤ ㉢의 딱딱한 상태는 고단한 삶에 지친 화자의 고통스러운 모습을 나타내며, ㉣은 서류가 떨어지면서 발현된 과거의 각오와 현재의 초라함을 대비시킨 회한의 과정을 보여주고 있다. 즉, 자신에 대한 인식이 변화했음을 나타내는 것은 아니다.

| 30 | 부적절한 내용 고르기 | ② |

[정답해설]

(가)에서는 '가난한 아버지', '처녀가 시집을 간 것', '동무가 나를 버린 일' 등의 유사한 소재를 나열하여 화자의 외로움과 슬픔을 표현하고 있다. 즉, 화자가 자신의 마른 팔뚝의 '새파란 핏대를 바라보'며 가난한 아버지를 기억하는 것처럼 '처녀가 시집을 간 것'에 대한 기억도 마찬가지로 동질감을 느끼며 가난함과 외로움으로 인한 상실의 정서를 심화하고 있다.

[오답해설]

① (가)에서 '하이얀 자리 위'에 있는 화자는 외롭고 쓸쓸한 처지로, 사람도 많이 나서 흥성흥성한 '거리'에 이질감을 느끼며 외로움의 정서를 심화하고 있다.

③ (나)에서 '서류 봉투'를 떨어뜨린 초라한 현실의 화자는 대학을 졸업할 때의 '각오'에 대한 기억에 이질감을 느끼며 불행의 정서를 유발하고 있다.

④ (가)의 화자는 자신의 '마른 팔뚝'을 보며 가난한 '아버지'에 대한 기억에 동질감을 느끼고, (나)의 화자는 '귀갓길'에 '어떤 소설에선가 읽은' 고단한 삶에 대한 기억에 동질감을 느끼며 결핍의 정서를 심화하고 있다.

⑤ (가)에서 '신간서', '유성기'가 없는 화자는 몸이 성하고 돈도 있어 즐거이 술을 먹으러 다니는 '사람들'에 대한 상상에 이질감을 느끼고, (나)의 '변덕이 심한 다리'로 걷는 화자는 한 번도 본 적 없는 사내들과 건물들 사이를 헤매는 '눈발'에 대한 상상에 동질감을 느끼며 공허함의 정서를 심화하고 있다.

2025학년도

[국어]

정답 및 해설

▌ [국어] 2025학년도 | 정답

01	①	**02**	③	**03**	⑤	**04**	⑤	**05**	④
06	④	**07**	①	**08**	③	**09**	③	**10**	②
11	⑤	**12**	②	**13**	①	**14**	⑤	**15**	③
16	①	**17**	②	**18**	④	**19**	①	**20**	④
21	⑤	**22**	③	**23**	①	**24**	④	**25**	⑤
26	②	**27**	③	**28**	②	**29**	②	**30**	⑤

▌ [국어] 2025학년도 | 해설

[01~05] 독서 – 사회

01	글의 중심 내용 파악하기	①

[정답해설]

제시문에 따르면 매클루언은 인간이 세계를 지각하는 방식과 사회적 소통구조에 미치는 매체의 영향력에 주목하였고, 플루서는 매체 그 자체의 특성뿐만 아니라 매체를 활용한 소통 방식에 주목하였다. 즉, 제시문은 매체의 서로 다른 측면에 주목하는 두 학자의 논의를 대비하여 제시하고 있다.

[오답해설]

② 매체의 개념을 둘러싼 두 학자의 각기 다른 논의를 제시하고 있으나, 두 학자의 논쟁과 그 결과를 요약적으로 제시하고 있지는 않다.

③ 매체의 개념이나 특징에 대한 서술은 나타나 있지만, 매체의 역사나 미래의 매체에 대한 예측은 나타나 있지 않다.

④ 플루서가 매체를 담론적 매체와 대화적 매체로 구분하고 있으나, 그 적절성에 대한 두 학자의 견해는 나타나 있지 않다.

⑤ 매체의 특징에 대한 두 학자의 서로 다른 견해를 밝히고 있으나, 이를 바탕으로 한 글쓴이의 견해를 밝히고 있지는 않다.

02	글의 세부 내용 이해하기	③

[정답해설]

1문단에서 매클루언은 매체의 변화에 따른 지각 방식의 변화가 인간이 사고하고 소통하는 방식에 변화를 가져온다고 주장하였다. 그러므로 ⊙을 매체가 지닌 기술적 특징이 사회적 소통구조에 일으킨 변화에 주목해야 함을 의미하는 것으로 이해하는 것은 적절하다.

[오답해설]

① 2문단에서 ⊙은 매체가 사회적 소통구조를 일방적으로 결정하는 것으로 이해할 수 있다. 그러므로 매체가 전달하는 메시지가 인간의 사고방식에 의해 좌우됨을 의미하는 것은 아니다.

② 1문단에서 ⊙은 매체의 변화에 따른 지각 방식의 변화가 인간이 사고하고 소통하는 방식에 변화를 가져오는 것으로 이해할 수 있다. 그러므로 매체가 지닌 기술적 특징이 인간의 소통방식에 의해 변화될 수 있다고 보는 것은 정반대의 의미이다.

④ 2문단에서 ⊙은 매체를 활용하는 방식이나 개별 매체가 전달하는 메시지의 내용이 아닌, 매체 자체에 초점을 맞춰야 하는 것으로 이해할 수 있다. 그러므로 매체가 사고방식에 미치는 영향이 해당 매체가 전달하는 메시지에 의해 결정됨을 의미하는 것은 아니다.

⑤ 매체로 전달할 메시지를 선택하는 과정에서 주체적이고 비판적인 태도가 필요하다는 설명은 제시문에 드러나 있지 않다.

03	글의 세부 내용 이해하기	⑤

[정답해설]

3문단에서 담론적 매체에서는 개별적인 송신자가 분산된 여러 수용자들에게 '다발 회로도'를 통해 정보를 송신하는 방식으로 소통한다고 설명하고 있다. 즉, 메시지를 전달하는 방식이 다를 뿐, 담론적 매체와 대화적 매체 모두 송신자가 수용자에게 메시지를 전달할 수 있다. 그러므로 담론적 매체와 달리 대화적 매체에서는 송신자가 수용자에게 메시지를 전달할 수 있다고 이해하는 것은 적절하지 않다.

[오답해설]

① 3문단에서 담론적 매체에서는 수용자 개개인들끼리 연결될 수 있는 채널도 갖고 있지 못하다고 서술하고 있다. 그러므로 담론적 매체에서는 수용자 간의 직접적 연결이 불가능하다고 이해하는 것은 적절하다.

② 3문단에서 담론적 매체는 송신자와 수용자가 명확히 구분된 상태에서 일방향적인 소통이 이루어지는 매체라고 소개하고 있다. 그러므로 대화적 매체와 달리 담론적 매체에서는 소통이 일방향적으로 이루어진다고 이해하는 것은 적절하다.

③ 3문단에서 대화적 매체에서는 메시지의 전달과 그에 대한 답변이 매체를 통해 직접적으로 오가는 과정에서 소통 주체의 역할이 계속 변한다고 설명하고 있다. 그러므로 대화적 매체에서는 같은 매체 내에서 소통 주체의 역할이 고정되어 있지 않다고 이해하는 것은 적절하다.

④ 4문단에서 플루서는 하나의 매체가 그것이 활용되는 방식이나 목적 등에 따라 다른 유형으로 분류될 수 있다고 보았다. 그러므로 소통 주체가 특정 매체를 활용하는 방식에 따라 해당 매체의 유형이 달라질 수 있다고 이해하는 것은 적절하다.

04 부적절한 반응 고르기 ⑤

[정답해설]

㉯의 '텔레비전'은 '라디오'와 마찬가지로 송신자와 수용자가 명확히 구분된 상태에서 일방향적인 소통이 이루어지는 담론적 매체에 해당한다. 그러므로 플루서가 ㉯의 '텔레비전'이 '라디오'와 달리 대화적 매체에 해당하기 때문에 세상과 더 생생하게 연결되는 느낌을 준다고 보는 것은 적절하지 못한 반응이다.

[오답해설]

① ㉮의 '새로운 제지 기술의 등장'은 1문단에서 구텐베르크의 인쇄술이 불러온 인쇄 문화의 확장에 필적하므로, 매클루언이 이를 계기로 더 많은 사람들이 문자를 통해 대상을 추상화하여 인식하는 방식을 합리적인 것으로 여기게 되었다고 보는 것은 적절한 반응이다.

② ㉮의 '상업 광고 지면'은 3문단에서 수신자가 정보를 일방적으로 수용하는 담론적 매체에 해당하므로, 플루서가 '상업 광고 지면'의 확대를 담론과 대화가 균형을 이루는 사회적 소통구조를 형성하는 데 기여하지 못한다고 보는 것은 적절한 반응이다.

③ ㉮의 '신문'은 3문단에서 수용자들이 송신자와 역으로 연결될 수 있는 채널을 소유하지 못할 뿐만 아니라 수용자 개개인들끼리 연결될 수 있는 채널도 갖지 못한 담론적 매체에 해당하므로, 플루서가 '신문'의 독자층 확대가 신문이라는 담론적 매체의 의사소통 회로도를 다른 유형으로 바꾸지는 못한다고 보는 것은 적절한 반응이다.

④ ㉯의 '텔레비전'은 1문단에서 문자 언어를 매개하지 않고 감각을 통합적으로 활용하게 함으로써 인쇄 문화 시대에 파괴된 감각의 균형을 복원하는 역할을 한다고 하였으므로, 매클루언이 '텔레비전'이 메시지를 전달하는 과정에서 문자 언어에만 의존하지 않는다는 점에서 인쇄 문화 시대에 파괴된 감각의 균형을 복원하는 데 기여할 수 있다고 보는 것은 적절한 반응이다.

05 문맥상 단어의 의미 파악하기 ④

[정답해설]

ⓓ의 '이루어지다'는 '어떤 대상에 의하여 일정한 상태나 결과가 생기거나 만들어지다.'는 뜻으로, '어떤 일을 실제로 해 나가다'는 뜻의 '행(行)하다'로 바꾸어 쓸 수 있다. '결성(結成)되다'는 '조직이나 단체 따위가 짜여 만들어지다.'는 뜻이다.

[오답해설]

① ⓐ의 '가져오다'는 '어떤 결과나 상태를 생기게 하다.'는 뜻으로, '일이나 사건 따위를 끌어 일으키다.'는 의미의 '야기(惹起)하다'로 바꾸어 쓸 수 있다.

② ⓑ의 '불러오다'는 '어떤 행동이나 감정 또는 상태를 일어나게 하다.'는 뜻으로, '어떤 일을 당하여 감정. 충동 따위가 일어나다.'는 의미의 '촉발(觸發)하다'로 바꾸어 쓸 수 있다.

③ ⓒ의 '보다'는 '대상을 평가하다'는 뜻으로, '상태. 모양. 성질 따위가 그와 같다고 보거나 그렇다고 여기다.'는 의미의 '간주(看做)하다'로 바꾸어 쓸 수 있다.

⑤ ⓔ의 '지니다'는 '바탕으로 갖추고 있다.'는 뜻으로, '어떤 성질이나 뜻 따위를 속에 품다.'는 의미의 '내포(內包)하다'로 바꾸어 쓸 수 있다.

[06~10] 독서 – 법률

06 부적절한 질문 내용 고르기 ④

[정답해설]

3문단에서 저작, 강연, 연주, 연극 등을 할 채무는 민사 집행법에 따른 강제 집행이 불가능한 채무에 해당한다고 규정하고 있지만, 그에 따른 채권자의 피해 구제를 위한 방법은 무엇인지 제시문에 밝히고 있지는 않다.

[오답해설]
① 1문단에서 민사 집행법은 채무자가 채무를 이행하지 않을 경우에 채권자의 신청에 따라 국가가 강제력을 행사하여 채권자의 권리를 실현하는 법적 절차인 강제 집행에 대해 규정하고 있다고 서술하고 있다.
② 1문단에서 강제 집행의 방법으로 직접 강제, 대체 집행, 간접 강제를 인정하고 있다고 서술하고 있다.
③ 2문단에서 하는 채무는 물건의 인도 이외의 채무자의 행위를 목적으로 하여 직접 강제로는 그 목적을 달성할 수 없다고 서술하고 있다.
⑤ 4문단에 채권자가 간접 강제 신청을 할 때 신청서에 명시해야 할 내용을 열거하고 있다.

07 부적절한 내용 파악하기 ①

[정답해설]
2문단에서 제삼자가 채무를 대신 이행할 수 있어 대체 집행이 가능한 대체적 작위 채무와 달리, 제삼자가 대신할 수 없는 부대체적 작위 채무의 경우에는 간접 강제만 허용된다고 설명하고 있다. 그러므로 직접 강제가 불가능한 작위 채무가 모두 대체 집행의 대상이 되는 것은 아니다.

[오답해설]
② 1문단에서 채무의 성질상 직접 강제나 대체 집행을 할 수 없는 것만이 간접 강제의 대상이 된다고 하였으므로, 채무의 성질상 직접 강제를 할 수 있는 경우에는 간접 강제가 배제된다는 설명은 적절하다.
③ 1문단에서 직접 강제와 대체 집행은 채무자의 의사와 무관하게 이행의 강제를 실현한다고 하였으므로, 국가의 강제력을 통해 채무자의 의사에 반하는 채권자의 권리 실현이 가능하다는 설명은 적절하다.
④ 2문단에서 대체적 작위 채무는 제삼자가 채무를 대신 이행할 수 있어 대체 집행이 가능하다고 하였으므로, 작위 채무에 대한 강제 집행 시 실제로 채무를 이행하는 주체가 채무자가 아닐 수 있다는 설명은 적절하다.
⑤ 1문단에서 민사 집행법 제261조 제1항은 채무의 성질이 간접 강제를 할 수 있는 경우에 간접 강제를 명하는 결정을 한다는 규정을 제시하고 있다고 하였으므로, 민사 집행법 제261조 제1항이 하는 채무 중 일부에 대한 강제 집행 방법을 규정하고 있다는 설명은 적절하다.

08 지시 대상 이해하기 ③

[정답해설]
ⓒ의 '저작, 강연, 연주, 연극 등을 할 채무'는 채무의 이행에 채무자 고유의 예술적 또는 학문적 기능을 필요로 하는 채무로, 채무자에게 심리적 강제를 가하면 채무의 본래 취지에 적합한 채무자의 행위가 실현되지 않기 때문에 제삼자가 대신 이행한다면 채무자가 한 것과 동일한 작위 결과를 달성할 수 없다.

[오답해설]
① ㉠의 '특정 물건을 인도하는 채무'는 물건의 인도를 목적으로 하는 주는 채무에 해당하므로, 채무자가 특정한 행위를 하지 않을 것을 내용으로 하는 것은 아니다.
② ㉡의 '어음 등에 서명할 채무'는 채무자 자신이 하지 않으면 효과가 생기지 않는 채무이므로, 채권자가 채무자를 대신하여 채무의 내용을 실현할 수 있는 것은 아니다.
④ ㉠의 '특정 물건을 인도하는 채무'는 집행관이 직접 채무자로부터 빼앗아 채권자에게 인도함으로써 채무를 이행할 수 있지만, ㉡의 '어음 등에 서명할 채무'는 채무자 자신이 하지 않으면 효과가 생기지 않는 채무이므로 국가 기관이 유형력을 행사하여 채무의 내용을 실현할 수 없다.
⑤ ㉡의 '어음 등에 서명할 채무'는 채무자에게 심리적 압박을 주어 집행을 강제하는 간접 강제가 허용되지만, ㉢의 '저작, 강연, 연주, 연극 등을 할 채무'는 채무자에게 심리적 강제를 가하면 채무의 본래 취지에 적합한 채무자의 행위가 실현되지 않으므로 간접 강제가 허용되지 않는다.

09 지시 대상 이해하기 ③

[정답해설]
3문단에서 부작위 채무의 위반 결과 남아 있는 유체물의 제거, 장래에 위반 행위를 반복하는 것을 막기 위한 물적 설비의 설치 등은 부작위 채무 자체에 대한 강제 집행이 아니라고 하였다. 즉, 부작위 채무 위반에서 유래한 유체물의 제거 및 장래에 대한 조치는 부작위 채무로부터 파생되는 별개의 대체적 작위 채무이기 때문에 대체 집행에 의하는 것이다.

10 부적절한 내용 고르기 ②

[정답해설]
1문단에 따르면 간접 강제는 채무자에게 심리적 압박을 주어 집행을 강제하는 것이므로, 채무자가 채무를 이행하지 않겠다는 의사에 따른 선택권을 부당히 제한할 우려가 있게 된다고 설명하고 있다. 즉, 채무

자가 채무를 이행하고자 하는 의사를 부당히 제한하는 것이 아니다. 그러므로 법원이 갑이 신청한 간접 강제가 자신의 채무를 이행하고자 하는 을의 의사를 부당히 제한한다고 판단한 것은 아니다.

[오답해설]

① 〈보기〉에서 갑은 을이 누수 방지 공사를 이행하지 않을 경우를 대비하여 간접 강제를 신청하였으나, 법원은 갑이 제출한 증거만으로는 을이 누수 방지 공사를 이행하지 않을 것이라고 단정할 수 없다고 하였다. 그러므로 법원은 을이 누수 방지 공사를 이행하지 않을 개연성에 대해 갑과 판단을 달리한 것이다.

③ 〈보기〉에서 재판부는 갑이 제출한 증거만으로는 을이 누수 방지 공사를 이행하지 않을 것이라고 단정할 수 없다고 하였다. 그러므로 법원은 갑이 제출한 증거가 을의 누수 방지 공사 이행을 강제하는 집행의 필요성을 소명하는 데에는 충분치 않다고 판단한 것이다.

④ 〈보기〉에서 재판부는 민사 집행법 제261조 제1항에 따라 누수 방지 공사 이행에 대한 채무가 간접 강제에 의한 강제 집행의 대상이 될 수 없다고 밝혔다. 이는 법원이 을의 채무를 대체적 작위 채무로 판단한 것으로, 법원은 을이 이행해야 할 채무가 부작위 채무나 부대체적 작위 채무가 아니라고 보고 갑의 간접 강제 신청을 받아들이지 않은 것이다.

⑤ 〈보기〉에서 재판부는 갑이 신청한 월 백만 원이 적정한 배상액인지 판단할 수 있는 근거 자료도 부족하다고 하였다. 그러므로 법원은 갑의 첨부 자료만으로는 을이 채무를 이행하지 않을 경우 갑에게 지급할 배상금이 신청서의 액수에 부합함을 증명할 수 없다고 판단한 것이다.

[11~15] 독서 – 과학

| 11 | 부적절한 내용 고르기 | ⑤ |

[정답해설]

5문단에서 멜라닌 소체의 내부에 합성된 멜라닌의 양이 많아지면 지연 색소 침착이 나타난다고 하였다. 그러므로 지연 색소 침착이 멜라닌 합성을 끝낸 멜라닌 소체가 각질 형성 세포로 이동하면서 일어난다는 설명은 적절하지 않다.

[오답해설]

① 4문단에서 시스테인과 결합하여 합성되는 페오멜라닌은 수용성인 멜라닌이라고 하였다. 그러므로 시스테인과 결합해 합성된 멜라닌이 물에 녹는 성질이 있다는 설명은 적절하다.

② 2문단에서 세포핵 주위에 분포하던 멜라닌 소체가 멜라닌 세포의 가지 돌기 주변으로 이동하여 피부가 일시적으로 검어지는 현상인 즉시 색소 침착이 나타난다고 하였다. 그러므로 멜라닌 세포 내 멜라닌 소체의 위치 변화로도 피부가 검게 변할 수 있다는 설명은 적절하다.

③ 4문단에서 피부색은 멜라닌의 비율과 양에 의해 결정되며, 멜라닌 세포의 수와 밀도는 피부색과 무관하다고 하였다. 그러므로 멜라닌 세포의 수가 많고 밀도가 높다고 해서 피부색이 어두운 것은 아니라는 설명은 적절하다.

④ 5문단에서 멜라닌으로 가득 차서 더 이상 멜라닌의 합성이 일어나지 않게 된 멜라닌 소체는 멜라닌 세포의 가지 돌기를 통해 각질 형성 세포로 이동한다고 하였다. 그러므로 멜라닌 소체 내에 멜라닌이 가득 차게 되면 더 이상 멜라닌의 합성이 일어나지 않는다는 설명은 적절하다.

| 12 | 지시 대상 이해하기 | ② |

[정답해설]

> ㉠ 첫 번째 단계 : 수산화물을 생성하는 단계
>
> ㉡ 두 번째 단계 : 수산화물이 산화되는 단계

㉠에서 티로시나아제의 구리 원자 중 하나는 티로신의 수산화물과 결합하지만 다른 하나는 결합하지 못하고 남아 있기 때문에 티로시나아제와 티로신은 불안정한 결합을 이룬다고 하였다. 하지만 수산화물이 산화되는 두 번째 단계인 ㉡에서는 이러한 불안정한 결합이 나타나지 않는다. 그러므로 ㉠에는 ㉡과 달리 티로시나아제와 티로신의 결합이 불안정한 상태가 존재한다고 이해하는 것은 적절하다.

[오답해설]

① ㉠과 ㉡은 모두 멜라닌 소체 내에서 일어난다.

③ ㉠에서는 ㉡에서와 달리 티로시나아제의 구리 원자가 티로신의 수산화물과 결합한다.

④ ㉡에서는 ㉠에서와 달리 티로신에서 떨어져 나온 두 수소 원자가 티로시나아제에 남아 있던 산소 원자와 반응해 물 분자를 형성한다.

⑤ ㉡에서는 ㉠과 달리 티로시나아제의 산소 원자가 티로신에서 떨어져 나온 수소 원자와 반응한다.

| 13 | 부적절한 내용 고르기 | ① |

[정답해설]

5문단에서 각질 형성 세포 중 일부는 계속 분열하여 그 수를 늘리며, 일부는 칼슘 이온의 세포 내 유입으로 인해 기저층을 떠나 각화 과정을 시작한다고 하였다. 그러므로 분열 과정에서 칼슘 이온이 작용해 그 수가 증가하는 것은 아니다.

[오답해설]

② 5문단에서 멜라닌 소체는 멜라닌 세포의 가지 돌기를 통해 각질 형성 세포로 이동한다고 하였다. 그러므로 각질 형성 세포가 멜라닌

세포의 가지 돌기를 통해 멜라닌 세포와 연결되어 있다는 설명은 적절하다.

③ 5문단에서 각화 과정은 각질 형성 세포가 가시층과 과립층을 거쳐 각질 세포가 되는 과정이며, 과립층에서 각질 형성 세포는 세포핵이 분해되어 없어진 각질 세포가 된다고 하였다. 그러므로 각질 형성 세포가 기저층을 떠나 가시층, 과립층을 거쳐 무핵 세포인 각질 세포가 된다는 설명은 적절하다.

④ 5문단에서 각질 형성 세포는 가시층에서 지방 등의 유기물인 지질을 포함하게 되며, 각질 형성 세포끼리는 접착제 역할을 하는 탄탄한 단백질 구조에 의해 밀착된다고 하였다. 그러므로 각질 형성 세포가 가시층에서 지질을 포함하게 되며 단백질 구조를 통해 서로 밀착된다는 설명은 적절하다.

⑤ 2문단에서 각질 형성 세포에서는 단백질 p530이 활성화되며, 이들 중 일부는 세포핵 안으로 이동한 후 POMC 단백질의 발현을 유도한다고 하였다. 또한 POMC 단백질은 작은 조각으로 나뉘어 멜라닌 세포 자극 호르몬을 형성하고, 이 호르몬은 세포 외부로 분비되어 멜라닌 세포의 수용체와 결합한다고 하였다. 그러므로 각질 형성 세포가 멜라닌 세포의 수용체와 결합하는 멜라닌 세포 자극 호르몬을 분비하는 곳이라는 설명은 적절하다.

---

14   부적절한 내용 고르기   ⑤

[정답해설]

피부가 자외선에 노출되면 각질 형성 세포에서는 단백질 p530이 활성화된다는 제시문의 내용에 비추어 볼 때, 피부 표면에서 자외선을 산란시키는 성분인 ㉮가 각질 형성 세포 내 p53의 활성화를 저해한다는 점에서 멜라닌의 합성 과정을 억제할 거라고 예상하는 것은 적절하다. 그러나 피부 표면에서 각질 세포끼리 밀착시키는 단백질 구조를 분해하는 성분인 ㉰는 각질 세포의 탈락과 함께 멜라닌의 탈락에 관여하며, 이는 멜라닌의 합성 과정과는 무관하다. 따라서 ㉰가 각화 과정을 활성화한다는 점에서 멜라닌 합성 과정을 억제할 거라고 예상하는 것은 적절하지 못하다.

[오답해설]

① 〈보기〉에서 ㉮의 '산화 아연'은 피부 표면에서 자외선을 산란시키는 성분이라고 하였다. 그러므로 색소 침착에 관여하는 멜라닌 세포가 자외선을 산란하거나 흡수하는 멜라닌을 합성시킨다는 제시문의 내용에 비추어 볼 때, ㉮가 피부에 미치는 자외선의 영향을 감소시킨다는 점에서 색소 침착을 억제할 수 있을 거라고 예상하는 것은 적절하다.

② 〈보기〉에서 ㉯의 '알부틴'은 티로신과 마찬가지로 곁사슬에 수산화물을 가지고 있어서 티로시나아제의 활성 부위에 결합할 수 있는 성분이라고 하였다. 그러므로 티로신이 곁사슬에 수산화물을 가지고 있어 이를 통하여 티로시나아제와 결합한다는 제시문의 내용에

비추어 볼 때, ㉯가 티로신과 티로시나아제의 결합을 방해함으로써 산화 반응이 일어나는 티로신의 비율을 감소시킬 거라고 예상하는 것은 적절하다.

③ 〈보기〉에서 ㉰의 '알파 하이드록시산'은 피부 표면에서 각질 세포끼리 밀착시키는 단백질 구조를 분해하는 성분이라고 하였다. 그러므로 각질 세포의 탈락과 함께 멜라닌도 피부 바깥으로 탈락한다는 제시문의 내용에 비추어 볼 때, ㉰는 각질 세포가 피부에서 떨어져 나가게 하면서 이에 포함된 멜라닌의 탈락을 유발할 수 있겠다고 예상하는 것은 적절하다.

④ 제시문에서 피부가 자외선에 노출되면 각질 형성 세포에서는 단백질 p53이 활성화되고 이들 중 일부가 POMC 단백질의 발현을 유도하며, 이는 멜라닌 세포 자극 호르몬을 형성하고 티로시나아제의 발현을 유도한다고 하였다. 그러므로 ㉮가 멜라닌 세포 자극 호르몬의 형성 가능성을 낮춘다는 점에서 티로시나아제의 발현 가능성을 억제할 거라고 예상하는 것은 적절하다. 또한 제시문에서 티로신의 수산화물과 티로시나아제의 구리 원자와의 결합 반응으로 인해 티로신은 도파퀴논으로 전환된다고 하였다. 그러므로 ㉯의 수산화물이 티로시나아제의 구리 원자와 결합하여 티로신이 도파퀴논으로 전환되는 것을 억제할 거라고 예상하는 것은 적절하다.

---

15   단어의 문맥상 의미 파악하기   ③

[정답해설]

ⓐ의 '지나다'와 '사춘기가 <u>지나</u> 부모님과의 갈등이 줄어들었다.'에서 '지나다'는 모두 '시간이 흘러 그 시기에서 벗어나다.'라는 뜻이다.

[오답해설]

① '해가 수평선을 <u>지나</u> 떠오르고 있었다.'에서 '지나다'는 '어디를 거치어 가거나 오거나 하다.'라는 뜻이다.

② '그는 아들의 말을 무심코 <u>지나</u> 버렸다.'에서 '지나다'는 '어떤 일을 그냥 넘겨 버리다.'라는 뜻이다.

④ '화물차가 교차로를 <u>지나</u> 고속도로로 들어섰다.'에서 '지나다'는 '어디를 거치어 가거나 오거나 하다.'라는 뜻이다.

⑤ '전력 사용량이 정해진 한계를 <u>지나</u> 경고가 내려졌다.'에서 '지나다'는 '어떤 시기나 한도를 넘다.'라는 뜻이다.

[16~18] 현대 시

> (가) 김기림, 「길」
> • 갈래 : 자유시, 서정시, 산문시
> • 성격 : 애상적, 회고적, 감각적
> • 제재 : 길
> • 주제 : 상실의 추억, 길 위에 어린 추억과 떠나 버린 사람들에 대한 그리움
> • 특징
>   − 시간의 흐름에 따라 시상을 전개하여 시적 화자의 정서에 관심을 집중시킴
>   − 감각적 이미지와 절제된 어휘 선택, 점층적인 구조 표현이 돋보임
>
> (나) 함민복, 「박수 소리 1」
> • 갈래 : 자유시, 서정시, 산문시
> • 성격 : 회상적
> • 제재 : 박수 소리
> • 주제 : 가난 때문에 겪은 유년시절의 부끄러운 경험
> • 특징
>   − 쉼표의 잦은 사용을 통해 급박한 분위기를 자아냄
>   − 청각적 심상을 사용하여 내면 심리를 부각시킴

| 16 | 작품 간 공통점 파악하기 | ① |

[정답해설]

(가)는 '돌아오지 않는'이라는 시구를 반복하여 떠나 버린 사람들에 대한 그리움을 부각하고 있고, (나)는 '박수 소리'라는 시구를 반복하여 가난 때문에 겪어야 했던 유년시절의 부끄러움을 부각하고 있다.

[오답해설]

② (나)는 쉼표의 잦은 사용을 통해 단박의 박수 소리처럼 호흡을 끊음으로써 급박한 분위기를 자아내고 있으나, (가)는 '봄이, 여름이, 가을이, 겨울이'에서 계절을 구분하기 위한 부호로 쉼표를 사용하고 있다.

③ (가)와 (나) 모두 자연물을 의인화하여 대상의 이상적 모습을 강조하고 있는 부분은 나타나 있지 않다.

④ (나)는 '박수 소리'라는 명사로 문장을 종결하여 중심 대상으로 초점을 모으고 있으나, (가)에는 이러한 부분이 나타나 있지 않다.

⑤ (나)는 '오, 나의 유년!!'이라는 감탄사의 사용을 통해 유년시절에 가난 때문에 겪었던 부끄러움을 회고하고 있으나, (가)에는 감탄사를 사용한 부분이 나타나 있지 않다.

| 17 | 지시 대상 이해하기 | ② |

[정답해설]

ⓒ의 '버드나무 밑'은 '할아버지도 언제 난 지를 모른다'는 점에서 화자가 과거의 기억을 현재로 끌어오는 공간으로서의 역할을 한다. 그러므로 ⓒ이 과거의 기대를 유지하기가 어려움을 부각하고 있다는 이해는 적절하지 않다.

[오답해설]

① ㉠의 '감기'는 떠나버린 사람들에 대한 상실의 경험이 축적되면서 생겨난 '어두운 내 마음'이 육체의 증상으로 표면화된 것이다.

③ ⓒ의 '잠자리 머리'는 박수 소리에 '등 떠밀려 조회단 앞에 선' 화자가 자신을 향한 수많은 시선을 의식하고 있는 것이다.

④ ⓔ의 '낙하산 그물'은 '악식으로 부글거리는 어머니'와 연결되어 박수를 받으며 아이들 앞에서 라면 박스를 받아야 하는 상황에서 벗어날 수 없음을 강조한 것이다.

⑤ ⓜ의 '파르란 연기'는 '등 뒤에 아이들의 눈동자'가 자신을 주시하는 데에서 비롯된 고통을 시각화한 것이다.

| 18 | 부적절한 감상 내용 고르기 | ④ |

[정답해설]

(가)에서 화자가 '강가로 내려갔다가도 노을에 함뿍 자줏빛으로 젖어서 돌아오곤' 한 것은 상실의 슬픔을 달래기 위한 행동으로, 아픔을 극복하고자 했던 당시의 시도가 결국 무위로 돌아갔음을 드러내고 있다. (나)에서 화자가 '팽이'에서 '내려서고 싶'지만 그러지 못했던 것은 화자가 부끄러운 상황에서 벗어날 수 없음을 나타낸 것이지, 그런 상황을 견디고자 하는 마음이 사라졌음을 드러낸 것은 아니다.

[19~22] 고전 시가

> (가) 박선장, 「오륜가」
> • 갈래 : 평시조, 연시조
> • 성격 : 계몽적, 교훈적, 유교적
> • 제재 : 오륜
> • 주제 : 유교의 윤리 권장
> • 특징
>   − 인간 관계에서 지켜야 할 도리를 노래한 교훈적인 가사임
>   − '오륜'이라는 관념적 주제를 은유, 환유, 설의법을 적절히 구사하여 전달함
>   − 작품의 형상성과 정감성 및 호소력을 강화함으로써 오륜가 계열의 작품 중 가장 뛰어난 작품으로 평가받음

(나) 허전, 「고공가」

- **갈래** : 가사, 경세가, 풍자가
- **성격** : 풍자적, 비유적, 우의적, 현실비판적
- **제재** : 일을 게을리하는 머슴
- **주제** : 관리들의 탐욕과 정치적 무능 비판
- **특징**
  - 청유형과 명령형 문장을 통해 머슴으로서 해야 할 일을 당부함
  - 은유법, 대구법, 대조법, 설의법 등 다양한 표현법을 활용하여 설득력을 높임
  - 나랏일을 집안의 농사일로, 관리들을 머슴에 비유함

---

19 부적절한 설명 고르기 ①

[정답해설]

㉠은 대구를 활용하여 한 핏줄로 태어난 형제지간에 혈육의 중요성을 일깨우고 있다. 그러므로 ㉠이 혈육 간의 위계가 중시되는 세태를 경계하고 있는 것은 아니다.

[오답해설]

② ㉡은 요순시대에서 한나라·당나라·송나라로 이어지는 시간의 경과를 제시하여 세상 변화의 불가피함을 드러내고 있다.

③ ㉢은 '흘깃흘깃'이라는 음성 상징어를 활용하여 고공들이 서로 시기하고 반목하는 행태를 보여주고 있다.

④ ㉣은 '화강도'가 집에 들어와 가산을 탕진했다는 원인과 그로 인해 집이 불타고 먹을 것이 전혀 없다는 결과를 제시하며 집 안에 큰 변고가 생겼음을 알리고 사태의 심각성을 강조하고 있다.

⑤ ㉤은 '아니하냐', '시기하랴' 등의 의문형 표현을 반복하여 서로 시기하고 질투하는 고공들을 질책하는 태도를 부각하고 있다.

---

20 지시 대상 이해하기 ④

[정답해설]

ⓐ의 '옷밥'은 '가숙당서' 즉, 배우고 익히는 일의 중요성을 간과하게 하는 '실생활의 문제'를 의미하며, ⓑ의 '옷밥'은 '도적'의 침입에 대비해 화살을 준비하는 일이 시급함에도 불구하고 '의복' 즉, '눈앞의 이익'만을 다투는 것을 의미한다.

---

21 부적절한 감상 내용 고르기 ⑤

[정답해설]

(가)의 〈제8수〉에서 '이웃이 미우면 갈 데 없어'는 청자에게 공동체의 지속과 번영을 위해 이웃을 미워하지 말라는 덕목을 실천할 것을 주문하고 있다. 그러나 (나)에서 '자손에 전계하야 대대로 나려오니'는 큰 집과 논밭이 대대로 자손에 전해진 집안의 내력을 설명한 것으로, 공동체의 지속과 번영을 위한 덕목 실천 행위와는 거리가 멀다.

[오답해설]

① (가)의 〈제1수〉에서는 자식을 '풀'에 부모를 '봄 이슬'에 비유하여 부모에 대한 효를 나타내고 있고, (나)에서는 과거 큰 집을 짓고 논밭을 일군 '고공'의 바람직한 모습을 들어 근검을 덕목으로 제시하고 있다.

② (가)의 〈제4수〉에서는 혈육의 중요성을 모르면 짐승과 다를 바가 없다며 혈육의 중요성을 사람됨의 기본으로 강조하고 있고, (나)에서는 일곱 구멍을 가진 사람이라면 오륜을 알아야 한다며 오륜을 사람됨의 기본으로 강조하고 있다.

③ (나)의 '한마음 한뜻으로 농사를 짓자꾸나'와 '너희네 데리고 새 살림 살자 하니'에서 화자는 스스로를 청자와 함께 덕목 실천의 주체로 설정함으로써 실천의 당위성을 강조하고 있다.

④ (가)의 〈제7수〉에서 화자는 '보고 들으면 배울 것 있으리'라고 훈계하며 청자에게 '배움'의 덕목을 수용할 것을 설득하고 있고, (나)에서 화자는 '크나큰 세사를 어찌하여 치르려뇨'라고 훈계하며 청자에게 큰 제사를 지내기 위해 '근검'의 덕목을 수용할 것을 설득하고 있다.

---

22 작품의 세부 내용 이해하기 ③

[정답해설]

[A]에서는 화자가 '우리 집 기별'을 아느냐 모르냐며 고공들에게 '비 오는 날 일 없을 때 새끼 꼬며' 알려주겠다고 말하고 있고, [B]에서는 화자가 서로 반목만 하며 게으름을 피우는 고공들을 비꼬며 '너희 일 애달파하면서 새끼 한 사리 다 꼬겠구나'라고 말하고 있다. 그러므로 '우리 집 기별'에서 시작하여 애달픈 '너희 일'로 이어지는 이야기의 흐름이 새끼를 꼬는 특정 행위가 지속되는 시간에 조응하고 있음을 알 수 있다.

[오답해설]

① [B]에서 화자가 '생각 깊은 새 머슴'을 어느 때 얻어 집일을 맡기고 시름을 잊겠냐고 한탄하는 것으로 보아, (나)에는 미래에 대한 긍정적인 전망이 드러나 있지 않다.

② [A]의 '저 고공'은 못나고 마음이 올바르지 못한 고공을 의미하고, [B]의 '너희네'는 제 욕심만 차리는 게으른 고공을 의미한다. 즉, '저 고공'과 '너희네' 둘 다 화자가 비판하는 대상이므로, 인물들의 지위

가 역전되는 양상을 보이고 있지는 않다.

④ [A]의 '들먹은'은 못나고도 마음이 올바르지 못한 고공의 특성을 의미하고, [B]의 '제 일만 하려 하니'는 주인의 은혜는 생각하지 않고 자기 일만 하려는 고공의 이기적인 특성을 나타낸다. 그러므로 특정 인물에 대한 평가가 달라지는 양상을 보이는 것이 아니라, 특정 인물에 대한 비판적 평가를 더욱 공고히 하고 있다.

⑤ [A]의 '아느냐 모르느냐'에서 화자는 우리 집 내력을 아느냐며 고공을 추궁하고 있고, [B]의 '시름을 잊으려뇨'에서 화자는 생각 깊은 머슴을 언제 얻어 집일을 맡기고 시름을 잊겠냐며 고공에 대한 근심을 드러내고 있다. 그러므로 고공에 대한 화자의 갈등과 근심이 해소 된 것은 아니다.

[23~26] 현대 소설

> 황정은, 「백(百)의 그림자」
> • 갈래 : 장편 소설
> • 성격 : 사실적, 상징적, 묘사적
> • 시점 : 1인칭 주인공 시점
> • 제재 : 전구
> • 주제 : 철거 지역 사람들의 소외된 삶의 모습과 성찰
> • 특징
>   – 섬세한 문체와 독특한 서사로 철거 지역 사람들의 삶의 방식을 그려냄

23 글의 서술상 특징 이해하기 ①

[정답해설]
[A]는 노인이 자신만의 패턴대로 전구를 판매하는 과정을 세분화하여 서술함으로써 '오무사'란 낡고 오래된 공간에 대한 인상을 부연하여 묘사하고 있다.

[오답해설]
② [A]에서 서술자는 전구를 파는 노인의 행동을 관찰하고 있을 뿐, 서술자인 인물의 내면이 공간의 이동에 따라 변화해 가는 양상을 보여 주고 있지는 않다.
③ [A]에 노인의 외양과 행동은 묘사되어 있으나, 노인의 내적 갈등은 드러나 있지 않다.
④ [A]에서는 과거형의 서술을 활용하여 전구를 파는 노인의 행동을 느리고 낡은 것으로 묘사하고 있다.
⑤ [A]에서는 중간에 서술자가 교체됨이 없이 처음부터 끝까지 서술자인 '나'가 관찰 대상인 노인의 행동에 담긴 의미를 해석하고 있다.

24 부적절한 내용 고르기 ④

[정답해설]
ⓔ은 '잘린 것처럼'이라는 비유적 표현을 통해 나동과 서로 육박해 있는 어색한 공원의 모습을 부각하고 있다. 즉, 이질적인 속성의 두 대상이 조화롭게 어우러진 모습을 부각하고 있는 것은 아니다.

[오답해설]
① ⓐ에서는 각 문단을 하나의 짧은 문장으로 구성하여, 죽음으로 인한 노인의 부재를 시각적으로 인식하도록 하였다.
② ⓑ은 '여 씨 아저씨'와 '나'의 발화를 구분하지 않음으로써 노인의 죽음을 아쉬워하는 두 인물 간의 공감대를 드러내고 있다.
③ ⓒ은 전자 상가의 '가 동'이 철거된 자리에 대신 들어선 공원의 외적 특징을 언급함으로써 변화된 공간에 대한 서술자의 소감을 밝히고 있다.
⑤ ⓔ은 전자 상가의 '가 동'에서 헤맸던 과거의 경험과 결부시켜 그 자리에 조성된 공원이 매우 넓을 거라는 예측과 달리 그렇지 않은 실상 간의 차이를 드러내고 있다.

25 작품의 세부 내용 이해하기 ⑤

[정답해설]
ⓐ에서 '나'가 숨이 조금 갑갑했던 이유는 '안개' 때문이며, ⓑ에서도 '풀벌레'가 날개가 무거워서 제대로 날지 못하는 이유도 '안개' 때문이라고 '나'가 여기고 있다. 즉, 공원에서 갑갑함을 느끼는 '나'와 제대로 날지 못하는 '풀벌레'의 이유가 '안개'로 동일하다고 '나'가 판단한 것으로 보아, '나'는 '풀벌레'에게서 자신과의 유사성을 발견하고 있음을 알 수 있다.

26 부적절한 감상 내용 고르기 ②

[정답해설]
'나'는 오무사의 노인이 죽은 후 '오래되어서 귀한 것을 오래되었다고 모두 버리지는 않을까'라며 오무사의 전구들이 모두 버려질 것을 염려하고 있다. 그러므로 '나'는 '오무사'로 상징되는 느리고 낡은 삶의 방식에 대해 회의감을 느끼는 것이 아니라, 보존할 만한 가치가 있는 것으로 여기고 있음을 알 수 있다.

[오답해설]
① 손님들에게 '그의 패턴'대로 서두르는 법 없이 전구를 판매하는 '오무사의 노인'의 모습은 〈보기〉에서 빠름과 새로움이 주는 효율을 중시하는 자본주의 사회의 논리에 어긋난다고 볼 수 있다.
③ '칠십 년대'부터 이어져 온 전자 상가가 사라지고 그 자리에 대신 들어선 '공원'은 〈보기〉에서 철거와 재개발로 삶의 흔적을 지우는

사회의 모습이 담겨 있다고 볼 수 있다.

④ '나'가 '단발머리 할머니의 종이 상자 병풍'을 떠올리고 '무재 씨'와 이에 대해 이야기하는 것은 〈보기〉에서 사라진 삶을 기억하는 등의 방식으로 배제의 논리에 대응하고 있는 것으로 볼 수 있다.

⑤ '신문이며, 사람들'이 전자 상가 부근을 '슬럼'으로 명명한 것은 〈보기〉에서 전자 상가에 존재하는 다양한 인물들의 삶의 흔적을 지우고 개별성을 '슬럼'이라는 명칭으로 획일화하는 것으로 볼 수 있다.

[27~30] 고전 소설

작자미상, 「강도몽유록」
- **갈래** : 고전 소설, 한문 소설, 몽유 소설
- **성격** : 전기적, 비판적, 비현실적
- **배경** : 공간 – 강화도 / 시간 – 병자호란
- **시점** : 전지적 작가 시점
- **주제** : 병자호란의 국치를 가져온 집권층에 대한 신랄한 비판
- **특징**
  – 꿈속에서 일어난 일을 주축으로 하는 몽유록계 작품
  – 초월적 존재의 말을 인용하여 정절을 부각시킴
  – 인과응보의 가치관이 반영되고, 전란의 시련을 비유적으로 표현함
  – 목격담의 형식을 빌리고 무고하게 희생된 원혼들을 등장시켜 부조리와 역사적 모순을 부각시킴

27 　　　작품의 서술 방식 이해하기　　　②

[정답해설]

현실 상황에서는 "저 강도는 더욱 심하게 짓밟혀 ～ 매장해 줄 사람이 없었다."에서 그리고 꿈속에서는 "선사가 더 다가가서 자세히 보니 ～ 이루 다 기록할 수도 없었다."에서처럼 구체적인 장면 묘사를 통해 전쟁으로 인한 참혹함을 부각하고 있다.

[오답해설]

① 꿈과 현실 상황을 교차하고 있으나, 과거와 현재를 교차하여 장면의 전환을 시도하고 있지는 않다.

③ 어떤 대상을 빗대거나 풍자하기 위한 우의적 소재를 활용하고 있지는 않다.

④ 병자호란 당시 무고하게 희생된 원혼들을 등장시켜 부조리와 역사적 모순을 부각시키고 있으나, 시간의 흐름에 따라 인물의 내적 갈등이 해소되는 과정은 나타나 있지 않다.

⑤ 서술자는 꿈속 목격담을 통해 인물들을 관찰하고 있으나, 이 인물들의 행위에 대한 논평과 판단을 하고 있지는 않다.

28 　　　작품의 세부 내용 파악하기　　　②

[정답해설]

'선사'가 한밤중에 웃고 울고 노래하는 소리를 따라가 보니(청각으로 환기된 호기심) 한 곳에 여자들이 모여 있었고, '선사'가 몹시 기이하게 여겨 다가가서 엿보니(거리의 조정), 줄지어 모여 앉은 이들이 죄다 여자였다(시각적 확인). 이는 청각으로 환기된 호기심이 거리의 조정을 거쳐 시각적으로 확인되는 과정을 제시하고 있는 것이다.

[오답해설]

① 등장한 여자들의 외양 묘사가 주류를 이루고 있을 뿐, 이들 간에 복합적 관계가 형성될 것임을 예고하고 있지는 않다.

③ '선사'가 백발인 여자, 검푸른 머리가 풍성한 여자 등 여러 여자들의 관찰 내용을 설명하고 있지만, 상황을 반전시키기 위한 분위기를 형성하고 있지는 않다.

④ '선사'가 관찰한 여자들에 대한 기대가 처음과 다르게 나타나는 과정은 제시되어 있지 않다.

⑤ '선사'가 관찰한 여러 여자들의 외양을 일관되게 주관적으로 판단하여 설명하고 있다.

29 　　　부적절한 내용 고르기　　　②

[정답해설]

ⓒ은 자문자답의 형식을 통해 운명을 달리한 이유가 바로 남편에게 있다고 즉답하고 있다. 그러므로 자문자답의 형식을 사용하여 답을 찾기까지의 어려움을 강조하고 있는 것은 아니다.

[오답해설]

① ㉠은 '수심에 잠긴 구름', '서글픈 바람', '처량한 밤기운'과 같은 배경 제시를 통해, 앞으로 전개될 이야기가 서글프고 처량한 성격임을 암시하고 있다.

③ ㉢은 강이 깊고 성이 높은 유리한 조건에도 불구하고 대사를 그르친 부정적 결과에 근거하여 아들을 부정적으로 평가하고 있다.

④ ㉣은 천 년 동안 남을 악명을 온 바다를 기울여도 씻을 수 없다는 과장된 표현을 사용하여 아들의 죄를 강조하고 있다.

⑤ ㉤은 도원수 김자점이 한 번의 전투도 벌이지 않고 몸을 숨긴 채 목숨을 부지했음에도 왕법이 시행되지 않고 도리어 은총이 더해진 점을 들어 상황의 부조리함을 드러내고 있다.

30 　　　부적절한 감상 내용 고르기　　　⑤

[정답해설]

'한 부인'이 '이런 상황'에서 남편이 '홀로 사형을 당'한 것이 원통하다고 말한 것은 이민구, 김자점, 심기원 등이 전쟁 중에 나라의 은혜를

저버렸건만 군법에 회부되지 않고 도리어 총애와 녹봉을 받았기 때문이다. 즉, 절의를 저버린 가장에게 의존했던 과거를 후회하고 있는 것은 아니다.

2024학년도 기출문제 정답 및 해설

2024학년도

[국어]
정답 및 해설

[국어] 2024학년도 | 정답

01	②	02	④	03	⑤	04	⑤	05	⑤
06	⑤	07	③	08	②	09	①	10	④
11	②	12	④	13	⑤	14	②	15	④
16	②	17	①	18	④	19	①	20	④
21	③	22	①	23	④	24	④	25	⑤
26	④	27	④	28	⑤	29	①	30	⑤

[국어] 2024학년도 | 해설

[01~05] 독서 – 인문

01	글의 내용 파악하기	②

[정답해설]
제시문은 목표 영역을 근원 영역으로써 개념화하는 인지 전략인 개념적 은유를 근원 영역과 목표 영역이 결합하는 양상에 따라 방향적 은유, 존재론적 은유, 구조적 은유로 분류하고 각각의 사례를 들어 각 유형의 개념을 정의하고 있다. 그러므로 제시문은 특정 개념의 유형을 분류하고 각 유형의 사례를 제시하고 있다고 볼 수 있다.

[오답해설]
① 개념적 은유에 대한 정의는 있으나, 그 개념에 논리적 모순이 없는지 그 정합성을 분석하고 있지는 않다.
③ 개념적 은유에 대한 이론의 변천 과정이나 앞으로의 전망을 제시하고 있지는 않다.
④ 개념적 은유를 설명하기 위한 가설을 제시하거나 그 개념이 이치에 맞는지 타당성을 검증하고 있지는 않다.
⑤ 대표적인 인지언어학자인 레이코프의 개념적 은유에 대해 설명하고 있으므로, 상반된 견해를 절충하여 새로운 이론을 제시하고 있는 것은 아니다.

02	내용과 일치하지 않는 것 고르기	④

[정답해설]
선개념적 경험이란 신체로부터 비롯되는 개념 형성 이전의 경험으로, 대표적인 인지언어학자인 레이코프는 이러한 선개념적 경험을 바탕으로 개념화가 이루어지는 과정을 근원 영역과 목표 영역을 통해 설명하였다. 그러므로 인지언어학자인 레이코프가 선개념적 경험을 신체적 경험과 무관한 것으로 본 것은 아니다.

[오답해설]
① 은유란 유사성에 근거하여 한 대상을 다른 대상에 빗대어 나타내는 언어적 표현으로 간주되어 왔다.
② 인지언어학자들은 언어적 표현이 은유라는 사고의 틀을 거쳐 만들어지는 것이기 때문에 일상 언어는 대부분 은유의 결과물로 보고 있다.
③ 변형생성어학자들은 사고와 신체를 분리하는 객관주의를 표방하였고, 반면에 인지언어학자들은 사고와 신체를 관련시키는 체험주의를 전제하였다.
⑤ 대표적인 언어학자인 레이코프는 익숙한 구성 요소로 이루어진 목표 영역을 낯선 구성 요소로 이루어진 근원 영역으로 개념화하는 인지 전략을 개념적 은유라고 칭하였다.

03	글의 세부 내용 이해하기	⑤

[정답해설]
레이코프는 개념적 은유가 목표 영역에 접근하는 데 도움을 주지만

인식의 불균형을 초래한다고 지적하였다. 즉, 개념적 은유가 목표 영역에 접근하는 데 도움을 주는 효율적인 인식을 가능하게 하지만, 동시에 인식의 불균형을 초래함으로써 인식을 제약한다고 볼 수 있다.

[오답해설]

① 개념적 은유가 부정적 가치 판단을 유도하는 경우도 있으므로, 개념 인식과 가치 판단은 분리되어 있는 것이 아니라 서로 연관되어 있다.

② 개념적 은유가 부정적 가치 판단을 유도함으로써 목표 영역에 대한 부정적 인식을 강화한다.

③ 개념적 은유가 목표 영역의 특정 부분만을 부각하고 개념화되지 않은 다른 부분을 은폐하는 것은 목표 영역을 축소하는 것에 해당한다.

④ 개념적 은유가 목표 영역의 특정 부분만을 부각하는 경우도 있으므로, 목표 영역에 대한 총체적인 인식을 가능하게 하는 것은 아니다.

04	지시 대상 이해하기	⑤

[정답해설]

방향적 은유는 목표 영역이 방향과 관련된 선개념적 경험으로 이루어진 근원 영역과 결합하는 것이다. ⑩의 '저축률이 높다'에서 '높다'는 목표 영역이 아닌 근원 영역에 해당하며, '저축률'은 목표 영역에 해당한다. 또한 ⑩은 '높다'라는 근원 영역이 결합할 평가 대상도 없으므로 방향적 은유에 해당되지 않는다.

[오답해설]

① 구조적 은유는 근원 영역과 목표 영역의 구조적 유사성을 바탕으로 개념화하는 것으로, ㉠의 '약점을 공략했다'는 '전쟁'이라는 근원 영역과 '선거'라는 목표 영역의 구조적 유사성을 바탕으로 도출된 구조적 은유에 해당된다.

② 방향적 은유는 목표 영역이 방향과 관련된 선개념적 경험으로 이루어진 근원 영역과 결합하는 것으로, ㉡의 '수영에서만큼은 동생이 내 앞'은 '앞'이라는 근원 영역이 '동생'의 수영 실력에 대한 평가에 결합한 방향적 은유에 해당한다.

③ 존재론적 은유는 근원 영역이 지닌 존재의 자격을 목표 영역에 부여하는 것으로, ㉢의 '가벼운 농담'은 '농담'이라는 목표 영역에 무게가 있는 실체의 자격을 부여한 존재론적 은유에 해당한다.

④ ㉣의 '경제가 성장하면'은 '경제'라는 목표 영역에 생명체의 자격을 부여하고 있으므로 존재론적 은유에 해당한다.

05	문맥상 유사한 의미 고르기	⑤

[정답해설]

ⓐ의 '보았다'와 ⑤의 '볼'은 '대상을 평가하다'라는 의미로 사용되었다.

> 〈보다〉 – '대상을 평가하다'
> 예 어쩐지 그의 행동을 실수로 보아 줄 수가 없었다.
> 예 도대체 사람을 뭐로 보고 그런 말씀을 하십니까?
> 예 그는 상대를 만만하게 보는 나쁜 버릇이 있다.
> 예 이 사태를 적당히 보아 넘길 수는 없다.
> 예 그들은 증인이 말한 내용을 거짓말이라고 보고 있습니다.
> 예 날씨가 좋을 것으로 보고 우산을 놓고 나왔다.
> 예 나는 그것이 가능하리라고 보고 있다.

[오답해설]

① 밑줄 친 '보았다'는 '어떤 일을 당하거나 겪거나 얻어 가지다'의 의미로 사용되었다.

② 밑줄 친 '보았다'는 '어떤 결과나 관계를 맺기에 이르다'는 의미로 사용되었다.

③ 밑줄 친 '보았다'는 '눈으로 대상을 즐기거나 감상하다'는 의미로 사용되었다.

④ 밑줄 친 '보아'는 '고려의 대상이나 판단의 기초로 삼다'라는 의미로 사용되었다.

[06~10] 독서 – 사회

06	글의 내용 파악하기	⑤

[정답해설]

가입자의 연금을 소득에 비례시켜 지급하게 되면 저소득층보다 고소득층에게 더 많은 연금을 지급해야 하므로, 저소득층의 생활을 보장하기 위해서는 동일한 시기에 퇴직하는 가입자 모두에게 동일하게 지급하는 균등 지급 방식이 적절하다. 즉, 균등 부분을 포함함으로써 저소득층의 소득 대체율이나 연금 수익률을 높이고, 고소득층의 소득 대체율이나 연금 수익률을 낮출 수 있다. 그리고 이에 따라 빈부 격차가 줄어드는 수직적 소득재분배가 발생한다.

[오답해설]

① 사회 보장 제도로서 공적 연금 제도는 빈부 격차를 완화하는 효과가 있다.

② 기여금을 납부한 국민은 일정한 연령에 도달하면 국가로부터 연급을 수급한다.

③ 국가는 경제 활동을 하는 국민을 공적 연금 제도에 의무적으로 가

입시켜 소득의 일부를 기여금으로 납부하게 한다.
④ 사회 보장 제도로서 공적 연금 제도는 국민의 노후 생활을 보장한다.

07 　　글의 세부 내용 이해하기　　③

[정답해설]

제시문에 따르면 국민 소득이 증가하면 기여율을 올리지 않아도 기여금이 늘어나므로, ㉠의 적립 방식이든 ㉡의 부과 방식이든 국민 소득의 증가가 경제 활동 인구가 납부하는 기여금 총액의 증가로 이어진다.

[오답해설]

① 출산율의 변화는 부과 방식에만 영향을 미치고 적립 방식에는 영향을 미치지 않으므로, ㉠의 적립 방식에서는 출산율 감소가 연금 지급 부담을 증가시키지 않는다.
② ㉠의 적립 방식에서는 연금 수급자가 경제 활동 시기에 적립한 기여금과 이를 국가가 투자하여 얻은 수익으로 연금 지급에 사용되는 자금을 조달한다.
④ ㉡의 부과 방식에서는 기여율(소득 대비 기여금의 비율)을 높여 현재의 연금 지급액을 높일 수 있다.
⑤ ㉡의 부과 방식에서는 현재의 경제 활동 인구가 납부한 기여금으로 현재 퇴직 상태인 노령 인구에게 연금을 지급하는 것이다.

08 　　글의 세부 내용 이해하기　　②

[정답해설]

기여금 납부 기간을 늘리거나 연금 수급 기간을 줄여서 연금 수익률을 낮출 수 있기 때문에, 연금 지급에 필요한 자금이 부족해지면 국가는 기여금 납부를 종료하는 시점이나 연금 수급이 시작되는 시기를 변경할 수도 있다. 즉, 연금 수익률은 가입자가 납부한 기여금의 총액 대비 수급하는 연금 총액의 비율로, 가입자의 기여금 납부 기간을 늘리면 납부한 기여금의 총액이 늘어나므로 연금 수익률은 떨어진다. 또한 연금 수급 기간을 줄이면 가입자가 수급하는 연금 총액이 줄어들므로 연금 수익률은 떨어진다.

09 　　글의 세부 내용 이해하기　　①

[정답해설]

〈보기〉의 연금 산정 공식에서 '개인의 퇴직 전 월 평균 소득'(B)이 높은 가입자일수록 전체 가입자보다 기여금을 낸 것에 비해 연금을 적게 받으므로 평균 소득 대비 연금 수급액의 비율인 소득 대체율은 낮아진다.

[오답해설]

② A가 B보다 큰 가입자는 전체 가입자의 연금 기여율이 가입자 개인의 연금 기여율보다 크므로 수급하는 연금에서 균등 부분이 소득 비례 부분보다 크다.
③ 가입자의 월 평균 소득이 꾸준히 증가하는 상태에서 A를 '가입자가 퇴직하기 직전 9년간 전체 가입자의 월 평균 소득'으로 수정하면 갑국의 기여금 총액이 감소하므로 연금 지출 총액도 감소한다.
④ B는 가입자의 소득에 비례하여 연금을 지급하기 때문에 가입자의 수명이 B와 비례할 때 빈부 격차가 줄어드는 수직적 소득 재분배 효과는 더 작아진다.
⑤ 연금 산정 공식에 '가입자 개인의 퇴직 전 월 평균 소득'(B)이 포함되어 있으면 소득에 따라 기여금을 더 많이 적립한 가입자가 당연히 더 많은 연금을 받게 된다.

10 　　문맥상 틀린 의미 고르기　　④

[정답해설]

ⓓ의 '초래하므로'는 일의 결과로서 어떤 현상을 생겨나게 하는 것으로, '불러오는'으로 바꿔 쓸 수 있다. '끼치므로'는 영향. 해. 은혜 따위를 당하거나 입게 하는 것을 의미한다.

[오답해설]

① ⓐ의 '구분할'은 일정한 기준에 따라 전체를 몇 개로 갈라 나누는 것으로, '나눌'로 바꿔 쓸 수 있다.
② ⓑ의 '발생하고'는 어떤 일이 일어나거나 사물이 생겨나는 것으로, '일어나고'로 바꿔 쓸 수 있다.
③ ⓒ의 '지불해야'는 돈을 내어 주거나 값을 치르는 것으로, '내야'로 바꿔 쓸 수 있다.
⑤ ⓔ의 '구성된'은 몇 가지 부분이나 요소들이 모여 일정한 전체가 짜여 이루어지는 것으로, '이루어진'으로 바꿔 쓸 수 있다.

[11~15] 독서 – 과학

11 　　글의 내용 파악하기　　②

[정답해설]

암세포는 비정상적으로 빠르게 증식하는 세포로, 유전자 변이가 축적되면 정상 세포와 달리 저절로 사멸하지 않고 계속해서 분열한다. 그러므로 암세포에서는 정상 세포에서보다 유전자 변이 속도가 빠르다고 할 수 있다.

[오답해설]

① 세 번째 문단에서 인체는 면역 세포가 정상 세포를 비정상 세포로 오인하여 공격하는 자가 면역 질환을 막기 위해. 면역 반응을 억제

하는 장치인 면역 관문을 갖추고 있다고 설명하고 있다. 그러므로 자가 면역 질환이 심해질수록 암이 발병할 확률이 높아지는 것은 아니다.

③ 첫 번째 문단에서 반복되는 세포의 분열 과정에서 유전자 변이가 축적되면 정상 세포와 달리 저절로 사멸하지 않고 계속해서 분열하는 암세포가 발생한다고 하였으므로, 세포의 분열 과정이 반복될수록 암세포가 발생할 확률은 높아진다.

④ 네 번째 문단에서 다른 장기로 전이되기 전에 종양을 제거하더라도 혈액 속 암세포에 의해 암이 재발할 수 있다고 하였다. 그러므로 다른 장기로 전이되기 전에 종양을 제거하면 암이 재발하지 않는 것은 아니다.

⑤ 두 번째 문단에서 암세포는 자신이 얻을 수 있는 양분과 산소에 비해 항상 과도하게 증식하여 보통 괴사한다고 하였다. 그러므로 악성 종양이 발생하면 주변 조직에 공급되는 양분과 산소가 증가하는 것은 아니다.

12 · 글의 세부 내용 이해하기 · ④

[정답해설]

면역 관문은 면역 반응을 억제하는 장치로 T 세포의 PD-1 수용체에 PD-L1 단백질이 결합하면 면역 관문이 활성화되며, 따라서 T 세포가 항원을 인식하더라도 해당 항원을 지닌 세포를 정상 세포로 판단해서 공격하지 않는다.

[오답해설]

① 암세포가 사멸하면서 방출되는 암 항원이 면역 세포인 수지상 세포에 의해 포식되면, 수지상 세포는 포식한 암 항원을 항원 조각으로 분해한다.

② T 세포는 T 세포 수용체(TCR)를 통해 수지상 세포에 부착된 항원 조각을 인식하여 활성화된다.

③ T 세포는 혈관을 통해 인체를 돌아다니다가 TCR를 통해 암 항원을 인식하여 암세포를 찾아낸다.

⑤ 암세포 표면에 PD-L1을 부착시키는 유전자 변이가 나타나면, T세포가 암세포를 정상 세포로 오인하기 때문에 암세포가 T 세포의 공격을 회피할 수 있게 되어 악성 종양으로 발전한다.

13 · 글의 세부 내용 이해하기 · ⑤

[정답해설]

ⓒ(세포 독성 항암제), ⓓ(표적 항암제), ⓔ(면역 항암제) 중 암세포의 특성을 이용해 암세포를 직접 공격하는 항암제는 ⓓ(표적 항암제)이다. 표적 항암제는 암세포만의 독특한 분자를 표적으로 삼아 암세포를 공격하는 약제이다.

[오답해설]

① ⓐ(외과 수술)과 ⓑ(방사선 치료)는 종양이 주변 장기로 전이되거나 암세포가 혈액에 퍼진 경우에는 적용이 어려우므로, 위치가 확인된 종양에 대해서만 적용이 가능하다.

② ⓐ(외과 수술)과 달리 ⓑ(방사선 치료)은 강력한 방사선을 인체에 관통시켜 암세포를 사멸시키기 때문에 절개 없이 인체 내부의 종양을 제거할 수 있다.

③ ⓑ(방사선 치료)과 달리 ⓒ(세포 독성 항암제)은 작용 범위가 특정 부위에 국한되지 않고 인체 곳곳의 미세한 암세포를 사멸시킬 수 있다.

④ ⓓ(표적 항암제)에 비해 ⓔ(면역 항암제)은 인체의 면역 반응을 이용하기 때문에 적용되는 암 종류에 대한 제한이 적다.

14 · 밑줄 친 문장의 이유 찾기 · ②

[정답해설]

종양의 크기가 클수록 암세포가 기하급수적으로 증식하기 때문에, 종양의 크기가 지나치게 큰 경우 면역 항암제의 치료 효과가 제한된다. 그러므로 방사선 치료, 세포 독성 항암제 투약 등의 치료가 병행되면 암세포의 총량이 감소할 뿐 아니라 암세포의 사멸로 암 항원이 방출되기 때문에 면역 항암제의 치료 효과가 높아질 수 있다.

15 · 글의 세부 내용 이해하기 · ④

[정답해설]

ⓑ(암세포의 유전자 변이 정도)가 높은 경우, 암세포만의 독특한 분자가 존재할 가능성이 높으므로 표적 항암제의 치료가 효과적일 수 있으나, 표적 항암제는 표적 분자에 민감해 약제마다 적용 가능한 암 종류가 제한적이고 쉽게 내성이 생기는 문제가 있어 그 효과가 오래 지속될 지의 여부는 장담할 수 없다.

[오답해설]

① ⓐ(MMR에 나타난 유전자 변이의 정도)가 낮은 경우, 암세포에 유전자 변이가 많을 가능성이 낮으므로 암 항원이 적게 만들어지고, 따라서 면역 항암제의 치료 효과가 작을 수 있다.

② ⓐ(MMR에 나타난 유전자 변이의 정도)가 높은 경우, 암세포의 분열 속도가 빠를 가능성이 높으므로 비정상적으로 빠르게 증식하는 세포를 공격하는 약제인 세포 독성 항암제를 투약하면 치료 효과가 높을 수 있다. 하지만 세포 독성 항암제는 매일 머리카락을 만들어내는 모낭 세포, 위장 안에서 음식물을 소화하는 점막 세포와 같이 증식 속도가 비교적 빠른 정상 세포까지 공격하므로, 탈모나 소화 불량 등의 부작용이 발생할 수 있다.

③ ⓑ(암세포의 유전자 변이 정도)가 낮은 경우, 암세포에서 암 항원이 만들어질 가능성이 낮으므로 T 세포에 의한 암세포 공격을 유도하

는 약제인 면역 항암제의 치료 효과가 작을 수 있다.

⑤ ©(암세포에 PD−L1 단백질이 발현된 정도)가 높은 경우, T 세포가 암세포를 정상 세포로 오인하여 공격하지 않음으로써 암세포가 면역 반응을 회피할 가능성이 높아지고, 따라서 면역 항암제의 치료 효과가 높을 수 있다.

[16~18] 현대 시

> **(가) 박목월, 「나무」**
> - **갈래** : 자유시, 서정시, 산문시
> - **성격** : 사색적, 비유적, 감각적, 실존적
> - **제재** : 나무
> - **주제** : 나무를 통한 삶의 성찰과 깨달음
> - **특징**
>   - 의인화된 나무의 모습을 통한 삶의 의미 발견
>   - 비유적 표현들을 통해 화자의 관념을 시각화함
>   - 시간의 흐름과 장소의 이동에 따른 시상 전개
>   - 외부에서 내면으로 사상의 전환
>   - 여행의 경험을 통한 인식의 전환
>
> **(나) 송재학, 「흰뺨검둥오리」**
> - **갈래** : 자유시, 서정시, 산문시
> - **성격** : 성찰적, 관조적, 사색적
> - **제재** : 흰뺨검둥오리
> - **주제** : 흰뺨검둥오리를 통한 희고 맑은 영혼의 투영
> - **특징**
>   - 청각적 이미지를 사용한 시적 대상의 비상 표현
>   - 색상 대비를 통한 영속적 영혼의 세계 표현

16　　작품 내용 이해하기　　②

[정답해설]

(가)는 '유성 → 조치원 → 공주 → 온양 → 서울'로 가는 공간의 이동에 따라 나무에 대한 묘사의 초점을 바꾸고 있고, (나)는 '늪'이라는 하나의 공간 내에서 흰뺨검둥오리에 대한 묘사의 초점을 바꾸고 있다.

[오답해설]

① (가)는 독백하는 어조를 통해 시적 화자의 깨달음을 청자에게 전달하고 있고, (나)는 단정하는 어조로 시적 대상에게서 느낀 점을 청자에게 전달하고 있다.

③ (가)에서는 점층적 표현을 사용하고 있지 않으며, (나)에서는 '새들은 십만 리쯤 치솟는다네'라는 과장적 표현을 통해 대상의 역동성을 부각하고 있다.

④ (가)에서는 상승 이미지를 활용하고 있지 않으며, (나)에서는 흰뺨검둥오리가 물을 박차고 비상하는 상승 이미지를 활용하여 시적 공간의 변화를 보여 주고 있다.

⑤ (가)에서는 수도승, 과객, 파수병 등 이미지의 대립을 통해 대상의 변화를 구체적으로 형상화하고 있고, (나)에서는 검은 부리와 흰 뺨이라는 색채어의 대비를 통해 어두운 세상에서의 맑은 영혼을 표현하고 있다.

17　　작품의 세부 내용 이해하기　　①

[정답해설]

㉠(어느)은 꼭 집어 말할 필요가 없는 막연한 것을 의미하므로, ㉠(어느)이 나무를 만난 '들판'이라는 장소의 구체성을 드러내고 있지는 않다.

[오답해설]

② ㉡(묵중하게)은 말이 적고 몸가짐이 신중한 '수도승'의 모습과 연결하여 시적 화자가 '늙은 나무'에서 떠올린 인상을 드러내고 있다.

③ ㉢(하늘 문)은 나무들이 서 있는 '산마루'가 하늘과 맞닿아 있을 만큼 높은 경계라는 화자의 인식을 반영하고 있다.

④ ㉣(놀랍게도)은 '이미'와 연결되면서, 여행길에서 느낀 나무들의 인상이 여행이 끝난 후 화자의 내면에 자리잡게 되었음을 화자가 뒤늦게 자각한 것이다.

⑤ ㉤(기르게 되었다)은 여행길에서 만난 늙은 나무의 고독감을 시적 화자에게서 '뽑아낼 수 없는' 것으로 수용하게 되었음을 드러내고 있다.

18　　작품 내용 이해하기　　④

[정답해설]

'거울'을 '산산조각나기 위해 팽팽한' 상태로 표현한 것은 물을 박차고 비상하는 새들의 움직임에 언제 깨질지 모르는 고요한 늪의 상태와 마찬가지로, 겉으로 평온해 보이나 삶은 팽팽한 긴장의 연속이라는 진실을 보여주고 있다.

[오답해설]

① '거미줄에 매달린 물방울'의 모습은 시각적 이미지가, 흰뺨검둥오리가 물을 박차고 비상할 때의 '퍼들껑' 소리는 청각이 이미지가 활용되고 있다. 시인은 이러한 감각적 이미지들을 활용하여 늪의 대상들을 탐색하고 있다.

② '날개 소리'가 '내 몸 속에서 먼저 들린'다고 표현한 것은, 시인과 늪이 물아일체가 되어 하나로 어울려 있음을 드러낸 것이다.

③ '흰뺨검둥오리가 떠메고 가는 것'의 '반쯤은 내 영혼이리라'라는 말은, 날아오르는 새들을 바라보며 그들과 마찬가지로 영혼의 자유로운 비상을 꿈꾸는 시적 화자의 동경이 표현된 것이라고 할 수 있다.

⑤ 늪의 '수면'이 '그 모든 것에 일일이 구겨지다가 반듯해지네'라는 말은, 삶의 모든 국면 역시 '고요한 외침'처럼 긴장과 평온의 연속이라는 진실을 드러낸 것이라 할 수 있다.

[19~22] 현대 소설

김숨, 「뿌리 이야기」
• 갈래 : 현대 소설, 중편 소설
• 성격 : 상징적, 묘사적, 사실적
• 시점 : 1인칭 주인공 시점
• 주제 : 산업화와 근대화로 인해 삶의 터전과 인간성을 상실한 현대인의 불안과 방황
• 특징
　－ 인간을 나무로 비유하여 표현함
　－ 구체적 지명을 사용하여 사실감을 높임
　－ 우리 사회의 부정적 단면을 제시하여 반성하도록 함

| 19 | 작품의 서술상 특징 이해하기 | ① |

[정답해설]
해당 작품은 1인칭 주인공 시점으로, 주인공이면서 동시에 서술자인 작품 속의 '나'가 독백적 진술을 중심으로 인물의 내면 흐름을 드러내고 있다. 이러한 시점은 심리 묘사에 적합하며, 독자가 등장인물에게 친근감을 느끼게 하는 데 효과적이다.

| 20 | 작품의 내용 이해하기 | ④ |

[정답해설]
고모할머니는 살아생전 위안부 등록을 하지 않았는데, "어머니는 그녀가 위안부 등록을 하지 않은 것에 대해, 그래서 정부에서 지원해 주는 생활 안정 지원금을 받지 못한 것에 대해 아쉬워했다."라는 대목에서 고모할머니가 자신들의 체면을 걱정하는 가족들의 만류로 인해 위안부 등록을 하지 못한 것은 아니라는 것을 알 수 있다.

[오답해설]
① '그'가 나무뿌리로 만든 작품을 전시한 곳은 경복궁 근저 백 년도 더 된 오래된 한옥을 개조해 만든 전시실이었다.
② 부엌을 개조해 만든 전시실, 공중 곡예를 하듯 허공에 위태롭게 매달려 있는 그 뿌리가 영동에서 구해온 뿌리라는 것을, 나는 단박에 알아차렸다.
③ "다른 뿌리들에 비해 뒤틀림이 심한 포도나무 뿌리로 촛농을 고르게 떨어뜨리는 일은 고도의 집중을 요구했을 것이다."라고 '나'는

재료의 특성과 관련지어 '그'가 작업에 신중을 기하는 이유를 추측하였다.
⑤ 그가 철거될 모과나무 아래에 서 있을 때 나는 목욕탕 탈의실 거울을 들여다보고 있었고, 거울 속 얼굴은 뜻밖에도 고모할머니인 그녀를 닮아 있었다.

| 21 | 작품의 감상 내용 이해하기 | ③ |

[정답해설]
고모할머니가 '나'의 손을 더듬어 찾던 것이 실은 '품어 줄 한 줌의 흙'을 찾고 있었던 것이라고 한 데서, '나'는 어린 시절 고모할머니가 자신의 손을 잡았던 이유를 이해하게 된다. 그러나 '그'의 작품을 본 '나'가 자신의 뿌리를 고모할머니에게서 찾은 것은 아니다.

[오답해설]
① '뿌리를 구하러 그가 철거촌도 뒤지고 다닌다'는 것은, 어릴 적 친부모로부터 버림을 받아 뽑혀 나온 뿌리에 대한 '그'의 천착이 행동으로 드러난 것임을 알 수 있다.
② '그'가 '철거'라는 글자가 자신의 '심장을 지져오는 것 같다'고 한 것은, '그'가 뽑혀 나올 모과나무와의 동일시를 통해 태어날 때부터 부모로부터 버려진 자기 존재를 확인한 것으로 볼 수 있다.
④ 뿌리에 촛농이 떨어져 굳는 순간을 '생전 만날 일 없던 두 존재가 만나는 순간'으로 본 것은, '그'의 작업이 어릴 때 일본군 위안부로 끌려갔다온 후 평생 친척집을 떠돈 자신과 비슷한 처지의 고모할머니를 이해하는 과정이었음을 '나'가 깨닫게 된 것으로 볼 수 있다.
⑤ '나'가 '뿌리들 너머'에 '그'가 있을 것이라 생각하면서 '그에게 닿을 수 있을 것 같'다고 한 데서, '나'가 소원했던 '그'에게 다가갈 수 있는 가능성을 발견하고 있음을 알 수 있다.

| 22 | 작품의 세부 내용 이해하기 | ① |

[정답해설]
'그'가 철거될 모과나무 아래에 서서 어릴 적 친부모로부터 버려진 자신의 존재를 확인한 것처럼, '나'는 목욕탕 탈의실 거울을 들여다보며 고모할머니와 닮은 자신의 모습을 발견하게 된다. 즉, ⓐ는 두 인물의 서로 다른 경험을 연결하여 두 경험의 의미를 밀접하게 관련짓고 있다.

[23~26] 고전 시가

(가) 안서우, 「유원십이곡」
- 갈래 : 평시조, 연시조
- 성격 : 비판적, 의지적, 풍류적
- 주제 : 속세에 대한 비판과 자연적 삶에 대한 추구
- 특징
  - 12수로 이루어진 연시조이지만, '서사'를 포함하면 13 수로 이루어짐
  - 자연 친화적이면서도 벼슬에 대한 미련이 나타남
  - 내적 갈등과 그 해소로 인한 즐거움이 드러남
  - 전 6수에서는 화자가 자연을 선택하게 된 동기가 나타나며, 후 6수에는 자연을 선택하기까지의 갈등과 정착 과정을 보임

(나) 김진형, 「북천가」
- 갈래 : 양반 가사, 유배 가사, 기행 가사
- 성격 : 회고적, 체험적, 사실적, 풍류적
- 주제 : 유배지에서의 풍류와 가족에 대한 그리움
- 특징
  - 공간 이동에 따른 시상 전개
  - 여정, 견문, 감상이 드러난 기행 가사
  - 체험을 바탕으로 한 사실적 묘사와 서술이 돋보임
  - 자연과의 교감, 기생과의 유희 등 유배지에서의 풍류 생활을 드러냄

23 　　작품의 공통점 이해하기　　④

[정답해설]
(가)에서는 '~웨(왜)라', '~하노라', (나)에서는 '~로다', '~구나'라는 유사한 문장 구조를 반복하여 운율을 형성하고 화자의 심정을 강조하고 있다.

[오답해설]
① (가)와 (나) 모두 계절의 변화를 중심으로 시상을 전개하고 있지 않다.
② (가)에서는 자연(갈매기와 백로)과 인간(벗)을 대비하여 '유정'과 '무심'이 주는 교훈, 즉 어제는 그르다고 한 것이 이제는 옳다는 깨달음을 전달하고 있으나, (나)에서는 그렇지 않다.
③ (가)와 (나) 모두 명령형 문장을 활용하여 화자의 포부를 드러내고 있지 않다.
⑤ (가)에서는 시선의 이동이 나타나고 있지 않으며, (나)에서는 유배지로의 이동을 통한 시상이 전개되고 있으나, 원경에서 근경으로 시선을 이동하여 자연의 모습을 다채롭게 그려 낸 것은 아니다.

24 　　작품의 세부 내용 이해하기　　④

[정답해설]
〈제7장〉에서 초장의 '흰 구름'과 중장의 '기러기'에 대한 화자의 감흥, 즉 자연을 느끼는 즐거움이 종장에서 '내 벗'으로 집약되고 있다.

[오답해설]
① 〈제1장〉의 초장과 중장에서 드러난 '문장'을 향한 화자의 의지는 종장에서 태평성대에 농사나 짓겠다고 말하는 것으로 보아 약화되고 있다.
② '홍진'은 속세를 의미하고, '녹수 청산'은 자연을 의미한다. 〈제3장〉의 중장에서 자연에서 시름없이 늙어가겠다는 화자의 다짐은 초장에 드러난 '홍진'을 향한 화자의 미련이 해소되는 것이 아니라, '홍진'과 절교하고자 하는 화자의 의지를 강화하고 있다.
③ 〈제4장〉에서 논밭을 일궈 밥을 하고, 낚시를 하여 반찬으로 삼고, 낫으로 땔나무를 하는 것은 시적 화자가 자연과 더불어 살아가기 위한 생계 수단이다. 즉, '낚시'는 생계를 유지하기 위한 하나의 수단일 뿐이므로, 초장에 드러난 '낚시'에 대한 화자의 관심이 중장에서 구체화되고 있는 것은 아니다.
⑤ 〈제8장〉의 초장에 드러난 '유정'과 '무심'에 대한 화자의 의문은 중장에서 갈매기와 백로라는 자연물과 비교하여 종장에서 그 교훈을 화자가 깨닫게 된다.

25 　　작품 내용 이해하기　　⑤

[정답해설]
'본관의 성덕과 주인의 정성'을 통해 화자가 유배 중에도 북관의 수령과 주인으로부터 공경과 보살핌을 받고 있음을 드러내고 있는 것이지, 임금에 대한 변치 않는 화자의 충정을 드러내고 있는 것은 아니다.

[오답해설]
① '명천이 천리로다'를 통해 화자가 이주하게 될 유배지인 명천에 대한 화자의 거리감을 부각하고 있다.
② '문관의 명성 듣고 한사코 달려드니'를 통해 화자가 아무리 사양해도 배우기를 청하는 선비들의 반응을 제시하고 있다.
③ '기러기 처량하고'를 통해 고향으로 돌아가지 못하고 유배지에서 생활하는 화자의 서글픈 심정을 자연물에 투영하여 나타내고 있다.
④ '개가죽 상하의'와 '조밥 피밥 기장밥'을 통해 화자가 관찰한 유배지의 생활상을 보여 주고 있다.

26 　　작품의 감상 내용 이해하기　　④

[정답해설]
(나)에서는 '내 일'을 '슬프다'라고 한 것을 통해 유배로 인해 느끼게 되

는 화자의 고독감과 슬픔을 읽어낼 수 있다. 그러나 (가)에서 강호에서의 생활을 '헌소 홀가 두려웨라'라고 한 것은 자연 속에서 사는 나의 즐거움을 세상 사람들이 알게 될까 걱정하고 있으므로, 강호 생활에 대한 화자의 만족감을 읽어낼 수 있다.

[오답해설]

① (가)에서 '이제야 작비금시' 즉, '어제는 그르다고 한 것이 이제는 옳다'는 깨달음을 통해 새로운 공간에서 삶에 대해 성찰하는 화자의 모습을 발견할 수 있다.

② (나)에서 '사고무친 고독단신 죽는 줄 그 누가 알'겠느냐고 한 것을 통해 유배지로의 이주를 앞둔 상황에서 의지할 만한 사람도 도와줄 사람도 없는 화자의 우려를 읽어낼 수 있다.

③ (나)에서 '종이 위의 자자획획'이 '눈물'이라고 한 것을 통해 유배지에서 받은 편지의 한 글자 한 획에 가족에 대한 그리움이 서려 있음을 읽어낼 수 있다.

⑤ (가)에서 '밭을 갈'고 '깊은 산의 나무'를 하며 지낸다고 한 것과 (나)에서 '시와 술'에 마음을 붙이고 '문밖'으로 나가지 않는다고 한 것을 통해 새로운 곳에서 적응해 가는 삶의 모습을 발견할 수 있다.

[27~30] 고전 소설

> 작자미상, 「유충렬전」
> • 갈래 : 국문 소설, 영웅 소설, 군담 소설
> • 성격 : 영웅적, 전기적, 비현실적
> • 배경 : 중국 명나라
> • 시점 : 전지적 작가 시점
> • 주제 : 유충렬의 고난과 영웅적 행적
> • 특징
> – 귀족적 영웅소설의 대표작
> – 전형적인 영웅 일대기 속에서 사건이 전개됨
> – 천상계와 지상계의 이원적 공간 설정
> – 표면적으로는 국가에 대한 충성심을 강조하고, 이면적으로는 몰락한 계층의 권력 회복 의지를 드러냄

| 27 | 작품에 대한 이해 | ④ |

[정답해설]

한담은 선사의 계책을 듣고 충렬을 진문(진영으로 드나드는 문)으로 유인하였고, 충렬은 적의 장대(장수가 올라서서 지휘하기 위해 쌓은 대)에 달려들었으나 한담이 파놓은 함정임을 알게 된다. 그러므로 한담이 장대에서 충렬과 자웅을 겨룬 것은 아니다.

[오답해설]

① 원수가 맞아 칼로 치게 되면 반합에 죽을 것이로되 사로잡아 죄목을 묻고 원수를 갚고자 하여 장성검을 높이 들고 한담을 치려하였다는 대목에서 충렬은 죄를 묻고 원수를 갚기 위해 한담을 사로잡으려 하였음을 알 수 있다.

② 한담이 원수를 급히 쫓아오다가 한담의 말이 거꾸러지거늘 원수가 장성검을 높이 들어 한담의 목을 치니 목은 아니 맞고 투구만 벗겨졌다는 대목에서 충렬을 쫓던 한담은 말이 거꾸러지는 바람에 위기에 처하게 됨을 알 수 있다.

③ 본진에 돌아온 한담이 적장의 칼에 투구가 깨져 위태로운 한담을 보고 징을 쳐 군사를 거두었다는 선사의 말에 대겁하여 머리를 만져 보고 그제야 투구가 없다는 사실을 알아차렸다.

⑤ 충렬이 안손법을 베풀어 진중을 살펴보니 한담이 토굴 깊이 함정을 파놓은 것을 보고 그제야 한담의 계책에 당한 것을 깨달았다.

| 28 | 작품의 세부 내용 이해하기 | ⑤ |

[정답해설]

㉠은 도사가 충렬의 장성검에 투구가 벗겨진 한담을 불러들여 위기에서 벗어나게 한 것이고, ㉡은 한담이 도사의 계략에 따라 함정을 파고 충렬을 자극하여 위기에 빠지게 한 것이다.

[오답해설]

① ㉠은 한담의 군대가 패배한 것을 의미하며, ㉡은 충렬을 방심하게 하는 원인이다.

② ㉠은 도사가 한담을 구하기 위해 단독으로 결정한 일이며, ㉡은 한담이 도사의 계략에 따라 결정한 일이다.

③ ㉠이 한담이 미래의 사건을 예측하게 한 것은 아니며, ㉡은 충렬이 한담의 군대가 퇴각한 과거의 기억을 떠올리게 한 것이다.

④ ㉠은 충렬에게 다 잡은 한담을 놓치게 된 아쉬운 계기이고, ㉡은 충렬에게 싸우다가 도망가는 한담의 군대에 의심을 유발하는 계기이다.

| 29 | 작품의 세부 내용 이해하기 | ① |

[정답해설]

[A]에서는 전장에서 가까스로 살아 돌아온 한담이 충렬을 물리칠 방법을 선사에게 물으며 도움을 청하고 있고, [B]에서는 천자와 태자가 목숨을 구해달라는 아버지의 편지가 사실일리가 없다며 충렬을 안심시키고 있다.

[오답해설]

② [A]에서는 한담이 적장인 충렬의 능력을 인정하고 있으나 이를 칭찬하는 것은 아니며, [B]에서는 천자와 태자가 충렬을 안심시키고

있을 뿐 능력 부족을 지적하고 있지는 않다.

③ [A]에서는 한담이 충렬을 잡지 못한 것을 안타까워하고 있으나 억울해하는 것은 아니며, [B]에서는 천자와 태자가 충렬을 안심시키고 있으나 슬픔에 공감하고 있는 것은 아니다.

④ [A]에서는 선사가 충렬을 잡을 방책을 한담에게서 요청받고 있으나 제안을 거절한 것은 아니며, [B]에서는 천자와 태자가 자신의 목숨을 구해달라는 아버지의 편지가 사실일리 없다고 추측하고 있으나 충렬의 생각을 고치려 한 것은 아니다.

⑤ [A]에서는 선사가 충렬을 잡을 수 있도록 도와달라는 한담의 요청을 받고 있으나 갈등을 간파하고 있는 것은 아니며, [B]에서는 충렬이가 천자와 태자에게 목숨을 구해달라는 아버지의 편지를 보여주고 있으나 자신이 겪고 있는 갈등을 부각하고 있는 것은 아니다.

| 30 | 작품의 세부 내용 이해하기 | ⑤ |

[정답해설]

충렬이의 마음이 심란한 것은 목숨을 구해달라는 아버지의 편지가 한담이 보낸 가짜 편지임을 알지만, 이미 돌아가신 아버지가 혹시나 살아계실까 하는 기대감 때문이다. 즉, 충렬이는 윤리성을 상실한 적도 없으며, '심란'한 '마음'을 이겨내고 한담을 '도성' 안으로 물리친 것이 윤리적 정당성을 회복하기 위한 것도 아니다.

[오답해설]

① 충렬이 한담을 잡아 육신을 포를 떠서 종묘에 제사 지내고 남은 고기는 가져다가 '부친의 충묘당'에 제사를 지내겠다고 말한 것은 주인공이 효의 윤리성을 실현하는 것이라고 볼 수 있다.

② 천상계에서 천신인 대장성과 익성이 인간계에서 유충렬과 정한담으로 환생하여 서로가 '천신'임을 알아보고 대립하는 것은 두 인물의 숙명적 대결임을 알 수 있다.

③ 한담이 충렬의 아버지를 사칭하여 목숨을 구해달라는 거짓 편지를 보낸 것은 효에 관한 충렬의 윤리성을 이용한 계책이라 볼 수 있다.

④ 천상계에서의 대결이 '천자와 태자'를 모시는 충렬과 이를 배신하고 반대편에 선 한담 간의 대결로 지속되고 있는 것은 충(忠)의 윤리성에 바탕을 둔 숙명적 대결로 볼 수 있다.

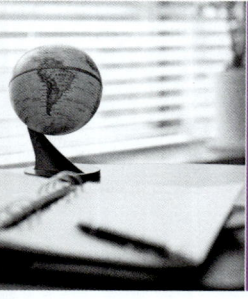

2023학년도 기출문제 정답 및 해설

제1교시 국어영역(공통)

01 ④	02 ①	03 ③	04 ①	05 ③	06 ②
07 ③	08 ③	09 ⑤	10 ④	11 ②	12 ①
13 ④	14 ④	15 ⑤	16 ⑤	17 ④	18 ①
19 ②	20 ⑤	21 ④	22 ③	23 ②	24 ①
25 ③	26 ⑤	27 ④	28 ⑤	29 ⑤	30 ②

[01~03] 독서 - 인문

01 ④ 제시문은 특정한 시간과 공간에서 독자가 문학 작품에 대해 갖게 되는 해석과 평가의 준거인 '기대지평'이라는 개념을 중심으로 독자 반응 비평을 설명하고 있다. 또한 독자 반응 비평이 전통적인 문학 비평에서 간과되어 왔던 독자의 중요성에 주목하여, 독자의 역할을 재정립하고 독자와 작품 사이의 상호 작용을 탐구하도록 했다는 의의를 제시하고 있다.

오답풀이

① '기대지평'이라는 주요 개념을 활용하여 독자 반응 비평을 설명하고 있으나, 인접 분야의 개념을 활용하여 독자 반응 비평을 설명하고 있지는 않다.

② '기대지평, 미적 긴장, 지평전환' 등의 개념을 활용하여 독자 반응 비평의 의의와 평가에 대해 설명하고 있으나, 다양한 사례를 통해 독자 반응 비평의 실효성을 강조한 측면은 보이지 않는다.

③ 첫 번째 문단에서 '기대지평'의 복합적 구성 요소에 대해 열거하고 있을 뿐, 독자 반응 비평의 변화 과정에 대한 분석과 그 복합성에 대한 설명은 제시되어 있지 않다.

⑤ 세 번째 문단에서 독자 반응 비평에 대한 비판이 아니라 전통적 문학 비평에 대해 비판하고 있으며, 독자 반응 비평이 독자의 중요성과 역할에 미친 긍정적 입장을 서술하고 있다.

02 ① 윗글의 서두에서 독자 반응 비평 이론가인 야우스는 '기대지평'이라는 개념을 제시하여 독자가 문학 작품과 상호 작용하는 과정을 설명하였다고 서술되어 있다. 또한 마지막 문단에서 독자와 작품 사이의 상호 작용을 탐구함으로

써 문학 작품은 예술적으로 완성된다고 설명하고 있다. 그러므로 윗글을 통해 문학 비평의 임무는 ①의 작품과 독자 사이에 일어나는 상호 작용을 검토하는 것임을 알 수 있다.

오답풀이

②·③ 세 번째 문단에서 전통적 문학 비평이 작품의 언어적 특성과 문학적 기법에만 집중했다고 비판하고 있다. 그러므로 작품의 언어적 특성을 연구하여 예술적 가치를 밝히는 것이나 시공간을 초월하는 작품의 보편성을 독자에게 전달하는 것은 독자 반응 비평이 지향하는 문학 비평의 임무는 아니다.

④·⑤ 세 번째 문단에서 작가의 의도, 시대적 배경, 윤리적 준거 등이 작품에 끼치는 영향에만 치중했다고 전통적 문학 비평을 비판하고 있다. 그러므로 독자가 작가의 의도를 중심으로 작품을 파악하는 데 기여하는 것이나 작품이 창작된 시대 배경을 조사하여 작품에 역사적 의미를 부여하는 것은 독자 반응 비평이 지향하는 문학 비평의 임무는 아니다.

03 ③ 두 번째 문단에서 작품의 기대지평과 독자의 기대지평 간에 거리가 존재하는 경우 독자는 작품에 대한 부정, 거부감, 혼란, 낯섦 등을 느낄 수 있는데, 이를 작품 수용의 과정에서 나타나는 '미적 긴장'이라고 하였다. 그러므로 도덕적 일탈을 옹호하는 주인공을 다룬 A가 발표되자 조직적인 거부의 움직임을 드러낸 독자층의 모습은 사회의 통념이나 관습에 반하는 '미적 긴장'을 가져온 것이지, 경험의 부재가 미적 긴장 상태의 발생 원인은 아니다. 또한 독자의 기대지평은 지평전환을 통해 새로운 기대지평이 형성될 수 있으므로 무조건적인 부정으로 이어지는 것도 아니다.

오답풀이

① 첫 번째 문단에서 독자의 기대지평은 사회의 통념, 관습 등에 의해 구성된다고 하였으므로, A가 도덕적 일탈을 옹호하는 주인공을 내세워 비난을 받은 것은 사회의 관습이나 통념이 독자의 기대지평 형성에 영향을 미쳤다고 볼 수 있다.

② 두 번째 문단에서 미적 긴장에도 불구하고 방법을 탐색하며 적극적으로 이해를 시도하는 독자는 기존의 기대지평을 현저히 변화시킬 수 있다고 하였으므로, A를 반복적으로 읽으면서 B가 새로운 의미를 탐색하는 것은 기대지평이 새로 형성될 수 있음을 보여준다.

④ 첫 번째 문단에서 기대지평은 집단적 차원에서도 형성되어 개인의 기대지평과 서로 영향을 주고받으며 기대지평의 창출과 변화에 기여한다고 하였다. 그러므로 A가 발표 당시 독자층에게 비난받았던 것과 달리 오랜 시간이 지난 후 큰 호응을 받는 것은, 기대지평의 형성과 변화가 집단적 차원에서 이루어질 수 있음을 보여준다.

⑤ 두 번째 문단에서 미적 긴장에도 불구하고 독자가 작품의 기대지평에 부응하고자 노력하는 과정을 거쳐 형성된 기대지평의 변화를 '지평전환'이라고 하였다. 그러므로 A가 발표 시점으로부터 오랜 시간이 지난 후 시대에 저항한 작가의 작품으로 소개된 것은, 발표 당시 독자의 기대지평이 전환을 거쳐 작품의 기대지평에 부응하게 된 결과라고 할 수 있다.

[04~07] 독서 - 사회

04 ① 첫 번째 문단에서 인구 변천 모델을 '유럽의 인구 현상을 관찰한 결과를 기초로 하여 인구 변화를 설명한 모델'이라고 정의하고 있다. 즉, 인구 변천 모델의 개념에 대한 정의는 나타나 있으나, 그 이론적 배경에 대한 설명은 제시문에 나타나 있지 않다.

오답풀이

② 두 번째 문단에서 근대화와 출생률의 감소에는 인과적 관계가 있다고 인구 변천 모델을 설명하기 위한 기본적 전제를 제시하고 있다.

③ 세 번째 문단에서 타바라(Tabbarah)는 인구 발전 모델을 제시하고 있는데, 이에 활용된 변수들로 '부부가 이상적으로 원하는 자녀의 수(C_d)'와 '부부의 부양 능력에 맞는 최대 자녀의 수(C_m)'라는 변수들의 산출 방법이 소개되어 있다.

④ 네 번째 문단에서 인구 발전 모델을 네 단계로 나누어 설명하고 있으며, 다섯 번째 문단에서는 그에 따른 자녀 수의 변화 그리고 마지막 문장에서 "이와 같은 타바라의 모델은 시간의 경과에 따른 출산 양상의 변화를 이해하는 데 도움을 주며, 특히 이상적으로 원하는 자녀의 수에 주목했다는 점에서 의의가 있다"고 서술되어 있다.

⑤ 두 번째 문단에서 인구 변천 모델을 고위 정지 단계, 초기 확장 단계, 후기 확장 단계, 저위 정지 단계의 4단계로 나누고, 각 단계에서 나타나는 출생률과 사망률의 변화 추세에 대해 밝히고 있다.

05 ③ 인구 변천 모델의 단계 중 사망률은 급격히 낮아지는 반면 출생률은 그대로 높은 수준을 유지하고 있어서 인구가 급증하는 인구 폭발 현상이 나타나는 단계는 두 번째 단계인 초기 확장 단계이다. 후기 확장 단계는 인구 변천 모델의

세 번째 단계로, 출생률의 감소 속도가 사망률의 감소 속도보다 훨씬 빠르게 나타나서 인구의 증가 속도가 상당히 둔화되는 단계이다.

오답풀이

① 두 번째 문단에 인구 변천 모델의 기본적 전제는 근대화와 출생률의 감소에는 인과적 관계가 있다는 것이라고 서술되어 있다.

② 두 번째 문단에 인구 변천 모델은 근대화 과정에서 인구 성장률이 자발적인 수정 과정을 거치다가 저출생률과 저사망률의 상태에 이르고 안정적인 균형을 유지한다고 서술되어 있다.

④ 세 번째 문단에서 타바라는 '부부가 이상적으로 원하는 자녀의 수(C_d)'와 '부부의 부양 능력에 맞는 최대 자녀의 수(C_m)'라는 변수를 제시하였고, 네 번째 문단에서 각 단계에 따라 이 두 변수가 일치하는 경우도 있고 그렇지 않은 경우도 있다고 설명하였다. 따라서 인구 발전 모델에 따르면 부부가 원하는 출산 수준이 부양 능력을 고려했을 때의 출산 수준에 부합하지 않을 수 있다.

⑤ 세 번째 문단에서 타바라는 인구 발전 모델을 제시하며 "부부가 원하는 이상적인 가구 규모에 기반하여 출생률 감소가 왜 나타나는지, 어느 시점에서 출생률 감소가 나타나는지를 설명하고자 하였다"고 서술되어 있다.

06 ② 〈그림〉에 나타난 것처럼 t_1에서 t_0으로 진행되는 동안 B_d는 감소하고 B_m은 증가함으로써 그 차이는 점차 줄어들지만, t_0 시점까지 B_d의 값은 B_m보다 크다. 그리고 다섯 번째 문단에서 B_d가 B_m보다 클 경우 출산력이 증가하여 출산 곡선은 B_m 곡선의 방향을 따르게 된다고 설명하고 있다. 그러므로 t_1에서 t_0으로 진행되는 동안 출산력은 B_d와 B_m 값의 차이에 비례하는 것이 아니라 반비례한다.

오답풀이

① B_m에서 C_m을 뺀 숫자는 t_1 시점에서의 사망자수에 해당하므로 t_1 시점에서의 생잔율이 반영된 것이다.

③ 마지막 문단에서 부부들의 출산 곡선은 B_m-O-B_d의 곡선을 따르게 되며, 실제 출산 곡선은 생잔율을 적용하여 C_m-O'-C_d의 형태로 나타난다.

④ 부부가 이상적으로 원하는 자녀의 수는 C_d이며, t_1에서 t_0으로 진행되는 동안 부부가 이상적으로 원하는 자녀의 수는 〈그림〉에서 알 수 있듯이 '시간의 흐름 / 경제 발전'에 따라 점점 줄어든다.

⑤ 부부가 이상적으로 원하는 자녀의 수를 갖추기 위해 실제 출산해야 하는 자녀의 수(B_d)는 점차 감소하고, 부부의 부양 능력에 맞는 최대 자녀의 수(C_m)는 점차 증가하므로, 두 변수가 B_d와 C_m이 만난 지점 이후로는 부부가 부양 능력을

고려하지 않아도 원하는 수만큼의 자녀를 가질 수 있다.

07　③ 인구 변천 모델은 결국 마지막 단계인 저위 정지 단계에서 저출생률과 저사망률 상태에 들어서면 인구 변화가 거의 없는 안정적 상태를 유지할 것으로 내다봤다. 그러나 〈보기〉의 설명처럼 20세기 후반 이후 출산력을 감소시키는 여러 요인으로 인해 인구 변천 모델에서 예측했던 인구 안정화 상태는 깨지고 말았다. 따라서 인구 변천 모델은 인구 변화가 정체된 상태 이후에 나타난 출산력 감소를 설명할 수 없었기 때문에 이러한 인구 현상을 설명할 제2차 인구 변천 이론이 등장한 것이다.

오답풀이

① 인구 변천 모델도 세 번째 단계인 후기 확장 단계에서 여성의 사회 · 경제적 지위 향상으로 인한 결혼 연령의 상승을 출생률 감소 요인 중의 하나로 보고 있다. 즉, 인구 변천 모델은 결혼 연령의 변화가 출산력에 미칠 영향을 고려하고 있다.

② 인구 변천 모델은 마지막 단계인 저위 정지 단계에서 출생률과 사망률이 감소하는 저출생률과 저사망률 상태에 들어서면 인구 변화가 거의 없는 안정적 상태를 유지할 것으로 판단했다.

④ 비혼주의나 결혼 제도의 파괴 등은 20세기 후반 이후에 나타난 출산력 감소 요인으로, 새롭게 등장한 제2차 인구 변천 이론의 판단 근거이며 인구 발전 모델에서는 그 근거를 찾을 수 없다.

⑤ 인구 발전 모델은 '부부가 이상적으로 원하는 자녀의 수(C_d)'와 '부부의 부양 능력에 맞는 최대 자녀의 수(C_m)'라는 두 변수를 통해 이상적인 가족 규모와 실제 가족 규모 간의 차이로 인해 출산력의 변화를 판단할 수 있다.

[08~11] 독서 – 과학

08　③ 세 번째 문단에 따르면 카테네인은 금속의 산화-환원과 같은 화학적 자극에 따라 회전 운동을 하는 분자 기계로 작동하며, 로탁세인도 산과 염기의 화학적 자극에 따라 직선 운동을 하는 분자 기계로 작동한다. 빛과 열의 반응과 같은 물리적 자극에 따라 회전 운동을 하는 분자 기계는 네 번째 문단에서 설명한 분자 모터이다.

오답풀이

① 두 번째 문단에 분자 집합체 중 일부는 기계적 결합을 통해 만들어지며, 이 기계적 결합을 끊기 위해서는 개별 공유 결합을 해체해야 한다고 서술되어 있다. 그리고 그 예로 카테네인과 로탁세인을 들고 있다. 그러므로 카테네인에는 공유 결합과 기계적 결합이 존재한다고 할 수 있다.

② 세 번째 문단에 로탁세인은 사각형 고리가 축의 특정한 자리에서 결합하면서 좌우로 직선 운동을 하는 분자 기계인 분자 셔틀의 기본 구조를 이룬다고 서술되어 있다.

④ 세 번째 문단에 분자 부품을 원위치로부터 0.7㎚만큼 들어 올리는 데 성공한 분자 엘리베이터나, 근육의 수축과 이완 현상을 모사하는 인공 근육의 작동도 로탁세인을 이용한 것이라고 서술되어 있다. 즉, 로탁세인은 좌우로 직선 운동을 하는 분자 기계이므로, 로탁세인을 이용한 분자 엘리베이터와 인공 근육의 작동은 분자의 위치 이동을 통해 가능해진다고 볼 수 있다.

⑤ 두 번째 문단에 분자들이 모여 이루어진 분자 집합체 중 일부는 분자 간의 위치나 연결 방식의 특성으로 인해 발생하는 위상학적 상관관계를 이용한 기계적 결합을 통해 만들어진다고 서술되어 있다. 그러므로 분자 집합체인 카테네인과 로탁세인은 모두 위상학적 상관관계를 이용하여 결합을 유지한다고 할 수 있다.

09　⑤ 첫 번째 문단에서 결합을 해체하는데 필요한 에너지는 결합에 필요한 결합 에너지와 같으므로, 결합 에너지가 다시 가해지지 않는 한 분자는 최소 단위로서의 독립성을 유지할 수 있다고 하였다. 또한 두 번째 문단에서 기계적 결합을 통해 만들어진 분자 집합체의 결합을 끊기 위해서는 개별 분자의 공유 결합을 해체해야 한다고 설명하고 있다. 즉, 분자 집합체는 개별 분자 간의 결합을 끊는 데에 공유 결합을 끊는 만큼의 에너지가 필요하므로, 분자 수준의 독립성을 지녔다고 볼 수 있다.

10　④ 세 번째 문단에 따르면 외부에서 브뢴스테드–로우리 산을 넣어 결합 자리 I을 양성자화하면 결합 자리 I과 고리 사이에 정전기적 반발력이 생긴다고 하였다. 즉, 고리와 결합 자리 I 사이에 정전기적 반발력이 생기면 양성자의 이동이 발생하는 것이 아니라, 양성자의 이동이 발생하면 고리와 결합 자리 I 사이에 정전기적 반발력이 생겨 고리가 결합 자리 II로 이동하는 것이다.

오답풀이

① 〈보기〉의 설명에서 양성자가 이동하고 난 후의 물질 간의 관계를 '짝산–짝염기' 관계라고 하였으므로, 브뢴스테드–로우리 산을 넣어 결합 자리 I을 양성자화하면 양성자의 이동에 따라 〈그림 2〉의 ⓐ(결합 자리 I)와 ⓑ(결합 자리 II)는 '짝산–짝염기' 관계가 된다.

② 〈보기〉에서 산은 양성자인 수소 이온(H^+)을 주는 물질이며 염기는 양성자를 받는 물질이라고 하였으므로, 브뢴스테드–로우리 산을 넣은 결합 자리 I이 양성자화된다는 것은 수소 이온을 얻게 된다는 의미이다.

③ 세 번째 문단에서 염기를 넣어 중화하면 고리는 다시 결합

자리 I로 되돌아간다고 하였으므로, 〈그림 2〉에서 양성자를 받은 ⓑ(결합 자리 II)는 염기를 넣으면 다시 ⓐ(결합 자리 I)로 되돌아간다.

⑤ 브뢴스테드–로우리 산을 결합 자리 I에 넣으면 양성자가 유입됨으로써 로탁세인의 고리 분자가 결합 자리 I에서 결합 자리 II로 이동한다.

11 ② 네 번째 문단에서 분자 모터는 특정 자외선 파장에 노출되면 분자 하나가 180° 회전하게 되며, 작용기와 메틸기의 배열 순서가 달라지면서 회전하던 분자의 진로에 장애가 발생한다고 하였다. 또한 적절한 열 에너지가 제공되면 작용기의 겹친 부분이 교차되어 이 장애가 해소된다고 하였다. 그러므로 ④로 바뀌어 발생한 장애는 자외선을 받음으로써 해소되는 것이 아니라 열 에너지에 의해 해소되는 것이다.

오답풀이

① 네 번째 문단에서 분자 모터가 특정 자외선 파장에 노출되어 분자 하나가 180° 회전하게 되면 메틸기가 결합하지 않은 부분, 즉 작용기끼리 겹치게 된다고 하였다. 그러므로 ㉮의 작용기가 특정 자외선 파장에 노출되어 180° 회전하면 메틸기는 메틸기끼리, 작용기는 작용기끼리 마주하도록 배열된다.

③ 네 번째 문단에서 적절한 열 에너지가 제공되면 작용기의 겹친 부분이 교차되어 장애가 해소된다고 하였으므로, ㉯와 ㉰ 사이에서 작용기가 교차하지 않는다면 분자 기계는 한 방향으로 회전할 수 없다.

④ 분자 모터의 작동 원리는 자외선에 노출된 분자가 180° 회전하면 이로 인해 겹쳐진 작용기를 열 에너지로 교차시킨 후 다시 자외선에 노출시켜 분자를 회전시키는 것이다. 그러므로 ㉮를 ㉯로 바뀌게 하는 자극과 ㉰를 ㉱로 바뀌게 하는 자극은 자외선 노출로 동일하다.

⑤ 네 번째 문단에서 회전하던 분자의 작용기와 메틸기 모두 다른 분자의 메틸기, 작용기와 각각 겹쳐 회전 진로에 장애가 발생하면 이는 열 에너지에 의해 다시 해소된다고 하였다. 그러므로 ㉱가 다시 ㉮로 돌아오기 위해서는 열 에너지를 필요로 한다.

[12~15] 문학 – 예술

12 ① 세 번째 문단에 따르면 능침 공간의 가장 높은 단인 상계의 봉분 앞에는 상(床)의 형태로 만들어진 혼유석이 놓여 있고, 그 좌우에는 촛대 모양의 망주석이 있다고 하였다. 그러나 능침 공간의 중계에는 장명등, 문석인, 석마(石馬)가 배치되어 있다고 설명하고 있을 뿐 망주석의 배치에 대한 언급은 없다.

오답풀이

② 첫 번째 문단에 조선 왕릉의 석물은 조선 왕조가 지속되는 동안 「국조오례의」에 제시된 엄격한 예법에 따라 국가 차원에서 체계적으로 제작되었다고 서술되어 있다.

③ 첫 번째 문단에 거대한 잔디 언덕에 있는 왕의 무덤인 봉분 주변에 집중적으로 배치된 조선 왕릉의 석물은 크기에 따라 적절히 안배되어 설치 조각으로서 조형적 아름다움을 드러낸다고 서술되어 있다.

④ 두 번째 문단에 조선 왕릉의 석물은 화강암으로 만들어졌으며, 풍화 작용에 의한 마멸에 매우 강해 거의 영구적으로 보존될 수 있는 내구성을 지녔다고 서술되어 있다.

⑤ 세 번째 문단에 능침 공간의 가장 높은 단인 상계에 있는 봉분의 둘레에는 병풍석을 둘러서 봉분을 보호하고 장식했으며, 그 바깥으로 봉분의 울타리 역할을 하는 난간석이 놓였다고 서술되어 있다.

13 ④ 〈보기〉에서 중국 왕릉의 모든 석수들이 능의 입구에 배치되어 봉분 쪽을 향해 일렬로 도열해 있는 반면, 조선 왕릉의 석수는 제시문의 세 번째 문단에 설명되어 있는 것처럼 수행하는 역할에 따라 상계, 중계, 하계의 단 차로 나뉜 세 구역에 배치되었다. 그러나 상계에는 석양(石羊)과 석호(石虎) 두 종류의 석수가 배치되었으므로, 한 구역에 하나의 종류씩 배치된 것은 아니다.

오답풀이

① 〈보기〉에서 의전 수행의 역할을 담당한 중국 왕릉의 석수는 봉분 쪽을 향하여 왕의 권력을 과시하고자 하였다고 서술되어 있다. 반면에 조선 왕릉의 석수는 봉분을 등지고 머리를 밖으로 향하였는데, 이는 사악한 기운을 물리치는 벽사(辟邪)의 상징적 의미가 있다고 세 번째 문단에 설명되어 있다.

② 〈보기〉에서 중국 왕릉의 석수들은 석양, 석호, 석마를 포함한 모든 석수들이 능의 입구에 배치되어 있다고 서술되어 있다. 반면에 조선 왕릉의 석수는 석양과 석호가 봉분을 둘러싸듯이 배치되어 능을 수호하는 의미를 드러내었다고 세 번째 문단에 서술되어 있다.

③ 〈보기〉에서 중국 왕릉은 석수들이 봉분 쪽을 향해 일렬로 도열해 있다고 서술되어 있다. 반면에 조선 왕릉은 석양과 석호가 좌우 대칭으로 각 두 쌍씩 번갈아 배치되어 음양의 조화를 꾀하였다고 세 번째 문단에 서술되어 있다.

⑤ 〈보기〉에서 중국 왕릉의 석마는 왕의 영혼을 태우고 승천하는 천마(天馬)로서의 상징적 의미를 드러낸다고 서술되어 있으므로, 석마가 왕의 소유물임을 알 수 있다. 반면에 조선 왕릉의 석마는 중계에서 문석인 한 쌍이 그리고 하계에는 무석인 한 쌍이 각각의 이동 수단인 석마(石馬)를 대

동하고 서로 마주보게 배치되었다고 세 번째 문단에 서술되어 있으므로, 석마가 신하의 소유임을 알 수 있다.

14 ④ A는 16세기에 만들어진 문석인이므로 2기에 해당하고, B는 18세기 후반에 만들어진 문석인이므로 4기에 해당한다. 네 번째 문단에 따르면 4기의 문석인은 조각 기법의 발전으로 재료의 특성으로 인한 제약이 극복되어 세부 표현이 한층 정교해졌다고 서술되어 있다. 그러나 이것이 경직된 자세에서 벗어난 문석인의 모습을 보여주고 있는 것은 아니다. 즉, 4기의 문석인도 1기의 문석인과 마찬가지로 손에 홀을 들고 서 있는 전형적인 문석인의 모습을 하고 있다.

오답풀이

① 네 번째 문단에 2기의 문석인은 특히 머리의 크기가 두드러지는 3등신에 가까운 신체 비례로 현실과 다른 초월적 느낌을 주며, 탁 트인 야외에서도 위축되지 않는 존재감으로 왕실의 위용을 드러낸다고 서술되어 있다.

② 네 번째 문단에서 제2기의 문석인은 그 크기가 3m 내외로 가장 거대해진 시기이며, 사실적인 입체감을 드러내기보다는 전체적으로 단순하고 부피감 있게 조각되어 거대한 덩어리처럼 보이는 독특한 인물상이 되었다고 서술되어 있다.

③ 네 번째 문단에 조각 기법의 발전으로 재료의 특성으로 인한 제약이 극복되어 세부 표현이 한층 정교해졌고, 복두를 쓴 이전 시기의 문석인과는 달리 금관을 쓴 문석인이 등장했다고 서술되어 있다.

⑤ 네 번째 문단에 따르면, 1기 문석인은 두 손 위로 소매가 겹쳐져 있어 홀을 잡은 손이 감춰져 있는 것이 특징이며, 2기 문석인 때부터 홀을 쥔 문석인의 손이 드러나며 공복의 소매가 양옆으로 완전히 벌어진 형태를 띠게 되었다고 서술되어 있다. 그러므로 2기의 문석인인 A와 4기의 문석인인 B 모두 이에 해당된다.

15 ⑤ 본문 ⓔ의 '가까운'과 문항 ⓔ의 '가까운' 모두 '어떤 수치에 근접하다'는 의미로 사용되어 그 의미가 가장 유사하다.

TIP 〈가깝다〉의 사전적 의미

- 어느 한 곳에서 다른 곳까지의 거리가 짧다.
  예 우리 집은 학교에서 <u>가깝다</u>.
- 서로의 사이가 다정하고 친하다.
  예 나는 그와 친형제처럼 <u>가깝다</u>.
- 어떤 수치에 근접하다.
  예 일어나 보니 정오에 <u>가까운</u> 시간이었다.
- 성질이나 특성이 기준이 되는 것과 비슷하다.
  예 다 큰 녀석이 하는 짓은 어린애에 <u>가깝다</u>.
- 시간적으로 오래지 않다.
  예 둘은 가까운 장래에 결혼할 사이다.

- 촌수가 멀지 않다.
  예 나는 <u>가까운</u> 친척이라곤 이모 한 분이 계실 뿐이다.

오답풀이

① 본문 ⓐ의 '이룬다'는 '몇 가지 부분이나 요소를 모아 일정한 성질이나 모양을 가진 존재가 되게 하다'의 의미이지만, 문항 ⓐ의 '이루지'는 '뜻한 대로 되게 하다'의 의미이다.

② 본문 ⓑ의 '어렵다'는 '하기가 까다로워 힘에 겹다'의 의미이지만, 문항 ⓑ의 '어려워서는' '상대가 되는 사람이 거리감이 있어 행동하기가 조심스럽고 거북하다'는 의미이다.

③ 본문 ⓒ의 '살린'은 '본래 가지고 있던 색깔이나 특징 따위를 그대로 유지하게 하거나 뚜렷이 나타나게 하다'의 의미이지만, 문항 ⓒ의 '살리기는' '약해진 불 따위를 다시 타게 하거나 비치게 하다'의 의미이다.

④ 본문 ⓓ의 '일어났다'는 '어떤 일이 생기다'의 의미이지만, 문항 ⓓ의 '일어나서는' '어떤 마음이 생기다'의 의미이다.

[16~18] 현대 시

(가) 백석, 「모닥불」
- **갈래** : 자유시, 서정시
- **성격** : 토속적, 산문적, 감각적
- **제재** : 모닥불
- **주제** : 공동체적인 삶의 모습과 우리 민족의 슬픈 역사
- **특징**
  – 토속어의 사용으로 향토적 정서를 불러일으킴
  – 현재와 모습과 과거의 사건을 산문적으로 풀어냄
  – 열거를 통해 운율을 형성함

(나) 신경림, 「귀성열차」
- **갈래** : 자유시, 서정시
- **성격** : 일상적, 묘사적
- **제재** : 귀성열차
- **주제** : 귀성열차 안의 정감어린 고향 풍경
- **특징**
  – 현재형 어미를 활용하여 현장감을 부여함
  – 토속적인 어휘의 사용으로 심리적 거리를 좁힘
  – 열차라는 공간을 친근하고 생생하게 묘사함

16 ⑤ (가)에서는 '타는', '쪼인다' 등의 현재형 어미를 활용하여 물건들이 모닥불에 타는 모양과 그것을 쬐는 사람들의 장면을 현장감 있게 묘사하고 있다. 또한 (나)에서도 '않다', '취한다', '들린다' 등의 현재형 어미를 활용하여 귀성열차

안 사람들의 정감어린 풍경을 생생하게 전달하고 있다.

오답풀이

① (나)는 '물사마귀', '풀냄새', '늙은 아낙', '귀성열차' 등의 명사로 끝맺은 시행을 반복하여 시적 여운을 자아내고 있는 반면, (가)는 1연의 '모닥불'만 명사로 끝날 뿐 그 외의 연에서 명사로 끝맺은 시행을 반복하고 있지 않다.

② (나)에서는 '그 저수지', '이 하루'에서 지시어를 연속적으로 배치하여 상황에 대한 집중을 유도하고 있으나, (가)에서는 지시어의 사용이 보이지 않는다.

③ (나)에서는 '아저씨 워대까지 가신대유'부터 '너무 똑같아 실례했슈'에 이르기까지 열차 안 사람들의 대화와 화자의 진술이 교차하여 귀성열차 안 상황을 다채롭게 묘사하고 있다. 그러나 (가)에서는 장면에 대한 묘사와 진술만 있을 뿐 대화가 나타나 있지 않다.

④ (나)는 마지막 행에 '귀성열차'라는 명사를 배치함으로써 도치의 방식으로 시상을 마무리하여 '귀성열차 안 고향 풍경'이라는 주제 의식을 드러내고 있다. 그러나 (가)에서는 마지막 행이 일반적인 평서문의 형태로 끝났다.

17 ④ (나)의 '한강'은 초면끼리 맥주 한 잔 할 수 있는 이질감의 벽을 넘어서는 심리적 경계이지, 시골 늙은 아낙이 준비한 '선물 보따리'의 종착역으로 인식되기 위해 넘어서야 하는 경계를 의미하지는 않는다.

오답풀이

① (가)는 1연에서 하나의 범주로 묶이기 어려운 각양각색의 사물들이 타는 과정을 통해 그 경계를 허물고 하나의 모닥불로 합치하는 합일의 이미지를 보여준다.

② 모두 모닥불을 쬠 → 동질성
(가)는 2연에서 '재당'과 '초시'로부터 '큰개'와 '강아지'에 이르기까지 모두가 모닥불을 쬠으로써 서로를 구분하는 경계가 무화되어 동질성의 차원에서 조화와 평등의 이미지를 보여준다.

③ (나)의 귀성열차는 모두가 초면인 모르는 사람들이지만 고향의 이야기를 나누며 이질감의 경계를 허물고 한 데 어울리는 동질화의 공간이다.

⑤ (나)에서 '그 저수지에서 불거지 참 많이 잡혔지유', '아직 대목장이 제법 크게 슨대면서유'와 같은 토속어의 사용은 사람들 사이의 이질성과 심리적 거리를 제거하여 일체감을 극대화 시킨다.

18 ① ㉠에서 화자는 모닥불을 통해 과거 부모님을 잃고 어미아비 없는 불쌍한 고아로 전락한 할아버지의 슬픈 역사를 투영하고 있고, ㉡에서 화자는 귀성열차를 타고 고향으로 내려가는 이 하루의 행복에 타지에서 고생하며 흘린 땀과 눈

물의 애환을 투영하고 있다.

[19~22] 현대 소설

이청준 「살아 있는 늪」

• 갈래 : 현대 소설, 중편 소설
• 성격 : 회고적, 상징적, 심리적
• 시점 : 1인칭 주인공 시점
• 주제 : 고향 사람들에 대한 갈등과 화해
• 특징
  – '늪'이라는 상징적 소재를 통해 '나'의 회피할 수 없는 상황을 묘사함
  – 상징과 비유 등의 표현을 통해 인물 내면의 심리적 갈등을 다룸

19 ② 위 작품은 버스 안 시골 사람들과의 갈등과 대립을 통해 일어나는 내면의 감정을 자기 고백적 서술을 통해 진술하고 있다.

오답풀이

① 빈번한 장면 전환은 나타나지 않고 사건 전개의 중심이 버스 내부에 고정되어 있으며, 등장인물 간의 대화를 통해 긴박한 분위기를 조성하고 있다.

③ 버스 내부에서 벌어지는 사건 장면을 주로 묘사하고 있을 뿐 감각적인 배경 묘사는 나타나고 있지 않다.

④ 전해 들은 과거 사건의 이야기를 전달하는 방식이 아니라, '나'가 버스 안에서 겪은 현재의 상황을 직접적으로 전달하고 있다.

⑤ 인물의 경험을 삽화 형식으로 제시하는 것이 아니라, 내면의 감정을 묘사하는 자기 고백적 서술 방식을 택하고 있다.

20 ⑤ ㉤은 서술의 초점이 엿장수 아낙의 발화에서 다른 사람들의 동정을 살피는 것으로 옮겨가고 있음을 보여주고 있다. 그러나 이것은 엿장수 아낙의 말을 계속 듣고 있어야 하는 '나'의 난처함을 표현한 것이지 사건의 정황을 다각도로 전달하고 있는 것은 아니다.

오답풀이

① ㉠은 '나'가 엿장수 아낙에게 윽박지른 후 눈을 감고 자리를 고쳐 앉은 '그때'라는 특정 시점을 강조하여 '그런데'라는 접속 부사를 사용함으로써 다음의 반전 상황에 대한 주목을 유도하고 있다.

② ㉡은 "사람 값이라. 사람 값. 그게 참 좋은 말이제……."라고 말한 엿장수 아낙의 발화를 다룬 '누군지 혼자소리처럼 중얼거리는 소리', '좀 전에 내가 아낙네에게 쏘아댄 말을

두고 하는 소리' 등의 문장을 연속적으로 제시하여 '나'에 대한 빈정거림을 부가적으로 드러내고 있다.

③ ⓒ은 '나'의 등 뒤쪽에서 버스 안 사람들이 내 뱉는 발화들 모두가 '나'에 대한 비방과 빈정거림이라는 공통적인 성격을 띠고 있음을 드러내고 있다.

④ ⓔ은 엿장수 아낙이 등 뒤쪽 남자에게 엿을 팔지 않는 뜻밖의 이유를 '나' 스스로에게 물어보는 질문의 형식으로 표현하고 있다.

21 ④ '나'의 공박에도 불구하고 자신이 엿을 사주겠다며 다시 엿판을 벌이려고 하는 '등 뒤쪽 남자'의 행동을 저지하는 엿장수 아낙네의 뜻밖의 행동은 '나'로 하여금 고향 사람들에 대한 이해의 토대를 이끄는 것이지 고향 사람들의 목소리가 더욱 다변화되는 것은 아니다.

22 ③ 이 작품은 '늪'이라는 상징적 소재를 통해 외부와 단절된 버스라는 공간에서 '나'의 침묵과 고향 사람들의 목소리가 대비되는 회피할 수 없는 상황을 나타내고 있다. [B]에서 '나'가 '늪의 숨결과 인력에 빨려들'어 '형체조차 느끼'지 못하게 된 것은 '나'가 고향 사람들을 이해할 수 없다는 심리적 무력감을 보여주는 것이 아니라, 고향 사람들의 목소리와 삶의 애환을 통해 '나'의 내면에 있던 그들에 대한 거부감에서 벗어나 '살아있는 늪'의 마지막 밑바닥인 이해의 국면에 도달하게 되는 과정을 나타내고 있다.

오답풀이

① [A]에서 '거대한 늪'이 '나'를 '깊이 감싸고 들기 시작'한다는 것은 외부와 단절된 버스라는 공간에서 '나'에 대한 비방과 빈정거리는 고향 사람들의 목소리를 '나'가 회피할 수 없음을 보여준다.

② [A]에서 '깊은 늪'은 '갈수록 거대한 힘'으로 '더욱더' '나'를 '무섭게 빨아들'이는 것은 무슨 말로 맞서봐야 먹혀들 것 같지 않는 고향 사람들의 목소리에 그저 물먹은 솜처럼 그 부담감이 점점 강화되고 있음을 나타낸다.

④ [B]에서 '나'가 '어느 순간' '살아 있는 늪'의 '밑바닥이 발밑에 닿아옴'을 느끼는 것은 고향 사람들에 대한 거부감에서 벗어나 그들의 삶을 이해하는 국면에 도달하게 되었음을 나타낸다.

⑤ [B]에서 '나'가 '살아 있는 늪'에서 '조용히 파도쳐 오르'는 '질기디질긴 삶의 숨결'을 느낀 것은 고향 사람들의 목소리를 통해 '나'가 현 상황을 불평 없이 감내하며 살아가는 고향 사람들의 삶을 점차 이해하게 되었음을 나타낸다.

[23~26] 고전시가

> (가) 조존성, 「호아곡(呼兒曲)」
> - 갈래 : 평시조, 연시조
> - 성격 : 전원적, 목가적, 풍류적
> - 주제 : 전원에서 누리는 안빈낙도
> - 특징
>   – 감각적 이미지를 활용하여 분위기 조성
>   – 중국의 고사를 활용하여 화자의 만족감을 보여줌
>   – 초야에 묻혀 사는 선비의 생활을 동서남북의 방향성을 활용해 시상 전개
>
> (나) 김득연, 「지수정가(止水亭歌)」
> - 갈래 : 평시조, 연시조
> - 성격 : 전원적, 풍류적
> - 제재 : 지수정
> - 주제 : 자연 속에 사는 삶에 대한 즐거움과 만족감
> - 특징
>   – 대구적 표현을 사용하여 리듬감을 강조함
>   – 설의적 표현을 통해 화자의 가치관을 강조함
>   – 의지적 어조를 통해 시간을 초월한 자연과의 동화를 표출함

23 ② 1장에서는 서산에서 고사리를 캐기 위해 구럭과 망태를 거두라 하고, 2장에서는 낚시를 하기 위해 도롱이와 삿갓을 챙기라 하고, 3장에서는 밭을 갈기 위해 죽조반을 달라 하고, 4장에서는 술을 마시러 타고 갈 소에게 여물을 먹여 내어오라고 '아희'에게 지시를 내리고 그 지시를 내리게 된 계기를 함께 설명하고 있다.

오답풀이

① '아희'는 실제로 존재하지 않는 가상의 인물이며, 정적인 장면에 역동성을 부여하는 인물이 아니라 화자의 지시를 받는 수동적 인물로 묘사되고 있다.

③ 각 장에서 '아희야'를 반복적으로 표현함으로써 리듬감을 부여하고 화자의 감흥을 고조시킨다.

④ 각 장을 '아희야'로 시작한 것은 청자에게 교훈을 전하려는 의도가 아니라, 자연에 묻혀 사는 화자의 즐거움을 운율적으로 고조시키기 위한 것이다.

⑤ '아희'는 화자의 지시를 따르는 수동적 대상이지 화자와 흥취를 공유하는 주체로써의 역할은 보이지 않는다.

24 ① ㉠에서 '~뇨'는 의문형 어미로 "서투른 솜씨로 따비를 누구와 맞잡고 갈 것인가?" 즉, 따비를 마주 잡을 사람도 없이 혼자 농사짓는 현실을 설의법을 사용하여 표현한 것이

다. 그러나 이는 다음 문장에서 태평한 시대에 몸소 밭 갈고 살아가는 것도 또한 임금의 은혜라고 하였으므로, 자신의 처지에 대한 회의를 부각하고 있는 것은 아니다.

오답풀이

② ⓛ에서 화자는 한가하고 편안히 숨어 살았던 옛 중국 고사의 '희황상인'을 언급하며 안빈낙도하는 자신의 삶에 만족감을 부각하고 있다.

③ ⓒ은 '온 산에 꽃 다 지고'와 '나무에 새잎 나니'의 유사한 두 개의 문장 구조를 대응시켜 가을에 낙엽과 꽃이 지고 봄에 새잎이 돋는 자연의 변화를 표현하고 있다.

④ ⓔ은 '기러기 한 소리'와 같은 청각적 심상과 '맑은 서리 물들이고', '산빛' 등과 같은 시각적 심상을 연결하여 주변 경관의 변화하는 모습을 집약적으로 제시하고 있다.

⑤ ⓜ에서는 울창한 소나무와 화자가 서로의 마음을 알고 교감하는 관계에 있으며, 지조와 절개를 지키고자 하는 화자의 태도를 강조하고 있다.

25　③ (가)의 4장에서 '달빛'에 주목하는 행위와 (나)에서 '밝은 달'을 완상, 즉 즐겨 구경하는 행위는 모두 자연의 아름다움을 벗 삼아 살아가는 시적 화자의 정신적 지향점을 의미한다. 그러므로 '군은', 즉 임금의 은혜에 내포된 사회적 질서와 유교적 가치관을 구체화하고 있는 것은 아니다.

오답풀이

① (가)에 제시된 동서남북의 사방위는 자연의 공간적 질서를, (나)에 제시된 춘하추동의 사계절은 자연의 순리에 따라 흐르는 시간적 질서를 표상하는 것으로 구조화되어 있다.

② (가)의 1장의 고사리 캐기와 (나)의 '고사리 손수 꺾어'에서 나타난 행위는 모두 자연과 더불어 사는 삶에 안분지족하는 시적 주체의 정신적 지향을 드러내고 있다.

④ (가)에서 시적 주체가 거주하는 공간을 중심으로 1장의 '서쪽 해', 2장의 '동쪽 시내', 3장의 '남쪽 밭', 4장의 '북쪽 마을'은 시적 주체가 수행하는 행위의 시공간적 배경으로 기능하고 있다.

⑤ (나)의 '이 정자' 즉, 지수정(止水亭)이 작지만 다 갖춘 것으로 평가되는 것은 춘하추동의 사계절의 흐름에 따라 변하는 자연의 경치를 바라볼 수 있는 공간이기 때문이다.

26　⑤ [A]의 '져 고기'는 화자가 낚시로 잡고 싶어 하는 물고기가 아니라 갈고리 없는 낚시 바늘로 그저 흥을 느끼기 위해 드리운 낚시이다.

[B] '그곳의 노는 고기'는 문인화의 소재로 자주 이용되는 '대숲', '연잎' 등과 어울려 자연에 대한 예찬과 군자의 성품을 담은 유교적 이념을 내포하고 있다.

[27~30] 고전소설

> 권칙 「강로전」
> • 갈래 : 고전 소설, 군담 소설
> • 시점 : 전지적 작가 시점
> • 주제 : 나라를 위해 장렬하게 싸우다 전사한 김응하의 기개
> • 특징
> 　– 사건 전개와 인물의 심리를 명확하게 전달
> 　– 선인과 악인의 대립을 통한 교훈적 목적 부각
> 　– 시간의 흐름에 따라 단일 사건의 전개를 순서대로 서술

27　④ 위 작품은 전지적 작가 시점으로 작품 밖의 서술자가 작품에 개입하여 등장인물의 행동과 태도뿐만 아니라 심리적인 상태까지 해석하여 서술 당시의 상황을 전달하고 있다.

오답풀이

① 현재에서 과거의 순서로 사건을 전개하고 있지 않으며, 사건을 시간의 흐름에 따라 순서대로 전개하고 있다.

② 다른 사물에 빗대어 비유적인 뜻을 나타내거나 풍자하는 우의적 설정은 보이지 않으며, 등장인물의 행동과 심리를 사실 그대로 서술하고 있다.

③ 웃음과 익살을 유발하는 해학적 표현이 사용된 곳은 없으며, 사건과 내면의 심리에 대한 정형적인 서술만 있다.

⑤ 전지전능한 초월적 능력을 지닌 가공의 인물이 아니라, 실존적인 역사적 인물이 등장하여 사건을 전개하고 있다.

28　⑤ ⓜ은 홍립이 실패의 원인을 스스로에게서 찾으며 반성하는 태도를 보이는 것이 아니라, 누르하치의 반대로 멸족 당한 일가족의 복수를 위해 조선 정벌의 뜻을 펼치지 못함을 분하고 억울해하고 있는 것이다.

오답풀이

① ⓛ은 조선 정벌에 대한 홍립의 결심을 촉구하기 위해 한윤이 그를 자극하고 있다.

② ⓛ은 홍립이 조선 침략 후 조선의 인재등용과 관련된 설명을 뒷받침하기 위해 '백리해', '배구'와 같은 역사적 인물들의 사례를 들고 있다.

③ ⓒ은 홍립이 지금 군사를 일으켜 조선을 정벌하자는 자신의 요구를 들어주면 10만 군대를 갖출 수 있다고 누르하치를 설득하고 있다.

④ ⓔ은 조선 정벌에 관해 누르하치를 설득하는 데 실패한 홍립이 자신의 뜻을 관철하기 위해 상소를 올리는 다른 방법을 시도하고 있다.

29　⑤ [A]에서는 조선을 공격하기 위해 군사를 나누면 힘이 작아져 조선 공략이 쉽지 않다는 문제점을 언급하고 있으나, 이

것은 현재의 병력 운용의 문제점이 아니라 조선 공략으로 인해 드러날 향후 문제점에 대해 언급한 것이다. [B]에서는 현재의 병력 운용의 문제점이 드러나 있지 않다. 그러므로 [A]와 [B] 모두 현재의 병력 운용의 문제점에 대해 언급하고 있지 않다.

오답풀이

① [A]에서는 누루하치가 조선을 공격할 경우 중원을 공략하기가 어렵다며 홍립의 조선 정벌을 거부하였고, [B]에서는 홍타이지가 조선의 침공이 중원 공략에 힘이 된다고 홍립의 조선 정벌을 허락하였다. 그러므로 [A]와 [B] 모두 중원을 공략하려는 목표를 밝히고 있다.

② [A]에서는 누루하치가 조선을 공격하는 대신 동쪽으로 조선과 화의를 맺고 남쪽으로 명나라와 싸움을 벌이는 것이 최선의 방책이라고 하였고, [B]에서는 홍타이지가 조선과 우호 관계를 맺으면 동쪽에 대한 근심을 덜고 남쪽으로 명을 치는 데 전념할 수 있다고 하였다. 그러므로 [A]와 [B] 모두 조선과 화친을 맺고자 하는 의도를 밝히고 있다.

③ [A]에서는 조선과 화의를 맺고 남쪽으로 명나라와 싸움을 벌여 연경을 점령하는 것이 최선의 방책이라고 하였고, [B]에서는 조선을 정벌한 후 동쪽에 대한 근심을 덜고 명을 치는 데 전념하는 것이 무궁한 이익을 얻는 방책이라고 하였다. 그러므로 [A]와 [B] 모두 이익을 얻을 수 있는 방책에 대해 언급하고 있다.

④ [A]에서는 누르하치가 명나라와의 싸움이 먼저라며 조선 침공에 대한 홍립의 제안을 거부한 것과 달리, [B]에서는 홍타이지가 조선을 침공하자는 홍립의 제안을 수용하고 있다.

30 ② 홍타이지가 즉위하자 홍립은 '조선의 군신(君臣)이 입술과 이처럼 명나라와 찰싹 붙어 있다'고 조선과 명의 관계를 거론하며 단기간 내에 조선과의 화의가 어려울 것이라고 말하였다. 이 말은 조선과 명나라의 관계가 숭명배호의 가치관으로 연결되어 있어 조선이 명나라를 버리고 자신들과 화친하기가 쉽지 않다는 것이다. 그러므로 강홍립의 말이 숭명배호의 가치관이 실현되기 어렵다는 인식을 드러낸 것이라고 볼 수 없다.

오답풀이

① 〈보기〉에서 「강로전」은 '강로' 즉 '강씨 오랑캐'로 규정된 강홍립을 부정적 인물로 내세우고 있으므로, '강로전'이라는 작품의 제목이 강홍립의 이야기를 숭명배호의 정치적 이념에 근거하여 서술하겠다는 의도로 볼 수 있다.

③ 인재를 등용할 때 실력과 능력이 아니라 세력과 이익을 보아 인재를 쓰는 것은 불공정한 인재 등용에 대한 작가 권칙의 비판적 목소리가 담겨 있다고 볼 수 있다.

④ 명나라를 도와 오랑캐를 토벌하기 위해 출정했던 강홍립이 누르하치를 주군으로 섬기는 것은 명나라를 숭상하고 오랑캐를 배격한다는 숭명배호의 이념에 어긋나는 인물임을 직접적으로 보여준다.

⑤ '죽음에 이르더라도 감히 자신이 군주로 섬기던 이를 노예로 만드는 일은 도모하지' 않는다는 누르하치의 말은 자신이 섬기던 군주를 배신한 강홍립의 부정적 인물상을 보여주고 있다.

2022학년도 기출문제 정답 및 해설

제1교시 **국어영역(공통)**

01 ①	02 ⑤	03 ⑤	04 ②	05 ①	06 ④
07 ②	08 ③	09 ⑤	10 ④	11 ①	12 ②
13 ④	14 ②	15 ③	16 ③	17 ②	18 ②
19 ①	20 ③	21 ⑤	22 ③	23 ①	24 ⑤
25 ③	26 ③	27 ⑤	28 ⑤	29 ③	30 ④

[01~03] 현대소설

> 송기숙 「개는 왜 짖는가」
> • 갈래 : 현대소설, 단편소설
> • 성격 : 비판적, 풍자적, 비유적
> • 배경
> – 시간적 배경 : 1970~80년대 군사독재 시절
> – 공간적 배경 : 서울의 마을, 통새암거리
> • 시점 : 전지적 작가 시점
> • 주제 : 표현의 자유가 억압된 시대의 비판과 풍자
> • 특징
> – 표현의 자유가 억압된 시대에 대한 한 언론인의 고뇌를 드러냄
> – 군사 독재 시절 상황을 비유하며 풍자함
> – 권력에 굴복할 수 밖에 없는 소시민의 모습을 보여줌

01 ① 이 작품은 전지적 작가 시점으로, 서술자가 '영하'라는 특정 인물의 시각을 중심으로 사건을 서술하고 있다.

오답풀이

② 이 글은 시간의 흐름에 따라 과거, 현재, 미래로 진행되는 평면적 구성이므로 액자식 구성이라고 볼 수 없다.

③ 대화로 이야기가 전개되는 부분이 있으나 인물 간의 오해가 풀리는 과정은 이 글에 나와 있지 않다.

④ 인물들의 대화와 장면으로 상황을 구체적으로 제시하고 있으므로 요약적 진술이 아니며, 특정 인물의 시각으로 사건을 서술하고 있으나, 특정 인물의 내력을 제시하고 있지는 않다.

⑤ 상징적 소재는 존재하나, 이를 통해 인물 간의 갈등이 해결되었음을 암시하고 있지는 않다.

02 ⑤ ⓒ 이후 영하는 아이의 겁에 질린 눈을 떠올리는 내용은 나와 있으나, 아내를 말리지 못했던 것을 후회하는 내용은 나와 있지 않다.

오답풀이

① '누구한테 붙잡혀 뺨이라도 얻어맞은 적이 있지 않았을까 싶었다.'는 문장을 통해 영하가 아이의 이전 경험을 추측하고 있음을 알 수 있다.

② '하루는 무슨 일로 일찍 집을 나가다가 바로 대문 앞에서 그 배달아이와 부딪치고 말았다.'는 문장을 통해 ㉠은 우연에 의해 일어난 것임을 알 수 있으며, '신문대하고는 상관없이 운동화나 한 켤레 사 신으라고 할 참이었다.'는 문장을 통해 ㉡은 영하의 의도에 의한 것임을 알 수 있다.

③ '순간, 지난번 흙탕에서 튕겨 오르던 그 배달아이의 신발이 머리를 스쳤다.'는 문장을 통해 ㉢은 ㉠에서 아이가 도망가다가 신발이 벗겨진 사건과 관련이 있음을 알 수 있다.

④ '달려오던 아이가 영하를 보더니 우뚝 멈춰 섰다. 대번에 주눅이 들어 조그맣게 오그라들었다.'는 문장을 통해 ㉢에서 아이는 영하의 의중을 이해하지 못해 여전히 ㉠에서와 같은 태도를 보이고 있음을 알 수 있다.

03 ⑤ 본인에 대한 기사를 쓰지 말라는 또철이의 독기어린 눈을 떠올리며 '주머니에서 기사를 꺼내' 휴지통에 넣은 것은 '그가 무섭다기보다 귀찮았'기 때문이며, 이는 책임을 회피하기 위한 행동임을 알 수 있다.

오답풀이

① 배달되는 신문이 '모두가 판에 박은 듯이 똑같은' 것은 획일화된 언론의 현실을 드러내는 것이라고 할 수 있다.

② 영하가 배달아이에게 '신문대하고는 상관없이 운동화나 한 켤레 사 신으라고' 말하려고 했던 것은 생계를 위해 신문을 넣어야 했던 아이에게 동질감을 느꼈기 때문이라고 할 수 있다.

③ 영하가 아내에게 '넌지시 시골에서 살'자고 제안한 것은 현실로부터 도피하고 싶은 마음에서 비롯된 것임을 알 수 있다.

④ '국장실'에서 나온 '정치부장'이 '우거지상'으로 '이런 것도 못 쓰면 무얼 쓰란 말이야?'라고 말하는 것을 통해 언론을 통제하던 현실이 반영된 것임을 알 수 있다.

[04~07] 독서 – 인문

04 ② '도덕 본성은 하늘이 준 것으로 누구나 가지고 있지만 자연스럽게 발현되는 것은 아니므로 인에 대한 자각과 노력이 필요하다고 보았다.'는 내용을 통해 도덕 본성은 하늘이 준 것이므로 자연스럽게 발현되는 것이 아님을 알 수 있다.

오답풀이

① '맹자가 살았던 시대에는 패권 다툼으로 인한 국가 간의 대립이 지속되었다.'는 문장을 통해 맹자가 살았던 시대에는 서로를 지배하려는 국가 간 패권 다툼이 있었음을 알 수 있다.

③ '리와 인의의 선명한 대비는 패도정치(霸道政治)와 왕도정치가 갈리는 근거가 된다'는 말을 통해 맹자는 패도정치는 리(利)를, 왕도정치는 인의를 추구하는 데서 구분된다고 보았음을 알 수 있다.

④ '맹자가 주장한 의전론(義戰論)은 그가 보여준 전쟁에 대한 비판적 태도와는 외형상으로 모순되는 듯이 보이지만, 실질적으로는 맹자의 정치적 이상이었던 인정을 실현하는 방법으로 보아야 한다.'는 내용을 통해 맹자의 의전은 실질적으로는 맹자의 정치적 이상을 실현하는 방법으로 볼 수 있다.

⑤ '리는 자신과 타자를 배타적으로 경계 짓는 데서 비롯하는 사사로운 욕망이다.'라는 내용을 통해 맹자가 리(利)를 자신과 타자를 구분하는 데서 비롯하는 사사로운 욕망이라 하였음을 알 수 있다.

05 ① 맹자는 도탄에 빠진 백성을 구제한다는 명분을 갖는 정벌(征伐) 전쟁은 도덕적 정당성을 갖춘 것으로 보았으며, 연나라를 정벌해도 되냐는 질문에 "그렇다."고 답했으므로 정벌의 명분에 대한 질문에 답을 한 것임을 알 수 있다. 또한 맹자에게 제나라에 연나라를 정벌하도록 권한 일이 있냐는 질문에 "아니다."라고 하면서 천리(天吏)만이 정벌할 수 있다고 하는 것을 보아 정벌 주체의 자격과 관련된 질문에 대한 답을 한 것임을 알 수 있다.

06 ④ '태만한 군주를 벌(伐)하여 바로잡는 것을 정(征)이라 하였다.'라고 하였으므로, B국의 왕이 태평성대를 이루어 강한 힘을 갖게 됐다는 점에서 정(征)을 행하였다고 보기는 어렵다.

오답풀이

① '리를 추구하는 패자(霸者)는 상대를 힘으로 지배하려는 자이다.'는 내용을 토대로 A국의 왕은 상대를 압도할 수 있는 힘을 키우려 한다는 점에서 패자(霸者)라고 할 수 있다.

② '패자는 늘 상대보다 강한 힘이 필요하고, 그에 따라 대국(大國)을 소유하려 하게 된다.'는 내용을 통해 A국의 왕은 영토 확장을 위해 전쟁을 일으켰다는 점에서 리(利)를 추구한 것이라고 볼 수 있다.

③ '인정을 베푸는 왕은 신하와 백성들로부터 자발적인 복종과 신뢰를 얻기 때문에 싸우면 반드시 이기게 된다.'는 말을 근거로, B국의 왕은 인정을 베풀었기 때문에 신하와 백성으로부터 자발적인 복종과 신뢰를 얻었음을 짐작할 수 있다.

⑤ '도탄에 빠진 백성을 구제한다는 명분을 갖는 정벌(征伐) 전쟁은 도덕적 정당성을 갖춘 것으로 보았다.'는 말을 통해 B국의 왕은 A국의 백성들을 구하고자 했다는 점에서 그가 결정한 전쟁은 도덕적 정당성을 갖추었다고 볼 수 있다.

07 ② 주창은 주의나 사상을 앞장서서 주장하는 것을 의미하므로 사전적 의미로 적절하지 않다. 어떤 생각이나 결론·반응 따위를 이끌어 내는 것은 도출을 의미한다.

[08~11] 독서 – 인문

08 ③ 이 글에서 콜링우드가 제시한 감각의 구분 기준에 대한 내용은 나와 있지 않다.

오답풀이

① '콜링우드는 감각에 감정이 부하되는 것으로 감각이 감정에 선행한다고 하였다'는 말을 통해 콜링우드가 본 감각과 감정의 관계에 대한 내용을 알 수 있다.

② '칸트는 생산적 상상력을 대상이 현존하지 않더라도 대상의 다양한 형식을 포착하여 그 다양성을 결합하고 종합하는 선천적인 능력이라 하였다.'는 내용을 토대로 칸트가 규정한 생산적 상상력의 개념에 대한 내용을 알 수 있다.

④ '콜링우드는 감정의 표현에 대해 이야기하면서, 표현하는 것과 서술하는 것을 구분하였다 …'는 내용을 통해 콜링우드가 밝힌 감정 표현과 서술의 차이점을 알 수 있다.

⑤ '콜링우드가 제시한 상상력은 허구적인 이미지를 만들어내는 공상과 구별되는 것으로, 칸트의 생산적 상상력과 유사하다.'는 문장을 통해 상상력에 대한 칸트와 콜링우드의 공통된 견해를 알 수 있다.

09 ⑤ '감각과 감정은 동일한 대상을 통해 경험되는 것이므로 하나의 감각 경험으로 통합된다'고 하였으므로, 어린아이가 분홍색을 본 것과 기쁨을 느낀 것이라는 두 가지 감각 경험을 한 것이라고 할 수 없다.

오답풀이

① 감각은 색깔, 소리, 냄새 같은 것을 느끼는 것이므로, 어린아이가 꽃의 색깔을 분홍색으로 느낀 것은 감각에 해당한다.

② 감정은 즐거움, 고통, 분노 같은 것을 느끼는 것이므로, 어린아이가 분홍색 꽃을 보고 느낀 기쁨은 감정에 해당한다.

③ 감각에 감정이 부하되는 것이라고 하였으므로, 어린아이가 느낀 기쁨은 분홍색 꽃을 보고 얻은 감각에 부하된 것이다.

④ 감각이 감정에 선행한다고 하였으므로, 어린아이가 분홍색 꽃을 본 것은 기쁨이라는 감정에 선행한다.

10 ④ 콜링우드는 '예술가가 자신의 내면에 집중하여 이러한 감각들을 인지하려고 노력한다면 다양한 감각 경험이 종합되어 특정한 감정을 만들어낼 수 있다'고 하였으며, 이를 정서적 충전이라고 하였다. 따라서 A가 느낀 감정이 할머니에 대한 그리움이라는 것을 알게 되며 정서적 충전을 할 수 있었을 것이라는 내용은 옳지 않은 내용이다.

오답풀이

① 예술가가 과거의 경험으로부터 이끌어 낸 정서적 충전을 표현하기 위해서는 상상력이 필수적이라고 하였으므로, A가 과거 고향에 대한 모호한 감정을 춤사위로 연결하는 과정에서 상상력이 발휘되었을 것을 알 수 있다.

② 예술가가 느끼는 감정들은 분화되지 않은 상태이기 때문에 표현하기 전에는 스스로도 알 수가 없다고 보았으므로, A가 즉흥적인 춤사위를 선보이기 전에 느낀 감정은 스스로도 규정할 수 없는 분화되지 않은 감정이었을 것임을 알 수 있다.

③ 상상의 영역에서는 모든 시간이 현재화된다고 하였으므로, A가 감각을 통해 느낀 감정을 춤으로 표현하기 위한 과정에서 과거의 시간이 현재화됐을 것임을 짐작할 수 있다.

⑤ 감상자도 감수성을 갖고 작품을 음미할 경우, 예술가의 마음에서 창조된 것과 동일한 감정 상태를 자신의 감정으로 재구성할 수 있게 된다고 보았으므로, 관객들도 감수성을 갖고 공연을 감상했다면 A의 마음에서 창조된 것과 동일한 감정 상태를 자신의 감정으로 재구성할 수 있었을 것이다.

11 ① ⊙의 '보았다'는 '상대편의 형편 따위를 헤아리다'는 의미로, ①의 '볼'과 문맥적 의미가 가장 유사하다.

[12~14] 갈래 복합

(가) 복효근 「고목」
• 갈래 : 자유시, 서정시
• 성격 : 비유적, 유추적, 교훈적
• 제재 : 오동에 생긴 '구멍'
• 주제 : 삶의 고통과 상처가 승화된 아름다움과 성숙한 삶에 대한 소망
• 특징
  – 자연적 대상인 고목을 인간의 삶에 적용시켜 삶의 교훈을 드러냄
  – 바람, 구멍 등의 상징적 시어를 사용하여 시적 의미를 강조

– 1연에 시인의 생각들을 제시한 후, 2연에서 이것을 한 행으로 간명하게 정리하여 의미를 부각시킴
– 설의법과 반복법 사용으로, 주제의식 부각

(나) 최승호 「누에」
• 갈래 : 산문시, 자유시, 서정시
• 성격 : 비유적, 교훈적
• 제재 : 누에
• 주제 : 고난을 통해 거듭나는 성숙한 존재에 대한 소망
• 특징
  – 누에를 의인화 하여 삶의 교훈을 드러냄
  – 상징적 시어를 사용하여 시적 의미를 강조

12 ② (가)는 오동나무에, (나)는 누에에 인격을 부여하여 주제를 형상화하고 있다.

오답풀이

① (가), (나) 모두 색채의 대비는 나와 있지 않다.

③ (가), (나) 모두 시선의 이동에 따른 화자의 심리적 추이를 드러내고 있지 않다.

④ (가), (나) 모두 음성 상징어를 활용하고 있지 않다.

⑤ (가)는 '오동은 고목이 되어갈수록 제 중심에 구멍을 기른다'에서, (나)는 '해맑은 아침의 얼굴', '연금술의 긴 밤을 지나'에서 시간 표지를 활용하고 있으나, (가), (나) 모두 대상에 대한 화자의 인식 전환을 드러내고 있지는 않다.

13 ④ [D]에서는 [C]에서 얻은 삶의 의미를 실천하지 못한 회한이 아니라, 고통스럽고 괴로운 현실의 상황이 비유적으로 제시되고 있다.

오답풀이

① [A]에서는 오동에 대한 관찰을 바탕으로 오동이 고목이 되어갈수록 중심에 구멍이 생기는 현상에 주목하고 있다.

② [B]는 [A]에서 주목한 고목에 구멍이 생기는 현상에 대해 유추를 통해 인간의 삶에 적용하고 있다.

③ [C]는 의문형 어미인 '~랴'의 반복을 통해 [B]에 나타난 삶에 대한 이해가 확장되고 있다.

⑤ [E]는 [A]~[D]를 통해 얻은 삶에 대한 통찰이자 화자의 소망으로, 한 문장으로 집약되고 있다.

14 ② 〈보기〉에 따르면 존재 스스로 성숙의 주체가 시련을 극복할 때 성숙한 존재로 완성되는데, (나)에서 '누에의 왕'이 '구멍을 뚫어주'지 않는 것이 시련이 되므로, 역설적으로 존재의 소망 실현에 도움을 주는 환경이 된다고 할 수 있다. 그러나 (가)에서 '세 들어 새끼칠 수 있'게 되는 것은 존재의 소망을 실현한 후의 환경이므로 존재의 소망 실현에

도움을 주는 환경이라고 할 수 없다.

오답풀이

① (가)에서 '구멍'은 '피리새'가 서식할 수 있다는 점에서 타자를 포용하는 공간이고, (나)에서 '동굴'은 '하늘백성'이 되기 위해 거쳐야 한다는 점에서 성숙이 이루어지는 공간이라고 할 수 있다.

③ (가)에서 '삶'을 '향기롭'게 하기 위해 구멍을 '가꾸'어야 한다는 점에서, (나)에서 '날갯짓'을 시작하기 위해 '안쪽에서 뚫어야' 한다는 점에서 모두 스스로 성숙의 주체가 되는 모습을 강조한다고 할 수 있다.

④ (가)에서 '한낮'은 '상처'가 후벼지는 시간이라는 점에서, (나)에서 '긴 밤'은 '고통'스러운 '연금술'이 진행되는 시간이라는 점에서 모두 성숙한 존재가 되기 위한 인고의 시간을 가진다고 할 수 있다.

⑤ (가)에서 '육탈'은 '잘 마른 텅 빈 육신'을 위한 비움의 과정인 반면, (나)에서 '변모'는 '없었던 날개'가 창조되는 생성의 과정이라고 할 수 있다.

[15~18] 독서 – 과학

15 ③ 양자 컴퓨터를 기존 컴퓨터와 비교하여 기존 컴퓨터와의 차이점을 바탕으로 양자 컴퓨터를 설명하고 있다.

오답풀이

① 상황을 가정하여 특정 대상의 향후 전망을 제시하는 것이 아니라 특정 대상을 설명하고 있다.

② 특정 대상이 발전되어 온 과정을 설명하는 것이 아니며, 통시적으로 설명하고 있지도 않다.

④ 서로 다른 이론을 적용하는 것이 아니라, 특정 대상의 장단점을 분석하고 있지도 않다.

⑤ 유사한 두 대상의 공통점이 제시되어 있지 않으며, 각각의 의의를 서술하고 있지도 않다.

16 ③ 미시 세계에서는 관측하기 전까지 어떤 상태인지 정확히 알 수 없지만 양자 중 특정 상태가 측정될 확률은 알 수 있다고 하였으므로, 미시 세계에서 중첩된 양자는 어떤 상태가 어느 정도의 확률로 있는지를 알 수 있다고 할 수 있다.

오답풀이

① 거시 세계에서는 관측을 통해 양자의 중첩이 붕괴되어 중첩 상태 중 어느 한 상태로 확정되기 때문에 거시 세계에서는 관측을 통해 양자의 중첩된 상태를 확인할 수 없다.

② 다수결의 원리에 따라 오류를 보정할 때 오류 비트일 가능성이 50% 이상이라면 정상 비트보다 오류 비트가 더 많아 오류를 검증하기 어려워 다수결을 이용한 오류 검증은 실효성이 없다고 할 수 있다.

④ '기존 컴퓨터는 확정된 값을 입력해서 한 번에 하나씩 연산하여 확정된 값을 출력하지만, 양자 컴퓨터는 중첩된 큐비트를 한 번 입력함으로써, 중첩상태가 가질 수 있는 모든 가능한 경우에 대한 연산을 한꺼번에 수행한다.'는 내용을 통해 기존 컴퓨터가 여러 번 수행해야 하는 연산을 양자 컴퓨터는 한 번에 수행할 수 있다는 것을 알 수 있다.

⑤ 기존 컴퓨터는 동일 비트를 세 번 이상 저장한 후 다수결의 원리에 따라 오류를 보정하기 때문에, 기존 컴퓨터의 오류 검증에서 동일 비트의 저장 횟수를 늘리면 검증의 정확도가 올라갈 것이다.

17 ② 기존 컴퓨터는 다수결의 원리에 따라 오류를 보정하므로 비트 중 동일한 비트가 많은 값으로 읽히게 된다. 따라서 010과 001은 0이 많으므로 0이며, 011과 101은 1이 많으므로 1이 되어 '0, 0, 1, 1'이라는 값이 나오게 된다.

18 ② Z_2가 1이라면 X와 Y는 다르다는 것을 의미한다고 하였으므로, X와 Y가 다를 때 Z_2는 1이라고 할 수 있다. 따라서 ⓒ과 ⓒ행에서 X와 Y가 서로 다르므로, ⓑ와 ⓒ의 값은 1로 같다.

오답풀이

① Z_2가 0이라면 X와 Y는 같다고 하였으므로, ㉠과 ㉣행의 Z_2가 각각 0이면 ⓐ는 0, ⓓ는 1이다.

③ X가 1인 경우 Z를 반전하여 출력하며, 출력된 값을 각각 X와 Z_1이라고 하였으므로, Z_1에 영향을 미치는 것은 X이다.

④ Z_2의 값에 따라 X, Y의 값이 달라지는데, 값이 같으면 연산에 대한 오류 가능성이 낮으며, 값이 다르면 오류가 있음을 의미한다. 그러므로 오류 검증을 위해 관측하는 것은 Z_2이다.

⑤ X는 Z_1, Y는 Z_2에 영향을 미치며, X와 Y는 서로 영향을 미치지 않는다.

[19~21] 고전 소설

> 김만중 「사씨남정기(謝氏南征記)」
> • 갈래 : 국문 소설, 가정 소설, 풍간 소설
> • 성격 : 가정적, 풍간적, 교훈적, 비유적
> • 배경
> – 시간적 배경 : 명나라 초기
> – 공간적 배경 : 중국 북경 금릉 순천부
> • 시점 : 전지적 작가 시점
> • 제재 : 가정 내에서 벌어지는 처첩 간의 갈등
> • 주제 : 처첩간의 갈등을 통한 권선징악의 교훈
> • 특징
> – 인현왕후 폐위의 부당함을 풍간하기 위한 목적으로 창작됨
> – 후대에 영향을 준 가정소설

– 서술자가 인물에 대해 평가를 내리고 사건을 설명함으로써
　독자의 이해를 도움
– 대화를 통해 사건을 전개하고, 갈등을 사실적으로 표현
– 구어체로 서술됨

19 ① 도사는 한림 처소의 벽에 있는 목인을 보고 한림의 애정과
관심을 요구하는 것일뿐, 살인모해하는 저주가 아니니 방
심하라고 하였다. 따라서 '도사는 한림이 죽음을 맞이할 수
도 있다고 경고했다'는 것은 글의 내용을 이해한 내용으로
적절하지 않다.

오답풀이
② 납매는 동청에게 장주를 몰래 죽이라는 말을 듣고 교녀의
허락을 받지 않고 장주를 눌러 죽였다.
③ '승상 엄숭이 도사의 잡술로 천자를 미혹하게 하는지라, 한
림이 상소하여 간하였더라.'라는 내용을 통해 유 한림은 천
자를 미혹하는 승상을 비판하는 글을 지었음을 알 수 있다.
④ '춘방이 설매를 크게 꾸짖는다 … 안색을 불변하고, 마침내
복초(服招)치 아니하고 장을 맞아 죽더라.'는 내용을 통해
춘방은 거짓 증언을 하는 설매를 꾸짖으며 죽음을 맞이했
다는 것을 알 수 있다.
⑤ '두 부인이 성도에서 서간을 부쳐 왔더라. 한림이 개봉한
즉, 사씨의 출화(黜禍)당함을 모르고 쓴 것이라 … '의 내용
을 통해 두 부인은 사 부인이 집에 없는 것을 모르고 한림
에게 편지를 썼다는 것을 알 수 있다.

20 ③ 동청이 유 한림에게 독약을 먹이자고 교녀에게 제안하는
것은 자신의 지위 확보를 위한 인간의 잔인성을 드러내는
것으로, 정쟁 등의 외부적 요인으로 인한 가문의 위기 상황
이라고 할 수 없다.

오답풀이
① 설매가 고문을 당하는 과정에서 사 부인을 모함한 것은 처
첩 간의 갈등으로 인해 빚어진 일이라고 할 수 있다.
② 동청이 엄 승상에게 유 한림의 글을 전하려는 계획은 가문의
권력이 집중되어 있는 가장을 축출하려는 시도라 할 수 있다.
④ 동청이 납매에게 교녀의 자식을 죽이라고 하는 것은 자신
의 지위를 확보하기 위한 인간의 잔인성을 보여 주는 장면
이라고 할 수 있다.
⑤ 유 한림이 무고한 사 부인을 의심하여 나가게 한 것은 가
장의 어리석음으로 인해 가문이 혼란에 빠질 수 있다는 것
을 보여 준다고 할 수 있다.

21 ⑤ 납매는 설매가 전 날 옥지환을 도적한 사실을 알고 장주를
죽인 것에 대한 책임을 전가하기 위해 설매를 협박한다. 따

라서 ⓐ는 설매가 납매의 요구를 들어줄 수밖에 없는 이유
로 활용되고 있다. 그리고 한림은 사씨 벽에 있는 목인을
보고 이전에 있었던 일이 사씨가 꾸민 짓이라고 생각했으
나, 과거 자신의 판단을 의심하게 된다. 따라서 ⓑ는 한림
이 과거 자신의 판단을 의심하는 계기로 활용되고 있다.

[22~25] 독서 – 사회

22 ③ 군인의 직무상 행위로 발생한 손해에 대해 국가배상을 배
제하는 이유는 글에 언급되어 있지 않다.

오답풀이
① 첫 번째 문단에 국가배상의 개념이 언급되어 있다.
② 두 번째 문단에 국가배상법 제2조 제1항에 규정된 국가배
상 청구권의 성립 요건에 대한 내용이 언급되어 있다.
④ 네 번째 문단에 대위책임설에서 공무원 개인의 직무상 행
위로 발생한 손해배상 책임을 국가가 부담해야 한다고 주
장하는 이유에 대한 내용이 언급되어 있다.
⑤ 네 번째 문단에 절충설에서 공무원의 경과실로 인한 손해
에 대해 공무원 개인의 책임은 존재하지 않고 국가의 책임
만 존재한다고 보는 이유에 대한 내용이 언급되어 있다.

23 ① 과실은 공무원이 갖추어야 할 주의 의무를 다하지 않은 경
우를 말하므로, 공무원의 직무 집행 행위가 법령에 위반되
었다는 것이 인정됨으로써 공무원의 과실이 인정되는 것은
아니다.

오답풀이
② '고의는 공무원이 행위의 위법성을 인식한 경우'라고 하였
으므로, 공무원이 자신의 행위가 법을 어길 소지가 있다는
것을 인식하면서도 행위를 한 경우 해당 행위의 고의를 인
정할 수 있다.
③ 공무원이 어떠한 행위를 하여야 할 의무가 법령에 규정돼 있
음에도 불구하고 아무런 행위를 하지 않은 경우는 부작위를
의미하며, 행위의 위법성은 부작위에 의한 것도 인정된다고
하였으므로, 부작위에도 행위의 위법성이 인정될 수 있다.
④ 법령에 규정된 공무원의 직무상 의무의 내용이 개인의 이
익이 아닌 공익만을 목적으로 하는 경우, 위법한 직무집행
행위와 개인이 입은 손해 사이에 인과 관계가 인정되지 않
는다고 하였으므로, 법령에 의해 공무원에게 부과된 의무
가 개인의 이익 보호를 목표로 하지 않는다면, 해당 의무의
부작위와 이로 인한 손해 사이에는 인과 관계가 인정되지
않는다고 할 수 있다.
⑤ 글에 따르면 공무원의 행위가 위법한 행위로서, 법령에 규
정된 행위가 아니지만 외형상으로는 공무원의 직무 집행 행
위로 보이는 경우에는 국가배상 청구권이 성립할 수 있다.

24 ⑤ ⓒ에 따르면, 고의나 중과실의 경우에는 국가와 공무원 중 하나를 선택하여 배상을 청구할 수 있다. 따라서 B의 무리한 지시가 중과실에 해당되는 경우 A가 국가배상을 받은 이후에도 추가로 B에게 민사상 손해배상을 요구할 수는 없다.

오답풀이

① ㉠에 따르면, 국가가 공권력의 사용 권한을 공무원에게 맡긴 이상 공무원의 권력 남용에 대해서는 국가가 책임져야 한다고 보기 때문에, A가 입은 손해에 대해 국가가 배상함으로써 B의 권력 남용에 대해 국가 자신이 책임을 져야한다.

② ㉡에 따르면, 국가배상 책임은 손해를 가한 공무원이 부담해야 할 민사상 손해배상의 책임을 국가가 대신하여 부담해야 하므로, B의 무리한 지시가 공무원으로서 갖추어야 할 주의 의무를 심각하게 위반한 것이라도 B가 아닌 국가가 A가 입은 손해를 배상해야 한다.

③ ㉡에 따르면, 국가는 불법을 행할 수 없다는 국가 무책임 사상에 근거하여 국가가 A가 입은 손해를 배상하더라도 B의 무리한 지시는 개인의 행위일 뿐 국가의 행위로 인정될 수 없으므로 그 책임은 여전히 B에게 존재한다.

④ ⓒ에 따르면, 공무원의 경과실은 직무 수행상 통상적으로 발생할 수 있는 것이므로, 이에 대한 공무원 개인의 책임은 존재하지 않고 국가의 책임만 존재한다고 본다. 따라서 B의 무리한 지시가 경과실에 해당되는 경우 A는 B에게 민사상 손해배상을 요구할 수 없다.

25 ③ ⓐ에 대한 근거는 글의 네 번째 문단에 언급되어 있는데, 이에 따르면 국가배상 책임은 공무원의 권력 남용에 대한 국가의 책임으로, 공무원의 민사상 손해배상 책임과 별개로 존재하기 때문이다.

오답풀이

① 국가배상 책임은 국가의 책임으로, 국가의 책임과 공무원 개인의 책임이 동시에 존재하는 양면성을 지니지 않는다.

② 국가배상 책임은 국가의 책임으로, 공무원 개인의 책임이 아니기 때문에 공무원의 손해배상 책임을 국가가 대신하여 부담하는 것이라고 볼 수 없다.

④ 국가배상 책임이 공무원 개인의 직무 집행 행위로 인해 발생한 것이라도 국가배상 책임은 국가의 책임이기 때문에 공무원 개인이 국가배상 책임의 일부를 부담해야 하는 것은 아니다.

⑤ 국가배상 책임은 공무원 개인의 책임이 아니라 국가의 자기 책임이므로, 무사안일주의를 방지하기 위해 공무원에게도 책임을 묻는 것은 적절하지 않다.

[26~30] 갈래 복합

(가) 박인량 「사송과사주구산사(使宋過泗州龜山寺)」
- 갈래 : 한시
- 배경 : 고려 전기
- 주제 : 중국에 사신으로 왔다가 본 풍경을 보며 한가하고 여유로운 삶을 소망함
- 특징
  - 원근법적인 구도가 돋보이는 시상의 전개(주변 → 절의 외관 → 절의 경내 광경 → 작자)
  - 원근법적인 구도를 통해 시적 내용을 응집시키는 효과를 극대화

(나) 정철 「성산별곡(星山別曲)」
- 갈래 : 서정 가사, 양반 가사
- 성격 : 전원적, 풍류적
- 배경 : 조선 명종 때(1560년)
- 형식 : 총84절(행), 168구이며 3·4조가 주축
- 주제 : 성산의 풍물과 김성원의 풍류를 예찬
- 특징
  - 한어구와 전고가 많아 한시적인 분위기가 짙음
  - 한 개인과 지역에 대한 칭송으로, 보편성이 희박함
  - 체험에서 우러난 전원 생활의 흥취와 지은이의 개성이 잘 드러난 작품

26 ③ (가)와 (나) 모두 자연물에 화자의 감정을 이입하고 있지 않고, 애상감을 심화하고 있지도 않으므로 적절하지 않은 설명이다.

오답풀이

① (가)는 '풍경 소리 달을 흔들며 구름 사이로 떨어진다'는 내용을 통해 공감각적 심상을 활용하여 대상의 이미지를 구체화하고 있다는 것을 알 수 있다.

② (나)는 '~고', '~구나'와 같은 영탄적 어조를 활용하여 대상으로부터 받은 흥취를 강조하고 있다.

④ (나)는 (가)와 달리 '공산(空山)에 쌓인 잎', '눈' 등 계절감을 드러내는 시어를 활용하여 시적 분위기를 형상화하고 있다.

⑤ (가)는 1~6구에서는 주변환경을 묘사한 뒤 7·8구에 시인의 생각을 드러내는 선경후정의 방식으로 시상을 전개하고 있으며, (나)는 '~고'와 같은 의문형 어미를 사용하여 청자에게 말을 건네는 방식으로 시상을 전개하고 있다.

27　⑤ (가)는 '시 한 수'로 자연에서의 한가로운 삶에 대한 소망을 드러내며, (나)는 '거문고'로 전원생활의 멋과 풍류를 표현하려 하고 있다. 따라서 (가)의 '시 한 수'와 (나)의 '거문고'는 내면적 감흥을 외부로 표출하는 수단이라고 할 수 있다.

오답풀이

① (가)의 '풍경 소리'는 삶에 대한 자족감을 나타내는 소재로 보기 어려우나, (나)의 '풍입송'은 삶에 대한 자족감을 나타내는 소재이다.

② (가)의 '큰 파도'는 심미적 완상의 대상이라고 보기 어려우나, (나)의 '창계 흰 물결'은 심미적 완상의 대상이라고 할 수 있다.

③ (가)의 '스님의 바둑'과 (나)의 '엊그제 빚은 술'은 삶에 대한 성찰을 환기하는 소재라고 보기 어렵다.

④ (가)의 '사신의 명'과 (나)의 '산옹의 이 부귀'는 화자가 부정적으로 인식하는 대상이 아니다.

28　⑤ ⓐ는 산중에 책력이 없어 사시를 모른다는 내용을 통해 산중이 인위적인 시간 질서에 구애받지 않는 곳임을, ⓑ는 산중에 벗이 없어 한기를 쌓아둔다는 내용을 통해 산중에서도 인간 세상에 대한 화자의 관심이 여전히 남아 있음을 드러낸다.

29　④ (다)에서 '군이 서울에 있어 소래산 꿈을 꾸는 것'이라 말하는 것은 '나'의 고향에 돌아가고자 하는 마음이 반영된 것이며, '나'는 '소래산'을 '서울'보다 더 높은 가치를 부여하는 것이지 위계적 질서상 상위에 두는 것이 아니다.

오답풀이

① (가)에서 '절'은 화자가 '다시 오르길 기약'한다는 점에서 단순한 물리적 공간을 넘어서는 의미가 부여된 곳이라 할 수 있다.

② (나)에서 '좋은 일' 많다고 말한다는 점에서 '인생 세간'은 '손'의 가치관이 투사된 공간이라 할 수 있다.

③ (나)에서 '강산'을 '선간'으로 표현했다는 점에서 강산이라는 공간을 단순한 자연이 아닌 이상적 공간으로 파악하고 있다고 볼 수 있다.

⑤ (다)에서 '소래산'은 효라는 유가적 이념에 기반한 의미가 환기되는 곳이라는 점에서 조상을 중시하는 '이동욱 군'의 가치관이 투사된 곳이라 할 수 있다.

TIP 〈몽소헌기〉의 종류

- **누정기(樓亭記)** : 한문산문의 문체분류에서 記文, 그 중 개인적인 건축물과 관련된 누정기에 속함
- **누정(樓亭)의 의미** : 누각(樓閣)과 정자(亭子)를 아울러 이르는 말
- **누정기에서의 중요한 요소** : 누정주인에게 있어 공간·이름의 의미, 작자가 누정주인이 공간과 이름에 부여한 의미를 보는 관점, 작품 속에서의 누정주인의 인식과 작자의 인식의 관계

30　④ ㉣은 꿈이 주체나 대상과의 결합에 제한이 없다는 측면에서의 꿈의 보편적 성격을 기술하고 있으므로, 대리 만족을 가능하게 하는 꿈의 작용을 구체화하고 있다는 것은 적절하지 않은 내용이다.

오답풀이

① ㉠은 낮의 일과 밤의 꿈에 대등한 가치를 부여함으로써 꿈의 의미를 드러내고 있다.

② ㉡은 현실에서 그리움과 사모의 대상이 꿈으로 이어지는 꿈의 원리가 제시되고 있다.

③ ㉢은 공간적 거리에 따른 현실적 제약을 넘어설 수 있게 하는 꿈의 효용이 제시되고 있다.

⑤ ㉤은 꿈이 '나', '미산'과도 결합할 수 있다는 것을 통해 주체나 대상에 제한이 없는 꿈의 보편적 성격이 제시되고 있다.

2021학년도 기출문제 정답 및 해설

제1교시 국어영역(공통)

01 ①	02 ⑤	03 ④	04 ⑤	05 ④	06 ④
07 ④	08 ②	09 ④	10 ②	11 ②	12 ③
13 ②	14 ③	15 ③	16 ④	17 ①	18 ②
19 ①	20 ③	21 ①	22 ③	23 ⑤	24 ①
25 ④	26 ⑤	27 ④	28 ④	29 ④	30 ②
31 ②	32 ③	33 ②	34 ③	35 ②	36 ④
37 ①	38 ①	39 ⑤	40 ①	41 ③	42 ③
43 ⑤	44 ⑤	45 ⑤			

01 ① 사회자는 강연을 하기에 앞서 강연에 대한 집중도를 높이기 위해 청중들의 응답을 끌고 그들의 반응을 확인할 수 있도록 시청각 자료를 통한 직접적 소통을 시도하고 있으며 이는 강연의 대상인 청중과 상호 작용을 하여 강연을 더욱 원활하게 진행하기 위한 방법이라고 할 수 있다.

02 ⑤ ⓒ은 ⓛ에서 제시된 화면 속의 사과가 원래 빨간색이라는 학생들의 반응과 달리 노란색이었다는 반전을 보여주어 이 사실과 관계된 인간이 지적하는 물체의 색이 실제의 색과 다를 수 있다는 점을 강연을 시작하기 전에 상기시켜주는 역할을 하고 있다.

오답풀이

① ⓣ 화면은 하나의 드레스가 가지고 있는 다양한 색을 통해 기억색에 대한 설명을 하고 있으며 서로 다른 두 드레스를 번갈아 보여 주는 것이 아니다.

② ⓣ 화면의 드레스는 어떠한 시간의 변화 없이 하나의 화면 속에서 파란 바탕의 금색 줄무늬와 흰색 바탕의 금색 줄무늬를 동시에 띠고 있다.

③ ⓛ 화면은 노란색 조명이 빛나는 방 안의 사과가 빨간색으로 보인다는 청중들의 보편적인 인식을 확인하기 위해 제시되었으므로 서로 다른 두 화면이 제시되지는 않았다.

④ ⓛ 화면에서는 기억색과 색 항상성이 일어나는 원인이 다르다는 사실을 ⓒ 화면에서 작품 속 빛이 비치는 각도에 따라 색이 달라지는 현상을 설명하기 위해 해당 현상을 보여주지 않았다.

TIP 발표에서의 자료와 매체의 활용 효과

• 발표 내용을 풍부하게 하고 전달 효과를 높일 수 있다.
• 청중이 내용을 좀 더 쉽게 이해할 수 있다.
• 발표 내용을 청중의 기억에 오래 남길 수 있다.
• 청중이 발표자가 설명하는 내용에 신뢰를 가질 수 있다.

03 ④ 학생 1은 퓌론의 주장이 잘못되었을지도 모른다는 생각을 하고 있고 학생 3은 강연에서 들은 아타락시아에서 느끼는 마음의 상태에 대해 좀 더 알고 싶다는 생각을 하고 있으므로 두 사람의 반응 모두 강연의 정보량이 부족하다는 점과는 거리가 멀다.

오답풀이

① 학생 1은 논리학에서 말하는 모순율은 언제나 변함없는 진리라는 배경지식을 활용하여 강연에서 들었던 퓌론의 주장이 잘못되었을지도 모른다는 자기점검을 하고 있다.

② 학생 2는 평소 자신이 품었던 궁금증이 강연 내용을 통해 해소되었다는 반응을 보인다.

③ 학생 3은 강의 내용을 듣고 자신의 경험을 상기하며 궁금증을 확대하고 있다.

⑤ 학생 2는 뇌에 의한 감각의 왜곡, 학생 3은 아타락시아에서 느끼는 마음의 상태에 대해 좀 더 알아보려는 계획을 하고 있다.

04 ⑤ 토론의 반대 측 입론에서 반대 1은 반려동물 보유세를 도입한다고 해도 모든 반려인들이 자발적으로 반려동물을 키운다고 신고하지는 않을 것이며 그렇게 되면 보유세를 내는 성실한 납세자와 그렇지 않은 사람 사이의 새로운 갈등이 발생할 것이라는 이유를 들어 반려동물 보유세 도입이 사회적 갈등을 해소할 수 없다고 주장한다.

오답풀이

① 토론의 반대 측 입론에서 반대 1은 동물 병원 진료비나 반려동물 구입비 등에 부가가치세가 포함되어 있기 때문에 반려인에게 반려동물 보유세를 부과하는 것은 타당하지 않다고 주장한다.

② 토론의 찬성 측 입론에서 찬성 1은 반려동물 보유세를 부과하면 반려동물을 충동적으로 쉽게 사고 버리는 일이 줄어들 것이라고 주장한다.

③ 토론의 반대측 입론에서 반대 1은 경제적 취약 계층에서도
반려동물을 키우는 경우가 있으므로 이들에게까지 반려동
물 보유세를 부과하면 세금 부담으로 인해 양육을 포기하
여 유기동물이 증가할 것이라고 주장한다.
④ 토론의 찬성 측 입론에서 찬성 1은 반려동물 보유세 도입으
로 재원을 확보하면 반려동물로 인해 발생하는 사회적 갈
등 해소에 필요한 여건을 조성할 수 있다고 주장한다.

05 ④ 토론의 반대 측 입론에서 반대 1은 경제적 취약 계층에서도
반려동물을 양육하는 경우를 예로 들어 이런 사람들에게까
지 반려동물 부과세를 부과하면 양육에 따른 세금의 부담
때문에 오히려 양육을 포기할 수 있어 유기동물의 수가 늘
어날 것임을 주장의 근거로 삼고 있다.

06 ④ 활동 2는 활동 1의 토론 내용을 바탕으로 작성된 비평문으
로 반려동물 보유세로 반려동물과 반려인만을 위한 재원을
별도로 마련해야 한다는 찬성 측 주장을 설명하기 위해 교
통·환경·에너지세를 예로 들어 특정한 목적을 위한 목적
세로 운용되어야 한다는 내용은 반영되었지만 구체적인 사
용처를 제시해야 한다는 내용은 반영되지 않았다.

오답풀이
① 정부가 반려동물 보유세 도입의 검토가 필요하다는 내용을
통해 주제를 소개하며 글을 시작하고 있다.
② (나)의 글에서 나의 관점은 반대 측의 내용을 검토한 후 부
가가치세는 보통세이기 때문에 목적세의 형태로 반려동물
보유세를 부과해야 한다고 주장하고 있다.
③ 찬성 측에서 주장한 반려동물 보유세를 실시하고 있는 □
□국의 유기동물 비율이 훨씬 적다는 내용을 추가로 조사
하여 나의 견해를 뒷받침하는 사례로 제시하였다.
⑤ 글의 마지막에서 과세액이 높을 경우 반려동물 양육의 포
기가 늘어날 수 있다는 반대 측의 주장을 활용해 신중하게
결정해야 한다는 점을 밝히고 있다.

TIP 설득을 위한 작문
· 관련 자료를 수집하여 주장하고자 하는 의견이나 관점을 명료하
게 세운다.
· 주장을 뒷받침할 수 있는 타당한 논거를 세운다.
· 다양한 작문 과제에 대하여 논설문, 비평문, 건의문, 광고문, 칼럼
등 여러 가지 종류의 글을 쓴다.

07 ④ 반려동물 보유세의 도입이 필요하다는 자신의 입장과 확보
된 재원으로 반려동물로 인한 문제를 해결하는 사회적 비
용을 충당할 수 있다는 기대 효과가 언급되었고 이러한 정
책의 취지를 살리기 위해서는 사회적 논의 과정과 과세액
의 합리적 부과를 위한 기준이 마련되어야 한다는 방안이

제안되어 있다.

오답풀이
① 자신의 입장과 기대 효과는 언급되었으나 취지를 살리기
위한 방안은 제안되어 있지 않고 있다.
② 자신의 입장과 기대 효과가 언급되지 않았고 취지를 살리
기 위한 방안만 제안되었다.
③ 정책의 취지를 위한 방안이 제안되지 않았고 자신의 입장
이 중복해서 언급되어 있다.
⑤ 반려동물 보유세의 기대 효과가 아닌 문제점이 언급되어
있다.

08 ② 개인형 이동장치에 대한 정의는 나타나 있지 않고 이전 법
규에 대한 내용 또한 문제점만 언급되어 있다. 따라서 초고
에 반영되지 않은 것은 ㉠과 ㉢이다.

오답풀이
③ 첫 번째 문단의 '저 역시~쓰게 되었습니다.'에서 제시되고
있다.
④ 세 번째 문단의 '이 문제를 해결하기 위해서는 우선,~'에서
제시되고 있다.
⑤ 마지막 문단의 '제 건의가~기대되어집니다.'에서 제시되고
있다.

09 ④ (가)-1의 개인형 이동장치 판매량 증가 현황에서 전국 판매
량에 비해 우리 시의 판매량은 현격하게 낮은 비율을 보이
고 있으므로 우리 시의 교통사고 증가와 관련짓기에는 부
족하다.

오답풀이
① 개인형 이동장치 구입을 망설이는 설문에서 전용 거치대의
미비라는 언급이 가장 많으므로 개인형 이동장치를 위한
제반 시설을 갖추어야 한다는 주장에 대한 구체적인 근거
가 될 수 있다.
② 자전거 도로에서 발생한 교통사고 증가가 자전거 도로의
협소와 정비 부족이 원인이라는 기사를 통해 개인형 이동
장치의 안전사고를 방지하기 위한 방안이 자전거 도로 확
충이라고 강조할 수 있다.
③ 개인형 이동장치의 공적 대여 서비스로 인해 환경오염이
감소했다는 관계자의 인터뷰로 개인형 이동장치의 증가에
대한 긍정적 효과를 주장할 수 있다.
⑤ 개인형 이동장치를 구입하지 못하는 이유로 지나치게 비싼
가격이 두 번째를 차지하고 있으므로 공적 대여 서비스 제
도를 통해 환경오염 방지와 개인형 이동장치 교통량 증가
를 동시에 이룰 수 있다고 강조할 수 있다.

10 ② ㉤의 앞에는 환승역과 버스 정류장 주변에 개인형 이동장

치를 보관할 수 있는 거치대를 마련해야 한다는 주장을 하고 있고 뒤에는 개인형 이동장치로 인해 대중교통의 환승이 편리해져 이용자들이 증가할 것이라는 관련 주장을 덧붙이고 있다. 따라서 상반되는 상황에 쓰이는 '하지만'이 사용되는 것은 적절하지 않다.

오답풀이

① 25km 이하로 운행해야 한다는 이전 법규에 차도에서 운행해야 한다는 부연설명이 와야 하므로 바로 뒷문장과 위치를 바꾼다.

③ 자전거 도로의 정비와 확충을 통해 이동장치 및 자전거 사용자와 보행자가 모두 안전해질 수 있다는 설명에서 어울리지 않는다.

④ '구상'이란 앞으로 이루려는 일에 대한 규모와 실현 방법 따위를 생각한다는 의미이므로 어울리지 않는다.

⑤ '기대됩니다.'만으로도 충분히 원활한 문맥이 완성되므로 불필요한 이중피동은 자제한다.

> **TIP 고쳐쓰기의 원칙**
>
> • **통일성**
> – 글 전체가 하나의 주제로 집중되는 성질
> – 글의 주제와 관련이 없는 내용은 삭제하거나 조정
>
> • **완결성**
> – 하나의 내용을 완전히 마무리하는 성질
> – 글쓴이가 말하고자 하는 내용이 분명히 드러남
> – 주제문이 갖추어져 있고, 이에 대한 뒷받침 문장들을 충분히 제시
>
> • **일관성**
> – 논리의 흐름이 처음부터 끝까지 한결같고 자연스러운 성질
> – 앞뒤의 내용이 서로 모순되지 않아야 함
> – 문장과 문장 사이의 연결이 자연스러워야 함

11 ② '티읕만'은 받침 'ㅌ'이 자음 'ㅁ' 앞에서 'ㄴ'으로 발음되므로 ⓐ와 ⓓ가 모두 적용되어 교체가 두 번 일어난다.

오답풀이

① '앞앞이'의 받침 'ㅍ'이 자음인 'ㅇ' 앞에서 [ㅂ]으로 발음되지 않고 생략되었다.

③ '밟는'은 ⓐ에서 말한 받침이 포함되어 있지 않고 ⓒ처럼 '밟–'이 [밥]이 아닌 [밤]으로 발음되었다.

④ '삯일'의 겹받침 'ㄳ'이 자음인 'ㅇ' 앞에서 [ㄱ]으로 발음되지 않았고 'ㄴ, ㅁ' 앞에서 발음되지 않았다.

⑤ '꽃잎'의 받침 'ㅊ'이 자음인 'ㅇ' 앞에서 'ㄱ'이 아닌 'ㄴ'으로 발음되었다.

12 ③ '하나'는 '전혀', '조금도'의 뜻을 나타내는 말과 뜻, 마음, 생각 따위가 일치한 상태를 나타내는 단어로 모두 명사에 속한다.

오답풀이

① 위에서 사용된 '하나'는 '지금 지나가고 있는 이 날에'라는 뜻으로 사용된 부사이고 아래에서 사용된 '하나'는 '지금 이 시점'이라는 뜻으로 사용된 명사이다.

② 위에서 사용된 '밝았다'는 '불빛 따위가 환하다'라는 뜻으로 사용된 형용사이고 아래에서 사용된 '밝았다'는 '밤이 지나고 환해지며 새날이 오다'라는 뜻으로 사용된 동사이다.

④ 위에서 사용된 '않고'는 '어떤 행동을 안 하다'라는 뜻으로 사용된 동사이고 아래에서 사용된 '않고'는 '앞말이 뜻하는 상태를 부정하는 말'로 사용된 형용사이다.

⑤ 위에서 사용된 '보다'는 '어떤 수준에 비하여 한층 더'라는 뜻으로 사용된 부사이고 아래에서 사용된 '보다'는 '～에 비해서'라는 뜻으로 사용된 격조사이다.

13 ② '되다⁰¹'의 「1」'은 새로운 신분이나 지위를 가진다는 의미이고 「2」'는 다른 것으로 바뀌거나 변한다는 의미이므로 둘 다 그 대상을 지칭하는 보어와 '되다'가 들어갈 서술어를 꼭 필요로 한다.

오답풀이

① '되다⁰¹'은 총 4가지의 뜻을, '되다⁰²'는 총 2가지의 뜻을 가지고 있으므로 다의어에 해당한다.

③ '되다⁰¹ 「2」'는 '누구에게 어떤 일을 당하다'라는 의미를 가지고 있으므로 【…에게 …이】가 들어가야 적절하다.

④ '되다⁰² 「1」'은 '반죽이나 밥 따위가 물기가 적어 빡빡하다'라는 의미를 가지고 있으므로 '질다'를 반의어로 쓸 수 있다.

⑤ '–되다⁰³'은 몇몇 명사의 뒤에 붙어 형용사를 만드는 접미사로도 사용되므로 명사인 '거짓'의 뒤에 붙어 접미사를 만들 수 있다.

14 ③ 윗글에서 간접 인용절은 조사 '고'를 사용하고 직접 인용절을 간접 인용절로 바꿀 때 대명사, 어미, 인용 조사, 시간 표현 등이 달라질 수 있다고 하였으므로 '내일'이 '오늘'로, '나'가 '자기'로 바뀌며 조사 '고'가 사용된 ③이 정답이다.

> **TIP 안은 문장**
>
> • **명사절을 안은 문장** : 명사형 어미 '–(으)ㅁ', '–기'가 붙은 절이 문장 안에서 주어, 목적어 등의 역할을 하는 문장
> 예 농부들은 비가 오기를 기다린다.
>
> • **관형절을 안은 문장** : 관형사형 어미는 '–(으)ㄴ', '–는', '–(으)ㄹ', '–던' 등이 붙은 절이 문장 안에서 관형어의 역할을 하는 문장
> 예 나는 쥐를 잡는 고양이를 보았다.
>
> • **부사절을 안은 문장** : '–이', '–게', '–도록', '–(아)서' 등이 붙은 절이 문장 안에서 부사어의 역할을 하는 문장
> 예 비가 소리 없이 내린다.
>
> • **서술절을 안은 문장** : 문장 안에서 서술어의 역할을 하는 절을 안은 문장

예 그녀는 얼굴이 예쁘다.
• **인용절을 안은 문장** : '고', '−라고' 등이 사용된 인용절을 안은 문장
  예 현수는 선영이가 웃었다고 말했다.

15 ③ 윗글에서 인용절 앞에 오는 '닐오티'는 전체 문장의 서술어라고 하였고 문장의 끝에 오는 'ᄒ니라'가 중세 국어의 인용동사라고 하였으므로 [A]에서 나타나는 닐오티'와 'ᄒ니라' 역시 동일한 구조를 보이는 문장형태라고 할 수 있다.

오답풀이

① 윗글에서 중세 국어는 현대 국어와 달리 인용절을 나타내는 표지가 나타나지 않는다고 하였다.
④ (나)−2의 서술어인 '무로티'는 문장의 가운데에 위치해 있고 [A]의 '닐오티'와 'ᄒ더니'는 각각 처음과 끝에 위치해 있으므로 중세 국어의 일반적인 인용절 형태라고 할 순 없다.

16 ④ 윗글에 따르면 동양에서 하늘과 인간 세계의 관계는 한나라의 동중서가 체계적으로 정리하였고 그는 우주 만물이 모두 기로 이루어져 있는데, 그 구체적인 모습은 음양과 오행으로 나타난다고 보았다고 하였으므로 이 내용을 통해 동양의 자연에 대한 사고를 오행의 원리로 설명하고 있다는 걸 알 수 있다.

오답풀이

① 윗글의 두 번째 문단에서 동양과 서양의 사고를 비교 분석하고 있는 것은 맞지만 동양적 사고의 근원을 설명하기 위한 것이므로 직접적인 의문을 제기한다고 보기는 힘들다.
② 자연에 대한 동양적 사유의 내용이 무엇인지는 설명하고 있지만 그 변화 양상에 대해서는 설명하지 않고 있다.
③ 동중서가 정리한 이론을 통해 천인감응설이 무엇인지는 설명하고 있지만 후대 사상가들과의 비교는 언급되지 않고 있다.
⑤ 윗글의 마지막 문단에서 자연환경의 파괴로 인간의 삶이 위협받는 현대 사회에서 동양적 사고가 매우 가치 있다고 하였으며 서양의 사고는 언급되지 않고 있다.

17 ① 윗글에서 음양은 대립하지만 상보적이고 이는 세상의 만물이 서로 영향을 주고받는 존재라는 것을 보여주며 이 음양의 이치는 우주 만물의 변화 양상을 오행의 상생과 상극관계로 설명한다고 하였다. 따라서 오행을 통한 만물의 생성과 소멸은 순환을 반복하지만 이 과정이 상보적 관계로 발전하기 위한 것인지는 알 수 없다.

오답풀이

② 윗글에서 우주 만물은 모두 기로 이루어져 있으며 그 구체적인 모습은 음양과 오행으로 나타나는데 오행이란 끊임없

이 상생의 기운으로 보완되기도 하고 상극의 기운으로 약화되기도 하므로 오행으로 대표되는 기의 형태는 달라지더라도 사라지지는 않는다고 할 수 있다.
③ 윗글에서 음과 양은 대립하지만 상보적이고 이는 세상의 만물이 서로 영향을 주고받는 존재라는 것을 보여준다고 하였으며 이는 곧 만물이 하나로 연결되어 있다는 인식에서 비롯된 것이다.
④ 윗글에서 유목 생활이 발달한 서양은 정착하기보다 자원이 부족해지면 떠나야 했으므로 이들에게 자연은 개척과 적응의 대상이었으며 현재 공간에서의 삶이 언제든지 다른 공간의 삶으로 바뀔 수 있다는 생각을 가졌다고 언급된다.
⑤ 윗글에서 동중서는 우주 만물이 모두 기로 이루어져 있기 때문에 인간과 자연은 기를 매개로 서로 감응한다고 주장하였다.

18 ② 생성과 소멸의 순행으로 계절의 기운이 달라지는 것은 우주 만물을 이루고 있는 오행의 변화에 따라 계절 역시 달라지는 것이므로 하늘을 닮으려는 인간의 의지에 의한 것이라는 설명은 어울리지 않는다.

오답풀이

① 인간과 자연은 우주 만물을 이루는 기를 매개로 서로 감응한다고 하였으므로 인간의 희로애락이 하늘을 닮았다는 것은 하늘과 인간의 기가 서로 호응한다는 것을 보여준다.
③ 하늘은 자연이 스스로 생성을 거듭하는 원리를 주관하는 존재이므로 자연의 일부인 인간의 삶이 혼란해졌을 때 하늘은 자연의 근본으로서 재이를 일으켜 원래대로 되돌려 놓으려는 것이다.
④ 천인감응설은 하늘이 선의 의지로 인간을 이롭게 하는 존재로 보는 것으로 하늘이 두려움을 통해 인간이 자신의 잘못을 깨닫고 하늘이 바라는 선한 뜻을 따른다는 것이다.
⑤ 천인감응설은 인간을 하늘의 축소판이라고 보았고 땅에서의 인간의 삶이 하늘의 뜻을 거스르기도 할 때 하늘이 자연의 운행을 어긋나게 하여 잘못된 인간의 삶을 경계하고 하늘의 뜻을 다시 돌아보게 한다는 뜻이다.

19 ① 비장은 토에 대응되고 심장은 화에 대응되므로 토와 상생 관계에 있는 심장 속 화의 기운을 북돋아주는 것이 첫 번째 처방이다. 따라서 수에 대응되는 신장의 기를 회복시키려면 수와 상생 관계에 있는 금의 기운을 올려주어야 하므로 금에 대응되는 장기인 폐의 기운을 올려주어야 한다.

오답풀이

②, ④ 간은 목에 대응되므로 간의 기운을 올려주면 심장의 기운이 채워진다.
③ 심장은 화에 해당하므로 심장의 기운을 올려주면 비장의

기운이 채워진다.

⑤ 비장은 토에 대응되므로 비장의 기운을 올려주면 폐의 기운이 채워진다.

20 ③ ㉠의 '불렀다'는 '무엇이라고 가리켜 말하거나 이름을 붙이다.'라는 의미로 사용되었으므로 이와 같은 용례로 쓰인 ③이 정답이다.

21 ① 윗글에서 법발견과 법형성에 대한 정의와 설명은 나와 있지만 둘의 역사적 기원에 대해서는 나와 있지 않으므로 대답할 수 없다.

오답풀이

② 윗글의 세 번째 문단에서 법발견은 법관이 법률의 완전성을 신뢰하고 법정 분쟁을 법적삼단논법에 따라 처리하는 것이라고 나와 있고 다섯 번째 문단에서 법형성은 법관이 법률의 흠결을 보충한다고 나와 있다.

③ 윗글의 두 번째 문단에서 법발견은 대전제 → 소전제 → 결론으로 구성되는 연역적 추론 과정을 법률 적용에 응용한다고 나와 있고 다섯 번째 문단에서 법형성의 명시적 흠결은 유추 적용, 은폐된 흠결은 목적론적 축소 적용을 한다고 나와 있다.

④ 세 번째 문단에서 법발견에서의 법관은 법률의 완전성을 신뢰하고 법적 분쟁을 법적삼단논법에 따라 처리하는 것이라고 나와 있다.

⑤ 세 번째 문단의 법발견의 관점에서 법률은 부족함이나 오류가 없다고 가정하며 다섯 번째 문단에서 법형성은 법률의 흠결을 인정하고 그 흠결을 보충한다고 나와 있다.

22 ③ ㉠에서 법발견은 법률을 해석하여 적용할 때 법률의 부족함이나 오류가 없다고 가정하였고 〈보기〉의 예링은 법은 사회적 목적을 실현할 수단으로 입법의 의지와 취지를 살릴 수 있는 범위에서 종합적으로 적용할 수 있다고 본 동시에 법률을 기계적으로만 적용하는 개념법학을 비판하였다. 따라서 예링의 입장에서 법발견을 비판할 때는 법률을 목적과 취지에 맞게 능동적으로 판단해야 한다고 주장할 수 있다.

오답풀이

① 법률을 조문의 범위로만 판단하는 것은 예링의 입법의 의지와 취지를 살릴 수 있는 범위 안에서 종합적으로 적용할 수 있다는 생각과 반대된다.

② 법률의 완결성을 신뢰해야 한다는 것은 법이 사회적 목적을 실현하는 실용적 수단이라는 예링의 생각과 반대된다.

④ 법률의 제정 단계에서 법관이 개입하면 예링이 주장한 입법 범위 안에서의 종합적인 법률 적용을 할 수 없다.

⑤ 법률에 영향을 주는 외부 요소를 차단하면 법은 사회적 목적을 실현하는 실용적인 수단에서 멀어지게 된다.

23 ⑤ ㉡은 어떤 행위가 범죄에 해당하며 그에 따른 형벌이 무엇인지 반드시 입법기관이 제정한 법률에 의해야 한다는 죄형법정주의에 관한 내용으로 범죄의 강도에 따라 형벌이 주어지는 형법에서 법관은 법률을 자의적으로 탐구하는 것이 아닌 엄격하게 법률을 적용해야 한다는 ㄷ과 법조문에 의해서만 범죄를 포섭해야 하는 ㄹ이 적절하다.

오답풀이

ㄱ. 법관이 사안에 따라 법률 조문에 반대되는 판단을 하는 것은 법형성의 목적론적 축소 적용에 해당된다.

ㄴ. 법관이 자신의 주관과 양심에 따라 자유롭게 판결하는 것은 법형성의 유추 적용에 해당한다.

24 ① 학생 1은 갑의 행위는 처벌할 필요성이 인정되지만 적용할 수 있는 규정이 없다고 하였고 학생 2는 타인이 소유한 건물을 과실로 태운 갑의 행위도 법률에 적용 대상이 되므로 처벌해야 한다고 하였다. 따라서 두 사람 모두 갑의 행위가 처벌해야 할 필요성이 있다는 것을 인정하고 있다.

오답풀이

② 갑의 행위가 법을 개정하기 전에 처벌할 수 없다고 주장한 사람은 학생 1뿐이다.

③ 두 학생 모두 실화를 방화의 법률 조항을 기준으로 처벌해야 한다고 주장하지 않았다.

④ 포섭할 수 없는 해당 법적사태를 제2조의 유사한 법률로 판결해야 한다고 주장한 사람은 학생 2뿐이다.

⑤ 형법 3조로 해석될 수 없는 해당 사건은 예외의 경우이므로 법적 판단을 보류해야 한다고 주장한 사람은 학생 1뿐이다.

25 ④ 학생 2는 '자기의 소유에 속하는'이라는 구절을 제1조만 수식한다고 보았고 제2조는 '자기 또는 타인의 소유에 속하는'에 해당하는 것이라고 해석하였다.

오답풀이

① 학생 1이 처벌을 위해 법을 제정 또는 개정해야 한다고 한 것은 삼권분립의 원칙에 따른 것이다.

② 학생 2는 타인이 소유한 건물을 방화한 경우 자신이 소유한 건물을 방화한 경우보다 더 무겁게 처벌하는 조항을 참조하여 해당 판결의 판단의 불합리에 관한 근거를 보충한다.

③ 학생 1은 형법 3조에 타인 소유의 과수원을 태운 것에 대한 조항이 없어 처벌할 수 없다고 한 것과 달리 학생 2는 앞서 말한 조항이 없을 것을 고려하여 제2조의 '자기 또는 타인의 소유에 속하는'이라는 구절을 확대해석하고 있다.

⑤ 학생 1은 형법 제3조의 '자기의 소유에 속하는'이란 구절을 제1조와 제2조의 모든 대전제로 해석하였고 학생 2는 제1조에만 해당되는 대전제로 해석하였다.

26 ⑤ 윗글의 세 번째 문단에서 정상 세포와 암 세포는 DNA의 함량이 다른데 DNA는 형광 신호로 그 특성을 파악할 수 있기 때문에 형광 물질로 염색하여 그 특성을 파악한다고 답이 나와 있으므로 ⑤는 적절하지 않다.

> **오답풀이**
> ① 유세포 분석기의 구조와 원리에 관한 설명은 두 번째 문단에서 〈그림 1〉과 함께 언급되고 있다.
> ② 윗글에서 세포의 핵과 DNA 상태의 분석이 암 치료에 중요한 이유에 대한 설명은 언급되지 않고 있다.
> ③ 윗글의 유세포 분석법에서 검사할 세포를 부유액으로 만드는 이유는 언급되지 않고 있다.
> ④ 유세포 분석법을 통해 알 수 있는 세포의 물리적 특성은 기존의 방법보다 효율적으로 세포의 물리학적, 생물학적 특징을 분석할 수 있다고 다섯 번째 문단에 언급되어 있다.

27 ④ 윗글의 세 번째 문단에서 전방 산란 검출기를 통과한 산란광은 광전자관에 의해 증폭된 후 전기 신호로 바뀌어 컴퓨터 화면에 나타나는데 이들은 각 세포의 생물학적 특성에 따라 2차원 좌표상의 X축과 Y축 상에 점들로 표시되며 이때 Y축을 해당하는 세포의 검체 수로 설정하면 세포의 크기나 내부 복잡도 등에 따른 세포의 특성을 알 수 있다는 내용을 알 수 있다.

28 ④ 〈그림 3〉에서 DNA 함량이 가장 큰 검체는 4배체이나 전체 세포 검체에서 차지하는 세포수의 비율이 가장 높은 것은 3배체이므로 DNA 함량이 큰 검체일수록 전체 세포 검체에서 차지하는 비율이 높다는 설명은 옳지 않다.

> **오답풀이**
> ① 〈그림 2〉를 살펴보면 B는 A보다 Y축의 위에 위치해 있으므로 세포 과립성과 내부 복잡도가 더 크다는 사실을 알 수 있다.
> ② Y축에 해당하는 세포의 검체 수로 설정하여 세포의 크기를 파악하였을 때 B검체의 크기가 A검체보다 더 크지만 차지하는 비율은 A검체가 더 높다는 사실을 알 수 있다.
> ③ 정상 세포와 암 세포는 DNA의 함량이 다르며, 그 DNA는 형광 물질로 염색하여 그 특성을 파악할 수 있으므로 〈그림 3〉에서 형광 물질로 나타나는 3배체의 세포수가 월등히 높은 것을 통해 환자의 암 발생 여부를 판단할 수 있다.
> ⑤ 〈그림 2〉는 검출기를 통과한 산란광이 각 세포 별 크기와 같은 물리적 특성이나 내부 복잡도 같은 생물학적 특징에

따라 X축과 Y축 상의 점들로 표시되는 것으로, 〈그림 3〉은 형광 물질로 DNA를 염색하여 세포 내 DNA 함량에 따라 방출되는 형광 신호의 양으로 세포의 특성을 파악할 수 있다.

29 ④ 세포에 염색된 형광 물질은 조사된 레이저 빛의 에너지를 흡수하였다가 고유한 파장의 형광 신호를 방출하는데 방출된 형광 신호의 양은 세포 내의 DNA 함량에 비례하므로 신호의 세기는 세포 검체 내부에 포함된 물질의 영향을 받는다.

> **오답풀이**
> ① 유세포 분석법을 시행할 때는 먼저 형광 물질로 염색된 세포 검체를 부유액 상태로 만든 후 유체실의 세포 운반 노즐에 주입하며 이때 통상 사용하는 형광 물질이 FITC와 PE이다.
> ② 주입된 부유액이 레이저 광선이 조사되는 지점에 도달했을 때 반사 거울과 조정 렌즈로 검체의 중심에 초점이 맞도록 조정되어 레이저 광선이 조사된다.
> ③ '530/30' 광학 필터는 530±15nm의 파장을 통과시킬 수 있으므로 585nm 파장의 형광 신호를 검출하지 못한다.
> ⑤ 유세포 분석기로 생물학적 특성에 차이가 나는 세포들을 분리할 경우 양과 음으로 하전될 수 있는데 초음파 진동을 가하지 않았으므로 양으로 하전된 세포는 양극판 쪽으로, 음으로 하전된 세포는 음극판 쪽으로 하전된다.

[30~33] 갈래 복합

> **(가) 김소월 「왕십리(往十里)」**
> • 갈래 : 자유시, 서정시
> • 성격 : 민요적, 여성적, 기구적
> • 제재 : 비
> • 주제 : 식민지적 비애에 젖어 지내는 현실의 한탄
> • 특징
>   – 고려 속요의 전통을 계승
>   – 기승전결 4장으로 형성
>   – 운율적, 점층적으로 고조
>   – 식민지적 삶의 애환, 고달픔, 무상함이 결부되어 시의 전체 분위기 형성
>
> **(나) 김명인 「머나먼 곳 스와니 I」**
> • 갈래 : 현대시
> • 성격 : 애상적, 회고적
> • 제재 : 송천동

- **주제** : 가난하고 외로웠던 어린 시절에 대한 회상
- **특징**
  – 특정 장소를 중심으로 시상 전개
  – 화자의 처지와 대비되는 표현을 통해 비극성 강조

30 ② (가)는 화자가 왕십리로 가고자 하지만 쉽사리 도달할 수 없어 떠도는 비애의 내면을 자연물에 투영하여 표현하고 있으며 (나)는 외롭고 가난하던 어린 시절을 외면하고자 하는 화자의 내면이 맡겨졌던 송천동에 투영되어 있다.

오답풀이

① (가)는 화자가 가고자 하는 왕십리로 갈 수 없는 상황이 현재 있는 공간에서 천안으로 이동했음에도 해결되지 않고 있으며 (나) 역시 화자가 어린 시절 머물렀던 송천동에서 공간의 이동이 일어나지 않으면서 불우했던 기억에 대한 갈등이 해소되지 않고 있다.

③ 명사 시행 종결은 (나)에서만 사용되고 있으며 (가)에서는 사용되지 않고 있다.

④ (가)와 (나)에서 사용된 쉼표는 화자가 그리워하는 대상에 닿지 못한 한스러움과 불우한 어린 시절을 보냈던 장소에 대한 기억을 떠올리는 슬픔을 표현하기 위해 사용되었다.

⑤ (가)와 (나) 모두 수미상관이 사용되지 않고 있다.

31 ② '초하루 삭망'에 오는 비는 물가에서 사는 사람들에게는 와도 상관없는 비이므로 초하루 삭망에 오는 비를 보며 안타까운 심정을 느낀다는 것은 적절하지 않다.

오답풀이

① 비가 계속 오고 있는 상황을 부각하는 표현을 반복해서 사용함으로써 비 때문에 가고자 하는 곳으로 가지 못하고 괴로워하고만 있는 화자의 처지를 드러내고 있다.

③ 비가 오지 말아야 할 때는 온다고 하고, 가도 그만인 때에는 간다고 하며 비마저도 뜻대로 되지 않는 것에 대해 식민지 지배 하 우리 백성들의 서러움을 화자의 심정과 처지에 맞물려서 표현하고 있다.

④ 비를 맞아 나른해져서 우는 벌새에게 자신의 처지를 대입하여 비가 화자의 여정에 방해가 되고 있다는 의미를 드러내고 있다.

⑤ 자신이 머물고 있는 공간 이외에도 천안을 비롯한 다른 공간에도 비가 내리는 상황을 전달하며 희망적인 공간으로 가고자 하지만 어디에서도 비 때문에 그러지 못하는 식민지 시기의 상황을 보여준다.

32 ③ ㉠은 일본으로부터 식민지 지배를 받고 있는 현실의 상황을 벗어나 왕십리로 표현되는 이상향으로 가고자하는 화자의 정서를, ㉡은 화자가 불우하고 외로웠던 어린 시절을 보

낸던 장소를 통해 과거의 정서를 환기하는 공간이다.

오답풀이

① ㉠에서 화자는 눈앞에 있는 대상을 향해 가고픈 마음이 간절하지만 이루지를 못하는 상황이므로 대상이 부재중이라는 표현은 어울리지 않는다.

② ㉡의 화자는 자신이 불우하게 어린 시절을 보냈던 장소에서 보낸 괴로운 시간들을 외면하고 싶어 하므로 대상에 대한 연민을 보여준다는 표현은 적절하지 않다.

④ ㉡에서 나오는 장소인 송천동은 화자가 과거에 머물렀던 장소이므로 화자가 앞으로 지향하는 세계라는 표현과는 어울리지 않는다.

⑤ ㉠의 왕십리는 화자가 아직 한 번도 경험을 가지지 못한 공간이므로 적절하지 않다.

33 ② '물결은 더욱 차갑게 출렁거리고 인적조차 끊어지면'은 오지 않는 가족을 기다리면서 하나둘씩 다른 집의 양자로 들어가는 친구들이 떠나가면서 홀로 남겨지는 것에 대한 화자의 외로움과 절망감을 드러내고 있으므로 화자가 양자로 들어갔다는 내용은 적절하지 않다.

오답풀이

① '유난히 햇볕 밝게'는 현재 어두운 화자의 내면과 대비되는 배경을 사용함으로써 작품에서 표현된 정서를 부각시키고 있다.

③ '또 한 해 겨울 돌아오던 곳'은 지난해의 겨울이 다시 돌아오는 것과 같은 계절의 순환을 통해서 화자의 기다리는 상황이 계속 이어졌음을 의미한다.

④ '재게 와 부딪친 그리움도'는 힘든 현실을 견디는 와중에도 화자의 내면에 남아 있는 어머니와 함께 했던 그리운 순간에 대한 심정을 드러내고 있다.

⑤ '아직까지도 그리움이라는 물결에 젖고 있을지도 모른다'는 시적 표현을 통해 화자가 지금도 과거를 떠올리며 회상하고 있다는 사실을 보여주고 있다.

[34~36] 고전시가

(가) 송순 「면앙정가(俛仰亭歌)」

- **갈래** : 양반가사, 서정가사, 은일가사
- **성격** : 서정적
- **제재** : 면앙정 주변의 뛰어난 경치
- **주제** : 자연을 즐기는 풍류와 군은에의 감사
- **특징**
  – 자연 친화 의식에 유교적 충의 이념을 결합시켜 강호 가도를 확립

– 의인법, 직유법, 대구법 등 다양한 표현 방법과 유려한 문장 구사로 사계절의 변화를 실감나게 묘사

– 설의적 표현과 영탄적 표현을 사용하여 화자의 정서 강조

– 4음보 연속체 형식으로 시구 전체가 대구를 이루며 규칙적 운율 형성

(나) 안축 「죽계별곡(竹溪別曲)」

- **갈래** : 경기체가
- **성격** : 의욕적
- **구성** : 전체 5장
- **주제** : 고향인 풍기 땅 순흥(죽계)의 경치를 읊은 고려 신흥 사대부의 의욕에 넘치는 생활
- **특징**
  – 경기체가의 형성과정을 보여줌
  – 이두의 사용이 빈번
  – 일부에서는 '경기하여'가 탈락

34 ③ (가)는 아름다운 자연 속에서 홀로 살아가고 물아일체와 군왕을 향한 감사함을 느끼며 자신이 속한 장소의 계절변화와 아름다움을 노래하고 있을 뿐이므로 학문과 관련된 사물로 장소의 성격을 드러내지는 않고 있다.

오답풀이

① '남녀를 뵈야 투고 솔 아리 구븐 길노 오며 가며 흐는 적의'의 열거된 움직임을 통해 한시라도 빨리 자연의 풍경 속으로 들어가고 싶어하는 화자의 심리가 드러난다.

② '악양루상의 이태백이 사라 오다'와 '호탕정회야 이예셔 더 홀소냐'를 통해 악양루의 이태백과 비교하더라도 지금의 삶이 더 만족스럽다는 감정을 드러내고 있다.

④ '그것이 어떠하겠습니까?'라는 청유형 어미를 활용하여 풍류를 즐길 것을 권하고 있다.

⑤ (가)는 '쌍룡이 뒤트는 둧 긴 깁을 치펴는 둧'과 '닷는 둧 쏘로는 둧 빔노츠로 흐르는 둧' 등의 표현, (나)는 '찬연한 봉새 날며 옥룡이 서린 듯한 산세'라는 비유적 표현을 활용하여 자연에 역동성을 부여하고 있다.

35 ② [A]의 '나모 새 조조'진 모습은 나무와 풀의 무성한 모습으로 여름의 모습을 드러내고 있지만 〈5수〉의 '방초'는 향긋한 풀의 모습으로 봄의 모습을 드러내고 있다.

오답풀이

① '황앵 교태 겨워'는 노란 앵무새가 우는 예쁜 소리를 통해 자연 속에 들어와 기분이 좋은 화자의 정서를, '기러기 날아간 뒤에'와 '눈에 달빛'은 가을에서 겨울로 계절이 변화하는 모습을 드러내고 있다.

③ '양풍'과 '훈풍'은 각각 서늘한 바람과 훈훈한 바람을 뜻하는 말로 '조으름', '거문고'와 함께 여름날의 한가로운 정취를 드러낸다.

④ '황운'은 가을의 들판을 나타내는 말이고 '황국과 단풍이 비단에 수놓을 제'는 가을 풍경의 아름다움을 나타내는 구절이다.

⑤ '어적'은 어부의 피리, '돌'은 달을 뜻하는 말로 둘의 조응을 통해 가을의 정취를 드러내고 있으며 '눈'과 '달빛'의 조응은 겨울의 정취를 드러낸다.

36 ④ '인간을 써나'오기 전의 '겨를 업'음으로 인해 '청려장'이 '뫼 되여'졌다는 화자의 인식은 공간상의 '면앙'을 통한 과거에 대한 그리움에서 비롯된 것이다.

오답풀이

① 기러기의 '안즈락 느리락'하는 움직임을 화자가 굽어보며 올려다보며 시선을 이동한다.

② '므조친 사정'은 강물을 따라 펼쳐진 백사장이란 뜻으로 굽어볼 수 있는 '면'이고 '쏘준 거순 모힌가'는 꽃힌 것은 산이냐는 뜻으로 높은 것을 올려다보는 '앙'에 해당한다.

③ '일월도 한가흐다'는 시간상 현재를 면하고 과거를 앙하면서 이 때야말로 태평성대라며 과거의 시간을 뒤돌아보는 '니 적이야 괴로고야'라는 인식을 하게 된다.

⑤ 역사적 인물인 이태백이 살아온다 한들 화자가 현재 자신의 호탕한 감정보다 더하겠냐며 삶의 즐거움을 드러냄으로써 현재를 면하고 과거를 앙하는 시간상의 면앙의 인식을 보여준다.

[37~40] 현대소설

김문수 「만취당기(晩翠堂記)」

- **갈래** : 현대소설, 단편소설
- **시점** : 1인칭 주인공 시점
- **주제** : 한국인의 출세 욕망과 그에 맞서는 청빈사상
- **특징**
  – 한국인의 출세의지 및 기복의식과 상반되는 청빈사상이 부자간의 대립으로 현실에 반영
  – 청빈과 절개를 의미하는 만취당의 본래 뜻이 굴절되어 현실에 편승하는 도구로 변화

37 ① 아버지와 '나' 사이의 대화 속에 만취당에 관한 정보와 현재 '나'가 처해있는 상황 등이 소개되어 있고 '나'와 이 경장 사이의 대화 속에서 아버지가 연행된 사건에 대한 경과가 상세하게 소개되고 있으므로 대화를 통해 중심 소재를

둘러싼 사건들을 서술하고 있다.

오답풀이

② 작품에서는 아버지와 '나'의 대화를 통해 만취당에 대한 내력과 작품 속 인물들이 만취당에 대해 가지고 있는 생각 등 배경 묘사가 이뤄지고 있지만 이것만을 통해서 앞으로 만취당이 헐린다는 사건을 암시할 수는 없다.

③ 작품에서는 '나'가 주인공이 되어 이야기를 풀어나가고 있으며 작품 밖 서술자는 존재하지 않는다.

38 ① '나'는 만취당을 지켜야 한다는 아버지의 생각에 회의적인 반응을 보이고 있으며 이 때문에 아버지와 갈등을 겪고 있으므로 만취당을 고수하기 위한 실수를 할 이유 역시 없다.

오답풀이

② 아버지는 오대조 할아버지가 만취당을 세운 내력을 서예학원으로부터 이미 들었지만 '나'에게 말할 때는 그 내력을 고의로 말하지 않고 있다.

③ 아버지는 '나'에게 오대조 할아버지가 만취당의 당호를 붙인 이유를 전달하며 자신의 일에서 원칙을 고수하고자 하는 '나'에게 현실과 타협할 것을 강요하고 있다.

④ 아버지는 '나'가 노후에도 절조를 변하지 않는 사람이 되라는 만취당의 본래 의미를 지니고 사는 것에 불안감을 느끼고 있다.

⑤ '나'는 오대조 할아버지가 지키고자 한 만취장의 가치에 대해 아버지와 대립하는 입장이었지만 만취당이 없어지게 되자 아버지와 유사한 실망스러운 심정을 보인다.

39 ⑤ ⑩이 뜻하는 것은 '나'가 동촌리에 와서 이 경장의 설명에 의해 만취당이 헐리게 되었다는 것을 알게 된 얘기이다.

오답풀이

① ㉠은 '나'가 직장에서 물러나게 생겼다는 얘기로 이 얘기를 아내로부터 전해들은 아버지는 만취당을 되찾겠다는 집념을 더욱 키우게 된다.

② ㉡은 아버지가 '나'에게 오대조 할아버지가 만취당의 당호를 지은 의미와 한참 동떨어진 설명으로 내게 전달해주는 얘기를 의미한다.

③ ㉢은 서예학원 아저씨가 해준 만취당이 가진 본래 의미이다.

④ ㉣은 이 경장이 불 단속을 하느라 멈췄던 '나'의 아버지가 군수 비서실에서 행패를 부리다 연행되었다는 얘기이다.

40 ① 물속에서 살아야 하는 용이 물 밖에 나오면 작은 개미마저도 하찮게 여긴다는 뜻으로 안정된 직장에서 물러나게 되면 별 볼 일 없게 되어 여러 사람들에게 무시당하는 삶을 살게 될 '나'를 우려해서 한 말이다.

[41~45] 고전소설

작자미상 「심청전」

- **갈래** : 윤리 소설, 설화 소설, 판소리계 소설
- **성격** : 교훈적, 비현실적, 환상적
- **시점** : 전지적 작가 시점
- **제재** : 심청의 효성
- **주제** : 부모에 대한 지극한 효성과 인과응보
- **특징**
  - 유교적 덕목인 '효'를 강조
  - 유불도(儒佛道) 사상이 복합적으로 등장
  - 현실 세계를 중심으로 펼쳐지는 전반부와 환상적인 이야기 중심의 후반부로 내용 구분

41 ③ (가)에서는 '심 봉사'가 딸인 심청을 키워오고 탑전에 이르기까지의 행적을 요약적으로 진술하여 독자들의 사건에 대한 이해를 돕고 있다.

오답풀이

① (가)에서는 줄거리와 관련된 배경 묘사가 이뤄지지는 않고 있지만 인물들의 언행을 통해 앞으로 일어날 사건 암시는 하고 있다.

② (가)에서는 인물의 독백적인 서술이 이뤄지고 있지만 이를 통해 인물 간의 갈등이 심화되지는 않고 있다.

④ (나)에서는 (가)와 달리 비현실적 상황이 드러나지 않고 있다.

⑤ (나)에서는 장면 전환이 빈번하게 일어나지 않고 있다.

42 ③ '귀덕 어미'는 욕망 주체인 심청의 욕망 실현을 위해 심청에게 부탁을 받고 남경장사 선인을 데려와 심청에게 소개를 시켜주는 욕망의 중재자가 되고 있다.

오답풀이

① 남경장사 선인은 공양미 삼백 석을 지불함으로써 심청의 욕망이 실현되는 계기를 마련하고 있다.

② 천신은 심청의 욕망 주체의 지향에 응답하여 욕망을 중재하는 초월적인 힘으로 심청의 욕망 실현에 영향을 준다.

④ 심청은 인당수에 몸을 던지고자 하는 자신의 욕망으로 눈을 뜨고 싶은 아비의 욕망을 발원한 욕망 주체로서 절대적 존재의 힘에 의해 보상을 받는다.

⑤ 심봉사는 눈을 뜨고자 하던 자신의 욕망 실현을 위해 자신의 딸이 죽은 것에 대해 자책하나 예기치 않게 눈을 뜸으로써 욕망이 실현된다.

43 ⑤ (나)에서 딸을 다시 만나고 싶어하는 심봉사의 현실적인 소망이 구체적으로 드러나는 이유는 (나)의 장르가 실제 관객들 앞에서 공연하는 데 사용되는 대본이기 때문이며 이러

한 구체적인 표현으로 인해 관객들이 극의 줄거리를 쉽게 이해할 수 있도록 하는 데 목적을 두고 있다.

오답풀이

① [A]에서 나오는 궁궐은 심청이 살아있다는 사실을 알게 되자마자 심봉사의 눈이 저절로 떠지는 기적이 일어나는 환상적인 공간으로 그려지지만, (나)에서는 심봉사가 심청의 죽음이라는 현실을 마주하게 되는 공간이다.

② [A]에서는 '천지 일월 밝아 왔구나', '칠보화관'과 같은 과장적인 장면 묘사를 통해 앞을 볼 수 있게 된 심봉사의 고조된 기쁨을 보여주고 (나)에서는 심청의 죽음을 알게 된 심봉사의 오열을 통해 비극적 상황에 대한 절망감을 드러낸다.

③ [A]에서는 등장하지 않는 인물인 왕후와 장승상 부인이 등장하여 심청의 죽음을 감추려 하고 있다.

④ (나)의 첫 번째 문단에서 장승상 부인이 심청의 죽음을 안타까워하며 효녀 심청의 성을 널리 알리기 위해 심봉사를 잔치에 초대해야 한다는 것에 동조하고 있다.

44 ⑤ ㉮의 남경장사 선인은 심청이 인당수에 빠져죽을 수 있다는 위기를 언급하며 처녀를 사려는 자신의 이유를 밝히고 있고 ㉯의 장승상 부인은 심봉사가 맹인이라 사람을 알아보지 못한다는 특성을 들어 심청의 역할을 해야 하는 궁녀를 안심시키고 있다.

오답풀이

① ㉯의 궁녀 김씨는 심청 역할을 하는 것에 대한 자신의 요구를 드러내지 않고 있다.

② 심청은 자신이 인당수에 빠져죽을 것이라는 미래를 예측하며 걱정하는 모습을 보이지 않고 있다.

③ ㉮의 심청은 인신공양에 대한 도덕적 가치를 내세우며 불편한 심기를 내비치지 않고 있고 ㉯의 장승상 부인은 행동의 당위성을 말하지 않고 있다.

④ 남경장사 선인은 자신의 문제를 언급하고는 있지만 상대방인 심청에게 해결을 요구하지는 않고 있다.

45 ⑤ ㉲은 딸을 잃은 심봉사의 애절한 심정이 부각되야 하므로 감정 표현의 절제가 아닌 감정이 폭발하는 모습으로 연기해야 한다.

오답풀이

① 자신이 알고 있는 장승상 부인의 목소리가 들리는 대목으로 맹인 심봉사가 아는 목소리에 반가워하는 표정 연기가 어울린다.

② 장승상 부인이 자신의 속마음을 표현하는 대사로 심봉사가 듣지 못하도록 관객을 향해 대사를 하는 모습이 적절하다.

③ 진짜 심청을 억지로 연기해야 하는 궁녀 김씨의 감정이 드러나야 하므로 어색한 태도와 마지못해하는 목소리로 연기해야 한다.

④ 갑자기 떠진 눈과 자신이 딸이라고 믿었던 인물이 도망가는 상황에 대하여 당황스러움이 드러나도록 연기해야 한다.

2020학년도 기출문제 정답 및 해설

제1교시 국어영역(공통)

01 ④	02 ⑤	03 ①	04 ⑤	05 ②	06 ③
07 ②	08 ④	09 ④	10 ①	11 ④	12 ⑤
13 ③	14 ④	15 ⑤	16 ①	17 ③	18 ③
19 ①	20 ④	21 ①	22 ③	23 ③	24 ⑤
25 ④	26 ③	27 ④	28 ②	29 ②	30 ④
31 ②	32 ③	33 ⑤	34 ④	35 ①	36 ⑤
37 ⑤	38 ③	39 ②	40 ①	41 ②	42 ④
43 ③	44 ④	45 ⑤			

01 ④ 학생은 미술관에서 인상적으로 관람했던 세 작품을 소개하고, 세 작품을 정리한 화면 4를 가리키며 "앞에서 설명한 내용 중에서 관람자에 대한 세라의 생각을 떠올리시면 좀 더 쉽게 답을 찾을 수 있습니다."라며 앞서 제시한 내용을 환기시키고 있다.

오답풀이

① 학생은 화면을 손으로 가리키는 비언어적 표현을 반복적으로 사용하여 주요 내용을 강조하고 있다.

② 미술관을 방문한 경험을 소개하며 발표를 시작하고 있으며 청중을 칭찬하는 말을 하고 있지는 않다.

③ 작품에 대한 작가의 말이 제시된 부분이 있지만 전문가의 말이 직접 인용된 부분은 찾아볼 수 없다.

⑤ 청중에게 질문을 던져 청중의 이해 정도를 확인하고 발표를 준비한 소감을 이야기하고 있지만 발표 내용을 요약하고 있지는 않다.

TIP 반언어적 표현과 비언어적 표현

• **반언어적 표현** : 어조, 음색, 고저, 장단, 강약 등을 달리함으로써 전달하고자 하는 의미를 좀 더 불명하게 나타내는 것

• **비언어적 표현** : 얼굴표정, 몸짓, 눈 맞춤, 의상 등과 같이 직접적 언어와 관련된 것은 아니지만, 이런 것을 통해 언어적 의미를 강조하거나 부가적인 의미를 나타내는 것

02 ⑤ 학생의 발표 중 "제가 좋아하는 작품 순서대로 보여드리겠습니다."를 통해 발표자의 선호도에 따라 화면의 순서가 결

정되었다는 것을 알 수 있고, 화면 4에서 '작품의 완성은 관람자의 참여에 의해 이루어진다'고 생각한 작가의 작품을 다른 작품들과 구분하여 제시했으므로 관람자의 참여에 대한 작가의 고려 여부가 대비되도록 화면 4를 준비했음을 알 수 있다.

TIP 발표에서의 자료와 매체의 활용 효과

• 발표 내용을 풍부하게 하고 전달 효과를 높일 수 있다.

• 청중이 내용을 좀 더 쉽게 이해할 수 있다.

• 발표 내용을 청중의 기억에 오래 남길 수 있다.

• 청중이 발표자가 설명하는 내용에 신뢰를 가질 수 있다.

03 ① 제시된 〈보기〉는 발표의 주제, 의문에 대한 내용이 있지만 발표자의 언어 예절에 대해 평가하며 들은 내용은 없다. 따라서 ①은 발표를 들으며 떠올린 생각으로 적절하지 않다.

오답풀이

② 〈보기〉의 마지막 항목에서 발표를 듣고 발표의 주제에 대해 궁금증을 가지며 다음 발표가 기대된다고 하였으므로 긍정적으로 생각하며 들었음을 알 수 있다.

③ 〈보기〉의 네 번째 항목에서 과거 인터넷 검색에서 생긴 궁금증이 해결되었다고 하는 것을 보아 의문을 해결하며 들었음을 알 수 있다.

④ 〈보기〉의 첫 번째 항목에서 구체적인 예를 들었으면 좋았을 것 같다는 것을 보아 추가 설명이 필요한 부분을 점검하며 들었음을 알 수 있다.

⑤ 〈보기〉의 세 번째 항목에서 '수학과 예술'에 대한 과제 발표에 활용해야겠다는 것을 보아 자신의 과제 해결에 활용할 생각을 하며 들었음을 알 수 있다.

04 ⑤ 학생 2는 학생 1의 모둠 학습실 청소 관련 의견에 동조하고 있지만 자신의 견해의 근거로 학생 1의 말을 제시하고 있지는 않다.

오답풀이

① 학생 2는 수행평가 모둠별 활동을 위해 모둠 학습실을 이용하려 했지만 이용하지 못했던 경험을 제시하며 문제점을 제시하고 있다.

② 학생 3은 모둠 학습실 이용에 시간 제한이 없다는 것을 문제점의 원인으로, 2시간의 제한을 두는 것을 대책으로 제

시하고 있다.
③ 학생 1은 학생회 총무부가 한 달 전부터 모둠 학습실 이용 예약을 받는 방안을 제시하고 있다.
④ 학생 3은 고장난 기자재를 홈페이지를 통해 학생회에 알리도록 하는 방안을 제안하고 있다.

05 ② ㉠은 음식물을 모둠 학습실이 지저분해지는 문제 상황에 대한 해결책으로 음식물 반입을 못하도록 하는 것을 제시하고 있고 ㉡은 모둠 학습실 청소를 맡은 도서반 친구들이 힘들 수 있다는 문제 상황에 대한 해결책으로 학습실을 이용한 팀이 청소를 하는 것을 제시하고 있다.

06 ③ 모둠 학습실에 앞으로 적용될 1회 이용 제한 시간은 (나)에서 언급되고 있지만 실제로 운영되고 있는 시간은 (가)에서 언급되고 있지 않으며, (나)에도 반영되지 않았다.

오답풀이
① (나)에서 모둠 자습실의 바닥이 천 재질로 되어 있음을 언급하며 음식물 반입 제한 이유를 설명하고 있다.
② (나)에서 모둠 학습 공간에 대한 학생들의 요구로 모둠 학습실이 생겼음을 언급하고 있다.
④ (나)에서 모둠 학습실 독점과 청소 문제로 많은 학생들이 이용에 불편을 겪고 있음을 언급하였다.
⑤ (나)에서 일부 학생들이 모둠 학습실의 기자재를 망가뜨리거나 분실하는 경우가 있음을 언급하고 있다.

07 ② [B]에서 비유적인 표현을 활용하여 동참을 권유하는 어투를 사용하고 대조의 방법을 활용하는 것도 좋을 것 같다고 하였으므로 '차가운 모둠 학습실'과 '따뜻한 모둠 학습실'을 대조하고, 앞으로 만들어 나갈 학습실을 호텔에 비유한 ②가 가장 적절하다.

오답풀이
① 동참을 권유하는 어투를 사용하였지만 비유적인 표현과 대조의 방법을 사용하지 않았다.
③ '시끄러운 모둠 학습실'과 '조용한 모둠 학습실'을 대조하였고 동참을 권유하는 어투를 사용했지만 비유적인 표현이 사용되지 않았다.
④ 동참을 권유하는 어투를 사용하였고 '지저분하게 어질러진 모둠 학습실'과 '쾌적하게 정리된 모둠 학습실'을 대조하였지만 비유적인 표현은 사용되지 않았다.
⑤ 동참을 권유하는 어투와 학생들을 '아름다운 사람', 학습실을 '아름다운 자리'로 비유하는 표현을 사용하였지만 대조의 방법이 나타나있지 않다.

08 ④ 초고에 안전모를 쓰는 습관의 필요성은 나타나 있지만 안전모를 정확하게 착용하는 방법은 나타나 있지 않다. 따라서 초고에 반영되지 않은 것은 ㉣이다.

오답풀이
① 첫 번째 문단의 '이에 따라 ~ 늘어나고 있다.'에서 제시되고 있다.
② 두 번째 문단의 '요즘 학생들은 ~ 부족하다.'에서 언급되고 있다.
③ 두 번째 문단의 '자전거에 장착할 안전장치로는 ~ 등이 있다.'에서 제시되고 있다.
⑤ 세 번째 문단의 '자전거는 도로교통법 상 ~ 걸어가야 한다.'에서 제시되고 있다.

09 ④ (나)에는 안전 수칙 불이행으로 인한 사고 중 특히 안전모 미착용으로 인한 사고가 많이 발생한다는 사실이 언급되어 있고, (다)에는 후미등을 장착하더라도 반사 스프레이를 뿌리지 않으면 사고가 날 수 있다는 전문가의 의견이 제시되고 있으므로 (나)와 (다)를 활용해 차량과 자전거와의 사고를 예방하는 데 후미등이 중요한 역할을 한다는 것을 부각하는 것은 적절하지 않다.

TIP 설득을 위한 작문
• 관련 자료를 수집하여 주장하고자 하는 의견이나 관점을 명료하게 세운다.
• 주장을 뒷받침할 수 있는 타당한 논거를 세운다.
• 설득력 있는 표현 전략을 활용하여 글을 쓴다.
• 다양한 작문 과제에 대하여 논설문, 비평문, 건의문, 광고문, 칼럼 등 여러 가지 종류의 글을 쓴다.

10 ① '고쳐 쓴 글'을 보면 초고에서 언급한 자전거 안전 수칙과 자전거 도로를 안전하게 주행하는 방법이 요약되어 있음을 알 수 있다. 또한 마지막 문장의 '이제 모두 자전거의 안전 수칙을 실천해야 할 때이다.'를 통해 안전 수칙 실천을 촉구하고 있으므로 ⓐ에 들어갈 내용으로 적절한 것은 ①이다.

• 통일성
  – 글 전체가 하나의 주제로 집중되는 성질
  – 글의 주제와 관련 없는 내용은 삭제하거나 조정
• 완결성
  – 하나의 내용을 완전히 마무리하는 성질
  – 글쓴이가 말하고자 하는 내용이 분명히 드러남
  – 주제문이 갖추어져 있고, 이에 대한 뒷받침 문장들을 충분히 제시
• 일관성
  – 논리의 흐름이 처음부터 끝까지 한결같고 자연스러운 성질
  – 앞뒤의 내용이 서로 모순되지 않아야 함
  – 문장과 문장 사이의 연결이 자연스러워야 함

11 ④ '닭+만 → [당만]'의 경우 자음군 단순화에 의해 자음이 탈락하여 '닭만'이 '닥만'이 되고 비음화에 의해 [당만]이 되므로 자음군 단순화에 의해 음운의 수가 줄어든 예로 볼 수 있다.

오답풀이

① 〈보기2〉를 보면 음운이 비음 'ㅁ, ㄴ' 앞에서 'ㅇ, ㄴ, ㅁ'으로 바뀌고 있으므로 비음화가 일어나는 조건은 'ㅁ, ㄴ' 앞이다.

② '닭+만'은 자음군 단순화에 의해 'ㄹ'이 탈락하여 '닥만'이 되고, '잎+만', '옷+는', '닭+는'은 음절의 끝소리 규칙에 의해 '입만', '옫는', '닥는'이 되므로 비음화에 의해 바뀌게 되는 음운은 'ㄱ, ㅂ, ㄷ'이다.

③ 비음화는 입술소리인 'ㅂ'이 입술소리 'ㅁ', 혀끝소리인 'ㄷ'이 혀끝소리 'ㄴ', 여린입천장소리인 'ㄱ'이 여린입천장소리 'ㅇ'이 되므로 조음 위치가 아닌 조음 방법이 변하는 음운 현상이다.

⑤ '국+물 → [궁물]'의 경우 'ㄱ'이 'ㅇ'으로 변하므로 안울림소리가 울림소리로 변하는 음운 현상이다.

TIP 음운의 변동

음운의 교체	• 음절의 끝소리 규칙
음운의 동화	• 자음 동화(비음화, 유음화, 구개음화) • 모음 동화('ㅣ'모음 순행·역행동화)
음운의 축약	• 자음 축약(거센소리 되기) • 모음 축약
음운의 탈락	• 자음 탈락 • 모음 탈락 • 자음군 단순화
음운의 첨가	• 'ㄴ' 첨가 • 'ㅅ' 첨가

12 ⑤ ㉠은 '여름방학이 어서 오기'라는 목적어 역할을 하는 명사절을 안은 문장이지만 ㉡은 '-으나'의 연결어미가 사용된 이어진 문장이다.

오답풀이

① ㉠에는 용언 '오다'를 수식하는 부사 '어서'가, ㉡에는 용언 '부족하다'를 수식하는 부사 '한참'이 있다.

② ㉠은 목적어 역할을 하는 '여름방학이 어서 오기'라는 명사절을 안고 있고 ㉡은 대등하게 이어진 문장으로 인용절을 안고 있지 않다.

③ ㉠은 종속적 연결 어미가 사용되지 않은 안은 문장이다.

④ ㉡은 앞 절과 뒤 절의 관계가 대조적인, 대등하게 이어진 문장이며 목적어가 생략된 안긴절이 없다.

TIP 안은 문장

• **명사절을 안은 문장** : 명사형 어미'-(으)ㅁ', '-기'가 붙은 절이 문장 안에서 주어, 목적어 등의 역할을 하는 문장
  예 농부들은 비가 오기를 기다린다.
• **관형절을 아는 문장** : 관형사형 어미 '-(으)ㄴ', '-는', '-(으)ㄹ', '-던' 등이 붙은 절이 문장 안에서 관형어의 역할을 하는 문장
  예 나는 쥐를 잡는 고양이를 보았다.
• **부사절을 안은 문장** : '-이', '-게', '-도록', '-(아)서' 등이 붙은 절이 문장 안에서 부사어의 역할을 하는 문장
  예 비가 소리 없이 내린다.
• **서술절을 안은 문장** : 문장 안에서 서술어의 역할을 하는 절을 안은 문장
  예 그녀는 얼굴이 예쁘다.
• **인용절을 안은 문장** : '고', '-라고'등이 사용된 인용절을 안은 문장
  예 현수는 선영이가 웃었다고 말했다.

13 ③ 〈보기〉의 실리다²에 제시된 용례는 사동 표현이고, 이를 주동 표현으로 바꾸려면 '실려 보내다'를 '실어 보내다'로 써야 한다. 따라서 '구급차에 환자를 실어 보내다'로 쓰면 부사어를 주어로 바꾸지 않아도 주동문이 된다.

오답풀이

① 능동사 '싣다'는 주어 외에 목적어와 부사어를 필요로 하는 세 자리 서술어이다.

② '눈에 겁이 잔뜩 실려 있다.'의 '실려 있다'는 '기운이 무엇에 품기거나 띠게 되다'의 의미이므로 '실리다¹'의 「4」의 용례로 적절하다.

④ 실리다¹과 실리다²는 모두 동사이고 피동사와 타동사로 각각 쓰임이 다르므로 동음이의어이다.

⑤ 실리다¹은 주어 외에 부사어를 필요로 하는 두 자리 서술어이고, 실리다²는 주어 외에 부사어와 목적어를 필요로 하는 세 자리 서술어이다.

• **한 자리 서술어** : 주어를 필수적으로 요구하는 서술어
  예 학생은 예쁘다.
• **두 자리 서술어** : 주어 이외에 목적어, 보어, 부사어 중 하나를 필수적으로 요구하는 서술어
  예 그는 선생님이 되었다.
• **세 자리 서술어** : 주어 이외에 목적어와 부사어를 필수적으로 요구하는 서술어
  예 친구는 나에게 선물을 주었다.

14 ④ 수탉이 [+동물]의 의미 자질을 갖고 있다면 [+동물]은 [+닭]의 의미 자질에 포함되어 있으므로 [+동물]은 [+닭]의 잉여자질이지만 [+닭]이 [+동물]의 잉여 자질이라고는 할 수 없다.

오답풀이
① '총각'은 결혼하지 않은 성년 남자를, '처녀'는 결혼하지 않은 성년 여자를 나타내는 말이므로 [−결혼]이라는 의미 자질을 갖고 있다.
② 4문단에서 단어의 의미 자질은 상위어일수록 그 수가 적다고 하였으므로 '포도'의 상위어인 '과일'은 '포도'보다 의미 자질의 수가 적다.
③ '바다'와 '강' 모두 물로 구성되어 있으므로 공통된 의미 자질로 [+물]의 의미 자질을 가지고 있다.
⑤ 2문단에서 소녀가 [−남성]의 의미 자질, 소년이 [+남성]의 의미 자질을 가지고 있듯이 낮이 [+밝음]의 의미 자질을 갖고 있다면 밤은 [−밝음]의 의미 자질을 갖고 있게 된다.

15 ⑤ 6문단에서 19세기의 '마누라'는 '아내'라는 뜻으로 사용되었고, 오늘날 '마누라'는 '중년이 넘은 아내' 외에 '중년이 넘은 여자'를 낮춰 부를 때 사용된다고 하였으므로 19세기와 현대의 '마누라' 모두 [+아내]라는 의미 자질을 갖고 있다.

오답풀이
① 6문단에서 15~17세기에는 '마노라'가 자기보다 지위가 높은 남녀 모두를 가리키는 데 사용되었으나 18세기부터 자기보다 지위가 높은 여자만을 가리키게 되었다고 하였다.
② 15~17세기에는 남녀, 현대에는 아내나 여자의 의미를 갖는다고 하였으므로 공통된 의미 자질로는 [+사람]을 들 수 있다.
③ 18세기부터는 [+여자], 19세기부터는 [+아내]의 의미 자질을 가지므로 모두 공통된 [+여자]의 의미 자질을 갖는다.
④ 6문단에서 19세기부터 '마누라'가 '아내'의 뜻으로 사용되었다고 하였고, '아내'는 [+가족]의 의미 자질을 가지므로 '마누라'는 19세기부터 [+가족]의 의미 자질을 갖고 있음을 알 수 있다.

[16~18] 현대 시

(가) 신석정, 「대바람 소리」
• **갈래** : 자유시, 서정시
• **성격** : 관조적, 사색적, 감각적
• **주제** : 은둔과 달관의 삶에 대한 다짐
• **특징**
  − 시간의 흐름에 따른 시상 전개(과거 → 현재)
  − 탈속적 삶과 세속적 삶의 대조를 통해 은둔과 달관의 삶을 지향함
  − 생략을 통해 여운을 남김
  − 고전을 인용하여 화자의 깨달음을 나타냄
• **이해와 감상** : 이 시는 바람이 대나무를 흔들어 내는 소리를 들으며 관조적이고 은둔적인 삶을 사는 화자의 모습을 형상화하고 있다. 이 시의 전반부에서는 가을에서 겨울로 이어지는 계절적인 변화와 함께 생활이 궁핍하더라도 대바람 소리와 함께 지내는 생활 속에서 여유로운 삶의 모습이 드러난다. 또한 '제왕의 문에 듦을 부러워하지 않겠다'를 통해 세속적 삶을 멀리하는 삶의 태도에 대한 각성이 나타나고 있다.

(나) 김용택 「그대 생의 솔숲에서」
• **갈래** : 자유시, 서정시
• **성격** : 자기반성적(성찰적), 자연 친화적
• **제재** : 봄산
• **주제** : 봄산 솔숲에서의 자기반성
• **특징**
  − 영탄적 어조를 활용함
  − 삶의 문제에 대한 깨달음을 자연을 통해 형상화함
  − 종결어미('−리', '−네')의 반복을 통해 운율을 형성함
• **이해와 감상** : 화자는 봄날 솔숲에 들어가 묵은 잎들이 떨어지고 새잎이 돋는 광경을 보면서 자신도 지난날의 짐을 내려놓겠다고 다짐한다. 화자에게 근심과 고단함으로 힘들었던 과거임이 드러난다. 또한 이로 비추어 볼 때, '솔숲'은 단순한 자연이 아닌 삶을 성찰하게 해주고 깨달음을 주는 공간으로 해석할 수 있다. 이러한 화자의 성찰은 시상 전개상 종결 어미의 변화에서 더욱 확연히 확인된다. 즉, 솔숲의 자연 현상을 진술할 때에는 '−네'라는 종결 어미를 사용하여 차분하게 묘사하는 반면, 화자의 성찰 및 정서를 표출할 때에는 '−리'의 종결 어미를 사용하여 제시하고 있다. 이렇게 자연을 관찰한 내용을 제시하고 화자의 삶에 대한 성찰을 제시한 것은 자연의 모습과 같아지고 싶은 화자의 소망을 나타내기 위함이라 할 수 있다.

16 ① (가)는 '국화 향기 흔들리는 / 좁은 서실'에서 가을에서 겨

울로 이어지는 계절적 이미지를 통해 통해 지조 있는 선비로 살아온 탈속적인 선비의 삶을 나타내고 있고, (나)는 자신을 버리고 삶의 근심과 고단함에서 벗어나려는 자기 성찰의 상황을 묵은 잎이 떨어지고 새 잎사귀가 돋아나는 봄산의 계절적 이미지를 통해 형상화하였다.

오답풀이

② (가)의 공간적 배경은 '좁은 서실'이고, (나)의 공간적 배경은 '봄산'이므로 (가)와 (나) 모두 공간 이동에 따른 정서 변화는 나타나지 않는다.

③ 수미상관은 첫 번째 연이나 행을 마지막 연이나 행에 반복하는 수사법으로, (가)와 (나) 모두 수미상관의 표현 방식은 나타나 있지 않다.

④ 말을 건네는 방식은 대상에 대한 부름('~야', '~여' 등)이 나타나는 것으로 (가)와 (나) 모두 나타나 있지 않다.

⑤ (가)는 '그렇다!'에서 영탄법이 사용되고 있고 (나)는 영탄법이 사용된 부분을 찾아볼 수 없다.

17 ③ '쪼들리고 / 웅숭거릴지언정'은 화자의 현재 가난한 처지를 드러내지만 화자는 이를 벗어나려 하지 않고 수용하려 한다.

오답풀이

① '좁은 서실'은 화자의 무료함을 달래는 공간이자 '낙지론'을 읽고 인식의 전환이 일어나는 공간이다.

② '그렇다!'는 '낙지론'을 읽고 깨닫는 순간의 감동을 영탄법을 통해 표현한 것으로, 초월적 삶에 대한 다짐으로 이어지고 있다.

④ '어찌 제왕의 문에 듦을 부러워하랴'는 '무슨 연유로 임금의 관직 제의에 화답하겠는가'라는 뜻으로 여기서 '제왕의 문'은 화자가 바라지 않는 세속적 삶을 의미한다.

⑤ '대바람 타고 / 들려오는 / 거문고 소리'의 청각적 심상을 통해 화자는 지조 있는 자세와 품격 있는 선비의 자세를 다짐하므로 화자가 지향하는 삶을 환기하는 청각적 이미지이다.

18 ③ '거기 이는 바람'과 '찬 서리'는 시적 화자의 삶의 근심과 고단함을 깨끗이 씻어 내는 기운을 나타낸다.

오답풀이

① 화자는 봄산에서 솔잎과 상수리 나무 묵은 잎이 떨어지는 자연 현상을 통해 깨달음을 얻고 있다.

② '삶의 근심과 고단함에서 돌아와'라는 구절을 통해 화자의 힘들었던 과거를 추측할 수 있다.

④ '지나온 날들처럼 / 남은 생도 벅차리'를 통해 새로운 미래에 대한 기대감을 엿볼 수 있다.

⑤ '무엇을 내 마음 가장자리에 잡아두리'를 통해 과거에서 벗어나고픈 화자의 태도가 드러난다.

[19~21] 현대 소설

한승원 「어머니」
- 갈래 : 단편 소설, 연작 소설
- 배경
  - 시간적 배경 : 일제강점기 말 ~ 해방 이듬해
  - 공간적 배경 : 전라도의 어느 바닷가 마을, 광주 교도소
- 시점 : 전지적 작가 시점
- 성격 : 사실적, 비극적
- 특징
  - 입체식 구성(과거 장면의 삽입)
  - 전지적 시점임에도 철저하게 어머니의 시점에서 사건을 서술
  - 긴 호흡의 만연체 사용
- 구성
  - 발단 : 둘째아들의 집을 찾아가는 어머니(현재)
  - 전개 : 남편의 죽음과 아들들의 사고, 막둥이의 피신(과거)
  - 절정 : 광복 후 살인죄로 복역 중인 막내아들(과거)
  - 결말 : 딸을 통해 돈을 마련하여 막내아들의 면회를 가지만 만나지 못하는 어머니(현재)
- 이해와 감상 : 이 소설은 연작소설 〈한(恨)〉의 첫 번째 소설로, 인간의 모정을 그린 소설이다. 주인공인 어머니는 중형을 선고받고 옥살이를 하는 막내아들 면회를 다니기 위해 병이 든 몸으로 한겨울에 미역 장사를 한다. 광주 시장에서 팔아 남긴 몇 푼의 돈으로 막내아들을 위해 고깃국과 우유를 준비했지만 아들은 다른 지역의 형무소로 옮겨 가버리고 말았다. 주인공은 막내아들의 감옥살이의 원인이 자신이라는 죄의식을 가지고 있다. '한'은 이 소설의 이면적 주제이다. '한'은 생명력의 또 다른 이름이며, 절망을 극복하려는 극복 의지의 미학이다.

19 ① 이 작품은 작품 밖의 서술자가 작중 상황을 서술하는 전지적 시점임에도 특정 인물인 어머니의 시선에서 철저하게 사건을 서술하고 있다.

오답풀이

② 이 작품은 현재에서 과거로 되돌아가는 역행적 구성 방식으로 짜여져 있다.

③ 현재 장면 속에 과거 장면을 삽입한 입체적 구성 방식을 나타내고 있다.

④ 작품 밖의 서술자가 어머니의 시선으로 사건을 서술하고 있다.

⑤ 작품 밖의 서술자가 처음부터 끝까지 어머니의 시선에서 과거를 회상하는 방식으로 인물의 내면을 서술하고 있다.

20 ② ⓑ는 어머니가 제일 먼저 접수를 시켰음에도 불구하고 어머니의 이름을 부르지 않는 것에 의아함을 드러내고 있다.

(오답풀이)

① ⓐ는 막동이를 빨리 만나 쇠고깃국을 주고 싶은 어머니의 조바심이 나타나는 부분이다.

③ ⓒ는 막동이가 아프거나 다른 데로 보내져서 만날 수 없을지도 모른다는 불안감이 나타나는 부분이다.

④ ⓓ는 교도관이 어머니를 부를 때 이제 볼 수 있을 것이라는 기대감과 반가움이 나타나는 부분이다.

⑤ ⓔ는 막동이가 목포로 옮겨 갔다는 소식을 들은 어머니의 막동이를 만나지 못한 상황에 대한 당혹감이 나타나는 부분이다.

21 ① 〈보기〉에 따르면 이 작품은 모정의 위대함을 강조하는 작품으로, 자식들과 어머니의 갈등을 통해 정치적 격동기의 단면을 보여준다는 설명은 적절하지 않다.

(오답풀이)

② 막동이가 형무소에 갇힌 것에 대해 아들을 탓하는 대신 자신의 탓으로 전가하는 모습에서 어머니의 무조건적인 사랑이 드러난다.

③ 면회를 다니기 위해 송아지를 팔아 돈을 마련한 어머니의 노력을 통해 현실적 가치보다 자식을 우선시하는 모정의 위대함이 느껴진다.

④ 쇠고깃국을 대기소의 난로 위에 올려놓고, 우유를 꼭 품어 가져온 음식을 따뜻하게 먹이려는 모습에서 어머니의 모정이 드러난다.

⑤ 막동이가 형무소에 갇힌 상황에서도 아들에 대한 믿음을 잃지 않는 모습에서 어머니의 무조건적인 사랑이 드러난다.

[22~25] 독서 – 인문

22 ③ 주어진 글에서 SNS에서 이루어지는 교호 활동의 예시로 "지금 무슨 생각을 하고 계신가요?"라는 질문이 나타나 있지만, 글의 설명 방식으로 묻고 답하는 방식이 사용되고 있지는 않다.

(오답풀이)

① 첫 문단에서 SNS 교호 활동 참여 요구의 예시로 SNS 입력창의 질문이 제시되어 있다.

② 네 번째 문단에서 사회적 상호 작용의 '관심'과 '관음'이라는 두 가지 양식을 대조하고 있다.

④ 첫 번째 문단에서 '교호'라는 용어에 대한 개념을 정의하고 있다.

⑤ 세 번째 문단에서 사건(event)에 대한 철학자 슈티글러의 정의를 활용하고 있다.

23 ③ SNS를 통해 SNS 친구에게 위로와 축하를 하고 있는 △△의 행동은 타자를 존중하고 타자의 안위를 바라보는 정신의 과정인 ㉠에 가깝다.

(오답풀이)

① 다른 사람의 SNS 게시물에 댓글을 남겼지만 게시물을 제대로 보지도 않은 채 댓글을 남기는 □□의 행동은 자신의 만족에만 몰두할 뿐 타자의 안위에는 관심을 기울이지 않는 ㉡에 가깝다.

② □□은 죽은 고양이를 그리워하는 마음에 게시물을 올린 다른 사람의 상황을 고려하지 않고 습관적으로 '좋아요'를 누르고 친구 추가를 요청하고 있으므로 □□의 행동은 ㉠보다 ㉡에 가깝다.

④ △△는 SNS 친구의 안위를 걱정해 위로 메시지를 보내졌으므로 ㉡보다 ㉠에 가깝다.

⑤ □□와 △△ 모두 다른 사람의 SNS에 '좋아요'를 눌렀지만 □□은 자기만족을 위해서, △△은 타인의 상황에 공감하여 누른 것이므로 □□은 ㉡에, △△은 ㉠에 가깝다.

24 ⑤ ㉮는 파리의 대로를 걸으며 새로운 근대적 도시를 경험했으므로 ㉮가 바라보는 대상은 실제 세계이고, ⓐ는 SNS 공간을 둘러본다고 하였으므로 ⓐ가 바라보는 대상은 가상 세계이다.

(오답풀이)

① 세 번째 문단에서 SNS 이용자들은 자신의 상태를 '미시적 사건'으로 구성해 공적인 공간에 게시한다고 하였으므로 ⓐ가 바라보는 대상은 주로 타인이 구성한 미시적 사건이다.

② ㉮는 대로의 카페에 앉아 근대적 세계의 구경꾼이 된다고 하였으므로 근대적 도시와 삶의 모습을 바라본다.

③ ⓐ는 SNS를 통해 타인의 미시적 사건을 바라보는 주체가 됨과 동시에 자신의 일상을 올려 바라보는 행위의 대상이 되기도 한다. ㉮는 파리의 근대적 도시를 바라보는 주체가 됨과 동시에 또 다른 산보자가 바라보는 행위의 대상이 되기도 한다.

④ ⓐ와 ㉮ 모두 외부 세계를 구경하는 자의 시선을 가지고 있다.

25 ④ [A]에서 철학자 슈티글러는 SNS에 무의미한 정보가 범람하는 까닭이 미시적 사건화 때문이라고 했지만 〈보기〉에서 SNS에 게시된 개인의 미시적 사건이 타인에게는 유용한 정보가 될 수도 있다고 하였으므로 [A]를 비판한 내용으로는 학생4의 의견이 가장 적절하다.

[26~30] 갈래 복합

> **(가) 안도환 「만언사」**
> - 갈래 : 가사, 유배 가사, 장편 가사
> - 성격 : 사실적, 반성적, 애상적
> - 제재 : 유배 생활
> - 주제 : 유배 생활의 고통과 잘못을 뉘우치는 심정
> - 특징
>   - 유배 생활의 고통을 사실적으로 표현함
>   - 청자에게 말을 하는 방식으로 화자의 정서를 드러냄
>   - 대구와 설의를 통해 화자의 정서를 강조함
> - 이해와 감상 : 유배 가사의 하나로, 조선 정조 때 대전별 감(大殿別監)이던 안조환이 지은 가사(歌辭)로 '사고향(思故鄉)'이라고도 한다. 이본으로 필사본 3종이 전하며, 화자가 추자도로 유배된 사건을 작품의 배경으로 하고 있다. 추자도로 유배당한 신세 한탄과 함께 자신의 과거사를 회상한다. 작자가 주색에 빠져서 국고금을 축낸 죄로 34세 때 추자도(楸子島)에 귀양 가서 굶주림과 추위에 시달리며 지은 죄를 눈물로 회개하는 내용을 애절하게 읊었다. 이 작품은 유배 문학에 속하는 다른 가사들에 비해 자신의 체험과 감정을 사실적으로 밝혀 놓았다는 점에서 매우 특징적이다. 어조에서 양반들의 점잖은 또는 의연한 태도 같은 것이 눈에 띄지 않으며, 절절한 신세 한탄에서 회한의 어조를 강하게 느낄 수 있다. 즉, 허식과 과장으로 자기를 변호하는 성격이 강한 유배 문학의 범주에서 벗어나 평민적인 사실성을 보이는 데 근접한 작품이다.
>
> **(나) 유몽인 「유두류산록(遊頭流山錄)」**
> - 이해와 감상 : 이 기행문의 화자는 관직을 모두 사임하고 남원의 수령으로 내려가 있던 1611년 봄에 두류산(지리산)을 유람하고서 이 글을 썼다. 화자는 당대의 문장가였기 때문에 곳곳의 경물을 눈에 보듯 실감나게 잘 묘사하였다. 또한 백성의 고통을 느껴 보고자 하는 마음과 이에 대한 화자의 생각이 잘 드러난다. 작품의 뒷부분에는 두류산(지리산)에 대한 화자 나름의 평가를 내리고 있다.

26 ③ (가)의 '죄 지을 줄 알았으면 공명 탐심 하였으랴'에서 공명을 추구했던 지난 삶을 반성하는 모습이 드러나고, (나)의 '대부분 이익을 꾀하여 삶을 가볍게 여기기 때문이리라'에서 이익을 꾀하기만 하는 삶의 태도에 대한 경계가 드러난다.

오답풀이

① (가)에는 가족에 대한 그리움이 드러나 있지만 (나)에는 대상에 대한 그리움이 드러나 있지 않다.

② (가)에는 유배 생활로 인한 고립된 처지에서 비롯된 한탄이

드러나 있지만 (나)의 화자는 여행을 하는 중이지 고립된 처지가 아니다.

④ (가)에는 유배 생활을 벗어나는 것에 대한 기대가 드러나 있지만 (가)와 (나) 모두 현실 극복을 위한 진취적 자세는 드러나 있지 않다.

⑤ (가)에는 유배 생활의 한탄과 과거 삶에 대한 후회가 드러나 있지만 (나)에는 정치적 포부를 펼치지 못한 아쉬움이 드러나 있지는 않다.

27 ④ (나)의 화자는 '소년대' 이름의 유래에 대해 영랑(신라시대 화랑의 우두머리)의 무리를 일컬을 듯하나 화자의 생각으로는 장로를 받들고 있는 소년처럼 생겼기 때문일 것이라고 추측하고 있으므로 선인들이 남긴 옛 일을 회고하고 있다는 것은 적절하지 않다.

오답풀이

① (가)의 화자는 건넛집 사람과 다르게 공짜 밥을 먹으려 한다며 주인에게 박대당하고 있다.

② (가)의 화자는 유교 풍습이 붕괴된 것에 대해 '놀랄 일이 막심'하다며 '견융의 행사'에 비유하고 있다.

③ (나)의 화자는 '소년대' 이름의 유래에 대해 천왕봉이 장로, 이 봉우리가 소년의 모습을 한 것에서 비롯되었을 것이라 추측하며 천왕봉 유람에 대한 기대감을 드러내고 있다.

⑤ (나)의 화자는 천왕봉 장관을 보며 인생의 덧없음을 '항아리 속에서 태어났다 죽는 초파리 떼'에 비유하고 있다.

28 ② ㉡은 유배지의 주민이 다른 귀양객과 화자를 비교하는 말로, 다른 귀양객은 이전의 호사를 누리던 얘기는 하지 않고 여기 사람들의 일을 배워 주인집 양식을 보태는데, 화자는 공짜 밥만 먹으려 한다는 내용이므로 화자가 배운 일을 열거했다는 설명은 적절하지 않다.

오답풀이

① ㉠은 '죄를 지을 줄 알았으면 공명을 탐했으랴'라는 뜻으로, 설의법을 통해 과거에 죄를 지어 귀양을 왔음을 드러내고 있다.

③ ㉢은 '쓰자하는 열 손가락 꼼작도 아니하고 걷자하는 두 다리는 움직이지도 아니하네'라는 뜻으로, 비슷한 문구를 나란히 두어 안정감을 주는 대구법을 활용하여 화자를 풍자하고 있다.

④ ㉣은 '~인가'의 종결어미 반복을 통해 일을 하지 않고 한탄만 하는 화자에 대한 냉소적 태도를 드러내고 있다.

⑤ 혼정신성(昏定晨省)의 예절을 볼품없는 보리를 담은 큰 항아리에 비유하고, '출필고(出必告) 반필면(反必面)이 없어 벙어리처럼 말이 없다'고 표현하여 유교 붕괴를 비판하고 있다.

29 ② 매 가운데 가장 잘 나는 매인 ⓑ는 화자가 ⓑ를 잡기 위한 백성의 온갖 고통을 느끼게 된 자연물이고, ⓐ는 산꿩과 들오리를 잡으러 숲에 왔다가 나무의 나시에 날개가 걸렸다고 하였으므로 공명을 탐하다 유배를 온 자신의 처지를 암시한다.

> **오답풀이**
> ① ⓐ는 화자에게 이미 닥친 상황을 상징한다.
> ③ ⓑ는 백성의 온갖 고통을 느끼는 계기가 되는 자연물이다.
> ④ ⓐ는 탐욕으로 인해 고통 받는 존재이지만 ⓑ는 해당되지 않는다.
> ⑤ ⓐ와 ⓑ 모두 화자가 추구하는 삶의 덕목을 드러내지는 않는다.

30 ④ '유생이나 관원들이' 오면 '토끼나 꿩처럼 흩어져 숲속에 몸을' 숨기는 것은 무당들이 했던 행동으로, 미래에 대한 희망을 지배층에게서 찾기 어려웠던 백성들의 의식과는 관련이 없다.

> **오답풀이**
> ① '흰옷을 입힌 여인상'을 '고려 태조대왕의 어머니'와 연결지어 이해하는 것은 〈보기〉에 제시된 지리산 성모 신앙을 반영한 것임을 알 수 있다.
> ② '복을 비는 자들'의 행위를 '음사'로 규정하면서도 강력히 제재하지 못하는 것은 도탄에 빠진 백성들을 위로할 만한 여력이 없기 때문임을 알 수 있다
> ③ 원근의 무당들이 이 성모에 의지해 먹고 살 만큼 백성들이 찾아온다는 것은 백성들이 암울한 상황을 벗어나게 해 줄 수 있는 초자연적 존재를 찾아 의탁하고자 했다는 〈보기〉의 내용과 관련이 있다.
> ⑤ 글쓴이가 성모사, 백모당, 용유담을 '무당들의 3대 소굴'이라고 지칭하며 분개한 것을 통해 지리산 성모 신앙을 부정적으로 평가했다는 것을 알 수 있다.

[31~35] 독서 – 사회

31 ② 6문단에서 국가가 개인의 재산권을 보호하고, 재산권이 배타적 권리라고 해도 이는 절대적이고 무제한적일 수 없다고 하였으므로 ②의 내용은 적절하지 않다.

> **오답풀이**
> ① 6문단에서 서로 다른 두 재산권이 충돌하는 경우에는 권리와 이익을 받을 수 있는 자격인 권익권에 따라 결정해야 한다고 하였으므로 권익권을 가진 사람의 권리가 인정됨을 알 수 있다.
> ③ 1문단에서 재산권자가 아닌 사람이 재산을 사용, 수익, 처분하려면 반드시 재산권자의 허락을 받아야 한다고 하였으므로 재산권자의 허락을 받으면 타인의 재산을 사용할 수 있음을 알 수 있다.
> ④ 2문단에서 갑과 을은 자신이 보유한 자원을 생산과 약탈에 적절히 배분함으로써 자신이 가질 수 있는 재화의 총량을 극대화하려 할 것이라고 하였다.
> ⑤ 2문단에서 거래나 교환은 재산권 제도를 전제로 성립할 수 있다고 하였다.

32 ⑤ (라)에서 갑과 을이 가지게 되는 재화의 총량이 17이고, 갑과 을이 상대의 재산권을 부인하고 있으므로 자원을 모두 생산에 사용하여 가질 수 있는 재화의 총량 25에서 8을 약탈에 배분했을 것이다. 따라서 재산권 제도 확립을 위한 사회적 비용이 10일 때 약탈에 배분한 비용 8이 더 작으므로 재산권 제도가 없는 것이 더 효율적임을 알 수 있다.

> **오답풀이**
> ① (가)의 경우 재화의 총량이 25로 (나)의 20, (다)의 21, (라)의 17보다 크므로 최대를 이룬 상태이다.
> ② (나)의 경우, 갑의 재산을 모두 생산에 사용하였을 때 가질 수 있는 재화의 양인 10보다 4가 더 늘어났으므로 을의 재화를 약탈하여 가진 재화로 볼 수 있다.
> ③ (다)의 경우 을의 재산을 모두 생산에 사용하였을 때 가질 수 있는 재화의 양인 15보다 2가 더 늘어났으므로 자신의 자원 일부를 약탈에 배분하여 재화를 더 얻었음을 알 수 있다.
> ④ (나), (다)의 경우 한 사람은 상대의 재산권을 존중하고, 다른 사람은 부인하는 경우이다. 이 때 나머지 한 사람도 상대방의 재산권을 부인하는 것이 자신의 재화를 극대화 하는 방법이 된다. 결국 두 사람 모두 상대의 재산권을 부인하는 것으로 귀결될 것이다.

33 ⑤ ○○지역 주민들이 권익권을 갖는 경우, 주민들은 매연 발생 방지 기계에 의한 피해 정도인 100보다 큰 가격으로 권익권을 판매할 것이다. 따라서 회사는 100보다 큰 가격으로 권익권을 구매해야 하므로 50의 비용으로 매연 발생 방지 기계를 설치하는 것이 경제적으로 이익이다.

> **오답풀이**
> ① A회사가 권익권을 판매하여 매연 발생 방지 기계를 설치하는 데 드는 비용은 50이다. 따라서 경제적 이익을 위해서는 50보다 큰 비용에 권익권을 판매해야 할 것이다.
> ② A회사의 권익권을 100보다 큰 가격으로 구매하는 경우 주민들의 재산에 100보다 큰 피해가 발생하므로 권익권을 구매하지 않는 것이 경제적으로 이익일 것이다. 따라서 주민들은 100보다 작은 가격에 권익권을 구매하려고 할 것이다.

③ A회사가 ○○지역 주민들에게 권익권을 판매한다면 매연 발생을 막아야 하므로 매연 발생 방지 기계를 설치해야 한다.

④ ○○지역 주민들이 권익권을 갖는 경우, 주민들은 재산에 발생하는 100만큼의 피해를 방지할 수 있게 된다. 따라서 권익권을 판매하려면 100보다 큰 가격에 판매하는 것이 경제적으로 이익이다.

34 ④ 5문단에서 사회에 재산권 제도가 형성되어 있다면 약탈이 법적으로 금지되기 때문에 약탈이나 방어에 쓰는 자원을 모두 생산에만 사용하게 되어 사회 전체가 생산하는 재화의 총량이 최대가 된다고 하였다. 따라서 ⓐ의 물음에 대한 답으로는 ④가 가장 적절하다.

오답풀이

① 재산권 제도가 사회적 약자를 구제할 수 있는 제도라는 내용은 찾아볼 수 없다.

② 두 재산권이 충돌할 때에는 권익권이 판결의 척도가 되지만 재산권 제도가 개개인의 권익권을 보호할 수 있는 것은 아니다.

③ 재산권 제도가 법정책을 효율적으로 집행할 수 있는 제도라는 내용은 찾아볼 수 없다.

⑤ 재산권 제도를 통해 사회적 비용을 위한 자원을 확보할 수 있는 것은 아니다.

35 ① ㉠의 '침해'는 '침범하여 해를 끼침'의 의미를 가진다. '세력이나 기운 따위가 쇠함'의 의미를 가진 어휘는 '침몰'이다.

[36~39] 고전 소설

작자미상 「윤지경전」

• **갈래** : 고전소설, 국문소설, 애정소설
• **성격** : 염정적, 애정적, 사실적, 비판적
• **배경**
  – 시간적 배경 : 조선 중종
  – 공간적 배경 : 한양
• **시점** : 전지적 작가 시점
• **문체** : 번역체, 문어체
• **특징**
  – 기묘사화(己卯士禍), 중종 22년 작서지변(灼鼠之變) 사건, 가작인두지변(假作人頭之變)사건 등 사실적 사건과 허구 배합
  – 남녀의 사랑을 소재로 당시의 정치 상황 비판
• **구성**
  – 발단 : 부모의 허락을 얻어 윤지경과 연화가 성례하기로 함
  – 전개 : 연성 옹주의 부마로 간택된 윤지경이 어쩔 수 없이

연화와 파혼하고 옹주와 성례함
  – 위기 : 윤지경이 주상에게 부마 간택의 부당성을 직간하다 유배를 당함
  – 절정 : 박 씨는 세자를 몰아내려다 실패하고 참수당하며 복성군, 연성 옹주가 귀양을 감
  – 결말 : 윤지경이 유배에서 풀려나 연화와 가정을 이루며 연성 옹주의 죄를 사해 줄 것을 요청하여 세 사람이 더불어 화목한 여생을 보냄

• **이해와 감상** : 역사적인 사실과 허구를 적절히 조화시켜 부당하게 부마로 간택하는 왕에게 완강히 저항한 윤지경의 변치 않는 사랑을 그린 작품이다. 또한 과거의 역사적 상황(기묘사화)을 배경으로 하고 있고 남녀 간의 애틋한 애정을 소재로 하고 있다는 점, 윤지경의 적극적인 구애와 적극성이 나타난다는 특징이 있다. 따라서 이 소설은 단순한 남녀 간의 애정 소설이 아니라 조선후기 정치행태를 비꼬는 풍자적이고 사회 비판적인 성격을 내포하고 있는 것이다.

36 ⑤ 윤지경이 밤낮을 가리지 않고 연화를 찾아오니 윤지경의 부친 윤공이 알고 불러 대책하고 옹주궁을 떠나지 못하게 하였다.

오답풀이

① 연화가 언약을 지키지 않았다는 이유로 지경을 만나지 않은 것이 아니라 몰래 담을 넘어 찾아온 지경과 밤마다 만났다.

② 옹주는 지경이 연화를 만나는 것을 알고 임금을 원망하는 것이 아니라 지경에게 따지고 있다.

③ 지경은 옹주를 만나보고는 박 귀인이 아닌 연화와 달리 포독하다는 인상을 받았다.

④ 최홍일은 임금에 명에 의해 서문 밖으로 이사한 것이 아니다.

37 ⑤ [A]에서 윤공은 윤지경이 옹주와 자녀를 낳고 살며 사연을 고하면 허락할 것이라는 긍정적 상황과 옹주를 박대하여 몰래 도망하는 것을 옹주가 알면 화가 적지 않을 것이라는 부정적 상황을 제시하였고, [B]에서 윤지경은 옹주가 최씨를 청하면 한 집에서 화목할 것이라는 긍정적 상황과 옹주가 윤지경을 원망하면 평생 박명을 면치 못할 것이라는 부정적 상황을 동시에 제시하였다.

오답풀이

① [B]에서 상대방의 과거 행적을 근거로 비판하는 부분은 찾아볼 수 없다.

② [A]와 [B] 모두 긍정적 상황의 가정을 통한 문제 해결의 방법을 제시하고 있다.

③ [A]는 윤지경이 옹주와 자녀를 낳고 살면서 임금에게 사연을 고할 것을 언급하고 있으므로 빠른 해결책의 필요성을 언급하는 것은 아니다.

④ [A]와 달리 [B]는 황영의 고사를 근거로 옹주가 최씨와 함께 살 것을 유도하고 있다.

38 ③ ©의 '옹주궁'은 옹주의 부탁을 받고 지경을 벌하기 위해 만든 공간이 아닌 옹주와 지경을 이어주기 위한 공간이다.

오답풀이

① ㈀은 윤지경의 부탁으로 윤지경이 연화를 만나 '반가운 정이 유동하고 마음이 깨어지는 듯한' 공간이다.

② ㈁은 윤지경이 부마의 관교를 내어 땅에 던지는 공간으로, 옹주와의 혼례에 대한 불만을 표출하는 공간이다.

④ ㈃은 궁에 가지 않고 윤지경이 머무르는 공간이다.

⑤ ㈄에서 옹주가 연화를 만나러 가는 지경에게 이에 대해 따지고, 윤지경 역시 옹주에게 연화를 청하지 않으면 박명할 것이라고 하였으므로 갈등을 드러내는 공간이다.

39 ② 「윤지경전」 속 윤지경은 왕의 권위에도 굴하지 않고 사랑의 쟁취를 위해 고난을 무릅쓰는 인물이지만 가문의 번영을 이루려고 하지는 않는다.

오답풀이

① 지경이 연화를 만나기 위해 월장하는 행동은 사랑의 쟁취를 위해 고난을 무릅쓰는 것이라 볼 수 있다.

③ 〈보기〉에서 박 씨와 복성군이 실존인물이라고 하였으므로 작품 속 박 씨와 복성군의 등장은 작품의 사실감을 높여 준다.

④ 지경이 옹주와 화락하지 않고 연화를 버리지 않는 태도는 신의를 지키려는 인물의 모습을 보여 준다.

⑤ 이미 혼례를 약속한 지경을 강제로 옹주와 혼례시킨 임금은 〈보기〉의 권력을 내세워 위력으로 자신의 입장을 강요하는 인물이다.

[40~45] 독서 – 과학

40 ① 파면은 빛의 진행방향에 대해 수직인 가상의 면이므로 평면파면은 빛의 진행 방향에 대하여 수직이고, 왜곡파면은 빛의 방향이 제각각 달라져 왜곡파를 형성하지만 그 때의 파면은 여전히 빛의 진행 방향에 수직이다. 따라서 평면파면과 왜곡파면 모두 빛의 진행 방향에 수직이다.

오답풀이

② 2문단에서 SLR 장비는 망원경, 초정밀 시계, 레이저 송수신부 등으로 구성된다고 하였다.

③ 4문단에서 대류권에서 발생하는 난류는 빛의 굴절에 영향을 주어 난류를 통과하는 빛들은 방향과 속력이 제각각 달라진다고 하였다.

④ 인공위성에서 오는 빛은 대류권의 난류를 통과하며 왜곡파가 되므로 이를 보정하기 위해 적응광학 기술을 사용하고 이 과정을 통해 인공위성의 형상을 보다 분명하게 파악할 수 있다고 하였다.

⑤ 인공위성의 위치를 정확하게 알아내기 위해서 SLR 장비는 레이저의 왕복시간만으로 계산된 거리가 아닌 오차를 보정한 대기 모델을 적용한다.

41 ② 대기의 밀도가 진공의 밀도보다 크므로 빛의 속력이 느리다. 3문단의 굴절률 구하는 공식에 의하면 대기의 굴절률은 진공에서의 빛의 속력을 대기에서의 빛의 속력으로 나눈 값이므로 1보다 크다. 따라서 인공위성의 정확한 위치를 알 수 없는 이유는 대기의 굴절률이 1보다 커 오차가 생기기 때문이다.

오답풀이

① 대기에서의 빛의 속력이 진공에서의 빛의 속력보다 작으므로 대기의 굴절률은 1보다 크다.

③ 대기의 밀도가 진공의 밀도보다 크므로 대기에서의 레이저 속력은 진공에서보다 느리다.

④ 대기의 밀도가 크므로 대기에서의 레이저 파장은 진공에서보다 짧아진다.

⑤ 레이저의 파장이 짧으므로 실제보다 왕복시간이 길게 측정될 것이므로 보정 전에 파악한 위치보다 더 가까이 있을 것이다.

42 ④ 5문단에서 대류권에서 난류를 만난 빛이 불규칙 굴절을 하여 방향이 제각각 달라지고, 그러한 빛인 왜곡파와 빛의 파면인 왜곡파면에 의해 ©의 현상이 발생한다고 하였다.

오답풀이

① ©의 이유는 불규칙 굴절을 한 빛의 성질에 의한 것이지 관측자에 의한 것이 아니다.

② 4문단에서 대류권에는 서로 다른 특성을 지닌 공기들이 불규칙한 흐름을 이룬다고 하였다.

③ 5문단에서 난류를 만난 빛은 불규칙 굴절을 하여 빛의 파면이 평면이 아니게 된다고 하였다.

⑤ 5문단에서 불규칙 굴절을 한 빛은 방향이 제각각 달라지고, 빛의 진행 방향에 수직인 파면도 그에 따라 변하게 된다고 하였다.

43 ③ ⓐ의 '가깝다'는 '성질이나 특성이 기준이 되는 것과 비슷하다'의 의미로, ③의 '가깝다'와 문맥적 의미가 같다.

44 ④ 8문단에서 파면 센서에 의해 측정된 정보는 데이터 처리기를 통해 분석되고, 제어기는 분석된 정보를 전기적 신호로 변환하여 보낸다고 하였으므로 데이터 처리기는 파면 센서에 의해 측정된 정보를 분석하지만 보정된 상을 보내지는 않음을 알 수 있다.

오답풀이

① 8문단에서 형상가변반사경은 휘어질 수 있는 거울의 뒤에 구동기가 빼곡하게 달려 있는 것이라고 하였다.

② 6문단에서 입사된 빛은 광선분배기에 의해 접안부와 파면 센서로 나뉘어 보내진다고 하였다.

③ 7문단에서 파면 센서는 CCD에 여러 개의 볼록 렌즈가 격자처럼 결합된 것이라고 하였다.

⑤ 8문단에서 제어기는 데이터 처리기를 거쳐 분석된 정보를 전기적 신호로 변환하여 형상가변반사경으로 보낸다고 하였다.

45 ⑤ (다)와 (라) 모두 각 격자의 중심이 아닌 곳에 상이 맺혀있으므로 모두 왜곡파가 들어오고 있는 것이다.

오답풀이

① (나)는 각 격자의 중심에 상이 맺혀있으므로 왜곡파가 들어오고 있지 않는 것이다. 따라서 파면의 변화가 없다고 할 수 있다.

② (나)는 각 격자의 중심에 상이 맺혀 있고, (가)는 각 격자의 중심이 아닌 곳에 상이 맺혀있으므로 (가)는 왜곡파, (나)는 평면파가 들어오고 있음을 알 수 있다.

③ (다)는 각 격자의 중심이 아닌 곳에 상이 맺혀있으므로 왜곡파가 들어오고 있는 것이다.

④ (나)는 평면파가, (다)는 왜곡파가 들어오고 있으므로 파면이 왜곡된 정도는 (다)가 더 심할 것임을 알 수 있다.

2019학년도 기출문제 정답 및 해설

정리	• 화제의 요약과 강조
	• 핵심 내용 마무리

제1교시 국어영역(공통)

01 ④	02 ⑤	03 ①	04 ④	05 ③	06 ③
07 ①	08 ⑤	09 ④	10 ④	11 ⑤	12 ⑤
13 ④	14 ③	15 ②	16 ⑤	17 ③	18 ②
19 ⑤	20 ⑤	21 ②	22 ①	23 ⑤	24 ③
25 ②	26 ④	27 ③	28 ②	29 ③	30 ⑤
31 ③	32 ①	33 ③	34 ①	35 ③	36 ⑤
37 ④	38 ④	39 ③	40 ④	41 ⑤	42 ①
43 ①	44 ②	45 ③			

01 ④ 발표 중간 중간에 청중의 경험을 환기하기 위한 물음과 스스로 묻고 답하는 자문자답 형태의 질문이 제시되기는 하나, 질문을 통해 발표 내용에 대한 청중의 이해도를 점검하는 것은 아니다.

오답풀이

① 발표의 서두에서 '여러분, ~ 눈살을 찌푸렸던 일이 기억나시죠?'라고 하며 청중과 공유했던 경험을 환기하여 청중의 관심을 유도하고 있다.

② 네 번째 문단에서 전문가의 견해를 제시하면서 새로운 쓰레기 수거 방식과 기존 방식의 차이를 구체적 수치를 통해 비교하였다. 이는 문제 상황의 심각성을 부각한다고 볼 수 있다.

③ 발표를 시작하면서 '오늘은~ 주제로 말씀드리겠습니다.'라고 하며 주제를 미리 제시함으로써 청중이 발표 내용을 미리 짐작할 수 있도록 하였다.

⑤ 발표의 말미에 '여러분들도~ 활용해 보세요.'라고 하며 발표 내용과 관련하여 청중들에게 권유하는 말을 덧붙이며 발표를 마무리하고 있다.

TIP 발표의 내용 조직

도입	• 화제나 주제, 목적, 배경 등을 간략히 설명 • 발표자가 여러 명일 경우에는 발표 참여자 소개 및 역할 분담 내용을 간단히 언급
전개	• 구체적인 예시를 곁들여 진술 • 발표 주제와 목적에 따라 내용 조직

02 ⑤ 학생 2는 발표 내용을 충분히 이해하고, 이를 토대로 자신의 지식을 활용하여 새로운 아이디어를 떠올리고 있다. 학생 3은 자신이 공감했던 부분을 언급하면서 발표 내용에서 아쉬웠던 부분을 제시하고 있다. 두 학생 모두 발표 내용의 신뢰성을 의심하며 비판적 태도를 보이고 있는 것은 아니다.

오답풀이

① 학생 1은 발표 내용을 통해 새롭게 알게 된 사실에 대해 긍정적 반응을 보인다.

② 학생 2는 보안의 문제 해결 방법을 토대로 자신의 지식을 활용한 아이디어를 낸 후, 이를 실생활에 적용시켜보고자 하였다.

③ 학생 3은 발표 내용을 듣고 자신의 경험을 환기하며 공감하고 있다.

④ 학생 1과 학생 3은 발표에서 언급되지 않은 내용을 지적하며 이에 대한 아쉬움을 표현하였다.

03 ① 세 번째 문단에서 환류란 바닷물이 일정한 방향으로 도는 현상을 일컫는다고 하였으므로, 〈자료 1〉은 환류 현상을 나타내는 자료임을 알 수 있다. 그리고 환류를 타고 이동하는 쓰레기가 환류의 중심으로 모이면서 쓰레기 섬이 만들어진다고 하였으므로 환류 현상은 쓰레기 섬의 발생 원인을 설명하기 위한 자료가 된다. 따라서 ①은 적절한 설명이다.

오답풀이

② 자료 1은 환류 현상으로, 쓰레기 섬의 원인을 설명하기 위한 자료가 될 수 있다.

③·④ 자료 2는 쓰레기 수거를 위한 아이디어를 떠올리는 과정을 보여주기 위한 보안의 아이디어로, ⓒ에서 활용할 수 있다. 이는 기존의 방식보다 비용이 적게 드는 이유를 보여준다.

TIP 발표에서 자료와 매체의 활용 효과

• 발표 내용을 풍부하게 하고 전달 효과를 높일 수 있다.
• 청중이 내용을 좀 더 쉽게 이해할 수 있다.
• 발표 내용을 청중의 기억에 오래 남길 수 있다.
• 청중이 발표자가 설명하는 내용에 신뢰를 가질 수 있다.

04 ④ [A]에서 학생 2는 "많은 학생들이 참여한 설문 조사 결과를 반영하여 우리가 수차례 논의하였다는 점을 강조하면 학생들의 오해를 어느 정도 해소할 수 있을 것 같아."라고 하였다. 이로 보아 설문 조사 결과의 반영이 학생회의 일방적인 결정으로 투표 방식이 변경되었음을 인정하기 때문이 아니라, 학생회 임원들이 수차례 논의해온 사안임을 강조하기 위함임을 알 수 있다.

오답풀이

① 학생 3은 현행 방식에서 장난삼아 성의 없이 투표한 경우가 많았고, 그래서 무효표도 많았다고 하였으므로 이는 기존 투표 방식과 무효표에 인과 관계가 있음을 나타낸다.

② 작년 투표 결과의 무효표를 구체적 수치로 드러낸 것은 기존 방식에 문제가 있다는 주장에 대한 근거가 된다.

③ 학생 1이 투표 방식 변경에 따라 예상되는 반응을 언급하고 이에 대한 해결책을 강구해야 한다고 말한 이유는 반발하는 학생을 고려한 것이다.

⑤ 학생 1이 새로운 방식의 장점을 언급한 것은, 많은 학생이 참여한 설문 조사 결과를 반영하였으므로 학생회의 일방적인 결정으로 생각할 수도 있다는 문제점을 해결하고, 학생들의 동의를 이끌어 낼 수 있다는 점을 나타낼 수 있다.

05 ③ ㉠은 투표 방식을 변경할 시에 투표율이 떨어질 수도 있다는 문제점을 제기하였고, ㉡는 이에 대하여 캠페인 구호 같은 것을 만들어서 글에 포함시키자고 하면서 그 해결 방안을 제시하였다.

06 ③ [D]에서는 기존 방식과 비교해서 어떻게 달라졌는지를 명확하게 알려줘야 한다는 [B]의 내용을 반영하여, 정해진 시간에 반별로 투표를 하는 기존의 방식과 원하는 시간에 투표를 할 수 있는 새로운 방식을 대비하여 설명하였다.

오답풀이

① 변경된 투표 장소는 언급하였지만 투표 장소 변경 이유에 대한 언급은 제시되지 않았다.

② 기표소의 개수에 대한 언급은 제시되지 않았다.

④ 투표 참여 방식이 자율로 바뀌었다는 것을 설명하는 의견은 있었지만 투표 절차가 달라졌다는 내용은 제시되지 않았다.

⑤ 투표 참여 대상 변경에 대한 내용은 제시되지 않았다.

TIP 설득을 위한 작문
- 관련 자료를 수집하여 주장하고자 하는 의견이나 관점을 명료하게 세운다.
- 주장을 뒷받침할 수 있는 타당한 논거를 세운다.
- 설득력 있는 표현 전략을 활용하여 글을 쓴다.
- 다양한 작문 과제에 대하여 논설문, 비평문, 건의문, 광고문, 칼럼 등 여러 가지 종류의 글을 쓴다.

07 ① [C]에서 제시된 조건은 새로운 방식이 가지는 의의 반영, 비유적 표현, 대구의 방식이다. 이 세 가지를 모두 충족시키는 것은 '스스로 찾아가는 투표 현장, 저절로 피어나는 민주 의식'이다.

오답풀이

② 대구의 방식은 반영되어 있으나, 비유와 새로운 방식이 가지는 의의는 반영되지 않았다.

③ 비유는 반영되어 있으나, 대구와 새로운 방식이 가지는 의의는 반영되지 않았다.

④ 비유는 반영되어 있으나, 대구와 새로운 방식이 가지는 의의는 반영되지 않았다.

⑤ 비유와 대구, 새로운 방식이 가지는 의의 모두 반영되지 않았다.

08 ⑤ 대회 운영에 대한 학교의 부담과 학생들의 학업에 부정적 영향을 줄 수 있다는 점을 언급하고 있으나, 이러한 문제에 대한 해결책을 제시하고 있지는 않다.

오답풀이

① 글의 서두에서 올해 실시한 체육대회에 대해 언급하면서 글을 시작하였다.

② 첫 문단의 말미에서, 인터뷰 결과 학생들은 현행 체육대회가 일회성 행사에 그치고 있으며 이로 인해 학생들의 경기 참여 기회 역시 제한된다는 한계점을 언급하였다고 하면서 현행 체육대회의 한계를 지적하였다.

③ 2문단에서 현행 체육대회의 한계를 보완하기 위해 스포츠클럽 대회를 도입할 필요가 있다고 하면서 그 방식에 대해 언급하였다.

④ 2문단에서 스포츠클럽 대회 도입을 제안하며 그 기대 효과를 강조하였다.

TIP 작문의 단계
- **계획하기** : 글의 목적을 분명히 하고, 글의 주제, 독자 등의 작문 상황 분석
- **내용 생성하기** : 창조적인 사고 활동을 통해 글로 표현할 내용 조직
- **표현하기** : 적절한 어휘를 선택하고 어법에 맞는 문장으로 표현
- **고쳐쓰기** : 글의 목적과 독자를 고려하여 내용을 삭제·추가·수정하기

09 ④ C는 스포츠클럽 대회 도입이 학생들의 정서 및 사회성 발달에 기여할 수 있다는 자료로 활용할 수 있다. 그러나 A는 현행 체육대회에 대한 학생들의 만족도를 나타내는 것으로, 현행 체육대회의 한계를 지적하고 이를 보완해야 한다는 내용을 뒷받침하는 자료로 사용될 수 있다.

(오답풀이)

① A는 현행 체육대회에 대한 만족도를 나타내는 자료로, 현행 체육대회의 한계를 보완해야 한다는 내용을 뒷받침한다.

② B는 현행 체육대회에 대한 불만족 이유를 나타내는 자료로, 종목의 다양성이 부족하다는 의견이 두 번째로 많으므로 적절한 자료 활용이다.

③ C는 체육 활동과 학생들의 학업 성취도 사이의 긍정적 관계를 보여주는 자료이다.

⑤ B에 제시된 체육대회에 대한 불만족 이유와 C에 제시된 체육 활동의 중요성을 바탕으로, 스포츠클럽 대회를 도입하여 상시적이고 다양한 체육 활동을 뒷받침하여 학생들이 만족하지 못하는 원인을 해소할 수 있음을 강조할 수 있다.

10 ④ (나)의 마지막 문단에서는 청소년기의 학업과 체육 활동의 중요성을 언급하고 있고, 고쳐 쓴 글에서 이를 바탕으로 스포츠클럽 대회 도입의 필요성을 강조하고 있다. 따라서 학생이 점검했을 내용으로 적절한 것은 청소년기 체육 활동의 중요성에 초점을 맞추어 스포츠클럽 대회 도입의 필요성이 부각되도록 고쳐 쓴 것이다.

(오답풀이)

① 체육 활동에 실제로 참여한 학생에 대한 언급이 없으므로 예상 독자를 고려하여 수정한다는 것은 적절하지 않다.

② 스포츠클럽 대회 도입을 위한 선생님들의 노력에 대한 내용은 언급된 바가 없다.

③ 정신적 측면과 육체적 측면에 대한 언급이 있기는 하지만, 핵심 주제는 스포츠클럽 대회 도입의 필요성이므로 적절하지 않은 설명이다.

⑤ 청소년들의 특성과 학교 여건 등을 종합적으로 감안했다는 내용은 언급된 바가 없다.

> **TIP** 고쳐쓰기의 원칙
> - **통일성**
>   - 글 전체가 하나의 주제로 집중되는 성질
>   - 글의 주제와 관련이 없는 내용은 삭제하거나 조정
> - **완결성**
>   - 하나의 내용을 완전히 마무리하는 성질
>   - 글쓴이가 말하고자 하는 내용이 분명히 드러남
>   - 주제문이 갖추어져 있고, 이에 대한 뒷받침 문장들을 충분히 제시
> - **일관성**
>   - 논리의 흐름이 처음부터 끝까지 한결같고 자연스러운 성질
>   - 앞뒤의 내용이 서로 모순되지 않아야 함
>   - 문장과 문장 사이의 연결이 자연스러워야 함

11 ⑤ 본문에서 '구나' 형 감탄문은 감탄문의 일반적 유형으로, 용언이나 서술격 조사의 어간에 붙을 수 있다고 하였고,

'어라' 형 감탄문은 형용사의 어간에만 붙을 수 있다고 하였다. 따라서 '어라' 형 감탄문이 '구나' 형 감탄문에 비해 활용 범위가 더 제한적이라고 볼 수 있다.

(오답풀이)

① '앗, 차가워라'에서 '앗'은 놀람의 느낌을 나타내는 감탄사이다.

② '-구나'는 해라체, '-구려'는 하오체에 해당한다.

③ '-네'는 '해체'에 해당한다.

④ '아'는 독립어이고 '시원해라'는 서술어이므로, '아, 시원해라'는 독립어와 서술어만으로 감탄문이 실현된 문장이다.

> **TIP** 중세 국어의 감탄문
> - 감탄문은 대부분 느낌 표현의 선어말 어미에 기대어 형성된다.
> - 감탄문의 어말 어미로는 '-ㄹ쎠, -ㄴ뎌' 정도만 확인된다.
>   **예** 내 아두리 어딜쎠 [내 아들이 어질구나!] 〈월인석보 2, 7〉
>   물힛 마리신뎌 [뭇사람들의 참소로구나!] 〈악학궤범. 정과정〉

12 ⑤ ㄴ. ⓑ에서 '낳다'는 동사이고 ⓓ에서 '어질다'는 형용사이다. 이 둘은 모두 감탄문의 서술어 역할을 하고 있다.

ㄹ. ⓒ에 사용된 선어말 어미 '-돗-'이 ⓔ에서는 '-돗-'의 이형태인 '-도-'로 사용되었다. 즉 감탄문을 만드는 선어말 어미는 이형태가 존재한다.

(오답풀이)

ㄱ. ⓐ의 '-ㄴ뎌'와 ⓑ의 '-ㄹ쎠'는 모두 감탄형 종결 어미이다.

ㄷ. ⓑ에서는 높임 선어말 어미인 '-시-'와 감탄형 종결 어미인 '-ㄹ쎠-'가 결합하였다. 따라서 감탄형 종결 어미가 선어말 어미와 결합할 수 있음을 알 수 있다. ⓔ에서는 선어말 어미 '-시-'만 사용되고 감탄형 종결 어미는 사용되지 않았다.

13 ④ '네가 그렸다는'은 '네가 그림을 그렸다'의 문장에서 '그림을'이라는 목적어가 생략된 '안긴 긴 관형사절'이다. 문장에서 이 절을 생략해도 문장은 성립된다.

(오답풀이)

① '네가 되려는'은 보어가 생략된 짧은 관형사절이다.

② '그가 우리를 사랑했다는'은 종결 어미가 있는 긴 관형사절로, 문장 성분이 생략되지 않은 채 '오늘에서야 알았다'와 결합된 보문절이다. 이 절을 생략하면 문장이 성립되지 않는다.

③ '개울에서 헤엄을 쳐 본'은 종결 어미가 없는 보문절로, '개울에서 헤엄을 쳐 본다는'과 같이 긴 관형사절로 바꾸면 어색한 문장이 된다.

⑤ '그분이 노벨상을 타게 되었다는'은 종결 어미가 있는 보문절로, 짧은 관형사절로 바꾸면 문장이 어색해진다.

- **관계관형사절(관계절)** : 서술어 구문으로 전개하는 과정에서 공통된 논항이 공유되는 현상을 보이는 절(생략 가능)
  - 예 담배를 피우는 학생들이 점점 줄고 있다 → 학생들이 담배를 피운다 + (그런) 학생들이 점점 줄고 있다
- **동격관형사절(보문절)** : 피한정명사가 선행하는 관형사절의 내용을 동격의 형식으로 간추린 역할만 하는 절(생략 불가능) → 피한정명사로 쓰일 수 있는 체언의 종류가 한정되어 있음
  - 예 너는 인수가 결석한 사실을 몰랐느냐? → 인수가 결석하였다. + 너는 (그) 사실을 몰랐느냐?
- **긴 관형절** : 원래 문장의 종결어미가 유지됨
  - 예 그녀가 결혼했다는 소문이 떠돌았다.
- **짧은 관형절** : 원래 문장의 종결어미가 탈락함
  - 예 나는 그를 만난 기억이 없다.

14 ③ '쓰−+−이−+−어 → [쓰여]'는 '_'가 그대로 유지되고 'ㅣ'와 'ㅓ'라는 두 단모음이 합쳐져서 이중모음인 'ㅕ'가 된 것이다.

오답풀이

① '파−+−아서'는 '−아'의 'ㅏ'가 탈락하여 [파서]가 된 것이다.
② '비−+−어서'는 'ㅣ'와 'ㅓ' 사이에 반모음이 첨가되어 [비여서]가 된 것이다.
④ '바꾸−+−어라'는 단모음 'ㅜ'가 반모음으로 교체된 다음 단모음 'ㅓ'와 결합하여 'ㅝ'가 된 것으로, 최종적으로 [바꿔서]가 되었다.
⑤ '보−+−이−+−어'는 'ㅗ', 'ㅣ'가 'ㅚ'로 축약되고, 반모음 'ㅣ'가 첨가되어 [뵈여]가 되었다.

- **모음(홀소리, 21개)** : 공기의 흐름이 막히거나 장애를 받지 않고 만들어지는 소리
  - **단모음(10개)** : 발음 도중에 입술 모양이나 혀의 위치가 바뀌지 않는 모음
  - **이중모음(11개)** : 발음 도중에 입술 모양이나 혀의 위치가 바뀌는 모음.(반모음 + 단모음 결합 형태)
  - **반모음** : 음성의 성질은 모음과 비슷하지만 다른 모음에 붙어야 발음될 수 있으므로 음절을 이루지 못하는 소리

15 ② '내일 우체국 가는 길에 은행에 들르겠다.'의 '들르겠다'는 발화시가 사건시보다 앞선 미래 시제로, '가는'의 절대 시제와 일치한다.

오답풀이

① ㄱ에서 '들으며'와 '먹는다'는 모두 현재를 나타내며 절대 시제와 상대 시제가 일치한다.
③ '들으며'는 '먹는다'와 시제가 일치하므로 상대 시제는 현재

이다. 그러나 '가는'의 절대 시제는 예정을 나타내는 것으로, 발화시가 사건시보다 앞선 미래이다.
④ '먹는다'의 '−는'은 진행 중의 동작을 나타내며 발화시와 사건시가 일치하는 현재이다. 그러나 '가는'의 '−는'은 절대 시제가 미래이다.
⑤ '들으며'와 '먹는다'의 동작은 동시에 행해지는 것으로, 둘 다 현재를 나타낸다.

- **사건시** : 사건이 발생한 순간
- **발화시** : 말하는 순간
- **절대시제** : 발화시(말하는 시점) 기준
- **상대시제** : 사건이 일어난 시점을 기준

[16~18] 현대 소설

박완서, 「이별의 김포공항」

- **갈래** : 현대 소설, 단편 소설
- **성격** : 비판적, 세태적
- **배경** : 1970년대, 서울
- **시점** : 전지적 작가 시점
- **주제** : 1970년대 물질주의적 세태에 대한 비판
- **구성**
  - **발단** : 소녀는 미국에 있는 고모의 초청을 받아 곧 한국을 떠나는 할머니를 모시고 박물관 구경에 나선다.
  - **전개** : 소녀의 기억 속에는 삼촌들과 고모가 외국으로 뜨기로 작정하고 쏘다녔던 모습이 악몽처럼 남아 있다.
  - **위기** : 삼촌들과 고모는 소원대로 한국을 떠났고, 드문드문 오는 편지에는 한국에 대한 이야기를 찾아볼 수 없다.
  - **절정** : 떠나는 날이 정해진 할머니는 여유 있는 얼굴로 노골적인 연민을 베풀려는 모습을 보이고 소녀는 그것이 참을 수가 없다.
  - **결말** : 박물관 관람을 마치고 다음 날 비행기에 오른 할머니는 기체가 이륙하는 순간 뿌리가 뽑히는 듯한 기분을 느끼며 서럽게 운다.
- **이해와 감상** : 1970년대의 한국은 정치, 경제, 문화 등 다방면에 걸쳐 커다란 변화가 이루어진 시기였다. 산업화의 여파로 인해 물질주의와 배금주의가 팽배해진 상황에서 당시 수많은 한국인들이 풍요로운 삶을 좇아 선진국으로 떠나는 모습을 보였다. 이 과정에서 자신의 근본을 부정하는 상황이 나타나기도 하였다. 이 작품은 이와 같이 배금주의의 영향으로 자신의 뿌리조차 부정하였던 당시의 세태에 대해 비판적 시각을 보여주고 있다.

16 ⑤ 이 작품은 전지적 작가 시점으로, 서술자가 '노파'의 시선에서 사건을 서술하고 있다.

(오답풀이)

① 장면에 따라 시점을 달리하여 서술하고 있지 않다.

② 서로 다른 공간의 사건을 병치하여 서술하는 것이 아니라 노파의 일과에 따라 사건이 진행되고 있다.

③ 노파가 과거를 회상함으로써 미국에 가고자 하는 이유를 추측할 수 있지만, 역순행적으로 추리하고 있는 것은 아니다.

④ 이 작품은 작품 밖의 서술자가 특정 인물의 시선을 중심으로 사건을 서술하고 있다.

17 ③ ⓒ에서 '노파'가 '샌프란시스코'를 '쌍포리코'라고 발음한 것은 단순히 영어가 생소하고 서툴러서이지, 언어유희를 통해 젊은이의 허위의식을 비꼬고자 한 것이 아니다.

(오답풀이)

① ㉠에서 '손녀'가 아첨을 떤다고 생각하는 것으로 보아, '노파'는 '손녀'의 행동에 담긴 의도를 부정적으로 생각하고 있다고 볼 수 있다.

② ⓒ에서 '꼬마 전구'는 '노파'를 비유한 것으로, '요새는 켜져 있는 동안이 훨씬 많다'고 한 것은 이전과 달라진 '노파'의 심리를 나타낸다.

④ 송영대에 가족들이 없다는 것을 알고 눈물을 흘리는 '노파'의 모습을 나타낸 것으로, 기대했던 상황이 벌어지지 않아 슬퍼하는 심리를 표현한 것이다.

⑤ ㉤에서 '노파'는 '젊은이'를 다시 뿌리 내릴 수 있는 '묘목'에, 자기 자신을 '죽은 목숨'에 비유하면서, 비교를 통한 절망감을 부각하고 있다.

18 ② '손녀'가 가리키는 곳을 '으리으리 잘 지어 놨다'고 생각하는 것은 '노파'가 느끼는 솔직한 감정일 뿐이지 '노파'가 자신이 처한 현실을 잘못 파악하고 있는 것으로 볼 수 없다.

(오답풀이)

① 〈보기〉에서 인간은 자신이 처한 현실에서 벗어나 다른 세계로 가고자 하는 경향이 있다고 하였는데, 이 심리가 '노파'의 미국행이라는 사건을 통해 그려지고 있다.

③ 〈보기〉에서 희망이 과도하여 고정관념으로 굳어질 때 맹목적 동경이 된다고 하였는데, '미국에만 갈 수 있으면!'하고 잠꼬대 같은 탄식 소리를 하는 것은 곧 맹목적으로 다른 세계를 동경하는 행위를 보여준다.

④ 〈보기〉에서 막상 현실을 떠나 다른 세계로 가는 상황에 맞닥뜨릴 때 비로소 자신을 깨닫게 되는 경우가 있다고 하였는데, '노파'가 '뿌리 뽑힌 고목으로서의 스스로를 인식'하는 것이 바로 그러한 경우이다.

⑤ 〈보기〉에서 부정적인 현실마저도 자신의 삶의 일부임을 깨

닫고 그에 대한 애정을 확인하게 된다고 하였는데, '노파'가 '이 땅의 구질구질한 것까지' 사랑했다는 것은 즉 부정적 현실마저 사랑하게 된 심리를 나타내는 것이다.

[19~22] 독서 − 과학

19 ⑤ 윗글은 에너지 문제를 해결하기 위한 하나의 방편으로 인공 광합성 연구에 대해 설명한 것이다. 자연 광합성 연구 발전에 미친 영향에 대해서는 언급된 바가 없다.

(오답풀이)

① 수소는 우주의 88%를 차지할 만큼 많고, 연소될 때 많은 에너지가 발생하기 때문에 에너지원으로 활용하려고 하는 것이다.

② 수소는 매우 가벼워 지구의 대기 밖으로 쉽게 날아가 버리므로 지구 대기 속에 수소 기체가 거의 없다고 하였다.

③ 글의 마지막 단락에서 전지형 인공 광합성 시스템의 향후 과제는 반도체의 기능과 촉매의 기능을 동시에 향상시키는 방법을 찾는 것이라고 하였다.

④ 첫 문단에서 식물의 광합성 시스템을 모방한 인공 광합성 기술 연구가 진행된다고 한 것을 통해 자연의 원리를 활용해 에너지 문제를 해결하려고 한다는 사실을 알 수 있다.

> **TIP** 독서 − 과학
>
> • **주제** : 수소의 생산 방법 및 한계점과 효율적 생산 방법 모색의 필요성
>
> • **소주제**
> − 1문단 : 수소 생산을 위한 인공 광합성 기술 연구
> − 2문단 : 식물의 광합성을 이용한 수소 생성 과정
> − 3문단 : 수소를 생성하는 인공 광합성 시스템의 구조와 과정
> − 4문단 : 인공 광합성 시스템의 한계점과 효율적 생산 방법 모색의 필요성

20 ⑤ 2문단에서 ㉠의 엽록소에서 빠져 나온 전자는 빛 에너지가 전환된 화학 에너지 APT를 생성하는 데 이용되고, 전자와 수소 양이온은 이산화탄소와 결합해 최종적으로 유기물인 포도당을 만드는 데 이용된다고 하였다. ㉡의 정공과 분리된 전자는 자유 전자인데, 3문단에서 수소 양이온이 자유 전자와 결합하여 수소 기체가 만들어진다고 하였다. 따라서 ㉠의 엽록소에서 방출된 전자와 ㉡의 정공과 분리된 전자는 같은 역할을 한다고 볼 수 없다.

(오답풀이)

① 2문단과 3문단을 통해 ㉠과 ㉡ 모두 산소가 배출됨을 알 수 있다.

② 2문단에서 ㉠은 수소가 전자와 수소 양이온 고 하였고, 3문단에서 ㉡은 정공들이 전자

해 물을 분해하고 자유 전자를 이용해 수소 양이온을 환원
시킨다고 하였다.

③ 2문단에서 ㉠의 경우 전자와 수소 양이온은 이산화탄소와
결합해 최종적으로 유기물인 포도당을 만드는 데 이용된다
고 하였고, ㉡은 그런 정보가 제시되지 않았다.

④ 2문단에서 ㉠은 유기물인 포도당을 만든다고 하였고, ㉡은
그런 정보가 제시되지 않았다.

21 ② 3문단에서 광전극에 남아 있는 정공들은 광전극의 표면에
몰려 전자를 보충하기 위해 물을 분해한다고 하였다. ㄴ은
광전극으로부터 온 자유 전자를 이용해 수소 양이온을 환
원시켜 최종적으로 수소 기체를 생성하는 환원 전극이고
물을 분해하는 장치는 ㄱ(광전극)이다.

오답풀이

① 광전극은 빛 에너지를 받으면 자유 전자와 정공이 더욱 많
이 생긴다고 하였다.

③ 광전극의 자유 전자는 전선을 따라 환원 전극으로 이동한
다고 하였다.

④ 광전극에서 정공들이 물을 분해하면서 수소 양이온이 생성
되고 환원 전극에서 자유 전자와 결합하여 수소 기체가 된
다고 하였다.

⑤ 광전극은 n형 반도체로 자유 전자가 많고, 환원 전극은 p
형 반도체로 정공이 많다고 하였다.

22 ① 지문의 [A] 부분에서 분리막은 광전극에서 만들어진 수소
양이온이 그것을 투과하면 광전극에서 반응할 수 없도록
하고, 생성된 수소 기체가 광전극 쪽으로 가 반응하지 못하
도록 하는 역할을 한다고 하였다. 즉 분리막은 수소 기체가
다시 분해되지 않도록 하여 수소 기체가 보다 효율적으로
생성되게 하기 위한 장치임을 알 수 있다.

[23~26] 고전 소설

조성기, 「창선감의록」
• 갈래 : 고전 소설, 가정 소설, 도덕 소설
• 성격 : 교훈적, 유교적
• 배경 : 중국 명나라
• 시점 : 전지적 작가 시점
• 제재 : 일부다처(一夫多妻)와 대가족 제도 아래서 일어나는
가정의 풍파
• 주제 : 충효(忠孝) 사상의 고취와 권선징악(勸善懲惡)
• 특징
– 교훈적 주제 의식을 지님
– 인물의 개성이 부각됨

– 치밀한 구성으로 소설적 흥미가 풍부함

• **구성**
– 발단 : 병부상서 화욱은 심씨, 요씨, 정씨 세 명의 부인을
둔다. 요씨는 딸 빙선을 낳고 일찍 죽었고, 정씨는 아들 진
(珍)이 장성하기 전에 죽는다. 심씨가 낳은 아들 춘(瑃)은
이복형제 가운데서도 가장 맏이였으나 화욱이 진을 편애하
여 심씨와 춘의 불만을 산다.

– 전개 : 화욱은 조정에 간신이 득세하는 것을 보고 벼슬자리
에서 물러나 고향으로 돌아온다. 화욱이 죽은 뒤 심씨와 화
춘은 화진과 그의 아내를 학대한다. 화춘은 화진을 모함하
여 귀양을 보내고, 그의 아내도 누명을 씌워 내쫓는다.

– 위기 : 화진이 유배지에서 도사인 곽공(郭公)을 만나 병서
를 배우고 있을 즈음에 해적(海賊)인 서산해(徐山海)가 변
방을 소란스럽게 하고 노략질을 일삼는다. 이에 화진이 백
의종군하여 해적을 토벌하여 공을 세운다.

– 절정 : 화진의 능력을 인정한 조정에서는 그를 정남대원수
(征南大元帥)에 봉하여 남방의 어지러움을 모두 평정하게
한다.

– 결말 : 화진이 남방을 평정하고 개선하자, 천자는 그에게
진국공(晉國公)의 봉작을 내린다. 한편 심씨와 화춘도 착한
사람이 되었으며, 종적을 감추었던 화진의 아내도 돌아와
심씨를 지성으로 섬겨 가정의 화목을 이룬다.

• **이해와 감상** : 이 작품은 사대부 가문에서 일어나는 갈등과
모함을 다룬 가정 소설로, 악한 인물인 처와 선한 인물인 첩
사이의 갈등을 전면에 내세우면서 사대부 집안 가장의 삶과
가문의 운명에 초점을 맞추어 형제간의 우애와 충효, 권선징
악(勸善懲惡)이라는 교훈을 강조한다. '창선(彰善)'은 다른 사
람의 착한 행실을 세상에 드러낸다는 의미이고, '감의()'는 의
리에 감복한다는 의미이다. 즉, '착한 행실을 세상에 드러내고
의리에 감복하는 이야기'가 제목의 의미인 것이다.

23 ⑤ [D] 사건은 '하춘해'가 주선한 일이 아니라 '범한'이 '엄숭'
에게 뇌물을 써서 벌인 일이다.

오답풀이

① [A]부터 [D]까지의 각 사건들은 시간의 순서대로 순차적으
로 전개된다.

② [A]에서 '범한'이 한림을 처벌받게 하려다 실패하자, [A]와
[B] 사이에 옥졸들에게 돈을 나누어 주고 '한림'을 죽이려
고 하였다.

③ [A]에서의 '최 지부'와 [C]에서의 '하춘해'는 '한림'이 누명
을 썼음에도 거짓으로 자백하여 자신의 효를 다하려 한다
는 사실을 인지하고 있다.

④ '계화'의 정성을 보고 '유이숙'은 옥에 가서 '한림'을 본 후

'한림'을 지키고자 경사까지 따라가게 되었다.

24 ③ ⓒ에서 '한림'은 스스로가 선하고 의로우니, 아버지를 욕되게 하지 않겠다고 하면서 자신이 죄인이라고 거짓 자백하여 죽으려 하고 있고, '하춘해'는 그런 '한림'을 살리려고 하고 있다. 따라서 '한림'이 '하춘해'의 처분을 따르려 한다고 볼 수 없다.

오답풀이

① '범한'은 '최 지부'가 '한림'을 벌하려 하지 않자, 불안감을 느끼며 처벌을 재촉하고 있다.
② '유이숙'은 '한림'의 옥 같은 용모를 보고 군자로 판단하였다.
④ 수레를 빨리 몰아 경사로 가는 모습은 '하춘해'가 '한림'을 구하기 위해 다급해 하는 모습을 나타낸다.
⑤ 길가에서 구경하던 사람들은 '계화'와 '한림'의 모습을 보고 탄식하며 안타까워하고 있다.

25 ② 편지를 읽고 난 후 '한림'은 아버지를 욕되게 하지 않겠다고 다짐하며 왕경에게 "차마 실상을 속이고 말을 바꾸지 못하겠습니다."라고 말하였다. 이로 보아 편지에는 거짓으로 죄를 인정하지 말고 사실대로 말해달라는 내용이 적혀 있을 것임을 알 수 있다.

오답풀이

① 편지를 읽고 난 후 '한림'의 모습으로 보아 덕행을 쌓는 일은 관련이 없다.
③ '한림'은 강상의 죄를 범하지 않았으므로 죄의 대가를 치르려는 모습이 귀감이 된다는 내용은 적절하지 않다.
④ '한림'은 입장을 유보하지 않고 자신의 죄를 인정하였다.
⑤ '한림'은 어머니와 관련된 사안이어서 거짓으로 자백을 하고 죄를 뒤집어 쓴 상황이지, 현 상황을 회피하고 있지 않다.

26 ④ '최 지부'와 '유이숙'은 '한림'의 군자로서의 사람됨을 알았고, 그러한 '한림'을 구해주고자 하였다. 따라서 거짓 자백하고 죽음을 택하려는 그의 뜻을 수용하지 않았다.

오답풀이

① 작품에서 '계화'와 '하 어사'는 '한림'을 돕고자 했던 조력자이다.
② '한림'은 가문을 지키기 위해 허위로 자백하여 죽을 것을 결심하였다. 이는 가문의 명예를 중시하는 중세적 윤리 의식이 내면화된 것을 보여준다.
③ '범한'과 '어머니와 형'은 '한림'을 죽이려 한 인물들이고, '엄숭'은 '한림'의 뇌물을 받았다. 이들은 악한 세력에 속한다.
⑤ '한림'은 주변의 설복에도 꿈쩍하지 않고, 죽음을 택하여 가문을 지키려 하였으므로, 개인보다는 가문을 중시하였음을 알 수 있다.

[27~31] 독서 – 사회

27 ③ 윗글에서 비용편익분석을 적용하는 공공사업의 유형에 대한 언급은 없다.

오답풀이

① 1문단에서 사업의 타당성을 따져보기 위해 비용편익분석을 한다고 하였다.
② 7문단에서 할인율이 높을수록 편익의 현재가치는 낮게 평가된다고 하였다.
④ 2문단에서 편익이나 비용이 시간의 경과에 따라 가치가 변화한다는 점을 무시하고 단순하게 계산하여 합산하면 비용편익분석의 결과에 대한 신뢰성이 떨어지므로 미래가치를 현재가치로 환산하는 기준이 되는 비율인 할인율을 적용해야 한다고 하였다.
⑤ 5문단에서 순현재가치와 편익–비용비 산출 계산법을 설명하였다.(순현재가치 : 현재가치로 환산된 편익의 합계에서 현재가치로 환산된 비용의 합계를 뺀 값, 편익–비용비 : 편익의 합계를 비용의 합계로 나눈 값)

> **TIP** 독서 – 사회
>
> • **주제** : 공공사업에서 비용편익분석의 필요성과 공적 차원에서 이루어져야 하는 이유
> • **소주제**
> – 1문단 : 비용편익분석의 정의
> – 2, 3문단 : 비용편익분석 결과의 신뢰성을 높이는 할인율과 그 환산 방법
> – 4, 5문단 : 순현재가치와 편익–비용비의 개념과 산출 방법
> – 6문단 : 사업 선택의 기준이 되는 순현재가치와 편익–비용비
> – 7문단 : 할인율과 편익의 관계
> – 8문단 : 공적 차원에서의 사회적 할인율 결정의 필요성

28 ② 순현재가치는 편익의 합계에서 비용의 합계를 뺀 것으로, A, B, C, D의 순현재가치는 각각 250, 300, 200, 500이다. 가용 예산은 2,000이고 순현재가치가 제일 낮은 것은 C이다. 따라서 B가 아닌 C를 건설하는 것이 바람직하지 못하다.

오답풀이

① 총예산이 2,450이라면 비용의 총합계와 일치하므로 A, B, C, D를 모두 건설할 수 있다.
③ 비용의 효율성을 따지려면 편익–비용비를 확인해야 하는데, A, B, C, D의 편익–비용비는 각각 2, 1.75, 1.25, 1.50이다. 1보다 클수록 효율성이 높은 것이므로 D보다 B를 먼저 건설해야 한다.
④ 단위 비용 당 최대 편익을 얻기 위해서는 편익–비용비가 가장 높은 A를 우선적으로 건설해야 한다.
⑤ C의 편익이 300만큼 줄어든다면 순현재가치와 효율성은 모두 더 낮아지므로 C를 건설하는 것은 바람직하지 못할 것이다.

29 ② 글의 마지막 문단에 따르면 공공사업의 경우 공적 차원의 할인율을 적용하는데 이를 사회적 할인율이라고 한다. 공공사업에서 적용하는 사회적 할인율은 낮을수록 편익의 가치가 커진다. 그런데 사회적 할인율을 지나치게 낮게 설정하면 편익의 가치가 그만큼 더 커지게 되므로 공공사업의 사치가 과대평가되는 문제를 야기할 수 있다.

오답풀이

① 비용편익분석을 민간사업에 적용하는 것과는 관련성이 없다.

③ 사회적 할인율이 낮아지는 것은 시간과 비용 소비가 늘어나는 것과 관련이 없다.

④·⑤ 사회적 할인율이 낮아지면 편익은 더 커지며 미래 세대에 대한 배려도 높아진다.

30 ⑤ 할인율이 10%를 초과할 때 B 그래프의 편익-비용비는 1보다 밑에 있으므로, ⑤는 적절한 설명이다.

오답풀이

① 할인율이 높아지면 그래프는 오른쪽 아래로 내려간다. 이는 순현재가치가 낮아지는 것이므로 낮게 평가된다고 볼 수 있다.

② 할인율이 0%일 때 편익-비용비는 B가 A보다 높다.

③ 할인율이 5%일 때 순현재가치는 B가 1,166, A가 1,000으로, B의 사업 가치가 더 높다.

④ 할인율이 7.9%일 때는 그래프에서 A와 B가 만나는 지점으로 둘의 사업 가치는 같다고 할 수 있다.

31 ③ 'ⓒ 제한'의 사전적 의미는 '일정한 한도를 정하거나 그 한도를 넘지 못하게 막음. 또는 그렇게 정한 한계'이다. '하지 못하도록 함'의 의미를 지니는 단어는 '제약'이다.

[32~36] 갈래 복합

> (가) 이용악, 「천치(天痴)의 강(江)아」
> • 갈래 : 현대시, 자유시
> • 성격 : 고백적, 비유적
> • 주제 : 비통하고 무서운 현실과 이를 외면하는 강에 대한 원망
> • 특징 : 강을 의인화 함
> • 구성
> – 기 : 자유도 없이 죄인처럼 사는 '나'의 굴욕적인 모습
> – 승 : 얼어붙은 강물 밑으로 흐름이 쉬지 않고 바다로 흘러내리고 있음을 알게 된 '나'
> – 전 : 욕된 운명의 밤
> – 결 : 북간도로 이민을 간다는 강원도 사람과 마주앉은 '나'
> • 이해와 감상 : 이 시에서 '죄인처럼 수그리고 코끼리처럼 말이 없는' 모습의 '나'는 이용악 자신이라고 볼 수 있다. 삶의 터전을 잃고 얼어붙은 두만강의 다리를 건너가면서 민족의 욕된 운명에 대한 죄책감을 느끼고 있다. 작품 속 '두만강'은 고통스러운 현재의 역사를 바라보는 증인이자 미래의 전망을 향해 나아가는 존재이다.

(나) 서정주, 「풀리는 한강가에서」
• 갈래 : 자유시, 서정시
• 성격 : 교훈적, 비유적
• 주제 : 풀리는 강물을 통해 느끼는 삶에 대한 위안
• 특징 : 강물이라는 자연물의 변화를 통해 어려운 현실에 대응하는 올바른 삶의 자세를 표현함
• 구성
– 1연 : 강물의 풀림에 대한 의구심
– 2연 : 풀리지 않는 가슴에 대한 토로
– 3연 : 자연의 변화로 인한 내적 변화
– 4연 : 봄을 맞아 부활하는 생명의 모습에 다시 시선을 주게 된 화자
– 5연 : 상처 입은 존재들에게 다시 시선을 주게 된 화자
– 6연 : 삶의 현실에 대한 긍정적 수용
• 이해와 감상 : 이 시의 화자는 봄이 되어 강물이 풀리는 것을 보고 자신의 가슴은 전쟁과 같은 난리를 겪음으로 인해 풀리지 않음을 말하면서 좌절과 절망을 토로하고 있다. 그러나 마지막 연에서 자연의 순리는 겨울이 지나고 봄이 오면 얼었던 물이 녹아 흐르는데 자신의 마음이 아직 얼어 있는 것에 대해 반성하면서 새로운 시작을 해야 함을 강조하고 있다.

(다) 신영복, 「철산리의 강과 바다」
• 갈래 : 현대 수필, 경수필
• 성격 : 사색적, 비유적, 교훈적, 관조적
• 주제 : 갈등의 시대를 지나 평화로운 세상이 오기를 소망함
• 특징 : 편지글 형식으로 가상 청자를 두고 서술함. 경어체로 자신의 생각을 부드럽게 전달함
• 이해와 감상 : 이 글에서 글쓴이는 한강과 임진강과 예성강이 만나는 강화 철산리를 찾아 자신을 성찰하고 있다. 강물은 많은 우여곡절을 겪으며 치열하게 달리지만 이러한 강물도 바다에 이르게 되면 이전의 성질을 버리고 물의 본성인 가장 평화롭고 낮은 성질로 돌아가게 됨을 이야기하며 평화를 최후의 목표로 삼아 새로운 시작을 할 것을 주장하고 있다.

32 ① (가)에서는 '강아 천지의 강아'를 반복하고 (나)에서는 '강물은 또 풀리는가'를 반복하여 시적 의미를 강조하고 있다.

오답풀이

② (다)에서는 목표를 향해 치열하게 달렸던 과거의 강물과, 바다에 이르게 되면 이전의 성질을 버리고 물의 본성인 가장 평화롭고 낮은 성질로 돌아가는 현재의 강물을 대비하고 있다. (가)에는 과거와 현재를 대비하는 부분이 없다.

③ (다)에서는 '하늘로 오르는', '흰 구름으로 승화하는'에서 상승적 이미지를 활용하였으나, (나)에서는 상승적 이미지가 활용되지 않았다.

④ (가)는 강에게 말을 건네는 듯한 어조를, (다)는 편지 형식을 통해 독자에게 말을 건네는 듯한 어조를 드러내고 있지만 (나)는 화자가 느끼는 감정을 독백체로 담담하게 서술하고 있다.

⑤ (다)의 필자는 강물의 여정에 따라 정서를 구체화하고 있으며 세 개의 강이 하나 되는 곳인 '철산리'와 평화의 세계로 향하는 출발점인 '바다'에 대한 애착을 드러내고 있다. (가)와 (나)에는 공간의 이동에 따른 정서가 나타나지 않는다.

33 ③ '㉠ 강안'은 '무수한 해골이 뒹구는 곳'으로 표현되었고 '㉡ 임진강'은 '휴전선 철조망에 옆구리를 할퀴인 몸으로 당도하는 곳'으로 표현되었다. 둘은 모두 민족이 처한 비극적 현실이 드러나는 공간으로 볼 수 있다.

오답풀이

① ㉠과 ㉡은 모두 비극적 현실을 보여주는 공간으로, 꿈과 소망이 실현되는 공간과는 거리가 멀다.

② ㉠과 ㉡은 비극적 현실을 일깨워주는 공간이지만, 현실 초월 의지를 생성하는 공간은 아니다.

④ ㉠과 ㉡ 모두 민족을 위한 자기희생적 태도를 다짐하는 공간이라고 볼 수 없다. 다만 ㉡은 목표를 향해 치열하게 달리는 강물의 모습을 나타낸다.

⑤ ㉠과 ㉡ 모두 과거의 삶에 대한 애착을 환기하는 공간이라고 볼 수 없다.

34 ① 3연에서 '전통을 이어 남기려는가'라고 한 것은 초조하고 공포스러운 상황의 해소를 위해 전통을 이어 남기려는 태도를 보인 것이 아니라, 비극적인 현실을 계속 이어받아야 하느냐는 비판과 질책의 의미가 담겨 있는 것이다.

오답풀이

② '선지피를 흘릴 때'에서 '피'는 우리 민족이 흘린 피를 상징하므로, 우리 민족이 겪었던 절망적 상황을 환기하는 것으로 볼 수 있다.

③ '자랑'과 '영광'은 국경을 넘어 다니는 유이민의 비참한 모습과 대비된다.

④ '키 넘는 풀속'을 기어가는 '들쥐'는 처절한 상황에서 생존을 위해 국경을 넘나들던 한반도의 백성들을 상징한다.

⑤ '묘표를 걸머진 듯한 이 실망'은 유이민들의 비참한 현실을 나타내는데, 화자는 이러한 상황 속에서 '너의 꿈만 아름다운 듯 고집'하는 존재에 대해 비판적 태도를 보인다.

35 ③ 3연은 강물이 풀리고 봄이 오는 것에 대한 기쁨을 나타낸 표현이며, 4연은 봄을 맞아 부활하는 생명의 모습을 나타낸 표현이다. 화자는 이를 바탕으로 삶을 긍정적으로 살아가고자 하는 태도를 내비춘다. 따라서 인간의 삶과 자연 현상을 대비하여 자연의 비정함을 부각하고 있다고 볼 수 없다.

오답풀이

① '우리들의 ~ 풀리는가'에서 자연 현상을 인간의 감정과 연결하여 화자의 정서를 드러내고 있다.

② '기러기같이 ~ 울고 가려 했더니'에서 삶의 시련 속에서도 기러기와 같이 꿋꿋하게 살아가고자 하는 화자의 의지가 드러난다.

④ '꽃상여', '떼과부'는 현실의 시련으로 상처받은 사람들을 나타내는 시어로, 서글픈 이미지를 형상화한다.

⑤ 1연과 6연이 수미상관을 이룸으로써 화자의 내면을 더욱 강조하고 있다.

> **TIP** 시구 풀이
> - **강물이 풀리다니** : 고단한 삶에 봄이 왔음을 의미함
> - **강물은 무엇하러 또 풀리는가** : 봄이 오는 것에 대한 기쁨의 반어적 표현
> - **기러기** : 시련 속에서도 삶의 목표를 찾아가는 존재
> - **하늘의 얼음장 가슴으로 깨치며** : 시련을 극복하려는 의지적 자세
> - **이 햇빛 이 물결을 내게 주는가** : 봄이 오는 기쁨을 의문 형태로 표현하여 강조함
> - **민들레나 쑥잎풀 같은 것들** : 나약하지만 강인한 생명력
> - **떼과부의 무리들** : 현실의 시련으로 상처받은 사람들

36 ⑤ '낮은 곳을 지향하는' '강물'과 '흰 구름으로 승화하는' '바다'는 모두 평화로운 이미지를 내포한다. 즉 둘이 대립한다는 설명은 적절하지 않다.

오답풀이

① 화자는 강물의 흐름에 주목하고 각각에 역사적 의미를 부여하였다.

② '푸른 솔'이 '배웅'한다는 의인화된 표현은 역사를 끝마치는 데에 따른 화자의 감회를 부각하고 있는 것이다.

③ '당신'에게 편지를 쓰는 형식으로 서술하여 글의 내용을 더욱 진솔하게 표현하였다.

④ '강'의 의미를 다양하게 표현함으로써 상징적인 의미를 다각적으로 드러냈다.

> **TIP** 〈철산리의 강과 바다〉의 전체 구성
> • 1~2문단 : 지향하는 목표가 있는 강물과 지향점을 잃은 바다
> • 3~5문단 : 강물이 끝나 바다가 되는 철산리 언덕에 다다름
> • 6~11문단 : 굴곡진 역사를 상징하는 강물의 시절과 그 고난의 장을 마감하는 바다
> • 12~14문단 : 강물이 가장 낮은 물, 가장 평화로운 물이라는 본성을 찾은 바다
> • 15~17문단 : 국토와 역사의 뒤안길을 걸었던 자신의 여정을 바다로 향하는 강물의 여정으로 비유함

[37~41] 독서 – 인문

37 ④ 6문단에 따르면 '에테르' 가설은 19세기 말에 그 존재가 부정되었다. 따라서 '에테르' 가설은 과학적 검증을 받지 못했다고 볼 수 있다.

> **오답풀이**
> ① 3문단에서 주희의 이기론에는 불교의 흔적이 많이 남아있다고 하였다.
> ② 2문단에서 주희는 '이'가 만물이 공유하는 존재론적 근거로서 모든 개체에 동일하다고 하였다.
> ③ 5문단에서 마테오 리치가 의존한 현상에 대한 인식적 틀은 아리스토텔레스에게서 차용한 것이라고 하였다.
> ⑤ 5문단에서 『천주실의』는 본래 마테오 리치가 중국에 신학을 전파하기 위해 저술한 것인데 정약용은 이 책을 읽고 성리학을 비판하는 사상을 발전시켰다고 하였다.

38 ④ 4문단에서 정약용은 실체는 '기'뿐이고 '이'는 실체에 딸린 속성에 불과하므로 '이'는 '기'가 드러나야 있을 수 있다고 하였고, 6문단에서 최한기는 '이'를 '기'의 내재적 법칙성으로 한정하였다고 하였다. 따라서 두 사람이 '이'와 '기'의 관련성을 부정했다고 볼 수 없다.

> **오답풀이**
> ① 4문단에서 정약용은 '이'는 '기'가 드러나야 있을 수 있다고 하였으므로 '이'를 '기'에 종속된 속성이라고 보았다고 할 수 있다.
> ② 6문단에서 최한기는 '기'라는 현상 세계에서 '이'를 인식해야 한다고 하면서 그 접근법을 강조하였다.
> ③ 정약용과 최한기는 모두 '기'를 바탕으로 '이'를 인식하였으므로 '기'의 중요성을 부각했다고 볼 수 있다.
> ⑤ 6문단에서 최한기는 '이'의 선험성을 부정하고 '이'를 '기'의 내재적 법칙성으로 한정하였다고 하였다.

39 ③ 7문단에서 '㉠ 조선 후기 학자들'은 주희의 세계관을 비판하면서도 결국 주희의 핵심 범주인 '이·기' 자체에서 벗어

나지 못했다고 하였다. 〈보기〉에서 서양 철학은 사르트르에 이르러서 '본질'과 '현상'이라는 이원론적 틀에서 벗어날 수 있다고 하였다. 즉 이원론적 틀에서 벗어났을 때 비로소 인간 본질을 이해하고 자유를 확보하였다는 것이다. 이로 보아, '조선 후기 학자들' 역시 기존의 사고 틀인 '이기론'에서 벗어나야만 현상 및 인간에 대한 새로운 이해가 가능할 것이다.

> **오답풀이**
> ④ 〈보기〉에 따르면 개체의 고유성은 존재하지 않았다고 보는 것이 맞지만, 그렇다고 조선 후기의 학자들이 허상을 쫓는 우를 범한 것으로 볼 수는 없다.
> ⑤ '이기론'에 대한 비판은 세계에 대한 새로운 인식을 위한 것이다. 비판을 위한 비판으로 볼 수 없다.

40 ④ 〈보기1〉에서 아리스토텔레스는 형상은 질료가 실현된 상태이며 완전무결하고 완성적인 것이라고 하였다. 따라서 모래 덩어리가 시간이 지나면 모습이 바뀔 것이기 때문에 '둥긂'을 모래의 형상으로 여겼을 것이라는 설명은 적절하지 않다.

> **오답풀이**
> ①·② 주희는 개체의 고유성은 '기', 본질은 '이'로 보았으므로 그릇을 '기'로, 모래의 성질을 '이'로 보았을 것이다.
> ③ 아리스토텔레스는 질료는 불완전하고 미완성적인 것으로, 형상은 완전무결하고 완성적인 것으로 보았다. 따라서 모래는 질료로 보고, 그 모래를 바탕으로 둥근 모양을 이루는 모래 덩어리는 형상으로 보았을 것이다.
> ⑤ 둥근 그릇에 담기기 전의 불완전하고 미완성적인 모래는 질료의 속성을 가진다고 볼 수 있다.

41 ⑤ '무너뜨리다'는 '질서, 제도, 체제 따위를 파괴하다.'는 의미로, '탈피하다(일정한 상태나 처지에서 완전히 벗어나다.)'와 바꿔 쓸 말로 적절하지 않다. '벗어나려는' 정도로 바꿔 쓸 수 있다.

[42~45] 갈래 복합

> **(가)** 정훈, 「탄궁가」
> • 갈래 : 가사
> • 성격 : 사실적
> • 제재 : 가난
> • 주제 : 가난의 근심과 가난을 자신의 운명으로 받아들이려는 자세
> • 특징

- 강한 현실인식을 바탕으로 시상을 전개
- 가난을 의인화하여 가난으로 인한 고통을 희화화
- 일상적 소재를 통하여 전달 효과를 강화
- **구성**
  - 기 : 가난에 대한 탄식
  - 서 : 가난한 살림살이와 고생하는 식구
  - 결 : 가난에 대한 수용과 자신의 분수 인식
- **이해와 감상** : 이 시는 가난에서 벗어날 수 없는 자신의 처지를 원망하고 탄식하고 있는 노래로, 가난을 의인화하여 가난으로 인한 고통을 희화화하고 있다. 또한 작품 후반부에서는 가난을 어찌할 수 없다면 받아들이고 분수로 여기며 살겠다고 하며 가난을 수용하고 자신의 분수를 인식하고 있다.

(나) 이황, 「도산십이곡」

- **갈래** : 평시조, 연시조
- **성격** : 교훈적, 회고적, 예찬적
- **제재** : 자연, 학문
- **주제** : 자연 속에서 사는 즐거움과 학문 수양의 의지
- **특징**
  - 총 12연의 연시조를 전 6곡, 후 6곡으로 나누어 구성
  - 설의법, 대구법, 반복법을 사용해 의미를 강조함
  - 강호가도(江湖歌道)의 대표적 작품
- **구성**
  - 전반부(언지) 1연 : 아름다운 자연에 순응하면서 순리대로 살아가려는 마음
  - 전반부(언지) 2연 : 아름다운 자연을 벗하여 살며 태평성대 속에 병으로 늙어 가는 작자의 모습
  - 전반부(언지) 3연 : 순자의 성악설을 반대하고 맹자의 성선설을 지지. 세상의 많은 영재들에게 순박하고 후덕한 풍습
  - 전반부(언지) 4연 : 벼슬자리를 떠나 자연을 벗하며 살아 도 임금을 그리워하는 정
  - 전반부(언지) 5연 : 자연을 멀리하는 현실 개탄
  - 전반부(언지) 6연 : 대자연의 웅대함에 완전히 도취된 작자의 모습
  - 후반부(언학) 1연 : 독서 면학(勉學)의 즐거움과 그 여가에 산책하는 여유 있는 모습
  - 후반부(언학) 2연 : 인간으로서 진리 터득의 중요성
  - 후반부(언학) 3연 : 옛 성현들의 인륜지도(人倫之道)가 면면히 이어져 내려오고 있으니, 우리도 그 길을 실천하며 살아야 함 강조
  - 후반부(언학) 4연 : 젊을 때 학문에 뜻을 두었다가 수양의 정도(正道)를 버리고 벼슬을 지낸 자신을 후회하면서, 이제 깨달음을 가졌으니 늦지 않게 학문 수양에

힘쓰리라는 다짐
- 후반부(언학) 5연 : 청산과 유수라는 자연의 영원 불변성을 소재로 하여, 그러한 자연을 닮아 변치 않는 지조 인품으로 살아가겠다는 다짐과 아울러 교훈적인 의미
- 후반부(언학) 6연 : 영원한 학문 수양의 길을 강조
- **이해와 감상** : 이 작품은 조선 명종(明宗) 때 이황이 지은 연시조로, 도산 서원 주변의 경관에서 얻는 감흥을 노래한 언지(言志) 6수, 학문 수양에 임하는 심경을 노래한 언학(言學) 6수로 나누어져 있다. 또한 생경한 한자어가 많이 사용되었고, 학문 생활을 솔직 담백하게 표현한 것이 특징이라고 할 수 있다.

---

42 ① (가)에서는 '어찌하리', '어이하리', '무엇하리'와 같은 설의적 표현을 사용하였고, (나)에서는 '말슴홀가', '긔 아니 쉬운가', '긔 아니 어려운가'에서 설의적 표현을 사용하여 시적 의도를 강조하였다.

오답풀이

② (나)에서 화자는 '청산'을 '만고에 푸르다'고 표현하면서 불변하는 청산의 속성과 같이 끊임없이 학문을 수양하고자 하는 의지를 다지고 있다. (가)에는 색채 이미지가 드러나지 않는다.

③ (가)의 화자는 '장초'에 감정을 이입하여, '장초'의 무지함을 부러워하고 체념적 정서를 드러낸다. (나)에는 자연물에 감정을 이입한 부분이 드러나지 않는다.

④ (가)에서는 '이봐 아이들아 아무려나 힘써 일하라'는 명령의 형식을 사용하고 있으나 현실에 대한 비판 의식을 드러내는 것은 아니다. (나)에는 명령의 형식이 사용되지 않았다.

⑤ (가)와 (나) 모두 음성상징어를 활용하지 않았다.

43 ① [A]에서 화자는 너무 가난해서 종들에게조차 무시를 당하는 상황에 처해있다. [C]에서 화자는 가난을 '궁귀'로 의인화하여, 궁귀와의 대화를 통해 가난이 자신의 운명이라 생각하고 체념적인 태도를 보인다. 따라서 [A]에서 화자와 대상 간의 갈등을 유발하는 원인이 [C]에 이르러 소멸하고 있다고 볼 수 없다.

오답풀이

② [B]에서는 가난으로 인해 힘든 집안의 상황을 부정적으로 묘사하였고, [C]에서는 가난을 의인화하여 가상의 대화를 함으로써 가난을 해학적으로 묘사하고 있다.

③ [C]에서는 가난을 궁귀로 의인화하여 궁귀가 화자를 꾸짖는 대화의 형식으로 시상을 전개하였다.

④ [C]에서 화자는 궁귀와의 대화를 통해 가난에 대한 태도가 부정적인 것에서 수용적인 것으로 변화되었다.

정답 및 해설

⑤ [B]에서 화자는 가난으로 인해 고통 받는 현실을 묘사하였다가 [D]에서 '하늘이 만든 이 내 가난'이라고 하며 숙명론적 사고를 통해 자신의 처지를 수용하고 있다.

TIP 〈탄궁가〉의 시상 전개

- **서사** : 궁핍한 생활에 대한 한탄
- **본사 1** : 농사를 짓기도 힘든 집안의 상황
- **본사 2** : 종들조차 무시할 정도의 가난
- **본사 3** : 명절조차 쇨 수 없는 가난
- **결사** : 가난한 삶에 대한 체념

44 ② ⓐ는 '무지'한 존재로, 가난으로 인해 힘들어 하는 화자의 처지와 대비되는 대상이다. ⓑ는 '만고에 푸르른' 불변하는 존재로, 화자가 지향하는 가치를 담고 있는 대상이다.

45 ③ 〈제6곡〉에서 '사시가흥이 사룸과 훈 가지라'라고 한 것은 '네 계절의 아름다운 흥이 사람과 마찬가지라'라고 하며 자연에 사는 즐거움에 대해 감탄한 것으로, 〈제3곡〉에서 말한 '거짓말이'와 '올흔 말이'를 긍정한 것이다. 〈제3곡〉에서는 순풍(순박하고 좋은 풍속)이 죽었다는 말이 거짓말이고, 사람의 성품이 어질다 하는 말이 옳은 말이라고 하였다. 이는 〈보기〉에서 '자연을 보면서 거기에 깃든 이치와 동일한 인간의 본성을 인식'한다는 것과 연관된다.

오답풀이

① 〈제3곡〉에서 사람은 본래 '인성이 어지다'고 생각했기 때문에 〈제12곡〉에서 '우부(어리석은 사람)'도 어진 인성을 가졌기에 '알며 실천한다'고 한 것이다.

② 〈제3곡〉에서 '교교백구는 멀리 마음 둔다'고 타박한 것은 '교교백구'를 자연을 멀리하는 비루한 기질을 가진 존재로 인식했기 때문이다.

④ '어약연비 운영천광'은 대자연의 이치를 나타내는데, 〈보기〉에 따르면 '우부'와 '성인'은 모두 순수한 본성이 내재되어 있고, 자연의 이치와 인간의 본성은 동일하다. 따라서 '어약연비 운영천광'은 '우부'나 '성인'이 지닌 순수한 본성에 대응된다고 볼 수 있다.

⑤ '만고상청호리라'에는 '청산'과 '유수'에 깃든 자연의 이치를 본받아, 타고난 인간의 순수한 본성을 발현하여 성인에 이르고자 하는 의지가 드러난다.

TIP 성리학의 이념과 〈도산십이곡〉의 창작 목적

성리학의 이념	도산십이곡의 창작 목적
학문에 힘쓰며 옛 성현이 갔던 길을 걸음	아이들로 하여금 노래하고 듣게 함

⇩

- 인간의 본성을 회복함
- 인륜과 도덕의 원리를 밝혀 실천함
- 성인에 이르는 길로 들어설 수 있음

2018학년도 기출문제 정답 및 해설

📝 제1교시 **국어영역(공통)**

01 ③	02 ④	03 ④	04 ③	05 ④	06 ③
07 ⑤	08 ②	09 ①	10 ②	11 ②	12 ②
13 ④	14 ④	15 ②	16 ④	17 ③	18 ①
19 ⑤	20 ③	21 ①	22 ③	23 ⑤	24 ④
25 ②	26 ⑤	27 ②	28 ④	29 ④	30 ③
31 ③	32 ③	33 ③	34 ④	35 ③	36 ④
37 ③	38 ④	39 ①	40 ②	41 ④	42 ②
43 ②	44 ④	45 ③			

01 ③ 발표 중간에 앞에서 말한 내용을 요약한 부분은 드러나지 않는다.

📌 **오답풀이**

① 1문단에서 오케스트라 공연을 관람해 본 사람에게 손을 한 번 들어 보라고 하면서, 기억나는 타악기에는 어떤 것이 있는지 질문을 던지고 있다. 이는 청중의 경험을 환기하며 질문을 던진 것이다.

② 2문단에서 팀파니의 사진을 보여주고 음악을 들려주었으며, 3문단에서 글로켄슈필의 사진을 보여주고 음악을 들려주었으므로 시·청각 자료를 활용했다고 볼 수 있다.

④ 3문단에서 청중의 질문을 듣고 실로폰과의 비교를 통해 글로켄슈필을 설명하였으므로, 청중의 궁금증을 반영하여 즉흥적으로 발표 내용을 조정했다고 볼 수 있다.

⑤ 4문단에서 타악기를 '쉼표'에 비유하면서 우리가 인식하지 못하지만 오케스트라 연주를 완성하는 데에 있어서 타악기가 중요한 역할을 하고 있음을 강조하고 있다.

📌 **TIP** 화법-발표하기

- **도입** : 발표 주제 제시 – 오케스트라에서 중요한 역할을 하는 두 타악기의 특징 설명에 대한 사전 언급
- **전개** : 발표 대상 소개 – 팀파니의 특징과 역할 및 실로폰과의 비교를 통한 글로켄슈필의 특징 설명
- **정리** : 발표 대상의 역할 강조 – 오케스트라 연주에 있어서의 타악기의 역할 강조

02 ④ 2문단에서 팀파니는 여러 대의 북을 사용하여 서로 다른 음높이를 구현하는 타악기라고 하였다. 이를 통해 팀파니는 음높이를 구현할 수 있는 악기임을 알 수 있다. 따라서 타악기 중 글로켄슈필은 팀파니와 달리 음높이를 구현할 수 있다는 반응은 적절하지 않다.

📌 **오답풀이**

① 3문단에서 두 악기는 모양이 비슷하지만 실로폰은 나무판으로 되어 있어 나무가 부딪히는 둔탁한 느낌을 주고, 글로켄슈필은 여러 가지 길이의 금속판으로 되어 있어 맑고 청아한 느낌을 준다고 하였으므로 재질과 소리가 다르다는 것을 알 수 있다.

② 2문단에서 팀파니는 여러 대의 북을 사용하여 서로 다른 음높이를 구현하는 타악기라고 하였으므로 팀파니가 여러 대의 북으로 구성되어있다는 것을 알 수 있다.

③ 2문단에서 오케스트라 연주의 전체 바탕을 마련하는 중요한 악기라서 팀파니 연주자는 제2의 지휘자나 다름이 없다고 하였으므로 팀파니는 보조적 역할을 넘어 오케스트라의 전체 바탕을 마련하는 타악기라는 것을 알 수 있다.

⑤ 3문단에서 청중들에게 드뷔시의 「바다」를 들려주며 '하프 소리와 글로켄슈필 소리가 어우러져 환상적인 느낌을 주죠?'라고 말한 것을 통해 알 수 있다.

03 ④ 회의 과정에서 의제의 우선순위를 결정하고 있는 부분은 없다. 다만 협상 상대의 요구조건을 수용하는 데에 있어서의 우선순위를 고려하고 있다.

📌 **오답풀이**

① 시 직원2는 사업의 경제성을 해치지 않으면서 주민들에게도 이익이 될 수 있는 방안으로, 새로 건립되는 시설에서 근무하는 근로자의 20% 정도를 A 동네 주민들로 고용하는 것을 제안하였다.

② 시 직원3은 총 사업비의 15% 이내의 범위에서 추가 비용이 발생하는 것은 수용 가능하지만, 이를 초과하는 경우에는 다른 대안을 생각해보아야 한다고 하였다.

③ 시 직원2는 주민들이 생태 문화 공원 조성, 복지 시설 설치와 같은 주거 환경 개선과 관련된 조건을 요구 조건으로 제시할 것이라고 추측하고 있다.

⑤ 회의의 마지막 부분에서 시 직원3은 상호 간의 접점을 찾

정답 및 해설

지 못할 시에 협상이 결렬될 수도 있다고 하면서 협상이 원만하게 타결되도록 하려면 어떻게 해야 할지에 대해 논의점을 제시하였다. 이에 대하여 시 직원1은 공동의 노력과 공감대 형성을, 시 직원2는 상호 신뢰 구축을 대안책으로 제시하였다.

04 ③ 시 직원3은 현재 가동 중인 시설을 대대적으로 리모델링하여 확충하거나, 사업비가 A 동네보다 더 들기는 하지만 입지 환경이 양호하고 주민들의 수용 가능성이 높은 B 동네를 선택하는 방법이 있다고 하였는데, 시 직원1이 현재 시설이 있는 곳은 더 이상 확충 공사가 불가능하기 때문에 고려 대상에서 제외해야 한다고 하였다. 따라서 현재 가동 중인 음식물 쓰레기 처리 시설을 리모델링하여 확충하는 것은 복안이 될 수 없다.

오답풀이

① 시에서는 A 동네에 음식물 쓰레기 처리 시설을 건립하는 것을 목표로 하고 있다. 이를 위해서는 주민들과의 원만한 합의 과정을 거쳐야 한다.

② 시 직원3의 말을 통해 주민들은 시설 건립 자체를 반대하기보다는 시설을 건립하는 조건으로 현재보다 주거 환경의 질을 높일 수 있는 구체적 방안을 원하고 있는 것임을 알 수 있다.

④ 시 직원3은 총 사업비의 15% 이내의 범위에서 추가 비용이 발생하는 것은 수용이 가능하다고 하였으므로, 복안보다 더 유리한 제안으로 볼 수 있다.

⑤ 시 직원3은 사업의 경제성과 타당성 평가에 심각한 지장을 주는 요구라면 협상을 포기하고 다른 수단을 찾는 것이 더 낫다고 하였다. 그러므로 복안보다 더 불리한 제안으로 볼 수 있다.

05 ④ [A]에서 시 직원2는 시에서 수용하기 어려운 제안이라도 바로 제안을 거절하기보다는 대안을 마련하여 역으로 다시 제안하는 것이 좋을 것이라고 말하였다. 그리고 그 대안은 당장의 비용 지출을 줄이면서 장기적으로 주민들에게 도움이 될 수 있는 내용이어야 한다고 하였다. ④에서는 상대방의 제안을 바로 거절하지 않고 특별 지원금을 지급하는 대신 음식을 쓰레기를 재처리한 퇴비의 판매 수익금으로 복지 시설을 지속적으로 확충해나가는 장기적인 대안을 제시하였다. 그러므로 이는 ㉮에 들어갈 말로 가장 적절하다.

오답풀이

① 상대방의 제안을 바로 거절하였으므로 적절하지 않은 답변이다.

② 수용하기 어려운 상대방의 제안을 바로 수용하고 이에 따른 조건을 제시하였으므로 [A]가 반영된 의견이라고 볼 수

없다.

③ 상대방의 제안을 거절하면서 자신의 입장만을 피력하고 있으므로 적절하지 않은 답변이다.

⑤ 상대방의 입장을 고려하여 대안을 마련하여 역으로 제안하지 않았으며, 집값 상승은 주민들의 요구 사항이 반영된 적절한 대안으로 볼 수 없다.

TIP 올바른 협상을 위한 회의 단계

문제 확인	해결해야 할 문제가 무엇인지, 문제가 되는 이유가 무엇인지에 대한 인식을 공유한다.
문제 분석	문제가 발생한 원인이나 세부적인 문제점을 분석해야 한다. → 이를 통해 해결해야 할 문제가 구체화되고 그 해결 방향을 가늠할 수 있다.
대안 탐색	문제의 해결 방안을 탐색해야 한다. – 해결책을 마련하기 위한 다양한 의견 교환 – 최선의 해결책 마련을 위해 회의 참여자 전원이 의견을 제시하고 여러 방안에 대한 검토와 협의가 이루어져야 함
대안 평가	최선의 대안을 마련한 후에는 그것이 문제를 해결하는 데에 어떠한 의의가 있는지 따져보고, 추후에 발생할 문제들과 차선책을 모색해 보아야 한다.

06 ③ 1문단에서 '학교 밖 청소년'의 개념을 밝히고는 있으나, 그 발생 원인에 대해서는 언급된 바가 없다.

오답풀이

① '학교 밖 청소년 문제'는 글쓴이의 평소 관심을 반영하면서도 일반 시민들이 사회 문제에 관심을 갖고, 문제 해결 방안을 모색할 수 있도록 한다는 대회 운영 취지에도 부합한다.

② 사회적 문제에 대한 해결책 마련을 위한 '설득'을 목적으로 하는 글이다. 1문단에서는 주제에 대한 개념 및 현황을 밝히고 있고, 2, 3문단에서는 문제 상황을 제시하였으며, 4문단에서는 문제 해결 방안을 제시하였다.

④ 1문단과 4문단의 첫 문장에서 자문자답의 표현 방식을 사용하였고, 4문단에서 '한 명의 아이를 키우기 위해서는 마을 전체가 필요하다.'는 인디언 속담을 인용하였다.

⑤ 1문단에서는 학교 밖 청소년의 현황에 대하여 2016년 정부의 통계 자료를 활용하였고 4문단에서 학교 밖 청소년의 생활환경에 대하여 2015년 여성가족부의 조사 자료를 활용하였다.

07 ⑤

• **주장이 분명하게 드러나도록 구체적으로 서술할 것** : 학교 밖 청소년에 대한 사람들의 부정적인 인식을 개선하는 것이 가장 중요하다고 하면서 그 주장을 구체적으로 서술하였다.

- 제시한 주장이 중요한 이유를 사실 논거를 사용하여 밝힐 것 : 실제로 학교 밖 청소년이 겪는 가장 큰 어려움은 사회적 편견인 것으로 나타났다고 하면서 사실 논거를 밝혔다.
- 설의법을 사용하여 주장하는 바를 효과적으로 표현할 것 : '그들이 건강한 사회 구성원으로 성장할 수 있도록 ~ 진정한 문제 해결 방법이 아닐까?'라는 설의적 표현을 사용하여 주장을 효과적으로 드러냈다.

오답풀이

① 사실 논거와 설의적 표현이 사용되지 않았다. '그러나 더 중요한 것은 무엇일까?'라는 표현은 설의법이 아니라 단순한 물음이다.

② 사실 논거가 사용되지 않았다. '학교 밖 청소년은 당신의 자녀일 수도 있다.'는 말은 사실 논거가 아니라 경각심을 일깨우기 위한 말이다.

③ 사실 논거와 설의법을 통해 문제 상황을 드러내고 있지만, 구체적인 주장이 드러나지 않았다.

④ 사실 논거가 드러나지 않았다. '그러나 전문가들은 사람들의 인식을 바꾸는 것이 중요하다고 말한다.'는 주장을 뒷받침하는 사실 논거로 볼 수 없다.

08 ② 2문단에서 우리나라는 2015년부터 학교 밖 청소년 지원에 관한 법률을 시행하여 지원 센터를 통해 학교 밖 청소년이 건강한 사회 구성원으로 성장할 수 있도록 돕고 있다고 하였다. 그러나 우리나라 정책이 학교 밖 청소년들의 학교 복귀를 목표로 하고 있다는 것은 알 수 없는 내용이므로 Ⅱ를 활용하여 지원 센터의 기능과 역할이 한정적인 이유가 우리나라 정책이 학교 밖 청소년의 학교 복귀를 목표로 하고 있기 때문이라는 내용을 추가해야 된다는 설명은 적절하지 않다.

오답풀이

① 1문단에서 28만 명 정도는 어디에서 무엇을 하고 있는지 그 소재조차 파악되지 않는다고 하였으므로, I의 자료를 활용하여 학생들의 소재 파악이 어려운 이유를 제시할 수 있다.

③ Ⅲ-(1)은 학교 중단 후 근로 경험에 대한 통계 자료로, 3문단에서 제시한 학생들의 근로 경험 실태를 뒷받침하는 자료로 사용할 수 있다.

④ Ⅲ-(2)는 학교 밖 청소년들이 필요하다고 생각하는 지원 프로그램에 대한 통계 자료로, 4문단에서 제시한 맞춤형 프로그램 운영을 뒷받침하는 자료로 사용할 수 있다.

⑤ I은 학교 밖 청소년들과 관련하여 법 개정의 필요성을 제시한 자료이고, Ⅱ는 학교 밖 청소년들을 위한 예산 지원과 프로그램 확충의 필요성을 제시한 자료이다. 따라서 이 두 자료를 활용하여 정부의 정책적 노력을 법률 개정이나 예산 지원 등으로 구체화해야 한다는 내용을 뒷받침할 수 있다.

09 ① 첫 문단에서 '고향 강변의 구불구불한 옛 기찻길 구간이~ 추억을 떠올렸다.'라고 하면서 과거를 회상하고 있지만 설렘의 감정은 나타나지 않는다. 이는 달라진 여행지의 모습을 상상하는 계기가 될 뿐이다.

오답풀이

② 3문단에서 대합실 모습을 담은 사진들은 수업 시간에 읽었던 곽재구의 「사평역에서」를 연상케 한다고 하면서 여행지에서 느낀 감상과 문학 작품을 관련지었다.

③ 글쓴이는 여행지에서 경험하고 느낀 일을 특별한 시간의 역전 없이 여정에 따라 추보식으로 작성하였다.

④ 5문단에서 저수지에는 그 옛날 친구들처럼 오리 배들이 자유롭게 물 위를 떠다니고 있었다고 하면서 오리 배를 친구에 비유하여 나타냄으로써 친근감을 드러냈다.

⑤ 마지막 문단에서 '자전거에 몸을 싣고, 기차에 마음을 싣고, 강변에 추억을 싣고……'라고 하면서 글을 끝맺었다. 이는 여행지를 떠나는 감회를 여운이 느껴지는 표현으로 마무리한 것으로 볼 수 있다.

10 ② ⓒ의 바로 뒤 문장에서는 역의 대합실에서는 역과 관련된 많은 사진을 전시하고 있었다고 하였고, 그 뒤로 사진에 대해 설명하는 문장들이 이어진다. 그런데 3문단의 마지막 문장에서 차후에 이 역을 미술관이나 박물관으로 만들 예정이라고 했다고 하였으므로 문맥상 ⓒ은 마지막 문장의 바로 앞에 위치하는 것이 적절하다.

오답풀이

① 해당 문장의 주어는 '○○군'이므로 주체의 행위를 능동형인 '조성한'으로 고치는 것이 적절하다.

③ ⓒ으로 연결된 두 문장은 전환 관계로 이어져 있으므로 역접관계의 접속어인 '하지만' 혹은 '그러나'로 고치는 것이 적절하다. '그래서'는 인과관계를 나타내는 접속어이다.

④ 해당 문장에서는 오리 배를 타며 경쟁하였던 대상을 가리키는 필수 부사어가 빠졌다. 앞 부분에 제시된 내용을 통해 저수지에 함께 간 대상은 동생임을 알 수 있다. 따라서 ⓔ에는 '동생과'가 들어가는 것이 적절하다.

⑤ '쫓다'는 '어떤 대상을 잡거나 만나기 위하여 뒤를 급히 따르다.', '어떤 자리에서 떠나도록 몰다.'의 뜻을 지닌 단어이다. 해당 문장에는 문맥상 '생각을 하나하나 더듬어 가다'는 의미의 '좇다'가 들어가는 것이 적절하다.

- 쫓다
1. 어떤 대상을 잡거나 만나기 위하여 뒤를 급히 따르다.
2. 어떤 자리에서 떠나도록 몰다.
3. 밀려드는 졸음이나 잡념 따위를 물리치다.
- 좇다
1. 목표, 이상, 행복 따위를 추구하다.

2. 남의 말이나 뜻을 따르다.

3. 규칙이나 관습 따위를 지켜서 그대로 하다.

4. 생각을 하나하나 더듬어 가다.

11 ② '학교 숙제를 마친 그녀가 음악을 듣는다.'에서 숙제를 마친 것이 과거이고 음악을 듣는 것이 현재이다. 음악을 듣고 있는 현재 시점에서 발화되고 있으므로 절대 시제는 현재이고 상대 시제는 과거이다. '아버지께서 가져오신 수박을 우리가 다 먹었다.'에서 아버지가 수박을 가져오신 것은 과거이고 수박을 다 먹은 것도 과거인데, 아버지가 수박을 가져오신 것이 더 먼저이다. 그러므로 절대 시제와 상대 시제는 모두 과거이다. '나는 그 친구에게서 그가 입원한 사실을 방금 들었다'에서 그가 입원한 사실을 들은 것은 과거이고 그가 입원한 것도 과거인데, 그가 입원한 것이 더 먼저이다. 그러므로 절대 시제와 상대 시제는 모두 과거이다. 따라서 제시된 문장과 ㄱ, ㄹ의 밑줄 친 문장에서 상대 시제는 모두 과거로 볼 수 있다.

오답풀이

ㄴ. '퇴근한 후에 오빠는 청소하시는 어머니를 도왔다'에서 오빠가 어머니를 돕는 중에도 어머니는 청소를 하고 계신 것이므로 절대 시제는 과거이고 상대 시제는 현재이다.

ㄷ. '우리 반 친구들은 밥 먹는 시간을 무척 기다렸다'에서 기다리고 있는 것이 밥 먹는 시간인데, 그 시간은 아직 오지 않은 미래이므로 절대 시제는 과거이고 상대 시제는 미래이다.

> **TIP** 국어의 시제 ────────────
> • **시제** : 화자가 발화시를 기준으로 하여 사건시를 구분하는 문법 범주
> • **사건시** : 사건이 발생한 시간
> • **발화시** : 화자가 문장을 발화한 시간
>   – 사건시가 발화시보다 먼저인 시제 : 과거 시제
>   – 사건시가 발화시와 일치하는 시제 : 현재 시제
>   – 사건시가 발화시보다 나중인 시제 : 미래 시제

12 ② 〈보기〉에서 a, c는 절단어, b는 축약어, d, f는 두자어, e는 혼성어에 해당한다.

13 ④ (라)에서 '–지' 뒤에 '않–'이 어울릴 경우에는 '–잖–'이 된다고 하였으므로 '점잖지 않다'는 '점잖–'에 '–잖다'가 결합되어 '점잖잖다'가 된다.

오답풀이

① 체언 '저리'와 조사 '로'가 결합하여 '절로'로 줄여 쓸 수 있다.

② 'ㅚ'로 끝나는 어간 '보–' 뒤에 '–이'가 왔으므로 '뵈다'로 줄여 쓸 수 있다.

③ 'ㅜ'로 끝나는 어간 '누–' 뒤에 '–이어'가 어울릴 적에는 앞 음절에 붙어 '누여'로 줄여지기도 하고 뒷 음절에 붙어 '뉘어'로 줄여지기도 한다.

⑤ '정결하–'의 끝음절 '하'에서 'ㅏ'가 줄고 'ㅎ'이 다음 음절의 첫소리 'ㄷ'과 만나 거센소리 'ㅌ'이 되므로 '정결타'라고 쓸 수 있다.

14 ③ ㄷ의 문장을 살펴보면, '너희들 거기에서 잠시 동안 기다려라.', '너희들 여기 앉아서 조금만 기다려라.'라는 문장에서 주체인 '너희'가 생략되고 지시 대명사인 '거기'와 '여기'에 복수를 나타내는 접미사 '–들'이 옮겨가 '거기들에서 잠시 동안 기다려라.', '여기들 앉아서 조금만 기다려라.'가 된 것이다. 그런데 문장에서 복수를 나타내는 대상은 장소를 나타내는 지시대명사 '거기'와 '여기'가 아니라, '기다림의 주체(너희)'이다. 따라서 장소를 복수로 표현한 '거기들에서 잠시 동안 기다려라.'라는 문장은 비문이 된다. 그러나 '여기들 앉아서 조금만 기다려라.'라는 문장에서 '여기들'은 장소를 복수로 표시한 것이 아니라 기다림의 주체를 복수로 나타낸 것이다. 즉, ㄷ의 두 번째 문장은 서술어의 주체가 복수로 표시된 것이지, 장소가 복수 표시된 것이 아니므로, 가까운 장소를 가리키는 지시 대명사의 경우 복수 표시를 할 수 있다고 볼 수 없다.

오답풀이

① 2인칭 대명사인 '너희'가 복수의 의미를 가질 때, 복수 접미사 '–들'을 붙여 복수 표시를 할 수 있다.

② 복수 접미사 '–들'은 단위를 나타내는 의존 명사에 붙어 사용될 수 없다.

④ '세종대왕'은 고유명사이지만 특정 상황에서 보통명사로 사용될 수 있다. 보통명사는 같은 종류의 모든 사물에 두루 쓰이는 명사이므로 복수 표현이 가능하다.

⑤ 수사에는 복수 접미사 '–들'이 사용될 수 없다.

> **TIP** '–들'의 쓰임 ────────────
> 1) 셀 수 있는 명사나 대명사 뒤에 붙어 '복수(複數)'의 뜻을 더하는 접미사로 사용된다.
>   **예** 사람들/그들/사건들/답변들
> 2) 여러 사람을 가리키는 일부 대명사 뒤에 붙어, '사람의 수가 여럿임'을 강조하는 접미사로 사용되기도 한다.
>   **예** 우리들/너희들
> 3) 체언이나 부사어, 연결 어미 '–어', '–게', '–지', '–고' 또는 문장의 끝에 붙어, 그 문장의 주어가 둘 이상임을 나타내는 보조사로 쓰일 때도 있다.
>   **예** 어서 먹세들. /그대로들 있어. /먼저 가고들 있어.

15 ② (가)에서 A의 선행하는 어간이 모음으로 끝나고 후속하는 어미가 울림소리로 시작하므로 A에는 '–숩–'이 들어가야

한다. (나)에서는 B의 선행하는 어간이 'ㄷ'으로 끝나고 후속하는 어미가 안울림소리로 시작하므로 B에는 '-좁-'이 들어가야 한다.

[16~20] 독서 – 사회

16 ④ 윗글에서 선물 거래와 시중 금리의 상관관계에 대해서는 언급하지 않았으므로 알 수 없는 내용이다.

오답풀이

① 1문단을 통해 선물 거래는 경기 상황의 변화에 의해 자산의 가격이 변동하는 데서 올 수 있는 경제적 손실을 피하기 위해, 그리고 그 위험을 대신 떠맡으면서 그것이 기회가 될 수 있는 상황을 기대하며 경제적 이득을 얻기 위해 이루어진다는 것을 알 수 있다.

② 마지막 문단을 통해 선물 거래는 위험을 무릅쓰고 높은 수익을 노리고자 하는 투기를 조장한다는 점에서 오히려 시장의 안정성을 저해할 수 있다는 것을 알 수 있다.

③ 3문단에서 선물 거래가 이루어지는 상품에는 농산물, 광물, 주식, 채권, 금리, 외환 등이 있다고 하였다.

⑤ 1문단을 통해 경기 상황의 변화에 의해 자산 가격이 변동하는 데서 경제적 손실이 올 수 있음을 알 수 있고, 3문단을 통해 달러 환율의 변동에 의해 손실의 위험이 있을 수 있다는 것을 알 수 있다.

17 ③ [A]에서 배추를 경작하는 농민은 선물 계약을 맺음으로써 배추 가격이 선물 가격 이하로 떨어지더라도 안정된 소득을 확보할 수 있다. 반면 채소 중개상은 배추의 가격이 선물 가격 이상으로 크게 뛰어오르면 계약을 통해 많은 이익을 챙길 수 있겠지만 그렇지 않을 경우 손해를 입게 된다. 따라서 [A]의 거래 방식은 가격 변동에 따른 위험 부담을 거래 당사자의 어느 한쪽에 전가하는 것이라고 볼 수 있다.

오답풀이

① 거래 당사자 모두에게는 안정된 소득을 보장할 수 없고 오직 농민만이 가능하다.

② 가격 변동에 따른 소득에 관한 거래이지, 수요·공급의 문제와는 관련이 없다.

④ 농민은 안정적으로 소득을 확보하게 되므로, 거래 당사자 간에 손실을 나누어 가진다는 설명은 적절하지 않다.

⑤ 소득은 균형 있게 분배되지 않고, 소득에 따라 가격을 달리하는 것도 아니다.

18 ① ㉠은 가격의 변동으로 인한 손실에 대비하기 위해 약정한 시점에 약정한 가격으로 사거나 팔기로 한 것이고, ㉡은 그 약정한 시점에 사고파는 것을 선택하도록 권리를 부여하는

것이다. 따라서 ㉠은 ㉡과 달리 가격 변동의 폭에 따라 손익의 규모가 달라지는 것이 아니라, 가격 변동에 따라 ㉡을 행사하거나 하지 않음으로써 손익의 규모가 달라진다고 보는 것이 옳다.

오답풀이

② 옵션은 매매를 선택할 수 있는 권리를 부여하는 계약이라고 하였으므로 적절한 설명이다.

③ 만기일에 상품을 사거나 파는 것이 유리하면 그 권리를 행사하고, 그렇지 않으면 그 권리를 포기할 수 있다고 하였으므로 적절한 설명이다.

④ 약정한 시점에 매매하도록 계약하는 것이므로 계약 시점과 매매 시점은 서로 다르다고 볼 수 있다.

⑤ 선물은 자산 가격의 변동으로 이익이 발생하면 손해도 생기게 된다. 옵션은 포기할 경우에 옵션 프리미엄이라는 일종의 계약금도 포기해야 하므로 그 금액만큼의 손실이 발생한다. 따라서 둘 다 위험 요소로 인한 경제적 손실 자체를 제거하지는 못한다.

19 ⑤ 6월 25일에 거래되는 6월물 달러 선물 가격의 상승과 함께 현물 가격도 상승하였으므로 이익이 발생하게 된다. 그러나 추가 이익이 발생하지는 않으므로 ㅁ은 적절하지 않다.

오답풀이

① 5월 25일의 현물은 −10원이므로, 5월 25일에 현물로 대금을 받는다면 손실이 발생할 것이다.

② 5월 25일에 거래되는 5월물 달러 선물의 가격은 달러당 1,260원이므로, 현물의 달러당 −10원의 손실을 보전할 수 있다.

③ 6월 25일에 거래되는 현물은 +10원이므로 대금을 받는 날짜를 연기한다면 굳이 5월물 달러 선물을 계약하지 않아도 이익이 발생한다.

④ 6월 25일에 거래되는 현물 가격은 +10원이므로 현물 거래로도 이익을 얻을 수 있다.

20 ③ 윗글에 따르면 콜옵션을 산 사람은 상품의 가격이 애초에 옵션에서 약정한 것보다 상승하게 되면, 그 권리 행사를 통해 가격 변동 폭만큼 이익을 보게 되고 이 콜옵션을 판 사람은 그만큼의 손실을 보게 된다. 마찬가지로 풋옵션을 산 사람은 상품의 가격이 애초에 옵션에서 약정한 것보다 하락하게 되면, 그 권리 행사를 통해 가격 변동 폭만큼 이익을 보게 되고 이 풋옵션을 판 사람은 그만큼의 손실을 보게 된다. 즉 상품 가격이 약정 가격보다 상승하면 콜옵션을 산 사람이 이익을 보고, 상품 가격이 하락하면 콜옵션을 산 사람은 손실을 보게 된다. 따라서 〈보기〉의 상황에서 ⑤에 대한 콜옵션을 산 사람은 만기일에 손실을 보았을 것이다.

오답풀이

① 상품 가격이 약정 가격보다 상승하면 콜옵션을 산 사람이 이익을 본다.

② 상품 가격이 약정 가격보다 하락하면 풋옵션을 산 사람이 이익을 본다. 그러므로 상품 가격이 상승했을 경우에는 풋옵션을 판 사람이 이익을 본다.

④ 풋옵션을 포기하면 옵션 프리미엄이라는 계약금을 포기해야 하므로 손해를 보게 된다.

⑤ 콜옵션을 포기하면 옵션 프리미엄이라는 계약금을 포기해야 하므로 손해를 보게 된다.

[21~26] 독서 – 과학

21 ① 2문단에서 동물이 시간당 사용하는 에너지량을 물질대사율이라 한다고 하였다. 그러므로 물질대사율은 섭취한 음식으로부터 획득한 에너지의 총량을 나타낸다는 설명은 적절하지 않다.

오답풀이

② 3문단에서 몸무게 g당 물질대사율은 반비례 관계에 있다고 하였다.

③ 3문단에서 커다란 동물들은 보다 큰 몸을 갖고 있어서 작은 동물보다 에너지를 많이 요구한다고 하였다.

④ 1문단에서 내온 동물은 체내의 물질대사 과정에서 생성된 열에 의해 체온을 유지한다고 하였다.

⑤ 1문단에서 이온 동물은 내온성과 외온성을 겸비한다고 하였다.

22 ③ a, b는 내온 동물이고 c는 외온 동물이다. 그런데 2문단에서 최소대사율은 물질대사율과 달리 그 측정 방법이 다르다고 하면서, 내온 동물의 경우 최소대사율은 열의 생성이나 방출을 요구하지 않는 범위, 즉 쾌적한 온도 범위 안에서 측정되지만 외온 동물의 최소대사율은 특정한 온도에서 결정된다고 하였다. 즉 내온 동물과 외온 동물의 최소대사율은 동일한 방법으로 측정될 수 없다. 따라서 a~c의 최소대사율을 비교해 보았다는 ③의 설명은 적절치 못하다.

오답풀이

① 〈보기〉를 통해 몸무게가 많이 나갈수록 에너지 지출량이 많다는 것을 알 수 있다.

② 3문단에서 몸무게 g당 물질대사율은 반비례 관계에 있다고 하였다. 또한 〈보기〉를 통해 b가 a보다 몸무게는 작고 g당 물질대사율은 더 높다는 것을 알 수 있다. 따라서 b가 a보다 안정적인 체온을 유지하는 데 필요한 에너지의 비율이 더 크다고 볼 수 있다.

④ 5문단에서 성체가 되면 더 이상 자라지 않기 때문에 성장에는 에너지를 소모하지 않는다고 하였다.

⑤ 1문단에서 외온 동물은 외부 온도에 따라 체온이 변한다고 하였는데, 이는 체온 조절에 사용하는 에너지가 0%라는 것을 의미한다.

23 ⑤ 2문단에서 최소대사율은 물질대사율과 달리 그 측정 방법이 다른데, 내온 동물의 경우 최소대사율은 열의 생성이나 방출을 요구하지 않는 범위, 즉 쾌적한 온도 범위 안에서 측정되지만 외온 동물의 최소대사율은 특정한 온도에서 결정된다고 하였다. 이를 통해 물질대사율은 내온 동물과 외온 동물의 측정 방법이 같지만, 최소대사율은 측정 방법이 다르다는 것을 알 수 있다. 따라서 내온 동물과 외온 동물에 따라 측정 방법이 다르다는 설명은 ㉠과 ㉡의 공통점이 아니라 ㉡에만 해당하는 특징으로 볼 수 있다.

오답풀이

① 3문단에서 동물의 물질대사율은 많은 요인들에 의해서 영향을 받는데, 그중 가장 영향을 많이 받는 요인이 몸의 크기라고 하였다. 최소대사율은 물질대사율에 포함되는 개념이므로 둘의 공통점으로 볼 수 있다.

② 6문단에서 몸 크기 외에 동물의 물질대사율에 영향을 미치는 요인으로는 활동, 환경, 체온 조절 등이 있다고 하였다.

③ 2문단에서 물질대사율은 열 상실률로 측정될 수 있다고 하였다.

④ 물질대사율은 단위 시간당 사용하는 에너지량이고, 최소대사율은 주어진 시간 동안 기본적 기능들을 유지하기 위해 필요한 최소 에너지량이라고 하였으므로 둘 다 일정한 단위 시간을 기준으로 측정한 값임을 알 수 있다.

24 ④ [A]에서 동물이 작으면 작을수록 부피에 대한 표면적의 비율이 더 커지는데, 외부와의 열교환이 이루어지는 표면적이 차지하는 비율이 더 커지면 주변과의 열교환은 더욱 빨라지게 된다고 하였다. 따라서 사람의 크기보다 1/100 작은 초소형 인간이 존재한다면, 부피에 대한 표면적의 비율이 상대적으로 매우 커서 항시 체온을 일정하게 유지하려는 성질인 항온성을 유지할 수 없다는 점을 추측해볼 수 있다.

25 ② 〈보기〉를 통해 동맥과 정맥이 역평행 방향으로 인접하게 배열되는 역류 열교환은 심장에서 만들어진 따뜻한 혈액이 동맥을 통하여 흐를 때 말단으로부터 심장으로 되돌아가는 정맥 안의 혈액으로 열을 전달하는 효과가 있다는 것을 알 수 있다. 이는 열손실을 막아주는 현상이다. 따라서 역류 열교환은 열 손실을 줄임으로써 물질대사율 중 체온 조절에 쓰이는 에너지 비율을 줄일 수 있다고 추론할 수 있다.

오답풀이

① 체내의 산소운반율과는 관련성이 없다.

③ 체내에서 이루어지는 물질대사와는 관련성이 없다.

④ 혈류의 양과는 관련성이 없다.

⑤ 외부와의 열교환을 촉진하는 것이 아니라 막아주는 것이므로 적절하지 않다.

26 ⑤ 마지막 문단에서 휴면은 내온 동물과 외온 동물을 가리지 않고 일어나는데, 휴면에 들어가면 에너지 소모량이 줄어들게 됨에 따라 동물들의 체온은 활동할 때보다 떨어진다고 하였다. 따라서 외부로부터 얻는 에너지를 외부로 발산하는 에너지보다 작게 하기 위한 방법이라는 설명은 적절하지 않다.

오답풀이

①, ②, ③ 마지막 문단에 언급되어 있다.

④ 극한 환경에서 에너지 소모를 줄여 생존하기 위한 전략으로 볼 수 있다.

[27~30] 독서 - 인문

27 ② 윗글은 카타르시스를 이해하기 위한 두 가지 이론으로 정화이론과 조정이론을 제시하면서 두 입장에서 여러 이론가들이 논의를 펼치면서 카타르시스를 이해해왔음을 드러내고 있다. 그리고 그러한 쟁점은 오늘날까지 논쟁적이면서도 설득력 있는 쟁점으로 이어져 오고 있다고 하였다. 따라서 윗글의 전개 과정을 고려할 때 카타르시스는 후대 이론가들의 여러 논의로 파생되면서 비극의 가치가 재조명될 수 있었다는 의미로 ㉠을 이해할 수 있다.

오답풀이

① 비극에 대한 플라톤과 아리스토텔레스의 논쟁이 후대에 와서 더욱 심화된 것은 아니다.

③ 정화와 조정의 두 관점으로 해석한 카타르시스의 개념을 후대 이론가들이 통합시킨 것은 아니다.

④ 카타르시스의 개념을 후대의 몇몇 이론가들이 다양한 관점에서 재해석하기는 했지만 중세와 르네상스의 사상적 가교 역할을 했다는 의미로 이해할 수는 없다.

⑤ 카타르시스의 작용 원리를 후대 이론가들이 확대 적용하여 비극의 효용성을 강화한 것은 아니다.

28 ④ 3문단에서 플라톤은 감정이 이성에 대한 위협이라고 생각한다고 하였고, 2문단에서 플라톤은 『국가』에서 비극이 연민을 환기하여 구경꾼들을 겁쟁이로 전락시킨다고 비판했다고 하였다. 이를 통해 플라톤은 비극의 가치를 인정하지 않음을 알 수 있다. 그러나 카타르시스의 효용을 인정하

지 않은 것은 아니다.

오답풀이

① 4문단을 통해 조정이론이 감정 조정 양상에 따라 두 가지 관점으로 나뉜다는 것을 알 수 있다.

② 2문단에서 정신분석법은 어린 시절의 고통스러운 경험을 불러들여 몰아내는 정화와 연관되어 있다고 하였다.

③ 3문단에서 아리스토텔레스는 감정이 이성 못지않게 인간의 중요한 일부라고 생각했다고 하면서 감정은 그 자체가 해로운 것이 아니며 적절히 통제되지 못할 때에만 해롭다고 간주했다고 하였다.

⑤ 3문단에서 조정이론은 정신의 건강이 양극단 사이의 중용에 있다고 본 아리스토텔레스의 『니코마코스 윤리학』에서 그 논거를 원용한 것이라고 하였다. 이는 곧 『니코마코스 윤리학』이 극단보다는 중용을 지향하는 것이 정신 건강에 좋다고 주장한다는 것이다.

29 ④ 윗글의 정화이론에 따르면 비극과 연민은 공포를 불러일으킨 뒤에 이들 감정을 마음 밖으로 몰아내는 것이다. 즉, 연민과 공포의 감정을 배제함으로써 카타르시스를 느끼는 것이다. 그러나 조정이론에서 카타르시스는 감정의 몰아내기라는 개념을 동반하지 않는다고 하였다. 카타르시스는 감정의 몰아내기가 아니라 도덕적으로 길들이는 것이라고 보았다. 즉, 연민과 공포의 감정을 배제함으로써 카타르시스에 이르는 것과, 도덕적으로 길들여지는 것은 상충되는 입장이다. 따라서 '나영'이 의연하게 삶을 영위해 나가고자 하는 것은 연민과 공포의 감정을 배제하는 과정을 통해 카타르시스를 느끼며 도덕적으로 길들여진 결과라고 보는 것은 적절하지 않다.

오답풀이

① 2문단에서 비극이 연민을 불러일으킨 후 감정을 마음 밖으로 몰아내고 정화의 효과가 발생한다고 한 것과 관련이 있다.

② 2문단에서 말한 프로이트의 정신분석법과 관련이 있다. 정신분석법은 어린 시절의 고통스러운 경험을 불러들여 몰아내는 정화와 연관되어 있다.

③ 4문단에서 비극이 감정을 단련시켜 준다고 한 것과 관련이 있다.

⑤ 4문단에서 레싱이 비극이 감수성을 예민하게 함으로써 구경꾼의 심성을 부드럽게 순화시켜 준다고 한 것과 관련이 있다.

30 ③ '간주'의 사전적 의미는 '상태, 모양, 성질 따위가 그와 같다고 봄. 또는 그렇다고 여김'이다.

[31~34] 현대 소설

> 윤흥길, 「직선과 곡선」
> • 갈래 : 현대 소설
> • 성격 : 사실적, 현실 비판적
> • 주제 : '나(권기용)'를 통해 바라본 부조리한 사회 현실 비판
> • 이해와 감상 : '아홉 켤레의 구두로 남은 사내'의 후속편 격인 이 작품은, 1970년대 후반의 산업화 과정에서 드러나는 노동 계급의 소외와 갈등의 문제를 소설로 형상화하고 있다. 제목 '직선과 곡선'은 선으로 이루어져 있다는 점에서 공통적이지만, 본래의 특성은 정반대이다. 마찬가지로 전혀 다르다고 생각되다가도 조금만 마음을 달리 먹으면 금방 곡선으로 혹은 직선으로 변할 수 있는 것이 사람의 삶임을 이 작품에서는 주인공 '권기용'을 통해 보여 주고 있다. 주인공 '나'는 자살을 시도하면서 삶의 밑바닥까지 경험하고 난 후, 자신의 모든 것을 버리고 세상과 타협하겠다고 결심한다. 하지만 세상은 주인공 '권기용'을 교통사고를 위장해서 금품을 갈취하려 했던 파렴치한 인간으로 만들어 버린다.

31 ③ [A]에서는 사건을 조작하여 피해자인 '나'가 자해 상습범이 되고, 가해자인 동림산업 사장은 파렴치한 사람에게 용서와 구원의 손길을 내민 미담의 주인공이 된 현실적 상황을 제시하고 있다. 그리고 [B]에는 그러한 억울한 상황을 바라보는 '나'의 주관적인 판단이 제시되어 있다.

32 ⑤ '나'와 '오 선생'은 왜곡된 기사 내용에 대해 어떻게 대응할 것인지에 대한 시각적 차이를 드러내고는 있지만 '나'가 '오 선생'을 이해하지 못하고 있는 것은 아니다. '오 선생'은 약자에게 부당하고 가혹한 비합리적 사회에 강하게 분노하고 적극적으로 대항하고자 하는 데 반해 '나'는 그러한 상황을 담담하게 받아들이고 현실과 타협하고자 하는 것일 뿐 그러한 입장 차이가 두 사람의 유대감 형성을 방해한다고 볼 수 없다.

오답풀이

① '나'가 '자해 상습범'으로 조작된 것은 사회적 약자에게 가해지는 자본가의 폭력으로 볼 수 있다.

② 사회적 약자로 대표되는 '권 씨'가 일방적으로 피해자에서 가해자로 전도된 것은 산업화 사회에서 벌어지는 비합리적인 상황을 보여준다.

③ '오 사장'을 미담의 주인공으로 만들기 위해 '나'를 홍보의 수단으로 전락시킨 것은 금력을 바탕으로 이윤추구를 위해 폭력을 행사하는 자본가의 교활하고 위선적인 모습을 보여 준다.

④ '양산도집'의 '신 양'은 사회적 약자인데 그런 '신 양'을 '오

'선생'에게 보여 드리고 싶다는 '나'의 말에는 산업화에 적응하지 못한 채 소외된 삶을 살아가고 있는 사회적 약자에 대한 연민이 드러난다.

33 ③ '권 씨'에게 '구두'는 구두 이상의 것으로, '자존심'을 의미한다고 할 수 있다. 그런 구두를 태워버린 것은 부조리한 현실 앞에 아무런 저항도 할 수 없는 자신의 나약한 모습을 인정하고 받아들임과 동시에 자존심을 버리고 현실과 타협하고자 하는 태도를 나타낸다.

오답풀이

① 자신이 처한 가난한 현실을 타개해 나갈 수 없다는 무력감은 있지만, 구두를 태우는 행위가 그것을 행동화한 것이라고 볼 수 없다.

② 자존심을 버리고 현실에 순응하고 타협하며 살겠다는 의지를 나타내는 것이지 도피하고자 하는 것은 아니다.

④ '권 씨'는 현실의 부정적 속성들을 들추어 고발하고자 하는 마음을 전혀 가지고 있지 않다.

⑤ 구두를 태우는 행위는 마음 사이의 갈등을 이미 해결하고 현실과의 타협을 선택했음을 보여 준다.

> **TIP** 윤흥길, 「아홉 켤레의 구두로 남은 사내」 작품해제
> • 갈래 : 현대 소설, 세태 소설
> • 성격 : 사실적, 현실 비판적
> • 배경 : 1970년대 후반, 성남 지역
> • 시점 : 1인칭 관찰자 시점
> • 주제 : 산업 사회에서 소외된 계층의 힘겨운 삶
> • 특징
> – 과거와 현재가 교차됨
> – 상징적인 사물을 통해 인물의 내면 심리를 표현함
> • 작중 인물
>
> | 권 씨 | | '나'(오 선생) |
> |---|---|---|
> | 선량한 소시민이었으나 시위 사건의 주동자로 몰려 경찰의 감시 대상이 되어 도시 빈민으로 전락함. 가난한 생활 속에서도 늘 구두를 깨끗이 닦아 놓으며 끝까지 자존심을 잃지 않으려고 노력함. | ←관찰 | 셋방살이를 하다 어렵게 집을 마련한 학교 교사. 이 작품의 서술자로 온건한 성격의 소유자임. 주변의 소외된 이웃을 외면하지 못하면서도 자신의 안락한 삶도 유지하고 싶어 함. |

34 ④ 기사를 보고 나서 '오 선생'은 분노하며 동림산업 측의 만행에 강력하게 대응할 것을 주장하였으나, '권 씨'는 오히려 담담하고 침착한 태도로 '오 선생'을 위로한다. 또한 '오 선생'이 흥분하면 할수록 더욱더 차갑게 가라앉았다고 한 것으로 보아, 함께 분노했다는 말은 적절하지 않다는 것을 알 수 있다.

①, ② 앞부분의 줄거리를 통해 확인할 수 있다.

③ 병실에서 권 씨의 사진을 찍을 때, 권 씨와 오 선생이 함께 항의한다.

⑤ 합의의 조건으로 보상금과 취직 중 하나를 선택할 것을 제안했을 때 권 씨는 취직을 택한다.

[35~38] 갈래 복합

(가) 백석, 「남신의주 유동 박시봉방」

- **갈래** : 자유시, 서정시
- **성격** : 서사적, 독백적, 반성적, 의지적
- **제재** : 떠도는 자의 삶
- **주제** : 무기력한 삶에 대한 반성과 새로운 삶의 의지
- **특징**
  - 시간과 정서의 추이에 따라 시상을 전개함
  - 사투리와 토속적 소재를 사용하여 향토적 정서를 환기하고 일제 강점 하 민족의 주체 의식을 간접적으로 드러냄
  - 객관적 상관물을 통해 화자의 의지를 나타냄
  - 편지글의 형식으로 자신의 근황을 드러냄
  - 산문적 진술이나, 쉼표를 통해 내재율을 획득함
- **이해와 감상** : 이 시는 일제 식민지 치하에 창작된 작품으로 무기력하게 살고 있는 지식인이 자신의 삶을 반성하고 새로운 삶의 의지를 다짐하는 내용을 담고 있다. 제목이 편지 형식으로 되어 있고 산문으로 길게 늘어 쓴 이 시는 주로 순간적 감정을 전달하는 시 장르적 특징을 벗어나 우리들에게 한 사람의 삶의 스토리와 그가 느끼는 생각들을 차근차근 전달하고 있다. 우리는 그의 이야기를 들으면서 자신의 의지와 다르게 만들어진 화자의 비참하고 무기력한 생활을 보게 되고 그가 얼마나 큰 슬픔과 자괴감, 부끄러움을 느꼈을지 짐작해 볼 수 있다. 그러나 정한 갈매나무를 생각하는 화자의 마지막 말에서 어떠한 환경과 운명의 장난 속에도 굳세고 깨끗한 삶을 살아보겠다는 화자의 새로운 의지도 엿볼 수 있다.

(나) 박인로, 「누항사」

- **갈래** : 가사, 양반 가사, 은일 가사
- **성격** : 전원적, 사색적, 한정가
- **제재** : 빈이무원(貧而無援)의 삶
- **주제** : 산림에 묻혀 사는 선비들의 고절한 삶과 현실의 부조화
- **특징**
  - 열거, 과장, 대구, 설의법 등의 표현법이 사용됨
  - 대화체를 사용하여 실생활의 모습을 사실적으로 묘사함

- 농촌의 일상생활 어휘와 어려운 한자어가 혼재되어 사용됨

- **이해와 감상** : 지은이가 51세 때 관직을 사양하고 고향인 경기도 용진에 돌아가 생활하던 중에, 한음 이덕형(李德馨)이 그에게 두메 살림의 어려운 형편을 묻자 이에 대한 대답으로 지은 작품이다. 내용은 임진왜란을 겪고 난 뒤 곤궁한 생활을 하고 있지만, 가난을 원망하지 않고 도(道)를 즐기는 장부의 뜻은 변함없다는 것이다. 자신의 궁핍한 생활을 구체적이고도 사실적으로 형상화함으로써 가사의 역사적 흐름에서 새로운 경지를 개척한 작품이라 할 수 있다. 특히 지금까지 가사에 나타나지 않았던 일상생활의 언어를 대폭 등장시켜 생동감과 구체성을 배가한 점이 돋보인다. 그리고 이 작품은 사대부의 소외되고 어려운 처지를 직시하고 현실 생활의 빈궁함을 생생하게 묘사하고 있어, 조선 전기의 가사가 보여 주었던 자연 완상의 세계와는 다른 면모를 보이고 있다.

35 ③ (가)에서는 '나는 내 슬픔이며 어리석음이며를 소처럼 연하여 새김질 하는 것이었다.'에서 '슬픔'과 '어리석음'이라는 추상적 대상을 '소처럼 연하여 새김질 한다'며 시각화함으로써 회한의 정서를 드러냈고, (나)에서는 '뇌 빈천 슬히 너겨 손을 헤다 물너가며, 남의 부귀 불리 너겨 손을 치다 나아오랴.'에서 '가난'과 '부귀'라는 추상적 대상을 '손짓하여 물러가고 나아오게 한다'며 시각화함으로써 가난과 부귀에 대한 작가의 인식을 드러냈다. 따라서 (가)와 (나)의 공통점으로 가장 적절한 것은 추상적 대상의 구체적 형상화를 통해 내적 정서를 부각하고 있다는 것이다.

① (가)에만 드러난다. '어두워 오는데 하이야니 눈을 맞을'에서 어두운 색과 하얀 색의 색채 이미지를 선명하게 대조함으로써 갈매나무의 굳센 모습을 형상화하였다.

② (가)와 (나) 모두 탈속적인 공간을 묘사하지 않았다.

④ (나)에만 드러난다. (나)에서 화자가 농우를 빌리러 갔다가 농부와 대화하는 장면을 대화체로 서술하여 생동감을 주었고, '설피설피', '허위허위'와 같은 음성 상징어를 통해 상황을 실감나게 묘사하였다.

⑤ (가)와 (나) 모두 감각을 전이시키는 방법을 통해 계절감을 드러내고 있지 않다.

36 ④ (나)의 '무심흔 백구'는 화자와 물아일체 된 자연물로, 안빈낙도(安貧樂道)의 삶을 나타내는 대상이다. 이는 화자로 하여금 내적 고뇌가 가라앉는 경험을 하게 하는 매개체이다. 그러나 (가)의 '문창을 치기도 하는', '싸락눈'은 고난과 시련을 뜻하는 것으로, 화자를 힘겹게 하는 외적 조건으로 볼

정답 및 해설

수 있다. 그러므로 이들은 내적 고뇌를 가라앉히는 매개체가 될 수 없다.

오답풀이

① (가)의 '나를 마음대로 굴려가는 것'은 화자가 살아 온 삶에 대한 운명론적 세계관을 뜻하고, (나)의 '인간 어늬 일이 명밧긔 삼겨시리' 역시 화자의 운명론적 가치관을 뜻한다.

② (가)에서 화자는 가족과 고향을 떠나 정처 없이 거리를 떠돌았고, (나)에서 화자는 먹고 살기 힘든 현실의 어려움을 내비추었다.

③ (가)의 '내 슬픔과 어리석음에 눌리어 죽을 수밖에 없는 것'에서는 삶에 대한 절망감이 나타나고 (나)의 '세정 모론 한숨'에서 세상 물정을 몰라 할 수 있는 것이 없는 모습에 대한 한탄이 나타난다. 모두 자신이 처한 현실에 대한 부정적 인식을 드러낸다.

⑤ (가)에서는 외롭게 눈을 맞으면서도 굳고 정한 갈매나무의 모습을 통해 현실을 이겨내고자 하는 화자의 의지가 드러나고, (나)에서는 유교적 이상을 통해 현실을 극복하고 자기 구원의 길을 모색하려는 화자의 태도가 드러난다.

37 ③ [C]에서 '그러나'는 시상의 전환을 나타내고, '고개를 들어'는 상승적 이미지로 화자의 태도가 절망에서 희망으로 바뀌게 되었음을 의미한다. 따라서 [C] 부분은 고통이 내면화되면서 비애가 심화되고 있는 상황이 아니라, 고통을 극복하고 희망을 바라보는 계기가 되는 부분이다.

오답풀이

① 아내도 없고, 집도 없어지고, 부모며 동생들과도 멀리 떨어졌다는 것으로 보아 가족 공동체의 해체로 외로운 처지에 놓이게 된 것을 알 수 있고, 이로 인해 유랑하며 떠도는 삶을 살아가는 삶의 역정을 보여 주고 있다.

② '나 혼자도 너무 많은 것 같이 생각하며'를 통해 자신의 몸도 추스르지 못할 정도의 어려운 형편을 알 수 있고, '내 슬픔이며 어리석음이며를 소처럼 연하여 새김질하는 것이었다.'를 통해 무기력하고 어리석은 삶을 성찰하는 모습을 알 수 있다.

④ 굳고 정한 '갈매나무'를 화자와 동일시하면서 그와 같이 정결하고 꼿꼿한 삶을 살 것을 다짐하며 현실 극복 의지를 형상화 하였다.

⑤ [A]와 [B]에서는 절망감을 드러냈지만 [C]와 [D]에서는 절망을 극복하고 시련에 굴하지 않는 의지와 희망을 드러냈으므로, 절망에서 희망으로의 시상 전환을 보여 주고 있음을 알 수 있다.

38 ④ 농사를 지을 수 없는 외적 환경을 제시하고 있지만, 그러한 현실적 상황을 내적 지향과 대비하여 그 사이에서 오는 괴

리로 인해 안타까워하는 심리는 드러나지 않는다. 오히려 '있으면 먹고 없으면 굶을망정'이라고 하면서 가난한 현실을 받아들이고 있다.

오답풀이

① 가뭄이 몹시 심하여 농사철이 다 늦은 때에 논에 비가 잠깐 지나가는 상황을 제시하면서 농사에 어려움을 겪는 처지를 드러내고 있다. 이는 소를 빌리러 갔다가 수모를 당하고 자신의 비참한 처지를 직시하게 되는 사건의 발단을 제공한다.

② '설피설피'라는 감각적 이미지(의태어)를 통해 소를 빌리러 갔다가 수모를 당한 화자의 서글픈 심정을 나타냈다.

③ 쟁기는 날이 잘 서서 가시가 엉킨 묵은 밭도 쉽게 갈 수 있을 만하지만, 쓸 데가 없어 농사일을 포기할 수밖에 없는 화자의 아쉬움을 드러내고 있다.

⑤ 평생의 한 뜻을 따뜻하게 입고 배불리 먹는 데에 두지 않고, 안분지족하는 데에 두겠다는 화자의 다짐을 '너기로라', '업노왜라'와 같은 단정적 표현을 통해 밝히고 있다.

[39~43] 고전 소설

(나) 작자 미상, 「김학공전」
- **갈래** : 고전 소설, 영웅 소설
- **성격** : 설화적, 권선징악(勸善懲惡)
- **배경** : 조선 숙종 대, 중국 송나라(시간적), 강원도 홍천 부북면 서촌과 계도(공간적)
- **시점** : 전지적 작가 시점(서술자의 개입이 드러남)
- **제재** : 노주(奴主) 간의 갈등과 악에 대한 징치
- **주제** : 노주(奴主) 간의 갈등 대립과 주인을 배반한 노비에 대한 복수, 악(惡)의 징치와 도덕의 회복
- **특징**
  - 신분제가 흔들리는 조선 후기의 시대적 배경을 잘 반영함
  - 운문체의 흔적이 나타나 있으며, 설화와 민요 등을 작품에 수용하고 있음
  - 중세문학에서 근대문학으로의 이행기의 시대적 현실과 당대인의 사고를 여실히 보여주며 복수플롯을 창조하고 소설적으로 구현함
- **이해와 감상** : 이 소설은 신분제가 동요하던 조선조 후기 사회를 배경으로 노주간의 대립갈등을 통하여 권선징악을 나타낸 작품이다. 작자는 학공의 복수를 통하여 노속들의 모반에 의한 신분의 해방은 용서할 수 없다는 태도를 취하고 있으나, 작품의 곳곳에 노비해방에 대한 시대적 흐름이나 민중의 의식이 반영되어 있다. 구조면에서 영웅소설의 기본 골격을 그대로 갖추고 있으나, 주인공

을 새로운 능력의 인물로 탈바꿈시켜주는 초월적 존재가 없어지고, 무예가 제거되었다. 영웅소설에서 주인공이 당하는 위기는 국가의 위기와도 상관이 있는 바, 주인공의 생명을 위협하는 가해자는 바로 나라를 위태롭게 하는 역적이 되기도 한다. 이 작품에서는 이러한 가해자가 학공 일가의 가해자로 끝남으로써 학공의 복수는 개인적 차원에서 끝난다.

(다) 작자 미상, 「이춘풍전」
- **갈래** : 판소리계 소설, 풍자 소설, 세태 소설
- **성격** : 해학적, 교훈적, 풍자적
- **시점** : 전지적 작가 시점
- **제재** : 양반의 허위의식
- **주제** : 허위적인 남성 중심의 사회 비판과 진취적인 여성상의 제시
- **특징**
  - 두 인물의 상반된 태도에서 오는 갈등을 통해 주제를 드러냄
  - 물질 중심적 가치관이 형성되던 시대상을 반영함
  - 귀족 계층의 전아한 언어와 평민층의 발랄한 속어나 재담, 육담이 섞여 있음
- **이해와 감상** : 작자·연대 미상의 고전소설로, 우리나라를 배경으로 하고 있으며 평범한 서민을 주인공으로 하여 일상적인 삶의 모습을 그리고 있는 작품이다. 가정이 무능하고 방탕한 남편 때문에 몰락하고, 슬기롭고 유능한 아내의 활약으로 재건되는 이야기의 전개는 허위에 찬 남성 중심의 사회를 비판하고 여성의 능력을 부각시키려는 의도가 작용한 것이다. 또한 조선 후기의 부패한 사회상을 풍자한 작품이기도 하다. 돈으로 벼슬을 사려다 집안이 망한 상인 박득만과 최 참판 사이에서 대리 청탁으로 돈이나 뜯어 쓰려는 이춘풍의 행위는 관직을 사고파는 일이 성행했던 당시 사회상을 풍자한 것이다. 한 여성의 활약으로 방탕한 남성을 개과천선하게 하고 몰락한 가정을 재건한다는 점에서 여성의 주인 의식을 보여 주고 있으며, 이러한 측면에서 이 작품의 의의를 찾을 수 있다.

39 ① (가)의 1문단에서 우리나라의 고전 세태소설은 부정적 사회 현실에 대한 저항이나 개혁 등을 주제로 다루기보다는 급변하는 정치, 경제, 사회적 상황을 사실적으로 반영하는 경향을 보인다고 하였다. 그러므로 사회 개혁적인 인물보다는 사회적 상황을 사실적으로 보여주는 인물을 등장시키는 것이 더 적합하다고 볼 수 있다.

40 ② (나)에서 '이 말을 부인에게 전하면 내가 그놈에게 죽을 것이요, 아니 고하면 인정상 차마 못할 바이라'라는 유모의 말을 통해, 유모는 화를 당할까 염려하여 계교를 알리지 않고 미룬 것이라고 볼 수 있고, 차후에 부인에게 고하여 피할 수 있는 시간을 벌어준다. 그러므로 계층 간의 갈등이 존재하고 있는 세태를 나타내는 것으로 볼 수 없다.

오답풀이
① 노비가 모반을 일으키고 상전을 죽여 금은보화를 탈취하고자 하는 것을 통해 전통적 신분 질서가 와해되어 가는 세태를 짐작할 수 있다.
③ 춘풍이 돈을 많이 가지고 있을 때는 온갖 교태를 부리며 홀리다가 돈을 탕진하고 나자 문 밖으로 내쫓아 버리는 추월의 모습을 통해 물질적 가치를 추구하는 세태를 짐작할 수 있다.
④ 남편이 수천 냥의 돈을 탕진하고 비참한 처지로 몰락하자 남편을 구하기 위해 적극적으로 나서는 아내의 모습을 통해 가부장제가 흔들리고 있는 세태를 짐작할 수 있다.
⑤ 춘풍의 아내는 조선 시대 여인들은 실제로 하지 못하는, 상상에서나 가능한 일을 해내는 여중호걸로서, 소극적이며 순종적인 여인이 아니라 적극적인 모습을 보이고 있다. 이를 통해 적극적인 여성이 나타난 세태를 짐작할 수 있다.

41 ④ [B]에서는 '호조 돈 이천 내어다가 한 푼 없이 돌아가면~'의 말을 통해 호조의 돈 이천 냥을 빌리고 그 돈을 갚지 못했음을 알 수 있다. 그러나 [A]에는 과거의 잘못을 나타내는 부분이 드러나지 않는다.

오답풀이
① [A]는 [B]와 달리 '옥황상제께 비나이다. 유유한 창천은 무죄한 인생을 굽어 살피옵소서'라는 대목을 통해 초월자에게 의지하여 문제를 해결하려는 바람을 표현하고 있다.
② [B]는 [A]와 달리 '부끄럽고', '후회막급 창연하다'와 같은 말을 통해 자신이 저지른 잘못된 행동에 대한 회한의 심정을 드러내고 있다.
③ [A]는 과거의 일을 요약적으로 제시하고 있고 [B]는 춘풍이 자신의 만행으로 인해 현재 처하게 된 현실을 서술하고 있다.
⑤ [A]는 부친이 나이 사십에 자식이 없어 서러워하다가 남매를 얻었으나 세상을 떠나게 되어 암담한 심정을 옥황상제에게 빌고 있는 상황이고, [B]는 남의 돈을 빌려 전부 탕진하고 비참한 신세가 된 인물이 한탄하고 있는 상황이다. 모두 암담하고 절망적인 상황에 놓여 있는 인물의 심리를 나타내고 있다고 볼 수 있다.

42 ② '어린 자녀를 데리고 갈 수도 없고 아니 갈 수도 없으니 이 일을 장차 어찌 하잔 말고'라고 하며 앞으로 겪게 될 절망적인 상황을 염려하는 모습을 드러내고 있다. 그러나 이전의 경험이 제시되어 있지 않았으므로, 이전의 경험에 근거하였다고 볼 수 없다.

오답풀이
① '일월이 무광하고 초목과 금수가 다 슬퍼하더라.'라는 대목은 서술자가 개입하여 학공 모자가 처한 참혹한 상황에 슬퍼하며 독자의 공감을 유도하는 것으로 볼 수 있다.
③ 평양 기생이라는 자신의 신분적 특성을 언급하며 손님을 홀대하는 것이 당연한 처사라는 입장을 보이고 있다.
④ 조선이 인정지국이니, 나를 살려달라고 하면서 인정에 호소하고, 자신의 절박한 처지를 헤아려주기를 바라고 있다.
⑤ '국전이 지중하고 관령이 지엄하니'라고 하며 다급한 상황을 모면하기 위해 권위에 복종하는 모습을 보여 주고 있다.

43 ② '고육지책(苦肉之策)'은 제 몸을 괴롭히면서까지 꾸며내는 방책이라는 뜻으로, 일반적으로 어려운 상태에서 벗어나기 위한 수단으로 어쩔 수 없이 하는 계책을 말한다. ⓐ에서 부인은 목숨을 보전하기 위해 어쩔 수 없이 재산을 나누어 주고 있다. 이는 '고육지책(苦肉之策)'의 상황과 유사하다고 볼 수 있다.

오답풀이
① 고식지계(姑息之計) : 당장의 편한 것만을 택하는 일시적이며 임시변통의 계책을 이르는 말
③ 권토중래(捲土重來) : 흙먼지를 일으키며 다시 돌아옴. 즉 실패하고 떠난 후 실력을 키워 다시 도전하는 모습
④ 기호지세(騎虎之勢) : 범에 올라탄 기세. 즉 이미 시작한 일이라 도중에 그만둘 수 없는 상황
⑤ 자승자박(自繩自縛) : 자기가 꼰 새끼로 자기를 묶음. 즉 자기가 한 말과 행동에 구속되어 어려움을 겪는 것

[44~45] 희곡

44 ④ 글에서는 타이어, 튜브, 연장 등의 소품과 차 소리와 같은 효과음이 사용되었다. 이것들이 현실감을 떨어뜨리고 생소한 느낌을 주는 것은 아니다.

오답풀이
① 살면서 소위 성공이라는 것을 해 보지 못한 사람들이 등장한다는 점에서 그 배경이 현실과 거리가 멀고, 특별한 사건이나 갈등 없이 막연하게 동쪽을 갈망하며 살아간다는 점에서 사건의 개연성이 떨어진다.
② 등장인물들은 '동쪽으로 가자'는 말과 '동쪽으로 가고자 하는' 행위를 반복하고 있다.

③ 보조경찰이 관객들에게 상황을 구체적으로 설명하고 있다.
⑤ 노선수보, 노여우, 보조경찰, 노운전수라는 명칭을 통해 직업을 알 수 있고 노선수보가 화내는 모습, 보조경찰이 상황을 설명하는 모습 등을 통해 성격의 유형을 보여 준다.

> **TIP 이근삼의 작품세계**
> • 리얼리즘극에 반발하여 부조리극을 시도함
> • 작품에 비상식적인 인물이나 의식적으로 웃음을 자아내는 소극적인 요소를 동원하여 연극적 재미를 유발시킴
> • 현대인의 삶의 비극과 모순을 파악하려는 현실적 관심을 보임

45 ③ 〈보기〉에서 소외 계층은 거짓된 희망이 이루어질 수 없음을 깨닫지 못한다고 하였다. 윗글에서 소외 계층으로 대표되는 등장인물들은 '동쪽'이라는 거짓된 희망을 막연하게 갈망하고 있다. 왜곡된 현실 구조에서 벗어나려는 간절한 처지라고 볼 수 없다.

오답풀이
① 등장인물들이 살면서 성공이라는 것을 해 보지 못한 인물들인 것으로 보아, 다수의 소외 계층을 양산하는 자본주의의 폐해를 알 수 있다.
② 인물들은 모두 '동쪽'이라는 막연한 희망을 품고 맹목적으로 추구하고 있다. 이를 통해 자본주의 사회에서 소외 계층의 비극성을 느낄 수 있다.
④ 작중 인물 가운데 한명은 '조금만 가면 동쪽이 나올 거야'라고 하며 희망이 이루어질 것을 기대하고 있다. 이러한 모습을 통해 현실을 직시하지 못하는 소외 계층에 대한 작가의 연민을 짐작할 수 있다.
⑤ 등장인물들은 언제 폐차 될지 모르는 낡은 버스가 고쳐지기를 마냥 기다리고 있다. 이들은 헛된 희망을 품고 이 사회를 유지하는 부속품이 되어 평생을 그렇게 살아가는 존재들로 그려진다. 작가는 이러한 모습을 통해 부조리한 사회의 단면을 보여 주고 있다.

제1교시 **국어영역(공통)**

01 ②	02 ①	03 ④	04 ①	05 ④	06 ⑤
07 ③	08 ②	09 ④	10 ③	11 ①	12 ③
13 ③	14 ②	15 ③	16 ④	17 ④	18 ②
19 ④	20 ④	21 ④	22 ②	23 ①	24 ①
25 ③	26 ⑤	27 ②	28 ③	29 ①	30 ③
31 ④	32 ④	33 ③	34 ③	35 ⑤	36 ⑤
37 ③	38 ⑤	39 ②	40 ①	41 ②	42 ①
43 ②	44 ⑤	45 ⑤			

01 ② 구단 측은 임대료를 입장료 수입의 10%로 정하자고 처음 제시하였지만, 시청 측에서는 이를 수용하지 않았다. 그리고 임대료를 입장료 수입의 12%로 인하하고 야구장 광고권과 매점 운영권을 회수하는 것을 대응 제안으로 제시하였다.

오답풀이

① 구단 측은 관중 수가 30%P 가량 늘었음을 근거로 야구장 임대료를 10%로 인하하려는 기본 입장을 밝혔다.

③ 구단 측은 관중이 늘어나면서 야구장의 광고 수입과 매점 운영 수입이 많아진 것이 구단의 노력의 결과임을 제시하며 매점 운영권을 가져가는 대신 시에서 계획하고 있는 복지 정책에 적극 협력할 것을 제안했다.

④ 시청 측은 매점 운영권에 대한 구단의 권리를 인정해 주고, 시에서 계획하고 있는 복지정책과 관련하여 구단 측의 구체적인 도움 방향을 제시하였다.

⑤ 구단 측은 시청 측이 제시한 복지 정책과 관련된 협력 방안이 시의 복지 재정에도 도움이 되고 구단 이미지 향상에도 도움이 될 것이라고 하면서 시청 측의 제안을 수용했다.

02 ① [가]에서 시청 측은 광고권과 매점 운영권이 구단의 사정이 어려울 때 조금이나마 도움을 주고자 넘겼던 권리이므로, 구단 사정이 많이 나아진 현 시점에서는 그것을 돌려받는 것이 정당한 일임을 언급하면서 광고권과 매점 운영권을 유지하겠다는 구단 측의 제안을 단호하게 거부하고 있다.

03 ④ 시가 구단의 매점 운영과 관련된 행정적 지원을 한다는 내용은 언급되지 않았다. 구단이 매점 운영권을 유지하는 대신, 시에서 계획하고 있는 복지 정책에 적극적으로 협력하기로 합의하였다.

오답풀이

① 관중 수가 지속적으로 증가하는 것을 고려하여 야구장 임대료를 입장료 수입의 12%로 하는 것으로 최종 합의하였다.

② 광고권은 시가 가져가고, 시의 복지 정책에 협력하는 조건으로 매점 운영권은 구단이 갖기로 최종 합의하였다.

③ 시는 구단 측에서 홈런 개수당 일정 금액을 시에 기부하여 난치병 어린이들을 위한 치료비 지원 사업에 도움을 줄 것을 제안하였고 구단은 이를 받아들였다.

⑤ 복지 정책 협력의 일환으로 구단은 소외계층에 대한 야구장 무료입장 행사를 개최하기로 하였다.

04 ① 발표 주제를 선정하게 된 사회적 배경에 대해서는 언급된 바가 없다. 발표의 중심 제재의 역사적 쓰임과 활용에 대해서는 언급하고 있지만 이를 통해 발표 주제를 선정하게 된 사회적 배경을 알 수는 없다.

오답풀이

② 1문단에서 질문의 형식을 활용하여 청중의 관심을 유도하였고, 말하는 중간 중간에 끊임없이 청중들에게 질문하는 방식을 사용해 청중과의 상호작용을 시도하였다.

③ 5문단에서 '고궁 박물관 학예 연구사'의 설명을 인용하여 발표 내용의 신뢰성을 높였다.

④ 1문단에서 '해적'이라는 영화를 보았는지에 대해 물음으로써 청중의 경험을 환기하며 발표 내용에 대한 관심을 유도하였다.

⑤ 중심 제재와 관련된 이야기인 영화 '해적'을 소개하여 청중의 흥미를 끌고 있다.

05 ④ 5문단을 통해 대 중국 관계의 외교문서에는 중국 황제가 보내 준 '국인' 또는 '대보'를 사용했고, 왕명으로 작성되는 국내 문서에는 국내에서 제작한 '어보'를 사용했음을 알 수 있다. 즉 '어보'는 중국 황제에게 받은 것이 아니라 국내에서 제작한 것이다.

오답풀이

① 3문단에서 진시황 때 옥으로 황제의 권위를 보여 주는 도장을 새긴 것이 옥새의 시작이었다고 하였다.

② 4문단에서 옥새가 왕의 권위를 상징하고 또 옥새를 왕위 계승의 징표로 삼았다고 하였다.

③ 5문단에서 대 중국 관계 외교문서에는 국인 또는 대보를 사용했다고 하였다.

⑤ 6문단에서 국새는 주로 헌법 공포문, 외교사절 임명장, 중요 외교문서 등에 찍는다고 하였다.

06 ⑤ 안전 산행을 위한 당부 사항에 관한 전문가의 말은 제시되지 않았다. 안전한 산행을 위해 국립공원 관리공단에서 실시하고 있는 '등산로 등급제'를 제시하지만, 전문가의 말을 직접적으로 인용한 것은 아니다.

오답풀이

① 1문단의 '지난 11차 소백산 등산에는~다녀왔습니다.'를 통해 알 수 있다.

② 2문단의 '운영진에서~차지했습니다.', '여러 회원님들이~피력하셨습니다.'를 통해 알 수 있다.

③ 〈국립공원 등산로 등급제〉에 대한 시각 자료를 제시하였다.

④ 4문단에서 국립공원 등산로 등급제를 등급 코스별(보통, 어려움, 매우 어려움)로 나누어 그 특징을 설명하였다.

07 ③ ⓒ의 전후 맥락을 살펴볼 때, '난해'가 아닌 '난처'로 바꾸는 것이 적절하다.

· **난처** : 이럴 수도 없고 저럴 수도 없어 처신하기 곤란함.
· **난해** : 뜻을 이해하기 어려움. 풀거나 해결하기 어려움.

오답풀이

① '돌아가'가 뒤에 오는 '복귀'와 그 의미가 중복되므로 '돌아가'를 삭제하는 것이 옳다.

② 주어와 서술어의 호응 관계가 일치하려면 '~을 정한 이유는 ~했기 때문이다.'의 구조가 되어야 한다. 따라서 '차지했습니다.'를 '차지했기 때문입니다.'로 고치는 것이 옳다.

④ ⓔ은 국립공원 관리공단에서 등산로 등급제를 실시하게 된 이유를 설명한 부분으로 등산로를 등급 코스별로 나누어 설명한 앞뒤 문장을 고려하여, 앞의 문장과 순서를 바꾸는 것이 옳다.

⑤ 문장의 전후 맥락을 고려할 때, ⓜ에는 역접의 접속사인 '그렇지만'이 와야 한다. '그러나'는 앞의 내용이 뒤의 내용의 조건이 될 때, 혹은 앞의 내용을 받아들이거나 그것을 전제로 새로운 주장을 할 때 쓰는 접속 부사이다.

08 ② 2문단에서 '운영진에서 설악산으로 산행을 정한 이유는 카페에서 실시한 산행지 온라인 투표에서 설악산이 압도적으

로 1위를 차지했습니다.', '또 여러 회원님들이 운영진에 난이도가 높은 산행을 했으면 하는 바람을 피력하셨습니다.'라고 하였다. 이를 통해 산행지를 결정할 때 카페 회원들의 의견을 모았음을 알 수 있다.

오답풀이

① 대청 분소까지 왕복하는 코스는 편도 약 5km를 4시간에 가야 하는 힘든 코스로, '산에서'팀이 가야 할 코스이다. '사노라네'팀은 대청 분소에 가지 않고 케이블카로 권금성을 다녀오는 것이므로 좀 더 수월한 코스이다.

③ 오색 분소는 '쉬움' 코스에 해당하고 대청 분소는 '매우 어려움' 코스에 해당하므로, 오색 분소에서 대청 분소까지는 '쉬움 → 어려움 → 매우 어려움' 코스로 진행된다고 볼 수 있다.

④ 5문단에서 '비가 살짝 올 것으로 예상되니, 우산도 꼭 준비해 주십시오.'라고 언급하였다.

⑤ 마지막 문단에서 '자세한 내용은 총무님을 통해 추후 카페 공지사항에 올리겠습니다.'라고 언급하였다.

09 ④ 〈보기1〉을 참고했을 때, ⓜ에서는 (라)의 인터뷰 자료를 활용하여 세금 감면이나 보조금 지원과 같은 정부의 적극적인 지원이 필요함을 밝히는 것이 적절하다.

오답풀이

① (가)는 친환경 자동차의 종류와 특징을 제시한 도서 자료이므로 ⊙에서 이를 활용할 수 있다.

② (가)에서는 친환경 자동차의 장점을 제시하였고, (나)에서는 배기가스의 주범이 자동차임을 밝히고 친환경 자동차 시장의 확대 가능성을 제시하였으므로 ⓒ에서 이를 활용할 수 있다.

③ (다)는 친환경 자동차 보급이 저조함을 나타내는 통계 자료이고 (라)는 친환경 자동차를 구매하지 않는 이유에 대한 인터뷰 자료이다. 그러므로 ⓒ에서 이를 활용할 수 있다.

⑤ (나)는 친환경 자동차의 환경 개선 효과를 제시한 자료, (다)는 친환경 자동차의 저조한 구입을 나타내는 자료, (라)는 친환경 자동차를 구매하지 않는 이유에 대한 자료이므로, 이를 활용하여 ⓜ에서 소비자의 친환경 자동차에 대한 인식 전환의 필요성을 강조할 수 있다.

10 ③

· 〈보기1〉의 작문 논지를 반영하여 문제의식을 드러낼 것 : 대기오염 물질로 인해 환경이 오염되고 있지만 친환경 자동차의 등록 비율은 저조한 것을 문제 삼고, 이를 개선할 수 있는 방안이 무엇인지 알아보고자 하였다.

· 구체적인 통계 수치를 활용할 것 : 친환경 자동차의 신규 등록 비율이 2% 내외에 불과하다고 하며 구체적인 통계 수치

를 제시하였다.

- **비유적 표현을 활용할 것** : '대기오염 물질로 인해 우리의 하늘이 검게 물들고 있다.'의 문장에서 오염된 하늘을 '검게 물들고 있다.'고 비유적으로 표현했음을 알 수 있다.

오답풀이

① 〈보기1〉의 작문 논지를 반영하여 문제의식을 드러내지 않았고, 구체적인 통계 수치를 활용하지 않았다.

② 구체적인 통계 수치와 비유적 표현을 활용하지 않았다.

④ 〈보기1〉의 작문 논지를 반영하여 문제의식을 드러내지 않았고, 비유적 표현을 활용하지 않았다.

⑤ 비유적 표현을 활용하지 않았다.

11 ① 〈탐구 과제〉와 〈수집한 단어〉를 토대로 〈탐구 결과〉를 도출해내면 다음과 같다.

결합되는	초성	된소리, 거센소리		울림소리	
어간의 첫 음절	중성	양성 모음	음성 모음	양성 모음	음성 모음
접두사		새까맣다 새파랗다	시꺼멓다 시퍼렇다	샛노랗다	싯누렇다

12 ③ '철수가 멋있어 보이네.'의 문장에서 '-어'는 연결 어미에 해당한다. 연결 어미는 본용언과 보조 용언을 연결하는 데에 사용되므로, '멋있어' 뒤에 보조사가 결합할 수 있다. 따라서 '보조사 중에는 연결 어미에 결합할 수 있는 것들이 있다.'라고 보는 것이 적절하다.

> **TIP 보조사**
>
> - **개념** : 체언, 부사, 활용 어미 등에 결합해서 특별한 의미를 더해주는 조사
> - **종류**
>   - 성분 보조사 : '만, 는, 도'와 같이 문장 성분에 붙는 것을 말한다. 이들은 주어에도 붙고, 부사어에도 붙고, 용언에도 붙어 다양한 양상을 보인다.
>   - 예 우리만 극장에 가서 미안하다.(한정의 의미)
>   이곳에서는 수영을 하면 안 됩니다.(대조의 의미)
>   나는 그 물건이 마음에 들지도 않아요.(역시의 의미)
>   - 종결 보조사 : '마는, 그려, 그래'와 같은 보조사로, 문장 맨 끝에서 '감탄'의 의미를 덧붙인다.
>   - 예 그가 왔다마는.
>   그가 왔네그려.
>   그가 왔구먼그래.
>   - 통용 보조사 : '요'와 같이 어절이나 문장의 끝에 결합하여 상대 높임을 나타낸다.
>   - 예 나는요 지금요 집에를요 가야만 하거든요.

13 ③ ㄱ에서 안긴문장은 '자신이 아팠다는'으로, 주어는 '자신'이고, 안은문장에서의 주어는 '그는'이다. 따라서 안긴문장의 주어가 가리키는 대상과 안은문장의 주어가 가리키는

대상이 다르다고 볼 수 있다. 또한 ㄴ에서 안긴문장은 '너희가 내일 먹는'으로, 주어는 '너희가'이고, 안은문장에서의 주어는 '삼계탕이'이다. 따라서 ㄴ에서 역시 안긴문장과 안은문장의 주어가 가리키는 대상이 다르다고 볼 수 있다.

오답풀이

① 안긴문장인 '자신이 아팠다는'은 관형절로서, 안은문장의 목적어인 '사실'을 꾸미고 있다.

② 안긴문장인 '너희가 내일 점심에 먹는'은 관형절로서, 안은문장의 주어인 '삼계탕이'를 꾸미고 있다.

④ ㄱ의 안긴문장인 '자신이 아팠다'에는 생략된 문장 성분이 없지만, ㄴ의 안긴문장인 '너희가 내일 점심에 먹는'에서는 안은문장의 주어인 '삼계탕이'가 생략되어 있다.

⑤ '자신이 아팠다는'은 과거의 상황을, '너희가 내일 점심에 먹는'은 미래의 상황을 나타낸다.

> **TIP 안은문장의 종류**
>
> - **명사절을 안은문장** : 안긴문장 끝에 '-(으)ㅁ', '-기', '-(느)ㄴ것'이 붙음
>   - 예 나는 책을 읽는 것을 좋아한다.
> - **서술절을 안은문장** : 안긴문장 전체가 문장에서 서술어의 기능을 함
>   - 예 나는 책을 읽는 것이 좋다.
> - **관형절을 안은문장** : 안긴문장 끝에 '-(으)ㄴ', '-는', '-(으)ㄹ', '-던'이 붙음
>   - 예 나는 책을 읽는 사람이 좋다.
> - **부사절을 안은문장** : 안긴문장 끝에 '-이', '-리', '-게', '-도록'이 붙음
>   - 예 나는 그와 달리 책을 읽는 것을 좋아한다.
> - **인용절을 안은문장** : 안긴문장 끝에 '-고', '-라고', '-하고'가 붙음
>   - 예 그녀는 책을 읽는 것이 좋다고 말했다.

14 ② '숱을'은 앞 음절의 끝소리가 뒷 음절의 첫소리가 되는 연음법칙의 적용을 받아 [수틀]로 발음하는 것이 옳다.

오답풀이

① '맏이'는 표준 발음법 제17항에 제시된 구개음화의 영향으로 [마지]로 발음하는 것이 옳다.

③ 'ㄷ, ㅌ' 뒤에 오는 모음 'ㅣ'나 '히'가 원래부터 한 형태소의 일부이면 구개음화가 일어나지 않는다고 하였으므로 '느티나무'는 [느티나무]로 발음하는 것이 옳다.

④ '묻힌'은 표준 발음법 제17항에 제시된 구개음화의 영향으로 [무친]으로 발음하는 것이 옳다.

⑤ '밭이랑'은 '밭+이랑'의 구조로, '밭' 뒤에 'ㅣ'로 시작하는 형식 형태소가 결합한 형태이므로 [바치랑]으로 발음하는 것이 옳다.

15 ③ 원순모음화는 양순음 'ㅂ, ㅃ, ㅍ, ㅁ' 다음에서 비원순모음 'ㅡ'가 원순모음 'ㅜ(ㅗ)'로 바뀌는 음운현상으로, (가)의 'ㅂ

리'에서 원순모음화가 나타난 것이 아니라 (가)의 '브리'에서 (나)의 '불이'로 바뀐 것이 원순모음화이다.

오답풀이

① 두음법칙이란 어두에 오는 자음에 제약이 생겨서 일어나는 현상으로, 비음 'ㄴ'은 어두에서 [i]나 [j] 앞에 올 수 없다. 따라서 (가)에서 '녯'을 '옛'으로 표기하지 않은 것은 두음법칙이 적용되지 않은 사례로 볼 수 있다.

② '임금의'에서 '의'가 관형격 조사의 역할을 하고 있는 것으로 보아 (가)의 '님긊'에서 'ㅅ'이 관형격 조사의 역할을 하고 있음을 알 수 있다.

④ (나)의 '−는구나'가 감탄의 표현으로 사용된 것으로 보아 (가)의 '−놋다'도 감탄을 나타내는 의미로 사용되었음을 알 수 있다.

⑤ (가)의 '비치'는 (나)의 '빛이'를 소리 나는 대로 적는 이어적기의 표기법을 사용하였음을 알 수 있다.

[16~19] 비문학 − 언어

16 ④ 원인과 결과를 제시하는 '인과'의 방법으로 대상의 변화 과정을 소개하는 부분은 드러나지 않았다.

오답풀이

① 이중 언어 사용과 양층 언어 사용의 개념을 밝혀 독자의 이해를 돕고 있다.

② 언어적 유사성이 없는 서로 다른 두 언어가 각자의 기능을 엄격하게 구별하여 수행하는 상황까지를 포함하여 양층 언어 사용을 설명한 피시먼의 연구 사례로 파라과이의 언어 사용 상황을 제시하였다.

③ 이중 언어 사용과 양층 언어 사용의 특성을 대조의 방법으로 설명하여 각각의 특성을 부각하고 있다.

⑤ 이중 언어 사회와 양층 언어 사회에서 사용되는 언어들을 하위 요소로 나누어 체계적으로 설명하고 있다.

17 ④ 3문단에서 '이중 언어 사회에서 통용되는 둘 이상의 언어들은 공용어로서 대등한 지위를 가질 수 있지만 대체로 구성원 대다수가 사용하는 언어가 '다수자 언어'가 되고, 상대적으로 사용 인원이 적은 언어는 '소수자 언어'가 된다.

오답풀이

① 4문단에서 '양층 언어 사회에서 변이어들은 언어 사용자 수와 무관하게 '상층어'와 '하층어'로 구분되어 사용되며 상보적 관계에 있다.'고 하였다.

② 4문단에서 '양층 언어 사용 상황에 있는 구성원은 특정 상황에서 사용되는 언어를 모를 경우 불이익을 받을 수 있다.'고 하였다.

③ 변이어들은 '상층어'와 '하층어'로 구분되는데 상층어는 높은 차원의 언어적 기능을 수행하기 위해 사용되고 하층어는 낮은 차원의 언어적 기능을 수행하기 위해 사용된다고 하였다. 이를 통해 양층 언어 사회에서 구성원들이 각 변이어에 부여하는 가치가 다름을 알 수 있다.

⑤ 일반적으로 다수자 언어는 힘이나 권위의 문제에 있어 소수자 언어보다 우세한 지위를 가지는 경우가 많다고 하였다.

18 ② A 지역은 양층 언어 사회, B 지역은 이중 언어 사회로 볼 수 있다. 이중 언어 사회에서는 대다수 구성원이 두 언어를 모두 사용할 수 있기 때문에 하나의 언어만 알고 있어도 사회생활의 거의 모든 분야에서 의사소통이 되지 않을 염려는 없다.

오답풀이

① 양층 언어 사회에서 상층어는 주로 학교에서 이루어지는 정식 교육을 통해, 하층어는 가정에서 모어로 습득되는 경우가 많다.

③ 양층 언어 사회는 이중 언어 사회와 달리, 높은 차원의 언어적 기능을 수행하는 언어와 낮은 차원의 언어적 기능을 수행하는 언어가 구분된다.

④ 이중 언어 사회는 양층 언어 사회와 달리, 둘 이상의 언어들이 사회적으로 기능상의 차이 없이 통용되므로 언어가 사용되는 장소의 구분이 없다.

⑤ 이중 언어 사회와 양층 언어 사회는 한 개인이나 사회가 둘 또는 그 이상의 언어를 사용하는 언어적 다양성을 보인다.

19 ④ 피시먼은 언어적 유사성이 없는 서로 다른 두 언어가 각자의 기능을 엄격하게 구별하여 수행하는 상황까지를 포함하여 양층 언어를 설명하였다. 즉, 언어적 유사성에 국한하지 않고 상황에 따른 차별적 사용 여부에 주목하여 양층 언어 사용의 개념을 확대한 것이다.

[20~23] 비문학 − 사회

20 ④ 자산 조사 과정을 거쳐 제공되는 것은 잔여적 복지 모델을 바탕으로 할 때이다. 제도적 복지 모델은 조건에 관계없이 국가가 모든 국민에게 복지 혜택을 제공하는 것으로, 자산 조사 과정을 거치지 않는다.

오답풀이

① 오늘날 국가에서 하나의 복지 모델만을 택하여 모든 복지 제도에 적용하는 것은 현실적으로 불가능하므로, 복지 모델들은 상호 보완적으로 운영되는 경우가 많다.

② 사회 복지 제도는 국민의 안정적인 생활을 보장하기 위한 여러 사업을 조직적으로 행하는 제도로서, 사회 복지의 제

도화를 추구한다.

③ 2문단의 '그래서 공공 부조와 같이~제공된다.'의 문장을 통해 공공 부조는 국가가 국민에게 제공하는 사회 복지 서비스임을 알 수 있다.

⑤ 생계 급여는 일부 저소득층을 대상으로 최저 소득을 보장해 주는 선택적 복지로, 잔여적 복지 모델의 관점을 따른 것이다.

21 ④ 제도적 복지 모델은 각 개인의 욕구 충족과 자기 성취를 돕기 위해서 국가가 사회 제도를 통해 보편적 복지 서비스를 제공하는 것이 필요하다고 보는 입장으로, 국가가 사회 복지를 개인 또는 가족, 민간 부문에 그 책임을 전가하지 않는다. 따라서 빈민들이 겪는 생존의 위험과 불안을 최소화하는 것을 사회 구성원 모두의 의무로 볼 수 없다.

오답풀이

① 잔여적 복지 모델은 구호적 성격의 사회 복지 모델로, 국가가 빈민 구호에 나설 수 있다. 그러나 수혜자를 사회적 기능을 보장받지 못한 일부 사람들로 한정한다.

② 잔여적 복지 모델은 국가의 역할이 최소화되면서 민간 부문이 복지의 중요한 역할을 담당한다. 그러므로 민간 자선 단체가 빈민 문제를 해결하도록 최대한 유도해야 한다고 볼 것이다.

③ 제도적 복지 모델은 개인들이 자신의 힘만으로는 일상적 위험과 불안을 충분히 대처하기 어렵다고 보는 입장이므로, 국가적 차원에서 문제를 해결하고 사회 복지의 책임을 민간에 맡겨서는 안 된다고 볼 것이다.

⑤ 제도적 복지 모델은 사회 복지를 시장 논리에 내맡기지 않고, 복지 서비스를 시장에서 돈으로 사고파는 상품이 아니라 소득이나 자산에 관계없이 누구나 제공받을 수 있게 하는 '탈상품화'를 특징으로 한다.

22 ② 사회 정책적 차원에서 잔여적 복지 모델은 국가의 역할이 최소화되고 민간 부문이 개인 복지의 중요한 역할을 담당하며, 제도적 복지 모델은 사회 복지를 시장 논리에 내맡기지 않고 민간 부문에 그 책임을 전가하지 않으면서 국가가 적극적으로 개입한다. 또한 운영 방식에 있어서 잔여적 복지 모델은 수혜자가 사회적 기능을 보장받지 못한 일부 사람으로 국한되고, 제도적 복지 모델은 전 국민을 대상으로 한다. 따라서 A에는 '정부의 개입 정도'가, B에는 '수혜자의 범위'가 들어가는 것이 적절하다.

23 ① '보장'은 '어떤 일이 어려움 없이 이루어지도록 조건을 마련하여 보증하거나 보호함'이라는 의미이다. '모자라는 것을 보태거나 채워서 잘못된 것을 바르게 고침'은 '개정' 혹은 '교정'의 의미이다. ⓑ·ⓒ·ⓓ·ⓔ는 모두 의미상 적절

하게 사용되었다.

[24~27] 비문학 – 기술

24 ① 집광렌즈는 가시광선을 굴절시켜 검사 대상에 집중시키는 역할을 한다. 이를 통해 검사 대상의 중간 상을 만들고, 대물렌즈와 접안렌즈가 중간 상을 굴절시켜 연구자가 검사 대상을 관찰할 수 있을 정도로 확대하는 것이다.

오답풀이

② 광학 현미경은 집광렌즈를 통해 가시광선을 굴절시켜 상을 만든다.

③ 광학 현미경은 접안렌즈를 통해 검사 대상을 관찰할 수 있을 정도로 확대한다.

④ 전자 검출기에서 2차 전자를 검출한 후 전기신호로 변환해야 관찰할 수 있다.

⑤ 전자 검출기는 2차 전자를 검출한 후 전기신호로 변환하여 모니터나 필름에 검사 대상의 입체적인 상을 만들어 낸다.

25 ③ 전자 현미경은 전자기 대물렌즈가 자기장을 이용하여 전자선을 집중시키는 정도에 따라 검사 대상 표면에 주사되는 전자선의 면적이 결정되는데, 그 면적이 작을수록 분해능이 작아져 더 정밀한 상을 얻을 수 있다. 두 개의 전자기 집광렌즈를 사용하는 것은 검사 대상에 집중되는 전자의 양을 많게 하기 위해서라고 하였다. 즉, 렌즈의 수는 분해능과 관련이 있는 것이 아니라 전자의 양과 관련이 있는 것이다.

오답풀이

① 분해능이 작을수록 현미경의 성능이 좋아지므로 더욱 정밀하게 검사 대상을 관찰할 수 있다.

② 광학 현미경의 분해능은 검사 대상을 관찰하기 위해 사용된 광원의 파장이 짧을수록 작아진다.

④ 전자 현미경은 전자선을 사용하는데, 전자선은 굴절과 집중이 용이하면서도 파장은 훨씬 짧아 광학 현미경보다 분해능이 작다.

⑤ 검사 대상 표면에 주사되는 전자선의 면적이 작을수록 분해능이 작아져 더 정밀한 상을 얻을 수 있다.

26 ⑤ 전자 검출기는 검사 대상의 표면에서 반사되는 전자선을 검출하여 전기신호로 변환하는 것이 아니라, 2차 전자를 검출한 후 전기신호로 변환하여 모니터나 필름에 검사 대상의 입체적인 상을 만들어 낸다.

오답풀이

① 전자총의 전압이 높을수록 파장이 짧은 전자가 방출된다.

② 방출된 전자는 집광렌즈를 통해 굴절되고, 굴절된 전자들

이 집중되면서 나선형으로 회전하는 전자선을 형성한다.

③ 주사코일은 전자기장을 활용하여 전자선의 방향을 제어함으로써 전자선이 검사 대상의 표면 전체에 순차적으로 주사될 수 있도록 조절한다.

④ 전자기 대물렌즈는 자기장을 이용하여 전자선을 집중시키고, 그 집중시키는 정도에 따라 검사 대상 표면에 주사되는 전자선의 면적이 결정된다.

27 ② 두 개의 전자기 집광렌즈를 사용하면 검사 대상에 집중되는 전자의 양이 많아지는데, 이는 검사 대상의 표면에 있는 2차 전자로 이어진다. 2차 전자의 양이 많을수록 모니터나 필름에 나타나는 상은 더욱 선명해진다.

[28~30] 비문학 – 예술

28 ③ 판소리의 주요 시각적 요소는 창자의 신체와 창자가 입는 의상, 소도구로 사용하는 부채이다. 아니리가 창에 비해 시각적 요소로서 의상과 소도구가 더 다양하다는 반응은 적절하지 않다.

오답풀이

① 창에서는 고수와 청관중이 추임새를 통해 자기의 주관을 공연 내부에 적극적으로 개입시킴으로써 작중 상황에 몰입하게 되는 동화의 원리가 작용한다.

② 아니리에서는 청관중이 자기의 주관을 공연 내부에 개입시키기 어려워 객관적인 입장에서 작중 상황을 관망하게 되는 이화의 원리가 작용한다.

④ ㉠~㉣의 과정에서 동화와 이화가 반복되면서 판소리 공연에 참여하는 사람들 사이에 형성되어 있던 경계를 느슨하게 하여 소리판을 하나의 공동체적 공간으로 만들게 된다.

⑤ ㉠, ㉡, ㉢는 계기적 결합에 의해 동화와 이화가 반복되면서 연행된다고 볼 수 있다.

29 ① 〈보기〉에 따르면 잡색은 특정한 등장인물을 연기하기 위해 하나의 가면을 쓰고 공연에 참여한다. 따라서 잡색이 다채로운 인물로 변신하며 연기한다고 볼 수 없다.

오답풀이

② A에서는 창자가 고수와 청관중이 공연 내부에 참여하도록 시간적 공소를 활용하고, B에서는 잡색이 공연판 안으로 들어가 춤을 추다가 자리로 돌아가도록 청관중을 유도하는 공간적 공소를 활용한다.

③ A에서는 창과 아니리, 발림과 같은 청각적 요소와, 의상, 부채와 같은 시각적 요소를 사용하였고, B에서는 풍물 악기들과 같은 청각적 요소와 가면과 같은 시각적 요소를 사용하였다.

④ A와 B는 모두 공연자와 청관중이 함께 어우러지면서 공연을 완성해 나가는 연행 방식이 사용되므로 청관중의 호응도에 따라 공연 분위기가 달라질 수 있다.

⑤ A와 B는 모두 공소의 적절한 배치와 활용을 통해 청관중과 공연자가 공연을 함께 완성해 나가는 방식이다.

30 ③ 청관중은 부분적 창자의 '부분적 현전'을 매개로 하여 그 등장인물의 완전한 모습을 나름대로 마음속에 환기하게 되는데, 이를 '매개적 현전'이라고 한다. 따라서 ㉡ 매개적 현전은 ㉠ 부분적 현전이 나타나는 상황을 전제로 이루어진다고 볼 수 있다.

오답풀이

① ㉠과 ㉢은 창자가, ㉡은 청관중이 주체가 된다.

② ㉡은 ㉠과 달리 청관중의 상상력을 필요로 한다.

④ ㉡은 ㉠을 매개로 하여 이루어진다.

⑤ ㉢은 ㉠과 ㉡의 구현 순서가 역전되면서 진행되지 않는다.

[31~34] 현대 시

(가) 고은, 「문의 마을에 가서」

- **갈래** : 자유시, 서정시
- **성격** : 주지적, 명상적, 관념적
- **제재** : 문의 마을에서 느끼는 삶과 죽음
- **주제** : 죽음을 통해 깨달은 삶의 경건성
- **특징**
  – 삶의 여정이자 죽음에 이르는 과정인 '길'을 통해 삶과 죽음이 하나라는 인식을 전달함
  – 명상적이고 독백적인 어조를 통해 깨달음을 담담히 표현함
- **이해와 감상** : 이 시는 작자가 그의 동료 시인인 신동문의 모친상을 접하여 충북 청원군에 있는 문의(文義) 마을에 가서 장례식을 주관한 사실을 배경으로 하고 있다. 시인이 직접 호상(護喪)이 되어 장례 절차를 주관하였는데, 시인은 거기서 삶과 죽음에 대한 깊은 통찰을 얻었다. 흔히 죽음은 절망이나 공포, 비애 등의 격렬한 감정과 어울려 나타나는 경우가 많지만, 이 시에서는 죽음마저도 친근한 것이 되고 있다. 그 친근성은 인간의 삶에 대한 경건함을 동반하여 나타나고 있다. 제1연에서는 문의 마을로 통하는 '길'을 죽음의 '길'과 연관시키고 있다. 문의 마을이 세상과 통하는 길 위로 장례의 행렬이 지나는 것이다. 이러한 연관성을 통해 길의 적막함은 곧 죽음의 적막함으로 치환된다. 그러기에 길은 '추운 쪽으로 뻗는' 것이다. 그러나 그 '길'은 곧 죽음이 가는 길이자, 삶이 가는 길이기도 하다. 장례식 날에 눈까지 날리는데, 눈이

내리면 먼 산조차 가깝게 느껴진다. 가깝다는 느낌은 죽음과 삶의 거리가 그리 멀지 않음을 의미하고 있다. 이러한 사실을 깨닫는 것은 죽음을 통해 삶의 경건함을 역설적으로 드러내는 것이 된다. 그 점은 제2연에서 더욱 잘 나타나고 있다. '죽음이 삶을 껴안은 채/ 한 죽음을 받는 것을.'이라거나 '모든 것은 낮아서/ 이 세상에 눈이 내리고'라는 부분에서 그러한 경건성은 잘 드러난다.

(나) 박남준, 「동백」

- **갈래** : 자유시, 서정시
- **성격** : 주지적, 관념적, 상징적
- **제재** : 동백꽃과 생의 욕망
- **주제** : 동백에서 깨달은 욕망의 제거와 수용
- **특징**
  - 특정 공간에서의 경험을 통해 얻은 삶에 대한 통찰을 드러냄
  - 반복과 변주로 화자의 내적 정서를 부각시킴
  - 의문문의 형식으로 화자의 정서를 강조함
- **이해와 감상** : 이 시의 부제는 '미황사에서'인데, '미황사(절)'라는 공간이 속세의 욕망에서 비롯한 번뇌로부터 벗어나고자 수행을 하는 곳이라는 점에 착안하여 시인은 붉은 동백꽃의 피고 짐(떨어짐)을 욕망과 결부시키면서 시상을 전개하고 있다. 또한 시인은 피처럼 붉게 피어났다가 꽃이 활짝 핀 채로 꽃송이째 지는, 꽃송이가 땅바닥에 떨어진 후에도 그 모양과 붉은 색을 한참 동안 그대로 유지하는 동백꽃의 속성을 통해 욕망의 끈질김을 표현하고 있다. 시인은 이러한 동백꽃의 속성을 인간의 욕망과 결부시키며 '욕망의 괴로움(견딜 수 없는 몸의 무게로 무너져 내린 동백) → 욕망으로부터 벗어나고자 하는 화자의 소망과 의지(무수한 칼날을 들어 동백의 가지를 치고 또 치는) → 욕망이란 쉽사리 소멸되지 않을 것이라는 인식(저 동백 다시 피어나지 않겠는가) → 욕망을 받아들임(동백 꽃송이 내 진창의 바닥에 피어나네)'으로 시상을 전개하고 있다.

31 ④ (가)는 문의 마을, (나)는 동백의 숲에서의 경험을 통해 얻은 삶에 대한 통찰이 나타나 있다.

오답풀이

① 삶의 어려움을 극복해 낸 담담한 자기 고백은 (나)에만 나타난다.

② 외부 정경을 관찰하면서 떠올린 지난 삶의 궤적은 (가)에만 나타난다.

③ 삶의 덧없음을 이겨 내고자 하는 성숙한 내면 의식은 (가)에만 나타난다.

⑤ 자아의 근원적 모습을 탐색하는 데서 오는 내적 갈등은 (나)에만 나타난다.

32 ④ [A]는 [B]와 달리 '삶'과 '죽음'이라는 추상적 대상에 인격을 부여하여 시적 정서를 드러내고 있다.

오답풀이

① [A]는 '죽음'이라는 추상적 대상을 구체화하여 시상을 전개하고 있다.

② [B]는 '동백의 숲을 되짚어 나오네.'의 구절을 반복하면서 이를 바탕으로 변주를 활용하여 내적 정서를 부각하고 있다.

③ [A]는 [B]와 달리 '겨울 문의에 가서 보았다.', '죽음이~받는 것을'의 문장이 도치를 이루는데, 이를 통해 상황의 전달 효과를 높이고 있다.

⑤ [A]에서는 '~덮겠느냐', [B]에서는 '~않겠는가'에서 의문문의 형식을 활용하였고 이를 통해 화자의 정서를 표현하고 있다.

33 ② '길들은 저마다 추운 쪽으로 뻗는구나'에서 '추운 쪽'은 죽음의 길을 의미한다. 따라서 이는 삶과 죽음은 하나로 이어져 있다는 '합일'의 의미가 아니라 일방적으로 죽음의 길을 향하고 있는 '상거'에 가깝다고 볼 수 있다.

34 ③ 〈보기〉에서는 생의 욕망이 시인의 마음속에서 꿈틀거리는 것이라고 하였다. '두 눈은 동백 너머 푸른 바다 더듬이를 곤두세운다.'는 것은 생에 대한 욕망이 외부 세계가 아닌 시인의 내면으로부터 강화되고 있는 것을 나타낸다.

오답풀이

① 자신의 끈질긴 생의 욕망을 끊임없이 피고 지는 동백의 이미지와 연결하여 표현하였다.

② 동백이 떨어지고 난 후에도 그 모양새와 붉은 색을 그대로 유지하듯, 아무리 치열하게 자신을 성찰하며 내면적 의지를 다진다 하더라도 생의 욕망을 제거하기는 어렵다는 의미이다.

③ 무수한 칼날을 들어 동백의 가지를 치는 행위는 끊임없이 피어나는 생의 욕망을 제거하려는 상황을 표현한 것이다.

⑤ 부리지 못한 동백꽃이 바닥에 피어나는 것은 완전한 자기 소멸이 전제되지 않는 한 인간은 생의 욕망에 얽매일 수밖에 없기에 생의 욕망을 내려놓을 수 없다는 것을 의미한다.

[35~38] 갈래 복합

(가) 허난설헌, 「사시사(四時詞)」

- **갈래** : 한시(칠언고시)
- **성격** : 애상적, 연정가

- **제재** : 계절적 배경을 바탕으로 한 임에 대한 그리움
- **주제** : 임을 그리워하는 여인의 마음
- **특징**
  - 여성 특유의 우아하고 섬세하며 애상적인 태도가 돋보임
  - 자연물과 감각적 표현을 활용하여 화자의 정서를 드러냄
  - 사계절의 변화에 따라 시상을 전개함
- **이해와 감상** : 이 작품은 4수로 된 한시로서, 〈난설헌집〉의 칠언고시(七言古詩)조에 수록된 작품이다. 시적 화자는 규방 속에서의 고독과 임에 대한 그리움과 한(恨)의 정서를 사계절의 변화에 맞추어 표현하고 있다. 4수가 각각 춘사, 하사, 추사, 동사라는 제목 하에 유기적으로 연결되어 있으며 네 계절의 풍경 속에서 느끼는 외로운 여인의 구구절절한 심정을 읊고 있다. 문제에 수록된 부분은 '추사'에 해당하는 부분으로, 다양한 심상을 통해 가을의 쓸쓸한 풍경과 고독, 임에 대한 그리움을 나타냈다.

(나) 임중환의 사설시조
- **갈래** : 사설시조
- **성격** : 애상적, 한탄적
- **제재** : 전쟁터에서 느끼는 외로움
- **주제** : 고향을 떠나 전쟁터에 느끼는 외로움과 애상감

(다) 박목월, 「가로등」
- **갈래** : 경수필
- **성격** : 비유적, 성찰적
- **제재** : 가로등
- **주제** : 인생에 대한 관조적 성찰, 목표와 희망을 지닌 삶의 추구
- **특징**
  - 삶의 여정이자 죽음에 이르는 과정인 '길'을 통해 삶과 죽음이 하나라는 인식을 전달함
  - 명상적이고 독백적인 어조를 통해 깨달음을 담담히 표현함
- **이해와 감상** : 이 작품은 '가로등'이라는 소재를 통해서 인생의 과거와 현재를 교차해 가며 성찰하고, 자신의 인생에서 가로등으로 비유되는 목표와 희망이 주는 의미가 무엇인지 설명하고 있다. 그러면서 목표와 희망이 추구하는 삶의 중요성을 말하고 있다. 더불어 작가는 인생을 길에 비유하면서, 외롭지만 희망이 있기에 흐뭇하게 그 길을 가는 삶의 태도가 자신의 시의 세계가 되고 있음을 언급하고 있다.

35 ⑤ (가)에서는 '우물가의 오동잎은 떨어져 그림자 없는 가을'을 통해 임이 없는 외롭고 쓸쓸한 화자의 정서가 가을이라는 계절적 배경과 연계되고 있음을 알 수 있다. (나)에서

는 '만학의 눈 싸이고 천봉의 바람 칠 제'를 통해 고향을 떠나 전쟁터에 와서 동료를 잃은 화자의 슬픈 정서가 겨울이라는 계절적 배경과 연계되고 있음을 알 수 있다. 마지막으로 (다)에서는 '가로등이 좋아지는 것은 역시 겨울철이다.', '함박눈이 쏟아지는 밤에 설레는 눈발 속에 우러러보는 등불'을 통해 눈 오는 밤 가로등에서 느껴지는 고독한 낭만의 정서를 중심으로 내용이 전개되고 있음을 알 수 있다.

36 ⑤ ㉠은 화자가 차디찬 금침에서 잠 못 이루고 임을 그리워할 때, 화자를 정답게 해주며 마음을 위로해 주는 존재이고, ㉡은 깊은 밤의 두견새의 울음소리와 연결되어 고향을 떠나 전쟁터에 나와 있는 화자의 애상감을 더해 주는 존재이다.

37 ③ [A]는 [B]와 달리 하강의 이미지를 통해 애상적 분위기를 환기하고 있다. '우물가의 오동잎은 떨어져'라는 대목에서 알 수 있다.

> **오답풀이**

① 고요한 가을밤의 풍경을 중심으로 시적 상황을 나타내고 있다.
② [A]에서는 '텅 빈 뜨락에 이슬 내려 구슬 병풍은 더욱 차갑다.' [C]에서는 '차디찬 금침에서 뒤척이며 잠 못 이룰 때'에서 촉각적 이미지를 통해 화자의 정서를 표현하고 있다.
④ '옷과 편지 봉하고(방 안)'→'뜨락에 나서니(뜨락)'→'차디찬 금침에서 뒤척이며 잠 못 이룰 때(방 안)'으로의 공간 이동을 보이고 있다.
⑤ 쓸쓸한 가을밤에 임의 옷을 짓고 임에게 편지를 쓰는 과정이 시간의 흐름에 따라 순차적으로 전개되고 있다.

38 ⑤ ㉤는 지향하는 목표에 가까이 다가서는 대목으로, 이 지점에서는 길이 환해지면서 목표한 바를 이룰 것에 대한 설렘을 느끼게 된다. 종교적 성찰을 통해 삶에 대한 집착에서 벗어난다고 볼 수는 없다.

[39~41] 현대 소설

> 김정한, 「제3병동」
> - **갈래** : 현대 소설
> - **성격** : 사실적, 현실 비판적
> - **배경** : 1960년대, 어느 한 병원
> - **시점** : 전지적 작가 시점
> - **주제** : 근대화 물결 속에서 소외당하는 가난한 자의 삶의 애환
> - **이해와 감상** : 이 작품은 근대화되어 가는 과정에서 가난한 자가 소외되는 현실을 보여준다. 물질만능주의 풍조가 만연

한 사회 분위기 속에서 돈을 소유하지 못한 자는 자연히 소외 계층이 되고, 또한 돈을 소유했다 하더라도 사람들은 인간미가 메마르고 상실되어 간다. 이 작품에서 인간 생명의 존엄성을 기본으로 해야 하는 병원에서 돈이 없다는 이유로 모녀는 병원으로부터 소외당한다. 이 3등 인간인 모녀에게 살아 있는 양심으로 나타나는 사람이 김종우 의사이다. 김종우 의사의 행동하는 양심과 됨됨이는 암담하지만은 않은 현실을 대변한다고 볼 수 있다.

39 ② 윗글은 전지적 작가 시점으로, 서술자가 작중 상황에 대한 자신의 주관적 판단을 노출하고 있다.

오답풀이
① 동시에 일어난 두 사건을 병치한 것이 아니라, 하나의 사건을 중심으로 내부와 외부 두 공간을 병치한 것이다.
③ 사건이 순차적으로 전개되고 있다.
④ 이야기 속에 다른 이야기가 삽입된 액자식 구조를 보이고 있지 않다.
⑤ 특정 인물이 아닌 작품 밖의 서술자가 전지적 시점에서 인물들의 심리를 해석하고 있다.

40 ① 수납계 직원의 말을 전해 듣고 화를 내는 원장을 비난한 이유는 '수간호원'은 원장이 인간을 이윤 추구의 도구로 보는 '도구적 가치관'을 지녔다고 생각했기 때문이다. 따라서 '수간호원'은 인간의 존엄성을 중시하는 '본질적 가치관'을 지닌 인물이라고 볼 수 있다.

오답풀이
② '인부들'은 삭막한 현실 속에서 '강남옥 처녀'를 진심으로 걱정하며 향불과 죽을 제공하는 본질적 가치관을 중시하는 인물이다.
③ '강남옥 처녀'로 대표되는 '3등 인간'은 인간을 등급화 시키는 도구적 가치관에 의해 소외된 인간의 모습을 나타낸다.
④ 이 작품에서 '병원'은 근대화가 양산한 불구화된 심성의 소유자들에 의해 도구적 가치관이 지배하는 공간으로 변질되어 있다.
⑤ '강남옥 처녀'를 진심으로 걱정하며 도움을 주는 '김종우 의사'의 태도로 보아, 그가 인간의 존엄성을 중시하는 본질적 가치관을 지녔음을 알 수 있다.

41 ② [A]에서 '불도저의 극성맞은 소리에도 내처 귀를 기울이고 있는 것 같았다.'는 전염병 환자만이 늘어져 있는 허물어져 가는 3등 병실에서 괴롭고 지루한 병원생활을 하는 내부 공간 인물이 외부 공간의 상황에 관심을 가졌음을 나타낸다. 그리고 [B]에서 '유리창만은 흔들리지 않았다'라고 한

것은 비가 내리고 불도저가 작업 중인 외부의 상황이 내부 공간의 인물에 영향을 미치지 못함을 나타낸다. '불도저 소리', '폭우', '빗소리'는 모두 내부 공간의 인물들이 처한 비참한 상황을 나타내는 것으로, 이들은 외부 공간에 맞서고자 하는 태도나, 지향하는 태도를 지니고 있지 않다.

[42~45] 고전 소설

> 작자 미상, 「권용선전」
> • 갈래 : 고전 소설
> • 배경 : 중국 명나라
> • 시점 : 전지적 작가 시점
> • 주제 : 여러 가지 시련을 극복하고 결합하게 되는 권승상과 오 소저의 사랑
> • 이해와 감상 : 이 작품은 중국 명나라를 배경으로 한 애정 소설이다. 명나라 권승상의 아들 용선은 일찍이 금실이 좋지 않던 부인을 여의고 과거에 급제하여 순무어사(巡撫御使)로 지방을 순시 중 절강성(浙江省)에 들렀다가 숙부의 소개로 오 소저(吳小姐)와 약혼한다. 그러나 용선은 황제의 눈에 들어 공주와 약혼하지 않으면 안 되게 되어, 사랑과 왕명 사이에서 고민하고 있을 때, 간신 주승상(周丞相)은 용선이 출장간 사이에 오소저를 다른 곳으로 시집 보내려 한다. 그러나 용선은 도중에서 주승상이 보낸 자객을 죽이고 오소저를 다시 만나 결혼하고 공주와도 화목하여 태자의 태부(太傅)가 된다는 줄거리이다. 이 작품에는 남녀 주인공이 천상인의 하강이라는 설정이 약화되었고, 주인공들의 비범한 행위보다는 일상적인 면모가 부각되고 있어서 상당히 사실적인 경향을 갖추고 있다. 또한, 사건 전개 자체에서 나오는 흥미보다는 주인공들의 절실한 심정을 관심의 대상으로 삼아 꿈에 의한 계시와 같은 우연적인 사건의 전개가 나름대로의 필연성을 갖추도록 하였다. 이러한 점으로 미루어 보아 이 작품은 이원적 구조를 갖춘 소설에서 일원적 구조를 갖춘 소설로 나아가는 과정에 놓인 작품으로 볼 수 있다.

42 ① '오 소저가 궁중에 오래 머물게 되면 귀비 반드시 저의 재용을 사랑하여 상게 고하면 상이 반드시 재취시킬까 마음에 거리끼되, 다른 계교 없어 근심하여 다음을 보아 오 소저를 참살할 것으로 생각하더라.'의 대목을 통해 용선은 궁중에 석 귀비가 있다는 말을 듣고 위안을 얻기보다는 걱정을 앞세웠음을 알 수 있다.

오답풀이
② '종을 데리고 필마로 강정에 이르러 다만 권 시랑의 외당에서 길복을 갖추고 설매당에서 혼례의 절을 올릴새'라는 말

을 통해 용선과 오 소저는 강정에 있는 권 시랑의 집에서
혼례를 올렸음을 알 수 있다.

③ 용선이 봉선에게 '오늘로 이별이 될 것이니 소저를 잠깐 보
아 이별을 고하고 너와 한가지로 들어가리라'라고 말한 것
을 통해 알 수 있다.

④ '석 귀비 오 소저의 환란 당함을 가련히 여기나, 태후와 공
주가 기꺼 아니할 줄 알고 아직 모르는 체하나'의 대목을
통해 알 수 있다.

⑤ '승상 주현이 태후께 가만히 고하여 왈~사신을 삼아 보내
시고'의 대목을 통해 알 수 있다.

43 ② 공주는 보모를 시켜 용선의 뒤를 조사해 용선이 오 소저와
이미 혼례를 올렸음을 알고 분노했으므로, 공주는 용선이
정혼자와 이미 결연했다는 사실을 알고 있었음에도 불구하
고 용선과의 결혼을 추진하였다는 내용은 적절하지 않다.

44 ⑤ [B]에서는 '어려서 부모의 사랑을 잃고~남편의 보살핌을
믿지 못할 듯하니'에서 인물이 살아온 과정을 요약적으로
제시하고 있다. 그러나 [A]에는 인물이 살아온 과정을 요약
적으로 말하는 부분이 드러나 있지 않다.

45 ⑤ '요지부동(搖之不動)'은 흔들어도 꿈쩍하지 아니한다는 뜻
으로, '용선의 일념에 맺힌 마음은 돌이키기 어렵도다.'라는
말을 통해 오 소저를 향한 용선의 태도가 요지부동하다는
것을 알 수 있다.

오답풀이

① 좌고우면(左顧右眄) : 이쪽저쪽 돌아본다는 뜻으로, 앞뒤를
재고 망설임을 이르는 말

② 절치부심(切齒腐心) : 몹시 분하여 이를 갈며 속을 썩임

③ 전전반측(輾轉反側) : 누워서 몸을 이리저리 뒤척이며 잠을
이루지 못함

④ 은인자중(隱忍自重) : 마음속에 감추어 참고 견디면서 몸가
짐을 신중하게 행동함

**자신의 몸, 정신, 영혼에 대한 자신감이야말로 새로운 모험, 새로운 성장 방향,
새로운 교훈을 계속 찾아나서게 하는 원동력이며, 바로 이것이 인생이다.**

It is confidence in our bodies, minds and spirits that allows us
to keep looking for new adventures, new directions to grow in,
and new lessons to learn - which is what life is all about.

– 오프라 윈프리(Oprah Winfrey) –

인생은 자전거를 타는 것과 같다.
균형을 잡으려면 움직여야 한다.

Life is like riding a bicycle.
To keep your balance
you must keep moving.

– 알버트 아인슈타인(Albert Einstein) –